讀檔閲史

郑会欣 著

民国政事与家族利益

中华书局

图书在版编目(CIP)数据

　读档阅史:民国政事与家族利益/郑会欣著. —北京:中华书局,2014.11
　ISBN 978－7－101－10429－5

　Ⅰ.读…　Ⅱ.郑…　Ⅲ.四大家族－研究　Ⅳ.K262.907

中国版本图书馆 CIP 数据核字(2014)第 210928 号

书　　　名　读档阅史——民国政事与家族利益
著　　　者　郑会欣
书名题签　饶宗颐
责任编辑　阎海文
出版发行　中华书局
　　　　　　（北京市丰台区太平桥西里 38 号　100073）
　　　　　　http://www.zhbc.com.cn
　　　　　　E-mail:zhbc@zhbc.com.cn
印　　　刷　北京瑞古冠中印刷厂
版　　　次　2014 年 11 月北京第 1 版
　　　　　　2014 年 11 月北京第 1 次印刷
规　　　格　开本/700×1000 毫米　1/16
　　　　　　印张 34　插页 2　字数 440 千字
印　　　数　1－4000 册
国际书号　ISBN 978－7－101－10429－5
定　　　价　68.00 元

序

张宪文

    郑会欣教授是我国知名的经济史学家,早年毕业于南京大学历史系,曾在中国第二历史档案馆进行民国档案和民国史的研究工作,后移居香港,获博士学位,长期于香港中文大学从事科研和教学,他还是著名国学大师饶宗颐教授得力的学术助手。

    我与会欣教授相识多年,他是"文革"结束改革高考制度之后入学的学生,在这之前他先是下乡插队,后又抽调到煤矿工作,前后长达十年,社会阅历相当丰富,学习更是刻苦认真,给我留下深刻的印象。因为我们都从事民国史研究,因此他在校时和毕业后经常接触。1988年底会欣移居香港,其后20多年我们也一直保持联系。数十年来,会欣奋力耕耘于中国经济史领域,在民国经济史、金融史和经济人物的研究方面成果丰富,学术贡献享誉海内外,深受同行学者的敬仰。

    郑会欣教授曾出版各类著作近20部,发表学术论文百余篇,其研究内容主要涉及20世纪三四十年代国民政府的财政经济政策、国家资本、官僚资本及中外经济关系等,涵盖了1933年中美棉麦借款问题、1935年白银风潮与币制改革问题、战前10年国民政府举借外债问题、外资引进问题、抗战时期贸易统制问题,以及许多重要企业如中国建设银公司、扬子电气公司、复兴商业公司、中国茶叶公司、孚中实业公司的创建和经营问题等。会欣教授还以大量篇幅研究了民国经济领域中的核心人物、代表人物宋子文与孔祥熙的经济活动、政治活动,以及两人之间的种种矛盾与冲突,披露了宋、孔与蒋介石之间的曲折起伏、既合作又矛盾的复杂关系。近年来会欣借编注《董浩云日记》的机会,着力研究香港企业家、世界船王董浩云的生平及其对中国与世界航运事业的贡献，据闻他撰写的董浩云传记亦即将问世。

会欣教授的学术研究及学术风范，有许多令人钦佩的特色：

经济史研究面对的是大量繁杂的资料、概念和经济变动，是一个重要的、又是人们缺乏研究的领域。它不仅要求从业人员有扎实的学术功底，而且要有坚韧不拔、知难而上的精神，只有这样才可能获取学术的真谛。会欣教授兢兢业业，数十年如一日，执著地致力于经济史的研究，表现了学者可贵的奉献精神。

会欣教授的每篇学术论文，几乎都运用了大量的文献史料和历史档案。他走访海峡两岸及国外的档案馆和图书馆，搜集并掌握了大量第一手史料，使研究工作建立在可靠的史料基础上，因而他的分析综合研究和提出的学术观点令人信服。

民国经济史、金融史，也曾经是较为敏感的学术领域。对国民党的财政经济政策，对蒋介石和宋子文、孔祥熙等一批财经官僚如何给予恰当的评价，正确观察他们的历史作用和地位，就必须彻底排除政治观念和意识形态的影响。事实上，宋子文作为国民政府经济财政政策改革的制定者和主持人，为蒋介石政权的建立和巩固立下了汗马功劳，也对民国社会经济的发展作出了贡献。孔祥熙也同样应该给以肯定的历史地位。会欣教授涉及的这类问题的研究，不为政治观念所左右，尽可能恢复真实的历史面貌，对他们的是非功过作出了客观评述，在许多重大的经济、财政问题上，作了填补空白的研究工作。

会欣教授经济史研究内容既广泛又集中。他研究的问题有明显的系统性，并未给人以支离破碎的印象。拜读他的百余篇论文，有很强的学术性和科学性，简直可以说是一部民国经济专题史，形成了他自己独有的研究特色和学术风格。

经济史论著常给人以眼花缭乱、复杂纷繁、艰涩难读的印象。我在年轻时代，也曾经试图以官僚资本为研究方向，并在中国第二历史档案馆的前身——南京史料整理处蹲了一年多，面对浩如烟海的经济档案望而生畏，不知如何下手，更不知如何理出头绪，最终知难而退。会欣不仅一生坚持啃经济史这块硬骨头，而且他的著述，见物亦见人，有事实有情节，让人读起来不觉疲乏，并且引人入胜。这种经济史研究，才能走上社会，走入民间。

总之，郑会欣教授是成功的经济史学者，他的学术研究代表着经济史严谨的治学方法和方向。正因为是这个原因，中华书局上海分公司决定出版他的论著，会欣向我索序，我欣然应允，并发表上述点滴感言，以共勉之。

目　录

第三辑　官办商行

第四辑　家族利益

第一辑

对 外 交 涉

寻求西方援助的尝试

——宋子文 1933 年的欧美之行

以往学术界有一种观点,认为南京政府成立之初,由于吸取了前政府滥借外债的教训,"对于外债,力主慎重,不肯轻于起借"[1]。即便谈到举债,也往往只是提及"美麦借款"和"棉麦借款"[2]但实际情况并非是南京政府"不肯轻于起借",而是受到国内外局势的困扰,举借无门。事实上,国民政府成立后一直都没有放弃争取外援的努力,其中 1933 年宋子文的欧美之行就是南京政府寻求西方援助的一次重要尝试。尽管由于种种原因(主要是来自日本的破坏和干扰),宋子文此行并未完全取得预期的成效,但这一行动的本身却明显向欧美各国表明了中国迫切需要外援的愿望。与此同时,国民政府也采取了各种措施提高债信,减少吸引外资的障碍,终于在抗战爆发前的一两年出现了外国对华投资的高潮。

一　国民政府的利用外资政策

南京国民政府成立之初所面临的最大问题就是经济上的入不敷出。据江苏兼上海财政委员会的统计,当时整个政府的财政收入几乎全凭江南数省的税收加以维持,而苏、浙两省原有国税项下每月仅有 200 余万,根本无法应付

---

[1]　中国联合准备银行调查室编:《中国内外债详编》,北平:中国联合准备银行,1940 年,第 76 页。

[2]　有代表性的论著如贾德怀:《民国财政简史》上册,上海:商务印书馆,1947 年,第 336 页;李立侠:《中国外债之检讨》,《东方杂志》第 34 卷 14 期(1937 年 8 月),第 17—26 页。

庞大的军费开支。① 1928年1月,宋子文继任财政部部长,此时局面更为窘迫。为了准备北伐战事,军事委员会总司令部命财政部每五日需解款160万元,而当时江、浙、皖三省之收入(其中安徽省尚无款可解)每月虽有900万元之名,然而实际上二五附税、内地税、卷烟税、煤油税、印花税等均已指定为库券以及公债的基金,而盐税、麦粉税亦为银行借垫款之担保,收入按月均已抵扣,本息一再抵押,实际收入每月只有400万元之谱,根本无法支付所需军饷,因此只有向各银行陆续垫借,发行国库券,勉为应付。② 据统计,自1927年5月1日至1928年6月1日的一年多时间内,除了银行的短期借垫款外,南京政府还先后发行过江海关二五附税国库券、续发江海关二五附税国库券、卷烟税国库券、军需公债等共计9 600万元。③

1928年6月,国民革命军抵达北京,同年12月,张学良宣布东北易帜,此时国民政府虽然在形式上统一了中国,但真正能控制的地区却只有长江中下游数省,其他地区的税收则往往被各地官员截留。1929年1月宋子文在编遣会议上报告当时的财政状况时承认:"现在中央所恃以为税收之源者,仅江、浙、皖、赣四省而已。四省之中,赣省收入悉充就地驻军军费尚虞不足,皖省收入本属有限,又加驻军复杂,交通不便,固有税收有绌无盈。所谓完善之区,苏、浙两省而已。再进而言之,苏、浙虽号称富庶之区,惟以连年大军征讨,又加以首都所在,机关林立,为必需之军费所迫,将税收中最重要之部分,如海关税二五附税、卷烟、印花等税,相继拨充发行库券公债基金。"因此,"本年(指1928年。——引者注)六月至十一月之税收税款只占百分之五十五,公债及借款乃占百分之四十五,凡此种种借债度日之情形,非笔述所可以罄尽"。④

在这种形势之下,巩固政权的当务之急莫过于确立财经政策,增加财政收入;而增加财政收入的方法则不外乎发行国债、增加税收、整顿金融、统一货币。除此之外,还将吸引外资视为推进国内经济建设的重要途径。为了吸引外国财团对华投资,国民政府除了设立整理内外债委员会、允诺清理前政府遗留下来的债务以提高债信外,还相应制定了一系列有关引进外资的政策。鉴

---

① 国民政府行政院档案:二(2)/936。本文所引用的档案如无其他说明,均藏于中国第二历史档案馆,以后不再列明。
② 财政部向国民党三中全会提出之《财政部工作报告》(1929年3月17日),国民政府行政院档案:二(2)/936。
③ 参见千家驹编:《旧中国公债史资料》,北京:财政经济出版社,1955年,第370页。
④ 国民政府行政院档案:二(2)/936。

于清朝及北京政府滥借外债以致债信低落、抵押殆尽的教训,国民政府此时着重强调的是引进外资必须遵循"平等互惠"、"尊重主权"等原则。

1928年7月,财政部曾考虑发行建设公债5亿元,其中十分之四在国内募集,余下的十分之六则在国外发行。[①] 尽管这笔公债后来并未发行,但从中却可看出国民政府成立之初即有在国外发行债票、募集资金的意图。

1928年10月,国民政府对于经济建设发表宣言,其中特别提及欢迎外国投资以开发国内资源。宣言称:"以国民急切之需要言之,必须首谋开发社会经济所赖以为发动之基本工业。故铁道之增筑、水道之疏浚、公路之开辟为不可缓。惟以目前社会之贫乏,科学之落后,骤欲举事而求速效,势不可能。故必依平等互惠而不损主权之原则,尽量吸收外资,借用专门人才,庶几事半功倍。"[②]嗣后不久,孙科就任铁道部部长,其发表的施政方针指出,"国内集资,河清难俟;生民痛苦,长夜漫漫",因而也主张"在平等互惠条件下尽量吸用国际资本"。[③]

与此同时,国民政府还聘请美国著名财政专家甘末尔博士(Dr. Edwin W. Kemmerer)来华,帮助制定改革币制及恢复债信的方针。应邀随同甘末尔一同来华的还有美国金融、财政、债务等方面的专家10余人,共同组成财政设计委员会(The Commission of Finance Experts)。经过一段时间的调查研究,委员会向政府提出了《恢复债信法草案及关于中国国债和重建债信的报告》(两卷)和《关于在财政部内设立国债司组织法草案》。[④] 所有这一切都是为了谋求经济复兴和发展,希望借恢复债信进而为向美国和其他西方国家借款扫清障碍。

为配合吸引外资,国民政府还相应制定了一系列政策。1929年3月,行政院第17次会议根据孙中山先生《实业计划实施方案》确定了利用外资的原则,并经中央政治会议第179次会议讨论议决通过,即:

> (甲)在不损害主权范围内,除普通借款外,政府亦可采用与洋商经营各种建设事业,并以公司名义经营之,但须有相当之限制,其

---

① 千家驹编:《旧中国公债史资料》,第167页。

② 《中华民国史史料长编》(1928年10月)(未刊),中国第二历史档案馆藏;又见张其昀:《中华民国史纲》第3册,台北:中国文化事业出版会,1954年,第197—198页。

③ 上海《民国日报》,1928年11月23日。

④ 阿瑟·恩·杨格著,陈泽宪、陈霞飞译:《中国财政经济情况:1927—1937》,北京:中国社会科学出版社,1981年,第586页。

限制原则另定之。

（乙）政府投资之公司或华商经营之公司，得许洋商投资或合资共同经营之，但须有左列限制办法：

一、华股须占全部股份百分之五十一以上；

二、华董事须占多数；

三、董事长及总经理等职应由华人充任之；

四、商人合资应受中国公司法及其他法律之限制。①

1930年3月，国民党三届三中全会通过《关于建设方针案》，其基本原则为"铁道、水利、造船、制铁、炼钢等伟大建设之事业，依照总理节制资本之义，宜由国家经营之。如国库不足，于不妨碍国家主权之范围内借用外资，乃为必要"。并在此基础上拟定了十三条"建设方针"，主要内容包括："依照总理之计划，注重铁道建设及水利、电气建设"；"煤、铁、油、铜矿之未开发者，均归国家经营，政府得照总理所定之国际发展实业计划，在一定范围内，准外人投资或合资创办"；"中国之特种工业，在总理实业计划内所规定应新创设之厂，均由政府计划办理，并得借用外资及人才"；"政府应在两年内筹设：一、大规模之制铁炼钢工厂，二、造船厂，三、电机制造厂"，并允许"借外资兴办"。② 与此同时，国民党中央政治会议亦将利用外资的方式定为下列三种：合资方式，由政府与外商合资，采用公司式组织，兴办政府建设事业；特许方式，政府特许外人在华经营建设事业；借贷方式，政府向外商借贷兴办事业。并对上述三种方式分别加以不同的限制和规定。③ 很明显，国民政府此时的建国方针就是想通过借用外资，重点建设由国家经营，并以铁路、水利、能源及矿产资源为中心的重工业，其最终目的则是为建立一个以国家资本为主要成分的经济体系而奠定基础。

---

① 《行政院为利用外资案致工商部训令》(1929年3月26日)，中国第二历史档案馆编：《中华民国档案资料汇编》(以下简称《汇编》)第五辑第一编《财政经济》(五)，南京：江苏古籍出版社，1994年，第122—123页。

② 国民党三中全会通过之《建设方针办理经过情况》(1930年3月)，经济部档案：四(2)/260；又见上海《民国日报》1930年3月4日。

③ 《行政院抄发关于政府利用外资提案及投资方式致工商部密令》(1930年4月10日)，《汇编》第五辑第一编《财政经济》(五)，第123—126页。

二　利用外资所遇到的障碍

尽管国民政府成立之初为了吸引外资而相应地制定了一系列政策,但其收效却极为有限。实际上利用外资在当时存在着许多障碍,其中不仅受到国内政治、经济形势的影响,而且也同国际局势,特别是同当时错综复杂的远东国际关系存在着十分密切的联系。

首先从国内形势来分析。当时财政枯竭的情形可用四句话来形容,即负债累累,抵押殆尽,债信低落,举债无门。

从晚清到民国初年的历届政府,由于财政支绌、收支不敷,最后几乎完全依靠借债来维持统治。根据徐义生的统计,1853—1893 年清政府共举借外债45 922 969 库平两,1894—1911 年举借外债 1 203 825 453 库平两,1912—1927 年北京政府中央及地方共举借外债 387 笔,债额计 1 279 619 514 元,同期南京临时政府、护国军政府、广州国民政府及南方独立各省亦先后举借外债 80 笔,债额共计银元 57 377 276 元。① 除此之外,尚有为数高达 45 000 万两的庚子赔款。

到了北京政府时期,财政支出日益增大,但由于各地截留,政令不出京门,政府不得不剜肉补疮,借新债还旧债,以致除了几笔有确实担保的债务和部分铁路借款尚能按期偿付外,许多无确实担保的债务积欠日久,不少债务利息早已超过本金,因而债信低落,日甚一日。据统计,截至 1925 年年底,财政部经管的有确实担保外债积欠纯本计银元 413 962 019.79 元,庚子赔款积欠纯本计银元 396 518 786.52 元,无确实担保外债积欠本息共计银元 354 018 611.50元。② 同一时期,由交通部经手举借的外债积欠本息则为银元 561 967 765.37元。③ 除此之外,清政府和北京政府为了举债,还不得不将关税、盐税、厘金、货物税、烟酒税、铁路收入等充作抵押;到了最后,举凡赖以维持财政支出的各种税收几乎全部充作借款担保,已经难以举借新债了。

尽管南京政府成立后,为了取得列强外交上的承认和经济上的支持,宣布

---

① 参见徐义生编:《中国近代外债史统计资料,1853—1927》,北京:中华书局,1962 年,第 21、90、240 页。
② 北京政府财政部档案:一〇二七(2)/1611。
③ 北京政府财政部档案:一〇二七(2)/1574。

对于前政府遗留下来的有确实担保债务将依惯例按期偿付,亦允诺设法清理无确实担保及无担保的债务,并组织整理内外债委员会、召集各债权国代表会议商讨整理债务办法,但直至1934年以前,有关部门对于如何整理并偿付积欠外债(特别是无确实担保及无担保债务)并无具体办法;而且此时国民政府又将新增关税收入部分作为发行内债的担保,从而引起外国债权人的抗议。债信既无法恢复,当然也就很难期望吸引外商对华进行新的投资了。1928年英国首相张伯伦(Arthur Neville Chamberlain)就公开表示:中国首先要树立自己国家的信誉,还清旧债,然后才能商谈新的借款。① 1929年7月14日,美国首席代表拉蒙特(Thomas Lamont)在阿姆斯特丹举行的国际商会上声称:"中国现在的国际信用很低,除非他们对重建工作有详细确切的计划,否则是不可能向纽约市场借款,我敢说在欧洲也是一样。"②拉蒙特的这番话可以说是代表了当时欧美国家政府和金融界对中国投资的态度。③

再从国际局势上看,南京政府成立初期,正值空前未有的经济危机席卷整个资本主义世界之际,这也是国民政府寻求西方援助的努力遭到挫折的另一个重要原因。

1929—1933年,世界上主要资本主义国家相继爆发了经济危机,这场危机持续的时间之长、波及的范围之广、造成的危害之大均是历史上前所未有的。伴随经济危机而来的是整个西方国家的信用危机,德国、奥地利、匈牙利以及大多数拉丁美洲国家由于无力按期偿付所欠的国际债务,纷纷单方面宣布停付或缓付拖欠的外债;而债权国一来是因经济危机导致本身的资金短缺,更重要的则是惊恐于国际普遍存在着的赖债行为,视投资、借债等为畏途,因而拒绝向国外提供贷款,致使国际借贷市场的活动几乎陷于停顿,资本输出亦随之大幅度下跌。据统计,美国的外国有价证券发行额从1928年的132 500万美元猛跌到1933年的160万美元,英国(不包括对殖民地的贷款)也从1928年的5 700万英镑下降到1933年的800万英镑。④

在此期间,各国政府对于对华借款还加以种种限制,例如美国国会1934

① 转引自《国外中国近代史研究》第7辑,北京:中国社会科学出版社,1985年,第215—216页。
② 转引自张贵永:《约翰逊与中美关系》,台北:台湾商务印书馆,1968年,第86页。
③ 1929年召开的国际商联大会即公开表示,若中国"不能赶紧整理旧债恢复国际信用,无论何国决不贷款"。见外交部档案:十八/719。
④ 《国际联盟统计年鉴,1933—1934》,转引自吴首天:《一九二七——一九三七年国民党政府外债政策之研究》,《史学月刊》1984年6期。

年 8 月通过的《1934 证券交易法案》(*Securities Exchange Act of 1934*)中关于银行投资的规定即阻止了大部分感兴趣的美国银行家参加国际银行团对中国的借款。[1] 所有这一切都对中国政府寻求西方的投资与借款造成了障碍。

除此之外,新四国银行团的存在也是当时阻碍各国对华借款的一个重要原因。

国际银行团是 20 世纪初列强对中国大肆进行资本输出的产物,它成立的目的在于通过建立一个机构来协调各国在对华借款中出现的矛盾,划分各自的势力范围,从而进一步垄断国际对华借款。尽管这个组织的成员之间先后经历了不少演变(先三国、后四国、再六国、又五国,最后又变成四国),名称上又有"旧银行团"与"新银行团"之别,但在控制和垄断对华借款这个原则上则从未有过改变。

1918 年第一次世界大战结束后,沙俄被推翻,德国成了战败国,整个世界格局发生了巨大的变化。原先退出银行团的美国首先向英、法、日三国提议成立新四国银行团,重新控制对华借款。1919 年 5 月 12 日,四国代表在巴黎开会,商定实施计划,其中决议中最重要者包括"除已为各国既定之权利外,凡中国之实业与铁路借款,无论现在或将来,其优先权概为本团承受"(第二条);"银团外资本家已经订有契约或优先权者,务设法使其让归本团"(第三条)。尽管新银行团成立后并未得到历届中国政府的承认,亦未经手对华举借过任何款项,但这一机构的存在则始终成了中国向外寻求借款和吸引外资的障碍。[2] 由于新银行团的种种规定,嗣后中国政府便很难向各银行团成员国单独借款,特别是九一八事变后,日本为了达到独霸中国的企图,便多次利用这些条款来阻碍欧美各国的对华借款和援助,这种状况一直持续到抗日战争爆发前夕才有所改变。

由于上述原因,南京政府成立初期基本上没有举借过什么外债,外国对华投资的数额也为数甚少。[3] 这一时期南京政府为了维持日益增长的财政支出,除了千方百计增加各种税收之外,主要是靠向国内的金融界发行公债和库券

---

[1] Dorothy Borg, *The United States and Far Eastern Crisis of 1933—1938* (Cambridge, Mass.: Harvard University Press, 1964), p. 86.

[2] 《法、日、英、美驻华公使抄集四国新银团文件致外交部照会》(1920 年 9 月 28 日),北京政府财政部档案:一〇二七(2)/1466。

[3] 拙文《战前国民政府举借外债的数额及其特点》(载《民国研究》第 1 辑,南京:南京大学出版社,1994 年)之附录《抗战爆发前国民政府各部门举借外债一览表》统计了中央政府 1927—1937 年间历年的举债数额,可供参考。

而度日。①

然而到了 1933 年,这种情形却发生了变化,导致向国外寻求借款与投资的需要日益迫切,这当然与此时的国际国内局势密切相关。

首先,东北的沦陷使得中国的工业失去了巨大的原料基地和商品市场,加上日伪强行夺取东北的关、盐税收,使得国民政府原本就十分困难的国际收支更加艰窘。② 其次,席卷全球的经济危机此时已波及中国,欧美各国为了转嫁危机,竞相向中国倾销本国的过剩商品,致使中国先天不足的工商业更加凋敝;③而 1931 年的长江大水,又加速了内地农村的经济破产。与此同时,国民政府连年发动"剿共"战争,以致军费开支浩繁,入不敷出、赤字严重的现象日甚一日。此时仅靠发行内债已无济于事,而且连年发行内债已经超过了国内银行界的承受能力,④因此国民政府不得不将目光转向西方。除此之外,促成这一转变还含有政治上的原因。九一八事变之后,日本帝国主义对华侵略的野心日益明显,1933 年 1 月,日军攻占山海关,随即进犯热河。华北危机的日趋严重促使国民政府上层中以宋子文为首的亲英美派更进一步萌生了"联合欧美,抵御日本"的战略构想,1933 年宋子文的欧美之行就是在这样的情形之下进行的。

三　宋子文的欧美之行

20 世纪 30 年代初期,世界经济危机笼罩全球,各国之间相互设立关税堡

---

① 据统计,国民政府自 1927 年 5 月至 1931 年年底共发行各种内债和库券 28 笔,发行额高达 10 亿余元。详见千家驹:《旧中国公债史资料》,第 370—373 页。

② 关于这个问题,笔者曾撰有《日伪强占东北海关及其对中国财政的影响》一文提交"第三届中国海关史国际学术讨论会"(香港:1995 年 5 月),载吴伦霓霞、何佩然主编:《中国海关史论文集》,香港:中文大学崇基学院,1997 年。

③ 世界经济危机一直到 1931 年才对中国逐步发生影响,这是因为当时中国是一个银本位国家,1929—1931 年,由于银价不断下跌,在贸易上反倒抵消了经济危机的不利影响。直到 1931 年之后,中国才开始感受到世界经济危机的冲击,其中最明显的表现便是对外贸易的下跌和入超额的大幅上升。据统计,1930—1933 年的 4 年间入超额高达 196 584 万海关两,平均每年入超 49 146 万海关两。1932 年是入超最多的一年,达到 55 626 万海关两,为同年进口的 2.13 倍。入超主要是来自美、英等西方国家的商品倾销,其间美国对华输入为从中国输出的 4.49 倍,英国为 3.17 倍。见上海社会科学院经济研究所等编:《上海对外贸易》上册,上海:上海社会科学院出版社,1989 年,第 185 页。

④ 1932 年 2 月财政部与持券人达成协议,对公债和库券进行整理,降低利率,延长偿付期,实际上就是债信跌落的一个标志。据当时的报纸透露,政府曾作过"四年之内不发内债"的口头允诺。见千家驹:《旧中国公债史资料》,第 20—21 页。

垒,以防止其他国家的商品倾销。国际联盟(League of Nations)为了解决国际间的关税以及货币等问题,决定于 1933 年 6 月在伦敦召开世界经济会议(World Economic Conference)。刚刚就任美国总统的罗斯福(Franklin D. Roosevelt)趁此机会也向英、法、德、中、日等 11 国首脑发出邀请,希望各国派代表于出席世界经济会议之前,先行访问华盛顿,以便分别讨论双边经济关系。

中国政府收到邀请之后,认为这是向国际间寻求援助的极好机会,遂立即委派行政院副院长兼财政部部长宋子文率团出席世界经济会议,并应罗斯福总统之邀先期访问美国。

宋子文自 1928 年初接任财政部部长、开始掌管全国的财政金融大政,多年来的经验使他深深地感受到,此时国家财政的艰窘状况仅凭增加税收、发行公债已无济于事,因此他将目光转移到吸引外国投资的方向上来。早在 1932 年 6 月,宋子文就曾向英国驻华代办伊格兰姆表示,他打算向国际市场借入相当数额的资金,用以开发经济建设和国防上所急需的资源。[①] 特别是九一八、"一·二八"事变爆发后,面对日本军国主义日趋明显的侵华野心,宋子文更加坚定了依靠英美、孤立日本的信念,再加上他个人的出身和经历,此时他已成为国民政府上层中亲英美派的代表人物。因此此次出访不论对国民政府或是对宋子文来讲,意义均十分重大。宋子文不仅是国民政府成立以来出访欧美国家职位最高的官员,也是他本人担任公职后的首次出访。对于宋子文来说,更重要的意义在于他可以利用与世界各大国首脑会晤的难得机会,实现其早已萌生的"联合欧美,抵御日本"的策略。

1933 年 4 月 18 日,宋子文一行由上海乘船前往美国,开始了他为期 4 个多月的正式访问,随员包括财政部会计司司长秦汾、财政部秘书黄纯道、中国银行经理贝祖诒、前驻美使馆秘书魏文彬、财政部美籍顾问杨格(Arthur N. Young)等。[②] 其间他相继访问了美国、英国、法国、意大利、德国、比利时等欧美重要工业国家。宋子文此次出访名义上是出席伦敦的世界经济会议,并于 7

---

① "Ingram to Simon"(June 20,1932),*Documents on British Foreign Policy*,*1919—1939*,2ⁿᵈ Series,Vol. 10,London:Her Majesty's Stationery Office,1984,pp. 512 – 513.

② 《大公报》,1933 年 4 月 19 日。

月 22 日与世界上主要用银国及产银国签订了《白银协定》①,但其真正的使命却是寻求欧美各国(主要是美国和英国)的财政援助以及国际联盟的技术合作,具体内容表现在以下几个方面。

1. 签订"棉麦借款"

宋子文一行于 5 月 6 日抵达华盛顿后,随即便开始与总统罗斯福、国务卿赫尔(Cordell Hull)、国务院远东司司长霍恩贝克(Stanley K. Hornbeck)、国会参议院外交委员会主席毕德门(Key Pitman)等人相继举行多次会谈,双方除了对远东国际关系以及关税、货币等问题(其中尤以白银问题为重点)进行了认真的讨论之外,更重要的活动就是 5 月 29 日宋子文与美国财政复兴公司(The Reconstruction Finance Corporation)签署了一笔债额高达 5 000 万美元的信贷合同。由于这笔信贷并非现金交易,而是由美国将其所产价值 5 000 万美元的棉花和小麦交由中国政府销售,这就是所谓"棉麦借款"(Wheat & Cotton Loan)。

2. 计划成立国际咨询委员会

前面曾经提到,1920 年成立的新四国银行团不但未能向中国提供援助,相反却阻碍了各国单独对华贷款。因此宋子文此次出访的一个重要任务就是向欧美各国政府及金融界进行游说,希望成立一个新的机构,或称之为国际咨询委员会(Consultative Committee),来取代原有的国际银行团,其目的则是对中国的经济建设提供援助和贷款。

宋子文在美国签订了棉麦借款协议后即离开美国,并于 6 月 4 日抵达伦敦。在出席世界经济会议之前以及会议期间,他频繁地与伦敦的一些金融家会谈,希望英国的财团投资或贷款,以便使中国能够购买棉纺机器、铁路设备、船只和其他设备。与此同时,他还正式提出要"组织一个类似四国银行团的国际合作机构",其目的则是"为了排除日本"。②

---

① 关于宋子文参加世界经济会议和伦敦《白银协定》的详细情形,可参阅宋子文:《全国经济会议报告》(1933 年 10 月),台北:中国国民党中央党史馆藏中国国民党中央政治会议档案:政 001/73;罗素著,郑会欣译:《院外集团与美国东亚政策——30 年代美国白银集团的活动》第二章,上海:复旦大学出版社,1992 年,第 18—39 页。

② Stephen Lyon Endicott, *Diplomacy and Enterprise: British China Policy, 1933—1937* (Vancouver: University of British Columbia Press, 1975), p. 35.

按照宋子文的计划,这个委员会应有1亿元(相当于1 500万英镑)资本,其中一半由中国承担,另一半则希望从英国或欧洲募集。宋子文强调,中国十分重视与英国商业及财政上的交往,因而迫切希望保持和加强与英国及欧洲的联系。① 委员会的成员应由享有声望的中外财政和金融专家组成,而外国专家必须由中国人来指定,大体上英国和美国各占3名,法国和意大利各1名,但明确表示不得包括日本人在内。作为这个方案的额外条件,宋子文希望该委员会最终能取代于1920年成立的国际银行团的地位,从而可以对中国政府正在进行的复兴计划予以资金方面的援助。② 这样中国既可以在工业与铁路建设方面获得西方的贷款,在政治上又可以建立一个不包括日本在内的国际组织,正符合宋子文"联合欧美,抵御日本"的构想。

接着宋子文又到了巴黎,在向法国当局试探有无可能取得贷款的同时,他也同样提出成立咨询委员会的建议。按照他的解释,这个委员会将由英国、美国、法国、德国、意大利、比利时和中国的专家组成,对中国的经济建设提供意见,他并明确表示希望由法国人蒙内(Jean Monnet)担任委员会的主席。③ 宋子文的这一解释与他在英国的建议有所不同,主要表现在委员会成员的代表性更为广泛,几乎包括了欧美所有重要的工业国家,而且还强调必须有中国代表参加;但即便如此,委员会成员的名单中也不包括日本在内。

7月14日,正在意大利首都罗马访问的宋子文为了筹组对华投资的国际财团,特地打电话给伦敦的颜惠庆,当晚颜惠庆即携宋子文的亲笔信会晤美国国务卿赫尔(Cordell Hull)。宋子文在信中明确地表示,中国政府希望立即推进经济振兴的计划,并且希望同以往与中国经济发展有联系的国家进行合作。在他看来,达到这一目标的第一个步骤就是成立由中外人士共同组成的咨询委员会,其成员除了中国之外,还应包括美国、英国、法国、德国和意大利的代表。宋子文并指出,他已同拉蒙特交换了意见,而且蒙内也已经接受了他的邀请,同意出任该委员会的主席,即将前往中国,"中国方面将向他提供一切便利,以使委员会的工作迅速和有效地开展"④。

---

① Simon to Lampson (July 4, 1933), *Documents on British Foreign Policy*, *1919—1939*, Second Series, Vol. XX, London: *Her Majesty's Stationery Office*, *1984*, pp. 24 - 25.

② Borg, *The United States and Far Eastern*, p. 63.

③ Endicott, Diplomacy and Enterprise: *British China Policy*, *1933—1937*, p. 35.

④ 转引自吴景平:《宋子文政治生涯编年》,福州:福建人民出版社,1998年,第272—273页。

世界经济会议闭幕之后,宋子文又于 7 月下旬访问了柏林,其间相继会见了德国外交部代表米歇尔逊(Erich Michelsen)和西门子公司的代表莱斯(Reyss)及徐莫凯(Schmulky)。会谈中除了提及邀请德国参与中国工业和通信事业的投资以外,宋子文也同样提出成立咨询委员会的计划。对此德国方面原则上表示同意,德国国家银行副总裁德莱士(Friedrich Wilhelm Dreyse)还建议由国家银行副经理谢普尔(Hans Schippel)作为德国方面的代表参加委员会的工作。①

在宋子文的游说之下,国际银行团中最主要的两个成员即美国的拉蒙特和英国的艾迪斯爵士(Sir Charles Addis)都有些心动,表示愿意考虑这个计划。他们相信,通过秘密途径或许能够解决中国的债务问题。甚至原本竭力反对向中国提供借款的美国国务院远东司的官员们也都同意这个设想。② 然而宋子文的这一计划却最终未能实施,其主要原因则是来自日本方面的破坏与干扰。

3. 寻求国际联盟的合作

宋子文访问欧洲的另一个任务就是寻求国际联盟技术上的支持与合作。③

中国是国际联盟的创始国之一,并曾一度担任过国联理事会的非常任理事国(1925—1928)。在北京政府时期,国联即有意同中国政府进行有关卫生防疫方面的合作,但因当时中国内战频仍,政局混乱,中央政府自顾不暇,合作之事便不了了之。④

国民政府成立后,国联先后派遣国际劳工局局长汤姆斯(Albert Thomas)、副秘书长爱文诺(Joseph A. C. Avenol)访问中国。当时虽未正式谈及具体合作计划,但爱文诺应允"愿将中国之政治精神与文明建设介绍予国联各国",并表示中国若有需要,国联当协助经济建设,尽量使其渐上轨道。⑤ 在这之后,国联又两次派遣卫生部部长拉希曼(Ludwig Rajchman)来华考察卫生合作计划。为了进一步加强双方合作,在拉希曼的推荐之下,1931 年 1 月 7 日,国民政府

---

① 郭恒钰等主编:《德国外交档案》,台北:"中央研究院"近代史研究所,1991 年,第 125—126 页。
② Borg, *The United States and Far Eastern*, p. 91.
③ 关于这一时期国联与国民政府合作的情形,可参阅张力:《一九三〇年代中国与国联的技术合作》,《"中央研究院"近代史研究所集刊》第 15 期下册(1986 年),第 281—314 页。
④ 吴秀峰编:《中国与国联技术合作之经过》(油印本,1933 年 12 月),全国经济委员会档案:四四(2)/240。吴秀峰曾担任国际联盟卫生部秘书,多次陪同拉希曼访问中国。
⑤ 《申报》,1929 年 3 月 20 日,第 7 版。

主席蒋介石、财政部部长宋子文联名邀请国际联盟财政经济部部长沙尔特（Arthur Salter）和交通运输部部长哈斯（Robert Haas）来华。① 这三位国联技术部门首脑的来访，为中国与国联之间奠定了技术合作的基础。

在这之后不久，宋子文又以行政院副院长的名义致电国联秘书长，说明中国政府已决定成立全国经济委员会，并正式要求国联派出顾问，协助该会的组织、设计及开办各项建设计划，包括帮助中国物色顾问、培训专门人才、改进中国的教育制度等，电文并强调："如遇必须多数国家国际上之合作及联络政策，始可排除中国发展上之阻碍时，中国可自动提请国联为相当合作。"②

1931 年 5 月 18—23 日召开的第 63 届国联行政会议讨论并通过了中国政府的这一请求，日本代表芳泽谦吉在动议中虽然表示日本"对于南京中央政府之努力十分同情，准备予中国以充分的贡献"，但他却认为这个计划应该是纯粹技术性的，不含有任何政治背景，而且他还强调国联日后将会邀请日本参加这一合作。③

然而几个月之后，日本相继发动了九一八、"一·二八"事变，其对国联予以中国技术合作的态度立即发生变化，即由表面同意而改为公开反对了。由于国联面对日本的入侵只能做到口头上的谴责，并不能对侵略者加以制裁，很可能是出于这方面的考虑，国联开始加强对中国的技术合作，或许他们认为只要中国能够坚持与国联合作，便可增强实力，逐渐消除危害中国的因素。然而这一切也正是日本所极不愿意见到的结果。

因此，宋子文 1933 年访问欧洲的一个重要任务就是继续寻求国联的支持。6 月 28 日，宋子文代表中国政府致函国联秘书长，函中首先回顾了几年来中国与国联的技术合作情况，接着列举了今后的规划，其中最重要的内容就是要求国联委派技术代表常驻中国，以保证合作正常有序地进行。④

7 月 3 日，国联第 74 次行政会议讨论了中国政府的要求，并拟在国联内部组织一个中国技术合作委员会。出席会议的中国代表顾维钧在会前提出，该委员会应由国联的四个常任理事国、四个非常任理事国代表以及国联行政院主席组成，中国代表必与在内，同时也希望美国参加。同日下午的会议通过了

---

①③ 吴秀峰：《中国与国联技术合作之经过》。

② 《宋子文致国联秘书长电》（1931 年 4 月 25 日），转引自吴秀峰：《中国与国联技术合作之经过》。

④ 《中国外交年鉴》，上海：生活书店，1934 年，第 172 页；又见《顾维钧回忆录》第 2 册，北京：中华书局，1985 年，第 251 页。

该委员会的人选,即由国联行政院主席和中国、英国、法国、德国、捷克、意大利、挪威、西班牙等 8 国代表组成,并建议必要时可邀请其他国家委派代表参加工作。① 这实际是为日后美国的加入扫除障碍。

7 月 18 日,国联这个新成立的委员会于巴黎召开了第一次会议,宋子文、顾维钧代表中国政府参加会议。美国虽然不是国联的成员,但也派出代表列席会议,参加讨论。会议一致通过委派拉希曼为国联驻华技术代表,充任"中国经济委员会与国联主管机关关于技术合作的联络员",并对其职务作出了具体规定。② 至此,宋子文访问欧美、寻求西方援助的尝试总算是有了一个结果。

四 日本反对西方援华

日本最初对宋子文在美国的活动并不十分注意,甚至对中美两国签订的棉麦借款也不大理会。在棉麦借款协议正式公布的 10 多天之后,日本政府的决策机构即认为,棉麦借款与其说是美帝国主义对中国扩张的一个例子,还不如说是美国为解救本国因大萧条而受到严重打击所采取的措施;对于中国来说,这笔借款的作用也仅仅是暂时"注射了一针兴奋剂",而且看来美国和其他国家也不会继续向中国提供类似的贷款。因此对于日本来说,最好的方法还是不要急于公开表示反对。③

然而,当日本政府了解到宋子文在美国以及欧洲各国的活动并非只限于一笔借款,而是有意图全面寻求西方政治、经济、军事、技术的援助,特别是获悉宋子文欲联合英、美、法等国成立一个咨询委员会来取代四国银行团的地位却将日本排除在外时,日本的态度就由暂时的克制转为公开的破坏和干涉了。7 月 17日,日本外相内田康哉向驻美大使出渊、驻英大使松平、驻法大使长冈、驻德大使永井等发出训电,令其立即分别与所在国进行交涉,要求各国不得"以购买武器或财政的援助为目的"向中国提供借款;并进而威胁说,如果各国对此不予理睬,"则将来中国藉此关系国之经济的援助,而敢为反满抗日方策之际,我方则有继

① 《顾维钧回忆录》第 2 册,第 253—254 页。
② 吴秀峰:《中国与国联技术合作之经过》。
③ 日本外务省档案:《亚洲事务局第一科拟定之备忘录》(1933 年 6 月 15 日),转引自入江昭等编:《巨大的转变:美国与东亚,1931—1949 年》,上海:复旦大学出版社,1991 年,第 83—84 页。

续行使前于满洲、上海两事变曾经表示毅然的自卫行动之意向。关于为此所引起日华纷争之再发,其责任应由援助国分担"。[1] 7 月 28 日,内田外相在致驻华公使有吉明的电报中则更明确指出:"我方历来主张,日支问题应由两国间直接交涉处理,决不允许第三国介入。而且,如果要增加对华援助的话,一定要排挤其他各国,而由日本独自进行,或者至少应在日本同意之后,诸国方能协商进行。这是希望支那安定并对保持远东和平负有重任的帝国理应采取的不可动摇之态度。"[2] 不久,日本驻美大使出渊胜次即奉命向美国国务卿表示,美国向中国"出售棉花和小麦可能会严重影响日本",因此今后美国"在采取任何将要或有可能影响日本利益的步骤之前,必须先同日本进行协商"。[3]

日本政府还采取种种方式,企图阻止棉麦借款的顺利实施。广田弘毅出任外相之后,更加明确地规定所有日本在华纺织厂一律不得进口美棉。10 月 21 日,广田在给驻华公使有吉明的电报中明确指出,如果美棉价格确实要比其他种类的棉花便宜,那么劝说这些工厂不去购买美棉可能很困难;但还是应该告诉他们必须"服从政治上的指导",以便"在事实上中止"棉麦借款。10 月 23 日,广田又致电驻美大使出渊,明白表示"我们的希望是事实上消灭这个借款计划"。[4] 日本政府的直接干预给棉麦借款的实施带来很大困难。

与此同时,日本也对宋子文提议设立咨询委员会的计划进行破坏。在四国银行团中日本代表野原大辅的游说之下,美国和英国金融界的态度开始发生变化。美国摩根公司的拉蒙特首先拒绝参加咨询委员会,因为他的公司在日本有大量的生意,所以他不能不考虑日本的反对立场。[5] 野原向英国汇丰银行的艾迪斯爵士强调,考虑到日本在远东的特殊地位和影响,不能成立这样的组织;退一步说,即使这个委员会成立了也不会具有什么权威性和有效性,相反只能导致中日之间关系的紧张。[6] 英国方面同样不愿意得罪日本,所以也拒

---

① 《外交月报》第 3 卷第 5 期,1933 年 11 月 15 日;又见《汇编》第五辑第一编《外交》(一),第 106—107 页。

② 转引自伊豫谷登士翁:《アメリカの对华棉麦借款と日本》,载小野一郎、吉田肃编:《两大战间期野アジアと日本》,日本东京:大月书店,1979 年,第 109—110 页。

③ *Foreign Relations of the United States*, *1933*, Washington:D. C. Government Printing Office,Vol. III,p. 508.

④ 参见细谷千博:《美国与三十年代中期的东亚:棉麦借款》,载入江昭、汪熙主编:《巨大的转变,美国与东亚(1931—1949)》,第 75—91 页。

⑤ Borg, *The United States and Far Eastern Crisis of 1933—1938*, p. 64.

⑥ *Foreign Relations of the United States*,1933,III,Washington:Government Printing Office,pp. 505 - 506.

绝参加咨询委员会;甚至当汇丰银行有意对中国进行贷款时,英格兰银行总裁就立即加以反对,他认为这样做会失掉英国的重要地位,也会丧失以后向中国贷款的权利。[①] 8 月 25 日,日本驻美使馆参赞武富敏彦正式向美国国务院提出日本反对成立咨询委员会的理由。在日本方面看来,成立所谓这个国际机构是令人不愉快、不成熟,并且注定会遭到失败的;而没有日本参加,任何这类方案都不可能取得成功。[②] 日本的这种态度虽然蛮横无理,但却达到了它的目的,欧美各国都不愿意得罪日本而损失本国的利益。由于英国和美国不予合作,这个计划很快便胎死腹中了。

国联援助中国的计划也同样引起日本的猜忌,因为在日本人眼中,国联派驻中国的代表拉希曼是个著名的反日分子,九一八事变后他曾积极促成中国政府就日本入侵东北向国联提出交涉,而且国联新成立的这个委员会竟然没有日本的代表(尽管此时日本已经退出了国联),这也使得日本政府极为不满。为此日本外务省曾致电国联秘书长爱文诺,力谋阻止拉希曼来华。[③] 在其计划未能得逞后,日本政府又发表声明,认为国联此种援助"殊有助长以夷制夷之嫌",并警告说,若日后合作出现任何政治活动迹象,日本"自有采自卫手段之准备"。[④] 以后大量的事实都说明,日本政府确实对中国寻求西方援助的努力加以种种破坏和干扰,而 1934 年 4 月 17 日的所谓"天羽声明",就是日本反对西方和国联对中国进行援助的明显事例。

五　争取外援的努力

1933 年 8 月 12 日,宋子文由美国的西雅图乘船回国,途中虽然经过日本的神户和横滨,但他都同数月前出国时一样,既未离船上岸,也未接受日本记者的采访。8 月 29 日,宋子文一行抵达上海,立即受到英雄式的欢迎。此次出访历时 4 个多月,其间所见所闻对宋子文的思想产生了极大的影响。他曾深有感触地说:"子文多感于世界经济、文化、国防,凡百施政之突飞猛进;内忧于

---

① Endicott, *Diplomacy and Enterprise: British China Policy*, 1933—1937, pp. 36 - 37.
② *Foreign Relations of the United States*, 1933, Ⅲ, p. 512.
③ 芸生:《一周间国内外大事述评》,《国闻周报》第 10 卷第 30 期(1933 年 7 月 31 日),第 6 页。
④ 蒋廷黻:《东京的警告》,《独立评论》第 61 期(1933 年 7 月 30 日),第 3—4 页。

近年我国天灾人祸之纷至沓来,认为立国之道,惟以国民经济为中心,而以国家全力维护与发展之。"①此时的宋子文可谓踌躇满志,意气风发,决心利用这次出访归来的影响一展拳脚,实现他"联合欧美,抵御日本"的抱负。

在宋子文的积极活动下,已经筹备两年多的全国经济委员会终于正式成立。9月23日,国民政府修订该会的组织条例,规定全国经济委员会直隶于国民政府,其职责为设计审定国家经济建设或发展计划,核定其经费并予监督指导,对于特定的经济建设发展计划则负有直接实施之权;同时委任汪精卫、孙科、宋子文三人为常务委员。10月4日,全国经济委员会正式宣告成立。②

然而,此时中国国内的情况却发生了变化。在宋子文出访欧美期间,中日两国之间签订了《塘沽协定》,国民政府内亲日派的势力不断上升,并且逐渐占据主导地位,必然会与以宋子文为代表的亲英美派在政见上产生分歧。在这种情形之下,宋子文还未来得及贯彻他那一整套计划时,10月28日便黯然下台,辞去了行政院副院长和财政部部长的职务。尽管宋子文辞职的因素有很多,但他的外交与财政方针与当政者发生牴牾确是导致他下台的一个重要原因。③

与此同时,宋子文欧美之行所取得的成果也遭到严重挫折。

就在宋子文回国后不久,根据棉麦借款的协议,第一批美棉运抵上海。然而与宋子文设想的结果恰恰相反,当年中国的棉花获得丰收,国内原棉本已供过于求,遑论美棉;再加上日本政府命令所有驻华纱厂不得购买美棉,致使美棉的销售更加困难。在这种情形之下,中方不得不要求美方将美棉的债额从4 000万美元降到1 000万美元。

关于宋子文抱有极大希望的成立所谓咨询委员会的建议,到头来也只不过是他一厢情愿的想法,英、美等西方国家虽然起初对此计划尚有一些兴趣,然而一旦遇到日本的强烈反对,他们就生怕会损害本身的利益而退缩不前;随着宋子文的下台,这个计划也就立刻烟消云散了。

相对来说,国联对中国的技术援助还是发挥了一定的作用。宋子文虽然辞去了行政院和财政部的职务,但这并不意味着他已经脱离了国民党的政权,此时他仍担任全国经济委员会的常务委员,并新任国民政府委员,并没有完全离开政

---

① 《国闻周报》10卷35期,1933年9月4日。
② 《全国经济委员会成立纪要》(1934年2月21日),《汇编》第五辑第一编《财政经济》(一),第89页。
③ 有学者对宋子文辞职的原因进行过深入的分析,参见吴景平:《宋子文评传》,福州:福建人民出版社,1992年,第213—214页。

治舞台,因此仍继续推动与国联的合作。1933 年 10 月 3 日,拉希曼如期抵达南京,就任国联驻华代表,其间拉希曼除了帮助全国经济委员会聘请外国专家担任顾问外,还随时将全国经济委员会所举办的事业向国联秘书处汇报。1934 年 5月,拉希曼于日内瓦出席国联中国技术合作委员会的会议时发言,这就是著名的《拉希曼报告书》。在报告书中拉希曼主张加强国联与中国的技术合作,使中国逐渐富强。此举立即遭到日本的激烈反对,日本政府公开宣布,任何对中国的经济财政援助均不能成功,因为任何国际财政援助都会增加中国的债务负担。[①] 虽然当时国联对日本的态度并未加以理会,但当拉希曼一年任期结束回国后,国联就不再续派代表常驻中国,这实际上就是屈服于日本的压力。

宋子文 1933 年的欧美之行事事、处处都受到当时国际关系、特别是远东局势的制约,很明显,宋子文"联合欧美,抵御日本"这一设想未能实施的主要原因是日本当局粗暴干涉和破坏的结果,这也彻底暴露出日本帝国主义侵略中国的野心,同时也让人们清楚地看出英、美等西方国家为了保护本国的利益屈服于日本压力的利己立场。然而,尽管宋子文此次出访未能完全达到其预期的目的,但这一行动的本身却明确地向欧美各国表明中国迫切需要外援的愿望。在这之后,中国政府也相应采取一系列措施,譬如自 1934 年起重新确立整理外债的方针,开始全面清理各类债务,债信随之提高;1935 年 11 月财政部实施币制改革,放弃银本位,统一发行货币,国民经济全面好转;而投资环境的改善,亦为引进外资扫除了障碍。与此同时,暂时"下野"的宋子文并不甘于寂寞,或许他还认为"在野"之身份对于他从事经济活动可能更为有利。此时的宋子文除了以全国经济委员会常务委员的身份致力于联络国联的对华技术合作之外,更重要的一项工作就是听从访问欧洲时结识的法国银行家蒙内建议,在上海联合各大银行发起创办中国建设银公司,其目的就是为吸引外资发挥导向的作用。所有这一切努力都产生了积极的效果,在中国,终于在抗日战争全面爆发前夕出现了外国竞相对华投资的高潮。

原载《中国文化研究所学报》新第 7 期,香港:

香港中文大学中国文化研究所,1998 年

---

① 《申报月刊》第 3 卷第 6 期(1934 年 6 月 15 日),第 1 页。

争取西方援助的努力

——孔祥熙 1937 年的欧美之行

1937 年 4 月,行政院副院长兼财政部部长孔祥熙前往欧美各国进行国事访问,时间长达半年之久,其间孔祥熙先后访问了英国、瑞士、意大利、法国、比利时、德国、捷克、美国等欧美主要国家,并与张伯伦、希特勒、墨索里尼、罗斯福等各国领袖会面。表面上看,他是以国民政府特使的名义参加英国乔治六世的加冕典礼,并顺道访问欧美各国,是抗日战争前夕中国政府争取西方援助的一次重要的外交活动。正如孔祥熙在回国后的国民党五届五中全会财政报告中所说,此次出访乃"秉承总理利用外资遗教,吸收国际资金,以充国内生产建设之用,并以年来内债数目几于二十多万万元,拟设法借于低利外资,偿还高利内债,俾社会金融益形活泼,国库支出亦得以稍资弥补"[①]。而实际上孔祥熙欧美之行的目的不仅仅是要吸收外资,用来配合国内正在进行的国民经济建设运动,同时他亦在暗中与各国秘密进行购买军火的谈判,从而为中国政府在即将爆发的对日抗战中为争取外援发挥了积极的作用。

一 孔祥熙出访欧美的背景

要了解孔祥熙此次出访的目的,首先应注意的是抗日战争前夕复杂的国内外政治与经济背景。

从国际方面分析,自 1929 年即困扰西方国家多年的全球性经济危机此时已开始复苏,欧美各大财团又开始寻找和开辟海外市场,中国则正是投资者的

---

① 《国民党五届五中全会财政报告》(1939 年 1 月),《民国档案》1986 年第 2 期,第 70 页。

重要目标。在这场争夺对华投资的竞争中,由于德国不是新银行团的成员,不受对华投资借款种种条款的约束,再加上当时正值德国复兴之际,也刺激其积极寻找向海外投资和扩张的机会,因此德国财团率先进军中国。1934 年 5 月,德国奥托·华尔夫公司与铁道部签订玉(山)南(昌)铁路借款,成为 20 世纪 30 年代西方国家第一个向中国提供贷款修建铁路的国家。[①] 在这之后,英、法、比等国财团亦蜂拥而至,相继与中国签订了宝成铁路(比)、京赣铁路(英)、湘黔铁路(德)、成渝铁路(法)等借款,原本为控制对华借款而成立的新银行团已形同虚设,名存实亡,再也发挥不了垄断的作用,就连一向对中国提供借款极为冷淡的美国财团此刻态度也发生了变化。1937 年春天,美国进出口银行总裁皮尔逊专程访问中国,并与铁道部部长张嘉璈多次洽谈,表示愿意向中国提供大额度的信贷。[②] 美国驻华大使詹森在致国务院的电报中表示,很多外国人都不得不对近年来中国在农业、工业、交通等方面所取得的成绩产生深刻的印象,他相信,"在国民政府领导之下,一个经济发展的时期已经到来"。詹森还报告,中国已得到英国、法国和德国的大笔贷款,因此他建议,美国政府是否也应积极参加对中国的投资。[③] 所有这一切都充分说明,当时西方国家不论是政府还是财团,在对华投资的意向上已发生深刻的变化。[④]

在国内,政治与经济局势亦朝着有利的方向转化,出现了国民政府成立后难得的安定和繁荣局面。

从政治形势来看,自两广事变,特别是西安事变和平解决后,国民党逐步停止内战,国共两党开始进行秘密谈判,政治局势趋于统一,中央政府的威望亦有所提高。1937 年 2 月,国民党五届三中全会召开,对内对外政策都发生了重大改变:在对内政策方面,确立了"和平统一"的方针;对外方面则表示,若日本的侵略"超过忍耐之限度",中国政府唯有"出于抗战之一途"。[⑤]

---

① William C. Kirby, *Germany and Republic China* (California, Stanford University Press, 1984), pp. 194 – 198.

② 姚崧龄编著:《张公权先生年谱初稿》上册,台北:传记文学出版社,1982 年,第 177—178 页。

③ "Johnson to the Secretary of State"(May 7, 1937), The U. S. Department of State, ed., *Foreign Relations of the United States*, *Diplomatic Papers*, *1937*, Vol. IV (Washington, GPO,1954), pp. 592 – 595.

④ 关于这个问题可参阅拙文《试论战前西方对中国投资意向转变的原因》,《史林》2005 年第 1 期,第 109—114 页;后又收入张东刚等主编:《世界经济体制下的民国时期经济》,北京:中国财政经济出版社,2005 年,第 258—269 页。

⑤ 陈兴唐主编:《中国国民党大事典》,北京:中国华侨出版社,1993 年,第 504 页。

此刻经济形势的变化更为明显,由于 1935 年 11 月币制改革的成功实施,带动了整个国民经济的发展,具体表现为物价缓缓上升,失业率明显下降,工农业生产逐步恢复;与此同时,由于政府全面整理外债,开始清还拖欠多年的外债,债信有所提高,国民经济和投资环境都发生了重大的改变。

但从另一个方面来看,此时中国的经济发展也存在若干困难。首先,政府推动的国民经济建设运动刚刚开始,国家计划兴建众多大型现代化企业,在在需要资金,特别是铁路建设急需大批投资。其次,由于南京政府成立之初无法举借外债,只能依靠向国内银行借款,然而历年来内债发行过多,且利息较高,已对国家财政造成严重影响,虽然财政部对于内债刚刚加以整理(发行统一公债),但并未能解决所有问题,需要有强有力的资金作为发展经济的后盾。更重要的是,此刻日本正逐步加紧对华北进行蚕食,侵略中国的野心日益明显,对此国民党内高层亦有较清醒的认识。

处于这种局势之下,国民政府必须在国际上积极开展外交活动,一方面是介绍中国政府的对外政策,了解欧美各国对远东局势的态度,并赢得他们对中国的同情,更重要的则是争取西方列强在财政、经济与军事方面提供援助。时任驻法国大使顾维钧就认为,中国政府目前的注意力就是要满足军事和外交上的需要,重点则是转向欧洲市场,特别是从伦敦、柏林、巴黎和罗马那里寻求财政信贷和借款。[1]

此时正好刚继任英国国王的乔治六世预定于 1937 年 5 月举行加冕典礼,这在英国是一项极为隆重的仪式,不仅要邀请欧洲各国君主和王室人员出席,世界各国亦都会派出重要领导人参加这一盛典。顾维钧听说日本皇太子不仅亲自参加,还计划访问德国,因此他建议南京政府选派重要领导人前往英国,并顺便出访欧洲各国。在顾维钧眼中看来,孔祥熙、宋子文、孙科、王正廷、颜惠庆等都是恰当的人选。[2] 国民政府立即抓住这一机会,组织代表团出席典礼,而作为行政院副院长兼财政部部长和中央银行总裁的孔祥熙,更是担任国家特使的最佳人选,至于副使,最初除了海军部部长陈绍宽之外,军政部常务次长陈诚、军事委员会委员长侍从室主任钱大钧亦曾是蒋介石考虑的对象。[3]

---

① 《顾维钧回忆录》第 2 册,第 337 页。
② 《顾维钧回忆录》第 2 册,第 368 页。
③ 李学通等整理:《翁文灏日记》,北京:中华书局,2010 年,第 122 页。

1937年3月20日,国民政府下令,派孔祥熙为庆贺英皇加冕典礼特使,并以陈绍宽、郭泰祺(驻英大使)为副特使。随后孔祥熙便开始准备出访,他首先组织了一个庞大的代表团,主要人员包括秘书长翁文灏(行政院秘书长);参赞曾镕甫(铁道部常务次长)、诸昌年(江海关监督)、张福运(原财政部关务署署长)、郭秉文(实业部国际贸易局局长)、梅乐和(海关总税务司);秘书张平群、吴景超、杨光泩、陈炳章、陈立廷、胡诒谷;专员唐海安、陈祀邦、乔晋梁、李骏耀、郭泰桢;武官桂永清、温应星、胡献华、周应骢、林遵、沈德燮、王承黻、林献炘;技术人员王家鸿、齐焌、吴健、徐善祥、刘荫茀;译电员原顺伯。[①] 孔祥熙的长女孔令仪和次子孔令杰亦都随团前往欧洲。

孔祥熙此次出访其实包含着深远的政治与经济目的:首先是寻求西方的财政借款,一方面是为了配合国内正在进行的国民经济建设计划,完成新建铁路的融资,同时他还设想向西方举借大批低息外债,用以偿还高息内债;其次是为白银国有化之后的白银寻找出路,这样既可以将白银作为发行货币的准备,又可以此作为抵押,举借新的外债;最后,就是积极向西方各国购买军事物资,为国家增加国防力量,防止和抵御可能发生的外来侵略。

4月2日,孔祥熙率代表团一行30余人自上海搭乘意大利邮轮"维多利亚"号出发,行前蒋介石曾亲自接见代表团,并嘱托孔祥熙"此行使命极为重大,望勉力以赴",表示孔出国期间国内财政事务都将由他本人"亲加注意,务使各事照常进行"。[②] 孔祥熙刚刚启程没有几天,财政部秘书鲁佩璋就给他发去密电,称驻瑞典暨挪威公使王景岐来电报告知,瑞典存银甚丰,且该国银行与实业界均有意对中国进行援助,因而建议"如向此无野心之国家告贷,可济急无患"[③]。这就说明孔祥熙此行的真正目的就是寻求欧美各国的借款,对象十分广泛。

此次行程甚长,孔一行先抵达香港,途经菲律宾的马尼拉、新加坡、锡兰的哥伦坡、印度的孟买、埃及的赛特港,再经意大利、捷克和德国。沿途孔祥熙一行先是乘船各处游览,并会见各国领袖,到了欧洲再换乘火车,终于在20多天

---

① 《孔祥熙关于修订后随行赴英人员名单致外交部函稿》(1937年3月25日),中国第二历史档案馆藏财政部档案:三(2)/4885。翁文灏所记的名单与此略有不同,见《翁文灏日记》(1937年4月3日),第125页。

② 《孔祥熙等首途赴英》,《国闻周报》第14卷第14期(1937年4月12日),第55—56页。

③ 《鲁佩璋致孔祥熙密电》(1937年4月6日),《民国档案》1992年第1期,第22页。

后的 4 月 27 日抵达英国的维多利亚车站，受到英国政府的隆重欢迎。5 月 4 日，郭泰祺大使在酒店设宴为代表团接风，多位英国内阁成员出席。宴会中外相艾登表示，英国非常愿意协助中国振兴，中国需要什么方面的援助，英国都会考虑；但他又提醒"经济建设尚系试验时期，西方方法可学，中国旧法亦可存"[①]。其后孔氏一行参加了英皇乔治六世的加冕典礼，并与英方进行多次会谈，同时还在伦敦参观演讲，5 月 25 日离开伦敦前往日内瓦[②]，开始了他对欧美各国的正式访问。

二　与英国洽商借款

5 月 12 日是孔祥熙此行的重头戏，他率领中国代表团参加了英皇乔治六世的加冕典礼，随后便开始进行其他官式活动。5 月 21 日起，孔祥熙偕郭泰祺大使访问英国财政大臣张伯伦，就中英经济合作事宜开始进行谈判，而铁路借款则是谈判的主要内容。

1935 年 11 月国民党"五全"大会后政府予以改组，一些知识分子和专业人士加入政府，其中张嘉璈出任铁道部部长后便开始全面清理铁路债务，他的目的就是计划大规模引进外资修筑铁路，其中与英资有关的是兴建广（州）梅（县）铁路和浦（口）襄（阳）铁路。然而除了资金之外，修建铁路还面临其他几个重大的难题。

首先是如何避免日本的干扰。日本早就企图在华南投资兴建铁路，而且潮汕铁路历史上亦存在日本借款的遗留问题。中方深恐日本以共同投资的理由将势力侵入广东，决定仿照川黔铁路公司办法，成立商办的广东铁路公司，再由中国建设银公司与汇丰银行在香港和英国发行债券。1937 年 1 月 2 日，张嘉璈开始与汇丰银行代表卡塞尔、中英银公司代表台维斯及英国驻华大使馆财政参赞霍伯器等人洽商具体借款条件，然而借款谈判刚刚开始，日本驻南

---

① 《翁文灏日记》（1937 年 5 月 4 日），第 132—133 页。
② 郭荣生编著：《民国孔庸之先生祥熙年谱》，台北：台湾商务印书馆，1981 年，第 122—125 页。本文引述孔祥熙欧美之行的具体行程，基本参照此书，但该书与《翁文灏日记》对照，有许多记载是错误的，如孔到伦敦的时间应是 4 月 27 日，《年谱》却说是 5 月 3 日；孔离开伦敦的时间是 5 月 25 日，《年谱》则记为 5 月 20 日。

京总领事就向张嘉璈询问详细情形，日本驻广州总领事更公开向广州市长曾养甫（同时兼任铁道部政务次长）表示要参加广梅铁路借款，他甚至宣称日本完全可以单独提供筑路材料。[1]

其次就是四国银行团问题。第一次世界大战结束后英、美、法、日四国成立新银行团，其目的就是要垄断对华借款。虽然此时德国已率先向中国提供铁路借款，其他各国亦都相继开始对华投资，但新银行团的存在，始终是中国大规模引进外资的一个重大障碍。此时英国已意识到这一问题，1937年2月，英国曾向美国发出照会，认为银行团的存在不但没有完成其创立时促进中国经济发展的宗旨，相反却成为其中的障碍。[2] 因此英方希望以广梅铁路为契机，取消四国银行团这样一个名存实亡的机构。

最后一个问题来自国内。原先铁道部商议广梅铁路借款将以盐税附加税作为第一担保，但这一建议却遭到财政部的反对，孔祥熙主张借款应集中进行，不要各自洽谈。因此正在国内与英方谈判借款修建广梅、浦襄铁路的张嘉璈致电孔祥熙，称已将浦襄铁路借款暂缓签字，"留待吾公大计划成立，归并办理"[3]。

蒋介石非常关心孔祥熙在英国的谈判，并经常予以指示。孔祥熙曾向驻德大使程天放提及，他在英国的三个星期中，就曾与蒋介石亲自通过四次长途电话，声音很清晰。[4] 虽然他没有提及谈话内容，但其中肯定会涉及借款的问题。孔祥熙刚到伦敦不久，蒋介石就致电孔，说他已在上海与英国大使会面，英方对于中英"经济、军事合作甚表赞成"，只要双方"在英开诚谈判，必有效果"；但是英方还是强调两点："甲、经济合作须有担保品；乙、合作注重精神，不在文字，以免各国嫉妒。期能以此奠定两国永久友好之基础，确保东亚之和平。"蒋在电报中还特别提到对日本的外交方针，即"决不放弃正当交涉之途径，只要日本放弃其无条约所夺取之权利及其非法活动，如彼能取消冀东、察北伪组织与彻底停止走私等事，不妨碍中国在华北行政主权之完整，勿使华北特殊化，则其他一切我政府必经合法手续与正当途径进行"。并指示孔"可在

① 张嘉璈：《抗战前后中国铁路建设的奋斗》，台北：传记文学出版社，1974年修订本，第73—74页。
② "The Charge in the United Kingdom to the Secretary of State"(February 10, 1937), *Foreign Relations*, 1937, Vol. IV, pp. 568-569.
③ 《张嘉璈致孔祥熙电》（1937年5月12日），《民国档案》1992年第1期，第24页。
④ 程天放：《使德回忆录》，台北：正中书局，1967年，第173页。

英表示即如以上之意,如日愿英从中保证,则中国亦所愿矣"。①

除了铁路借款之外,孔祥熙其实更关注的还是金融借款,而军方亦希望得到军事方面的援助。5 月 14 日,训练总监部交通兵监兼通信兵监徐庭瑶致电孔祥熙,说是接到蒋介石的命令,今年要成立战车营,因而请他速向英国威克斯厂订购"六吨车三十四辆,四吨车十八辆,每车均装无线电"②,同时再向英国马太公司订购一批修车机器。5 月 15 日,蒋介石再次电告孔,称已正式通知英国大使,"关于中英合作之谈判,已授兄在英全权协商,嘱其转告英政府"。他还指示孔应尽量争取军事方面的援助,譬如"海军部分可属厚甫(陈绍宽)酌拟办法,然最多先订小号潜水艇一队,共四艘,其他如要塞炮、高射炮、鱼雷快艇、水雷、坦克、战车等,须待其英国首相顾问来华后面商再决,顾问员额亦然。但其军械价目总数大约在五百万镑至一千万镑之数,言明六年以后开始还本"。③

孔祥熙在英国的谈判尚未结束,5 月 25 日就离开英国前往欧洲其他国家进行访问,但他对谈判的结果似乎相当乐观。孔祥熙在日内瓦致外交部部长王宠惠的密电中称:"此次使英,所有印象甚好,各方对我态度极佳,此固因我年来诸事进步,然复初兄(郭泰祺)联络力亦不少。艾登迭次对我表示好感,谓英日谈判由日主动,但英必以有利吾国为前提。新任首相张伯伦亦谓,无论如何,决不使有损吾国主权,且当乘机为我臂助。至与日谈判情形,将对我一切公开。"接着孔祥熙告诉王宠惠他到日内瓦的任务是:"一、藉机与各国代表联络感情;二、藉晤驻欧各使,报告国情;三、探询各国实情及其对外方策,以备参考。"④5 月 29 日他在罗马发给财政部政务次长邹琳和常务次长徐堪的电报中亦称:"此次来京,甚受欢迎,我国信用现已恢复,向我投资不成问题,惟其条件则待研究。伦敦市面近因所得税纠纷及罢工风潮,稍受影响,惟不久即可过去,无关大局。"⑤同日他又致电张嘉璈,称"铁路借款,英欲正式以关、盐担保,此事关整个问题,似不宜枝节处理,且急则条件苛,于我无利。现正积极进行,

① 《蒋介石致孔祥熙电》(1937 年 5 月 9 日),秦孝仪总编纂:《总统蒋公大事长编初稿》卷四(上),台北:财团法人中正文教基金会,1978 年,第 36 页。
② 《徐庭瑶致孔祥熙电》(1937 年 5 月 14 日),《民国档案》1992 年第 1 期,第 24 页。
③ 《蒋介石致孔祥熙电》(1937 年 5 月 15 日),《总统蒋公大事长编初稿》卷四(上),第 37—38 页。
④ 《孔祥熙致王宠惠电》(1937 年 5 月 27 日),中国第二历史档案馆藏财政部档案:三(1)/98。
⑤ 《孔祥熙致邹琳、徐堪电》(1937 年 5 月 29 日),中国第二历史档案馆藏财政部档案:三(1)/98。

不久当有具体决定,已嘱镕甫兄在英斟酌办理,将来如何,再行电达"①。

孔祥熙在访欧期间曾向其他国家通报了他在英国借款的情形,美国驻法国大使布里特在向国务院的报告中说,孔祥熙于 6 月 2 日晚间两人会晤时曾向他透露,英国表示愿意提供长期借款资助中国各种修建铁路的计划,条件是必须购买英国的器材和设备;孔回答说,除非英国提供的条件要比其他国家优惠,否则他不会对这类借款感兴趣,因为在分期付款的原则下,中国可以从世界各国购买铁路器材。孔认为,只有英国提供大约 12 000 万镑(约合 20 亿元法币)的借款,方可以收回国内发行的高息内债。当时内债利率多为 6 厘或 8 厘以上,孔希望举借年息 4 厘的大批外债,这样仅支付利息每年就可以节省 8 000 万元法币,同时也可以平衡国家预算。孔祥熙还说,英国政府原则上已经同意他的建议,因为这确实对中英两国都有利;但英方又表示,鉴于目前英国的财政状况以及欧洲动荡的局势,他们最多只能提供 2 000 万镑的信贷,并邀请孔访美回程时即予签署协定。因此,孔祥熙向布里特提出,若美国能提供相当于 1 亿镑的借款,那就一定会加强中国政府的地位。②

英方提出的借款条件相当苛刻,包括借款以海关税收为担保;保持并加强现行的海关行政制度,并重新聘用外国人担任海关职员;使用借款必须与中央准备银行顾问商量等内容。③ 蒋介石接到孔祥熙 6 月 5 日发来的电报后,立即致电驻德国大使程天放并让他转告孔,关于"外汇准备借款三项条件,第二项在借款未偿清以前,税务司仍由英人担任一节,可改为'中国税务司如雇外员,则先雇英人',但只可口头约定,不可签订文字,其他两项亦只可口头约定,万不能签约,否则彼显有束缚与监督我财政方针,则不如不借也。而且国民亦不能了解"④。蒋介石还提出,除了这笔外汇准备借款之外,是否还能再借一二千万镑的信用物品借款。

6 月 15 日,孔祥熙于德国致电张嘉璈,告诉他广梅借款谈判现仍在积极进行中,但对方提出必须要以铁路收入和盐税余款作为借款的本息担保,"是其

---

① 《孔祥熙致张嘉璈电》(1937 年 5 月 29 日),中国第二历史档案馆藏财政部档案:三(1)/98。

② "Bullitt to the Secretary of State"(June 3, 1937),*Foreign Relations*,*1937*,Vol. IV, pp. 603 – 605.

③ "Bingham to the Secretary of State"(June 21, 1937),*Foreign Relations*,*1937*,Vol. IV, pp. 605 – 607.

④ 《蒋介石致程天放转孔祥熙电》(1937 年 6 月 8 日),《总统蒋公大事长编初稿》卷四(上),第 44—45 页。

条件愈趋苛烈,如开此例,将来贻害甚大,此不能不虑也"①。张嘉璈接到电报后即刻回电提出他的意见,"利息以粤省增收盐税为担保,璈意以为与盐余并无分别,深盼英方谅解,仍维原意,勿再坚持,至本则无论如何必须以铁路收入为担保,否则一经开例,其他合同必将无法办理矣"。张在电报的结尾还忘不了赞扬孔几句:"吾公负国际众望,旌旗所至,各国莫不响风,想一言九鼎,必能俯赐斡旋,俾此事得迅速解决也。"②孔祥熙回电称:"广梅案英变更原意,对铁部担保不信任,[要]求加盐税担保本息,恶例难开。诚如所云,不如静处,徐图转圜。"孔祥熙甚至怀疑英方变更原意"是否沪方有人阴谋破坏"③,要求张嘉璈秘密进行探查。

6月21日,美国驻英国大使贝克汉姆向国务院转呈了英国外交部的一份备忘录,证实了孔祥熙与英国借款的绝密谈判内容。备忘录称,英国政府同意向中国提供借款以稳定中国的货币及健全财政政策,这笔借款的数额应为1 000万—2 000万镑之间,并在伦敦发行债券,希望美国政府对此予以同情和支持。英国外交次官贾德干还说,他曾与日本驻英大使交换过意见,并声明英国政府赞成为了远东的和平与安定,愿与美国、中国和日本进行合作,但决不考虑签订任何形式的特殊协定。④

美国国务院远东司司长霍恩贝克在这份文件上签注,他认为不论从什么角度来看,美国都没有理由不支持这一计划,但是否采取同样的行动,他还是建议应予审慎的考虑。至于英国方面提出解散四国银行团的建议,而据他们观察,其实用不着政府出面干预,美国财团早就有此想法了。霍恩贝克最后还强调,即将前往美国访问的孔祥熙一定会提出借款的问题,他的意见是,至少在开始时,国务院应采取中立的态度。⑤

此时英国正秘密与日本进行谈判,刚由财政大臣升任首相的张伯伦和外相艾登告诉翁文灏,日本要单独在华北投资,但在华南如果有投资的机会,则要求履行四国银行团的协定,必须通知日本共同参加。张伯伦他们虽然表示,英国不论在华北还是华南都有权投资,但若中日交战,"英国立即远避,中国不

---

① 《孔祥熙致张嘉璈电》(1937年6月15日),《民国档案》1992年第1期,第26页。
② 《张嘉璈致孔祥熙电》(1937年6月16日),《民国档案》1992年第1期,第26页。
③ 《孔祥熙致张嘉璈电》(1937年6月17日),《民国档案》1992年第1期,第26页。
④ "Bingham to the Secretary of State"(June 21, 1937), *Foreign Relations*, *1937*, Vol. Ⅳ, pp. 605-607.
⑤ "Memorandum by Hornbeck"(June 25, 1937), *Foreign Relations*, *1937*, Vol. Ⅳ, pp. 608-609.

可空望帮助"①。这就说明,虽然英国有意向中国投资,但为了自身的利益,英国是绝对不愿意卷入远东危机的。

<h2 style="text-align:center">三　订购军火的秘密谈判</h2>

5月25日,孔祥熙结束了英国的访问转赴瑞士日内瓦,在这里他召集顾维钧(法国)、郭泰祺(英国)、程天放(德国)、胡世泽(瑞士兼国联)、钱泰(西班牙)、王景岐(挪威及瑞典)、朱鹤翔(比利时)、金问泗(荷兰)及龚安庆(丹麦)等中国驻欧各国使节,向他们介绍了国内的形势以及在英国谈判的细节,顾维钧等人亦分别汇报了各国的外交状况及其对华政策。在瑞士期间,孔除了拜访瑞士联邦行政委员会主席摩太之外,还在胡世泽的安排下举行宴会,宴请英国外相艾登、法国外交部部长德尔博斯、苏联外交部部长李维诺夫、埃及总理那哈斯、荷兰外交部部长格来夫、拉脱维亚外交部部长曼特士、厄瓜多尔代表葛佛陀等各国外交领袖。② 其后,孔祥熙又访问了意大利、法国和比利时,并先后与意大利首相墨索里尼、外交部部长齐亚诺,法国总统勒白伦、外交部部长台尔、财政部部长奥利沃尔,比利时总理齐兰、外交部部长斯巴克等人会晤。孔祥熙一行6月9日抵达柏林,开始对德国进行正式访问,这也是他此次欧美之行的重点。

战前德国与中国的关系十分密切,德国除了率先向中国提供铁路借款、派遣军事顾问之外,还秘密与中国政府签订易货协定,向中方实施10 000万马克的无限期信贷③,并答应投资建造大型的钢铁厂、汽车制造厂和飞机装配厂。④ 1937年初,德国政府就表示,希望中国政府派遣重要领导人前往德国会谈今后的合作问题,并允诺赠送给中方两艘潜水艇。⑤ 因此此次孔祥熙访德,正是向德国寻求合作,特别是争取军事援助的重要外交活动。

---

① 翁文灏:《一九三七年访问英、德和苏联的回忆》,《文史资料选辑》第1辑,北京:中国文史出版社,1986年,第58页。
② 程天放:《使德回忆录》,第172—176页。
③ 有关第二次世界大战前德国与中国的政治与经济关系,可参阅中国第二历史档案馆编:《中德外交密档(1927—1947)》,桂林:广西师范大学出版社,1994年。
④ 请参阅 William C. Kirby, *Germany and Republic China*, pp. 193 - 206.
⑤ 《翁文灏致蒋介石呈》(1937年2月28日),中国第二历史档案馆藏资源委员会档案:二八(2)/3642。

　　在孔祥熙尚未抵达德国之前，蒋介石即致电驻德大使程天放、武官桂永清，查询购买德国军械事宜，电文曰："前订德械，急要之件，皆未如期交货，究为何故？希立催二公分高射炮与鱼雷、水雷速运来华，并示启运日期，以此等雷炮，德皆存有，如无他故，必能速运也。又孔特使可全权代表政府，如果有合作可能，嘱克兰顾问转告德方，当先与孔特使接洽后，再派军事代表可也。"①

　　在德国，孔祥熙曾参观了克虏伯兵工厂和容克飞机制造厂，并先后与经济部部长兼国家银行总裁沙赫特、空军部部长戈林、外交部次长麦刚森（外长里宾特洛甫出国）等人进行了会谈。6月10日在与沙赫特会谈时，双方除了提及当前国际关系以及德日两国签订协定的内容外，主要还是讨论双方继续进行的易货业务。沙赫特表示，德国在远东没有任何政治利益，并不想在中国获得势力范围，而只希望有一个强有力的中央政府领导下的中国政府，它将为德国的商业提供日益扩大的市场。②

　　6月13日，孔祥熙前往上沙尔兹堡的"鹰巢别墅"晋见德国元首希特勒，中方同行者包括陈绍宽、翁文灏、桂永清及驻德大使程天放，双方会谈了大约一个半小时。关于中德关系两人只是泛泛交换了各自意见，并未深入洽谈。希特勒认为："德国与中国乃至所有远东国家的关系，是建立在商业基础上的，德国是工业国，中国则富有原料和农产品，两国关系自然有赖于互利的货物交换。"他指出，德国在远东没有任何政治上、领土上的目的，唯一的愿望就是开展商业活动。希特勒还强调共产主义对全世界，特别是对西欧的威胁，因此必须要与布尔什维克作战。③

　　6月14日，蒋介石在致孔祥熙的电报中指示，关于中德以货易货之事，中国应有驻德主办人，要求立即指定驻德商务专员谭伯羽担任，并通告德方，以后易货手续皆由谭伯羽负责主持。④ 6月19日，蒋介石又致电翁文灏，嘱其与德妥商"续购轻战车一百二十辆，零件在内，十五榴加农炮八门，炮弹照配如前"⑤。

　　尽管孔祥熙访问德国期间曾遇到过一段不愉快的插曲（主要是与戈林的

　　① 《蒋介石致程天放、桂永清电》（1937年6月2日），《总统蒋公大事长编初稿》卷四（上），第42页。
　　② 《沙赫特备忘录》（1937年6月10日），《民国档案》1994年第3期，第60—61页。
　　③ 《德国外交部第八司司长施密登备忘录》（1937年6月15日），《民国档案》1994年第3期，第61—62页。关于希特勒与孔祥熙的会谈经过，还可参阅程天放：《使德回忆录》，第190—192页。
　　④ 《总统蒋公大事长编初稿》卷四（上），第50页。
　　⑤ 《总统蒋公大事长编初稿》卷四（上），第52页。

会晤),但总的来说,此行还是取得预期效果,既得到德国最高元首维持两国外交关系的许诺,同时又获得财政经济,特别是军事物资方面的支持。孔祥熙离开德国前往美国继续访问之后,6月28日,在中德易货贸易中具有重要地位的德国商人克兰亲自给蒋介石发来一封长电,详细介绍了孔祥熙此次德国之行的收获。具体包括:德国同意继续以合步楼公司出面向中国提供武器,并统一由中国军政部或由其指定的机关接洽办理,中国则以国内农矿产品予以补偿;同时德方还同意派遣军事和技术专家来华工作。此外双方还需洽谈成立中德银行以及德国援助中国兴建钢铁厂与炼油厂等具体事宜。[①] 顺便提及的是,孔祥熙此刻在德国洽购的军火,不久后即装船运往中国,这对于抗战初期中国军队的抵抗侵略发挥了重要作用。

除了德国,捷克也是中国在欧洲购买军火的另一个重要国家。捷克在欧洲虽然是个小国,但其机械制造业却相当发达,特别是布尔诺、斯科达等兵工厂生产的武器更是久负盛名,而且价格较为低廉,因此早在20世纪20年代东北军和中国的其他军阀就曾向捷克购买过大批军火。据统计,1927年至1928年间,捷克向国外出售的武器总价值为8 500万克朗,其中卖给中国的武器就高达6 200万克朗。南京国民政府成立后,新政权不仅积极向捷克的兵工厂购买武器,而且还计划在湖广铁路沿线建立一个年产6 000枝机枪的兵工厂,要求捷克的布尔诺工厂提供技术合作。经过谈判,布尔诺厂同意提供其生产的Zb－26型轻机枪的技术资料,并派遣专家来华指导工厂的设计工作。[②]

6月19日,军政部兵工署署长俞大维致电孔祥熙,说蒋介石原有计划向捷克洽商建造机关枪工厂之事,现又同意先向捷克定购5 000枝轻机关枪。因为三年前孔祥熙就曾代军政部订购该款轻机关枪,因其“价既廉,质尤优良,至今为各师长所称道”[③]。因此孔祥熙在结束欧美访问之前,又曾于8月2日代军事委员会向捷克兵工厂订购一批军械,总价值为1 611 000英镑。[④]

孔祥熙在欧洲之行的最后回程中,于8月14日访问了布拉格,并与捷克

---

① 《克兰致蒋介石电译文(影印原件)》(1937年6月30日),《近代中国》第45期,台北:1985年2月28日,第109—113页。

② 伊凡娜·巴凯绍娃:《抗日战争时期(1937—1944)的捷中关系》,《国外中国近代史研究》第17辑,第196—200页。

③ 《俞大维致孔祥熙密电》(1937年6月19日),《民国档案》1992年第1期,第26页。

④ 《孔祥熙手谕》(1937年8月2日),转引自洪葭管主编:《中央银行史料》上册,北京:中国金融出版社,2005年,第229页。

总统爱德华·贝奈斯在总统别墅里进行了会谈,此刻淞沪战争刚刚爆发。其后孔祥熙即与斯科达工厂签订了新的协定,根据这一协定,中国将得到捷方1 000万英镑的信贷,并可用这笔信贷支付从捷克斯洛伐克购买的铁路、飞机、采矿及钢铁厂等机械设备,以及"斯科达工厂生产的其他商品"(其实就是军事武器)的款项。日本在得悉这一情报后立即进行阻挠,日本驻布拉格公使对斯科达工厂提出,在中日冲突结束之前,上述信贷不能兑现。尽管捷方对于日本的无理要求感到吃惊,但最后还是表示同意,因此这笔信贷最终并没有实现。①

9月3日,孔祥熙在结束访问德国之后曾致信希特勒表示感谢,并希望他注意日本在东亚的强权政策给德国经济所带来的不利后果,因为这样德国会失去东亚的原料来源和销售市场。孔祥熙还指出,为了进一步发展两国之间的经济关系,中国政府愿意相对于德国商品供应,而特许德国在华开采重要矿藏,并平衡外汇交易逆差。② 但其时日本已开始发动全面侵华战争,德国对中国的政策亦出现微妙的变化。

四 寻求与苏联的合作

自从1933年中苏两国恢复外交关系之后,中国政府即开始加强对苏联的联系。面对着日本对华侵略的步步紧逼,蒋介石希望能与苏联签订一项两国结盟的互助条约,即缔结反对日本的军事同盟;但苏联却拒绝这一建议,他们认为,在目前面临德国入侵的威胁之下,苏联必须避免同时在两条战线上作战,因此只同意与中国签订互不侵犯条约。同时,由于苏联在世界危机冲击下不但经济没有衰落,反而稳步上升,引起国府高层中对其实施的计划经济体制大感兴趣,因此孔祥熙原计划趁此次外访的机会顺道访问苏联,没想到却遭到苏联政府的婉拒。但是孔仍然坚持约见苏联驻华大使鲍格莫洛夫,就在孔祥熙正式出访的前一天(4月1日)晚上,两人在上海进行了秘密会晤,其间孔详细询问并记录了苏方关于供货的建议。据鲍观察,看得出孔对于苏方婉言谢

① 转引自伊凡娜·巴凯绍娃:《抗日战争时期(1937—1944)的捷中关系》,《国外中国近代史研究》第17辑,第200页。
② 郭恒钰、罗梅君主编,许琳菲、孙豪书译:《德国外交档案:1928—1938年之中德关系》,台北:"中央研究院"近代史研究所,1991年,第60页。

绝其赴苏访问而感到失望,但他还是非常希望与苏联外长李维诺夫在伦敦叙谈。① 虽然 5 月 27 日孔祥熙曾在日内瓦宴请欧洲各国首脑时与李维诺夫相见,但在这公开的外交场合下,双方并未有任何深入的交谈。

6 月 3 日,蒋介石通过驻意大利大使刘文岛转告孔祥熙,指示应派遣特使团的秘书长翁文灏先行前往苏俄访问,主要考察苏联五年计划的设计、考核、管理以及组织等方法,及其最初筹办与着手情形,希望翁文灏在苏联期间设法与主持设计五年计划的负责人与实际指挥监督者面谈,尽可能了解苏联在实施五年计划中的具体情形及其所遇到的困难。考察日期大约为一至两个月,并于访问完毕后立即回国。② 6 月 19 日,孔祥熙电告蒋介石,赴苏考察人员除翁文灏秘书长外,还加派吴景超(行政院秘书)、沈德燮(航空委员会第一处处长)随同前往。蒋介石立即致电翁,指示沈德燮赴苏考察空军时,应特别注意苏联与其他各国创办飞机制造厂和自造发动机的经过,以及训练人才学习制造的办法等方面,并对其详加研究。③

翁文灏早年留学比利时,获鲁汶大学博士,是一位著名的地质学家。20 世纪 30 年代初曾与丁文江、胡适等人在北平创办《独立评论》,后被国民政府聘任国防设计委员会(资源委员会的前身)秘书长。1935 年 11 月国民党"五全"大会后改组政府,聘请部分社会精英到政府各部门出任要职,翁文灏即担任行政院秘书长,从此正式弃文从政。1937 年春,当孔祥熙出任赴英特使、而任命翁文灏为代表团秘书长时,他事先对此却毫不知晓。翁文灏害怕与孔祥熙无法合作,曾向蒋介石提出改任参赞,但蒋却对他说,他和孔负有不同的任务,彼此之间互不干涉,但翁的工作必须直接对蒋负责。蒋介石认为目前的局势十分紧张,日本必将会对中国发动侵略战争,他希望利用翁在欧洲的声誉和关系,告知各国领袖当前远东的危机,询问他们的意见及方针,并随时向蒋报告。因此翁文灏在结束了对英国等国的官式访问后,即以参加在莫斯科举行国际地质学会的名义,来到苏联,开始进行秘密访问。

6 月 27 日翁文灏抵达苏联,8 月 9 日方离开苏联飞往瑞典。在苏联的 40

---

① 《苏驻华大使鲍格莫洛夫致外交人民委员部电报》(1937 年 4 月 3 日于上海),转引自李玉贞译:《中苏外交文件》选译(下),《近代史资料》第 80 辑,北京:中国社会科学出版社,1992 年,第 188—190 页。
② 《总统蒋公大事长编初稿》卷四(上),第 42 页。
③ 《总统蒋公大事长编初稿》卷四(上),第 52 页。

多天中,翁文灏除了参加国际地质学会的会议外,还曾与苏联外交部、重工业部的首脑进行会谈,并参观苏联的工厂和研究所,详细了解工厂的生产计划、技术人员与工人的比例、经营销售及成本价格等具体情形。7月3日下午,在驻苏大使蒋廷黻的协助下,翁文灏与苏联外交部部长李维诺夫进行会谈,"言及交换货物事"①。翁文灏在会谈中首先表示,日本对东北的入侵不但让中国的国土沦丧,也同样危害了苏联在远东的利益。据翁后来回忆,李维诺夫的态度相当痛快,他指出,中苏之间关系原本相当紧张,现在必须从头做起,方能建立交情。而他认为首要的工作就是尽快签订互不侵犯条约,一旦签订了条约,苏联便会向中国提供援助,最合适的方法就是双方先订立交换货物的合同,这样苏联就可以先向中国提供一些设备。翁对此建议十分赞同,认为不虚此行,因此立即向蒋介石报告,并建议完全接受。然而蒋介石却回电说,互不侵犯条约已令外交部与苏联驻华大使洽谈,易货协议则暂缓议决。②翁文灏当时并不理解蒋介石为什么不同意立即与苏联签订易货合约,然而正是因为翁曾于抗日战争全面爆发前的关键时刻到苏联进行秘密活动,并初步洽谈有关交换货物的具体事宜,所以日本发动的侵华战争刚一爆发,中苏两国便立即开始谈判,并签订互不侵犯条约及易货协议,在抗日战争初期最艰苦的岁月中,苏联率先向中国伸出援助之手。

五　在美国的活动

孔祥熙一行于英国参加英皇加冕典礼后又先后访问瑞士、法国、比利时、意大利、德国等国家,6月16日由法国查尔堡港搭乘"玛丽皇后"号邮轮,于21日抵达美国纽约港,中国驻美大使王正廷、美国国务院交际司司长哈密顿等在码头欢迎。

出访美国也是孔祥熙此次寻求援助的一个重要任务。孔祥熙到美国谈判,主要的目的是为了得到美方的允诺,收购币制改革后中国政府收归国有的白银,将其作为法币发行的准备,同时还希望以此为抵押,向国际财团举借新

---

①　《翁文灏日记》(1937年7月3日),第149页。
②　翁文灏:《一九三七年访问英、德和苏联的回忆》,《文史资料选辑》第1辑,第57—64页。

的借款。中央银行业务局局长席德懋于 1937 年 4 月 13 日致孔祥熙的一封信中称:"我国通货非银本位,而为管理本位,需将大部分白银换成外汇。"①实际上自 1935 年 11 月至 1937 年 7 月大约 20 个月的时间中,中国曾先后三次向美国出售白银,第一次为 1935 年 11 月币制改革刚刚实行之后,美国承购 5 000 万盎司(约为 1 417 475 千克)白银;第二次为 1936 年 5 月,根据《中美白银协定》,美国财政部以每盎司白银 50 美分的价格,向中国收购白银 7 500 万盎司(约为 2 126 212.5 千克);②而第三次就是此次孔祥熙出访美国,与美国财政部部长摩根索签订的购银协定,中国再次出售 5 000 万盎司(约为 1 417 475 千克)白银给美国,换取美国的黄金,并存放于美国的联邦储蓄银行,其目的就是使"中国中央银行在双方利益互相维护之原则下得到美汇,以作稳定货币之用"③。与此同时,中国还额外运往美国白银 1 200 万盎司(约为 340 194 千克)。1937 年 8 月 2 日席德懋在致孔祥熙的信中透露,自币制改革后至抗日战争全面爆发的这段时间内,中国共向美国出售白银 18 835 万盎司(约为 5 339 628.33 千克),约值 9 442 万美元。④

孔祥熙到埠后便与美国财政部及金融界领袖开始会谈,6 月 30 日,孔致电蒋介石并转铁道部部长张嘉璈和实业部部长吴鼎昌,说他已于昨日与美国财政部部长摩根索及金融复兴公司董事长琼斯进行初步谈判,双方"意见甚洽,有成立五千万美金购贷借款之可能,专供购置建设机材之用";孔还询问"国内实业需要何种机器,现有铁路需要何种车辆、材料,希详示,以便商洽"。⑤ 蒋介石接电后即于 7 月 2 日复电,指示孔祥熙在美国"洽购建设机材,以电力发动机、炼钢厂、人工炼油厂、机关车头制造厂、造船厂、飞机制造厂及各种开矿及水利等机器",因为这些设备对于中国的经济建设"皆极需用",然而"还本付息期限,最好能延长十年以上"。第二天,蒋再致电孔,表示对美信用借款物资,"如能加入煤油与汽车两项,则三年之内至少有五千万元;又钢轨一千公里与

---

① 转引自杨培新:《旧中国的通货膨胀》,北京:生活·读书·新知三联书店,1963 年,第 37 页。
② 关于 1936 年陈光甫赴美洽谈出售白银的经过,可参阅拙文《〈中美白银协定〉述评》,《民国档案》1986 年第 2 期。
③ 转引自刘慧宇:《中国中央银行研究(1928—1949)》,北京:中国经济出版社,1999 年,第 164 页。
④ 转引自[美]入江昭、孔华润主编:《巨大的转变:美国与东亚(1931—1949)》,上海:复旦大学出版社,1991 年,第 57 页。时任国民政府财政顾问的美国人杨格称这一时期中国出售给美国的白银总数为 18 700 万盎司,价值 9 400 万美元。详见阿瑟·恩·杨格著,陈泽宪、陈霞飞译:《一九二七至一九三七年中国财政经济状况》,北京:中国社会科学出版社,1981 年,第 275 页。
⑤ 《孔祥熙致蒋介石等电》(1937 年 6 月 30 日),《民国档案》1992 年第 1 期,第 27 页。

机关车头百个,亦可列入"。①

7月6日晚,就在中美两国正式签订购银协议之前,孔祥熙在纽约应美国广播公司之邀请,对美国的广大民众发表了15分钟的演讲,孔公开声明:"我的政府衷心欢迎外国投资,并将为它提供充分保障。"②

7月7日,孔祥熙抵达华盛顿,中午美国总统罗斯福设宴招待,双方谈话的气氛相当融洽。7月8日,孔祥熙与摩根索正式签署购银协定,其主要内容为:"(一)我国在美所有存储之白银计六千二百万两,按每两四角五分售与美方;(二)同时我国售银之所得,按每两卅五元买进生金三千万美元,存储联邦储备银行,作为发行准备;(三)美联邦储备银行以我所存同额生金为担保,抵用美币五千万元。"孔祥熙还告知,协定主要内容将于次日由他与摩根索同时公布。③ 然而孔祥熙和摩根索不知道的是,几乎就在他们签字的同时,日本军队已经在北平附近卢沟桥发动了对中国的侵略战争。

7月9日,中美两国财政部部长孔祥熙和摩根索在纽约发表共同声明,表示一年前中美双方签订的货币合作协定"对于中国新币制之顺利进行极有贡献,中国国内经济及美国贸易双方均蒙其利",因此两国同意进行更进一步的合作。美方声明,同意"向中国中央银行购买大量白银,并使中国中央银行可在保障中美两国利益之条件下,获得美汇,安定金融";中方则保证向美国购买大量黄金,作为增加中国政府的黄金准备。因此"中美两国财政部长对于两国均有利益之结果深感满意"云云,然而却没有宣布双方购买白银和黄金的确切数量,其目的是不要让"投机家引为有价值之资料"。④

《华盛顿邮报》1937年7月10日公布了中美两国政府关于购买白银的声明,同日该报还发表了沃特曼的署名文章,其大标题即为"美国以生金售与中国,并购买白银以增发纸币,摩根索氏与孔氏所订协定,冀以充实中国实力,抵抗日本侵略"。而且中美两国财长对于1936年5月签订货币协定所产生的结果均感到满意,由于中国币制的稳定,促进了两国间的贸易增长。该文并透露,1937年1—4月四个月内,两国间的贸易额有了大幅度的增加,其中中国输

---

① 《蒋介石致孔祥熙电》(1937年7月2日、3日),《总统蒋公大事长编初稿》卷四(上),第63页。
② 《字林西报》1937年7月8日,转引自杨格:《一九二七至一九三七年中国财政经济状况》,第405页。
③ 《孔祥熙致邹琳、徐堪转呈蒋介石密电》(1937年7月9日),中国第二历史档案馆藏孔祥熙个人全宗:三〇〇九(2)/133。
④ 《现代史料》,《东方杂志》第34卷第16、17号(1937年9月1日),第79页。

入美国的货物价值较去年同期增加了 30%,而美国更上升了 65%。① 至此,孔祥熙出访欧美的任务基本完成。

六 出 访 结 果

孔祥熙刚抵达美国时,蒋介石就发来电报,要他鼓励海外华侨回国投资,并"应速作有组织有系统之计划,积极进行,并注重宣传,一面扩充信托局之机能,以调整华侨货物之输出与输入,同时对于各国以货易货之组合,亦可利用华侨货物之销运,而其清算手续,亦由信托局为之经理,此事若成,必收大效"。同时还指示孔祥熙在美国期间以及将来回国途中,对于各国华侨"一面联络感情,一面从事组织与宣传,最好在各处派妥员先往调查、宣传、联络",这样等到孔祥熙到达时"即可着手进行"。② 卢沟桥事变爆发后,孔祥熙仍出访在外。7月 26 日孔祥熙接到蒋介石的密电,告其中日之间大战业已开始,和平亦已绝望,嘱其趁此机会在国外多多接触各国领袖,以争取更多的援助。③

孔祥熙完成对美国的正式访问后,7 月 14 日乘船离开美国重返欧洲。7月 30 日,孔祥熙与铁道部次长曾镕甫以及中英银公司代表培诺、中国建设银公司代表李德熇共同在伦敦正式签订广梅铁路借款协定,债款总额为 300 万英镑,年息 5 厘,期限 30 年,协定规定还款于建筑期内由盐税项下支付,建筑完成后由铁路收入项下支付。④ 8 月 4 日,孔祥熙、曾镕甫又与英资华中铁路公司及中国建设银公司代表,仿照广梅铁路借款的方式,共同签订了浦襄铁路的借款协议,借款总额为 400 万英镑。

此时国内的情形极为严峻,7 月底,平津相继沦陷。8 月 3 日蒋介石致电仍在伦敦的孔祥熙,嘱其在英洽购飞机及各项装备。⑤ 孔祥熙接到这一指示后又到法国洽谈借款协定,并于 8 月 10 日抵达柏林。此时日本早已扩大对华入侵的规模,相比之下,德国政府对孔的第二次来访就冷淡得多。就在孔离开柏

---

① 中国第二历史档案馆藏孔祥熙个人全宗:三〇〇九(2)/135。
② 《蒋介石致孔祥熙密电》(1937 年 6 月 23 日),《汇编》第五辑第二编《财政经济》(三),第 110—111 页。
③ 郭荣生编著:《民国孔庸之先生祥熙年谱》,第 134 页。
④ 张嘉璈:《抗战前后中国铁路建设的奋斗》,第 76 页。
⑤ 《总统蒋公大事长编初稿》卷四(上),第 95 页。

林的那天,淞沪战争爆发,中国开始进行全面抗战。

8月15日,孔祥熙在国外致电蒋介石,报告欧美各主要国家目前的态度:"英方态度在实力未充足前,似怕多事。德国希氏表示,伊与日携手,即为谋中日妥协。美罗总统密称,'满洲国'成立已有六年,兹不问法理若何,其存在已为事实。……当此中日战争开始之际,除我以武力抵抗自求生存外,似不无考虑其他运用途径之必要。"①

8月18日,孔祥熙致电财政部次长邹琳并转告蒋介石,称其即于次日乘船返国,并详细报告此次出访欧美各国的收获:

（一）美国：（甲）我售银六千二百万,购值美金三千万元之纯金,藉增吾国外汇准备金,足以成立有担保之信用借款五千万美金;（乙）议定购货借款五千万美金。

（二）英国：（甲）订定广梅铁路借款三百万镑,浦襄借款四百万镑;（乙）大体决定金融借款二千万镑。

（三）法国：（甲）购机信用借款一万万法郎;（乙）以银作抵,外汇基金借款二万万法郎。

（四）瑞士：（甲）以银作抵之信用借款一千万瑞士法郎;（乙）发行准备借款五千万瑞士法郎;（丙）购买信用借款五千万瑞士法郎。

（五）捷克：购买信用借款一千万英镑。

（六）荷兰：（甲）以银作抵之信用借款荷币一千万盾;（乙）发行准备借款一千五百万盾。②

孔祥熙原计划8月19日启程回国,但因其心脏病宿疾尚未好转,遵医嘱又到德国巴德那海疗养,一个多月后方从意大利乘"维多利亚"号轮返程。途经菲律宾时,因据情报称日本军舰准备中途袭击邮轮,故而转乘飞机抵达香港,再改乘轮船,10月18日抵达上海的吴淞口,终于结束了他长达200天的欧

① 转引自蒋永敬:《革命与抗战史事》,台北:台湾商务印书馆,1979年,第105页。
② 台北"国史馆"藏蒋中正总统档案:特交档案002080109019003;中国第二历史档案馆藏孔祥熙个人全宗(三〇〇九[2]/131)有一份孔祥熙致蒋介石的英文电报,其数额亦完全相同。不过,孔祥熙其后在国民党五届五中全会关于财政问题的报告中,关于他出访欧美所签订的借款数目则与之略有出入。详见《民国档案》1986年第2期,第70页。

美之行。

此次孔祥熙出访欧美是国民政府成立后规格最高、时间最长、成绩也是最大的一次外交活动,孔祥熙此行先后访问了欧美各主要国家,介绍了中国的经济发展计划和对外政策,更与各国签订了多项援助与贷款协定,引起了外国财团投资中国的兴趣,对于中国的经济建设,特别是抗日战争初期抵御日军的侵略产生了深远的影响。

抗日战争爆发后,军政部兵工署署长俞大维报告,"国内子弹只勉可支持至明年一月底,现瞬即十月,莫可明言,此事为胜负所系,迟则不能接济,轻机枪待用亦急如星火",因而急切询问孔祥熙在德国易货项下以及与捷克所订购的子弹何时启程。[①] 孔祥熙长子、时任财政部秘书的孔令侃即回复说,孔祥熙部长此次在欧洲共向德、捷、英、比各国订购大批子弹约 3 亿颗,还有捷克制机枪 10 000 枝,但按合同规定,这批枪弹均要到明年 6 月以后才会分批付运。[②] 接着孔又致电其父称,目前国内抗战急需武器弹药,"轻机枪待用尤急",如果真的要等到明年 6 月交货,那就"急不待缓"。在电报发完之后,孔令侃再重复说了一句:"若无法运来及加速,恐戎机不堪设想。"[③]实际情形是,孔祥熙当时在德国和捷克购买的一批武器军火及时得以运回国内,可以想象,这批武器对于抗日战争初期中国军队抵抗日军的侵略发挥了多么大的作用。而中国与美国签订的货币协定,从而使中国的白银得以出售,并以此举借新的贷款,这对于稳定中国的货币制度以及坚持抗战更是发挥了重要的作用。更重要的是,抗日战争全面爆发后的最初几年,美国政府继续援引购银协定,先后购入中国的白银 36 200 万盎司,价值 13 700 万美元,这是对独力坚持抵抗的中国政府的重大支援。[④] 虽然孔祥熙在欧美签订的许多借款协定,如广梅、浦襄铁路借款以及英、法等国的金融借款后来大都因抗日战争的突然爆发而胎死腹中,未能如期执行,但总的来讲,孔祥熙此次出访还是取得了一定的成绩。可以肯定地说,若不是日本突然发动对中国的侵略战争,孔祥熙的此次出访一定会对中国的经济建设发挥重要的作用。

与孔祥熙出访欧美的情形极为相似的是,是前面叙及的 1933 年宋子文时

---

① 《俞大维致孔令侃电》(1937 年 9 月 28 日),转引自洪葭管主编:《中央银行史料》上册,第 213 页。
② 《孔令侃覆俞大维电》(1937 年 10 月 1 日),转引自洪葭管主编:《中央银行史料》上册,第 214 页。
③ 《孔令侃致孔祥熙电》(1937 年 10 月 2 日),转引自洪葭管主编:《中央银行史料》上册,第 214 页。
④ 杨格:《一九二七至一九三七年中国财政经济状况》,第 275 页。

间长达 5 个多月的欧美之行,而两人的身份(行政院副院长兼财政部部长)、目的(寻求和争取西方的援助)以及访问的国家及路线都基本相同,但是他们所取得的效果却大不一样。宋子文出访虽然曾与美国签订了价值 5 亿美元的棉麦借款,并与英、法等国洽商成立一个金融组织,负责对中国的投资,然而最终却因日本的阻挠和破坏,宋子文"联合欧美,抵御日本"的设想未能实现。

孔祥熙、宋子文欧美之行的成败并不意味着他们二人的外交经验或个人魅力有什么高下之分,关键完全在于此刻国际和国内局势所发生的变化,特别是币制改革后中国国民经济的发展与投资环境的改善,赢得了外国投资者的信心,这才出现抗日战争之前各国竞相对华投资的高潮。孔祥熙的出访也正是利用当时国际国内形势的变化,有意识地宣传和介绍中国的现状和发展计划,从而得到国际的信任。虽然抗日战争的突然全面爆发打破了中国政府原有的设想,孔祥熙出访期间所签订的诸多协议后来亦无法执行,但我们不能因此而否定其争取西方援助的努力。更重要的是,正是由于战前国民政府在恢复经济、改革币制、提高债信等方面所作出的种种努力,以及孔祥熙出访欧美国家所进行的大力宣传,才在日后抗日战争最艰苦的岁月中为争取英、美等西方国家的援助奠定了基础。

原载《史学月刊》2011 年第 1 期

南京国民政府职业外交官的特点

一 职业外交官的出现

鸦片战争后,列强用炮舰打开了中国的大门,闭关锁国的清朝政府被迫纳入世界体系,随着外国使节进驻中国,清朝政府终于放下架子,开始向外国派遣公使。从光绪元年(1875)七月派遣钦差大臣郭嵩焘出使英国起,清政府先后在英国、美国、西班牙、日本、德国、法国等16个国家建立使馆并相继派出公使,这应视为中国对外关系上的一个进步,同时亦标志着中国的对外关系开始从传统的朝贡怀柔向近代的条约体制过渡。

早期清政府委派的驻外公使具有以下相同的特点:他们大多接受过多年中国传统文化的教育,但对西方近代化思想又却能采取吸收和学习的态度,如郭嵩焘、薛福成、马建忠、黄遵宪、张荫桓等,所以他们最终成为中国早期改良主义的思想家;他们当中也有一些人是从事洋务多年的大臣或其子弟,如崇厚、陈兰彬、洪钧、曾纪泽、李经方、李经迈等,因而对于西方文化亦基本有一比较正确的认识。到了清末,驻外公使中又出现了如伍廷芳、梁诚、梁敦彦等曾系统接受过西方新式教育的官员,这也就是说,中国开始出现一批以外交作为终身职业的职业外交家。进入民国后,随着与巴西、丹麦、瑞典、智利、土耳其等一些欧洲和美洲国家的建交,职业外交家的队伍进一步扩大,并逐渐成为驻外使节中的骨干力量。①

南京国民政府成立后,在对外关系上虽然表面一度高喊要实行"革命外

---

① 清政府与民国政府与外国政府建立外交关系的时间以及派驻各国使节的名单,均参照"外交部"档案资料处编:《中国驻外各大、公使馆历任馆长衔名年表》,台湾:台湾商务印书馆,1969年。

交",但为了得到西方列强的支持,国民政府所发布的对外宣言中仍保证"对于友邦以平等原则,依合法手续所负之义务,始终未尝蔑视",因此对于清朝及北京政府与各国签订的条约和借款协定均予以承认,只是希望在合适的时机加以修订;而对于北京政府时期驻外使馆的建制和人员,更是采取全盘接受的态度,因此在一个相当长的时期内,国民政府驻外使馆的官员基本上仍由这些职业外交家出任。

按照南京政府 1930 年 1 月颁布的《驻外使领馆组织条例》规定,驻外使馆分大使馆、公使馆和代办使馆三类,使馆的外交官设全权大使(特任)、全权公使和代办(均为简任)各一人,"其任免由外交部依照法令行之";而驻外使节的职能则是"承办外交部之指挥,办理本国与所驻国之外交事务,监督所属职员及领事"。[①] 北京政府时期,只与苏联政府建立大使级关系(南京政府成立后不久中苏两国宣布中断外交关系),与其他欧美各国则只是互建公使馆。进入 20 世纪 30 年代以后,随着国际关系的变化,中国更需要寻求欧美国家的支持与援助,因此自 1933 年中苏两国恢复邦交、重新委派大使后,抗日战争之前国民政府又先后与意大利(1934)、美国、英国、德国、日本(均为 1935)和法国(1936)的外交关系由公使升格为大使。由于驻外使馆的外交官员人数较多,本文即以南京政府于抗日战争之前派驻上述 7 个国家的大使为例,探讨一下民国时期职业外交官所具有的特点及其发挥的作用。

二 战前中国驻外大使简介

首先,我们先以列表的形式,对于抗日战争之前中国政府派驻日本、美国、法国、德国、意大利、英国和苏联等 7 国的大使作一简单的介绍,以恢复和建立大使级关系为起点(括号内为外交部任命大使的时间),1949 年以后不予统计。

---

① 《汇编》第五辑第一编《外交》(一),第 3—6 页。

国民政府驻外大使简介

姓名	生卒年	所驻国	学历	主要经历	主要著作	国民党内任职
蒋作宾	1884—1942	日本(1935)	先后毕业于日本成城学校及陆军士官学校	南京临时政府陆军部次长、北京政府参谋本部次长、国民政府军事委员会委员，驻德国、奥地利、日本等国公使		1905年加入同盟会，历任国民党中央监察委员
许世英	1873—1964	日本(1936)	清末举人，早年曾赴欧美考察司法	北京政府大理院院长、司法部总长、国务总理、国民政府蒙藏委员会委员长	《洽闽公牍》《许世英回忆录》	
施肇基	1877—1958	美国(1935)	上海圣约翰大学、美国康奈尔大学硕士、博士	历任北京政府交通、财政、外交等部总长，驻英、美等国公使，国民政府外交部部长	《施肇基早年回忆录》(英文)	
王正廷	1882—1961	美国(1936)	北洋大学预科毕业，曾留学日本，后赴美国密西根大学、耶鲁大学习法律	历任北京政府工商部次长、参议院副议长、巴黎和会代表、外交总长、国民政府成立后曾任外交部部长	《中国近代外交概要》、《王正廷回忆录》	第三、四、六届中央执行委员、第五届候补委员
胡适	1891—1962	美国(1938)	美国康奈尔大学学士、哥伦比亚大学哲学博士	北京大学教授、上海中国公学校长、北京大学校长	《中国哲学史大纲》、《中国中古思想史长编》、《淮南王书》、《胡适文存》等	
魏道明	1899—1978	美国(1942)法国(1941)	法国巴黎大学法学博士	国民政府司法部代理部长、南京市市长、行政院秘书长、立法院副院长、台湾省主席		中央执行委员

续　表

姓名	生卒年	所驻国	学　历	主要经历	主要著作	党内任职
顾维钧	1888—1985	美国(1946) 法国(1936) 英国(1941)	圣约翰书院,美国哥伦比亚大学学士,硕士,博士	北京政府时期先后出任驻欧美多国公使以及出席国际会议代表,曾任外交总长兼署内阁总理,参与国际联合国的创立	《外国人在中国之地位》、《门户开放政策》、《顾维钧回忆录》	第六届中央执行委员
钱泰	1886—1962	法国(1944)	法国巴黎大学博士	北京政府司法部司长,代理次长,国民政府外交部国际司司长,常务次长	《中国不平等条约之缘起及其废除之经过》	
程天放	1899—1967	德国(1935)	上海复旦大学毕业,美国伊利诺大学政治学硕士,加拿大多伦多大学政治学博士	曾任江西、安徽、江苏、湖北等省教育厅厅长,浙江大学、四川大学等校校长,中央政治学校教务长	《改革中国学校教育刍议》、《使德回忆录》、《中苏关系史》等	第五、六届中央监察委员,常务委员,中央宣传部部长
陈介	1885—1951	德国(1938)	先后留学日本东京大学和德国柏林大学	北京政府工商部司长,全国水利局副总裁,上海盐业银行经理,国民政府外交部代理常务次长		
刘文岛	1893—1967	意大利(1934)	日本早稻田大学毕业,法国巴黎大学博士	国民革命军第八军党代表,汉口市市长,驻德、奥两国公使	《行业组合论》、《意大利史地》	第三、四届候补中央执行委员,第五、六届中央监察委员,常务委员

续表

姓名	生卒年	所驻国	学历	主要经历	主要著作	党内任职
于俊吉	1900—1968	意大利(1946)	南开大学毕业后赴美国留学,先后获纽约大学地理学硕士,哥伦比亚大学政治学硕士,哲学博士	国民政府外交部条约委员会专任委员,后相继派任驻哈瓦那、旧金山、纽约等地总领事	《东三省经济地理及条约之解释》	
郭泰祺	1888—1952	英国(1935)	美国宾夕法尼亚大学博士	北京总统府高等顾问,南方护法军政府外交部次长,国民政府外交部次长、部长,国际联盟中国首席代表		第五届候补中央监察委员,第六届中央监察委员
郑天锡	1884—1970	英国(1946)	香港香仁书院肄业,英国伦敦大学法学学士、博士	北京政府大理院大法官,国民政府司法行政部次长,国际法庭法官	《国际私法中关于确定契约能力的法规》、《东方与西方》	
颜惠庆	1877—1950	苏联(1933)	美国弗吉尼亚大学文学士	晚清时任驻美二等参赞,外务部左丞,北京政府时期驻德国兼任丹麦、瑞典国公使,曾多次出任外交、内务等部总长及内阁总理,1931年任驻美公使,战后任国民政府委员	《英华标准双语大辞典》	

续　表

姓名	生卒年	所驻国	学　历	主要经历	主要著作	党内任职
蒋廷黻	1895—1965	苏联(1936)	美国奥柏林学院学士,哥伦比亚大学博士	南开大学、清华大学历史系教授兼主任,行政院政务处处长,行政院善后救济总署署长	《中国近代史大纲》、《最近三百年东北外患史》	
杨　杰	1889—1949	苏联(1938)	先后毕业于云南陆军武备学堂、日本陆军士官学校,日本陆军大学	行伍出身,历任多项军职及国民政府军事委员会办公厅主任,参谋次长,陆军大学校长,教务长,陆军上将	《战争拒要》、《国防新论》、《总司令学》等	第四、五、六届中央执行委员
邵力子	1882—1967	苏联(1940)	晚清举人,曾就学上海复旦公学,后赴日本考察新闻	黄埔军校秘书长,国民革命军总司令部总秘书长,甘肃、陕西省主席,国民政府委员,国民政府委员		第二至六届中央监察委员,中央宣传部部长
傅秉常	1896—1965	苏联(1943)	香港大学毕业,1931年获该校名誉博士学位	关务署署长,驻比利时公使,外交部次长,立法院外交委员会委员长	《最新六法全书》	第五、六届中央执行委员

资料来源: 大使在驻在国及任命时间参照"外交部"档案资料处编:《中国驻外各大、公使馆历任馆长衔名年表》(台湾);台湾商务印书馆,1969年),个人资料参照徐友春主编:《民国人物大辞典》(石家庄:河北人民出版社,1991年);石源华主编:《中华民国外交史辞典》(上海:上海古籍出版社,1996年);周棉主编:《中国留学生大辞典》(南京:南京大学出版社,1999年),以及维基百科等。

除了上述大使外,还有像金问泗(荷兰、挪威、波兰,复旦公学毕业,哥伦比亚大学法学硕士)、胡世泽(瑞士,巴黎大学法学博士)、王景岐(比利时、瑞典,曾留学巴黎政治大学及牛津大学,比利时鲁凡大学名誉博士)、沈觐鼎(巴拿马,日本东京大学学士,美国乔治城大学研究)、魏辰祖(波兰,早年留学法国)、刘师舜(加拿大,约翰·霍甫金斯大学学士、哈佛大学硕士、哥伦比亚大学博士)等驻欧美国家的公使,以及为数众多的使馆其他官员和领事,也都应属于民国时期职业外交家群体中的重要人物。

三 职业外交家的特点

从上表罗列的驻外大使简历中可以看出,除了驻日大使具有一些特殊性外,其他大部分驻欧美国家使节大都可以称之为职业外交家,他们身上具有许多共同的特点,值得认真加以总结。

首先,这些职业外交家与晚清第一代外交官不同的是,他们大都具有较高的学历,而且大多曾留学欧美,毕业于著名的学校(如美国的哥伦比亚大学,法国的巴黎大学等),其中还有不少大使都拥有国际关系和国际法领域的硕士或博士学位。相对来讲,他们身上传统文化的思想较少,接受较多的则是西方现代化的观念,他们已经不同程度地改变了以往"以夷制夷"的传统外交政策,而更希望通过国际公法来改变国家的地位。他们不仅熟练地掌握一门以上的外语,而且还精通相关的国际法则以及外交礼仪,熟悉外交技巧,在政治上则推崇西方多元化的民主体制,爱国意识和民族意识都相当强烈。其中有些人还曾著有专书,可以称得上是当时国内出类拔萃的国际法专家。正因为他们所具有的这种优势,所以能够在复杂的外交活动中注重礼节,讲求公约,知己知彼,在外交谈判中有理有节,为维护国家尊严竭尽所能。譬如王正廷、顾维钧等外交官曾代表中国出席"巴黎和会"和"华盛顿会议",为挽回国家的主权而据理力争,从而赢得了国民的尊敬,甚至有人撰文称赞王正廷是"国家的救星"、"民族的英雄"。顾维钧回国后受到极为隆重的欢迎,并应邀到多所大学发表演讲,北京大学校长蔡元培更称顾氏"近年历驻美英及在巴黎会议、国际联盟、华盛顿会议之成绩,全国共见",其修养、品格实为"全校同学所佩服",因为"此青年外交家实为我国大学生之模范人物也"。[①]

其次，他们大多年富力强，出任大使时约在 40—50 岁之间，不仅具有丰富的国际经验与广泛的人际网络，而且还具有较高的行政能力，他们其中许多人曾在北京政府中出任过重要的职务，如王正廷、顾维钧、施肇基、郭泰祺、颜惠庆等，南京国民政府成立后之所以对他们委以重用，一方面是党内一时没有合适的人选，同时也是与他们出色的表现分不开的。譬如顾维钧因在北京政府后期多次出任外交和财政总长，并一度署理国务总理之职，因此国民党北伐成功后曾向他发出通缉令，然而由于顾的外交才能可以说是无人可及，因此最终还是请他出山，出任国民党特种外交委员会秘书长。九一八事变后，受国民政府委派，参加国际联盟李顿调查组，不畏日方的阻挠甚至是生命威胁，坚持到东北实地调查，为国家争取权益。此后不久，国民政府再派他担任驻法大使，但他当时并未加入国民党。还有几位大使，如胡适、杨杰、程天放、邵力子，此前与外交活动似乎没有什么关系，之所以被任命为大使，则是和当时国际国内关系有密切关系。如胡适，因其在美国享有崇高的学术地位及广泛的人脉关系，在中华民族最危急的时刻，委派他出任驻美大使，寻求外援，似乎是当时的最佳选择；杨杰本是行伍出身的职业军人，抗日战争初期作为中国军事代表团团长派往苏联从事秘密的军事谈判，就是为了获得苏联的军事援助，其后破例出任驻苏大使也正是这一目的；而程天放和邵力子，则是因为他们与驻在国具有特殊关系和背景，为达到巩固邦交、加强联系这一目的而派遣的。

最后，之所以称他们为职业外交家，是因为他们中间多数人几乎是以外交事业为其终身职业，他们中有许多人一生中担任的职务多与外交事务有关，虽然他们中有些人曾出任过北京政府的总长，甚至是内阁总理的职务，但舆论普遍认为他们的为人还是比较清廉的。北京政府时期军阀轮流执政，政争不已，国民党内的派系斗争更是错综复杂，但他们中的大多数人却能保持中立，很少有人卷入权力斗争的漩涡之中。顾维钧在解释他们这些职业外交家为何受到重用时这样说，"我们的力量就在于不参与他们之间的倾轧，超脱于各派斗争之上"，因此在人们心目中他们"被认为是独立的，未直接卷入政治斗争，更没有参与旨在统治国家的军事斗争"。一句话，他们既没有统治中国的野心，也

---

① 转引石源华：《论留美归国学人与民国职业外交家群体》，《复旦学报》2007 年第 4 期。

没有政治组织和军事力量,根本就不具备管制政府的能力。[①] 他们在国民党内基本没有影响,有的甚至从来没有加入过国民党,顾维钧虽然 1945 年因为他出色的外交工作被推选为国民党中央执行委员,但基本上只是一个摆设,他在国民党内根本就没有任何基础,也谈不上依附于任何派系,他自己就曾说过:"我是不参与政治的,并置身于政治和权力之外。"[②]正是由于他们大多没有深厚的政治背景,对于当政者构不成任何威胁,相反他们相对中立的政治立场,也成为各派政治力量均能接受的主要原因。总体上来讲,这些职业外交家不仅毕生信奉的是为国家、为民族争取权益的原则,而且也为了达到这一目标而予以努力。

在这些职业外交家中,顾维钧是一位最值得称颂的人物。九一八事变后,顾维钧曾一度出任外交部部长,并参与国联调查团,亲自到东北调查日本帝国主义的侵略罪行;第二次世界大战期间,在创建联合国的过程中,特别是在敦巴顿橡树园会议上,顾维钧以中国政府首席代表的身份出席会议,为中国成为联合国常任理事国作出极大的努力,并代表中国政府最先在《联合国宪章》上签字,奠定了中国的大国地位。[③] 另外一名至今很少有人提及的职业外交家是时任驻比利时大使金问泗,他曾作为顾维钧的助手参加"巴黎和会"和"华盛顿会议",第二次世界大战胜利后,他曾代表中国政府参加创设"联合国国际贸易组织"(ITO)的相关活动。为了给中国在战后创造一个良好的国际环境,为中国争取有利的国际贸易战略地位,在伦敦和哈瓦那会议上,金问泗展现了他精湛的外交技巧,参与了《关贸总协定》(GATT)基本条文的起草,为国家争取到一定的权益,并最终代表中国政府在关贸总协定上签字。[④] 民国成立后推翻了封建帝制,建立了民主共和,但中国依然是一个贫穷落后的国家。俗话说"弱国无外交",可是这些职业外交家还是在异常艰苦的国际环境下,周旋于各国之间,巧妙地进行各种外交活动,为争取国家的荣誉和尊严而努力奋斗,他们的这些事迹,值得后人赞扬和称颂。

---

① 顾维钧:《顾维钧回忆录》第 1 册,第 297 页。

② 顾维钧:《顾维钧回忆录》第 7 册,第 64 页。

③ 关于顾维钧的外交活动,可参阅金光耀著《顾维钧传》(石家庄:河北人民出版社,1999 年)及金光耀主编《顾维钧与中国外交》(上海:上海古籍出版社,2001 年)。

④ 参见刘相平:《金问泗与关贸总协定》,《南京大学学报》2002 年第 2 期。

四 职业外交家的地位与作用

正因为这些职业外交家在国民党内没有任何势力,所以注定他们在国家的外交事务中只能是一个执行者,并无任何决策权,因此总的来讲,他们在外交事务中不可能有所作为。

南京国民政府与北京政府最大的不同就是前者实施的是一个党化的国家体制,一切工作必须服从国民党的领导,这就是训政时期纲领和训政约法所制定的法律。1928年10月3日国民党二届中央常务会议通过的《训政纲领》明确规定,"中华民国于训政期间,由中国国民党全国代表大会领导国民,行使政权","中国国民党全国代表大会闭会时,以政权付托中国国民党中央执行委员会执行之",①从而确定了一党专制的国家体制。

外交作为一个国家对外关系最为重要的职能部门,国民党自然将其视为禁区,不允许外人染指。自1927年南京政府成立到1949年败退大陆,先后有伍朝枢、黄郛、王正廷、施肇基、顾维钧、陈友仁、罗文乾、汪精卫(兼)、张群、王宠惠、郭泰祺、宋子文、王世杰、吴铁城、傅秉常、叶公超、胡适(未到任)等先后出任外交部部长②,其中那些职业外交家多数只是临时出任,时间很短,真正发挥过重要作用的主要有黄郛、张群、宋子文、王世杰等几位,其间汪精卫和蒋介石亦曾分别以行政院院长的身份兼任过外交部部长。而黄郛、张群都是蒋介石的把兄弟,与蒋的关系亲如一人;宋子文是蒋的妻兄,虽然宋恃才傲物,但此时蒋在国民党政府中的最高地位早已确定,宋在外交政策上对蒋的指令还是不敢违背的。因此在整个南京国民政府时期,所有对外政策都是在"党治"的名义下,执行和贯彻"领袖集权制"的思想,从而蒙上一层厚厚的国内政治和派系斗争的色彩。

值得注意的一个现象是,前文曾经提及,南京政府立初期对于所有驻外使节基本上采取全部留任的政策,这可能是与当时政府无暇挑选人才有关。然

---

① 《训政纲领》全文见罗家伦主编:《革命文献》第22辑,台北:中国国民党中央委员会党史史料编纂委员会,1960年,第316页。

② 参阅刘寿林、万仁元等编:《民国职官年表》,北京:中华书局,1995年,第518—523页。

而时隔数年,当国民党一党专制的体制一旦确立并有所加强之后,原先全盘接受的做法就开始发生变化,虽然总的来讲职业外交家在驻外使节中仍占多数,但此刻政府已开始陆续委任一些非外交家出任那些刚刚升格的国家为大使,如程天放出任驻德大使、蒋作宾任驻日大使、刘文岛任驻意大使以及杨杰、邵力子相继任驻苏大使,他们都在国民党或政府内具有深厚的关系,他们的任命无疑会对整个职业外交家群体带来影响,这两部分人之间产生冲突也是十分自然的事,同时这也说明党文化已经渗入外交部门之中。顾维钧虽然对这一变化深为不满,他曾抱怨地说:"在中国却还有一种所谓'内交',即施于内部的外交,这无疑是更难的,因为不能摸清政府领袖的真实意图。政治上的利害歪曲了事实的真相,政府经常不将事情的真貌全盘告诉国外代表,有时甚至只说些表面上正确而实质上不真实的话,因而常常给国外代表的工作造成不必要的困难。"①而蒋廷黻则形象地将自己的这种处境称为是"局内的局外人",作为一个局外人他曾不断地奋斗,力求进入局内,表面上看,他似乎屡次得以成功,但他真正进入局内时,他才发现自己依然是个局外人。② 然而抱怨归抱怨,他们还是不得不接受这一现实。

在国民党一党专制的体制之下,实际执行的是领袖集权制,在外交事务上更是如此,蒋介石作为最高领袖,外交决策权最后集中在他一人身上则是理所当然的了。因此蒋介石在对外政策上曾经历了一个由亲信主政,到罗致人才、建立"智库",最终向幕僚体系过渡的这一过程,因此许多外交指令出自军事委员会侍从室即为一明证,在这种体制下,外交部成了一个执行机关,那些驻外使节的作用就更是一个执行工具了。

尽管这些职业外交官没有外交事务的决策权(其实这一点对于任何国家的驻外使节都一样),但他们还是可以在国民党的一党专制体制下发挥了一定的作用,譬如他们可以根据各自的外交经验及实践,通过刊发文章,撰写专著,发表演讲,阐述和介绍国际通行的法律和外交事务的内容,普及和推广外交常识,并对国家的外交政策提出一些具体的建议,特别是在抗日战争全面爆发后,驻欧美各国大使严厉谴责日本法西斯侵略中国的残暴行为,同时四处游

---

① 顾维钧:《顾维钧回忆录》第 2 册,第 195—196 页。
② 参阅查尔斯·R. 里利著,张新译:《蒋廷黻:局内的局外人》,《档案与史学》1999 年第 3 期,第 72—76 页。

说,为争取世界各国的支持努力奋斗;而以顾维钧为代表的职业外交家在废除不平等条约和创立联合国的过程中更是发挥了积极的作用,为中国跻身四强所进行的"大国外交"作出了积极的贡献,亦为提升战后中国的国际地位奠定了基础。

新中国成立后所采取的外交政策是"清理门户"、"重起炉灶",对于国民政府时期所有驻外使节一律停止聘用,而选派中共党内高级干部如王稼祥、张闻天、刘晓出任驻苏大使,或从解放军的将领中选拔一批人如袁仲贤、黄镇、耿彪等人出任大使,所谓"将军大使"就是这样出现的,尽管这些人可能从未接触过复杂的国际关系或外交事务,尽管他们对所谓外交礼节可能知之甚少,但新政权优先考虑的必须是政治上绝对可靠,这当然是与当时国际上冷战局势的出现有关,更与当时执行的阶级路线与"一边倒"政策一脉相连。至于这一决策正确与否,对于民国时期的职业外交家是不是都要一律排斥,虽然说学术不能脱离政治,但事隔60多年,我想这个问题今天也还是可以进行讨论的。

提交澳门大学历史系与香港珠海书院亚洲研究中心
联合主办之"东西方文化与外交方略比较"国际研讨会
(澳门:2011年5月8—10日)论文,未刊稿

"忍气吞声，负重致远"

——蒋介石与《雅尔塔协定》

　　《雅尔塔协定》是第二次世界大战结束前夕，英、美、苏三国巨头背着主要当事国，重新划分战后世界格局的一个秘密协定。此时中国虽然号称四强之一，却完全被置之于外；蒋介石作为中国的国家元首、盟军中国战区司令，不仅事前被蒙在鼓里，就是在协定签订后相当长的一段时间里，对于条约的内容也毫不知情。《雅尔塔协定》严重侵犯了中国的主权，并为战后整个中国和世界的和平带来深远的影响。

　　关于《雅尔塔协定》签约的过程及其影响以往有诸多论著提及，还有不少论文专门加以分析[1]，中国国民党党史委员会亦曾公布了宋子文与蒋介石关于谈判经过的往来电报[2]，也有学者撰文叙述蒋介石对于《雅尔塔协定》的态度[3]，然而最近刚刚公布的蒋介石日记却提供了最真实的依据[4]，使我们对于蒋介石在《雅尔塔协定》签订前后的态度及其变化有了更清楚的认识。

　　① 涉及这一问题的相关论著实在太多，具代表性的有王真：《动荡中的同盟：抗战时期的中苏关系》(南宁：广西师范大学出版社，1993年)；陶文钊、杨奎松、王建朗：《抗日战争时期中国对外关系》(北京：中共党史出版社，1995年)；罗志刚：《中苏外交关系研究(1931—1945)》(武汉：武汉大学出版社，1999年)。论文有裴匡一：《国民政府1945年中苏谈判前外交斡旋浅析》，《北京理工大学学报(社会科学版)》2002年第2期；秦立海：《雅尔塔协定、中苏条约与重庆谈判》，《安徽史学》2004年第6期。

　　② 秦孝仪主编：《中华民国重要史料初编——对日抗战时期》第三编《战时外交》(二)，台北：中国国民党中央委员会党史委员会，1981年。以下简称《战时外交》。

　　③ 如王永祥：《蒋介石为何向斯大林低头——1945年国民政府与苏联谈判内幕》，《百年潮》1999年第6期。该文发表后曾以同名相继刊登于内地许多杂志，如《四川党史资料》1999年第5期、《党风通讯》2002年第3期，影响较大。

　　④ 存放于美国斯坦福大学胡佛研究所的蒋介石日记自2006年起开始陆续对外开放，本文所引用的蒋介石日记均抄录于此，笔者谨对胡佛研究所提供的服务致以谢忱。

一 蒋介石打探《雅尔塔协定》的内容

1944 年 10 月，驻英大使顾维钧在华盛顿与美国海军上将李海交谈中获悉，美国强烈希望苏联早日对日作战，不久美、英、苏三国首脑将会专门开会讨论这一问题；而苏联则以取得旅顺港作为参战的条件之一，对此英、美两国似乎并无异议。作为一个职业外交家，顾维钧深知这一情报的意义非同小可，于是接连致电向蒋介石报告。[①] 这一消息也立即引起蒋的警觉，并开始为此进行准备。

1945 年 2 月 3 日，美国总统罗斯福和英国首相丘吉尔相继乘机飞抵苏联的克里米亚半岛，第二天斯大林也赶到，三巨头立即聚在一个名叫雅尔塔的小镇进行秘密谈判。会谈的目的是美、英双方希望苏联尽早落实对日宣战的时间，苏联则为此提出诸多要求，除了要得到日俄战争时沙俄失去的利益，还有许多内容涉及中国的主权，如包括保持外蒙古现状；大连列为国际港，保障苏联在该港的特权；苏联恢复租借旅顺港为其海军基地；中长铁路（包括中东铁路和南满铁路）由中苏两国合组之公司联合经营。罗斯福为了尽快让苏联出兵以减轻美军的伤亡，对于斯大林的要求并未加以拒绝，只是认为上述涉及外蒙古、大连商港和旅顺军港以及中长铁路的相关协议需要征求蒋介石的同意，而斯大林则建议此事应由罗斯福向蒋介石通告，并保证获得其同意。三大巨头还达成一致协议，"苏联所提要求于日本被击溃后必予实现，苏联则准备与中国国民政府缔结中苏友好条约，俾以其武装部队协助中国，解放中国所受日本之束缚"[②]。然而三方在会谈后发表的公告中，却对这些内容只字未提。

在这之前苏方原本要求中国政府外交部部长尽快到莫斯科会谈，以便解决两国之间的重大外交问题。对此蒋介石有所考虑，他在日记中写道：

> 俄国催促宋部长访俄之提案须先告彼，拟提：一、欢迎其加入对日战争；二、东北铁路交通与大连自由港问题；三、中俄经济合作，新

---

① 《顾维钧致蒋介石密电》（1944 年 10 月 14 日、11 月 9 日），台北"国史馆"藏蒋中正档案：革命文献：2020.3,48/01，又载《战时外交》（二），第 539—540 页。

② 《雅尔塔秘密协定全文》（1945 年 2 月 11 日），台北"国史馆"藏蒋中正档案：革命文献：2020.3,48/05，又载《战时外交》（二），第 541 页。

疆包括在内；四、中俄新疆边境之协防及履行交换罪犯之旧约；五、外蒙问题；六、重订互不侵犯或同盟条约；七、朝鲜问题；八、战后对日处置方针。其中五、六、七各案应慎重考虑，其是否提出及利害如何。①

2月6日，行政院代理院长兼外交部部长宋子文约请国防最高委员会秘书长王宠惠、国民政府文官长吴鼎昌和军事委员会办公厅主任兼国民党中央宣传部部长王世杰几人商谈有关赴苏谈判前的准备，王世杰主张目前不宜明确提出任何具体问题，但却必须对中苏间的重大问题，如中苏同盟、东三省及大连旅顺港、中东铁路、中共、新疆等问题有所准备，预定方案，在谈判中视当时情势及苏方态度而决定。②但此时苏方又托辞，将中国外长访苏的时间向后延期，这不禁引起中方的怀疑。蒋介石认为"俄国延展子文访期，可知罗、邱、史会议已毕，俄国参加对日战争又延至五月以后矣"③。

2月11日，《雅尔塔协定》签字，尽管英、美、苏三方对密约内容秘而不宣，美方仅将表面上的决议通知中国政府，然而"外交部次长吴国桢办事粗率，未及询问明白，遽即以口头代表政府表示接受"④。但蒋介石及国府最高层官员对此则心存戒意，他们已敏感地嗅出这个协定一定会包含涉及远东及中国方面的内容。蒋介石在日记中写道："罗、邱、史会议宣言尚未发表，未知其结果究竟如何。（惟此会对我国之影响必大，罗或不致与英、俄协以谋我乎？）"⑤不久，驻苏大使傅秉常亦来电密报他所了解到的密约内容，这就更增添了蒋介石心中的怀疑，"阅傅大使秉常来电，以美驻俄大使通知其罗、史谈话大意，俄史之对华方针到此完全明了，其中尚有难言之内容，未能明以告我者，证诸顾大使之言，俄国对东北与旅大特权之要求，当非虚传也。国势之危已极，不知何日有济？"⑥其后他又在日记中写道："近日尤感外交之无公理、无情义，而惟以

---

① 《蒋介石日记》(1945年2月1日)。
② 《王世杰日记》(1945年2月6日)，手稿本第5册，台北："中央研究院"近代史研究所，1990年，第25页。
③ 《蒋介石日记》(1945年2月7日)。
④ 《王世杰日记》(1945年2月12日)，手稿本第5册，第31页。
⑤ 《蒋介石日记》(1945年2月第2周，"反省录")。其中括号内的文字系经涂改，不知是否为日后所增加者。
⑥ 《蒋介石日记》(1945年2月21日)。

强权与势力是依。我国若不能自立自强，决不能生存于今后之世界！"①

　　为了了解真相，蒋介石一方面恳请当时正在华盛顿的美国驻华大使赫尔利帮助代为了解内情，希望尽早委派宋子文到华盛顿与罗斯福会面，同时还命令驻英大使顾维钧、驻美大使魏道明想方设法打探《雅尔塔协定》的内情。对于赫尔利的询问，罗斯福先是予以搪塞，说雅尔塔会议中没有任何关于中国的协定，但赫尔利认为罗斯福是在"真诚地撒谎"，经他再三追问，罗斯福终于同意他查阅并摘录有关《雅尔塔协定》的记录。此刻罗斯福似乎也有所悔悟，他让赫尔利去伦敦和莫斯科找丘吉尔和斯大林谈谈，看看有没有什么可以弥补的方法。同时他又接见中国驻美大使魏道明，向他透露了部分密约的内容，其中最重要的就是苏联对于远东问题的态度：（1）维持外蒙古现状；（2）南满铁路所有权属中国，业务管理实施委托制度；（3）希望将旅顺港作为苏联的军港。罗斯福并进一步解释，外蒙维持现状，即表示主权仍属中国；南满铁路主权属于中国，所谓委托制度是为提高效率，业务由中、苏、美三国铁路专家组成的机构负责；至于军港则是新提出的问题，可以日后慢慢商谈解决，他的意见是，不妨将旅顺港长期租借给苏联，但主权仍属中国。罗斯福还保证，待到时机成熟时，苏联军队一定会参加远东的对日作战。②

　　罗斯福虽然没有将《雅尔塔协定》的内容全盘托出，而且他的解释（如外蒙主权归属和南满铁路的委托制等）与事后的实情尚有重大的分歧，但亦基本勾勒出苏方对远东权益的要求。蒋介石得悉后在日记中记道："阅此（指魏道明来电），但有痛愤与自省而已，'耶尔达'果已卖华乎？惟如此可以断定此次黑海会议俄国对日作战已有成议。果尔，则此次抗倭战争之理想恐成梦幻矣！"③两天后，蒋介石在一次晚宴后将吴鼎昌、熊式辉和王世杰几人留下，并给他们看了魏道明的电报。熊式辉回答，应该让美国了解旅顺问题不仅仅是中国的问题，既然不能自保，不如提议将来辟作国际军用，避免苏俄独占，而且苏联即使取得旅顺也不能满足其欲望。④ 王世杰也认为："苏联迄今尚未对日作战，竟先提出如此要求，彼参战后其态度将益不可测矣。"⑤他并向蒋介石建议："关于

　　① 《蒋介石日记》（1945年3月第2周，"本星期预定工作科目"）。
　　② 《魏道明致蒋介石密电》（1945年3月12日），台北"国史馆"藏蒋中正档案：革命文献：2020.3,48/06，又载《战时外交》（二），第541—542页。
　　③ 《蒋介石日记》（1945年3月15日）。
　　④ 熊式辉：《海桑集：熊式辉回忆录》，香港：明镜出版社，2008年，第384页。
　　⑤ 《王世杰日记》（1945年3月17日），手稿第5册，第49页。

史坦林向罗斯福所提对满洲之要求（军港与铁路管理），我政府应坚持领土完整、主权完整之两原则，不可轻于让步。"①

4月5日，蒋介石在日记中表明了他的态度：

> 关于旅顺问题，宁可被俄强权占领，而决不能以租借名义承认其权利，此不仅旅顺如此，无论外蒙、新疆或东三省，被其占领不退，则我亦惟有以不承认、不签字以应之，盖弱国革命之过程中既无实力，又无外援，不得不以信义与法纪为基础，而不稍予以法律之根据。如此则我民族之大凭借之厚，今日虽不能由余手中而收复，则将来后世之子孙，亦必有完成其领土行政主权之一日。要在吾人此时坚定革命信心，而不为外物胁诱，不签订丧辱卖身契约，以贻害于民族而保留我国家独立自主之光荣可也。②

1945年1月，蒋介石在预计本年度国内外可能出现的危机时特别提及，"俄国煽动新疆各地叛乱，乘机侵占全疆；俄国攻占东三省……"③如今了解到的结果并没有预想的那么坏，尽管蒋介石对于苏联的要求极为痛恨，对美国的态度亦十分不满，但环顾国家的实力，这样的条件似乎还是可以接受的。

二 "租借"旅顺

赫尔利受罗斯福委托，准备就远东问题与斯大林和丘吉尔进一步斡旋，然而就在这时，久患重病的罗斯福于4月12日与世长辞。副总统杜鲁门继任后的态度是"两个凡是"：凡是罗斯福总统作出的决定继续照办，凡是已经允诺的国际义务必须遵守。原本想从中调解的赫尔利无计可施，只能以"私人性质"的方式，私下向蒋介石通报了《雅尔塔协定》中涉及中国利益的相关内容，此刻中方才得悉苏联的真正意图。

---

① 《王世杰日记》(1945年3月29日)，手稿第5册，第56页。
② 《蒋介石日记》(1945年4月5日)。
③ 《蒋介石日记》(1945年1月14日，"本年中心工作与目标")。

4月29日,刚从伦敦和莫斯科访问后回到重庆的赫尔利与蒋介石进行秘密会谈,只有王世杰一人在场。赫尔利根据罗斯福口头及谈话记录向蒋报告了苏联对于参战所提出的要求,其中涉及中国的利益部分包括:旅顺港租给苏联;大连湾辟为自由商港;中东铁路与南满铁路之股权中苏各半,中国并应承认苏联在该路之"特殊利益";外蒙古维持现状。斯大林并强调,当苏军出兵时应由美方负责向中国提出上述主张、再由中苏两国签订条约予以承认,然而目前这一消息不得对外泄露,以免日本先发制人。赫尔利解释说,苏方原意是要求中国割让旅顺,经罗斯福劝说后才改为租借的。王世杰在日记中并没有记载蒋介石听到此事后有何愤怒的表情,只是提到蒋认为"租借地"的方式甚不好,但答应日后详细考虑后再谈,因此对上述主张未作任何答复。[①]

蒋介石也在当日的日记中写道:

> 晡时哈雷(即赫尔利)报告其与罗斯福及史大林讨论其在黑海会议对远东问题之决议,而将要求余同意事项,其与我有密切重大关系者:(一)史大林承认朝鲜独立。(二)史要求旅顺与南满、东清各铁道恢复其日俄战争一九〇四年以前之特权,而并未有魏大使前所报告所谓满洲铁道由中、美、俄三国共同管理之议案也,数月来所抱之疑问,至此方得明了也。(三)外蒙古现状不变。[②]

罗斯福去世后蒋介石原来曾表示要亲自到华盛顿参加他的葬礼,为此他还向正在美国访问的宋子文征求意见。宋回电称,美国的国葬将采用较简单的形式,因此建议蒋还是等到新政府改组后再访美比较合适。[③] 但当他得悉《雅尔塔协定》的真相后,对罗斯福的印象发生了重大的改变,同时他又将希望寄托在罗的继任人身上。蒋在当月的"反省录"中写道:"罗斯福死亡对中国、对世界之影响自巨,但其转变为利为害,犹不可知,而其畏强欺弱、以我中国为牺牲品之政策,或者随之消灭乎?惟天佑之。"[④]

① 《王世杰日记》(1945年4月30日),手稿第5册,第77—81页。
② 《蒋介石日记》(1945年4月29日)。
③ 《宋子文致蒋介石电》(1945年4月15日),台北"国史馆"藏蒋中正档案:革命文献:2020.3,29/64。
④ 《蒋介石日记》(1945年4月,"上月反省录")。

5月4日,王世杰奉命与赫尔利讨论中苏问题,王表示,"租借"旅顺和苏联对中东、南满两路享受"特权"这两点是中国国民党政府最不能接受的要求,赫尔利"亦以为然"。两天后,蒋介石在官邸又向王世杰交代了对苏谈判应"在不妨害中国领土完整、主权独立及行政完整之原则下,可容纳苏联对东北之合理主张"。① 同时电令正在访美的行政院代院长兼外交部部长宋子文"访俄之前必先回国面详一切,然后赴俄为妥也"②。蒋介石对于他制定的这一原则自以为得意,认为这是他外交手段的一大手笔:

> 旅顺问题如我不先表示可与俄共同使用一点,则俄不仅对我绝望,而且对美更不谅解,盖增其疑虑;故余一面严拒其租借之谬说,而一面不得不自动允其共同使用以慰之。此种外交与方针,决非寻常外交家之所能知者也。③

其后,蒋介石又致电宋子文,要他于晋见杜鲁门总统洽谈旅顺问题时可预定三个方案:第一,愿将旅顺划交与国际安全机构,为国际海空军根据地;第二,中、美、俄三国共同使用;若以上两种方案均遭俄方反对时,最低限度为旅顺必须由中俄共同使用。蒋介石在电报中强调:"无论何项,其主权与行政必须完全归我国自主,各国不能干预,若俄欲归其独占或租让,则我必反对到底,决不许可也。"④这封电报刚刚发出,蒋介石又急忙向宋接着发去一份电报,嘱其与杜鲁门谈话时一定要注意谈话的语气及态度,最好先打听罗斯福与斯大林洽谈旅顺问题时的方式,包括内容、经过以及最后的结论,如果罗斯福当时同意斯大林提出旅顺归俄占有的话,那就应该强调"此乃中国主权所在,我国自可加以拒绝,不能承认"。蒋更希望宋子文能从杜鲁门手中取得当时的谈话记录,"以便我方研究今后对案之重要参考"。⑤

---

① 《王世杰日记》(1945年5月5日、6日),手稿第5册,第82—83页。

② 《蒋介石致宋子文电》(1945年5月21日),美国斯坦福大学胡佛研究所藏宋子文档案:第58箱第5卷。

③ 《蒋介石日记》(1945年6月9日,"本星期预定工作课目")。

④ 《蒋介石致宋子文电(齐电)》(1945年6月8日),美国斯坦福大学胡佛研究所藏宋子文档案:第58箱第2卷。

⑤ 《蒋介石致宋子文电(庚电)》(1945年6月8日),美国斯坦福大学胡佛研究所藏宋子文档案:第58箱第2卷。

　　6月9日上午,宋子文刚由旧金山飞抵华盛顿就赶着去谒见杜鲁门总统,转达了蒋介石的问候,杜鲁门亦同意蒋的要求,将罗斯福与斯大林在雅尔塔的有关谈话记录交给宋子文,同时杜还补充说,这份备忘录他已直接以电报的形式发给赫尔利,让他当面交给蒋介石,因此不需要再另行转寄了。①

　　情况确实如此。6月10日,赫尔利在王世杰的陪同下前往蒋介石官邸,他说奉杜鲁门总统的命令,让他向蒋当面报告有关雅尔塔会议中苏方提出的参战条件(杜原指示他于6月15日报告,但他提前了5天),在涉及中国的问题上,除了一个多月之前所提到的苏联租借旅顺军港、中长与南满铁路由中苏两国共同经营、大连辟为商港并保证苏联的优越地位几项外,特别明确提出维持现状的外蒙指的是"蒙古人民共和国",也就是说外蒙必须脱离中国而独立。赫尔利还传达了斯大林的七点声明,主要内容是赞同促进中国在蒋委员长领导下之统一,赞同中国之统一与安定,并赞同东北全境为中国的一部分,苏联对中国没有领土的企图。斯大林还表示希望与中国签订友好同盟条约,以武力协助中国,俾获自日本势力下得到解放。赫尔利最后还强调,罗斯福和杜鲁门对于苏方的要求均持赞同的态度。②

三　被激怒的蒋介石

　　这下子蒋介石可被彻底激怒了。斯大林对中国充满野心他是预料到的,但他没有想到的是,美国总统居然为了本国的利益,真的会牺牲他国的权益。而王世杰则对斯大林的声明充满怀疑,他所反对的是苏联"表面上承认中国领土主权之完整,而条文实际上则在在破坏之";他更担心的是斯大林"对于彼之声明,未必切实履行"。③

　　蒋介石在得悉真相后亦立即致电宋子文,电报中说既然罗斯福、杜鲁门都赞成斯大林的主张,那么原先商议的前两个预案就没有必要再与杜商谈了,"惟中国今后决不能再见租借地名义,今后只要俄国尊重我主权与行政之完整,则中

---

　　① 《宋子文致蒋介石密电》(1945年6月9日),美国斯坦福大学胡佛研究所藏宋子文档案:第58箱第2卷。
　　② 《王世杰日记》(1945年6月11日),手稿第5册,第101—103页。
　　③ 《王世杰日记》(1945年6月12日),手稿第5册,第104页。

国可允其对军港共同使用,但不能再用租借名义。关于此点,非坚持不可,否则所谓东北领土主权与行政仍不完整,仍非独立也"。蒋介石在电报的结尾处还再三强调:有关"原定第一与第二步骤,切勿与任何人再提为要"。①

6月12日,苏联驻华大使彼得罗夫也正式向蒋介石提出了苏方提出的缔结中苏友好互助条约的五项先决条件②,这就更加激起蒋介石心中的愤怒。但此时蒋介石对杜鲁门似乎还存在一线希望,其后他又在林园官邸约见赫尔利,王世杰在座。赫尔利透露雅尔塔会议期间斯大林最先提出的是要在东北由满洲至旅顺大连港之间画一走廊割让给苏联,与苏联的海滨省和西伯利亚相连,是罗斯福竭力加以反对,斯大林才退而提出目前这一要求的。③ 很明显,赫尔利的意思就是说,如果不是美国从中帮忙,中国的损失还要大。蒋介石闻此气愤已极,日记清楚地反映了此时他的心情:

> 昨日心绪结郁,不解何故。哈雷谈话后此亦极诚意,彼且依余之见解对俄使应付也。余切属彼致电杜总统,问明其美国对旅顺军港是否要共同参加使用,望其明确答复,必须参加与不要参加,即"要"与"不要"之中决定一语作答,万不可以"无可无不可"之"犹豫两可"之间作不肯定之答复。如其果要参加,则余对俄乃作坚决态度,提出"中英美俄"四国共同使用旅顺军港之方案,向俄国要求。如俄不允,则即使交涉破裂,余亦所不惜也。故望美国必须有正确政策以告余也。如其不要参加,则余亦可另作计议。哈雷允电其政府也。

然而杜鲁门的答复却让蒋介石彻底失望,他在日记中接着写道:

> 上午回渝寓,哈雷来提其总统备忘录,闻之郁愤不知所止,甚恐其此尚非耶尔达密约之全文,然仅此亦足置我中华民族于万劫不复之境,而且其美国今后百年内对东亚亦无安定和平之日,夫可(以下

---

① 《蒋介石致宋子文电(真电)》(1945年6月11日),美国斯坦福大学胡佛研究所藏宋子文档案:第58箱第2卷。
② 《战时外交》(二),第562页。
③ 《蒋介石日记》(1945年6月,"上月反省录");又见《王世杰日记》(1945年6月13日),手稿第5册,第104—105页。

有数字不清楚。——引者注)此一最黑暗之时代也。①

郁愤归郁愤，可问题还是得解决。蒋介石先是派其长子蒋经国约见彼得罗夫，告诉他赫尔利已将苏联的声明及要求转达给蒋介石。彼得罗夫还煞有其事地问道，为什么前两天谈论此事时，蒋介石表现得如此不愉快?② 与此同时，国民政府决定派遣刚刚真除行政院院长(同时还兼外交部部长)的宋子文率领中国政府代表团前往苏联谈判，蒋介石并亲自制定了谈判的方针。他在本周反省录中这样写道：

> 对俄交涉方针研究既毕，决心已定。铁路交涉当可放宽，而旅顺租借必须严拒，以期达成共同使用而不失行政主权之方针也。令子文不可以第三国或国际关系与俄作交涉，应以中俄两国自动解决，勿使俄国误解也。③

6月24日，蒋介石、王世杰与宋子文一起讨论对苏谈判的方案，达成的结论大致是：旅顺口在中苏拟订之同盟条约期间可与苏联共同使用，但主权仍归中国；中东、南满铁路及大连湾的所谓"特殊利益"问题，应明确规定其范围，并不用"特殊利益"这一名词；外蒙问题暂不提出讨论。王世杰还提出解决旅顺口租借的另一方案，即将朝鲜的一个海港租给苏联，中国再以关岛之一部让给朝鲜。宋子文以为目前不宜提出这个方案，但蒋介石则认为不妨将其作为准备。④

当天蒋介石在日记中详细地列出了与苏联谈判的要点：

> 甲、不得以旧日辽东半岛租借地区之范围；
> 乙、只要行政权不失，则技术人员可聘俄人助理；
> 丙、中共问题必须明白提出，如其能将军政权交还中央，则可允其参加政府，否则当视为叛变之军队，无论在任何方面，不得声援；

---

① 《蒋介石日记》(1945年6月15日)。
② 《王世杰日记》(1945年6月16日)，手稿第5册，第106页。
③ 《蒋介石日记》(1945年6月23日，"上星期反省录")。
④ 《王世杰日记》(1945年6月25日)，手稿第5册，第111—112页。

丁、新疆问题亦须提出，伊宁、伊犁必须收复，俄国不可再予叛部以武器之接济，如此则新疆经济乃可与俄国完全合作；

戊、东北铁路俄国运兵必须事先商定，而且中途不得下车停留；

己、必须将帝俄时代所订之过期之条约（而且失效）及其精神扫除，而根据十三年北京新约协商新约；

庚、外蒙可予以高度自治，在中国宗主权之下成立自治政府，其权限可予俄国宪法上所规定之各苏维埃权限相同。①

其后蒋介石又约见苏联驻华大使，向他宣示了有关中方对于苏方要求的态度，其中主要精神包括：凡涉及中国的条件必须由中国本身决定，其他任何国家不能代决；中国今后所有条约都不能再出现租借与特权的文字；如果苏方提出不解决租借旅顺问题就不要派代表团赴苏，那么中方将拒绝交涉，一切责任均在苏方。蒋介石还强调："外蒙不可脱离中国，中国亦不能放弃其宗主权，否则即为中俄两国将来纠纷之恶因。但我中央政府可与外蒙以高度自治也。"②

带着这样的谈判方案，尽管宋子文极不情愿，但他既作为外交部部长，还是不得不开始他的苏联之行。③

四　宋子文赴苏谈判

1945 年 6 月 29 日，新任行政院院长宋子文率领中国政府代表团离开重庆，代表团成员包括胡世泽（外交部次长）、沈鸿烈（东北调查委员会主任委员）、傅秉常（驻苏大使，已在莫斯科）、钱昌照（资源委员会副主任委员）、张福运（财政部关务署署长）、刘泽荣（外交部驻新疆特派员）、卜道明（外交部亚西司司长）、万昪（外交部美洲司代理司长）等，蒋经国也作为代表团的重要成员陪同出访。6 月 30 日下午 3 时，宋子文一行抵达莫斯科，"苏联欢迎礼节极为隆重，与欢迎丘吉尔首相等，莫外长、卫戍总司令、重要部长及全体外交团均来

---

① 《蒋介石日记》（1945 年 6 月 24 日）。
② 《蒋介石日记》（1945 年 6 月 26 日）。
③ 蒋介石在 1945 年 6 月 30 日"上星期反省录"中写道："子文、经儿赴俄交涉，见子文不快之色，甚难堪也。"

机场迎接"。随后宋子文、傅秉常、胡世泽便晋见斯大林,开始双方的第一次谈判,但这一次主要是礼节性的拜访,并没有涉及什么实质性的内容。①

在正式谈判前应该说中方的感觉还是不错的,所以宋子文还建议"如接洽各事一切顺利,拟向苏联提出美金五亿元军火租借法案,倘能洽成,似对我政府极为有利,但对美国方面有无顾虑"②。然而在苏方表达其强硬立场之后,中国方面才知道情形并非如此简单。

7月2日晚8时,宋子文率胡世泽、傅秉常及蒋经国与斯大林、莫洛托夫等苏联最高领导人开始正式会谈,时间长达三个半小时。事后宋子文在报告中称,对于东三省的处理方案比较满意,但在外蒙问题上双方陷于僵局。斯大林认为外蒙人民不愿再受中国政府统治,希望独立,但苏联不会并吞外蒙。斯大林更进一步强调,为国防关系,苏联不得不在外蒙驻军,而且要结成军事同盟。宋子文提出目前是否不讨论外蒙问题,因为不论中国任何政府若丧失领土完整,必为国人所不谅。斯大林回答说,要是那样的话,我们就不可能签订任何协定,态度十分坚决。关于旅顺问题,斯大林说可以不用租借方式,但旅顺军港、大连商港和中长铁路由中苏共管,利益均享,期限为45年。斯大林还提出密约可以先予签订,内容则可在战后公布。③ 其后宋子文又接连向蒋介石发去多封密电,对于苏联的要求加以补充,同时还为打开外蒙问题僵局,提出他个人的意见:(1)与苏联订约,在同盟期间,准其在外蒙驻兵;(2)予外蒙以高度自治,并准苏联驻兵;(3)授权外蒙军事、内政、外交自主,但与苏联各苏维埃共和国及英自治领性质不同。④ 他还更加急迫地请示,万一斯大林以中止谈判来要挟中国承认外蒙独立,究应如何处理。⑤

由于蒋介石正在西安视察,未能及时审阅宋子文的报告,待7月5日回到重庆看到电报后,方知问题的严重。但此刻蒋介石心目中考虑更多的是东北、新疆和中共问题,因此他更需要的是苏联出兵和合作。当天的日记记录了他

① 《宋子文致蒋介石密电(第二号)》(1945年6月30日),《战时外交》(二),第572页。美国斯坦福大学胡佛研究所珍藏有宋子文档案,最新公布的一批资料中有宋子文前后两次赴苏谈判期间与蒋介石往来全部电报,其中有部分电报《战时外交》没有收录。本文所引用的电报凡《战时外交》收录者均注明该书之页数,未收录者则见宋子文档案:第58箱第17卷。
② 《宋子文致蒋介石密电(第三号)》(1945年7月1日),美国斯坦福大学胡佛研究所藏宋子文档案:第58箱第17卷。
③ 《宋子文致蒋介石密电(第七号)》(1945年7月2日),《战时外交》(二),第576—577页。
④ 《宋子文致蒋介石密电(第九号)》(1945年7月3日),《战时外交》(二),第591—592页。
⑤ 《宋子文致蒋介石密电(第十一号)》(1945年7月4日),《战时外交》(二),第593页。

此时矛盾的心情：

> 接子文冬亥报告电，乃知史大林对外蒙坚持其独立之要求，否则有协定无从成立之表示。余再三考虑，俄对外蒙之要求志在必得，决不能以任何高度自治或准其驻兵之方式所能餍其欲望。若不允其所求，则东北与新疆各种行政之完整无从交涉，共党问题更难解决，而且外蒙事实上已为彼俄占有。如为虚名而受实祸，决非误国之道；若忍痛牺牲外蒙不毛之地，而换得东北与新疆以及全国之统一，而且统一方略非此不可也。乃决心准外蒙战后投票解决其独立问题，而与俄协商东北、新疆与中共问题为交换条件也。①

蒋介石收到宋子文的电报后曾征求王世杰的意见，王世杰认为："东三省等问题如确能得到不损领土主权之解决，则承认外蒙人民于战后投票自决之尚合算，因外蒙实际上已脱离中国二十余年。"其后蒋介石又召集孙科、邹鲁、戴季陶、于右任、吴稚晖、陈诚等党内元老议论此事，陈立夫、陈诚坚持不让步，吴鼎昌、王世杰认为应最大限度照加拿大办法，孙科则同意外蒙独立。② 权衡利弊，最终达成一致意见："外蒙独立之事可让步。"③

7月6日清晨4时蒋介石醒后就再也睡不着了，"考虑外蒙与对苏俄问题甚详"。5时起身，做过晨祷后即亲自拟写致宋子文的复电，长达1 000余字④，电报的原则是"决照所定方针，决心约其待中国完全统一以后，即可由我政府自动提出外蒙独立方案，期待正式国会通过后，乃得批准之意示之"。然而来自美国合众社的一则电讯又使蒋介石极为恼怒，原来是7月4日外蒙总理乔巴山抵达莫斯科时，苏联外交部部长莫洛托夫率领苏联各个部门的军政长官亲自到机场欢迎，"是其待外蒙已与待中国相同之礼节，又加我以侮辱，更对我进逼一步矣，可痛可鄙！"⑤但此刻蒋介石最关心的不是外蒙独立，而是东北、新疆和中共问题。7月7日他在致宋子文的电报中再次强调："此次我国之所以

---

① 《蒋介石日记》(1945年7月5日)。
② 熊式辉：《海桑集：熊式辉回忆录》，第386页。
③ 《王世杰日记》(1945年7月6日)，手稿第5册，第117—118页。
④ 《蒋介石致宋子文密电》(1945年7月6日)，《战时外交》(二)，第593—594页。
⑤ 《蒋介石日记》(1945年7月5日)。

允外蒙战后独立者,实为作最大之牺牲,亦表示对苏作最大之诚意。以外蒙为中苏关系最大之症结所在,如果此一症结既除,而我之要求目的仍不能达到,则不仅牺牲毫无代价,而且今后必增两国之恶果,东方更多纠纷矣。务望注意我之要求之主目的:一、为东三省领土、主权及行政之完整;二、苏联今后不再支持中共与新疆之匪乱。此乃为我方要求之交换条件也。"①

宋子文接到蒋介石的指示后即与斯大林见面,并再三恳请苏方能够对中国政府的立场予以谅解。但斯大林则坚持外蒙必须独立,而且说这个条件在雅尔塔会谈时即已谈妥,美、英两国对此并无异意,对此他可以当面质询两国首脑。② 紧接着,苏联又对东北问题提出更为苛刻的要求。③ 对于苏联的外交策略蒋介石当然十分清楚,但心中的愤懑却无法表露,只能在日记中发泄:

> 接子文转来俄国所提要求东三省之条件,甚于一八九六年所订者之苛刻,明知其为讨价,而寸衷刺激不堪,所受侮辱亦云极矣。④

其后宋子文又与斯大林进行了多次会谈,至此中苏两国间的底牌均已亮出,谈判亦接近尾声,苏方主张可以签字结束会谈了,但宋子文却深知这一条约的签订对于国家的利益将会造成严重的牺牲,而他个人的名誉也会蒙受重大的损害。正好此时斯大林要赴德国与美、英两国首脑举行最高级会议,宋子文就想利用这一机会抽身而退,他在致蒋介石的电报中请示:"今晚与史太林会谈,空气极为和谐,但尚有数问题必须当面请示钧座。拟乘史赴柏林三头会议时,返国一行,会后再来苏,作最后决定,史今日表示甚赞成。职定寒(14日)晨与苏联大使、经国等同返,约铣日(16日)可抵渝,胡次长留此。关于与苏联交涉一事,务乞钧座转饬各报勿加评论,苏方已同样通知苏联报纸。"⑤

---

① 《蒋介石致宋子文密电》(1945年7月6日),《战时外交》(二),第596页。
② 《宋子文致蒋介石密电(第十五号)》(1945年7月7日),《战时外交》(二),第598页。
③ 《宋子文致蒋介石密电(第十九号)》(1945年7月9日),《战时外交》(二),第607—608页。
④ 《蒋介石日记》(1945年7月10日)。
⑤ 《宋子文致蒋介石密电(第廿四号)》(1945年7月12日),《战时外交》(二),第631页。

五　宋子文抽身而退

　　7月17日，宋子文一行由莫斯科经德黑兰飞抵重庆，19日上午宋单独晋见蒋介石，报告与苏联谈判的经过。宋子文表示，如果苏联不接受中方的要求，他就不会再赴苏谈判；接着他又提到，中央银行总裁孔祥熙辞职后，其继任人选必须由他来推荐，否则便不能承担行政院院长之责。他还说，美国的外交和财政界官员都是他的知交，以此而加以炫耀。蒋介石闻之大怒，他在日记中写道："呜呼，国人心理，媚外自私如此，而以欺制元首，不问政策，一以个人之名位自保，不知国家与政府为何物，对之可痛心疾首者，莫甚于此也。"[①]第二天蒋介石的气还未平息，"昨日受子文压迫，动以不能负责，以美国外援自眩（炫），其性其气并无一些改变也。"在这之后蒋介石还抄录了一段《圣经·旧约·诗经第二十八首》："彼辈口如蜜，心中含辛螫，祈主按其行，报彼诸罪孽。"[②]在本周的反省录中他接着写道："子文自俄回来，其不愿负责签约，是否有意为难，故不能断定，但其重身轻国之行动，昭然若揭；对于独占财政、经济之心思，更不可自制矣。此实为我一生最痛苦之一事，如何使之彻悟悔改，以期其成也。"[③]蒋介石对宋子文行为的恼怒之情跃然纸上。

　　然而宋子文的决心已定，7月24日他单独与王世杰见面，表明自己将辞去外交部部长的兼职，希望他能改任或兼任，下月和他一起再赴莫斯科参加谈判。王听到后感到很突然，他先是加以拒绝，但在宋的一再要求下，王世杰答应再考虑考虑。于是宋子文将所有在苏联的谈判资料（包括与斯大林的六次会谈记录）全部交给他，王世杰当晚研读资料直至深夜。[④]

　　第二天下午，王世杰特地渡江前去蒋介石的黄山官邸，当晚留宿未归。大概蒋事先已经知道此事，而且也同意由王兼任外交部部长一职，因此他在与王世杰谈话时说，因为中苏谈判牵涉战后外蒙独立之事，宋子文怕单独承担责任，此次先行返渝正是这个原因。蒋还说，其实外蒙早已不由中国管治，此事

① 《蒋介石日记》(1945年7月19日)。
② 《蒋介石日记》(1945年7月20日)。这段话之后还有大约8个字被涂掉，无法看清。
③ 《蒋介石日记》(1945年7月21日，"上星期反省录")。
④ 《王世杰日记》(1945年7月24日)，手稿第5册，第129—130页。

不值得顾虑。王世杰则担忧苏方是否真的会按照协定将东北主权交还给中国,"如不实行,则我之承认外蒙独立为单纯的让步;如彼确将东三省照议定办法交我,则此一让步可不受[当]代人或后代责难"。此时王世杰的心情十分矛盾,按他自己的话来说:"我如拒绝,便为畏惧负责之表示。值此中苏情势紧张、关系极大之时,本身之毁誉,不宜在予考虑中也。"①

这时美、英、苏三国首脑正在柏林开会,并拟定向日本发表劝降的最后通告。7月26日,赫尔利到蒋介石官邸,出示了杜鲁门总统的来电,要求中国政府必须在24小时之内签字,否则英、美两国将单独发表对日警告。对于这种蛮横无理的强权做法,蒋介石十分生气,在当天的日记中记录了他向赫尔利所表示的态度:"中国为对日战争之重要国家,未得中国同意,则联盟国对日任何言行不能单独发表,而且英、美今后关于此等重要问题之洽商,必须予我以从容考虑时间方可,因开罗会议公报我中国必须参加对日任何行动也。而且来电第一条只说美总统与英首相之商定,而未及中国主席,更为不当,必须增加中国主席在英首相之上也。"蒋介石并说,如果按照这一原则修改,他自然同意。蒋在日记最后写道:"就此可知美国国务院对华蔑视之态度及其成见之深矣,故外交姿态不得不重加研究也。"②

7月28日,蒋介石在分析了国内外形势之后,亲自拟定了外交方针:

> 俄国已视美国为其假想敌,故其不能以我国为其外交政策重大之目标,如我能自立自主、中立不倚,则彼当能尊重我中立地位,只(至)少可作一土耳其;否则如我偏重美国或倚赖美国,则彼必不择手段,使我无法建设,甚至承认中共,使我分裂,当在意中。

在分析了当时的外交形势后,蒋介石又设想到武力统一中国必遭苏联破坏后的情形:

> 如我因此不惜与俄一战,则在此八年抗战以后,人力物力疲乏万分,政治与宣传几乎为俄共所笼罩之中,万不能如七七对日抗战时之

---

① 《王世杰日记》(1945年7月25日),手稿第5册,第130—131页。
② 《蒋介石日记》(1945年7月26日)。

容易把握也。故今日之情势,无论对内对外,惟有用政治与外交方法,求得谅解与解决也。因此对俄政策,惟有妥协与谅解之一途,然亦未始不可能也。

蒋介石在分析了中国有利有弊的各项条件之后认为,国际交涉无所谓公理与情感,只有实力与利害关系,更无是非可言。他分析了当时的社会现状,认为当时的中国思想复杂,人心卑劣,风气浮荡,廉耻道丧,尤其社会散漫,国民党内部纷乱,组织荡然,纪律扫地,至于政治、经济与教育,更无基础,社会异端蜂起,军阀余毒未清,科学幼稚,知识短浅,工业与交通可说尚未开始,最为统一的障碍。军队虽有干部,已形成重心,然离现代化装备甚远。他接着写道:

> 如此国势,既无实力,又无组织,若无正确之政策为之运用指导以补实力之不足,尚有何法持其后也!今日谋国之道,专力组织之健全,人才之培植,以求自强;而在国际,只有运用其矛盾与冲突,一面争取时间,以待有利之时机,求得独立与解放而已。①

7月30日,国防最高委员会通过了行政院改组方案,其中最重要的一项内容就是由王世杰接替宋子文出任外交部部长。在这之前蒋介石曾单独接见宋子文,向他说明对苏谈判的政策以及交涉方针,宋只好答应重返莫斯科继续交涉。蒋介石对宋子文的行为非常不满,认为他"不愿负责任,只知求名邀功,取巧诿过,何以成事,甚为国家忧也"②。在当月的反省录中蒋介石又写道:"对俄交涉以子文不敢负责,尚未签订协定,而准予外蒙战后独立之决策,实为生平革命史上最重大之一页,于势于理,无不自安也。"③

正当宋子文、王世杰赴苏签字之前,蒋介石又重新调阅了中苏谈判的全部文件,没想到竟发现了许多问题,"而其最大者为'旅顺军港百公里之各海岛非由中俄两国同意不得设防'之件,更为骇异。果尔则蓬莱县海岸至旅顺间渤海海口百公里间,在此三十年间皆成为不设防区域矣"。这么重大的事宋子文不

---

① 《蒋介石日记》(1945年7月28日,"对国际形势与今后政策之研究")。
② 《蒋介石日记》(1945年7月29日)。
③ 《蒋介石日记》(1945年7月31日,"上月反省录")。

但不与专家进行研究,反倒"认为无关重要,竟与俄商拟稿件,可痛!不知今后国家将如何建设矣"。基于这一理念,蒋介石在宋子文、王世杰启程前特别命令他们,在中苏谈判过程中必须坚决拒绝苏方的这一要求。[①]

8月5日上午8时,宋子文和新任外交部部长的王世杰率中国政府代表团由重庆白石驿机场起飞,途经加尔各答和德黑兰,于7日下午3时许抵达莫斯科。此时国际形势又发生了重大的变化,美国已向日本投放了第一颗原子弹,苏联亦开始在远东调集大批军队,准备发动进攻,战后美苏两国之间的矛盾已日益明显。国际形势的这一变化,对于中国政府的谈判来说似乎相对有利,因此蒋介石即致电宋子文,要求他在谈判中必须坚持划界。

六 "强权"与"公理"

关于中苏友好同盟条约的最后交涉经过以往论者已有较详细的叙述,当事人王世杰则专门记载了"赴莫斯科日记"[②],国民党党史会编辑的《战时外交》亦收录了宋、王与蒋往来的大部分电报,本文不拟再予重复。可能是蒋介石已经明确地下达了谈判方针,加上此刻又有许多更加重要的事情需要处理,所以他在这段时间的日记中并没有过多的关于中苏谈判的记载。然而在宋子文的档案中藏有一份蒋介石致斯大林的密电,《战时外交》并无收录,故抄录于下:

> 宋院长:蒸亥电刻始收到,请以下列电文由兄正式提出,或派经国以个人关系送交史太林如下:
>
> 此次中苏友好协议,不惟为消灭我两国纠纷之症结,亦为建立一两国百年合作之基础,此为余唯一之志愿,想亦为阁下所期许,故特恳切就商于阁下如下:(一)外蒙如希望独立,而对于疆界此(?)不先有一基线之协定,则已往外蒙之症结不惟未能消除,而且反增今后之纠纷,此决非吾人之本意。故外蒙界线此时必须有一基准之图,借以为将来勘界之依据。(二)旅顺共同使用之机构,吾人既同意共同使

---

① 《蒋介石日记》(1945年7月29日)。
② 《王世杰日记》(1945年8月5日—9月3日),手稿第5册,第140—167页。

用,则无论在事实与名义上,旅顺必须有一中苏军事委员会,以为共同合作之枢纽,否则形式上无异于旧日之租借地,此今日中国国民与政府皆无法承当也。关于此点有关政治性者,余已面告彼得罗夫大使,言之甚切,务望阁下对于政治上特予谅解。以上二者乃为我中国立国条件最低之限度,过此则无以立国于世界,且违反我国民革命之原则。苏联与阁下向来皆以扶助中国之独立平等为宗旨,切盼阁下对我以上之请求,获得友义(谊)之同意,则中国政府与全体人民对苏联友义(谊)与精诚,必永志不忘矣。蒋中正。未侵。①

然而此时苏联的百万大军已沿着长达5 000公里的战线向日军发起全面进攻,尽管蒋介石一再命令必须明确划分外蒙与内蒙的边界线,"否则交涉停顿亦所不惜",然而此刻苏联已经大举出兵并进入东北,再纠缠于划定疆界显然是不切实际的,宋子文和钱昌照、蒋经国、傅秉常等谈判代表均认为不必理会蒋的命令,虽然王世杰不同意,但却说服不了大家。② 最后他还是与宋子文联名向蒋报告,提醒他"中苏条约必须缔立,倘再迁延,极易立即引起意外变化",并要求蒋介石"授予职等权宜处置之权"。③ 蒋经国也单独发去一电,他认为如果再坚持根据地图划界,谈判势必破裂。④ 在这种形势之下,蒋介石也无可奈何,只能表示同意。8月14日夜,苏联外交部部长莫洛托夫和中国外交部部长王世杰分别代表两国政府,在《中苏友好同盟条约》上正式签字。

就在《中苏友好同盟条约》正式签订的第二天,日本天皇发表诏书,宣布无条件投降;9月2日,日本外相重光葵和陆军参谋总长梅津美治郎代表日本政府在停泊于横滨相模湾的美国军舰"密苏里"号上,向美、英、中、苏等九大同盟国代表正式签订了投降书,这不仅标志着世界反法西斯战争的结束,更意味一百多年来中国人民在反抗外来侵略战争中第一次取得全面的胜利。在这举国欢庆的日子里,作为国民政府最高元首的蒋介石更是百感交集,夜不能寐。

蒋介石曾在1945年5月亲笔写下一幅手札,深刻地反映出他对战后追求民族平等、国家强盛的迫切心情:

---

① 《蒋介石命宋子文转致斯大林电》(1945年8月12日13时),美国斯坦福大学胡佛研究所藏宋子文档案,第58箱第17卷。
② 《王世杰日记》(1945年8月12日),手稿第5册,第149—150页。
③ 《宋子文、王世杰致蒋介石密电》(1945年8月12日),《战时外交》(二),第649页。
④ 熊式辉:《海桑集:熊式辉回忆录》,第388页。

战胜强权,复兴中华,协和万邦,光被迩遐,完成国民革命,建立富强康乐大中华;民族解放,民权吐芽,民生乐利,自由开花,实现三民主义,建立自由平等大中华。①

然而外交是讲究实力的,虽然太平洋战争爆发后中国的国际地位发生了明显的转变,不仅废除了鸦片战争以来中国政府签订的一系列不平等条约,在开罗会议上,中国还跻身四强。然而这一切毕竟只是表面上的现象,一旦涉及国家的利益,强权就会战胜公理,历来都是如此。在中苏谈判的过程中,尽管中方代表不断力争,苏联最终在一些问题上稍作让步,如在条约中不采用"租借地"的名词,取消旅顺军港外100公里岛屿不设防的原议,以及战后由外蒙人民通过投票来选择与中国之间的隶属关系等,但实际上这些只不过是在文字上给中国政府一些面子,旅顺港依旧是苏联控制的军港,大连港的一半工事和设备规定要无偿租给苏联,中长铁路由中苏两国成立联合公司共同经营管理,而最重要的则是外蒙古自此便正式脱离中国政府的管辖,成为独立的国家。面对这些羞辱的条件而又不能不同意,蒋介石能心甘情愿吗?

蒋介石当然深知这个道理,他虽然对于苏联提出的那些蛮横的条件愤恨不已,对美国和英国只顾自己不惜牺牲他国利益的行径极为不满,然而他既无实力拒绝,更需要得到这些大国的援助,而此刻他更关心的则是东北和新疆的主权以及苏联对中共的态度。既然苏联同意并尊重中国东北与新疆的主权与领土完整,同时也承认国民政府为中国的中央政府,权衡利弊,考虑再三,蒋介石最后还是不得不接受这些条件。

蒋介石1945年年初曾用八个字来简要地制定当年的对外政策:"忍气吞声,负重致远。"②虽然此时雅尔塔会议还没有召开,蒋介石更无从得悉斯大林提出的种种要求,然而他日后对于《雅尔塔协定》的态度及其转化用这八个字来形容,却是再贴切不过的了。

原载《社会科学》(上海),2008年第7期

---

① 台北"国史馆"藏蒋中正档案:筹笔2010.3,56/53。
② 《蒋介石日记》(1945年1月14日,"本年中心工作与目标")。

蒋介石日记中的香港受降

一　中英新约并未提及香港问题

抗日战争胜利后,围绕香港受降问题,中英两国之间展开了一场激烈的外交冲突。最终的结果还是强权战胜了公理,国人眼睁睁地看着英国军队从日本人手中重新接管了香港。数年前蒋氏后人将蒋介石日记暂存于美国斯坦福大学胡佛研究所,自 2006 年开始业已陆续开放,而在此之前典藏于台北"国史馆"的蒋中正档案(即过去所说的"大溪档案")已经全部对外开放,日记和蒋介石档案中均有部分内容涉及香港受降一事,从中我们不仅可以重温受降的交涉经过,也可以窥探蒋介石当时的内心活动。

应该承认,蒋介石是一个民族情结很强的人,对于鸦片战争后英国利用不平等条约割让香港、租借九龙和新界的行径极为愤懑,因此收回九龙(包括香港)一直是他的追求目标。国民政府成立后虽然推行所谓"革命外交",企图废除一切不平等条约,也取得了一些成绩,然而毕竟国力衰弱,不平等条约并未完全废除,英国对于中国要求收回香港的正当要求更是置若罔闻。

太平洋战争爆发后,中国政府随即向德、意、日宣战,成为英、美等反法西斯战线的同盟国,中国的国际地位迅速上升。随着香港和上海等地租界的沦陷,原先存在的那些不平等条约已变得十分荒谬。为了提高中国人民的士气,共同抗击日本的侵略,美国和英国开始考虑与中国政府谈判,并于 1942 年 10 月 10 日宣布废除一切不平等条约。蒋介石在得知这一消息后十分兴奋,曾在日记中写下"心中快慰,实为平生惟一之快事"。然而当中国政府要求收回九龙租借地时,英方却坚决拒绝,彼此僵持不下。为了不影响废约的整体进程(此时与美国的谈判已经结束),中方不得已作出让步,暂时搁置有关九龙问题的谈判，但这并不表明中国放弃对香港和九龙主权的收回。1942 年 12 月 31 日，正是中英新约签字的前夕，蒋介石在日记中写道："晨五时醒后，考虑与英国订约事。我虽不要求其对九龙问题作任何保留之约言，而彼反要求我声明九龙不在不平等条约之内，否则彼竟拒绝签订新约。果尔，我政府惟有发表废除不平等条约之声明，以不承认英国在华固有之权利。一俟战后，用军事力量由日本手中收回，则彼虽狡猾，亦必无可如何，此乃最后手段。如彼无所要求，则待我签字以后，另用书面对彼说明，交还九龙问题暂作保留，以待将来继续谈判，为日后交涉之根据。"蒋介石的如意算盘是，眼下我先不和你谈收回九龙的问题，等到战争结束，我先派军队从日本人手中接收香港，到时你就是再狡猾也没有办法了。

在这种理念下，1943 年 1 月 11 日中英新约在重庆签字，同日国民政府正式向英国提出照会，声明称："关于交还九龙租借地问题，英国政府以现时进行谈判不宜，本代表认为憾事。……本代表通知阁下，中国政府保留日后重行提请讨论此问题之权。"10 天后，英国驻华大使薛穆带来复照，说他已将中国政府的照会转达给本国政府，但英国政府对此并无任何表示。

嗣后不久，蒋介石在以他名义出版的《中国之命运》一书中表示，九龙问题未能在新约中得到解决实在是"美中不足的缺点"，但中方已通过声明保留再议之权，因此"九龙问题仍可随时提出交涉"。蒋介石还指出，由于九龙与香港在地理位置上具有相互依恃的关系，在解决九龙问题的同时也应该考虑收回香港。对此他似乎觉得很乐观，认为"英国政府不致为此弹丸之地而妨碍中英两国永久的友好之邦交"。

1943 年 11 月底，中、美、英三国首脑举行开罗会议，讨论有关三国军队联合对日作战等问题，这也是中国领导人第一次以大国身份参加国际会议。会前中方曾议定，如英方在会议中未涉及香港问题，中方也不主动提出，"以留待日后解决为宜"。但是美国对于英国要求战后继续维持其庞大的殖民地体系十分不满，认为英国不应再享有"帝国主义的特权"，因此罗斯福在与蒋介石的会谈中曾建议，战后应先由中国收回香港，然后再宣布其为全世界的自由港。中方当然希望美国出面解决香港问题，然而丘吉尔却拒绝讨论香港问题，在这种情形之下，美国也只好适可而止，因为他们是不会为香港问题而与英国闹翻的。会议结束时发表的《开罗宣言》对于香港的归属问题依旧只字未提，对此蒋介石十分无奈，却又没有办法，只能在日记中咒骂"英国之自私与贻害，诚不愧为帝国主义之楷模矣"。

虽然国民政府一直坚持战后要收回九龙甚至香港,但他们却没有对接收的具体方案作出必要的准备。相反英国却要主动得多,他们不仅在军事上进行认真的部署,在外交上也不断对美国等盟国加以游说和宣传。在英国人看来,香港是从英国人手中丢失的,自然应该由英国人收回,因为这关系到大英帝国的荣誉。

二 蒋介石一让再让

1945 年 8 月,日本投降在即,外交部欧洲司曾拟就文件,主张战后接收香港,至少也应收复九龙租借地。外交部认为,因为英国已宣布放弃在华一切特权,各国亦都将租借地归还,因此英方没有理由不交还新界和九龙;而英国所谓租借九龙是为了保卫香港,太平洋战争后的事实已证明此说毫无意义。文件还建议组建一支精兵沿九广铁路进发,先行占据港九,造成既成事实之后再与英国交涉,这样就可为谈判创造出一个有利的条件。

8 月 14 日下午,蒋介石接见薛穆时表示,中国政府承认英国在香港的权利,希望最终通过谈判解决香港问题,并提出日本战败后应由中国军队先赴香港受降、再将香港交英方接收的方案。但英国坚决反对,声称将派遣太平洋舰队开赴香港,承担接收香港的任务。

8 月 15 日,日本宣布无条件投降,盟军总司令麦克阿瑟将军即发布一号受降令,规定"凡在中华民国(满洲除外)、台湾、越南北纬 16 度以北之日本军队,均应向中国军队投降"。然而命令并未对香港的受降作出明确规定,因此中英双方各执己见,为香港的受降权展开激烈的争辩。

8 月 15 日晚,蒋介石约四川省政府主席张群、陆军总司令何应钦讨论有关接收香港、越南的方针,并商议今后的政策,"最后决定对香港不与英国竞争先后,免惹恶感。彼既对美言决派兵进占香港,如其不先与我战区统帅协商,则其自有言约,我当抗议其违约,而不与之争先进占也";但是如果时间许可的话,中国军队还是应先进占九龙。

8 月 16 日,英国政府先发制人,向中方提交照会,通报英国政府正安排军队重占香港,并恢复对香港的管治。第二天蒋介石在得知"英军舰已驶到香港附近,有重占香港之企图"后也加快了军事部署,命令隶属于张发奎第二方面军的第十三军从梧州向香港进军,先行接收九龙和香港,实现其"先占领后交涉"的方针。

8月18日,英国首相艾德礼密电美国总统杜鲁门,声称英国绝不承认香港属于中国境内的解释,要求他指示麦克阿瑟命令日军大本营,香港日军必须向即将到达的英国海军投降。美国深知战后欲与苏联抗衡,必须得到英国的支持,所以此刻杜鲁门转而牺牲中国的正当权益,同意英国接收香港的要求,并通知麦克阿瑟,明确表示香港已明确划在中国战区之外。

英国得到美国的支持后更无所顾忌,8月19日,薛穆再次将英国将在香港受降的备忘录交给国民政府代理外交部部长吴国桢,并通知他,杜鲁门已经同意英国接收香港。中国政府十分气恼,于当日发表声明,重申中国对香港享有主权,应由中国战区最高统帅蒋介石派代表前往香港受降。但私下蒋介石却和美国特使魏德迈商谈香港接收问题,"明告以余对此事政策,不忍因此致中美与英国发生裂痕之意。彼乃了然,顺从遵行也"。

8月20日,军令部部长徐永昌向蒋介石报告:"顷据美总部秘书长通告,英军已开始向香港开拔,当即声明,英国对于香港或有政治问题可留待他日解决,但就军事言,香港属于中国战区范围,自应由钧座处理,并请麦克阿瑟元帅向英方一言,使此事得一公正与不伤感情之解决方法。"第二天,蒋介石即委托美国驻中国大使赫尔利将一封急件转交杜鲁门,称他已从其他渠道得知美国同意英国在香港受降,如此消息不实,则希望美方"不要作出任何事情改变波茨坦宣言的条款和已由盟军总司令发布的有关投降的条件";如果美方已答应英国受降,为了不使杜鲁门为难,蒋建议在香港的日军应"向我本人的代表投降",并邀请英、美代表出席受降式,然后"我再授权英军登陆收复香港岛"。杜鲁门收到急件后立即回电,称其早在三天前就已经同意英国在香港受降的要求,并表明英国在香港的主权"不容置疑"。

蒋介石收到杜鲁门的覆电大失所望,却又无可奈何,在这种情形之下只好再次作出让步,下令已进入新界的中国军队撤到深圳河北岸。他在23日致杜鲁门的电报中已经不再坚持委派代表受降之事,而改以中国战区最高统帅的名义,授权一名英国军官作为他的代表,前往香港受降,同时指定中、美各一名军官参加受降式。对于蒋来说,这只不过是为了维持面子所作出的下策,已经是最大的让步了。8月26日蒋介石在日记中写道:"与哈(雷,即赫尔利)、魏

(德迈)商谈英国拒绝我委托英军官接收香港投降之提议,决定仍坚持委托方案,如其拒绝,则违法坏纪,责任在英国,余则不能不守定中国战区统帅之权责也。"

但是英国就连这点面子也不给。8月27日,英国大使薛穆授权通知蒋介石,英国不接受英国军官作为蒋介石的代表在英国领土上受降的要求,但中方可以派代表参加受降的仪式,薛穆还告诉蒋介石,英国已委派海军少将夏悫为香港的受降官,当下正率领舰队前往香港。

蒋介石闻讯后立即约见英国大使,"明告其余委托英军官接收香港之主张必须贯彻,并即委托其电所派之'哈壳特'少将代表余中国战区统帅接收香港投降,属其电通知英政府知照。如其不接收委托而擅自接降,则破坏联合国协定之责在英国,余决不能放弃应有之职权,且必反抗强权之所为"。蒋介石自以为"对英使谈话义正词严,望其好自为之,彼乃无辞以对而退"。

同时蒋介石又致电杜鲁门,说明中国此时并无意派军队占领香港,而授权英国军官代表他受降纯粹是出于保持盟国友好的愿望。既然英方已确定受降官人选,那么他就指定夏悫作为其代表受降,希望杜鲁门支持他,并要麦克阿瑟将军向夏悫发出相应的指令。

8月28日,军令部部长徐永昌(由次长刘斐代)为如何参加香港受降事宜呈文向蒋介石请示:

一、我国参加受降代表,拟请钧座指派。

二、受降代表任务,拟规定如左:

1. 代表本国会同英、美办理香港、九龙方面受降事宜;

2. 指挥第七战区派往九龙租借地带受降之部队。

三、港敌投降协定签字时机,似应在南京签字之后。

四、关于港敌受降事宜,尔后是否即由本部与英方直接商办。

五、本会曾于二十一日电令余长官急派一个师兵力向九龙挺进,当据余长官未马电呈复,已派教导团及突击独立第一支队暨一五四师主力,并限十日内进入深圳以南地区,计程即将到达。现香港既授权英方主持接收,挺进九龙部队是否仍需前进,如九龙亦含在香港范围内,则我占领九龙之部队是否应即撤回。

事已至此,蒋介石也只能在报告上亲自批示:"往九龙部队暂时停止。"

虽然英国的目的已经基本达到,但对蒋介石的要求仍讨价还价。英方提出的方案是由夏悫代表英国政府,同时再安排另一名英国军官代表中国战区统帅受降。蒋介石大怒,他在8月30日的日记中写道:"英国对余指派其军官接收香港之口头指令仍拒不接受,余告其大使曰,除非联盟国不承认余为中国战区之统帅,华盛顿之盟约无效,或尔英国脱离联盟宣告单独自由行动,否则余之指令决不能改变。余决不能破坏盟约,违反公约,屈服于强权也。余令既出,必贯彻到底,希望英国恪守信约,保持国誉。如其最后仍加拒绝,则必宣布其恃强违约,公告世界,以著其罪恶而已。"

外交部部长王世杰在同一天的日记中也记载了这件事:"香港敌军受降事,英方坚持须由英军接降,我方以香港在'中国战区'内,应由我派军接降。此事遂引起英方疑惧反对,蒋先生乃放弃中国派军接降之议,但谓英国派往受降之军官,须认为系受中国战区统帅之委托。英政府仍坚拒,蒋先生亦坚持不让步。"此时国军派往广州方面受降的将领亦来电,要求派兵进占澳门,王世杰立即去电予以阻止。王世杰还向蒋介石提议,"将来澳门之解决,最好用买回方式,蒋先生以为可"。

三 "旧耻虽雪,新耻又染"

蒋介石在8月底所记的"上月反省录"中写下了他对香港受降一事的感受:"英、美擅自画泰国与越南南部归东南亚战区,事前毫不与我协商,仅以一纸通知,等于命令,只能忍受乎?""英国强行重占香港,不许我军接收,并拒绝我委派其英国军官接收香港之指令,痛愤无已。"

最后,英国政府在接收香港的方式上稍示让步,同意以委托方式受降,即夏悫以同时代表英国政府和中国战区统帅的双重身份受降。对此建议蒋介石也只能勉强接受,他在日记中写道,"英国对我指派军官接收香港投降事最终须接受公理。此事虽小,而所关甚大矣",这是"公义必获胜利之又一明证";然而这种想法未免过于自欺欺人,因此他也承认:"惟英国侮华之思想,乃为其传统之政策,如我国不能自强,今后益被侮辱矣。"

9月2日,日本外相重光葵和陆军参谋总长梅津美治郎代表日本政府在停泊于横滨相模湾的美国军舰"密苏里"号上,向美、英、中、苏等九大同盟国代表正式签订了投降书,这不仅标志着世界反法西斯战争的结束,更意味一百多年来中国人民在反抗外来侵略战争中第一次取得全面的胜利。

自从1931年九一八事变日本向中国发动侵略战争之后的第三天开始,蒋介石每天就在日记之首写有"雪耻"二字,连续十多年,一天都没有间断。如今日本已经投降,但蒋介石联想到刚刚签订的《中苏友好同盟条约》中同意外蒙独立以及承认苏联在东北的权益,再加上在香港受降问题上中国所蒙受的屈辱,在这举国欢庆的日子里,作为国民政府最高元首的蒋介石更是百感交集,夜不能寐。他在当天的日记中这样解释此刻的心情:"'雪耻'的日志不下十五年,今日我国最大的敌国日本已经在横滨港中向我们联合国无条件的投降了,五十年来最大之国耻与余个人历年所受之逼迫与污辱,至此自可湔雪净尽。但旧耻虽雪,而新耻又染,此耻又不知何日可以湔雪矣!勉乎哉,今后之雪耻,乃雪新耻也,特志之。"

中英关于香港受降问题的交涉经过和结果再一次说明外交是讲究实力的,虽然太平洋战争爆发后中国的国际地位发生了明显的转变,不仅废除了鸦片战争以来中国政府与各国列强签订的一系列不平等条约,在开罗会议上,中国还跻身四强。然而这一切毕竟只是表面上的现象,一旦涉及国家的利益,强权就会战胜公理,历来都是如此。在香港受降问题上蒋介石最初盲目乐观,以为只要先派出军队进驻香港,英国就只能接受现实。然而当英国表示坚决收回香港,而美国的态度又出尔反尔,国民政府只能不断让步。蒋介石虽然对于英国蛮横无理的态度愤恨不已,对美国只顾自己不惜牺牲他国利益的行径也极为不满,但他既无实力拒绝,更需要战后得到这些大国的援助,面对这些羞辱的条件不能不同意,对外还不得不说些冠冕堂皇的话来维护其面子,而只能在日记中才多少流露出他的一些真实感受,这也是我阅读蒋介石日记的一点收获。

原载《历史学家茶座》第13辑(2008年10月)

宋子文与九龙城寨事件

一

　　发生在1948年的九龙城寨事件，是中英两国外交关系中的一次冲突，更是战后中英双方围绕香港问题的一次较量。有关九龙城寨事件的起因、过程和结局，多年前有学者已著书对此加以全面的介绍；[①]最近又有年轻的学人利用英国新公布的外交档案，在重建史实的基础之上，对这一事件的经过及其影响进行了深入的探讨。[②] 他们主要侧重的是中英两国外交部门之间的交涉，然而可能是因为资料的匮乏，很少有人提及此时刚就任广东省政府主席的宋子文与这次事件有什么关系。笔者不久前在美国斯坦福大学胡佛研究院的宋子文档案中发现几份相关的文件，因而就在此基础上，对这个问题略作补充。

　　之所以说宋子文在九龙城寨事件中同样具有相当重要的地位，主要是基于两个原因。其一，从宋子文个人的经历来看，他从政后20多年以来一直与英、美等国家保持密切的联系，特别是战时他在担任外交部部长期间，曾亲自主持与英、美外交首脑商谈废除不平等条约的谈判，在拟订草案时，宋子文亦曾明确提出要收回九龙租借地。[③] 其后他升任行政院院长，更是负责国家内政与外交的所有事务，虽然此时宋子文因黄金风潮的爆发而被免去行政院院长一职，但在不久前刚结束的国民党中央常会上他带头捐献出中国建设银公司的所有股份，又被任命为广东省政府主席，随后又兼任广州行辕主任、广东军管

---

　　① 梁炳华：《城寨与中英外交》，香港：麒麟书业有限公司，1995年。
　　② 孙扬：《大国梦幻中的弱势外交——1948年中英九龙城寨事件交涉析论》，载《南京大学学报》（哲学·人文科学·社会科学）2008年第1期。
　　③ 参见《战时外交》（三），第761页。

区主任,成为华南地区名义上的最高行政长官。其二,从广东省的地理环境上看,广州不仅毗邻香港,语言文化相同,两地关系既密切又紧张,历史上香港发生的事件立即会引起广州的互动,远的如三元里抗英、广州市民反对英军入城,近的事例则莫过于爆发于 1925 年的沙基惨案和持续 16 个月的省港大罢工。1948 年 1 月 16 日在广州发生的沙面事件,则是广州市民为了维护中国的主权、声援香港同胞与港英政府抗争的强大支持,同时它也为后来中英关于九龙城寨谈判带来重大的影响。

为了更清楚地了解事件的发生经过,我们有必要先简单介绍一下九龙城寨出现的历史背景。

九龙城寨位于九龙半岛的东部,面积不大,还不到 42.5 亩。鸦片战争后,香港被迫割让给英国,清政府为了对岌岌可危的九龙实施有效的管制,特于此地设立九龙巡检司,并在其周围修筑九龙城寨,因此城寨便成为清政府在九龙地区的政治和军事中心。第二次鸦片战争后,九龙半岛南部又割让给香港,英国占领区已逼近城寨。到了 1898 年中英关于展拓香港界址的谈判中,清政府虽然同意将深圳河以南的地区(即新界)租借给英国,但仍坚持要保留行使城寨的主权。然而不久英方在接收新界的过程中却将清军官兵赶出城寨,单方面宣布城寨是"女王陛下的香港殖民地"的一部分。虽然历届中国政府都不承认英国对城寨的管治,双方亦曾为此进行过多番交涉,但都没有结果,城寨实际上成了一个所谓三不管的地区。

抗日战争胜利后,英国重新占领了香港。1947 年 7 月,英国殖民地部官员葛量洪出任第 22 任香港总督,在对待城寨的问题上态度变得强硬起来。他后来回忆说,他就是要对香港的民众表示权力,企图强势施政[①],而强行拆迁城寨就是他意图实施强势管治的一个主要措施。当时的国民党政权可以说是内外交困,不仅在军事上节节败退,在经济上更是危机重重,因此英国外交部认为,无论是南京的外交部或是宋子文的广东省地方政府,都不愿意在这个"伤脑筋"的问题上制造事端。[②] 1947 年 11 月底,刚到广州履新不久的宋子文即前往香港进行访问,虽然表面上双方讨论的是粤港两地如何合作,共同打击走私

---

① 《葛量洪回忆录》,香港:广角镜出版社,1984 年,第 171 页。
② 英国殖民地部档案:CO537/2190,转引自孙扬:《大国梦幻中的弱势外交——1948 年中英九龙城寨事件交涉析论》,载《南京大学学报》(哲学·人文科学·社会科学)2008 年第 1 期,第 92 页。

等问题,但实际上宋子文和葛量洪还是就某些可能发展成不愉快事件的小事进行了洽谈,并得到圆满的解决。在葛量洪眼中宋子文是一个精明的人,更是一个"地道而思想似西方的中国人",因此认为他与宋之间都具有"喜欢和尊重对方的优点"。[1] 而这些所谓"可能发展成不愉快事件的小事",一定包括当时香港政府正在进行的拆迁九龙城寨的内容。

1947年11月27日,港英当局向城寨居民发出通告,限令城寨内所有木屋住户于14日内全部拆迁。通告发出后立即遭到城寨居民的强烈反对,他们认为城寨是中国的领土,港英政府根本就无权动迁。城寨居民一方面自发成立组织予以抵制,同时还请求中央和地方政府予以援助。

葛量洪认为城寨居民的反抗是对港英政府的直接挑战,绝不能因此而示弱。尽管他也知道强行拆迁会导致冲突,中国政府也一定会出面抗议,但他"不认为南京政府会给予麻烦"。[2] 1948年1月5日和12日,香港政府两次出动武装警员进入城寨强行拆迁,在清拆过程中曾鸣枪并施放催泪弹对付平民,以致多人受伤,并有数人被捕,这就是中英关系史中著名的"九龙城寨事件"。

二

九龙城寨事件爆发后,中国政府立即通过外交部和外交部两广特派员公署分别与英国驻华使馆及港英政府展开交涉,但其实态度并不强硬。[3] 然而这一事件却激起全国民众的极大愤慨,几乎所有中文报刊都为此事发表社论,抨击港英政府的暴行,南京、上海、北平、天津等各大城市也都相继举行声势浩大的声援和示威,其中最有影响的就是发生在广州的沙面事件。

沙面原是广州市内白鹅潭水面上的一片绿洲,第二次鸦片战争之后成为英国和法国的租界,虽然抗日战争胜利后根据战时废除不平等条约的规定,中

---

[1] 《葛量洪回忆录》,第167—168页。

[2] 《葛量洪回忆录》,第170页。

[3] 虽然外交部在事后曾多次致电驻英大使馆,令其向英方提出抗议,但态度并不强硬。有关电报内容详见《民国档案》1990年第3期,第41—44页;而外交部部长王世杰则认为:"此事我方殊乏理由,且我如欲向英交涉,其目的当为整个九龙香港之收回,其理由亦为政治而非法律的,决不能以此数十亩之土城为外交目标。"见《王世杰日记》(1948年1月8日),手稿本第6册,第146—147页。

国政府已收回租界,但这里仍是西方各国领事馆、银行和公司的聚集地。而1925年6月23日震惊中外的沙基惨案就是发生在这里,因此沙面的地理位置本身就具有很强烈的象征意义。

广州市举行的大规模游行事先得到省市参议会及国民党官员的筹划,在设计游行路线时关于是否行经沙面而发生争执,最后因宋子文坚决反对而作罢,但是在16日游行的过程中,突然有1 000多名学生脱离了规定的路线前往沙面并包围了英国领事馆,之后聚集的人数越来越多。在发表演讲、呼叫口号的过程中,群众愤怒的心情达至顶峰,先是有人推倒门外的旗杆,进而破门而入,将领事馆的家具和文件抛出来放火焚烧,领事馆的四座洋房及所有物件均付之一炬,附近的英国新闻处、太古洋行、渣甸洋行、渣打银行等机构亦未能幸免,汇丰银行的玻璃大部被打碎。整个骚乱历时两个小时,有6名英籍人士受伤,大火还殃及设在英商洋行内的挪威和丹麦领事馆。[1]

关于沙面事件爆发的原因事后曾有多种揣测,国民政府将其归咎于中共的阴谋,认为这完全是共产党的宣传和策动;也有报章认为这是因为广东省的地方官员对宋子文的不满,因此而发动事件来破坏他的管制威望。外交部部长王世杰认为这一事件的发生,“一则中共及其他反政府团体之爪牙遍布广州;一则宋子文主席无指挥当地党部及其他民众团体之力也”。[2]而港督葛量洪则认为这是国民党内的右翼集团(以CC系为代表)策动的反对西方和打击宋子文势力的行动。[3]当时广州一份报纸发表社论称,沙面事件的发生“直接的导火线是九龙城问题,而实际的基因则是百年以来广州人民的愤懑。自鸦片战争之后,英国问鼎中华,在在以广州为第一个对象”[4]。这几种说法可能都有一些道理,但却未能触及问题的本质。

国民党本身就是依靠“运动学生”而成长和壮大的政党,但也正是因为这个道理,国民党十分了解学生运动的威力,因此当它一旦执政,即对于“学生运动”百般恐惧,生怕因此而动摇其统治。特别是抗日战争胜利后一连串的学生运动,如1945年的“一二·一”昆明学生运动、1946年年底的沈崇事件以及1947年5月下旬席卷全国的“反饥饿、反独裁、反内战”学生运动,令国民党政

① 有关沙面事件的过程,请参阅梁炳华:《城寨与中英关系》,第170—171页。
② 《王世杰日记》(1948年1月16日),手稿本第6册,第156—157页。
③ 《葛量洪回忆录》,第171页。
④ 《中山日报》(广州),1948年1月17日。

权狼狈不堪,因而特别颁布《维持公共秩序暂行办法》和《戡乱总动员令》等一系列恶法,明令禁止一切罢工、游行和请愿。然而尽管如此,国民党内某些人(特别是主持党务工作的头目)还是希望能够利用群众运动来达到他们的目的,譬如1946年2月发生在重庆的反苏游行,很明显事先就是得到国民党上层的支持。这次因应九龙城寨事件而爆发的全国性的声援与抗议,也让国民党高层有人认为可以利用民族主义情绪来压服英国人就范。因此各地的游行不但没有受到警方的阻止,反而在游行过程中还得到宪兵警察的保护和指引;参加游行的不仅有普通的大专院校学生,连号称是国民党党校的中央政治大学学生也积极参加,甚至校长顾毓琇在劝阻不成后竟也参加了游行。① 广州民众的游行事先也是由广东省参议会及国民党省党部的官员直接筹划,规定由省参议会主席林翼中担任主席和游行的总领队,省、市政府的社会处长陶林英、朱瑞元、国民党省党部主委余雄贤、高信以及广州市参议会主席陆幼刚等人都曾参与策划。②

<h2 style="text-align:center">三</h2>

宋子文虽然刚到广州就任,尚缺乏对地方势力的管制权威,但他曾长期主持中央的外交工作,因此他在有关九龙城寨的问题上态度是比较克制的,并竭力主张通过外交途径来解决这一难题。事件发生前,宋子文曾口头劝喻城寨居民保持克制和冷静,要相信中国政府,并表示外交部已与英方提出交涉,要求港府不要强行拆迁;事件发生后广州市民群情愤怒,纷纷要求抗议示威,宋子文对此虽然没有加以反对,但却强调游行路线不可经过沙面,实际上他就是害怕运动失控而引起外交冲突。沙面事件发生后,宋子文立即下令出动军警维持秩序,当即逮捕110名参加示威的人士,其中有36人为大中学生,其后有20余人被指控为"肇事暴徒",移交司法部门审判。

国民党原先是希望透过民众运动向英方施加压力,没想到事态的发展出

① 参见孙扬:《大国梦幻中的弱势外交——1948年中英九龙城寨事件交涉析论》,《南京大学学报》(哲学·人文科学·社会科学)2008年第1期,第94页。
② 参阅梁炳华:《城寨与中英关系》,第170页。

了问题,政府不但没有控制住民众的情绪,反而在谈判中变得愈发被动了。在这种情形之下外交部部长王世杰也没有办法,他立即致电驻英大使郑天锡,让他向英国外交部表示深切的遗憾,但措辞一定要注意,需用 Express deep regret,而不能用 Apology,而且他还强调,此事最好不要见诸报端。①

沙面事件爆发后,作为地方政府的最高首脑,宋子文也很快向蒋介石发出一封密电,报告粤穗各界外交后援会于事件爆发后举行集会时所作出的决议:

(1) 此次游行所发生之不幸事件,应由英政府负责;

(2) 要求政府释放所有被捕民众。

会上还有人提议,若香港政府继续迫害九龙城居民,后援会应发动海员工会等团体采取进一步行动,所有在场者都表示同意。

宋子文在电报中还报告说,1月17日广州各大专院校校长联席会亦对此事发表宣言,但措辞颇为得体,中外人士反应较佳。最后宋子文表示了他的意见:"该后援会如发表宣言,甚至有所行动,恐更引起一般民众激烈情绪",因此他已向市政府和省市党部下令,迅速设法制止。②

宋子文除了部署警力、严防事件进一步扩大的同时,还施展他的外交手段,主动与英、美等国家驻广州的总领事联络,希望通过外交途径解决事件。

1月19日上午10时,英国驻广州总领事前往省政府官邸与宋子文会面,并向他提出多项要求:

(1) 英商"佛山轮"即将于周三(21日)到达广州,希望当地政府派出军警加以保护,以防不测;

(2) 目前广州市内仍有不少反英标语,要求设法制止;

(3) 奉英国大使之电令,要求广东省政府切实保护英国侨民的生命财产安全。

宋子文当即表示,对于上述要求应尽力予以保护,但他又指出,香港政府近日又进一步驱赶九龙城居民出境,如此则事态将更加严重,地方政府很难处理和解决,因此最终的交涉还是应由外交部进行。宋子文指出,此次沙

---

① 《王世杰致郑天锡密电》(1948年1月17日),《民国档案》1990年第3期,第44—45页。

② 《宋子文致蒋介石密电稿》(1948年1月18日),美国斯坦福大学胡佛研究所藏宋子文档案,第58箱第9卷。

面事件的发生固然有奸徒乘机暴动,但英国人先在九龙城开枪,伤及中国居民,以致激励了中国人民的民族情绪,这也是必然的反响。反观英国政府去年在驱逐强占房屋的伦敦市民事件中却没有开枪,处理的手法完全不同;而且,香港政府不应该忘记,他们所面对的是中国人民,而不是英国人,香港原为中国领土,而20多年前沙基惨案的种种情景,在广州市民中仍历历在目,因此希望港方应以历史的眼光予以观察,不要一误再误。宋子文强调,这些话都是他站在私人的立场上所发表的意见,绝不会公开向民众宣布,以免刺激他们的情绪。

英国总领事强辩,由于沙面事件的爆发激起了港方的愤慨,以致不得不驱逐九龙城的居民。宋子文则指出,两国政府均应以冷静客观的立场应付这类事件,而不能带有感情冲动的情绪。

英国总领事走了之后,广东省和广州市党政部门负责人亦前来向宋子文报告沙面事件的后续情况。市参议会议长陆幼刚报告称,市参议会正在召开大会,会上有27名参议员联名提议发表通电,要求以外交懦弱无能为由,罢免外交部部长王世杰和外交部两广特派员郭德华的职务。而宋子文对此则坚决予以反对,他认为如此举动对于王、郭二人之牺牲固不足惜,然而却会将反英目标转移为反政府,并进而反对国民党,因此千万不可大意。①

20日,美国驻广州总领事鲍克亦致函宋子文,询问当局准备采取什么措施保护在广州的美国及其他国家侨民的利益。宋子文随即便回信称,自1月18日起,广州特别市的警察就与地方驻军一起接受广东省绥靖公署副主任兼省保安司令黄镇球将军的统一指挥,所采取的措施均直接向宋子文负责,市区除警察外,还部署一支常规军队,随时听候调遣。宋子文还进一步解释说,沙面事件爆发后他已发出公告,任何对人身和财产的侵犯都将受到军法惩处,并已授权军队与警察必要时可动用武器。

第二天,宋子文在会见美国总领事时又向他加以解释,并严厉指责广州市长和警察局长的无能。但是鲍克却认为,由于宋子文缺乏地方军队和警方上层的支持,所以他允诺采取的措施显然并不足够。②

① 《宋子文致蒋介石密电稿》(1948年1月19日),美国斯坦福大学胡佛研究所藏宋子文档案,第58箱第9卷。
② 《美国外交文件》,1948年第7卷,第52、53页,转引自吴景平:《宋子文政治生涯编年》,第529页。

四

　　九龙城寨和沙面事件爆发后,国民政府高层也对此案的交涉展开激烈的争论。王世杰认为,如果此时向英方提出收回九龙和香港的要求,必然会遭到英国的拒绝,"如是则双方之僵持必益久,社会之纷扰必甚,乃至广州事件势必重演于他处";他以为收回九龙和香港自然应定为今后我方之外交目标,"但提出之时机与方式,则不可不缜密决定"。因此他主张目前的方针就是单纯解决九龙城寨这一事件。他的这一主张在 1 月 20 日召开的行政院院会上经过多番争论,最终获得通过。①

　　就在这时蒋介石收到了宋子文的电报,随即下达指令:

　　　　对于九龙问题应以大事化小,并须从速了结为主旨,如有藉此案以期扩大事态,甚至进一步暴动者,应依破坏戡乱动员法令,一律以为匪作伥、危害国家论处。望以此意转告党政军负责人员一律遵行勿误为要。中正。子梗。府交。②

1 月 29 日,蒋介石再次致电宋子文:

　　　　宋主席并译转省市党部(极密加码):关于九龙城事件,我政府现正向英国政府严重交涉,以期贯彻我政府之基本主张,即维持我方对九龙城管辖权之立场。英政府对于香港当局决定九龙城拆迁房屋一事之经过,虽不能不有所辩护,但日内我方如无意外事故发生,我政府之基本主张可望贯彻。至希密饬所属,严防类似沙面事件之复发,尤应对于言论机关及学校当局善为指导,以免奸党利用机会,扩大事态,危害国家,是为至要。中正。子艳。府机。

---

　　① 《王世杰日记》(1948 年 1 月 18 日),手稿本第 6 册,第 158—160 页。
　　② 《蒋介石致宋子文密电》(1948 年 1 月 23 日),美国斯坦福大学胡佛研究所藏宋子文档案,第 58 箱第 9 卷。

宋子文收到电报后立即予以批示：

> 一、遵转省市党部；二、抄交邹秘书长办，密令转饬各有关机关遵照。[1]

九龙城寨事件发生后激起国内民众的极大反响，英方在中国人民的抗议声中开始退缩，提议在城寨清拆之后的原址上修建公园，原地居民则迁往别处。此时中国外交部的态度也变得强硬起来，王世杰原则上同意英方的建议，但又提出需将两广特派员公署设置于公园之内。对此提议英方虽然没有立刻表示同意，但似乎并不反对。[2] 这个方案不仅解决了未来城寨居民的安置问题，更重要的是中国的官方机构将正式进驻九龙，从而改变了自 1899 年以后中国官员被赶出城寨的现状，其意义非同小可。

然而由于沙面事件的失控和"出格"，使得原来已经软弱的英国政府又变得强硬起来，原有的提议被搁置一旁，中英双方又开始了漫无休止同时又是毫无结果的外交谈判，最终又回到了原地，谈判的内容没有什么进展。直到 1987 年 12 月 10 日，中英两国政府才在有关香港主权联合声明的基础上达成协议，香港政府开始有计划地清拆城寨，妥善安置原居民，并在原址兴建公园，至此困扰了近一个世纪的九龙城寨问题方得到圆满的解决。

原载《史学月刊》2009 年第 2 期

---

① 《蒋介石致宋子文密电》(1948 年 1 月 29 日)及《宋子文批示》(1948 年 1 月 30 日)，美国斯坦福大学胡佛研究所藏宋子文档案，第 58 箱第 9 卷。
② 《王世杰日记》(1948 年 1 月 16 日)，手稿本第 6 册，第 155—156 页。

第二辑

财 经 事 务

引进外资的模式与特点

在中国近代化的进程中曾出现过几次举借外债和引进外资的高潮,其中19世纪末20世纪初以及20世纪30年代中期出现的两次举债高峰最为突出。虽然这两次举借外债都是以修建铁路为中心,但究其借款条件、举债性质以及成效和影响都有很大的区别,值得认真加以对比。本文主要依据档案史料和当事人的回忆,通过对中国建设银公司所经手承办的成渝铁路借款这一个案的深入分析,探讨抗日战争之前国民政府在引进外资中表现出的特点及其成效。

一 中国近代的铁路与外债

中国近代的铁路建设与引进外资和举借外债具有极其密切的关系,自光绪二十三年(1897)清政府与比利时签订《芦汉铁路借款合同》、开始大规模兴建中国的铁路时起,可以毫不夸张地说,整个中国近代铁路史就是一部外债史。这是因为从晚清到民国初年中国兴建的所有铁路中,除了极少部分是由中国政府或商民集资筹办的,绝大部分都是由列强采取直接投资(即以中外合办的名义,直接控制铁路的经营权,如中东、南满、胶济、滇越等铁路就是属于这种情况)或参与投资(即通过借款的方式参与对路权的控制和管理,如陇海、津浦、北宁等大部分铁路皆如此)的形式而修建的。据统计,自1904—1927年,外国资本在中国铁路建设的总投资通常都要占据90％以上。[①]

正是由于这个原因,铁路借款往往在中国对外借款中占据很高的比例,如晚清铁路借款数额总计为4.59亿元,约占同期举借外债的28％;北京政府时

---

① 参见宓汝成:《帝国主义与中国铁路》,上海:上海人民出版社,1980年,第362—363页表。

期铁路借款为 3.89 亿元,占同期外债总额的 26%;南京国民政府成立至 1936 年,共举借铁路外债 1.95 亿元,约占同期举借外债总额的 39%。[①]

外国资本投资中国的铁路对于中国近代经济的发展产生了双重作用。一方面,中国通过引进外资修建铁路,既解决了资金不足的难题,又吸收了西方先进的科学技术和管理方式,沟通了内地与沿海、中国与西方的联系,有利于商品的流通和对外贸易的发展,也有利于中西文化的交流,因而推动了中国近代化的发展;但从另一个角度观察,由于帝国主义投资中国铁路建设的真正目的并不是帮助中国实现现代化,而是为了在中国划分势力范围,攫取更多的政治和经济权益,并企图通过借款筑路进一步控制中国的财政经济命脉。它的具体形式表现为修筑铁路的不合理性(因各国列强为了配合其所霸占的势力范围,导致修建铁路的区域和路段极不合理)、垄断性(几乎所有借款契约都包含有监督铁路财政、控制铁路管理等条款)和掠夺性等方面;同时,借款的折扣之大、利息之高亦世所罕见。因此,从这个意义上来讲,帝国主义对中国的铁路投资对于中国近代化发展的步伐又具有极大的阻碍作用。

在中国近代铁路发展史上曾有过几次筑路高潮,其中第一次高潮出现于 19 世纪末 20 世纪初,这也正是帝国主义刚刚形成并加紧向海外进行资本输出之际。当时清政府因甲午战败,国门洞开,各国均将中国视为投资的市场,而铁路正是资本输出的一项重要对象,因此列强纷纷在华划分势力范围,相互竞争,投资兴建铁路。在这一阶段中(1895—1911),列强先后在中国修筑了东清、胶济、滇越(分别由俄、德、法三国直接投资和控制)、京汉、粤汉、津浦、沪宁、京绥等多条较长的铁路干线,共修筑铁路 9 253.83 公里,基本上奠定了中国近代铁路的规模与布局。[②]

民国成立后,由于政局不稳,债信低落,内阁更迭频繁,加之欧战爆发后西方列强无暇东顾,放松了对中国的投资,以致借款筑路之事进展缓慢;然而日本却趁此之际,加紧对东北地区进行扩张,大举投资修建铁路。国民政府成立之后,尽管财政当局相应制定了一些引进外资的条例,但这种局面并未发生根本变化。只是到了 30 年代中期,才又出现了外资投资中国、积极修筑铁路的高潮。据笔者不完全统计,自 1935 年初至 1937 年 6 月的 18 个月中,国民政

---

① 宓汝成:《帝国主义与中国铁路》,第 364 页。
② 严中平等编:《中国近代经济史统计资料选辑》,北京:科学出版社,1955 年,第 180 页。

府实际举债就占据抗日战争之前十年举借外债总额的一半（而实际举债额更高达 60％以上），而这当中绝大部分都是用来修建铁路的。[①]

抗日战争全面爆发前举借外债高峰出现的原因有很多，从国内形势上来看，1935 年 11 月币制改革的顺利实施，保证了中国的国民经济稳步发展，投资环境也有了明显的改善；1934 年起，国民政府确立重新整理外债的方针，并于1935 年开始全面清理无确实担保外债之后，债信随之迅速提高；再从国际方面分析，此时困扰欧美各国多年的世界经济危机已相继复苏，各资本主义国家又开始积极寻找资本输出的对象，而中国则是一个极具吸引力的投资市场，德国财团的率先对华投资更是加速了各国对华投资的竞争，而成立于第一次世界大战之后、旨在控制对华借款的新四国银行团此时已形同虚设，再也发挥不了垄断对华借款的作用。除此之外，还有一个重要的因素我们也应该予以重视，那就是成立于此时、并以吸引外资为导向的中国建设银公司在引进外资方面所发挥的作用。

中国建设银公司（China Development Finance Corporation）是 1934 年由刚刚辞去行政院副院长兼财政部部长职务的宋子文在上海亲自创办的一家股份有限公司，注册资本 1 000 万元，绝大部分资本来自国家银行和国内最大的十几家商业银行，公司的股东、董事和监察人不是政府主管财政经济的高官，就是国内金融界的巨擘，因此中国建设银公司的成立可被视为官僚与财阀结合的实例，同时亦标志国民政府寻求外援、谋求与西方合作的一个具体尝试。

宋子文创立中国建设银公司的最初目的是为了开辟国内外资本市场，引进外资，投资国内工矿及交通事业，因此公司成立后除了积极参与国内企业的各种融资活动外，很重要的一项工作就是几乎包揽了国家所有引进外资的业务，其中最为重要也是最具特色的工作，就是中国建设银公司联合法国财团、共同兴建成渝铁路的这一活动。

二　成渝铁路与川黔铁路公司

抗日战争之前中国建设银公司参与投资兴建的铁路有好几条，如与中英

---

① 参见郑会欣：《关于战前国民政府举借外债的数额及其特点》，《民国研究》第 1 辑。

银公司共同投资完成的沪杭甬铁路,与德国奥托·华尔夫公司联合投资兴建的浙赣铁路,与英国财团洽商投资的广梅及浦信铁路,以及准备向法国银团借款修筑的贵昆铁路等,其中投资规模最大、影响最为重要的当属成渝铁路。而且,中国建设银公司为了配合兴建这条铁路,还仿照浙赣铁路成例,与铁道部及川、黔两省(实际上后来只有四川一省)共同出资,成立了川黔铁路公司。川黔铁路公司存在的历史虽然不是很长(抗日战争的突然爆发使得公司的业务无法正常进行),但它却是国家资本与私人资本相结合、再进而引进外资合作兴建铁路的一个典型,值得认真加以分析。

19世纪后期,法国在占领越南之后即将中国的云南、广西视为它的势力范围,并企图再由此向四川进行扩充。因为一旦打通四川的铁路,并将之与滇越铁路相连,那么越南的海防便成了中国西南诸省的出海口岸,这样不但可以促进滇越铁路的运输业务,也有利于越南殖民地的经济发展。民国初年,中法实业银行即与北京政府签订了钦渝铁路借款合同,由法国财团投资兴建自广西钦州至四川重庆的铁路,并包括叙府(宜宾)至成都的支线,途经广东、广西、贵州、云南、四川五个省份。虽然这笔借款并未完全实施(只曾垫款3 200万法郎),债务亦已列入整理范围之内,但法国方面却认为此项贷款权依然有效,从未放弃修筑西南铁路的企图。

1935年12月,原中国银行总经理、此时又出任中国建设银公司常务董事的张嘉璈接任铁道部部长,随后便计划在全国修筑多条铁路,西南铁路就是他发展铁路计划的重点。此时法国巴黎荷兰银行(Banque de Paris et des Pays-bas)的代表梅莱(M. L. Merlet)正在中国进行调查,为法国财团寻找投资对象,于是在国民党元老、同时又是中国建设银公司董事李石曾的介绍之下,梅莱先后与中国建设银公司进行接洽,并与张嘉璈相见会谈。张嘉璈认为这是吸引法国投资的绝好机会,而从当时的情形来看,以投资兴建成渝铁路最为适宜,也最能为各方所接受。

法国方面自不必说,投资兴建西南铁路是其多年的夙愿,当然十分赞同。而对一直积极寻找国外投资伙伴的中国建设银公司来说,法国财团原本就是其理想的对象;而且此时公司正在设想如何将中国的铁路事业由国家兴建改为公司承办,若办有成效,即可开辟一条铁路投资的新途径。成渝铁路路线既短,沿线又都是富庶之地,这样工程短,收效快,铁路建成之后还可以获得开发沿线实业之机会,可谓一举两得。铁道部则认为"此路需费不巨,借款或易成功",四川省政府对于能借助外资兴建省内铁路,自然愿意"多加协助"。[1] 各方既有共识,利益亦都一致,谈判相对来讲也就容易得多了。

为了兴建成渝铁路,中国建设银公司建议由铁道部、四川省以及银公司联合组成川黔铁路公司,以公司的名义而不是由中央或地方政府出面向外举债,先行修筑成渝铁路,然后再考虑兴建西南地区的其他铁路。商办的特点在于可与政治划清界限,避免外国财团以投资为名最终达到控制中国铁路的目的。换句话说,即使日后铁路出现亏损,那也只是由公司承担责任而无需由政府负责;在铁路的组织上,外国人只能委派工程视察员和会计稽查员,所有重要的职务都应由中国人担任。这样即可以避免以往举借外债所签订的种种苛刻条件,虽然外国财团所获得的利润可能会高一些,但主权必须掌握在自己手中。当时专门负责铁路投资事务的中国建设银公司协理刘景山曾对法国财团代表讲过,"你们与这铁路公司的关系是商务关系,有事不能找你们大使馆"。而法国人看到利润较高,而且又是与声誉卓著的中国建设银公司打交道,自然感到放心,因此原则上表示接受。[2] 1936 年 2 月 9 日,铁道部部长张嘉璈与中国建设银公司协理刘景山、四川省建设厅厅长卢作孚三人一起商讨了成渝铁路借款的具体条款,首先拟定了川黔铁路公司的组织章程。[3]

《川黔铁路特许股份有限公司章程》[4]共十一章四十六条,其主要内容有如下几点:

(一)公司业务:经铁道部核准,先行建筑及经营自成都至重庆之铁路干线,自内江至自流井之支线及其他铁路路线,于政府许可之下,亦得兼营沿线其他附带有关事业;

(二)公司股份:共 2 000 万元,分为 20 万股,公司成立时先交半数,银公司负责招募其中的 55%,计 1 100 万元,作为商股,剩余部分由铁道部与四川省作为官股平摊;

(三)公司组织:设理事二十一人,其中官股八人(由铁道、财政

① 张嘉璈:《抗战前后中国铁路建设的奋斗》,第 57 页。
② 《刘景山先生访问纪录》,台北:"中央研究院"近代史研究所,1987 年,第 102 页。
③ 姚崧龄编著:《张公权先生年谱初稿》上册,第 148、150 页。
④ 该章程全文见中国第二历史档案馆藏交通部档案:二〇(2)/1785;全国经济委员会档案:四四/863;又载财政科学研究所、中国第二历史档案馆编:《民国外债档案史料》第 10 卷,北京:档案出版社,1991 年,第 406—412 页。

二部及四川省指派代表),其余均为商股,设常务理事五人,并于其中选出一名理事长,公司并聘请总经理、协理各一人;

(四)股息年息七厘,商股股息在建筑期间及开始营业后五年内,由铁道部保息,还本付息亦由铁道部担保。

川黔铁路公司章程拟具之后即送呈审阅,交由财政、铁道两部及行政院政务处审查,并邀全国经济委员会派员参加讨论,酌予修正,经行政院第253次会议通过,再由中央政治委员会第10次会议决议:"准予备案。"①在这之后不久,川黔铁路公司便正式成立,理事长由铁道部政务次长曾养甫担任,中国建设银公司协理刘景山、四川省建设厅厅长卢作孚等任常务理事,紧接着筹款修建成渝铁路的工作便紧锣密鼓地开展起来了。

中国建设银公司在承担招募1100万元股本之后,即按照以往惯例,由银公司本身及各股东银行分担。原先的计划是300万元由金城、盐业等十家商业银行平均分摊,中央、中国二行各250万元,交通银行200万元,中国农民银行100万元,"如有不足之数,均由银公司承受"②。但实际认股情形与之略有区别,根据档案记载,川黔铁路公司额定股本2000万元,已先后收缴1200万元,其商股股息已发至二十六年(1937)度,二十七、二十八年度股息依成渝铁路基金委员会临时会议议决,仍照规定年息7厘发给。因此,由所应发放之股息数即可推算出各行当时认股的确切数目,比如中国银行派发的股息总额为105 000元,年息7厘,实缴数即为1 500 000元,按实缴六成计,其认股总额则为2 500 000元,以此类推。

下表即为中国建设银公司及公司内各股东银行承募川黔铁路公司股份的推算表。

川黔铁路公司商股认购明细表

认股银行	实缴数(元)	认股银行	实缴数(元)
中国银行	1 500 000	四明银行	50 000
中央银行	1 500 000	浙江兴业银行	120 000

---

① 《行政院公函字第一三一〇号》(1936年3月21日),中国第二历史档案馆藏全国经济委员会档案:四四/833。

② 中国第二历史档案馆藏中国建设银公司档案:二八九/263。

认股银行	实缴数(元)	认股银行	实缴数(元)
交通银行	1 200 000	大陆银行	120 000
中国农民银行	600 000	上海商业银行	120 000
金城银行	180 000	邮政储金汇业局	120 000
中南银行	180 000	国华银行	60 000
新华银行	180 000	中国垦业银行	30 000
中国农工银行	180 000	聚兴诚银行	30 000
中国通商银行	150 000	中国建设银公司	30 000
中国实业银行	150 000	合　　计	6 600 000

资料来源：根据川黔铁路公司派发股息的存单统计，原件见中国第二历史档案馆藏中国建设银公司档案：二八九/297。

川黔铁路公司成立后，铁道部即与中国建设银公司（代表公司本身并代表川黔公司商股股东）订立合同，然后银公司再与法国银团（由中法实业银行、巴黎荷兰银行等组成，并由中法工商银行为代表）商订借款合同①，从 7 月初开始，经 20 余次讨论磋商，直到 12 月间各方意见才大致统一，遂签订正式合同。

成渝铁路借款合同实际上是由"川黔铁路公司、中法工商银行及中国建设银公司投资合同"（简称"投资合同"）和"铁道部、中法工商银行及中国建设银公司担保合同"（简称"担保合同"）二者组合而成。② 除了一般的借款条件外，主要内容大致有如下几点：

（1）借款总额：材料贷款 2 750 万元（其中包括由上海至重庆之运费 600 万元），现金贷款 700 万元，合计 3 450 万元，由川黔铁路公司出给期票，年息 7 厘，期限 15 年；

（2）担保：铁道部愿代表国民政府担负上述借款担保，并以第三期铁路建设公债 1 000 万元作为期票各商股利息之担保；设立借款基金保管委员会，审查公司财政及基金收付情形，法银团得向川黔公司推荐工程总稽查及会计稽查各一员；

---

①　有关这两个合同的详细情形，可参阅张嘉璈：《抗战前后中国铁路建设的奋斗》，第 59—60 页。
②　这两个合同均收藏于中国第二历史档案馆藏交通部档案：二〇(2)/1785；又见《民国外债档案史料》第 10 卷，第 412—427 页。

（3）委托人：川黔公司委派银公司为信托人业经法国银团同意，而银公司亦愿意并接受担任该项信托人之委任。

除此之外，铁道部还应法银团的要求，同意由银公司与中法实业银行合作投资修建钦渝铁路；而贵（阳）昆（明）铁路修筑权则许与中国建设银公司。[①]

经详细勘测，成渝铁路全长为504公里，按照部颁标准设计，约需材料款及国内工款5 600万元，除了向法国银团举借的3 450万元外，其余为川黔公司供给的当地建筑经费2 150万元，占总投资额的38.39%。

川黔铁路公司原定资本为2 000万元，然而开工之后各方需款甚多，恐不敷应用，故于1937年5月在上海召开的公司第三次理事会上通过增资500万元，公司总办事处设于上海，于重庆设立成渝铁路工程局，并与铁道、实业二部及四川省合办四川采木公司，资本200万元，铁道、实业及四川省各认20万元，于上海、四川各募商股70万元，其中上海方面由川黔公司与银公司分担。专门负责铁路工程之用，委派银公司即日着手筹备。[②]

借款虽然签订，但中方考虑到由国外运送轨料需时费日，因而先着手兴建重庆至内江间山区的石方、隧道、大小桥座、桥面等重要工程。1937年八一三淞沪抗战爆发后，长江遭到日军封锁，轨料无法运入四川，上述工程虽仍在继续进行，但速度则迟缓了许多。至于借款情形，1937年5月中法工商银行将借款权转让给法商富华兴业公司，然合同履行未久抗日战争全面爆发，1938年6月以后停止购料，截至1939年1月，供料及借款共为59万余美元，2 900余万法郎。第二次世界大战爆发后，由于法国傀儡政府与日本签订合约，交通部遂于1940年10月2日致函中国建设银公司和富华兴业公司，称"事实上此项合同既已陷于无法继续进行之状态中，自应依法宣布暂时中止"[③]。至此成渝铁路借款暂告一段落，直到1947年年底，成渝铁路的基础工程也只完成了1/3左右。

三　抗日战争之前对其他铁路的投资计划

抗日战争全面爆发前，中国建设银公司除了投资兴建沪杭甬及成渝铁路

---

①　张嘉璈：《抗战前后中国铁路建设的奋斗》，第61—62页。
②　《申报》，1937年5月9日。
③　中国第二历史档案馆藏交通部档案：二〇（2）/1650。

之外,还曾联络外国资本,投资兴建华东、华南和西南的其他铁路,然而这些铁路终因抗日战争的突然全面爆发大都未能付诸实施。

1. 投资浙赣铁路

浙赣铁路全长 950 公里,是长江以南连接沪杭甬铁路的杭州与粤汉铁路的株洲的一条重要的东西干线。1934 年铁道部与江西省政府计划兴筑玉山至萍乡铁路,分玉山至南昌及南昌至萍乡两段施工,资金则由双方各自筹集。因为此路欲与浙江省所筑之杭江铁路相连,乃商议合并办理,并组织浙赣铁路联合公司,先筑玉南段。为此铁道部与财政部发行第一期铁路建设公债及玉萍铁路公债各 1 200 万元,并商由国内银团抵押借款 800 万元,再由银团向德国奥托·华尔夫公司举借 800 万元之料款。此项借款数额虽然不大,但却开创了利用外资的一种新模式,开借款筑路风气之先河。

当该路谈判借款之时,也正是中国建设银公司筹备创立之际,因而未能参与其事,而是由中国银行担任银团的代理行。然而到了 1936 年,为了展筑浙赣路南昌至萍乡段铁路,铁道部又仿照前例,发行第二期铁路建设公债 2 700 万元,并商由国内银团抵借 1 000 万元,再由银团出面向德国奥托·华尔夫公司洽定供给铁路材料,以价值 1 000 万元为限,作为铁路向公司息借之垫款。此次借款仍以中国银行为银团之代表银行,而银公司则作为银团成员之一参加了这次借款。1936 年 2 月 11 日,债务人浙赣铁路公司与债权人中国银团代表签订了"南昌萍乡铁路质押借垫合同"[①],1 000 万元借款中包括中国银行(320 万)、交通银行(200 万)、中国农民银行(200 万)、金城银行(100 万)、新华银行(50 万)、江西裕民银行(50 万)、中国建设银公司(50 万)和邮政储金汇业局(30 万),年息 1 分,期限 5 年。同日,中国银行、奥托·华尔夫公司和浙赣铁路公司还签订了"南昌萍乡铁路质押借垫款委托保管合同"[②],规定奥托·华尔夫公司提供不超过 1 000 万元之铁路材料,年息 7 厘,中国银行团为其受托人。1937 年 9 月该路正式通车之时,抗日战争已经全面爆发,华东地区军事辎重、后方撤退物资全靠这条铁路方才得以运送,因而当初修筑这条铁路所发挥的

---

① 合同全文共计 11 条,中国第二历史档案馆藏中国银行档案:三九七(2)/234,并载于《民国外债档案史料》第 10 卷,第 326—330 页。

② 合同全文计 12 条,出处同上,并载该书第 331—333 页。

作用极为重要。

2. 广梅与浦襄铁路借款的谈判

两广事变结束之后,中央势力开始及于广东,铁道部亦计划在广东修筑铁路,在当时计划中尤以广州至梅县这条路线最具经济及军事价值,因为这条铁路建成后可自梅县建一支线经丰顺而至潮安,与潮汕铁路衔接;将来还可自梅县展筑至江西,与浙赣铁路相连,贯通粤、闽、赣、浙四省,即使将来海岸线被封锁,仍可维持东南数省之交通。

然而,修筑广梅铁路所遇到的最大困难倒不是资金问题,而是如何避免日本的干扰。早在1915年日本提出的"二十一条"中就曾有修筑南昌潮州间铁路的要求,而潮汕铁路又存在日本借款的关系,中国当局深恐日本因此而要求共同投资兴建。因此铁道部与中国建设银公司商议,仿照川黔铁路公司办法,先成立一个商办的广东铁路公司,由铁道部发行债票。考虑到国内能力有限,而且铁路材料必须购自国外,故再由中国建设银公司与汇丰银行按照浙赣铁路借款方法,拟在英国和香港发行270万英镑债票。1937年1月2日,铁道部部长张嘉璈开始与汇丰银行代表卡塞尔(W. C. Cassels)、中英银公司代表台维斯(Alec L. Davidson)以及英国驻华大使馆财政参赞霍伯器(H. L. Hall-patch)商谈具体借款条件。①

然而好事多磨,借款谈判过程出现了诸多问题,使得正式协议迟迟无法签订。

首先是日本要求参加借款。借款谈判刚刚开始,1937年1月25日日本驻南京总领事闻讯后即向张嘉璈询问详细情形;驻广州日本总领事更公开向广州市长曾养甫(同时兼任铁道部政务次长)表示要求参加广梅铁路借款,甚至宣称日本可以单独提供筑路材料。中方一方面声称此路系由地方及商办公司筹建,加以推诿,同时通知英方速作补救,采用沪杭甬债票发行办法,将原计划在英国发行的债票改在上海发行,以杜绝日本参加借款之借口。

其次是四国银行团的问题。随着20世纪30年代德国率先向中国提供借

---

① 商谈的条件主要包括:借款270万英镑,年息6厘,九折发售,分别于香港及伦敦发行债票,以广东省盐税附加税为担保,不足部分由铁道部负责补足,5年后分15年还本,并设立基金保管委员会。详见张嘉璈:《抗战前后中国铁路建设的奋斗》,第73—74页。

款修筑铁路,各国又开始竞相对华投资,但新银行团的存在始终是对华借款的一个重要障碍。英国认识到这一问题,便以广梅铁路的谈判为契机,先后向美国及银团其他成员建议取消这一组织,美国与法国予以支持,日本亦无从反对,由此方顺利解决。

第三则是盐税担保问题。原先商定广梅铁路欲以盐税附加税作为第一担保,但却遭到财政部的反对。是时正在欧美访问的财政部部长孔祥熙拟向英国筹借一大笔款项作为巩固币制及经济建设之用,用于担保的也正是盐税。几经交涉,均无结果,直至卢沟桥事变爆发,局势大变,财政部方允以盐税作为担保。

1937 年 7 月 30 日,财政部部长孔祥熙、铁道部常务次长曾镕甫以及中英银公司代表培诺(Bernard)、中国建设银公司代表李德橘会同在伦敦签订广梅铁路借款合同,主要内容为:债额共计 300 万英镑,年息 5 厘,建筑期内由盐税项下支付,建筑完成后由铁路收入项下支付,期限 30 年;借款中预扣 100 万英镑存伦敦购买路料,其余 200 万英镑交由中央银行充作外汇基金,由中英各方代表所组成的基金委员会支配,债权人可指派一名会计稽核。[1]

合同签订后,铁道部、广东省政府和银公司立即着手组织广东铁路公司,政府特许其享有建筑广梅干线及其支线和延长线的一切权益,此外还让与该公司建筑、经营海南岛环岛铁路干支线及雷州半岛铁路的特权。

早在清光绪年间,英国公使要求在中国修建五条铁路,其中就包括浦(口)信(阳)铁路在内。当时清政府曾以"舆论尤皆不以为然"为理由要求缓议,后因战乱而搁置,直至 1913 年 11 月,刚刚成立不久的民国政府才与英资华中铁路公司(Chinese Central Railways, Ltd)签订"浦口信阳铁路借款合同",债额300 万英镑。旋因欧战影响,债票未能发行,工程无法进行,英方只是垫付了部分勘探费用。1937 年铁道部在与汇丰银行等英国财团商谈广梅铁路借款时,很自然地就涉及浦信铁路问题,并要求将这条路线的终点由原来河南的信阳延长到湖北的襄阳。英方早有此意,立即表示赞同。因此即在广梅铁路借款合同签订的五天之后(8 月 4 日),孔祥熙、曾镕甫(分别代表财政、铁道二部)即与英资华中铁路公司及中国建设银公司的代表,按照广梅铁路借款的条件,正式签订浦襄铁路借款合同,借款总额为 400 万英镑。

---

① 张嘉璈:《抗战前后中国铁路建设的奋斗》,第 76 页。

英方原曾表示愿意为中国提供 1 000 万英镑的铁路贷款,除了广梅、浦襄两线合计 700 万英镑外,尚余 300 万英镑,因此铁道部又提出将贵(溪)梅(县)、三(水)梧(州)两条铁路仿照前例,向英国借款兴建,这样既可将京赣、浙赣铁路相接,又可将铁路通入广西,对此英方亦极感兴趣,表示"俟广梅、浦襄两借款债票发行顺利时,即继续进行贵梅与三梧铁路借款"①之谈判。然而广梅、浦信借款签订之时,日本已经发动了侵华战争,不久八一三淞沪抗战爆发,中国开始进行全面抗战。投资环境的改变使得这两笔借款都无法发行债票,那么贵梅、三梧两路的谈判自然更不可能进行了。

3. 议而未决的贵昆铁路

自湘黔铁路开始修建之后,铁道部即考虑以贵阳为起点,将这条铁路加以延伸,或展至重庆,或展至昆明。两相比较,因后者可与滇越铁路相接,直达出海口岸海防,战略意义更为重要。然而,修筑贵昆铁路却存在着一个很大的困难,其症结主要出自法国银团内部的矛盾。

当初在议定成渝铁路借款时,铁道部曾将贵昆铁路的投资优先权让予中法工商银行,再由该行转与中国建设银公司合作办理。然而成渝铁路此刻刚刚兴建,法国银团在投资未见成效之前不愿再进行新的投资;但是滇越铁路的主要投资者法国东方汇理银行却对兴建贵昆铁路极感兴趣,成渝铁路借款合同签订之后不久,上海东方汇理银行经理迭罗(De Raux)同承办正太铁路垫款购料的建筑商、巴黎工业公司代表濮佛乐(Pavlovsky)即向铁道部部长张嘉璈表示有意投资贵昆铁路,因为贵昆铁路一旦建成不仅对滇越铁路有利,而且还能促进海防的商务。张嘉璈见有银团愿意投资,自然表示赞同,并建议仿照川黔铁路公司成例,由铁道部、银公司以及云南、贵州两省合组滇黔铁路公司。随后,双方即开始进行谈判,而且很快便达成了协议。

1936 年 12 月 27 日,铁道部在与法国银团达成初步协议后即向获得贵昆铁路投资优先权的中国建设银公司提出借款条件:商借料款约 4 000 万元,建筑用款 2 000 万元;年息 6 厘;以路产及收入为抵押,并由铁道部担保。② 银公司以时间仓促为由,要求展缓期限。此时原本对投资贵昆铁路不甚热心的中

---

① 张嘉璈:《抗战前后中国铁路建设的奋斗》,第 80 页。
② 张嘉璈:《抗战前后中国铁路建设的奋斗》,第 83 页。

法工商银行深恐东方汇理银行因此而夺去其已得到的中国铁路权益,故而积极竞争贵昆铁路的投资权。在法国政府的斡旋之下,计划将几家法国财团组织起来,成立一个新的法国银团,再联合对中国的铁路进行投资,终于达成协议:由新成立的法国银团承包铁路工程,并享有向铁路公司推荐工程稽核、会计稽核等用人特权,中国建设银公司亦加入其中。1937 年 5 月 8 日成立草约,6 月 2 日起开始讨论正式合同,然而一个多月之后,即爆发了七七事变,借款合同未及成议,几经展延未果,终因战事扩大而于当年年底自然失效。[①]

综上所述,战前中国建设银公司联络外资、共同参与投资铁路的计划项目很多,虽然这些借款协议大都因抗战的突然爆发或中止或取消,未能达到预期目的,但中国建设银公司为利用外资发展中国铁路事业所作出的努力应该加以肯定,同时,建设银公司为引进外资所采用新的借款方式则更值得深入进行研究。

四 利用外资的新方式及其特点

以公司出面向外承借料款的先例实际上早已有之,前文提及的浙赣铁路借款就是铁道部联络浙江、江西两省组建浙赣铁路公司,一方面发行铁路建设公债,向以中国银行为首的中国银团借用铁路建设的款项,同时又由中国银行出面向德商奥托·华尔夫公司担保,举借料款,从而开创了一条内资外资相结合的铁路借款新途径。中国建设银公司在与法国银团商洽成渝借款之时正是参照这一先例:川黔公司代替了浙赣公司,法国财团类似于德国奥托·华尔夫公司,而银公司则取代了原来中国银行的地位,并由其出面,直接与法国银团订约。所不同的地方只是在于:浙赣铁路国内用款系向中国银行团借款,成渝铁路则是由建设银公司承募川黔铁路公司一半以上的股款,从而成为公司的最大股东,掌握公司的控股权。

根据川黔铁路公司的组织章程[②]规定,该公司系由铁道部、铁路经过地区的省政府(因成渝铁路均在四川境内,故暂时只有四川省政府参加)和中国建

---

① 宓汝成:《帝国主义与中国铁路》,第 301 页。
② 《川黔铁路特许股份有限公司组织章程》共 21 条,中国第二历史档案馆藏全国经济委员会档案:四四/833。

设银公司联合组成,然后再由公司向法国银团借款,它们之间各自的权利和义务则用下面两个基本合同加以明确规定:

> 铁道部代表它自己和代表铁路经过地区的省政府为一方,同中国建设银公司代表它自己和其他商股为另一方,订立投资合同,规定中国建设银公司承担招募股金55%,铁道部给以官利担保;中国建设银公司和法国银团签订借款合同,规定后者提供由材料构成的借款,委任前者为债权受托人,并给予借款总额之半厘,作为受托人的报酬。①

在这两个基本合同之外,尚有一系列合同作为补充,即:

> (一)担保合同由铁道部与中法工商银行及中国建设银公司签订,规定铁道部担保债款本息责任;
>
> (二)投资合同由川黔公司与中法工商银行及建设银公司签订,规定法银团与银公司投资数目,所需材料种类数目,在法购料办法,法方现金部分借款数目,包工分包办法,银团推荐之工务总稽查之职权,法银团所得利益支付办法;
>
> (三)经理合同由川黔公司与中法工商银行签订,规定出给期票及期票偿付本息办法,基金存放办法,与委任建设银公司为银团受托人办法,及受托人之义务;
>
> (四)合作合同由中法工商银行与建设银公司签订,规定双方共同投资建筑成渝路之合作关系,及银公司应得之报酬;
>
> (五)合作总合同由中法工商银行与建设银公司签订,规定双方合作普通原则,其余在合同不能详书者,统于交换函件中叙述之。②

洽谈一笔借款竟要预先签订如此众多的合同,可见当时举借外债之困难程度,无怪乎铁道部部长张嘉璈在回顾这段往事时亦不胜感慨,他在笔记中写道:"铁路借款合同之复杂,可谓以此为最。实以不能发行铁路公债之前,无法

---

① 宓汝成:《帝国主义与中国铁路》,第291页。
② 张嘉璈:《抗战前后中国铁路建设的奋斗》,第62页。

向国外商借现金。今法国银团于材料借款之外，能搭借现金若干，此例若能打开，则可逐渐开辟国外现金借款之途径。"为了获得这笔借款，对于法方提出的一些苛刻条件中国方面也只好接受，对此张嘉璈的解释是："惟为奖励投资起见，利益不妨稍作牺牲，只求筑路与管理之权操之于我。同时仿照浙赣铁路借款成例，由中国建设银公司为受托人，设我方因本息愆期而实行管理路产，亦只由受托人之中国建设银公司代为执行。"①正是成渝铁路的借款以及因为借款而成立的川黔铁路公司为中国引进外资开创了一种新的模式，具有许多与过去举借外债所不同的特点，值得认真加以分析与总结。

1. 借款形式

自从 19 世纪末列强对中国竞相投资、兴建铁路以来，各国所采取的方式主要是提供铁路借款。铁路借款大致上又可以分为两种，一种是建设借款，多在本国或中国发行长期债票，是一种投资方式；另一种则是以购买车辆或其他运输器材所构成的材料借款，即所谓"料债"或"料款"。一般来说后者属于周转性的商业信贷，但其中也有以料债为名，实际上却是以材料作为投资，与建设借款并无区别，其共同的特点就是所订的合同大都涉及路权，除了政府的各项税收之外，借款亦多以铁路的收入为担保；而且合同中大都包括债权人有监督铁路财政、委任工程、财务人员的条款。帝国主义就是这样，企图通过借款来达到控制中国铁路的目的。

而从浙赣、成渝铁路开始，中国对外借款采用了一种新的方式，即由中国的金融界负责招募国内建筑方面的用款，外国财团则担任所有铁路材料的费用。这种新的中外合作方式既能引起中国金融界投资国内铁路的兴趣，又能发挥其吸引外资的导向作用，因为有了中国金融界的共同参与投资，即可免除外国财团投资风险的忧虑。用铁道部次长曾养甫的话来说，采取这一方式的目的，就是可以使"外国投资者有减轻风险之感"②，从而可以吸引更多的外资投资发展中国的实业，兴建中国的铁路。

至于以往的所谓料债，外国政府或财团只是负责在国外购买铁路器材，并

---

① 姚崧龄编著：《张公权先生年谱初稿》上册，第 162 页。
② 《浙赣铁路月刊》第 2 卷第 9 期（1936 年 2 月），第 1—2 页，转引自宓汝成：《帝国主义与中国铁路》，第 292 页。

无现金借款。但在成渝铁路借款的谈判过程中,法国银团还应允材料借款可附带25％的现金借款,用以支付运费、关税等杂项开支,从而为料债搭配现金这个形式开创了一个先例,对于加快中国的铁路建设事业无疑具有重要的作用。

2. 债权人与债务人

历来中国铁路借款的债权人不是外国政府就是外国财团,而债务人则无一例外均由中央或地方政府出面。但成渝铁路的借款改变了这一固有模式:债务人是一个新成立的、以商办形式出现的川黔铁路特许有限公司,再由中国建设银公司出面,担任法国银团的委托人。采取这一形式的目的很明确,除了此时中国建设银公司正积极筹划以商办的形式经营铁路建设外,更重要的一个原因则在于希望借此而解决外国财团通过借款来控制中国铁路这个沿袭已久的历史问题。因为以商办公司出面承借,日后即使在还款付息方面出现问题,也不致因此而涉及铁路的经营与管理诸项权限。根据经办成渝铁路借款的主要当事人、中国建设银公司协理刘景山的后来回忆,当时他力主此路纯属"商办性质",与政治绝缘,全面商业化,在铁路公司组织上,法国人只可派遣工程方面的视察员和会计稽查员,重要部门的职务全部由中方担任。[①] 而法国银团因为得到中国建设银公司这样一个具有特殊身份的公司应允担任它的委托人,加之利润较为优厚,因此同意采用这一方式。这样既达到了利用外资发展实业的目的,又能杜绝外国财团利用借款控制中国铁路这一由来已久的疑难问题,维护了国家的主权。

3. 发挥和调动地方的积极性

铁道部为了发挥和调动地方的积极性,在修建浙赣、成渝铁路计划中特别提出组建铁路公司,实行中央、地方和金融界三结合的方针。譬如修筑成渝铁路就专门拟具条例、并经行政院及中央政治会议批准,成立川黔铁路特许有限股份公司,由铁道部、四川省政府(铁路经过之所在省份)和中国建设银公司共同组成。

抗日战争之前中国建设银公司的成立及其活动确实发挥了引进外资的这

---

① 《刘景山先生访问纪录》,第102页。

个导向作用,并且还在举借外债方面开创了一条新的途径,这就是中央与地方相结合、国家资本与商业资本相结合、以公司组织、商业经营为特征的修筑铁路的新形式,而川黔铁路特许公司就是其中的一个典型。在这之后铁道部又与中国建设银公司先后同广东、四川、云南、贵州、湖南、广西等省政府分别成立了广东、川滇、湘黔、湘桂等铁路公司,掀起了一个既借用外资、又充分发挥地方积极性的修建铁路的高潮。据张嘉璈后来回忆说,战前十年国民政府共修筑铁路 3 793 公里(不包括同期东北三省修建的 1 600 公里铁路),而 1936 年初至 1937 年 7 月的一年半时期中所兴建的铁路就达 2 030 公里。[①] 虽然日本帝国主义发动的全面侵华战争阻止了这一发展的进程,但抗日战争之前推行的这种借款方式却为以后寻求外援开辟了一条新路。抗日战争全面爆发后,中国建设银公司就是援用这一方式,联合法国银团借款,共同投资兴建南镇、叙昆铁路,为打通国际通道、争取外国的援助作出了积极的贡献。

原载《档案与史学》2000 年第 4 期

---

① 张嘉璈:《抗战前后中国铁路建设的奋斗》,第 40、93—94 页。

"无偏无党，不激不随"

——论中国经济学社的历史地位

一　引　言

　　20 世纪初，特别是辛亥革命之后，随着新文化运动的兴起和发展，越来越多的年轻学子留学海外，在接触到先进的科学技术的同时，也领略了西方各种人文主义思想。为了争取民主，发展实业，他们深切地感到要想推动中国的现代化，必须联络同好，积极宣传西方的先进科学技术，因此他们回国后纷纷组织团体，普及宣传科学知识，出版各类学术书刊。在众多政治团体以及经济界商会、同业公会出现的同时，大量的学术社团亦应运而生，其中著名的综合科学技术团体如中国科学社、中国自然科学社、中国工程师学会、中华学艺社等，单科的如中国地学会、中国药学会、中华护理学会、中华医学会、中国化工学会、中国地质学会、中国物理学会、中国数学会等大都于此时诞生。为了促进中国科学技术和经济的发展，这些爱国的知识分子惨淡经营，潜心钻研学术，并提出"科学救国"、"教育救国"的口号，希望能摸索出一条实现中国近代化的道路。据统计，民国成立的第一年申报成立的学术社团仅有 5 个，1919 年五四运动的高潮时即已增至 53 个，到了南京国民政府成立之初（1931 年）又增加到74 个，共出版丛书 279 种，创办期刊 33 种。抗日战争前夕全国性的学术社团已激增至 159 个，1937 年抗日战争全面爆发后，东南沿海大片国土沦陷，大部分社团的活动或停顿或终止①，但还是有一部分团体迁移到大后方，在极为艰苦的条件下继续坚持活动。在这些社团中，成立于 1923 年并一直坚持奋斗、

---

　　①　方庆秋等：《民国党派社团出版史丛》，南京：江苏人民出版社，1996 年，第 29 页。

不断扩大活动的中国经济学社即是民国时期重要的一个学术团体，也可以说它的存在与发展代表了当时人文社会科学，特别是经济学界的理论水平，表达了中国经济学者希望国家富强、社会进步的普遍心声。

近年来学术界对于清末民初商会及各类同业公会的研究甚为全面，亦有学者对于同一时期成立的一些学术社团，特别是自然科学方面的社团与机构产生浓厚的兴趣。[①] 然而相对来说，对于人文社会科学方面的学术团体则缺乏深入细致的研究。[②] 中国经济学社既是民国时期最重要的经济学术团体，多年来却无任何论文对此加以探讨，而且有关学社主要成员的传记与回忆资料亦很少提及他们参与学社的活动。[③] 因此本文只能根据学社成立以来出版的各类著作和期刊，并收集了部分档案资料以及当时各大报刊的报道，通过介绍学社的创立与历次年会的召开经过，分析学社领导成员的背景，评述学社开展的各项学术活动，探讨学社与政府及社会各界之间的联系，并对中国经济学社在推动现代经济学发展的过程中所产生的作用及其影响予以客观的评价。

二　中国经济学社的成立经过

20 世纪的 20 年代初期，北京既是民国政府的首都，同时也是全国政治、文化的中心，在北京的各个高等学府中集结着当时最优秀的一批学者。他们大多留学海外，十分留恋西方那种充满自由争论的学术氛围，对于学术社团在学术活动中所发挥的作用都具有亲身的体验，因此他们学成归国后也都想成立相应的学术团体进行交流。随着中国科学社从美国迁回国内，一大批单科学

---

① 如杨翠华：《中基会对科学的赞助》，台北："中央研究院"近代史研究所，1991 年；冒荣：《科学的播种者：中国科学社述评》，南京：南京大学出版社，2002 年。张剑曾围绕中国科学社撰写了一系列论文，并在此基础上完成一部专著：《科学社团在近代中国的历史命运——以中国科学社为中心》，济南：山东教育出版社，2005 年。

② 关于人文社会科学社团研究成绩最多的可以中国史学会为例，请参阅桑兵：《二十世纪前半期的中国史学会》，《历史研究》2004 年 5 期；胡逢祥：《现代中国史学专业学会的兴起与运作》，《史林》2005 年 3 期。

③ 如杨建业：《马寅初传》（北京：中国青年出版社，1986 年）；邓加荣：《马寅初传》（上海：上海文艺出版社，1986 年）；潘序伦：《潘序伦回忆录》（北京：中国财政经济出版社，1986 年）；黎建军：《抗战前马寅初对外贸易思想研究》（北京：中国财政经济出版社，2004 年）等传记或著作，均甚少论及中国经济学社的活动。特别是马寅初长期出任中国经济学社的社长，对学社的发展贡献极大，但有关描述他生平和学术观点的众多论文与回忆中几乎没有一篇涉及他与中国经济学社之间的关系。

社亦相应诞生,据不完全统计,仅 1922 年在北京就先后成立了中国地质学社、中国天文学会和中国化学工业会等多个自然科学领域的社团。①

这种思潮不仅表现在从事自然科学的学者身上,对于研究人文科学和社会科学的学者来说也同样具有强烈的激励作用。1923 年夏,当时居住在北京的留美回国一批治经济学的学者就常常感到困惑,由于缺乏一个团体可以交换彼此之间的知识和意见,因而无法在一起切磋学问,特别是当时许多学者在编译出版有关欧美学术著作的过程中,由于互不通气而造成重复劳动,因此他们都觉得没有合作、缺乏交流实在很难解决这些问题。正好此时担任燕京大学经济系主任的英国人戴乐仁教授(Prof. J. B. Taylor)早就有意联合北京各大学经济学系的教授和政府财政部门官员以及金融机关的高级管理人员组织一个学术团体,讨论彼此之间共同关心的中国经济问题,在他看来,这样所取得的成果既可作为平时授课时之相关参考资料,又能为进一步的深入研究奠定基础。戴乐仁首先找到曾在清华学校、北京大学、北京师范大学等校任教,当时并兼任财政整理委员会及税则专门委员会专门委员的刘大钧商议,这一设想立即得到他的赞同,并由刘大钧发起致函,邀请在北京的知名经济学者陈长蘅、卫挺生、赵文锐、胡立猷、陈达、林襟宇、吴君泽、杨培昌、李炳华和外国人贝君(Blaisdell)等 10 余人,在位于南池子的刘宅接连召开数次餐会,共同推举刘大钧为临时主席,林襟宇为临时书记,并推选刘、林、戴三人负责起草团体的简章,再经多次会议讨论,最后修改通过,将新成立的团体定名为"中国经济学社"(Chinese Economic Society)。经众人讨论,商定成立中国经济学社的目的有以下数端:(1) 研究中国经济问题;(2) 输入外国经济学说;(3) 刊印经济学书籍及论文;(4) 社员之间召开会议,互相交换经济知识。1923 年 11 月,中国经济学社正式成立,并选举出学社的领导成员:社长刘大钧,副社长戴乐仁,书记林襟宇,会计卫挺生,出版部主任陈长蘅,副主任陈达,出版经理胡立猷。②

学社成立初期参加的人数比较少,学社的成员以北京市各高等学府中从事经济学教学和研究的教授为主,也有部分主管经济事务的政府官员加入。此时学社的活动比较简单,也没有什么固定的形式,类似于一种谈话会,主要

---

① 参见张剑:《民国科学社团发展研究——以中国科学社为中心》,《安徽史学》2002 年第 2 期,第 57 页。

② 刘大钧:《中国经济学社略史》,载中国经济学社编:《中国经济问题》,上海:商务印书馆,1929年 3 月初版,第 353 页。

是不定期召开一些报告会,其中一种类型是公开演讲,由社员本人报告各自研究的经济问题;还有一种方式就是邀请国内外知名学者担任专题演讲。学社曾专门邀请梁启超作过专题演讲,而当一些外国知名学者访问北京时,学社也会利用这一机会请他们报告,如美国劳工统计专家米克尔博士(Dr. Royal Meeker)、美国关税会议专门委员洪贝克博士(Dr. Stanley K. Hornbeck)、日本财政专家精琦教授、美国铁路管理科学教授约翰孙博士(Dr. Emery Johnson)等都曾为学社的成员作过报告。[①]

　　早期学社的活动主要局限在北京的高等学校中进行,戴乐仁等人原来是想借演讲和报告的机会在各大学校组织一些规模较小的学术团体,由社员各自研究不同的课题,如家庭工业、工人生活等,这样在个人研究的同时,也可以指导和鼓励同学从事相应的研究。然而由于参与的学生较少,以致这项计划未能按照原来的预定方案进行,而且当时北京政府经常以政治局势为名,禁止召开大规模的集会,因此有关演讲亦无法依照计划实行。此时学社的主要活动是在北京的各大学中吸收社员,大约有 50 余名学者先后加入学社,时任北京大学经济系主任的马寅初教授也就是在这时被介绍加入学社,而且很快就被选为第二届学社的理事、副社长,马寅初的加入对于中国经济学社日后的发展发挥了非常重要的作用。

　　此时学社的一个重要变化就是成员开始向南方以及全国各大都市扩展,其中在上海的发展最为迅速。上海是当时远东最大的经济和金融中心,聚集着众多经济学者和银行家与企业家,因工作关系马寅初需要经常往返于北京和上海,在他的推动下,很多上海本地的学者和银行家、企业家也都加入了学社,并很快成立了上海分社。与此同时,学社也因应形势的变化,改变了以往一些无序的旧习,规定每个月召开一次理事会,由各理事分别在家中做东,宴请其他理事,借此机会讨论学社中之重大问题,并审查新社员入社的资格。

　　中国经济学社成立之初曾草拟并通过社章,其后由于新社员不断增加,而且留美学生中亦有类似经济学会之组织要求加入学社,原有章程在新形势下已多不适用,因此学社委派金问泗、程万里和赵文锐三人为修改社章委员,征求社员意见,接连召开四次会议,对社章进行讨论修订,并于 1925 年召开的第

---

① 刘大钧:《中国经济学社略史》,中国经济学社编:《中国经济问题》,第 356 页。

二届年会上获得通过,这也是目前笔者所见最早的一份社章。[①] 在这之后,社章屡经修改,不断完善,内容及文字亦有所扩充,中国经济学社于 1935 年 12 月自印的一部概览中所载的就是这样一份新的社章。[②] 为了便于对比,我们将前者称为"社章 1",后者称为"社章 2"。

从条文及内容上来说,"社章 1"分为十一条暨附则五条共十六条,而"社章 2"则分为八章四十三条,自然要比前者详细得多,具体内容既有保留,也有修改,更多的则是增加。譬如"社章 2"明确规定"本社总社设于首都",这在原社章中是没有的,若再参照其他原因,可以发现此时学社与政府之间的关系日益紧密;在有关社员的条文中也有一些具体的修改,如新社员入社的介绍人由原来的二人增加为五人,而且对于新社员的加盟条件也有所限制;新社章取消了原社章中的社友条款,并将原来"名誉社员"的称号分解为"名誉社员"(对本社事业特别提倡或于经济学术事业有特殊贡献者)和"赞助社员"(对本社有特殊赞助者)两种;而其中最明显的是"社章 2"增加了第五章"学术事业"(第 27 条)和第六章"基金"(第 28—40 条),这一切都表明此时的中国经济学社业已日趋成熟,并真正成为一个全国性的学术团体。

1927 年国内的政治形势发生重大变化,在这一年的上半年,北伐军打过长江,相继占领了江苏、浙江和上海,并在南京成立了国民政府,随后国内的经济、政治中心便迅速南移,很多北方的经济学者和银行家亦都趁此机会南下。这年春天,马寅初也辞去了任职十多年的北京大学教职到上海任教,不久他又受新任浙江省政府主席的老朋友张静江之邀回到杭州,并一度出任浙江省政府委员兼财政委员会主席,后更长期担任国民政府立法院委员兼财政委员会主任,此后他的活动主要就在江浙一带开展。随着马寅初的南下,中国经济学社的活动范围亦为之改变,进入了一个新的发展阶段。

三 中国经济学社历届年会简介

中国经济学社成立后最重要的学术活动莫过于召开一年一度的年会,与

---

① 《中国经济学社社章》(1925 年),全文载中国经济学社编:《中国经济问题》,第 358—363 页。
② 《中国经济学社社章》(1935 年),全文载《中国经济学社一览》,南京:中国经济学社自印,1935 年 12 月新编,第 8—13 页;又见上海档案馆编:《档案与史学》1998 年第 6 期,第 25—26 页。

会者在年会上彼此切磋学问,交流经验,这对于社员之间相互联络友谊、加深了解发挥了重要作用。由于早期中国经济学社的活动主要集中在北方,当时曾约定每一年的 5 月召开学社的年度会议,当时虽然没有明文规定会议的召开地点,但前三次年会都是在北京举行的。随着国内政治局势的转变,学社成员也开始向南方转移,到 1927 年前后,学社成员中竟有一大半旅居上海。① 因此,在马寅初的建议之下,并得到上海总商会的赞助,1927 年 11 月召开的第四届年会即改在上海举行,而且从这届年会起,由社员大会共同讨论,初步拟定召开下届年会的几个地点,再交由理事会根据具体情形于其中择一而定,因此在这之后年会就开始在不同的城市举行。

从年会召开的形式上来看变化也很大,早期的年会形式比较简单,时间也只有一天,主要是社员之间的一种联谊活动;从第四届年会起时间开始延长,由 3 天到 7 天不等,会议的内容亦日趋丰富,除了一般的学术交流、会务报告以及选举产生新一届理事会成员之外,还增加了公开演讲以及参观当地工业交通设施和游览名胜古迹(费用由与会者自付)等活动;而会议的学术形式也不断改进,譬如会前均先确定本届年会的讨论议题,并围绕议题组织及挑选学者撰文,1936 年召开的第十三届年会上还采取了辩论会的形式,即围绕一个题目"中国施行新金融政策应求外汇稳定乎,抑求内价稳定乎",选择 8 位学者分为正反两方进行辩论。② 每届年会召开之前都要进行充分的准备,包括成立筹备委员会,设立论文、招待、宣传诸小组,邀请政府要人及著名专家学者发表报告,同时还积极寻求地方政府及商会银行的赞助等。抗日战争全面爆发后学社的活动一度陷于停顿,无法按照原来的规定每年举行年会,但是中国经济学社的成员仍克服种种困难,在极端艰苦的环境下继续开展学术活动。

有关中国经济学社历年举办年会的情形笔者将另行撰文详细探讨③,这里只是把学社历届召开年会的情形制成一简表,从中也可看出学社历年来的主

① 据中国经济学社 1927 年 11 月编辑的社员名录中得知,1926 年中国经济学社上海分社的社员有 73 人,1927 年加入上海分社的有 65 人,同年由总社转入上海分社的社员有 11 人,合计 149 人;而当年中国经济学社总社的社员才只有 66 人。参见《中国经济学社名录》(1927 年 11 月),上海市档案馆藏档案:Y4—1—351。

② 参见李黄孝贞:《记中国经济学社辩论会并抒所见》,《经济学季刊》第 7 卷第 3 期(1936 年 11 月),第 214—218 页。

③ 详见拙文《简述中国经济学社的历届年会及其特点》,提交 The Pacific Economic Review and the Hong Kong Economic Association 联合举办的 Conference on "Chinese Economic History"(2006 年 6 月 9—10 日,香港)会议论文,后刊于《中国社会经济史研究》2006 年第 3 期。

要活动及其变化。

表1 中国经济学社历届年会概况①

届别	时间	地点	理事会成员		讨论主题	有关决议	主要活动
1	1924.5	北京中央饭店	刘大钧 林襟宇 陈长蘅 胡立猷	戴乐仁 卫挺生 陈达		通过社章，选举职员	
2	1925.5	北京中国政治学会	刘大钧 吴泽湘 赵文锐 程万里	马寅初 杨培昌 金问泗 卫挺生	关税问题	修改社章，编辑出版《关税问题专刊》	上海分社成立
3	1926.5	北京欧美同学会	刘大钧 吴泽湘 赵文锐 周诒春 程万里	马寅初 杨培昌 金问泗 盛俊			出版丛书两种
4	1927.11.18—20	上海总商会	马寅初 盛俊 潘序伦 周诒春 李权时	刘大钧 杨端六 金国宝 刘秉麟		筹募基金，对全国各界发表宣言	南京中央大学、上海交通大学之经济学会加入本社，为团体社员
5	1928.9.28—10.3	杭州平海路旧省教育会	马寅初 盛俊 刘秉麟 寿景伟 徐寄庼	刘大钧 李权时 戴克谐 卫挺生		向国民党五中全会提议设立经济议会	
6	1929.10.9—13	南京金陵大学	马寅初 戴克谐 盛俊 潘序伦 金国宝	刘大钧 卫挺生 钱永铭 陈长蘅	训政时期经济政策	修正社章并通过基金保管委员会人选，筹备社所及图书馆	创办《经济学季刊》，聘请李权时任总编辑

① 自第二届年会起，理事会成员名单按选举得票多少排列，得票最多的前两名为社长和副社长；自第八届年会起，每届理事会轮流改选其中3名理事，正副社长则由理事会互相推选；抗日战争全面爆发后理事会未经改选，仍以第十三届年会选出之理事名单为准；由于1940年12月社长马寅初遭国民党当局软禁，其社长一职即由陈其采代理。

届别	时间	地点	理事会		讨论主题	有关决议	主要活动
7	1930.9. 20—23	无锡县商会	马寅初 朱彬元 卫挺生 金国宝 刘秉麟	刘大钧 李权时 潘序伦 徐寄顾	中国商业票据市场	促进各地成立分社,修改社章,每年改选三分之一理事	杭州分社成立,接受金陵大学经济学会为本社团体社员
8	1931.9. 1—4	宁波县总商会	马寅初 邵元冲 陈长蘅 朱彬元 杨荫溥	刘大钧 陈其采 卫挺生 李权时	救济水灾,推动工业调查	发表《救济水灾意见书》	出版《上海工业调查初步报告》及《上海丝厂调查》
9	1932.9. 16—23	杭州浙江省党部	马寅初 张嘉璈 吴鼎昌 李权时 黎照寰	刘大钧 贾士毅 何德奎 戴克谐	国难期间之经济问题	建议与中国统计学社合组为中国社会科学研究委员会,并由两会合办中国经济统计研究所	筹备编辑经济学辞典,华北分社成立
10	1933.8. 24—31	青岛山东大学	马寅初 黎照寰 金国宝 李权时 寿景伟	刘大钧 王云五 何德奎 吴鼎昌	中国经济之改造		
11	1934.8. 26—9.1	长沙湖南大学	刘大钧 何德奎 金国宝 王志莘 李权时	黎照寰 王云五 潘序伦 周作民	统制经济政策之商榷		刊印《社音》
12	1935.12. 26—30	广州市宾馆	黎照寰 金国宝 王志莘 杨荫溥 卫挺生	王云五 潘序伦 周作民 马寅初	国民经济建设		长沙分社成立

续　表

届别	时间	地点	理事会		讨论主题	有关决议	主要活动
13	1936. 9. 27—10.1	上海八仙桥青年会	马寅初 卫挺生 潘序伦 李权时 何　廉	周作民 王志莘 杨荫溥 刘大钧	非常时期之经济与财政问题		南京、广州分社成立
14	1938. 12.4	重庆银行公会	马寅初 卫挺生 潘序伦 李权时 何　廉	周作民 王志莘 穆湘玥 刘大钧	战时经济问题（内分财政、金融、贸易、农业与经济建设五大类）		出版论文集《战时经济问题》
15	1940. 4.28	重庆大学	马寅初 卫挺生 潘序伦 李权时 何　廉	周作民 王志莘 穆湘玥 刘大钧	战时与战后之经济问题		出版论文集《战时经济问题续集》
16	1943. 4. 24—25	重庆北碚	代社长陈其采（其他理事不详）		战后经济问题		

资料来源：主要参阅中国经济学社编辑出版的下列著作：《中国经济问题》(上海：商务印书馆，1929 年 3 月初版)、《经济建设》(上海：商务印书馆，1929 年 11 月)、《中国经济学社一览》(南京：中国经济学社自印，1935 年 12 月新编)、《战时经济问题》(长沙：商务印书馆，1940 年 2 月)，以及中国经济学社主办的各期《经济学季刊》。

抗日战争胜利后，中国经济学社曾成立年会筹备处，主任由国民党中央宣传部部长彭学沛担任，副主任潘序伦，秘书王维驹，成员还包括何德奎、陈行、黎照寰、杨荫溥、刘攻芸、徐寄庼、金国宝、刘大钧等人。[①] 但学社的活动却趋于平静，完全不能和抗日战争之前的情形相比。

四　学社的经费及其出版

对于任何一个学术团体来讲，创立或许不是太难，但是要长期坚持，并不

---

① 《中国经济学社年会筹备处函》(1946 年 8 月 20 日)，上海市档案馆藏行政院分配上海各机关房屋委员会档案：Q30—1—25。

断发展、扩大可就不是一件容易的事了,多年来一直担任中国经济学社社长的马寅初对此感受尤为深刻。他曾深有体会地说,在中国从事学术研究存在四大困难:一是没有经费,二是缺乏资料,三是没有一个正确的统计,四是没有一个规模宏大的图书馆。[①] 事实也确是如此,同时,为了普及和发展中国经济学的研究,中国经济学社自成立以来就一直为落实这几个目标而努力奋斗,并取得了较为理想的成绩。

1. 学社经费

学社经费很大一部分是依靠社员缴交的会费以及向社会募集所得而维持,会费早期主要是由社员按年度每年缴交,但有些社员常常由于各种原因未能按时缴纳。为此学社于1932年召开第九届年会时特别修改社章,认为每年收缴会费甚为复杂,因而同意将社员分为普通社员和永久社员两种,凡社员入社后一次性缴交会费60元者即为永久社员,以后便无需再按年缴纳会费。据1935年12月召开的第十二届年会统计,学社共有社员709人,其中永久社员321人,普通社员388人,永久社员几乎占了一半。[②] 此外,学社还动员社员积极捐款,理事会成员更是以身作则,学社成立后刘大钧便按月捐款10元,周诒春按月5元,长期坚持不断,马寅初、刘景山等社员亦多有捐款。1927年11月在上海召开的第四届年会决议为学社筹募基金,并成立基金委员会,推举马寅初、杨杏佛等12人为委员,仅在本次会议中社员的捐款数额即达2 000余元。[③]

除此之外,学社还积极向社会,特别是向政府有关部门申请经费。据学社社长马寅初称,前浙江省政府主席张静江曾拨助学社10 000元,前财政厅长钱新之则同意将宝石山保俶塔的洋房拨为学社杭州分社的社址,另一前财政厅长王惜寸亦准拨4 000元修理社所。[④] 1929年2月24日,社长马寅初、副社长刘大钧和理事徐寄顾出面邀请银行界重要人物中国银行张嘉璈、浙江实业银行李馥荪、交通银行钱新之(均为学社社员)餐叙,马寅初声明,将于最近向财

① 详见王永新:《中国经济学社第九届年会纪详》,《经济学季刊》第4卷第2期(1933年6月),第236页。
② 见《中国经济学社第十二届年会纪事》,《经济学季刊》第7卷第1期(1936年6月),第202页。
③ 陈震昆、李可权:《中国经济学社第四次年会纪录》,《中国经济问题》,第352页。
④ 参见王永新:《中国经济学社第九届年会纪详》,《经济学季刊》第4卷第2期(1933年6月),第218页。

政部具呈,请求财政部补助学社经费,请张、李诸位从旁代为鼓吹。席间理事盛灼三即时起草呈文,同时出任浙省财政厅厅长的钱新之亦应允补助经费。[①] 其后于1936年浙江省财政厅又捐助资金10 000元给杭州分社,由总社代领。[②] 1934年召开第十一届年会时,据社长马寅初向大会报告,此时学社已拥有基金10万多元,其中大半为政府、银行界、实业界出面赞助。[③]

2. 会所与图书馆

学社成立之初,鉴于经济参考书籍不易集中使用,更由于中国的图书馆事业尚不发达,阻碍学术研究的进展,理事会因而决定自己开设一所图书馆。但开设图书馆又谈何容易,其中最大的问题就是经费无法落实,为此学社委派马寅初、陈长蘅、赵文锐、杨培昌、刘大钧等5位理事与中华教育文化基金会接洽,请求该会予以经济上的补助。该基金会董事长范源濂(静生)对此甚为关心,当即委派也是学社社员的秘书顾翊群与经济专员贝克(J. E. Baker)亲临学社,详细了解学社各项活动的进展及运作情况,并指示如何申请之手续。学社为此拟就了陈请书及相关附件多份准备呈递,但经理事会再次商议,认为学社刚刚成立,成绩尚不明显,即使申请亦未必成功,故而未曾递交。[④] 不久范源濂因病去世,此事也就因此而作罢。

国民政府成立之后,社长马寅初出任浙江省政府委员,与省府主席张静江关系甚笃,社员陈其采、钱新之又相继出任浙省财政厅厅长,财政委员魏颂唐亦为学社社员,因此学社不仅相继多次在浙省之杭州、宁波召开年会,而且还向财政厅申请捐拨西湖官产为该社设立图书馆之用。此方案由钱新之出面在省政府会议提出并通过,指借宝石山旧肺病院设立经济图书馆,每年象征性收取租金1元,期限50年。[⑤] 1929年,经社员金国宝、杨宗炯等人的斡旋,中国经济学社得以廉价向南京市政府领得老王府官地4亩8分许,作为将来兴建

---

① 《中国经济学社第五届第五次理事会记录》(1929年2月26日),中国经济学社编:《经济建设》,第284页。

② 参见《经济学季刊》第7卷第3期(1936年11月),第231页。

③ 《中国经济学社第十一届年会纪事》,《经济学季刊》第5卷第4期(1935年3月),第185页。

④ 刘大钧:《中国经济学社略史》,中国经济学社编:《中国经济问题》,第357页。

⑤ 《中国经济学社第五届第五次理事会记录》(1929年2月26日),中国经济学社编:《经济建设》,第283页。

社所之用。1931 年,南京市政府正式将董家桥 9 亩余官地赠与学社。[1] 1935年 3 月,中国经济学社又向上海市政府呈文,要求援引南京市政府成案,"捐赠市中心区公地十亩";然而上海市政府则认为"中国工程师学会在市中心区建筑会所之地,系依照领地规则缴价承领,与普通领地完全相同,该社等所请求捐赠一节,实无先例可援,且照目前市中心区情形,亦无余地可资拨给"[2],拒绝了中国经济学社的请求。

此外,1935 年理事会还曾向中英庚款委员会呈请拨助学社社所建筑经费,但该会声称因本年度已无余款,计划亦未能实现。[3]

3. 出版丛书与季刊

除了社员各自出版的大量著作外,中国经济学社还专门组织出版丛书与社刊两大类著作,并委托商务印书馆担任学社所有丛书和集刊的出版与发行,在学术界产生重要的影响。

丛书包括译著、专著和论文集三大类:

(1) 译著

王建祖译:《基特经济学》(C. Gide, *Coursd' Economic Politique*)

陈长蘅译:《美国现今的经济革命》(T. N. Carver, *The Present Economic Revolution in United States*)

陈清华译:《中央银行概论》(C. H. Kisch & W. A. Elkin, *Central Bank*)

张先德译:《银行信用论》(C. A. Phillips, *Bank Credit*)

(2) 专著

陈长蘅:《三民主义与人口政策》

卫挺生:《南美三强利用外资兴国事例》

李权时:《财政学原理》

贾士毅:《民国续财政史》(共七册)

陈达:《中国劳工问题》

马寅初:《中华银行论》

① 中国经济学社编:《中国经济学社一览》,1935 年 12 月新编,第 5 页。
② 参见上海市档案馆藏上海特别市市中心区域建设委员会档案:Q213—1—39。
③ 《中国经济学社第十二届年会纪事》,《经济学季刊》第 7 卷第 1 期(1936 年 6 月),第 201 页。

冯柳堂:《中国历代民食政策史》

刘振东:《中国币制改造问题与有限银本位制》

刘秉麟:《李士特》

杨荫溥:《中国金融研究》

董修甲:《市财政学纲要》

贾士毅:《国债与金融》

(3)论文集

马寅初:《马寅初演讲集》(共四集)

李权时:《李权时经济财政论文集》

唐庆增:《唐庆增经济论文集》

社刊是以出版历次年会中社员所提交的论文为主的一种论文集,学社认为:"丛书系社员个人方面之努力,社刊为本社团体方面之奋斗;个人之努力固属必要,而社员团体之奋斗尤为必要。"①因此学社成立后对于社刊的出版极为重视,在《经济学季刊》创刊前和停刊后学社还出版有以下几种社刊:

《关税问题专刊》,北京:1926年;上海:中国银行总管理处,1934年重印

《中国经济问题》,上海:商务印书馆,1929年3月

《经济建设》,上海:商务印书馆,1929年12月

《战时经济问题》,长沙:商务印书馆,1940年2月

《战时经济问题续集》,长沙:商务印书馆,1941年

此外,学社还组织力量编辑出版《经济大辞典》,预算所需经费约六七千元。

1929年第六届年会通过出版《经济学季刊》,并自1930年4月正式出版,直至1937年5月共出版了8卷29期(第8卷只出版了1期)。主编李权时在创刊号上发表的《发刊辞》中矢言要以历史悠久、学术地位崇高的欧美经济学刊物为目标,如德国的 *Archiv furSozialwissenshaft und Sozialpolitik*、英国的 *The Economic Review* 和 *Economic Journal* 以及美国的 *The Quarterly Journal of Economics* 那样,将《经济学季刊》办成中国最著名的经济学术刊物。②《经济学季刊》主要刊载社员的学术论文、书评以及各届年会的重要论文,正如编者所说,"经济学之重要,无待赘述,近代国家之兴亡,世运之隆替,

---

① 李权时:《发刊辞》,《经济学季刊》第1卷第1期(1930年4月),第1页。

② 李权时:《发刊辞》,《经济学季刊》第1卷第1期(1930年4月),第2页。

管其机者,厥惟经济。自经济科学成立以来,迄今百有余载,人类物质生活之
进步,此学实为原动力。惟我国年来凡百事业,日在阴霾沉晦之中,而高深学术
之研究,亦复日见消沉。本刊今后当勉竭绵薄,以提倡经济学之精深研究为鹄,
苟能挽回颓风于万一,固编者之所切盼者也"。至于编辑方针则坚持"发言专揭
真理,不趋众好;立场无偏无党,不激不随"。① 创办并长期坚持学术刊物的出版
是区分近代学术团体与传统学术派别的重要标志,《经济学季刊》创办以来,社
员针对当前重要的议题积极投稿,踊跃发表个人的见解,短短几年就在学术界
赢得了极高的声誉,影响十分深远。抗日战争全面爆发后《经济学季刊》被迫
停刊,这对于中国的学术界,特别是经济学界来说都是一个极大的损失。

学社成立初期因经费有限,成员亦不多,前三年只是不定期地印发油印通
知,内容除报告社务之外,还介绍一些中外新出版以及社员新著的经济书籍。
之后将此项通告略加扩充,每次刊载一篇论文,一二篇对中国经济的分析以及
数十个经济名词的解释,再罗列数十种各类参考书籍。② 后来社员不断增加,
人数遍及各省,平时联络至感困难,虽然每年都召开年会,但与会者毕竟只是
少数。因此学社自 1934 年起开始刊印《社音》,记载学社社务进行状况以及各
地社员的消息,以互通音讯。③ 除此之外,学社还先后两次编印《中国经济学社
一览》,内容包括学社略史、总社与各分社社章、学社出版刊物以及社员著作目
录、历届年会所通过的重要议案、总社与各分社历届职员以及学社社员名录。④

中国经济学社成立以来所出版的大量学术论著和期刊通讯不仅有利于凝
聚社员之间的团结,同时对于推动中国经济学的进步、探讨国内现实的经济问
题也作出了极大贡献。

五　中国经济学社的成员

中国经济学社成立之初即讨论通过了社员的入会资格,其原则是以曾在

---

① 《本刊之回顾与前瞻》,《经济学季刊》第 5 卷第 1 期(1934 年 4 月),第 1—2 页。
② 刘大钧:《中国经济学社略史》,中国经济学社编:《中国经济问题》,第 356 页。
③ 《中国经济学社第十二届年会纪事》,《经济学季刊》第 7 卷第 1 期(1936 年 6 月),第 201 页。
④ 第一次所编学社一览未见,目前所看到的是 1935 年 12 月以旧稿为蓝本、并参考历届会议记录
而新编的《中国经济学社一览》。

国内外大学毕业、专修经济学科，或现任职务应用经济学识者得为社员，而尚在学校修业、希望申请入社以求在学业上得到帮助的学生，可先申请成为社友。[1] 以后学社又根据形势的需要和变化，吸收了部分国内大学中组织的经济学会为学社的团体社员，同时为了便于发展和组织学社的日常工作，还根据各地社员发展的不同情况，在成熟的条件下，于全国主要地区建立分社，先后成立分社的城市和地区有上海、杭州、南京、华北、汉口、长沙和广州等地，几乎涵盖了全国各重要经济都市。根据社章的规定，凡新社员入会需要有两名社员介绍，由于学社成立后十分注意扩大成员的发展，因此社员的数目亦与日俱增，由创社初期的10余人、20余人不断扩大，到抗日战争全面爆发前，学社的成员已接近800人，其中永久社员人数接近一半。[2]

学社的成员虽然不断增加，但社员入社的标准却丝毫没有降低，1930年9月学社在无锡召开第七届年会时理事会曾再次提出"社员资格应取限制主义，凡无经济著作或经济事业上有贡献者，不得入社"一案，经全体大会议决通过。[3] 1935年12月新编的《中国经济学社一览》曾开列了151名社员所撰写的578部著作的名单，包括各种经济学专著及译著，虽然编者自称由于"社员著作散见报章杂志者不胜列举"[4]，这个统计极不完全，但也足以看出中国经济学社所具有的学术水平和力量了。

中国经济学社的社员都是一时之选，几乎包揽了整个中国当时最著名的经济学者、大学教授，以及富有经验的银行家和企业家，其中有些人既是学者，又是中央或地方政府中担任相当职务的财政经济官员，身份相互重叠。新编《中国经济学社一览》亦同时刊载了一份社员名单（尚有部分社员因地址变动

[1] 刘大钧：《中国经济学社略史》，中国经济学社编：《中国经济问题》，第353页。

[2] 有关中国经济学社历年来社员增加的情形可参见历届年会的纪事。据1932年9月召开第九届年会时马寅初社长的报告称，此时学社社员已有五六百人，其中教育界以及大学教授占2/3，实业界、银行家约占1/3。详见王永新：《中国经济学社第九届年会纪详》，《经济学季刊》第4卷第2期（1933年6月），第217页；次年召开的第十届年会上马寅初报告本社社员已达600余人，见徐兆荪：《中国经济学社第十届年会纪事》，《经济学季刊》第4卷第4期（1933年12月），第151页；1934年第十一届年会时正式统计，学社社员共有620人，其中永久社员273人，普通社员347人，见《中国经济学社第11届年会纪事》，《经济学季刊》第5卷第4期（1935年3月），第191页；1935年12月第十二届年会统计社员共709人，其中永久社员321人，普通社员388人，见《中国经济学社第12届年会纪事》，《经济学季刊》第7卷第1期（1936年6月），第202页。

[3] 朱彬元、徐师慎：《中国经济学社第七次年会纪录》，《经济学季刊》第2卷第2期（1931年6月），第188页。

[4] 《本社刊物及社员著作一览》，中国经济学社编：《中国经济学社一览》，第19—49页。

无法联系，因此并不完善)，除了胡汉民、蔡元培两名名誉社员和沈鸿烈(青岛市市长)、何健(湖南省政府主席)两名赞助社员外，登记在册的社员(包括永久社员与普通社员两大类)共有 658 名，另外还有中央研究院总干事杨杏佛、《申报》总经理史量才等已故社员 20 名。其中政界人物(括号内为当时任职)包括：孔祥熙(行政院副院长兼财政部部长、中央银行总裁)、宋子文(全国经济委员会常委、中国银行董事长)、甘乃光(军事委员会委员长行营第五处处长)、孙科(立法院院长)、吴鼎昌(实业部部长)、张嘉璈(铁道部部长)、唐有壬(外交部常务次长)、陈布雷(军事委员会委员长侍从室第二处主任)、邵元冲(曾任立法院副院长、代理院长)、陈其采(国民政府主计处主计长)、谢冠生(司法院秘书长)、彭学沛(行政院政务处长)、曾养甫(铁道部政务次长)、周骏彦(军政部军需署署长)、钱昌照(资源委员会副秘书长)、程天放(驻德国大使)、傅汝霖(内政部常务次长)、陈行(中央银行副总裁)等；金融界实业界领袖有王志莘(新华银行)、王云五(商务印书馆)、李馥荪(浙江实业银行)、宋汉章(中国银行)、贝祖诒(中国银行)、周作民(金城银行)、胡孟嘉(中国实业银行)、胡笔江(中南银行)、徐新六(浙江兴业银行)、唐寿民(交通银行)、陈光甫(上海商业储蓄银行)、齐致(中国农工银行)、卢作孚(民生实业公司)、刘鸿生(轮船招商总局)、钱新之(四行储蓄会)、穆湘玥(上海华商纱布交易所)、林康侯(上海银行公会)、顾翊群(中孚银行)等；著名经济学家包括方显廷、朱偰、李权时、何廉、谷春帆、武堉干、周诒春、侯厚培、马寅初、徐寄庼、唐庆增、章乃器、陈翰笙、陈达、张素民、杨荫溥、杨汝梅、杨端六、董修甲、刘秉麟、刘大钧、潘序伦、卫挺生、戴蔼庐等，参加学社的还有其他学术领域的著名学者，如吴景超、吴经熊、金问泗、周炳琳、胡适、茅以升、浦熙凤、刘湛恩、潘光旦等，中国经济学社的社员中还有几位关心中国经济的外国学者，如创设学社的发起人、燕京大学经济系主任戴乐仁教授(Prof. J. B. Tayler)，研究中国农业经济声明卓著的南京金陵大学教授卜凯(Prof. J. L. Buck)，美国夏威夷太平洋关系研究所的康立夫博士(Dr. J. B. Condliffe)以及郝斯小姐(Miss L. A. Haass)等。[①] 从这一名录中我们是否可以得出这样一个结论：学社的社员都是为了一个共同的信念、自愿结合在一起的人，他们虽然职业不尽相同，年龄亦有所参差，组织上更无联系，但在精神上和道义上，他们却有着共同的追求与奋斗目标；而从这强大的阵容

---

① 《中国经济学社社员名录》，中国经济学社编：《中国经济学社一览》，第 55—91 页。

中,更可以看出此时的中国经济学社聚集了多少优秀的人才,因而学社创立不久便成为当时中国最重要的学术团体也就是非常自然的了。

历史的经验告诉我们,一个学术团体是否能够长期坚持并且日益扩大,还与其领导人有无充满热情的献身精神密切相关。中国经济学社之所以成为中国社会科学学术团体中的重要代表,学社之所以充满着巨大的生命力和凝聚力,这都是和学社优秀的领导成员的热情与努力分不开的,其中最重要的人物则当属马寅初和刘大钧二位,而且他们的个人经历及其对人生道路的最终选择,在中国经济学社众多社员中也是极具代表性的。

马寅初(1882—1982),浙江嵊县人,北洋大学毕业后赴美留学,先后入耶鲁大学和哥伦比亚大学,1914年获经济学博士,并于次年回国,历任北京大学法科教授、经济系主任、教务长等职。马寅初不仅与国民政府之间的关系十分密切,而且与国民党元老张静江私人间的感情也很融洽,因此国民政府成立之初马寅初亦随之南下,相继受聘为杭州财务学校、上海交通大学、南京中央大学经济系教授,其间曾应浙江省主席张静江之邀,出任浙江省政府委员兼财政委员会主席,并当选为第一至四届国民政府立法院立法委员、国民政府财政委员会委员,对于国家的财经建设提出过许多建设性意见。早于1928年3月,马寅初就以浙江省政府委员的身份提出"统一国币应先实行废两用银"的提案[1],得到有关部门的重视,其后不久财政部推行的"废两改元"案即基本上是按照他所提出的方案进行的;其后他又不断著书立说,对当时国家的经济建设和币制改革提出许多积极的建议。但是抗日战争中期以后,由于豪门资本不断膨胀,官商勾结日益严重,国家经济亦濒于崩溃,马寅初拍案而起,愤而声讨。[2] 事后不久,蒋介石竟下令将其软禁[3],最终导致马寅初与国民党及其政

---

① 该提案全文载《汇编》第五辑第一编《财政经济》(四),第227—228页。
② 1940年4月28日上午,中国经济学社第十五届年会在重庆大学礼堂开幕,邀请南洋华侨经济考察团团长、著名爱国华侨陈嘉庚先生发表演讲。陈嘉庚演讲刚一结束,马寅初就上台发言,称赞他的发言至情至理,切中时弊,紧接着他又说:"现国家不幸遭强敌侵略,危险万状,而保管外汇之人,尚逃走外汇,不顾大局,贪利无厌,增加获利至七千万元,将留为子孙买棺材!"陈嘉庚事后回忆此事亦不禁称赞道:"马君发言时,面色变动,几于声泪俱下,且重行复述,激烈痛骂,其勇豪爽,不怕权威,深为全座千百人敬仰。"参见陈嘉庚:《南侨回忆录》,福州:福州集美校友会,1950年,第125—127页。
③ 当时任蒋介石侍从室第六组少将组长的唐纵曾在日记中对于马寅初被软禁的原因和经过有过真实的记录。他在1940年12月8日的日记中写道:"马寅初迭次公开演讲,指责孔宋利用抗战机会,大发国难财。因孔为一般人所不满,故马之演说,甚博得时人之好感与同情。但孔为今日之红人,炙手可热,对马自然以去之为快,特向委座要求处分,委座乃手令卫戍总司令将其押解息烽休养,盖欲以遮阻社会对孔不满之煽动也。"参见《唐纵在大陆失落的日记》,台北:传记文学出版社,1998年,第161页。

府彻底决裂。

马寅初于1924年加入中国经济学社,由于他的道德文章在学术界有口皆碑,立即当选为第二届理事会的理事、副社长,并于第四届理事会起长期担任社长(早期理事会选举以得票最多的前两名出任正副社长,后来社长人选则由理事会中互选),由此可见马寅初不仅具有崇高的学术声望[①],而他的人缘,特别是他对学社的热情更加得到众位社员的敬仰和信任。

刘大钧(1891—1962),字季陶,号君谟,原籍江苏丹徒。早年毕业于京师大学堂,后赴美国留学,入密西根大学习经济统计,毕业后回国,任清华学校教授,并兼任北京交通大学、北京大学、北京师范大学等校教授。此外,还先后担任北京政府经济讨论处调查主任、中国政府出席华盛顿会议代表团秘书、财政整理委员会及税则委员会专门委员等职。1928年国民政府成立后,曾一度出任立法院统计处处长、国民政府主计处主计官兼统计局局长,后又受聘为军事委员会资源委员会委员、军事委员会国民经济研究所所长。抗日战争胜利后,他任联合国统计委员会中国代表,驻纽约办事,后又任经济部驻美国大使馆商务参事,直至退休。可以说,他的一生与政府之间一直保持着密切的联系。

刘大钧于1923年发起创设中国经济学社,连任三届社长,后长期担任副社长。1930年他创设中国统计学社,任社长,后两社联合改组成立中国经济统计调查所,他又一直担任所长。刘大钧是一位著名的统计经济学家,在他的组织与领导下,中国经济学社对上海及中国全国的工业进行了大规模的统计与调查,这不仅有利于国家工业的发展,同时对于扩大中国经济学社的影响也具有重大的作用。

除了学社的正副社长外,这里还应该介绍一位不太为人所知、但却为学社的发展作出重大贡献的学者,他就是长期担任《经济学季刊》的总编辑、多次当选为学社理事的李权时。

李权时(1895—?),字雨生,浙江镇海人。1918年毕业于清华学校,旋赴美留学,专习经济学,获芝加哥大学哲学博士。回国后先后受聘于上海商科大学、光华大学和大夏大学,后任复旦大学商学院教授,1930—1938年担任商学院院长,同时还兼任《商业月报》主编及发行人。1927年于中国经济学社第四

---

① 有人统计,马寅初著作等身,一生共撰有各类学术专著13部,论文641篇,约571万字。见黎建军:《抗战前马寅初对外贸易思想研究》,北京:中国财政经济出版社,2004年,第4页。

届年会上被选为理事,之后几乎连续当选(按规定理事不能连任三届,但他卸任后次年又继续当选),这就充分说明他的学术声望及其对学社的热情已得到社员的普遍认同。1930 年学社创办《经济学季刊》,他即出任总编辑,其后他不仅积极投入季刊的编务工作,而且还踊跃撰稿,季刊自创刊到结束共发行 8 卷 29 期,李权时一人竟发表了 38 篇论文与书评。李权时在当时的经济学界也是一位著名的多产作家,有人统计,自 1927—1944 年的 18 年间,他竟然出版了 35 本经济学专著,其中仅 1929 年一年就出版了 13 部之多。[①] 这么短的时间居然出版众多学术著作,一方面或许表现出他的学风不够严谨,但同时也不能否认,他的著作的确是具有相当大的市场,这对于普及和推动中国经济学学术的发展无疑都产生了积极的作用。抗日战争全面爆发后李权时一度落水,晚节不保,但他早期为中国经济学社所作出的贡献还是应该予以肯定的。

六　学社理事会成员简介

中国经济学社刚成立时成员不多,只是一个松散的组合,理事会成员不过是在社员之间相互推举,并无相应的程序。然而随着社员人数的增加,社员所居住的地域也不断扩大与分散,很难集中全体社员进行选举,因此理事会决定由金问泗、程万里和赵文锐 3 名社员组成修改社章委员会,负责修改社章,并于 1925 年召开的第二届年会中讨论通过。新社章规定学社实行理事制,由社员于每年召开之年会一个月前以通信方式推举理事 9 人,并在会议期间开票产生,以得票多少而决定,其中得票最多之前二人为社长与副社长,理事任期一年,可连选连任;由于社员分布较广,活动范围扩大,因而社章又规定经总社同意可在社员人数较为集中之地点成立分社,但其章程不得与总社章程相抵触。[②] 随着社员人数的不断增加,学社亦意识到理事会的人选亦应相对扩大,原有章程理事可连选连任的规定不甚适合,因此 1930 年 9 月在无锡召开的第七届年会又对社章加以修正,规定自下届起,理事会成员每年必须改选其中

---

① 关于李权时编著出版的经济学著作目录,可参见胡寄窗:《中国近代经济思想史大纲》,北京:中国社会科学出版社,1984 年,第 423 页。

② 刘大钧:《中国经济学社略史》,中国经济学社编:《中国经济问题》,第 354 页。

1/3,应改选者不得连任①,这样就扩大了理事会人选的对象。

中国经济学社自成立后即遵照社章规定,每年召开一次年会,至 1936 年先后召开了 13 次年会,每届年会亦都在会议期间选举产生新一届理事会;抗日战争期间尽管条件艰苦,无法每年召开年会,但学社还是召开了 3 次社员大会,迁移大后方的社员均积极报名参加,然而因通信困难,没有办法联络学社大多数社员,因而也无法进行理事会的选举。②

有关中国经济学社的第一至十三届理事会成员及其简历请看下表。

表 2 中国经济学社历届理事及其简历③

姓 名	字号	籍贯	学 历	主要经历	代 表 作
刘大钧 (1891—1962)	季陶 君谟	江苏 丹徒	美国密西根大学经济学学士	清华学校教授暨北京大学、北京师范大学讲席,北京政府财政整理委员会及税则委员会专门委员,国民政府立法院统计处处长,主计处主计官兼统计局局长,中国经济统计调查所所长	《非常时期的货币问题》、《工业化与中国工业建设》、*China's Industries & Finance*
戴乐仁 (1878—1951)	J. B. Taylor	英国	利物浦大学毕业,1906 年受教会派遣来华传道	1919 年燕京大学成立后聘任经济系主任兼教授,其间一度出任国民政府农业研究会农林工作主任	

---

① 朱彬元、徐师慎:《中国经济学社第七次年会纪录》,《经济学季刊》第 2 卷第 2 期(1931 年 6 月),第 184—189 页。

② 有关第十四届理事会的选举资料未见,但从日后中国经济学社寄发信笺刊印的学社领导名单中可以得知理事会成员与前一届基本一致,即社长马寅初,副社长周作民,理事卫挺生、王志莘、潘序伦、穆湘玥、李权时、刘大钧、何廉,除了由穆湘玥取代杨荫溥之外,其他理事未变。见《中国经济学社致浦心雅函》(1940 年 3 月 28 日),中国第二历史档案馆藏重庆交通银行档案:三八/198。1940 年 12 月马寅初遭软禁后,他就未能再参加中国经济学社的活动,其后学社的具体事务改由代社长陈其采主持,见《中国经济学社代社长陈其采致经济部甘肃油矿局函》(1943 年 3 月 13 日),中国第二历史档案馆藏甘肃油矿局档案:九五/2175。然而陈其采到底是在何时、又是通过什么程序进入理事会,理事会还有哪些成员,目前没有相关的资料可以说明。根据常理判断,并参阅《社章》的有关规定,在当时交通与通信条件均十分困难的条件下,理事会是不可能进行改选的。

③ 理事名单按担任历届理事会当选之顺序排列(参见表 1),其个人经历主要参考徐友春等编:《民国人物大辞典》;刘寿林、万仁元等编:《民国职官年表》;张宪文等主编:《中华民国史大辞典》(南京:江苏古籍出版社,2001 年);周棉主编:《中国留学生大辞典》等工具书。

姓　名	字号	籍贯	学　历	主要经历	代 表 作
林襟宇 (?—?)		浙江 永嘉	不详	国民政府审计院审计兼第二厅代厅长、第三厅厅长	《中国审计制度》、《投资会计》
卫挺生 (1890—1977)	深甫 申父	湖北 枣阳	先后就学于日本东京大成中学、武昌文华书院、清华学校,后入美国密西根大学,旋转哈佛大学,获经济学硕士学位	历任国立高等师范学校、北京交通大学、燕京大学、朝阳大学教授,国民政府财政部科长、代理关税处处长,并兼任中央大学、中央政治学校教授	《中国今日之财政》、《战时财政》、《财政改造》、《中国经济问题》
陈长蘅 (1888—1987)	伯修	四川 荣昌	美国哈佛大学经济学学士及硕士	北京大学经济系讲师,盐务稽核总所翻译,国民政府财政部秘书,历届立法院委员并曾兼立法院财政委员会委员长,后任行政院主计部主计官	《中国人口论》、《进化之真相》、《财政学》
陈　达 (1892—1975)	通夫	浙江 余杭	清华学校毕业后保送赴美国留学,获立德学院学士,后转入哥伦比亚大学社会学系攻读,先后获硕士及博士学位	清华大学社会学系教授兼系主任,国情普查研究所所长,第一届中央研究院院士,国际人口学会副会长	《中国劳工问题》、《人口问题》
胡立猷 (1895—1977)		江苏 无锡	美国密西根大学经济学硕士	北京交通大学(1928年后改为北平铁道管理学院)首席教授	
马寅初 (1882—1982)	原善	浙江 嵊县	北洋大学毕业后赴美国留学,先后入耶鲁大学、哥伦比亚大学研究经济学,获经济学博士学位	北京大学经济系主任、教务长,中国银行总司券,后南下任上海交通大学、南京中央大学教授,浙江省政府委员兼财政委员会主席,历届立法院委员,抗日战争全面爆发后曾任重庆大学商学院院长,1948年被评为中央研究院第一届院士	《中华银行论》、《中国国外汇兑》、《中国关税问题》、《中国之新金融政策》、《中国经济改造》

续 表

姓 名	字号	籍贯	学 历	主要经历	代 表 作
吴泽湘 (1897— ?)	醴泉	四川 成都	英国伦敦大学经济 学学士	北京政府国务院经济讨论处编纂,北京师范大学讲师,北京交通大学、中国大学教授,后历任国民政府军事政治代表团秘书长、外交部秘书、驻天津特派员、重庆市政府秘书长、驻智利大使	
杨培昌 (1900— ?)		重庆	本薛尔凡宜亚大学 Wharton 学校经济 学学士	金城银行香港分行副经理,国外部经理	
赵文锐 (?—?)	德华	浙江 嵊县	不详	外交部特派浙江省交涉员兼杭州关监督	《统计学》、《近世商业史》
金问泗 (1892— 1968)	纯儒	浙江 嘉兴	复旦公学毕业,天津北洋大学法学学士,哥伦比亚大学法学硕士	曾于北京政府财政部研究关税问题,后调回外交部任通商司榷税科科长兼关税特别会议议案处帮办,国民政府成立后任外交部第一司司长、代理常务次长,长期出任驻欧洲各国使节	《中国与巴黎和会》、《中国与国际联盟》
程万里 (?—?)			不详	不详	
盛 俊 (1883— ?)	灼三	浙江 金华	日本留学生	曾任北京政府财政部驻沪调查货价处主任,国民政府财政部国家税则委员会副委员长,(汪伪)中国经济研究所顾问	《海关税务纪要》、《上海生活费指数》、《修正物价指数报告》
杨端六 (1885— 1966)		江苏 苏州	早年赴日本留学,后留学英国伦敦大学政治经济系习货币银行专业	《东方杂志》编辑,上海中国公学兼职教授,中央研究院社会科学研究所研究员、经济组主任兼代所长,武汉大学教授兼经济系主任、法学院院长	《银行要义》、《信托公司概论》、《六十五年来中国贸易统计》、《清代货币史稿》

姓　名	字号	籍贯	学　历	主要经历	代　表　作
潘序伦 (1893— 1985)	秩四	江苏 宜兴	上海圣约翰大学文 学学士,哈佛大学 企业管理硕士,哥 伦比亚大学哲学 博士	东南大学附属商科大学 教务主任兼暨南大学商 学院院长,后辞职创办 并主持立信会计事务所 和立信会计补习学校, 曾任国民政府主计处主 计官、经济部常务次长	《中美贸易论》、《高 级商业簿记教科 书》、《审计学》、《会 计学》
金国宝 (1894— 1963)	侣琴	江苏 吴江	美国哥伦比亚大学 硕士	上海中国公学、复旦大 学教授,后历任国民政 府财政部科长、南京市 财政局局长、交通银行 总稽核、中央银行会计 处处长	《统计学大纲》、《中 国币制问题》、《统计 新论》、《中国经济问 题之研究》
周诒春 (1883— 1958)	寄梅	安徽 休宁	上海圣约翰书院毕 业后赴美留学,先 后入耶鲁大学和威 斯康辛大学,获学 士及硕士学位	曾任清华学校副校长兼 教务长、校长,中孚银行 总经理兼北京分行经理, 北京政府全国财政讨论 委员会秘书长,燕京大学 代理校长。历任国民政 府实业部常务次长、农林 部部长、卫生部部长	
刘秉麟 (1889— ?)	南陔		北京大学毕业后留 学德国、英国,获伦 敦大学政治学院 硕士	武汉大学经济系教授	《经济学》、《财政学 大纲》、《经济学原 理》、《近代中国外债 史稿》
李权时 (1895— ?)	雨生	浙江 镇海	清华学校毕业后赴 美留学,获芝加哥 大学哲学博士	历任上海商科大学、光 华大学、大夏大学教授, 复旦大学商学院院长, 《经济学季刊》总编辑	《中国经济问题纲 要》、《生产论》、《经 济学原理》、《消费 论》、《中国税制论》
戴克谐	蔼庐		不详	《银行周报》主笔、总编辑, 日本大阪中国银行经理	
寿景伟 (1891— ?)	毅成	浙江 诸暨	哥伦比亚大学哲学 博士	上海复旦大学、中国公 学教授,国民政府实业 部工商访问局副局长, 署经济部商业司司长, 中国茶叶公司总经理	《战后欧洲之经济》、 《中国国际贸易小 史》、《应用统计学》、 《财政学》

续　表

姓　名	字号	籍贯	学　历	主要经历	代表作
徐寄庼 (1882—1956)	陈冕	浙江 永嘉	杭州高等师范学堂毕业后留学日本,曾入东京同文书院、山口高等商业学院深造	浙江兴业银行副经理、协理、董事长,上海市商会理事长,上海市第一届参议会副议长	《最近上海金融史》、《近代泉币拓本》
钱永铭 (1885—1958)	新之	浙江 吴兴	北洋大学肄业,后赴日本神户高等商业学校留学	交通银行上海分行经理,上海银行公会会长,中兴公司总经理,交通银行董事长	
朱彬元 (1893—?)	仲梁	湖南 长沙	美国卫斯理大学学士,哥伦比亚大学商科硕士	建设委员会参事	《货币银行学》、《世界金融概况》、《全国经济建设之我见》
邵元冲 (1890—1936)	翼如 伯瑾	浙江 绍兴	晚清秀才,曾两次赴日本学习,后到美国留学,先后肄业于威斯康辛大学、哥伦比亚大学	早年加入同盟会,国民党一至五届中央委员、常委,国民政府成立后历任杭州市市长、考试院考选委员会委员长、立法院副院长、代理院长等职	《心理建设论》、《美国劳工状况》、《广东建设之纲领》、《欧美各国改造中之经济与社会》
陈其采 (1880—1954)	蔼士	浙江 吴兴	先后入学于上海中西书院、金陵同文馆及江南储材学堂,后赴日本士官学校学习	中国银行总文书、浙行副行长,浙江省政府委员兼财政厅厅长,国民政府江海关监督,主计处主计长	
杨荫溥 (1898—1966)	石湖	江苏 无锡	先后毕业于南洋公学、清华学校,后赴美国留学,获西北大学经济学硕士学位	上海光华大学商科教授,中央大学商学院教授兼工商管理系主任、代理院长,重庆大学商学院教授,浙江兴业银行南京分行经理	《上海金融组织概要》、《中国交易所论》、《中国金融论》、《货币与金融》
张嘉璈 (1889—1979)	公权	江苏 宝山	北京高等工业学堂肄业,东京庆应大学财政科毕业	北京政府参议院秘书长,中国银行上海分行副经理,中国银行副总裁、总经理,铁道部部长,交通部部长,中央银行总裁	《中国铁路发展史》、《通货膨胀的螺旋:1939—1950 年在中国的经验》

续　表

姓　名	字号	籍贯	学　历	主要经历	代　表　作
贾士毅 (1887—1965)	果伯	江苏宜兴	上海法政讲习所肄业,后留学日本入法政大学政治科,再转入明治大学法政科	历任北京政府财政部库藏司、会计司、赋税司司长,国民政府财政部赋税司司长、盐务处代处长、常务次长,湖北省政府委员兼财政厅厅长,曾兼任中央大学、中央政治大学经济系教授	《民国财政史》、《国债与银行》、《国税与国权》
吴鼎昌 (1884—1950)	达诠	浙江吴兴	晚清秀才,后留学日本东京高等商业学校,回国后以最优等游学毕业生中商科进士	大清银行总务长,中国银行正监督、总裁,盐业银行总经理,《大公报》社长,实业部部长,贵州省政府主席,国民政府文官长,总统府秘书长	《中国经济政策》
何德奎 (1896—1983)	中流	浙江金华	北京大学肄业,威斯康辛大学学士,哈佛大学工商管理硕士	光华大学商学院院长,上海公共租界工部局会办、副总办,上海市政府秘书长、副市长	《中国与各国之商约》
黎照寰 (1888—1968)	曜生	广东南海	纽约大学商科学士,哈佛大学理科学士,哥伦比亚大学经济学硕士,宾夕法尼亚大学政治学硕士	中国公学教授,香港工商银行司理,广东华商银行经理,中华基督教青年会会长,国民政府财政部参事兼中央银行副行长,上海交通大学副校长、校长,铁道部常务次长	*An Economic Inter — Pretation of the Increase of Bandits in South China*、《中国国民党政策》
王云五 (1888—1979)	岫卢	广东香山	先后在上海教会学校及同文馆专修英文	南京临时政府总统府秘书,教育部主任秘书,上海商务印书馆编译所所长,中央研究院社会科学研究所研究员兼法制组组长,商务印书馆总经理兼东方图书馆馆长,抗日战争胜利后相继任经济部部长、行政院副院长、财政部部长	《岫卢自述》

姓 名	字号	籍贯	学 历	主要经历	代 表 作
王志莘 (1896—1957)	允令	江苏 上海	先后就学于南洋公学、上海商科大学,后留学美国,获哥伦比亚大学学士及硕士学位	《生活周刊》主编,工商银行储蓄部主任,江苏省农民银行副经理、总经理,新华信托储蓄银行总经理,农本局协理,上海证券交易所常务理事兼总经理	《中国之储蓄银行史》《农业金融制度论》
周作民 (1884—1955)	维新	江苏 淮安	广东公学毕业后赴日本留学,肄业于京都第三高等学校	北京政府财政部库藏司司长,交通银行稽核课主任,金城银行总经理	
何 廉 (1895—1975)	醉帘 淬廉	湖南 宝庆	长沙雅理学院毕业后赴美留学,获耶鲁大学经济学博士学位	南开大学教授兼财政系主任,经济学院院长兼南开经济研究所所长,国民政府行政院政务处处长,农本局总经理,经济部常务次长,南开大学代理校长,后任美国哥伦比亚大学教授	《财政学》、《华北公共财政、物价与生活指数》
穆湘玥 (1876—1943)	藕初	江苏 浦东	先后留学于美国威斯康辛、伊利诺、得克萨斯等大学,获农科学士及硕士学位	先后创办德大、厚生、豫丰等纱厂,任总经理,并创办上海华商纱布交易所,任理事长,历任国民政府工商部、实业部常务次长,农本局总经理	《藕初五十自述》、《科学管理法》

从上表可以看出,除了第一届理事会中当选为理事的戴乐士是英国人外,学社历届 37 名中国籍理事都是学术界或金融界的著名人物,而且绝大多数理事的经历还是相当清楚的,若对他们的履历简单加以分析,或许能够找出一些值得思考的特点。

籍贯与年龄。大约 2/3 以上的理事均为浙江和江苏两省(包括上海)人,而他们的工作地点与活动范围也主要集中在以上海为中心的江浙地区,这可能是因为江浙地区既富有丰蕴的中国人文传统,又是近代西学东渐的重要地区,同时更与上海在全国乃至远东地区的经济地位有关;从年龄上来看,除了极个别人之外,他们大都生于 19 世纪 80—90 年代,也就是说抗日战争前夕他们大多处于40—50岁这个思想与精力最为成熟的年龄段。

学术背景。除了极个别的理事（如王云五）外，学社的理事均有出国留学的学术背景，其中经济学家大部分都曾留学美国著名大学，多数人还分别获得硕士及博士高级学位；而银行家则主要留学于日本，如钱新之、周作民、张嘉璈、徐寄庼、吴鼎昌等。

社会地位。他们当中绝大部分都曾在国内各重要的大学任教，著作等身，是当时著名的经济学学者，享有重要的社会背景和学术地位。1948年中央研究院进行第一届院士选举，中国经济学社的社员中有多名社员被提名为候选人，经济学学科原有8名候选人，中国经济学社的社员就占了其中的6名（马寅初、何廉、杨端六、刘大钧、方显廷、陈总），该学科最后只选出一名院士，即马寅初；社会学学科原有5名候选人，其中包括陈达、吴景超2名社员，结果陈达当选为院士，上述人选中马寅初、刘大钧、陈达、杨端六、何廉等5人曾多次担任学社的理事，中国经济学社的学术地位之高可想而知。而张嘉璈、吴鼎昌、钱新之、王志莘、周作民、徐寄庼、穆藕初、王云五等理事则是金融界、实业界和出版界的巨擘。还有一点需要提及的就是，理事会的成员中有不少人与政府之间的关系相当密切，如张嘉璈、吴鼎昌、王云五等几位一度还曾出任主管财政经济事务的政府官员，刘大钧、陈其采则长期负责国家工业和财政的统计和调查工作，由此可见学社理事会成员阵容之强大。

因为抗日战争全面爆发后受到交通与通信诸多条件的限制，理事会无法进行改选，但我们仅从第一至十三届理事会的理事名单中分析也可以发现一个特点，那就是代表性与延续性相对稳定，理事的更替并不频繁。根据《社章》的规定，理事的产生是在每届年会召开前一个月将候选人名单寄给每一名社员，然后在年会时召开的社员大会上检票通过。早期的理事没有任期规定，可以连选连任；自第七届年会修改社章，规定自下届起，理事会成员每年改选1/3（即3人），应改选者不得连任，这样候选人的名单略有扩大，但还是有限。根据表1我们可以计算出前13届理事任职的次数，其中进入理事会最多的几位是：刘大钧（12）、马寅初（11）、李权时（8）、卫挺生（7）、潘序伦（6）、金国宝（6），当选四任的有陈长蘅、盛俊、黎照寰，三任的则有刘秉麟、戴克谐、杨荫溥、何德奎、王云五、王志莘等人，尤其是社长和副社长，多年来大都由马寅初、刘大钧二人轮流出任。早期社长、副社长人选是由投票时得最多的前两名担任，后来改为理事中互相推举，马、刘二人多年来一直担任学社的主要领导，说明他们二位在全体社员中的威望极高,尽管他们也曾竭力推荐其他人出任,譬如1936年10月刚选出新一届的理事会后,马寅初就先与另一位新当选的理事周作民通气,称"李权时、潘序伦二先生均任本社理事多年,李先生并曾任本社季刊编辑主任,对于社务素甚热心,拟请先生于互选之时,即选李先生为社长,潘先生为副社长,于本社前途必更多发展之希望"①。但后来理事会互选时,由于马寅初的声望与威信,最终还是推选他和周作民担任正副社长。

上述中国经济学社理事会的这些特点并不是孤立的现象,这在当时其他学术团体中也都或多或少地有所存在。② 这说明理事会成员,特别是主要领导人不单应是一位具有高深造诣的学术带头人,同时他更应是一位充满热情、富于献身精神的社会活动家,而且他们还必须善于团结社员,同时又能够熟练运用社会结构与社会网络,这样不论是筹集资金,或是结交政府及各界人士,都有利于自身学术团体的发展和壮大。当然,长期以来如果理事会一成不变,那么具有朝气的年轻人就很难有机会进入领导机构,长此以往对于学社的发展又会造成一定的阻力。从这一点上来说,中国经济学社尽管模仿了西方学术团体的许多规章和制度,但在某些方面依然还是脱离不了传统思想的束缚,这可能也是民国时期诸多学术团体所面临的共同问题吧。

七 学社的功能与作用

作为民国时期一个十分重要的学术团体,中国经济学社具有许多显著的特点,同时它的存在及其发展也对当时的社会经济产生积极的作用。

首先,中国经济学社的成立开启了中国学术交流与合作的风气。传统的中国学术往往局限于独自的个人研究或受制于官方的设局操纵这两种途径,而中国经济学社的成立却开辟了一条新的道路。民国建立以来,学术的发展已冲破传统的藩篱,以往那种孤芳自赏、独立研究的氛围已脱离现实,不可能继续存在,一大批受到西方学术训练的学者既不愿完全受制于官方的束缚,但又希望通过一种渠道加强学者之间的联系,进而推动学术之发展,这样既可以

---

① 《马寅初致周作民函》(1936年10月21日),《档案与史学》1998年第6期,第24页。
② 参见张剑:《传统与现代之间——中国科学社领导群体分析》,《史林》2002年第1期,第83—93页。

保持学者个人独立研究的自由,又能够在自愿协助的原则下,发挥集体研究的力量,组织实施一些规模较大的学术活动。同时学社的成立也为培养新生力量创造了机会,由于学社中许多成员本身就是各大学的经济学教授,他们教书育人,因而一直注意在高等学校中培养年轻的学术人才,学社成立后相继吸收了上海交通大学、南京中央大学和金陵大学学生所组织的经济学会为团体会员,并邀请其派代表参加每年召开的年会,这样对于鼓励和扶植年轻学人的成长自然会产生积极的效果。

其次,中国经济学社的成立也为中国经济学研究的普及与提高创造了条件。经济学在当时的中国是一门新兴的社会科学,国人对此了解并不深刻,而中国经济学社的成立正值中国社会大变革之际,也是西方学术思想迅速发展的重要时期,学社的社员多为掌握西学理论又有心致力于本国学术事业发展的留学生,因而将宣传与普及经济学知识和理论视为己任。中国经济学社自称:"本社素以提倡经济学术精深之研究,讨论现代经济问题,编译经济书报,赞助中国之经济发展与改造为宗旨",因而"对于学术研究自信供(贡)献颇多,亦所以历承国内外人士之赞许"。① 平心而论,这番话说得并不过分。学社成立后不仅积极发展社员,还先后在上海、杭州、南京、华北、长沙、汉口、广州等地设立分社,覆盖面不断扩大;与此同时,众社员还积极著书立说,介绍国外新兴的经济学知识,学社更与商务印书馆合作,有计划地出版经济学的丛书(包括专著与译著),创办并出版《经济学季刊》,学社在召开年会时亦安排部分社员于会议期间在高等学校或商会等场所进行公开演讲,他们或是著作等身的大学教授,或是享誉学界的经济学者,或是富有经验的金融家、企业家,所报告的内容又都是个人的研究专长,因而达到普及经济学知识与扩大学社影响的双重目的。

更重要的是,中国经济学社注重与现实经济相联系,此时他们已不仅只是满足于引进外国的经济学说,而是希望创造出本国的经济学理论并以此来促进和指导中国的各项经济建设。20世纪以来,强大国力、抵御外侮以及建设国家、发展经济是这一代知识分子的共同责任。因此学社成立后就一直鼓励社员于社会发生重大经济问题时进行演讲或发表文字,他们认为这才是对社会

---

① 《中国经济学社社长刘大钧致上海市政府呈文》(1935年3月),上海市档案馆藏上海特别市市中心区域建设委员会档案:Q213—1—39。

所作之应有贡献。① 学社成立后不久正值北京政府召开关税特别会议,学社即组织社员围绕这一议题发表意见,之后并结集出版论文集。早期年会宣读的论文主要是个人研究所得,没有什么针对性,事先也没有进行准备;自第四届年会起,开始于筹备委员会中设立论文股(后改为论文委员会),专门负责联络并印发与会学者的论文;嗣后每届年会召开之前,都先向社员发出征集论文的通知,并结合国内重要的经济问题,确定当年年会讨论的议题,如"训政时期的经济政策"(第六届)、"中国商业票据市场"(第七届)、"国难期间之经济问题"(第九届)、"中国经济之改造"(第十届)、"统制经济政策之商榷"(第十一届)、"国民经济建设"(第十二届)、"非常时期之经济与财政问题"(第十三届)、"战时与战后经济问题"(第十四至十六届),切合中国当时经济的实际问题加以讨论,对于国家经济复兴与建设发挥了积极的作用。

中国经济学社发展的辉煌阶段正是中国的国民经济遭到世界经济危机的冲击、日本帝国主义侵占东北并进而策划全面侵华的危难之际,同时也是国民政府致力推动各项财政经济改革之时。中国经济学社处于国家经济从分裂到统一、由平时到战时这一重要的转变时期,国内发展经济的呼声高涨,格外需要听到经济学家的意见。对此学社的广大社员大都能够结合实际,对于国家重大的经济政策,如关税自主、废两改元、裁厘改统、币制改革、引进外资、整理债务、统制经济以及战时经济政策等措施,著书立说,建言献策,发挥了积极的作用。长期以来,中国只有金融市场,而无资本市场,即使是金融市场,其组织亦极为涣散。有鉴于此,学社社员中在金融界居于重要地位的如徐寄顾、金国宝、王志莘、章乃器、杨荫溥等人多年来一直提倡票据贴现与票据承受,并为此坚持不懈,不遗余力,最终将其演变成事实。马寅初社长对此加以总结,认为此一事实即可证明思想为事实之母,当然思想亦需适应社会之需要,不可距离环境太远。②

为了加强对中国现实经济的研究,1930年中国经济学社决议在上海成立研究委员会,其后在1933年8月召开的第十届年会上通过,与中国统计学会合组中国社会科学研究委员会,并由两会合办中国经济统计研究所,原研究委

① 朱彬元、徐师慎:《中国经济学社第七次年会纪录》,《经济学季刊》第2卷第2期(1931年6月),第184—189页。
② 《马寅初社长在中国经济学社第十三届年会闭幕式上的发言》(1936年10月1日),《经济学季刊》第7卷第3期(1936年11月),第235页。

员会亦同时取消。① 该所由著名经济学家、中国经济学社的创始人刘大钧担任所长,他极为重视用统计方法来研究中国的经济问题。在他的具体领导下,中国经济统计研究所成立后曾进行过两次大规模的工业统计调查,第一次在1931—1932年间,该所与国民政府主计局、实业部以及上海市社会局、交通大学等单位合组为上海工业联合调查事务所,对中国最大的工业城市上海进行统计调查。"一·二八"淞沪抗战爆发后,学社特别组织力量,对闸北被日军轰炸所遭受之工厂损失进行调查统计,准备为将来政府向日方提出赔偿损失交涉时之重要参考。第二次是在1933—1934年间,该所接受国民政府军事委员会属下的国防设计委员会(即后来的资源委员会)的委托,对全国各地(除少数边远省份以及已被日本占领的东北三省)的工厂和城乡经济状况进行大规模的调查。至1941年太平洋战争爆发前,已将所有调查报告整理完竣,并以中文或英文先后公开发表,包括《上海工业报告》、《上海之丝厂》、《中国工业调查报告》、《吴兴农村经济》等,②直至今日,这些统计资料仍是研究中国近代经济发展的重要资料。

　　1935年11月币制改革顺利实施之后,国民经济开始得以复苏,国民政府开始推行国民经济建设运动。中国经济学社亦积极予以配合,经理事会议决通过,决定在全国范围内进行一次论文征奖活动,题目就是"国民经济建设方案",内容可以是通论,也可以是一般经济建设或专论特殊制度之建设。此一征文活动得到学术界的热烈响应,应征者纷至沓来,共收到47篇应征论文。学社理事会特聘请刘大钧、唐庆增、董修甲3位著名经济学家担任评判,并采用匿名密封方式,以示公允。评选结果是一等奖(奖金200元)1名,作者梁庆椿,论文为《吾国米谷统制计划》;二等奖(奖金100元)1名,作者汪惠波,论文为《粮食统制方案》;三等奖(奖金50元)2名,作者分别为李焕文和陈如乾,他们的论文题目均为《国民经济建设方案》,③获奖论文均刊载在1937年5月出版的《经济学季刊》第8卷第1期上。两个月后,日本帝国主义发动了全面侵华战争,紧接着战火就向全国蔓延,不仅征文活动无法继续进行,就连这期刊

---

　　① 徐兆荪:《中国经济学社第十届年会纪事》,《经济学季刊》第4卷第4期(1933年12月),第147—161页。

　　② 参见林美莉:《上海社会科学院经济研究所中国企业史资料简介》,《近代中国史研究通讯》第34期(台北:"中央研究院"近代史研究所,2002年9月),第153页。

　　③ 刘大钧:《本社征文之经过》,《经济学季刊》第8卷第1期(1937年5月),第1页。

载获奖论文的《经济学季刊》也都成为最后的绝唱了。

对于中国经济学社积极参与社会实践、热情关注现实经济的行动社会各界均极为重视,并予以好评,上海市商会主席王晓籁在 1936 年召开的第十三届年会上的致词就反映出商界的意见,当他谈及本年中国科学社等 7 个学术团体在北平召开联合年会时特别指出,"敝会以为吾国从事于经济学者,当此国家紧要关头,亦恒能发挥其精确之见解,负起指导之重任,其自效于国家者,决不在自然科学家之下"。他并举例说:"年来为白银问题,几使吾国金融机构财政命脉为之摧毁无余,幸赖经济学者于异说纷纭之际,抒其独到之见解,主张革新货币政策,并排斥通货膨胀之私图,使当局得以确定方针,毅然实行,是为吾国学者能以学说于政治上发扬其权威之初步,一洗向者所讥学子仅有理论之谬误。"①

中国经济学社还努力争取得到社会各界的支持,各届年会租用会场多为免费,各地政界、经济界和学术界也都轮流设宴款待与会者,不但为会议节省经费,更加深了彼此间的信任和了解;自第六届会议开始,学社召开年会之前均与铁道部商议,予与会者乘火车享受半价优惠;住宿往往亦可获六折优待;1943 年 4 月第十六届年会在重庆北碚召开,当时正值抗日战争期间,交通工具及燃料供应均十分紧张,学社领导特别在会前向有关部门商借轮船和汽油,亦都得到支持。② 各地如浙江、江苏、上海、青岛、湖南、广东、福建等省市政府也都积极要求学社前来召开年会,希望借助经济学家的力量,推动本地经济的发展,这就说明中国经济学社此时早已得到社会各界的广泛认同。

八　结语:学术与政治

从中国经济学社的发展历史上来看,学社成立之初的影响不是很大,与政府之间也没有什么密切的关系;但是自从国民政府成立之后,学社与政府之间的关系就显得日益紧密,这可以从以下几个事实充分得到反映。譬如国民政

---

①　转引自《经济学季刊》第 7 卷第 3 期(1936 年 11 月),第 229 页。
②　《中国经济学社代社长陈其采致财政部花纱布管制局局长尹任先函》(1943 年 3 月 10 日),中国第二历史档案馆藏财政部花纱布管制局档案:八二○/19000;《中国经济学社代社长陈其采致经济部甘肃油矿局函》(1943 年 3 月 13 日),中国第二历史档案馆藏甘肃油矿局档案:九五/2175。

府成立后,学社立即跟随政府南迁,并明确在社章中修改条文,规定总社社址定于首都南京;学社召开年会都事先邀请国民党和政府要人亲临会场发表演讲,先后出任年会主讲嘉宾的包括立法院院长胡汉民、孙科,监察院院长蔡元培,财政部部长孔祥熙等中央政府高官以及青岛市市长沈鸿烈、湖南省政府主席何健、广东省政府主席林云陔、上海市市长吴铁城等地方大员;此外学社还吸收了众多政府主管财政经济事务的主要官员为学社的社员(名单见前),彼此之间互动,这样对于学社的发展,特别是争取政府的资助是极为有利的。

1928 年 6 月,国民革命军北伐成功,随后立即在上海和南京召开了全国经济会议和全国财政会议,这是国民政府成立后为了确立今后财政经济政策而举行的两次重要会议,而这两次会议均邀请中国经济学社委派代表参加,足见学社地位之重要。紧接着国民党中央又于 8 月 8—15 日在南京召开了二届五中全会,并颁布《训政时期约法》。在这国家和社会仿佛进入统一和建设的阶段时,中国经济学社亦对外公开发表宣言,声称"爱本国家兴亡,匹夫有责之义,于党国经济大计亟待商榷者悉心研讨,管见所及,以为在积极方面,当集合团体才智,从事经济建设;在消极方面,当革除苛捐杂税,裁并骈枝机构"。那么如何才能集合团体才智呢? 他们认为,"必须集合社会各种阶级、各种职业之代表,与夫研究经济之专家,合组一经济议会",只有如此,"一切经济问题,不难迎刃而解"。[1] 进而中国经济学社还以德国在第一次世界大战之后设立经济议会的模式,对国民党五中全会提出成立经济议会的具体方案与组织大纲,并认为只有这样,才可以"整齐经济制度"、"普及经济利益"、"改善经济现状"。[2] 由此可以看出,此时中国经济学社关注的已经不仅仅是现实的经济问题,更表现出他们已具有一种强烈的参政议政的欲望。

与此同时,政府对于学社的功能与作用亦十分重视,财政部部长孔祥熙在第十三届年会上担任特约嘉宾(他本人也是学社的社员),演讲的题目为"经济复兴与经济学社之使命"。在介绍当下国内的经济局势以及采取的各项措施之后,孔祥熙特别向学社的社员提出,"我国民众教育尚未普及,尚有待在座各位经济专家于研究之余,致力于经济智识之普及","尤希诸位各就专长,从事经济学识之普及化、实用化,藉收民众与政府一致合作之效,则吾国经济复兴

---

① 《中国经济学社宣言》,中国经济学社编:《经济建设》,第 1—2 页。
② 《中国经济学社建议五中全会拟请设立经济议会案》,中国经济学社编:《经济建设》,第 3—6 页。

前途,藉可事半而功倍"。① 这也可以看成是政府对经济学家所寄托的希望。

第十六届年会召开于抗日战争后期(1943 年 4 月),值得注意的是,此刻国共两党对于中国经济学社的召开都表现得格外关心,特别是蒋介石刚以个人的名义出版了《中国之命运》,这本书的要害就是既反对共产主义,又不赞同战后在中国实施资本主义的自由经济。为此《中央日报》特别为中国经济学社年会的召开而发表社论,其中心思想就是将蒋介石的指示贯穿其间。社论称,总裁的言论"实已提示了我国战后经济问题的纲领,这纲领就是说明,我们必须实施计划经济,而此计划经济的大目标很简单,即为'工业化'三个大字";为了达到这个目标,"希望全国经济学者,协助政府,善为规划,使此有关国家命运的战后经济问题,获得优良的建设方案"。② 与此同时,《新华日报》也为学社年会的召开发表短评,以示祝贺。短评说:"我们从抗战大势观测,抗战还是长期艰苦,今日最急切的要务,莫过于发展战时生产,以达自力更生、争取胜利的目的。所以中国经济界的优秀分子,当前最迫切的工作,是在如何为发展生产事业做些实际的贡献,这也可以说是一种责任,望经济学社的专家们注意及此。"③由此可以看出,此时国共两党都已充分认识到知识分子的作用,并开始对他们进行各种方式的拉拢与利用,争取得到他们的认同。

抗日战争胜利后,中国经济学社迅速成立筹备处,并积极部署从大后方返回上海的计划。此时中国经济学社与政府间的关系变得更加密切,担任筹备处主任的彭学沛是职业官僚,20 世纪 30 年代以来曾历任国民政府内政部政务次长、代理部长,行政院政务处长,交通部常务次长、政务次长,战时生产局副局长,1945 年 5 月当选为国民党第六届中央执行委员,1946 年 3 月任中央政治委员,5 月任国民党中央宣传部部长;筹备处委员还包括中央银行常务理事、国民政府还都接收委员会委员陈行,国民党第六届候补中央执行委员、中央信托局局长刘攻芸等财政官僚,而多年担任学社社长的著名经济学家马寅初却被排斥在外。当然这样的筹备处对于学社的发展可能也不无"好处",当筹备处迁回上海,暂租江西路 421 号 306 室作为办公地点后不久,行政院分配房屋委员会即将原日侨居住的长春路余庆里 141 号房指

---

① 参见《经济学季刊》第 7 卷第 3 期(1936 年 11 月),第 227 页。
② 《社论:战后经济问题》,《中央日报》(重庆),1943 年 4 月 26 日,第 2 版。
③ 《短评:对经济学社的希望》,《新华日报》(重庆),1943 年 4 月 25 日,第 3 版。

定为学社的社址。^① 然而接踵而来的却是内战爆发,通货膨胀,在决定中国两种命运、两条道路的重大抉择面前,学社的成员发生分化,有的远走海外,有的退居中国台湾,更多的社员则留在了中国大陆,但是中国经济学社却再也没有出现过昔日的那般辉煌。1953 年,中国经济学社奉命将学社的资产,包括房屋、图书、资料、存款、债券、股票等全数移交给中国新经济学研究会上海分会^②,这一年正好距中国经济学社创立整整 30 年。

从中国经济学社发展的历史以及学社社员的最后归宿中我们是否可以得出这样一个结论,那就是尽管中国经济学社长期以来一直标榜其宗旨为"专揭真理,不趋众好",其立场是"无偏无党,不激不随"^③,但是大量的事实却说明,在中国现实的政治环境之下,任何一个学术团体或者个人要想完全脱离政治而独善其身实际上是不可能做到的。

原载《中国文化研究所学报》第 46 期,香港:
香港中文大学中国文化研究所,2006 年 10 月

---

① 《中国经济学社年会筹备处函》(1946 年 8 月 20 日),上海市档案馆藏行政院分配上海各机关房屋委员会档案:Q30—1—25。

② 《中国经济学社移交账目清单》(1953 年),上海市档案馆藏上海市哲学社会科学学会联合会档案:C43—2—42。

③ 《本刊之回顾与前瞻》,《经济学季刊》第 5 卷第 1 期(1934 年 4 月),第 2 页。

合作与分歧

——简析抗战初期宋子文与孔祥熙来往电报

抗日战争全面爆发后不久,孔祥熙自欧洲返回中国,1938 年 1 月 1 日起就任行政院院长,同时仍兼任财政部部长和中央银行总裁,主持并制定战时全国财政经济政策;而宋子文则于上海沦陷前乘船前往香港,此后便以中国银行董事长的身份常驻香港,与欧美各国政府与财团周旋,致力稳定法币的发行,并负责管理全国的外汇。因此研究这一时期孔、宋之间的书信电报来往,对于了解抗日战争初期国家财政政策内容的制定及其演变的过程是十分重要的。

笔者曾在中国第二历史档案馆典藏的中国银行档案中发现一组孔祥熙与宋子文相互来往的密电,虽然时间较短(1939 年 2—7 月,中间还缺 3 月和 4 月的电报),内容亦不完全(有的电报只见回电而无来电),但这批电报以前似从未有人披露,而且内容十分重要,因此本文即将这些电报与当时财政金融的几个重大问题联系在一起,并加以简单介绍,以供学界参考。

一 稳定汇市与管理金融

1935 年 11 月 4 日财政部宣布以中央、中国、交通三行(后又加入中国农民银行)发行的纸币为法币,并由中、中、交三行无限制买卖外汇,自此中国的货币制度即由银本位改为汇兑本位。抗日战争全面爆发后,上海的外汇市场受到严重冲击,有关部门唯有与外商银行签订君子协定,由中、中、交三行继续执行无限制供售外汇的政策,外汇的官价方勉强得以维持。

1938 年 3 月 10 日,华北伪政权在日本军方的指使下于北平成立"中国联合准备银行"，发行"联银券"，其目的就是要破坏法币的信用。财政部为了防止日伪套购外汇，立即公布《外汇请核办法》和《购买外汇请核规则》，从而开始对外汇进行管理。其时中央银行已迁至汉口，外汇的实际审批工作主要在香港进行，由于外汇核准的数额日渐减少，远远不能满足进口商的需求，于是上海各洋商银行便自行开价买卖外汇，因此出现了一个脱离官价而随时变动的市价。到了1938年的6月，上海黑市价格的外汇价格已较官价下跌了46％，此时三行只有奉命就市抛售外汇，市价才暂告平定。[①] 此后财政部和中央银行不断根据形势的变化制订法规，对外汇加强管理，同时命令中国和交通二行并通过英美银行在上海和香港两地外汇市场上参与买卖，以大量抛售外汇来打击投机活动，稳定汇市。当时这项工作主要是由常驻香港的中国银行董事长宋子文和副总经理贝祖诒直接参与和指挥的。

为了稳定汇市，保证法币的发行，在这期间孔祥熙与宋子文之间电报往来频繁，实际上很多重大的财政方针以及金融政策的制定就是通过两人的来往电报中相互讨论而最后决定的。

当时各地银行为了吸收侨汇、增加外汇，纷纷要求在海外如香港、新加坡等地开设分行，宋子文即曾于1939年1月27日将此情形告通报重庆，孔祥熙即予复电，并作出如下指示：

> 查各省银行在海外设立分行，除粤省行在新设立分行经部准予试办外，闽省行呈请到部，即经驳复，桂省行拟在新埠筹设分行，尚无所闻。兹为集中侨汇、稳定汇市起见，自应规定统一办法，以资办理。
>
> （一）各省银行在香港或海外各地一律不准设行；
>
> （二）本办法施行前各省银行在香港或海外呈奉本部核准已设分行经营侨汇业务者，应与中国银行取得联系，所有吸收侨汇行市并应照中国银行规定办理，不得歧异；
>
> （三）各省行吸收侨汇应照原水单转售中国银行，同时由中国银行付还国币，仍由中国银行并案转售于中央银行，以一汇政；
>
> （四）省银行违反易款之规定，一经查明属实，由财政部予以惩

---

① 参见中国银行总行、中国第二历史档案馆合编：《中国银行行史资料汇编》上编（1912—1949）第2册，北京：档案出版社，1991年，第1410—1411页。

处。特先电征同意,即希查酌见复,以便通行遵照。①

抗日战争全面爆发不久,宋子文就一直周旋于英美政府和银行界之中,目的就是要争取得到英美等国的支持,建立一个平准基金来稳定法币的汇率。②鉴于敌伪正在加紧对华北和华中进行货币战,宋子文为此更是"枯思力索,冀谋对策",目前"正与英方切商,速筹平衡基金之成立",在他看来,"无论数目筹多寡,只取彼加入与我始终合作"即可,而"美方至少亦须有形式与精神上之援助"。③ 这就说明在宋子文的心目中,即将成立的平准基金委员会其形式远远要比内容更加重要。

为了稳定汇市,当时中国银行只有不断抛售外汇,吸纳法币,但上海和香港一有风吹草动,汇市就会立刻出现波动。2月13日宋子文向孔祥熙报告最近上海汇市发生混乱的情形,并将其归之于中央信托局大量在沪购货之故。孔祥熙则对此进行解释:"沪汇带(滞)软,恐因废[旧]历年关用款较多,未必全因中信局购货付款之故。仍盼由中、交两行会同汇丰合力维持。至中信局在沪购货详情,已电令据实呈复,并饬暂为停止矣。"④

实际上对于汇市更大的冲击来自敌伪的破坏和商人的投机。2月14日,宋子文向孔祥熙报告说:刚刚接到中国银行仰光分行的报告,说最近有不少印度钱商在中缅边界收买法币,运往仰光揽售,仰光分行为了维持法币的信用,只能酌予购进。但是这些商人兜售法币既有利可图,今后势必继续搬运,则会严重影响法币前途。而香港最近市面上法币的流通亦日见充斥,中国银行两天之间就购进140余万元,出售法币的人仍极为踊跃,可见内地有专任搬运法币以牟利者。因此宋子文向孔祥熙建议:"令海关严饬各关卡认真搜查,必要时并将准带出口数目酌再减低,以防逃避,而重币政。"⑤

在宋子文电报后所附的一份英文备忘录上记录了当时上海与天津两地的货币储存量:

---

① 《孔祥熙致宋子文密电》(1939年2月3日),本文所抄录的电报均为中国第二历史档案馆藏中国银行档案:三九七/7721《贝淞苏来往函电》。
② 关于这个问题,请参照吴景平:《英国与中国的法币平准基金》,《历史研究》2000年第1期,第34—50页。
③ 《宋子文致蒋介石、孔祥熙密电稿》(1939年2月7日)。
④ 《孔祥熙致宋子文密电》(1939年2月15日)。
⑤ 《宋子文致孔祥熙密电稿》(1939年2月14日)。

上海的储备情形大致如下：四行联合办事处 4 500 万元，外资银行 6 000 万元，华资银行 1 000 万元，我回来后已将装运回的 3 500 万元储存于汇丰、麦加利和花旗银行，以备急用。

天津的情形：中国、交通银行储备 700 万元，外资银行 600 万元，除此之外，为了急需而用，我们最近已将积聚过剩的 700 万元储存于汇丰和麦加利银行，其中当然包括最近从汇丰银行装运的 400 万元在内。[①]

1939 年 5 月，军政部军需署向行政院呈报，称本年购买夏季军服需要布料约 115 万匹，要求如数汇款至上海购买。行政院考虑到夏季军服既属急需，但若购买军服的款项全数汇往上海，则一定又会牵动汇市，影响市面安定。因此行政院指示尽可能到内地及美国购买。但军需署经多方努力，在内地采购及在美国购买之数尚不足 55 万匹，且价格昂贵，因此不够之数还需要汇款到上海购买，而该署已就价格、质料等细节与怡和洋行联系妥当。在此情况下似乎也没有其他更好的办法，于是孔祥熙向宋子文与贝祖诒致电："查现时已入夏，此项布匹待用至急，自应迅予订购。惟照目前情形，巨款汇港，极易牵动汇市，应请迅向怡和商明，该款汇港后勿即向市结购外汇，以免影响。"[②]由此即可了解，当时上海和香港的汇市是多么的脆弱。

二　防止敌伪破坏金融与实施统制贸易

日本帝国主义在向中国进行武装入侵的同时，还发动经济战争予以配合，其中最重要的内容就是破坏法币的信用，扰乱中国的金融命脉。因此抗日战争初期，孔、宋之间来往的电报中许多内容都涉及政府应如何对付日伪发动的货币战争。

1938 年 3 月 10 日，日伪中国联合准备银行成立后，即企图以"收兑旧币"的方式来驱逐法币在华北地区的流通，为此曾宣布所有票面上印有天津、青岛

---

① *Memorandum*, Hong Kong, February 17, 1939.
② 《孔祥熙致宋子文、贝祖诒密电》(1939 年 5 月 11 日)。

或山东标志的中、交二行发行的法币(即所谓北方票)和河南、冀东银行发行的纸币限期于一年之内流通。由于伪联银券的信用极差,加上国民政府尽力维持法币,以致日伪回收法币的任务远未达到目标,截至1939年3月,回收的法币也只有2 000万元左右,就连日本人自己也不得不承认"回收进展情况并不理想"①。因此日伪方面又不断改变策略,意图迅速达到破坏法币、套取外汇的目的。

1939年2月,宋子文在致孔祥熙的一份密电中称:"迭据金融界人自津、沪来港报告,敌军部以过去一年余关于破坏吾方金融计划毫无进展。对敌伪特务工作人员深表不满,不久恐更趋积极。等语。当饬津、沪各方特别注意,随时探报。兹查伪组织自宣布贬损法币价值,自本月二十日起按六折行使后,近复在鲁省勒令人民将鲁中、交钞票限期按九折调换伪币,并闻拟在上海设立兴华[华兴]银行,发行伪币,先令伪组织及海关各项税收均以伪币为本位,嗣复即仿照华北办法,在敌伪占领区域内停止我法币流通。沪市消息灵通者,除日银行外,有利、花旗等银行似均已有所闻,故日来该行等在沪购进外汇甚巨,汇价跌落至速,其趋势恐有再跌之虞。"②

2月下旬,宋子文又向孔祥熙报告:

> 迭接敝沪行电称,津汇沪款日见增加,本行自本年一月起至本月十八日止,已在沪解出津款一千万元,此后恐有增无减。等语。查迩来津汇沪款增加原因,由于敌伪统制华北经济渐趋积极,报载三月十日以后敌伪将行禁用法币,并统制进出口贸易,因此恐此后法币将流入津、沪,调取沪汇,政府似宜急谋政策,以防情势日益恶化。兹略陈管见如下:
>
> (一)严令华北游击区负责军政当局禁种禁运棉花、烟叶、花生;
>
> (二)严禁游击区货物流入敌伪市场;
>
> (三)政府应派员赴各游击区,调查当地生产与贸易情形,规定合理分配运销办法,以防止物产资敌为唯一目标;
>
> (四)严禁使用伪币,违者除充公外,并予重惩。③

---

① 转引自《抗日战争时期国民政府财政经济战略措施研究》,成都:西南财经大学出版社,1988年,第485页。
② 《宋子文致蒋介石、孔祥熙密电稿》(1939年2月7日)。
③ 《宋子文致孔祥熙密电稿》(1939年2月? 日)。

4月29日,宋子文向孔祥熙报告日伪即将成立华兴银行、发行伪钞的情况,并建议由财政部和外交部分别与外商和侨商接洽,劝谕他们不要接受伪钞。为此孔祥熙复电曰:"敌伪滥设银行、发行伪钞,迭经由外部转商各国使节,通知侨商,一律拒绝合作,不收伪钞,不与往来,并以英国在华商业势力雄厚,各国亦以英方态度为依据。又径电郭大使,根据英皇在我施行法币时所颁驻华英侨应一律以法币为收付之命令,促请注意,已荷照办。各在案。此次伪华兴银行成立,前于接到密报后复由财部咨外部向驻华各使节提出前项照会,一面函四行联办总处电沪市商会、银钱公会严守主场,不与来往,并严拒伪钞。尚希吾弟在港各向中外总行切实联络,转饬在沪分行一致拒绝,以严防范。"①

为了防范敌伪套购外汇、破坏金融,同时也为了争取外援,偿还借款,政府有关部门决定对重要的出口农矿产品实施统购统销政策,然而对此宋子文却有不同的看法。他在一份密电中指出:

敌伪此次在沪组织伪银行,发行伪券,最后目的将抄袭华北故智[伎],统制贸易,我急宜预筹根本对策,以打破其独霸在华经济权之梦想。查自抗战以来,政府因需要外汇,不得已由贸易委员会办理统制出口货物,按法价结收外汇。在粤汉路货运畅通之时,自收相当效果,惟查最近六个月,内因交通之阻隔,运输成本之加重,政府结进出口外汇之数已一落千丈。例如敝行账上去年五月至十月止,共代财部结进各项外币综合约一百八十五万余镑;惟自十一月至本年四月,仅结进卅余万镑,以桐油、茶叶两项为大宗,于此可见统制出口之效力渐失。而同时因法价与市价相距过远,走私日多,闻湘、鄂、川内地比较安全地带积货甚巨,只以货运困难,货价低落,无法运销,长此以往,必致影响生产,危及外销市面。兹拟除将桐油、茶叶、矿产三项因借款与易货关系暂行仍旧外,其余各项出口货物一概免结外汇,俾商贩得循自然之途径,将存货陆续外运。兹将其关于政治、经济上有利各点胪陈如下:

(一)在战区内之货物,因我方无统制关系,可吸引其经由我方转运出口,藉以维持推行法币力量;

————————

① 《孔祥熙致宋子文密电》(1939年5月4日)。

（二）可促进后方生产,增加产量;

（三）可增加出口,多得外汇,巩固法币;

（四）可杜绝走私;

（五）在外交立场,我实行自由贸易,此项计划一经公布,世界耳目一新,显于我之地位有利;

（六）敌伪统制出口,与我背道而驰,照过去数月间情形统计,政府实际所损甚微,而无形中所得必甚大。

如蒙采纳,尚祈迅赐复示,俾为准备工作,以备及早施行。[1]

作为主持全国财政的首脑,孔祥熙是坚决主张实施统制经济的,而且他还要求各地迅速执行。对于当时敌伪正欲抢购江、浙蚕茧的形势,孔即命令:"关于江浙丝茧事已分别电请江、浙两省府严切注意,设法阻敌利用,一面并饬贸易委员会协同江苏农民银行暨浙江省银行,将本届茧丝加紧收购利用矣。"[2]时任国民党中央宣传部部长的王世杰就曾在日记中写道:"宋子文密电蒋先生及孔庸之,主张对于出口货物,除桐油、茶叶、矿产而外,免于结算外汇,藉以对抗敌人在沦陷区域争取物资之政策。孔颇反对。"[3]大量的事实说明,在实施统制经济这个问题上,孔、宋之间是存在分歧的。

三　关于金融政策的建议与分歧

下面几份电报可以看出抗日战争初期孔、宋二人在有关制定金融政策某些问题上的不同看法,因其内容十分重要,特予全文抄录如下:

特急。36936。重庆。蒋委员长钧鉴,孔院长勋鉴:辉密。查沪市自敌伪宣布组织华兴银行、发行伪币以来,外汇市面即感受猛烈之攻击。迭据各方报告,进口商结购外汇甚巨,间有投机购进,除经一

①　《宋子文致蒋介石、孔祥熙密电稿》(1939年5月13日)。
②　《孔祥熙致宋子文密电》(1939年5月24日)。
③　《王世杰日记》(1939年5月30日),林美莉编辑校订:《王世杰日记》上册,第202页。

面与各外商银行联合一致拒收华兴伪券外,并派专员赴沪实地调查最近情状,以便筹拟切实有效对策。兹据回港报告如下:

(一)本年一月至四月间由沪进口之棉、麦、面粉、米粮、烟叶、汽车、油类,总数达关金五千四百八十余万元,约合英金四百七十万镑,棉、麦、面粉占百分之五十三;

(二)出口货物因各方统制关系,除蛋品尚有少数运出外,其余几等于零;

(三)进出口货既相差悬殊,其不足之数即向平衡会补进外汇;

(四)近来投机方面除少数败类银行间有购进外,尚无巨数资金逃避之现象;

(五)华兴银行虽已成立,惟伪券尚未能充分发行,惟敌伪将来必在占领区域内一面使用伪券,一面吸收法币;

(六)津、沪汇水已平,华北汇款亦渐减少,伪券仍比津法币低百分之二十;

(七)敌伪在北方统制出口,原定伪币价格一先令二办(便)士,收效甚微,嗣将进出口对结改照八办(便)士计算,以进口货有远近期关系,仍不能做大宗交易,闻最近此类对结价格已跌至六办(便)士八七五;

(八)日金在沪价格每元跌至法币九角,其故由于敌在占领区内滥发军用及日金券,敌货出售均系此种军用券,纷纷以之调换日金,再在沪售出变现,闻此项政策已影响敌国内经济不安状态;

(九)上海为全国各埠资金总汇之区,现三行对各地汇沪之款虽有限制,惟每日付出之数仍在数十万,内政府汇款每月近千万元左右,日积月累,市面浮资增多,各华商银行存款陡增;

(十)外商银行因须垫付进口商货款,纷纷向华商银行出高利,兜揽三个月至六个月定期存款。

就上述各项情形探讨,可归纳如下:

(甲)法币目前所感困难,为进出口不平衡,惟棉、麦为民间需要,国内因战事关系,供不应求,此项进口势难遏止,且棉织品由上海运西南、西北各省供军民需要,数不在少,据报本年六个月尚须续进棉、麦达英金五百万镑之数;

（乙）华兴目前虽尚不致为患，惟如敌伪在占领区内经济组织日臻健全，而法币一旦不能维持，该行即可乘机发展，侵占法币地位；

（丙）市面浮资大[太]多，足以影响外汇。

以上各节，弟与罗杰士等研究对策，就下列两项利害，反复讨论：

（壹）放弃维持法币政策之利。

（甲）可节省外汇，将各行所余外汇尽数充作军用；

（乙）全国各地金融恐慌牵动贸易，短期内敌伪税收及贸易必受影响。

（贰）放弃维持法币政策之害。

（甲）全国各地物价飞涨，后方民众必增加一重痛苦；

（乙）军队、游击队因物价高昂，饷给不足，难免摇动军心；

（丙）敌伪将用全力维持伪券之相当价值，经过数月后，难保不将此项伪券向前方军队与民众煽动利诱情事；

（丁）我对法币既不维持，敌伪必乘机勾引英美各国合作，甚至维持华兴伪券，以为国际贸易之枢纽；

（戊）法币失去对外价值后，政府收买桐油、茶叶、矿产等货物将发生重大纠纷，影响借款及易货契约。

若照上项利害关系，似非至最后时期，仍以不放弃、维持法币为上策。兹参酌实际现状，拟陈办法如下：

（一）拟请财部即日电令陈光甫兄，根据桐油借款合约，向美财部提议，增借美金二千五百万元，即以每年多运半数之桐油为抵品，该借款专备我国购买美棉麦之用；

（二）由财部令行总税务司，禁止外国烟叶、卷烟、煤油进口；

（三）参照弟罩电办法，除桐油、茶叶、矿产三项外，取消统制出口，此事须复得报告，英国之所以未尝施行领事签准制度以限制华北敌伪统制出口物品者，因如果施行，政府所管区域与沦陷区域统制货物必同受限制；

（四）由三行与沪各华商银行会商吸收沪市浮资办法，以减少外汇之流出，此项已另商得妥密办法；

（五）设法充实平衡基金。以上五项办法如兄等权衡利害，认为可行，似宜即日分别施行。

关于第四、五两项，弟正与各方接洽，并祈察洽电复。弟子〇叩。俭。①

孔祥熙在收到宋子文的电报后很快即予复电：

宋董事长子文弟勋鉴：俭电诵悉。公密。抗战以来，维持法币迭经困苦艰难，始得有今日之成绩，博得中外之好评，且平衡基金成立，英方银行参加维持工作，使法币在国际地位益形巩固，目前自仍以照售维持为得策略。吾弟所陈利害，愚见正得相同，惟维持方法似应妥加研究，以期尽善。尊电所示办法第一项桐油借款加押问题，早电陈光甫相机洽办，最近据复，时机尚未成熟，且若订立棉麦借款，即使成功，亦未必于我有利。如粮食在我后方各省原足敷军需民食之用，间有少数地方因运储关系，供需失调，偶感缺乏，而湘、赣、皖各地更因运输关系，反感粮贱之苦，若再加购美麦，既难运入后方，又无法转卖得现，必在江海各地辗转资敌。又美棉系长绒专纺细纱，后方纱细厂甚少，在抗战时期细纱织品亦非急需，况陕棉已足供给，估计运缴更廉。今购美棉，又必急销上海，当地外商纱厂多已复工，华厂亦多受敌资操纵，其为资敌无疑。此中利害，吾弟当能筹[悟]及。第二项拟将舶来烟叶、卷烟、煤油禁止进口，用意固属甚善，惟统制进口政府已[以]往迭经筹拟办法，终以外交关系，未能实施。烟、酒等项，多系英、美产品，此刻若予禁止进口，是否引起反感，不无考虑，且大部分海关已非政府力量所能控制，伪税则之竟付实施，税款勒存正金银行及海关添用日籍关员等事，可资佐证。此时政府即使令禁某某等项货物进口，能否生效，实是问题。第三项覆电所陈办法，迭经约集相关机关人员及专家商讨，已另有电奉复。至英方施行领事签证办法，事实上不过外交上一种姿态，其本国所切需之我国土产，断无有加以限制之虞，况我国在英现有信贷关系，亟需我国土产抵付，后方各省所产钨、锑、锡、茶叶、桐油、生丝等项，均在其欢迎之列，将来自不虑其签证限制也。第四、五两项，已由弟与各方接洽办理，甚为感

① 《宋子文致蒋介石、孔祥熙密电稿》(1939年5月28日)。

慰,惟紧缩筹码,虽于汇市有益,设若因此而腾出法币地盘,给伪钞以扩张机会,亦非所宜,希注意之。总之政府买卖外汇,在原则上只应在政治力量所能控制之地域办理,德、意、苏诸国即系如此,我国当施行管理之初,因有种种顾虑,未能照办,致有今日之困难。为今之计,只能就管理外汇,以实行进口统制,严定标准,分别限制,缜密运用,既可减少不必需要之消费,节省平衡基金之支出,同时对于敌伪套买外汇,亦可藉以防止。以上两点,谅已在芠筹之中,尚希与罗杰士等就维持法币及管理外汇、统制进口之整个计划详切研讨,续行电商为荷。兄祥熙。鱼渝。资印。[①]

在宋子文的努力和斡旋之下,中英平准基金虽然于 1939 年 3 月 10 日宣布成立,但 1 000 万英镑的基金并不能抵挡得住日伪及投机商人的套汇。据伪中国联合准备银行承认,自 1939 年 3 月中英平准基金委员会成立至当年年底,该行"已吸收英币 195 万余镑,美金 380 余万元,连同集中全部出口货时所增设之外汇断里汇款,可用之外币,亦有相当之数额"[②]。在这种情形之下,财政部为防止资金逃避及安定金融起见,规定自 6 月 22 日起,上海银钱业支付存款,除发放工资者外,每周支取数目在 500 元以内者照付法币,超过 500 元者以汇划支付,专供同业转账之用。上海以外各埠,仍照旧办理,其有将存款移存内地者,则不受此项规定所限制。[③]

1939 年 7 月 1 日,财政部又公布《出口货物售结外汇数额核定办法》。7 月 3 日,行政院院长孔祥熙公开发表讲话,声称"近来运输困难,出口货物成本加重,同时奸商套取外汇之伎俩反优,外汇市场发生不正当之波动,平衡基金虽有充分实力,而感受此不正当之威胁,自应于防止套取、顾全正当需要,俾利国民经济之原则妥筹办法"[④]。嗣后不久,孔祥熙再次致电宋子文,将其关于稳定上海汇市、限制提款的办法予以解释和说明:

---

① 《孔祥熙致宋子文密电》(1939 年 6 月 6 日)。
② 《中国联合准备银行过去现在与未来》,《新民报》1940 年 1 月 1 日,转引自戴建兵:《金钱与战争——抗战时期的货币》,桂林:广西师范大学出版社,1995 年,第 217 页。
③ 《金融周报》第 7 卷第 26 期(上海:1939 年 6 月 28 日),转引自中国人民银行总行参事室编:《中华民国货币史资料》第 2 辑,上海:上海人民出版社,1991 年,第 450 页。
④ 转引自中国人民银行总行参事室编:《中华民国货币史资料》第 2 辑,第 450—451 页。

　　万急。宋董事长子文弟：德密。对于沪市提存建议办法，正慎密研究，另电密报。惟（一）查八一三实行安定金融办法，以有外商银行合作，金融始终稳定。据报此次限制沪市提存，因外商银行吸收存款，故由华商银行转入外商银行之存款为数颇巨。前经电请吾弟并面嘱罗杰士转商各外商银行，本以往合作精神，停止收受法币存款，以为釜底抽薪之计，未悉接洽情形如何。此事关系至巨，尤以英商银行应明了英政府与我共负平衡汇市之责，且其商业关系较重，又在沪为外商银行领袖，亟应切实合作，以维汇市，而谋共利。除电郭大使径商英政府转令上海英商银行停止收受存款以为首倡外，希切商办理见复。（二）迭接来电，以上海金融紧张情形见告，衡此常情，在限制提存办法未行之前，各行既尚能应付，限制以后，存户每周提存数额，无论存款若干，最高不过五百元，虽小额存款提取略多，或有出无入，而究非最短期内即现窘态。究竟上海各行自新提存限制实行迄至现在止，每家计已提出若干，共计若干，此为应行研究之对象，亟应明了，并希会商新之、寿民、琢堂诸兄，急电上海查明见告，以备参考。兄祥熙。齐钱渝。①

　　抗日战争初期，尽管孔祥熙和宋子文彼此之间存在诸多矛盾②，但应该说他们在处理国家财政的许多大政方针上还是能够相互配合、互相支持的，当然不免在一些具体问题上也会存在不同的意见，那也都是很正常的。一方面这可能是决策者与执行者彼此之间所处的角度和立场不同所致，当然也肯定与二人的理财观念有关。本文所选录的电报虽然极不全面，研究更不深入，但笔者希望能从一个侧面反映抗日战争初期有关财政政策的制定过程，以供研究这方面问题的专家参考。

原载《民国档案》2007年第3期

---

　　①　《孔祥熙致宋子文密电》（1939年7月8日）。
　　②　譬如孔祥熙之子孔令侃在抗日战争初期以中央信托局理事的身份常驻香港，其中一项重要任务就是监视宋子文在港的活动，并及时向重庆的孔祥熙报告。相关电报载《民国档案》1998年第2期。

培养人才,重视人才

——简论资源委员会的"三一会派"

一　前　言

近代中国向西方学习、培养人才的形式主要有两种,一曰请进来,即聘请外国专家学者到中国来,在政府或其他部门担任顾问(包括政治、军事、财政、经济、法律等各个方面),或是直接聘请外国教授在大学教书育人;一曰送出去,即选派或鼓励中国的青年学生和技术人员出国,学习外国的先进科学技术,其中又包括留学(公派与自费)、访问、考察和实习等几种形式。以往我们谈及出国学习大都只注意到留学这一形式,而忽略了对出国考察,特别是出国实习这些重要方面的研究,实际上它和留学相辅相成,不可或缺,成为中国近代知识分子学习西方先进科学技术的重要途径。

"实习",按照词意理解应该是实地学习的意思,英文 training 则又包含"训练"之意,它和出国留学或是短期考察既有某些相同的含义,同时也具有较大的差别。留学主要是到外国的高等学府攻读学位,其身份为学生;考察则是以参观为主,一般来讲时间较短,往往是走马观花,并无实际学习的任务。而实习则不同,它是以政府或其下属部门的名义,于本单位内选拔派遣一批具有多年实践经验的大学毕业生,有目的、有计划地前往国外的厂矿企业或科研机构实地操作学习,以期在较短的时间内掌握国际先进的科学技术和管理经验,期满即回国服务;实习期间保留其原有待遇(如国内薪金福利)和机遇(如提职晋升)等不变,国外实习所需费用及生活津贴均由国内派遣部门承担。实践证明,派遣科技人员出国实习是中国向西方学习卓有成效的一个成功范例。

在中国近代历史上大规模地派遣工程技术人员出国实习应始自 20 世纪

40 年代,其中最为明显的标志就是当年资源委员会选派工程技术人员赴美实习的举措。当年资源委员会毅然实施这一举措,一方面是与当时的国际国内环境密切相关,但更重要的还是取决于资源委员会领导人的理念与决心。

关于资源委员会派遣工程技术人员赴美实习这段历史在档案中留下相当丰富的记载。10 多年前,台北"国史馆"的程玉凤、程玉凰姊妹曾收集了大量的馆藏资料,并以此为主,编著了 3 册《资源委员会技术人员赴美实习史料——民国三十一年会派》(台北:"国史馆",1988 年,以下简称《实习史料》),其后又依据这些史料发表了相关论文①,对这个问题进行了深入的研究。但因《实习史料》资料较为分散,其论文又各有重点,如程玉凰一文主要是依据档案资料和孙运璇当年的"实习日记",以孙运璇为对象的个案研究;薛月顺一文主要讨论的是资源委员会有关培养人才方面的建树,其中虽涉及出国实习,但也只限于电业部门的有关人员;而程玉凤的论文则主要围绕电工门的王端骧、机械门的江厚栖、电力门的俞恩瀛和孙运璇等四人出国实习前后的情形进行详尽的叙述。本文则在此基础上,对资源委员会当年派遣技术人员赴美实习的史实作一概述,并收集其他相关资料,对这 30 多名技术人员的实习经过,特别是他们实习期满归国后的各自境遇进行追踪调查,从而探讨资源委员会当年发现人才、培养人才对于中国步向现代化的路程中所发挥的巨大作用。

二 资源委员会重视人才的培养

资源委员会的前身是 1932 年 11 月成立的国防设计委员会,设立这一机构的宗旨就是要对全国资源进行彻底的调查、开发和动员。而所谓资源其实又包括两个含义,其一是物质,其二就是人才。时任教育部常务次长的钱昌照在策划成立国防设计委员会前首先就向蒋介石开出了一份四五十个人的名单,其中军事方面有陈仪、洪中、俞大维、钱昌祚、杨继曾等,国际关系方面有王世杰、周览、谢冠生、徐淑希、钱端升等,教育文化方面有胡适、杨振声、傅斯年、

① 参见程玉凰:《资源委员会培训人才的探讨——从〈孙运璇日记〉看赴美实习情形(民国三十一年)》,《"国史馆"馆刊》复刊第 9 期,1990 年;薛月顺:《资源委员会的人员培训——以电业为例》,《"国史馆"馆刊》复刊第 15 期,1993 年;程玉凤:《从技术移转看"资源委员会"的人才培训——以"三一会派"为例》,《"国史馆"馆刊》第 20 期,1996 年。

张其昀等,财政经济方面有吴鼎昌、张嘉璈、徐新六、陶孟和、杨端六、王崇植等,原料及制造方面有丁文江、翁文灏、顾振、范锐(旭东)、吴蕴初、刘鸿生、颜任光等,交通运输方面有黄伯樵、沈怡、陈伯庄等,土地及粮食方面有万国鼎、沈宗瀚、赵连芳等,可谓集结各界精英,皆为一时之选,其中大部分人后来都成为国防设计委员会的委员。①

国防设计委员会成立之后立即在全国进行各项调查工作,其中有一项很重要的工作就是对专门人才的调查,为此该会曾向全国各高等院校、科研部门以及厂矿企业等单位普遍印发《全国专门人才调查表》,调查对象是理工科及企业管理各行业的技术人员及管理人员,调查的目的是分析全国专业人才的数量和质量,调查他们是否发挥专长,学有所用,并将全国人才作为数据库予以储存,从而初步掌握了全国科技人员的分布及使用状况,一旦战事爆发,即可及时调动人员,分配任务。② 1935 年国防设计委员会易名为资源委员会后,名实相符,则更加重视对人才的发掘与培养,嗣后每一年都从国内著名大学录取大批毕业生(主要是应用科学方面),将他们安排在本会或属下各厂矿企业从事与所学专业相关的工作。抗日战争的突然全面爆发不但没有中断资委会对人才的培养计划,反而使资源委员会的领导人更加认识到培养和训练科技人员的迫切需要。这样坚持多年,抗日战争胜利后,资源委员会不仅成为中国最大的国有企业管理机构,主管全国煤炭、钢铁、石油、有色金属、机械、电机、电力、化工、造船、制糖、造纸等重工业和轻工业,还有经济研究、勘测、外贸、电讯、材料、保险等研究和服务单位,同时国内绝大部分的技术人员也都在它的管理之下。据统计,当时资源委员会有 100 多个总公司或总机构,生产单位近 1 000 个,共有职员 32 800 余人,其中约有 40% 为大学或大专毕业的技术人员或管理人员,60 万名工人中也有 1/3 是技术工人。③

资源委员会如此重视科技人才也是和该会前后几任领导人翁文灏(比利时鲁玟大学物理及地质学博士)、钱昌照(英国伦敦政治经济学院毕业,后入牛津大学深造)、孙越崎(北京大学毕业,后相继赴美国斯坦福大学矿科研究生院、哥伦比亚大学研究生院学习)等人的经历和学术背景有关。他们都是主张

① 钱昌照:《钱昌照回忆录》,北京:中国文史出版社,1998 年,第 37 页。
② 吴福元:《资源委员会的人事管理制度》,《回忆国民党政府资源委员会》,北京:中国文史出版社,1988 年,第 198 页。
③ 吴福元:《资源委员会的人事管理制度》,《回忆国民党政府资源委员会》,第 197 页。

科学救国的代表人物,他们从个人的经历中亲眼目睹中国落后的现状及其与西方先进科技之间的差距,深刻地体会到人才的重要,认为要使中国现代化,首要的任务便是重视人才,培养人才。翁文灏曾说:"建设事业之基础,最重要者为资源与人才,而人才尤为推进一切事业之动力。"①钱昌照对于招收和吸纳知识分子更为重视,他认为"仅仅建设一个厂,开发一个矿,能生产,有盈余,不算是成功。同时训练可以开发三个、五个厂的人才;开发一个矿,同时训练可以开发三个、五个矿的人才,才是真正的成功"②。为了达到这个目标,钱昌照还主张根据各人的背景和工作的需要,有计划、有步骤地去培养人才。他认为人才训练的方法可以分为几个层次:"各方面可能造就的领袖人才,在国内应予以种种机会,参加设计,增加经验,必要时派往国外考察接洽;其次高级管理技术人才,应按时选派出洋考察或实习,以求深造;其次中级人才,现正与各大学合作,补助图书设备,聘请讲座,设立奖学金;其次技工学徒,现在各工厂一部分已在推行,将来更需扩充。"③因此在他们的主政之下,资源委员会一直都非常重视对科技人员的培养,特别是派员出外实习。

派遣技术人员出国实习早在资源委员会成立之初就开始进行。1936年资源委员会与德国商洽筹建中央钢铁厂、中央机器厂和中央电工器材厂等三大厂计划的同时,就决定从国内选派12名技术人员赴德国克虏伯炮厂实习,同时又从留德学生中选派8名一起参加培训,预定每年更换一批,3年为限。这批技术人员大半是从留学生特别是留德学生中选拔出来的,除了精通德文外,他们还具有良好的专业知识,因此实习效果很好,深受德国方面的器重。1939年第二次世界大战爆发后,这批派遣人员奉命回国,被分配在昆明、重庆等地大后方工厂服务,发挥了重要作用。④然而由于国际局势的变化,派遣工程技术人员出国实习遇到重重困难,故而资源委员会大批派遣技术人员出国实习则是在太平洋战争爆发后进行的。

20世纪40年代资源委员会派遣中国工程技术人员赴美国实习大致可分

① 翁文灏"序言",资源委员会编:《中国工程人名录》,长沙:商务印书馆,1941年,第1页。
② 吴兆洪:《我所知道的资源委员会》,《回忆国民党政府资源委员会》,第107页。
③ 《钱副主任委员训辞》(1942年1月21日),《资源委员会公报》第2卷第1期。
④ 钱昌照:《钱昌照回忆录》,第48页;恽震:《资源委员会的技术引进工作》,《回忆国民党政府资源委员会》,第149页。

为以下几批:①

(1) 1942年由资源委员会选派者,简称"三十一年会派"或"三一会派",共31人,后又增加原已在美学习者4人,实习期限两年,经费由各派遣单位负责,资委会予以适当补助;

(2) 1943年由经济部派遣者,简称"三十二年部派",共143人,其中资委会属下者99人,经费全由经济部负担,然而因交通阻隔等原因,这批人直到1945年方分批出发;

(3) 由租借法案选派者,简称"租案"或FEA,1944年4月美国国会通过租借法案下拨款训练中国农林工矿技术人员1 200人,其中资委会获派181人,于1945年四五月间分批赴美,期限为1年,其所有费用均由美国政府承担,但第二次世界大战胜利后租借法案中止,其后的经费就改由中国政府自行负担。

此外,抗日战争期间航空委员会亦先后派遣过多批技术人员赴美实习,中美双方曾为建设扬子江三峡水力发电计划进行过多次洽谈,美方并预贷部分培训经费,中方于战后曾选派50名技术人员前往美国参加设计和实习;而资委会中央电工器材厂因与美国西屋电气公司(Westinghouse Electric Co.,)进行技术合作,亦于战后派遣该厂约40名技术人员赴美实习。

上述几批出国实习人员中虽然"三十一年会派"人数相对较少,但这是抗日战争全面爆发后中国最早成批派遣出国实习的技术人员,所派人员又都是资委会属下各单位年富力强、经验丰富的精英才俊,更重要的是,这批人在当时乃至于日后中国迈向现代化的道路中都发挥了重大作用,本文即主要以这批人出国实习前后的经历作为研究的对象。

三 "三一会派"人员的遴选

抗日战争的全面爆发,特别是第二次世界大战的爆发中断了技术人员与西方国家的技术交流,但资源委员会从未放弃过培养人才的计划。1941年5

---

① 程玉凤、程玉凰编著:《资源委员会技术人员赴美实习史料——民国三十一年会派》(以下简称《实习史料》)上册,台北:"国史馆",1988年,第5页;《资源委员会驻美代表办事处工作概述》,载《资源委员会公报》第11卷第4、5期合刊。另外钱昌照和吴兆洪将出国实习分为七批,实际上有些是重复的。参见《钱昌照回忆录》,第63—64页;《回忆国民党政府资源委员会》,第104—105页。

月6日,美国总统罗斯福宣布中国为租借法案下接受援助的国家,资委会立即抓住这一机遇,开始筹划派员赴美实习之事宜,并委托该会驻美机构积极与美国各工业厂矿企业联系。1941年12月7日,日本偷袭珍珠港,次日英、美对日宣战,太平洋战争爆发,中美结为同盟,在资源委员会看来,这更是一个千载难逢的时机,故"本会以美国各厂矿正在集合全力,大量生产,以应战时需要,其管理及技术方面最足为吾国取法,经与接洽结果,类多愿无条件接受本会派员实习,并有允给生活费用者。又以往国外厂商对于若干重要技术部门,向不容纳外人,此际因属盟国,有共同作战关系,慨允本会派员参加实际工作,实属良机难得"①,因此资委会迅速通知所属部门,遴选各单位的优秀技术人员,公平竞争,从中择优录取,公派赴美实习。

为了挑选最优秀的工程技术人员出国实习,遴选资格甚为严格,至少需符合以下三项条件,即大学工科或相关学系毕业,中、英文程度俱佳,具有5年以上实践工作经验。由于资委会主管的工业部门主要为工厂、矿业和电业三大部类国有企业,因此派员实习的专业也都是当前国内最为迫切需要加以改造的这些部门,包括7大部门26类:

(1) 机械部门:分为工具机、汽车发动机、电焊、纺织机等4大类;

(2) 化工部门:分为氮气制品、炼焦、化工机械、染料等4大类;

(3) 冶炼部门:分为铁合金及合金钢2大类;

(4) 电工部门:分为变压器、蓄电池、绝缘材料、无线电机及零件等4大类;

(5) 矿业部门:分为炼铜铅锌、洗煤炼焦、采石油矿、石油提炼、油管工程、油田地质等6大类;

(6) 电力部门:分为水电土木工程、火电机务工程、电气网电务管理、电气网业务管理、电气网电站管理等5大类;

(7) 工矿管理部门:包括人事行政管理、会计管理及生产、销售管理等,这也是实习科目中唯一不属于技术性质者。②

确定了实习人员的专业和资格后,资委会及属下各机构便按照这一标准抓紧时间进行遴选,从最初获得推荐的80多位候选人中再层层筛选,最后经资源委员会正、副主委同意,确定了31名人选,其中机械4人,化工4人,冶炼

① 《资源委员会致外汇管理委员会公函》(1942年4月14日),《实习史料》上册,第174页。
② 参见《实习史料》上册,第9—10页。

3人，电工6人，矿业6人，电力6人，工矿管理2人。获选人员名单及个人简历详见下表：

"三一会派"人员名单及个人简况

姓名	生年	籍贯	学历	主要经历	出国前职务	抵美时间	回国时间
雷天觉	1913	湖南浏阳	北平大学机械系(1935)	北平大学助教，兵工署化学研究所技术员	中央机器厂样版工具组主任、副工程师	1942.10.3	1947.11.8（离美）
刘曾适	1913	上海青浦	交通大学机械系(1936)	中国航空公司修理厂管理员	中央机器厂兵器组及普通机械组主任、副工程师	1942.10.3	1945.4
韩云岑	1915	江苏如皋	浙江大学机械工程系(1938)	中央机器厂技术员	中央机器厂热处组及机锻组主任、副工程师	1942.12.2	1945.6.21
江厚枡	1912	安徽歙县	浙江大学机械工程系(1937)	浙江大学助教	中央机器厂纺纱机组设计制造	1943.1.5	1947.4（离美）
惠联甲					资源委员会四川氮气制品厂	1943.3	改任资委会专员于驻美技术团服务，后留美未归
宣焰	1907	河北承德	北洋大学矿冶系(1931)	唐山交通大学、北洋工学院教员，资委会宣明煤矿副工程师，冶炼工程师兼炼焦厂厂长	资委会锡业管理处工程师兼工务主任	1942.11.24	1945.2.25（离美）
叶树滋	1911	江苏盐城	交通大学机械工程系(1932)	正太铁路机厂、交通部重庆材料库管理工作	植物油提炼轻油厂及动力油料厂设计制造	1943.1.5	留美未归

姓名	生年	籍贯	学 历	主要经历	出国前职务	抵美时间	回国时间
龚祖德	1912	江苏江阴	中央大学化工系(1935)	资委会资中酒精厂助理工程师	资委会北泉酒精厂工程师	1943.3.11	1946.6(离美)
吴道良	1915	浙江杭县	沪江大学理学系(1933)	资委会纯铁炼铁厂助理工程师	资委会电化冶炼厂工程师	1943.1.24	1945.2.25(离美)
安朝俊	1911	河北行唐	北洋大学采冶系(1936)	北洋工学院助教,六河沟炼铁厂工程师,矿冶研究所技佐	资委会陵江炼铁厂工务课长	1942.9.6	1944.12
丘玉池	1909	广东潮安	金陵大学化工系(1931)、燕京大学研究院(1934)、英国伦敦大学冶金系毕业(1936)	金陵女大助教,中央钢铁厂留德实习员	兵工署材料试验处冶金组主任	1943.5	归国时间不详
汤明奇	1912	河南太康	交通大学电机系毕业(1936)	上海、天津西门子洋行实习工程师,华成电器厂副工程师	中央电工器材厂第四厂副工程师	1942.12.2	1946.2.17(离美)
潘福莹	1912	浙江嘉兴	中央大学化学工程系(1935)	中央大学化工系助教,建委会上海电机制造厂电池部主任	中央电工器材厂电池组组长兼工程师	1943.3.11	1946年年底回国

姓名	生年	籍贯	学　历	主要经历	出国前职务	抵美时间	回国时间
葛世儒	1911	浙江萧山	交通大学化学系（1934）	先后任职于上海龙华水泥厂、香港明达公司、昆明化学工业公司	中央电工器材厂技术研究工作	1942.9.6	原订 1945.7 回国，后延期
王端骧	1910	河南开封	交通大学电机系（1930）	交通部电信机械厂技术员，上海亚洲电气公司工程师，中国无线电公司总工程师	中央无线电器材厂重庆分厂厂长	1942.12.2	1947.7.25
魏重庆	1914	浙江嵊县	交通大学电机系（1937）	中央电工器材厂及湘江电厂担任发电厂工作	中央无线电器材厂担任无线电机制造工作	1942.11.24	留美未归
薛炳蔚	1910	江苏无锡	中央大学电机系（1933）	上海华通电公司、中央广播电台技术员	中央无线电器材厂工程师	1942.5.22	1944.9.8（离美）
袁慧灼	1908	江苏松江	河南焦作工学院采冶系（1931）	中福煤矿技士，大冶铜矿技师，经济部燃料管理处九江办事处主任	滇北矿务公司工程师兼矿山铅锌厂代主任	1943.1.26	1945.6.21
俞再麟	1908	浙江嵊县	北洋大学采冶系（1932）	相继在开滦矿务局、建委会和资委会担任采煤洗煤工作	于矿冶研究所及试验洗焦厂任职	1943.1.24	1945.3（离美）

姓名	生年	籍贯	学 历	主要经历	出国前职务	抵美时间	回国时间
董蔚翘	1905	辽宁黑山	东北大学矿冶系（1930）	陕北油矿探勘处技术员，湖北铜矿技师，四川油水探勘处助理工程师	甘肃油矿局工程师	1942.5.26	1944.8
熊尚元	1911	四川万县	清华大学化学系（1933）	先后在地质调查所、植物油提炼轻油厂担任研究工作	动力油料厂从事管理与研究工作	1942.11.24	归国时间不详
翁心源	1912	浙江鄞县	唐山交通大学土木工程系（1934）	相继于粤汉铁路株韶段、湘桂铁路南镇段、滇缅铁路任职	资源委员会甘肃油矿局	1942.5.22	1944.11.28
孙建初	1897	河南濮阳	中英大学（今山西大学）毕业（1924）	瑞华博物考查会调查员，经济部地质调查所技正	资源委员会甘肃油矿局地质师	1942.5.22	1944.10.11
张光斗	1912	江苏常熟	交通大学土木工程科（1934），后肄业于加利福尼亚大学和哈佛大学研究院（1936—1937）	曾在美国内政部担任设计绘图工作，回国后在龙溪河水力发电工程担任审核设计兼理材料工作	万县水电厂濿渡河水力发电工务所主管	1943.5	1945 年夏离美

续　表

姓名	生年	籍贯	学　历	主要经历	出国前职务	抵美时间	回国时间
蒋贵元	1910	江苏江都	中央大学土木工程系(1933)	资委会研究员，龙溪河水电厂助理工程师	岷江电厂水力勘测队副队长	1943.1.24	1945.12.18（离美）
施洪熙	1906	上海	交通大学电机系(1929)	镇江大照电气公司技术员，资源委员会云南电厂技术员	资源委员会昆湖电厂课长、总工程师	1942.9.6	归国时间不详
王平洋	1909	上海	交通大学电机系(1931)	上海电力公司副工程师，广州市电力管理处电务课长	资源委员会自流井电厂工务长	1943.1.26	1945.5.25
谢佩和	1907	江苏武进	交通大学机械工程系(1928)	先后在招商局、铁道部及首都电厂工作，后筹备兰州电厂并主持工作	在资源委员会主管西北区各电厂工作	1943.1.24	1945.2.25（离美）
孙运璇	1913	山东蓬莱	哈尔滨中俄工业大学电力系(1935)	中央电工器材厂技术员，湘江电厂副工程师，筹备西宁电厂并主持工作	资源委员会天水电厂厂长	1943.5	1945.9.19
李彭龄	1910	广东新会	天津南开大学政治系(1934)	先后在南开大学经济研究所、资源委员会及地政学院担任研究工作	资源委员会专员	1943.3.15	1945.9.21

167

姓名	生年	籍贯	学历	主要经历	出国前职务	抵美时间	回国时间
蔡同玙	1913	浙江鄞县	光华大学会计系(1934)	相继任职于军委会审计厅、湘桂铁路及资源委员会	资源委员会技正	1943.3.15	1945.6.21
林　津	1912	福建闽侯	交通大学电机系(1934)	交通大学电机系助教,上海华生电器制造厂工程师	资源委员会中央电工器材厂工程师	1942.5.27	原定1945.9回国,后延期
单宗肃	1910	江苏南通	交通大学电机工程系(1935)	资委会助理研究员,中央电工器材厂副工程师	中央电工器材厂工程师	1941.12	留任驻美技术团专员,1948年初回国
俞恩瀛	1913	浙江德清	交通大学电机系(1936)	曾任职于上海南市华商电气公司、建设委员会电机制造厂及中央电工器材厂	中央电工器材厂助理工程师	1941.9	1945.9(离美)
褚应璜	1908	浙江嘉兴	交通大学电机系(1931)	交通大学助教,后曾参与筹建上海华成电器厂	中央电工器材厂	1942.5.27	1948.8

资料来源:根据《实习史料》上册(第11—31、213—215、442—444、468—504页)以及《资源委员会在外实习人员一览表》(1944年12月制,中国第二历史档案馆藏战时生产局档案:四一九/558)等资料综合制成。

资源委员会选拔的出国实习技术人员原定31名,分两批出发,但后来又将林津、单宗肃、褚应璜(原由中央电工器材厂派遣赴美接洽有关技术合作)、俞恩瀛(原中央电工器材厂副工程师,1941年自费赴美留学)等4人一并纳入,因此所谓"三一会派"的总人数应为35人。这些人都接受过良好的教育,其中交通大学(包括唐山交通大学)毕业生15名、中央大学毕业生4名、北洋大学毕业生 3 名、浙江大学毕业生 2 名，其他则分别毕业于清华大学、南开大学、金陵大学等国内著名大学；他们具有多年的实际工作经验，都是资委会及其属下各部门的技术骨干，有些人还担任中层或以上的领导职务；他们之中年龄最大者 45 岁，最年轻的只有 27 岁，大部分人都在 30 岁左右，称得上是经验丰富，年富力强。

四　出国前的准备

人选既已确定，资委会即于 1942 年 4 月 20 日向获选各名学员发出（密渝秘字第 3937 号）训令，命其于 5 月 20 日前后前往重庆会合集训，除了要加强彼此间的交流与认识，更重要的则是接受资源委员会主任委员翁文灏、副主任委员钱昌照的召见及训话，详尽理解此次实习的意义。与此同时，资委会还分别为每名学员指定两名导师，这些导师都是资委会的资深领导，如王守竞（哈佛大学博士、中央机器厂总经理）、杜殿英（德国明奥工科大学博士、资委会工业处处长）、恽震（美国威斯康辛大学硕士、中央电工器材厂总经理）、孙越崎（北京大学毕业后曾赴美国留学，甘肃油矿局总经理）、叶绪沛（美国宾夕法尼亚大学毕业，重庆电化冶炼厂总经理）、周维乾（中央无线电器材厂总经理）等，由学员与导师共同商定并拟写实习程序，内容包括实习科目、工厂名称、地点及实习的重点与时间安排等详细资料。然后资委会再将这些资料交由驻美代表，委托他与美国方面的工矿企业直接联系。以后这些学员赴美后实习的具体内容虽然有所变化，但基本上还是按照这一程序进行的。

在呈交实习程序的同时，每名学员还必须填写一份志愿书，并由本人和保证人在书后具名盖章，由各派遣机关代为呈送资委会存查。保证书内言明在美实习期间要遵守实习程序的要求，认真研习；每月编送报告一次，回国后再拟具总报告；回国后要在资委会及所属机构至少服务 3 年，若有违反，当将在美期间所发一切费用全数缴还，若本人无力偿还，则由保证人负责。[①]

由于战时美国对于入境人士的健康检查十分严格，所以资委会便委托中央医院为所有实习人员检查身体，接种疫苗则委托卫生署汉宣渝检疫所办理，

---

① 《实习史料》上册，第 115 页。

并分别出具健康证明书。至于出国证件则由资委会向外交部请领护照，而后再向英国（因途经印度、埃及等英国殖民地）、美国驻华大使馆办理签证。美国方面要求严格，坚持必须等到所接收实习的厂矿确切同意，并须由本人携带有关证件亲自前往大使馆方可办理。

护照及签证办理完竣之后，出国实习最重要的便是申请优先乘机权和购买飞机联票。太平洋战争爆发后因海路中断，必须乘搭飞机前往，但中国飞往美国路途遥远，全程约 24 000 多公里，从昆明起飞途中要经过印度和埃及，因而需与英国和美国航空公司实行联航，即昆明至加尔各答（中国航空公司）、加尔各答至开罗（英国航空公司）、开罗至纽约（美国泛美航空公司），这三段航次的机票就是所谓"飞机联票"。然而由于燃料紧张，飞行班次很少，要想购得机票还必须向英、美两国申请"优先乘机权"（Priority），手续极为繁复，这些情况在《实习史料》中都有详尽的记载。

资源委员会规定，赴美实习人员的待遇不变，所在单位依旧发放原工资，实习期间如常晋升，实习所需费用均由各派遣单位承担，并负担在美期间的生活津贴（每月 150 美元），其中飞机票、治装费和在美国的生活费用等则须向外汇管理委员会申请外汇，再由原单位按照中央银行官价外汇率以法币折缴。平均每人申请外汇额度为 3 100 美元（飞机票 2 000 美元，治装费及杂费 200 美元，预付 6 个月的生活费 900 美元），但因实习人员出发时间不同，受战争影响，通货膨胀严重，机票价格时有调整，所以后期出国人员所需费用亦随之增加。另外派遣单位还为每位学员购买了 200 美元的旅行汇票，以备他们在途中各地逗留等候飞机时零用。

战时中国实施外汇管制，外汇极为紧张，出国实习人员要动用的外汇数额相当庞大，许多部门对于花费如此巨大的外汇派员出国实习并不理解，军事委员会侍从室还特地发函询问"如许实习人员赴美是否需要"，故而资委会据理力争，细述派员出国实习的理由：

（一）本会现有各事业均已次第发展，由简单以趋繁复，因此技术上需要解决之问题，应时而生，故不得不择其要者，即就各该机关工作多年，具有实际经验之技术人员，每部门派一二人前往美国各厂矿参加工作，分门实地研究，以便日后回国，对于所有问题，得以逐一解决。即在国外时期，仍饬将研究所得，随时通信报会，俾资采用。

（二）本会事业推进，附设单位增至百余所，需要各项科目之技术人员綦多，而尤以高级人才，目下国内极度缺乏，允宜及早设法造就，以应急需。抑本会负开发国内各项工业之重责，需要新颖技术之配合，刻不容缓。现在国外技术之进步，一日千里，自宜派员出国从事研习，俾期将来有所发挥。（三）本会过去迭据各附属机关呈请保送职员赴国外实习，均以在美接洽结果难合需要条件，故甚少派往实习机会。现在我以同盟国关系，派员加入该国厂矿实习，自可较为容易。惟为慎重起见，对于各该实习人员名额虽已决定，并先办理一切手续，仍俟美国实习厂矿接洽就绪后，再行陆续前往。总之，此次本会所派赴美实习人员，均系精选有为之士，旨在解决实际技术问题及研习新颖技术，以应重工业建设之需，实系目前急要之图。①

这批实习人员分属不同行业，出国之前多不相识，因此在重庆集训期间，为了到美后"互相交换智识，提高研究兴趣，吸收最新学术，促进我国国营重工业建设"，决定成立一个团体，以达到团结互助的目的。因为当年（1942）为民国三十一年，派遣人数又恰巧也是 31 人，因此成立的团体就名之为"三一学社"，并于 1942 年 5 月 31 日在重庆召开成立大会，到会者除了已到重庆的 19 名实习学员外，还邀请了翁文灏、钱昌照等资委会长官及各处室领导、导师及学员家眷等 60 余人出席，极一时之盛。集会选出了学社的干事，通过了学社的社章，规定到美后彼此间需加强联系，凡在同一地点之各社员应至少每月集会一次，每年举行一次社员大会，并随时汇集各地社员集会情形及各种消息，每三个月编发一期通讯。② 后来的事实说明，这一团体的存在对于促进赴美实习人员的团结产生了强大的凝聚力。

五　在美实习的大致过程

资委会原先计划将实习人员分为两批派往美国，但由于各人办理护照需

① 《资源委员会为选派技术人员赴美实习理由致军事委员会侍从室第二处公函》（1942 年 7 月 8 日），台北"国史馆"藏资源委员会档案，转引自《实习史料》上册，第 3—4 页。
② 《实习史料》上册，第 129—130 页。

时,特别是战争期间交通运输十分困难,机票极不易得,事实上"三一会派"的31名学员是分成多批前往美国的,其中最早的几位(薛炳蔚、孙健初、翁心源)于1942年5月22日即抵达美国,而最晚抵达美国的张光斗和孙运璇最为辛苦,他们于1943年3月6日从重庆乘飞机,经昆明、加尔各答、开罗等地,沿途多次中转,不断等机,直到1943年的5月17日才抵达美国的迈阿密,途中竟用了73天时间(原来预计只需11天),若以抵达纽约计算,前后更长达87天,难怪张光斗将此次飞行形容为"令人疲倦的漫长旅程"(A weary and long trip)①,而孙运璇在他的"实习日记"中对这段旅程更有详细的记载。②

实习人员抵达美国后首先前往资源委员会驻纽约办事处,向实习监督陈良辅报到,在纽约短期逗留期间,除了购置服装、书籍及其他日常用品外,主要是向美国国务院办理外籍官员申报,并经美国军部与各实习厂矿办理入厂实习证件,然后各自前往实习厂矿报到,开始实习任务。

由于"三一会派"的这批实习人员都具有丰富的实践经验,而且深知出国实习之不易,决心利用这一难得的机会,抓紧时间,努力学习和掌握最新的科学和技术,回国后可大派用场,因此每个学员都能刻苦自励,虚心向学,不仅得到各实习单位的赞扬,在实习过程中给予方便,使他们能在较短的时间内获得许多新的知识,而且也受到美国政府和社会的一致好评,有些美国工厂再要求中国继续派员实习,这样就为日后派遣工程技术人员赴美实习开辟了道路。

与此同时,各位学员遵照资源委员会的指示以及保证书上的诺言,每月定期撰写工作月报和技术报告,按时寄呈资委会暨所属厂矿考核,有时还因应资委会的需要,代为收集其他资料,随时寄往国内,以供参考。

"三一会派"人员的工作月报和技术报告内容十分丰富,其中既包含个人在实习过程中的体会,更多的则是介绍美国现代工业发展之情形以及中国日后如何效法的建议,各具特点,十分珍贵。《实习史料》的中、下两册用了大量的篇幅将这些报告一一予以收录,实为研究中国出国实习人员收获的重要资料。因其数量实在太大,且专业性大多很强,无法详加介绍,但仅从1944年1月《资源委员会派美实习人员总报告》中收录的30多篇论文的题目就可以看

---

① 《张光斗实习月报》(1943年6月),参见《实习史料》中册,第724页。
② 参见前引程玉凰一文中所摘录的孙运璇实习日记。

出他们在美国实习期间所取得的重大收获。[①]

工业部分·机械

雷天觉	对我国将来工作机制造方策管见
韩云岑	工具制造之我见
江厚栅	贡献于负责计划战后柴油机制造厂者数点
刘曾适	关于战后吾国设厂自制汽车引擎之几点零星意见
叶树滋	中国化工机械工业之展望

电工器材

褚应璜	旋转电机工厂
林　津	1　开关设备工厂　2　电表电驿器工厂
汤明奇	变压器类制造工业
潘福莹	蓄电池工业
葛世儒	绝缘材料工业概论
俞恩瀛	电工器材与工业建设

无线电机

王端骧　魏重庆	战后无线电事业与制造
薛炳蔚	无线电厂 RCA 合作的检讨
单宗肃	英国电子管制造工业之概况

冶炼

安朝俊	冶炼事业
吴道艮	美国合金钢工业
丘玉池	战时美国炼制合金钢之筹划及发展概况

化工

惠联甲	氮气工业与增加农产
龚祖德	建设染料工业之意义及其应取之步骤

矿业部分·石油

孙健初	从中国地理地质说到石油之分布
董蔚翘	美国石油事业及中国战后对石油事业应有之努力

---

① 《实习史料》中册，第506—508页。

| 翁心源 | 油管工程概要 |

熊尚元　　石油提炼

煤

俞再麟　　洗煤工业

宣　焰　　炼焦

铜

袁慧灼　　炼铜工业

电气部分

施洪熙　　美国汽力发电厂之趋向及战后中国建设之意见

张光斗　　美国之水力发电事业

孙运璇　　电力系之建立与运用

王平洋　　输电工程

谢佩和　　美国台河流域建设局电力业务概况

工业管理

李彭龄　　美国之管理统计

蔡同玙　　TVA 会计部分组织与管理

　　按原计划规定赴美实习的时间为两年,因此自 1944 年年中开始,赴美人员即应陆续完成实习任务相继回国,资委会驻美机构亦为各学员返国提前进行各项准备。[①] 1944 年 11 月战时生产局成立之时,局长翁文灏即奉蒋介石手谕:"各机关派往国外技术人员,国内如有需要,得由本局商请各该机关召回服务。"[②]因此翁文灏亦不断与美国对外经济事务局(FEA)驻重庆代表斯坦敦(W. T. Stanton)联系,一方面具体洽商按租借法案美方拨款训练中方 1 200 名技术人员赴美实习之事,另一方面则请美国军部协助安排实习期满的中国实

---

　　① 资源委员会原来并没有一个专设部门管理赴美实习人员的生活与工作,只是委托当时该会驻美办理购料运输及接洽技术合作的专门委员陈良辅担任实习监督,综理训练任务,直到 1944 年 7 月资委会成立驻美技术团,于其下设立训练组,由陈良辅任组长,成为专门接洽驻美实习人员工作实习的机构。参见《资源委员会驻美代表办事处工作概述》,《资源委员会公报》第 11 卷第 4、5 期合刊。
　　② 《翁文灏致蒋介石签呈稿》(1944 年 12 月 12 日),中国第二历史档案馆藏战时生产局档案:四一九/1462。

习人员尽快回国。① 然而由于各种原因，有的因实习工作尚未结束（如王端骧、魏重庆、蒋贵元），有的已申报美国大学攻读学位（如薛炳蔚、汤明奇），有的则因家眷来美（如惠联甲），更多的则是因刚刚成立的资委会驻美技术团需要大量技术人员协助工作，因此多数学员申请延期，真正如期归国的只有 11 人，还不到总数的 1/3。然而一旦实习或其他任务完毕，绝大部分实习人员均能分期返国（具体回国时间可参看上表），并在不同工作岗位上发挥了重要作用。

六　"三一会派"人员回国后的不同际遇

　　资源委员会 1942 年选派技术人员赴美至今已有 60 多年，岁月沧桑，当年赴美时的青年才俊最年轻的如今业已年逾九旬，且大多已不在人世。然而在美国实习的这一段岁月却成为他们人生中最难忘的回忆，而且他们日后的际遇亦不尽相同，因此追踪他们回国后的不同经历，对于理解当年政府的决策过程，特别是可以加深了解对人才的重视与否与国家的发展、民族的命运之间的重大关联，这一切都足以引起后人的极大反思。

　　全面查寻和介绍"三一会派"的 35 名人员的经历十分困难，笔者只能从各方面收集到的一些零散资料，仍按前表的顺序依次作一简述（出国前的简历请参照前表）。

　　雷天觉　他的实习期应于 1944 年年底届满，中央机器厂原计划将其派往第五厂，以工程师名义负责工具机制造之技术工作，后因资委会驻美技术团要求其留美协助工作，因此直至 1947 年 11 月 8 日方乘船离开美国。② 回国后任上海中央机器公司工程师，中华人民共和国成立后，他先是任上海虬江机器厂（上海机器厂前身）副厂长、总工程师，自 1952 年起调往北京第一机械工业部工作，先后任第二设计分院工程师、第一设计分院总工程师、机械科学研究院副院长兼总工程师等职，1955 年当选为中国科学院院士（当时称学部委员）。曾任第一届全国人民代表大会代表，第四、五届全国政协委员，第六、七届全国

---

　　① 《翁文灏与斯坦敦来往英文函件》（1944 年 12 月—1945 年 1 月），中国第二历史档案馆藏战时生产局档案：四一九/1462。

　　② 《实习史料》上册，第 473—474 页。

政协常委。雷天觉是著名的机械工程专家,其中在机床、工具、计量等方面具有开创性的成就,他试制成功的许多机床和其他产品都属于发明创造范畴,达到或超过了国际水平。①

刘曾适 他于 1945 年 2 月初由美国的加尔维斯敦乘船回国,经 57 天旅途方抵达重庆。回国后先后担任中央机器厂第七厂代理厂长、厂长,后去台湾,历任台湾造船公司协理、中国钢铁公司董事长。②

韩云岑 他于 1945 年 4 月中由美国乘船回国,被派往中央机器厂第一厂,以工程师名义负责管理工作,抗日战争胜利后调往上海机器厂、上海机械公司任工程师。新中国成立后历任上海工具厂副厂长兼总工程师、第一机械工业部上海第二设计分局总工程师、哈尔滨量具刃具厂总工程师、一机部二局总工程师、机械工业部科技情报所高级工程师。曾任第三届全国人大代表,第五、六届全国政协委员。他在机械切削加工及刃具、量具的设计和制造方面都具有高深的造诣。③

江厚枬 他原拟回国后前往中央机器厂第三厂以工程师名义担任煤气机及柴油机制造之技术工作,后资委会同意其在美实习期满后留美于中国物资供应委员会协助工矿处工作。1947 年 7 月任务完成后回国,于 8 月 8 日抵达上海,改派于中央造船公司筹备处服务,任工程师兼储运处处长。④ 新中国成立后,先于华东工业部技术工作室任职,并兼任交通大学工厂管理系教授及吴淞机器厂(上海柴油机厂前身)总工程师,1954 年正式调任上海柴油机厂总工程师,后参加筹建国家动力机械研究所,1958 年起出任上海内燃机研究所所长兼总工程师,曾被选为中国内燃机学会第一届副理事长兼秘书长、中国工程热物理学会常务理事、国际内燃机协会常务理事。曾任第三届全国人大代表,第五、六届全国政协委员。20 世纪 50 年代初他曾负责创建中国第一个喷油系统生产基地,并主持完成了农用柴油机的选型系列化研究工作。⑤

惠联甲 原应于 1944 年年底实习届满回国,但惠以携眷返国经济上困窘为由,向资委会提出停止实习而转为留美工作的申请,此一请求先得到原派出

---

① 《中国科学家辞典》现代第四分册,济南:山东科学技术出版社,1985 年,第 448—449 页;《中国科学技术专家传略·工学编机械卷》,http://www.cpst.net.cn。
② 《实习史料》上册,第 474 页;下册,第 2210 页。
③ 《华夏经纬》,http://www.viewcn.com。
④ 《实习史料》上册,第 473—474 页。
⑤ 参见前引程玉凤一文及《华夏经纬》。

单位四川氮气制品厂的同意，并经多次力争，最后资委会同意其继续留美，改任他为资委会专员，在驻美技术团服务。[1] 惠联甲后一直留美未归，详情不知。

宣 炤 1945 年 2 月 25 日乘船离美，经印度加尔各答，于 6 月 1 日搭机抵达重庆。[2] 回国后具体情况不详。

叶树滋 留美未归，详情不知。

龚祖德 因其原派出单位北泉酒精厂业已结束，因此资委会同意龚的申请暂时留美，直至 1946 年 6 月 6 日方乘船离美，回国后改派至中央化工厂筹备处任职。[3] 新中国成立后曾任上海化工局总工程师。[4]

吴道昆 1945 年 2 月 25 日乘船离美回国。回国后曾任资委会电化冶炼厂厂长。抗日战争胜利后奉派前往台湾接收，历任台湾铝业公司协理、台湾省烟酒公卖局局长、中国生产力及贸易中心总经理、招商局轮船股份有限公司总经理、新竹玻璃公司总经理、中国化学学会理事长、中美技术合作促进会理事长等职。[5]

安朝俊 1944 年 10 月乘船离美，于同年年底抵达重庆，于资委会暂时工作一个月后回到资渝钢铁厂炼铁厂任工程师。1946 年 9 月派往北平石景山钢铁厂炼铁厂任厂长，在他的主持和领导下，1 号高炉出铁，是为抗日战争胜利后全国唯一恢复生产的高炉。北京解放后，安朝俊仍担任石景山钢铁厂炼铁厂厂长，后被任命为石景山钢铁厂总工程师兼第一副厂长，该厂相继易名为石景山钢铁公司、首都钢铁公司，他都一直担任总工程师兼生产副经理，长达 37 年。安朝俊是著名的钢铁冶金专家，在他的领导下，首钢的生产持续增长，技术不断进步，在革新、改造、改建和新建等方面都取得了重大成绩，主要经济指标大都在全国居领先地位，部分指标已达到国际先进水平。安朝俊为第二、三届全国人大代表，1979 年当选为北京市人大常委会副主任。1993 年 8 月 31 日病逝于北京。[6]

丘玉池 留美实习期满回国后任资渝钢铁厂工程师、华中钢铁公司副总

[1] 《实习史料》上册，第 485—488 页。
[2] 《实习史料》上册，第 492—493 页。
[3] 《实习史料》上册，第 491 页。
[4] 郑友揆、程麟荪、张传洪：《旧中国的资源委员会——史实与评价》，上海：上海社会科学院出版社，1991 年，第 310 页。
[5] 熊纯生主编：《中华民国当代名人录》第 3 册，台北：中华书局，1979 年，第 1439 页。
[6] 《中国科学技术专家传略·工学编冶金卷》。

工程师。抗日战争胜利后他在担任抚顺制钢厂厂长兼本溪湖特殊钢厂厂长期间，对两厂电炉及运转系统进行了全面的技术改造，使其产量和质量均超过战前水平。其后又历任大冶华中钢铁公司协理、广州制钢厂厂长，为各厂的恢复和整顿做了大量工作。新中国成立后他曾任重工业部钢铁工业管理局工程师、技术处处长，参与并领导全国特殊钢生产与质量管理工作，后出任重工业部钢铁工业综合研究所副所长，该所升级为研究院时，他仍担任副院长。丘玉池是著名的冶金专家，是中国特殊钢事业的开拓者之一，他曾任第一、二届全国人大代表，1962年7月1日在北京病逝。[①]

汤明奇　由于在美实习期间工作表现优异，美国通用电气公司总工程师极力推荐他前往麻省理工学院深造，因而被获准在美延长一年，于1946年2月17日乘船离美。[②]回国后曾任上海中央电工器材厂工程师、中央电工器材厂沈阳分厂厂长。新中国成立后历任沈阳变压器厂总工程师、副厂长，第一机械工业部电器工业局总工程师。汤名奇长期从事变压器和高电压工程方面的技术工作和电工行业方面的技术管理工作，他曾组织和领导中国第一条330千伏输变电线路工程的成套设备的联合设计工作。1981年去世。[③]

潘福莹　1946年年底学成回国后，于次年3月被资委会任命为汉口电池厂厂长，由于他吸收和采纳了国外先进的生产技术，并在此基础上新建了生产线，使该厂干电池产品的产量和质量都得到明显的提高。汉口解放后不久，潘福莹被任命为国营汉口电池厂副厂长，后又兼任总工程师的职务。1957年他作为电池专家奉命到天津参与筹建第一机械工业部化学电源研究所，该所正式成立后，他即担任总工程师。潘福莹是电化学工程专家，是中国电池工业的主要开拓者，他在为开发新型化学电源、为重点国防建设工程和尖端武器配套工程研制所需高科技化学与物理电源等方面作出了突出贡献。[④]

葛世儒　回国后工作情形不详。

王端骧　在美实习期满后因工作需要，经资委会同意暂时留美，延期返国。直至1947年6月完成任务后方启程回国，于7月25日抵达上海。回国后先到上海就任中央无线电公司主管技术业务的协理，后又调任南京无线电

---

① 《中国科学技术专家传略·工学编冶金卷》。
② 《实习史料》上册，第483—485页。
③ 《华夏经纬》。
④ 《中国科学技术专家传略·工学编电子卷》。

厂厂长。新中国成立后先在华东工业部工作，后调往大学，先后任南京工学院、成都电讯工程学院、上海交通大学等著名高等学校教授。在此期间，他不但编著了多种教材，在有关磁性测量方面撰写和发表了一系列论文，并创建了光纤通讯研究所，而且还对工程教育提出了必须吸收新兴学科的改革建议。①

魏重庆 与王端骧一同批准留美协助中央无线电器材厂工作，后留美未归。曾与几位交大校友在美创设人人企业公司，自任驻美负责人，并在台湾设立分公司。20 世纪 50 年代他曾促成美商殷格索造船公司与台湾造船公司的合作，成立殷台造船公司。他曾任美国联合油轮公司副总裁，后又创办复康航业公司，自任总裁，以及美国飞鹰航业集团主持人。1987 年 2 月 20 日逝世。②魏重庆于 20 世纪 60 年代创立的精确叫牌法以及他曾与夫人杨小燕女士多次获得世界桥牌比赛冠军，因而他的名字更为世人所知。

薛炳蔚 在美实习期间曾往哈佛大学修读无线电学课程，因此曾向资委会申请延期回国，但未获批准，于 1944 年 9 月 8 日乘船返国。③ 回国后情形不详。

袁慧灼 1945 年 4 月实习期满后即乘船回国，于 6 月 21 日抵达重庆。④后曾任台湾铜矿筹备处主任。

俞再麟 1945 年 3 月实习期满后返国，于四川天府煤矿负责设立一规模较大的炼焦厂。抗日战争胜利后奉派赴东北，协同接收抚顺煤矿。接收完毕后因病妻弱子亟需照顾，乃请假回川，后携家眷赴浙江省亲。然资委会以东北急需煤炭恢复生产，屡次电召，因此俞再麟于 1946 年 12 月再次远赴东北，任北票煤矿工务处长。其时国共两党在东北激战，1947 年 7 月于内战中不幸殉职，终年 39 岁。⑤ 关于他死亡的原因当时传说是煤矿围攻时俞再麟受职工推选出厂向游击队求和，被一营长击毙；但后来又有传说，说他是在逃难的路上被流弹击中而死亡。⑥

董蔚翘 实习期满后于 1944 年 4 月 8 日启程返国，于 8 月抵达重庆，他是该批实习人员中最早回国的一个。回国后被甘肃油矿局按计划安排担任钻

---

① 参见前引程玉凤一文。
② 徐友春主编：《民国人物大辞典》，第 1610 页。
③ 《实习史料》上册，第 475 页。
④ 《实习史料》上册，第 495 页。
⑤ 高平：《悼矿冶专家俞再麟》，载《资源委员会公报》第 13 卷第 1 期。
⑥ 孙越崎：《我和资源委员会》，《回忆国民党政府资源委员会》，第 33 页。

井及采油工程;抗日战争胜利后董蔚翘奉命前往东北参加接收,后到台湾,相继任中国石油公司协理、台湾油矿探勘处处长。①

熊尚元　1944年10月实习期满回国,曾任甘肃油矿局玉门油矿炼油厂厂长。新中国成立后历任玉门石油局副局长、北京石油设计院院长、石油工业部第七炼油厂副厂长兼总工程师,曾任第六届全国政协委员。他曾负责玉门炼油厂的扩建和油品技术流程的设计工作,从而提高了油品收率;他还负责组织并参加炼油设计标准的制定,曾参加石油部第二炼油厂、大庆炼油厂等工程的总体规划制定工作。②

翁心源　他是资源委员会主任委员翁文灏的长子,原来学的是土木工程,大学毕业后参加粤汉铁路株韶段、湘桂铁路南镇段等多条铁路的工程建设。抗日战争全面爆发后他接受父亲的建议,改行从事当时国内最需要的石油工业,而他选择的是国内尚未有人涉足的油管运输专业。翁心源赴美实习期满后获批准延长半年研究天然气,1944年9月实习结束乘船回国,途中又奉准在印度视察当地的油管工程,并于11月28日抵达重庆。按原订计划,甘肃油矿局安排翁担任输油工程并主持测量老君庙至兰州的油管线路,很快他便奔赴玉门,亲自设计并主持建造了中国第一条输油管道。嗣后,翁心源调往上海,担任新成立的中国石油公司工程室主任。1949年以后,翁心源历任燃料工业部石油管理总局计划处处长、石油部基建司总工程师、石油部情报研究所总工程师、副所长,在新中国成立初期国家石油的恢复和建设中,在大庆油田的开发中,都作出了重要的贡献。然而文化大革命爆发后,他却被诬陷为美蒋特务,遭到无休止的批斗,身心受到极大的伤害。1970年4月22日,在长达三天三夜的围攻逼供后,翁心源于石油部湖北江汉油田五七干校不幸溺水身亡,终年58岁。③

孙健初　他是"三一会派"中年龄最大的学员,赴美时已45岁,但他十分珍惜这一机会,在美期间认真学习,考察各地油田,并撰写了《美国地质概况及其寻究石油之方法》、《发展中国油矿纲要》等论文。1944年10月11日孙健初结束了两年在美国的实习生活回到重庆,随即转飞兰州复职。1946年任甘肃

①　《实习史料》上册,第469—470页;下册,第2209—2210页。
②　《华夏经纬》。
③　李学通:《翁文灏》,兰州:兰州大学出版社,1996年,第312—315页。

油矿局(后改名为中国石油公司甘青分公司)勘探处处长,在西北大地四处奔波,勘探石油。孙健初是著名的石油地质学家,他于1950年出席全国第一次石油工作会议时即提出西北石油勘探计划,同时被任命为石油管理总局探勘处处长,后又担任西北财政经济委员会委员,并领导和参加编制全国石油勘探方案,主持开办第一期石油地质干部训练班。1952年11月10日夜,孙健初因煤气中毒逝世,终年55岁。[①]

张光斗　1945年夏实习期满即离美,回国后相继担任全国水力发电工程总处副总工程师、设计组主任工程师、总工程师,曾参加三峡工程的勘探和规划工作,并与负责三峡工程设计的美国垦务局工程师进行技术上的联系。根据当时的现状,他认为修建三峡工程是不可能的,主张建设一批中型水电站,在他的促进下,先后成立了岷江、黄河上游、资水、瓮江、钱塘江、古田、华中等8个水电勘测处(队)和上清渊硐及古田溪两个水电工程处,收集了大量修建水电站的宝贵资料。1949年10月,张光斗来到清华大学任教,此后就一直没有离开清华,历任水利工程系副主任、主任、副校长,同时他还受聘兼任国家重大水电工程的技术顾问,并担任由水利电力部和清华大学合办的水利水电勘测设计院院长兼总工程师。张光斗长期以来一直从事水电工程的教学、科研和设计工作,曾亲自参与并领导各大水电工程的设计和论证工作,他是中国科学院、中国工程学院的资深院士,他还是第三届全国人大代表,全国政协第五届委员,第六届、七届常委,北京市第五、六、七届政协副主席。[②]

蒋贵元　赴美后因患肺病住院,1944年1月方开始实习,因而资委会同意其请求,延长一年完成训练。抗日战争胜利后,全国水力发电工程处急电催促其回国,以应战后复员之需要,因此蒋贵元于1945年12月18日启程返国。[③]回国后任职情形不详。

施洪熙　1945年实习期满,回国后历任江南电力局筹备处主任工程师、马鞍山皖南电厂筹备处主任、总工程师。新中国成立后先后担任燃料工业部基本建设司工程技术处处长、电力工业部基本建设司总工程师、电力科学研究院

---

①　《中国现代科学家传记》,北京:科学出版社,1994年,第387—394页;《中国科学技术专家传略·理学编地学卷》。

②　中国科学技术协会编:《中国科学技术专家传略·工程技术编土木建筑卷1》,北京:中国科学技术出版社,1994年,第287—297页;张笛梅、杨陵康主编:《中国高等学校中的中国科学院院士传略》,北京:高等教育出版社,1998年,第607—608页;又参见《张光斗教授访问记》,《三峡商报》2001年12月10日。

③　《实习史料》上册,第500—502页。

总工程师。施洪熙长期从事电力工业的建设工作，他是中国电机学会理事、第四届全国政协委员。1982 年病逝。[①]

王平洋　1945 年 5 月 11 日自纽约乘飞机经大西洋、地中海、埃及、印度等地，于 5 月 25 日抵达重庆。[②]回国后曾任冀北电力公司处长。新中国成立后历任水利电力部华北电力设计局、电力建设研究所、电力科学研究院总工程师、高级工程师。王平洋曾领导完成计算机在电力工程设计中的专业程序编制及运用，并长期致力于在发电厂和电力网中运用计算机实现自动化的开发研究工作。他曾被推选担任中国电机学会第二届理事、第三届常务理事。[③]

谢佩和　出国前当选为"三一学社"的召集人，在美期间亦经常与众实习人员保持联系。实习期满后于 1945 年 2 月 25 日乘船离开美国，6 月 1 日抵达重庆。回国后曾任资源委员会电业管理处副处长。新中国成立后曾任华东工业部电业处副处长。[④]以后情形不详。

孙运璇　在"三一会派"中，他与张光斗是最晚抵达美国的学员。1945 年 6 月孙运璇实习结束后曾暂时留在华盛顿协助驻美技术团编排实习人员科目，同年 9 月 8 日乘机返国，19 日抵达重庆。[⑤]此时正值抗日战争胜利，到处都需要人才，最初资委会准备派孙运璇到东北接收，但因台湾光复，原日本在台湾的电气株式会社亦被资源委员会接收，改名为台湾电力公司，亟需熟悉电业方面的专业人员前去接收，因此就改派他到台湾电力公司就任机电处处长。因其表现优异，屡获擢升，先后任台电公司总工程师、协理、总经理，其后曾被世界银行聘请担任非洲尼日利亚全国电力公司执行长兼总经理。任务完成回到台湾后更步入仕途，先后任"交通部部长"（1967）、"经济部部长"（1969），1978 年再高升一步，出任"行政院院长"。[⑥]

李彭龄　1945 年 9 月 8 日于华盛顿乘机，直至 21 日方抵达重庆。回国后历任资源委员会经济研究所副所长、主任秘书、广州办事处处长等职。[⑦]1949 年以后情形不明。

---

① 《华夏经纬》。
② 《实习史料》上册，第 481 页。
③ 《华夏经纬》。
④ 《旧中国的资源委员会——史实与评价》，第 310 页。
⑤ 《实习史料》上册，第 488—490 页。
⑥ 参见杨艾俐：《孙运璇传》，台北：天下杂志社，1989 年。
⑦ 参见前引吴兆洪《我所知道的资源委员会》一文。

蔡同玙 1945 年 4 月由洛杉矶乘船离美，经太平洋、澳大利亚至印度，再由加尔各答转乘飞机，于 6 月 21 日抵达重庆。[1] 回国后曾任资源委员会会计处处长，后被派往台湾，历任台湾造船公司协理、董事，石门水库建设委员会财务处处长，"交通部"顾问。20 世纪 60 年代曾参与策划成立证券市场，筹组台湾证券交易所，初任副总经理，后历任总经理、董事长。[2]

林 津 原应于 1945 年 9 月回国，后延期归国。新中国成立后曾任机械工业部电工总局技术处处长，其他情形不详。

单宗肃 在美实习期满后于 1946 年 4 月奉派为驻美技术团专员，负责为国内筹建电子管厂拟订计划、洽谈中美合作以及订购生产设备等业务工作。1948 年 1 月回国后即被任命为资委会南京电照厂副厂长、总工程师。新中国成立后，单宗肃长期以来一直担任南京电子管厂总工程师，他是中国电子管工业的奠基人，一生奋斗在创建和开拓电子管工业的岗位上。他曾先后当选为第三、第五、第六届全国人大代表，第二届全国政协委员以及江苏省人大常委、南京市人大副主任、江苏省科协副主席、南京市科协主席等职务。1991 年因病去世。[3]

俞恩瀛 1945 年 9 月回国，即被任命为中央电工厂工程师，后又兼代业务室主任、业务处处长，于南京总管理处工作。新中国成立后任华东工业部电力处计划组组长，不久即调往北京华北电力管理局，负责管理华北和华东两大区的电力工业。以后历任全国电力总局技术监察司运行监察处副处长、水利电力部生产司副总工程师、电力工业部外事局副局长等职，并曾兼任国际电机电子学会高级会员、北京分部主席以及中国电机工程学会常务理事兼副秘书长。俞恩瀛擅长于电业事故的调查、分析和反事故措施的研究，并曾参与拟定电力生产技术的规章制度。2001 年 12 月 18 日在北京逝世。[4]

褚应璜 在美实习期间曾参与中央电工器材厂与美国西屋公司技术援助的谈判并获得成功，因此实习期满后即被任命为资委会驻西屋电气公司的技术代表，1948 年 8 月任务完成后回国。回国后担任资委会湖南湘潭电机厂设计委员会委员，1949 年参加大连大学教师招聘团经由香港抵达北平，曾参加南

---

① 《实习史料》上册，第 495 页。
② 《中华民国当代名人录》第 3 册，第 1648 页。
③ 《中国科学技术专家传略·工学编电子卷》。
④ 参见前引程玉凤一文及 2002 年 1 月 23 日《人民日报》第 4 版。

下工作组。新中国成立后历任上海军管会重工业处生产组副组长,华东工业部电器工业处副处长,东北工业部电气工业管理局副局长、总工程师,第一机械工业部电器工业管理局总工程师,电器科学研究院院长,科学技术司副司长等职。褚应璜是中国科学院学部委员(院士),他长期从事电机工程技术工作,曾主持研制成功中国第一台 800 千瓦混流式水轮发电机组及 10 000 千瓦水轮发电机组,并培养了一大批工程技术人员。他还先后当选为第一届全国政协代表,第一、二、三届全国人大代表,第五、六届全国政协委员,中国电机工程学会第一届副理事长和中国电工技术学会第一届副理事长。1985 年逝世。[1]

七 结 语

"三一会派"是资源委员会成立后向国外派遣实习人员规模最大的一次,由于主管单位认真负责,更重要的是这批人员在国外实习期间表现极为优异,不仅得到国内各有关部门的配合和支持,而且还获得实习单位的广泛称赞,因此在这之后,除了资源委员会,政府其他部门也都陆续选派多批科技人员前往国外实习。据长期担任资源委员会主要领导职务的钱昌照后来回忆,在他任职的 10 多年间资源委员会共派遣 1 000 多名工程技术人员出国实习,其中约 90％左右的人学成归国,并长期坚持在工矿部门担任主管工作;而留美未归的 100 余人后来亦大多成为著名的企业家或教授。[2]

应该提及的是,1949 年以后,新成立的中华人民共和国于建国初期亦曾派遣大批技术人员前往苏联和东欧国家实习;20 世纪 80 年代改革开放以来,国家更是将挑选和派遣科技人员出国实习视为实现现代化的既定国策,不仅长期得以坚持,并且取得重要的成绩。而在遴选科技人员的过程中,不论是拟制挑选考核的条件,或是规定出国人员的待遇(包括国外和国内)以及派遣人员必须遵守的承诺,都几乎与当年"三一会派"的形式同出一辙,这也说明资源委员会派遣科技人员出国实习不仅在当时就是一件高瞻远瞩的决策,而且还为以后的政府带来重要的启示和借鉴。

---

① 《中国科学家辞典》现代第四分册,第 451—454 页;《中国科学技术专家传略·工学编机械卷》。
② 《钱昌照回忆录》,第 85 页。

如前所述，"三一会派"原有 31 人，后又加上已在美实习的 4 人，共计 35 人。其中 32 人于抗日战争胜利前后相继返国，有 3 人留美未归。1949 年之后，回国的 32 人中有 25 人留在中国大陆，6 人前往中国台湾（其中有几位是抗日战争胜利后就奉命直接前往台湾的），另一名业已于内战中不幸去世。从前面所作的追踪调查的情形所看，回国服务的大部分工程技术人员在抗日战争胜利后积极参与接收和复员的工作，在各自领域中作出了巨大贡献；新中国成立后，百废待举，因此当时的新政权对他们还是相当信任的，同时也能够委以重任，因此他们在新中国成立之初的工业化建设中发挥了重要的作用，他们大都在机械、电机、矿冶、化工等重工业部门中担任技术和科研方面的领导工作，其中许多人还当选为全国人大代表或全国政协委员，雷天觉、张光斗、褚应璜 3 人更是首批荣获中国科学院学部委员（后改称院士）这一自然科学界的最高荣誉。然而在 20 世纪 60 年代爆发的"文化大革命"中，除了已经去世的少数人外，他们都无一幸免地遭受到严重的冲击，其中有的人（如翁心源）甚至被迫害致死！"文革"结束后，尽管他们年事已高，但他们还是积极热情地投身于四个现代化的建设之中。然而正当他们在最富创造力的岁月里竟被剥夺了工作的权利，这不能不视之为国家的损失、民族的悲剧！

与他们相比，留美未归和前往台湾的实习人员人数并不多，但他们的境遇就好得多了。譬如说魏重庆和王安（1943 年接受资委会派遣赴美实习）后来都成为国际著名的企业家，而孙运璇则不但长期在技术部门担任要职，后来甚至相继出任"交通部部长"、"经济部部长"，最终担任"行政院院长"一职，成为"三一会派"人员中唯一一位"入相"的政治人物，并为中国台湾地区的经济发展作出了重大贡献。因此从这个意义上来说，一个国家在实行现代化的过程中，不仅需要培养人才、重视人才，更重要的还应当是保护人才，以及调动和发挥人才的积极性。

丁新豹、周佳荣、黄嫣梨主编：《近代中国留学生论文集》，
香港：香港历史博物馆，2006 年 3 月

关于战后伪中储券兑换方法的决策经过

　　1945 年 8 月抗日战争胜利，万众欢腾，百废待兴，国民政府忙于接收复员，而首先要解决的就是如何处理日本侵略中国期间在沦陷区成立的银行以及所发行的货币。然而就是在这个问题上，由于政出多门，决策仓促，以致将伪券与法币的兑换率制定得极不合理，不仅引起沦陷区民众极大不满，就连国民党及政府内的高官亦都承认这一举措极为错误，甚至将其归结为国民党最终败退的一个原因。譬如陈立夫认为就是因为这件事"弄得老百姓痛恨我们"①，李宗仁事后则回忆说，由于伪券兑换比率极不合理，所以在"一纸命令下，收复区许多人民顿成赤贫了，而携来大批法币的接收人员则立成暴富。政府在收复地区的失尽人心，莫此为甚"②。陈诚认为，由于"事先一无准备，临时又调度失宜，再加上用人的失当，所以接收接得一塌糊涂，其甚焉者，接收变成了'劫收'，只弄得天怒人怨，为中外所不齿"③。正是由于在金融和货币问题上的处理不当以及接收复员工作中出现的种种失误乃至于腐败行径，"所谓胜利也者，真如浮光掠影，转瞬即逝"，因而就在"赢得战争"的同一年中，却开始"输却和平"。④

　　虽然绝大多数学者都同意战后国民政府在制定伪券兑换政策上存在着严重的失误，但关于这一政策制定的背景与经过却言之不详。10 多年前戴建兵曾撰文介绍了战后国民政府如何对日本扶植的五家傀儡银行货币进行整理⑤，

---

①　陈立夫：《成败之鉴——陈立夫回忆录》，台北：正中书局，1994 年，第 337—338 页。
②　李宗仁：《李宗仁回忆录》下册，南宁：广西壮族自治区政治协商会议文史资料委员会，1980 年，第 852 页。
③　陈诚：《陈诚回忆录——抗日战争》，北京：东方出版社，2009 年，第 142 页。
④　邵毓麟：《胜利前后》，台北：传记文学出版社，1967 年，第 3 页。
⑤　戴建兵：《浅论抗日战争胜利后国民政府对战时货币的整理》，《中国经济史研究》1995 年第 3 期；与此同时，本文作者又在其所著《金钱与战争：抗战时期的货币》一书中介绍了相同的观点，参见该书第九章"明日黄花"。

但因篇幅所限,内容较为简单;其后,台湾学者林美莉参阅了海峡两岸大量珍贵的档案文件,对于战后国民政府收兑伪中储券的问题进行了深入的分析,可以说是目前研究这一问题最具深度的论文。① 近年来,随着蒋介石日记、宋子文档案以及蒋中正档案等珍贵史料的开放,对于战后伪券兑换政策制定的资料又有新的发现。本文即在上述研究的基础上,根据新收集的资料,对抗日战争胜利后有关收兑伪中储券的问题加以论述,重点在于阐述国民党高层制定这一政策的过程,并对参与制定政策者的不同心态作一简单的分析。

一

抗日战争全面爆发后,日本帝国主义为了达到其"以华制华"、"以战养战"的侵略目的,先后在东北、内蒙、华北和华东、华南等地成立了伪满洲中央银行、伪蒙疆银行、伪中国联合准备银行和伪中央储备银行,加上早就在台湾设立的台湾银行,形成维持和扩大侵略战争的金融网络。这些银行大量发行不兑现纸币,制造通货膨胀,直接掠夺沦陷区中国人民手中的财富。在这中间,伪中央储备银行辐射的地区最大,发行的纸币也最多,因而值得深入进行研究。②

汪伪政权成立后不久,伪中央储备银行即于 1940 年 5 月 1 日在上海设立筹备委员会,1941 年 1 月 6 日正式成立,并对外营业,总行设于上海,分支行及办事处则遍布华东、华中和华南各沦陷地区,汪伪政权重要头目周佛海担任总裁,副总裁为钱大櫆。该行成立后即采取恫吓、暴力和诱骗等种种手段强制发行中央储备银行券(简称"中储券")。太平洋战争爆发后,汪伪政府更禁止法币流通,并以 2∶1 的比率,强行兑换法币,不仅从沦陷区民众手中剥夺了巨额财富,而且也严重破坏了大后方的经济。③

面对日伪发动的货币战,国民政府也采取种种措施予以反击,譬如原本限

① 林美莉:《抗战胜利后国民政府收兑汪伪中储券问题》,载《一九四九年:中国的关键年代学术讨论会论文集》,台北:"国史馆",2000 年,第 385—410 页。

② 关于汪伪中央储备银行成立的经过以及经营活动,可参阅周永红:《伪中央储蓄银行研究》,南京师范大学硕士论文(2003 年);朱佩禧:《角力上海:伪中央储备银行成立及其原因探析》,载《江苏社会科学》2007 年第 5 期。

③ 参见陈钢:《汪伪中央储备银行简介》,《民国档案》1993 年第 3 期,第 139—140 页。

制法币流往沦陷区,此时则反其道而行之,财政部建议:"内地增发之法币,可依收购物资之作用,向沦陷区疏散;沦陷区之法币,应严防其向内地灌流,以免内地之通货膨胀。"①1943年,国际反法西斯战场开始全面反攻,胜利曙光已遥遥可见,国民政府因应形势的变化,要求属下各个部门分别制订有关战后复员的计划。2月23日,四联总处第202次理事会通过《战后金融复员计划》,强调战后"继续以法币为全国唯一流通之货币,并充实其准备,调整其对外汇率",同时规定"限期禁绝敌伪货币之行使",但对于如何收缴及兑换伪币的方法,并未作出明确规定。②

中央设计局在各部门制定的复员计划基础上加以汇总,并于1944年7月31日国防最高委员会第141次常务会议上予以通过。其中关于金融部分规定:"复员期间收复区、光复区所需钞券,应由中央银行充分准备及时运达,以应需要;散在收复区之敌伪钞票及公债、社债等,应立即停止其流通,限期收集,分期清理,其超过担保品价值部分,应作为战后对敌要求赔偿之一部。"③然而这样一个粗略的计划大纲尚未经各个职能部门详加讨论并制定具体部署时,抗日战争已经宣告结束。

1945年8月10日,日本投降的消息传到重庆,面对突如其来的胜利,8月12日,国民党中央常务委员会及国防最高委员会举行临时联席会议,决定由军事委员会负责受降和伪军处置,中央秘书处负责伪组织处理,行政院则负责伪钞和复员计划等问题。④ 但实际的情况却是,中央政府既没有统一的计划予以执行,也没有相应的措施加以配合,更缺乏经过严格训练的接收人员。再加上抗日战争中后期在大后方开始孳生并形成体制性、系统化腐败行为的日益严重,由于没有法律和舆论的监督,导致官员以权谋私,接收变成"劫收",沦陷区的民众在经济上又遭到新的剥夺。其中最严重的问题之一,就表现在如何对待沦陷区民众手中所持有的伪币。

8月13日,中央银行副总裁陈行向蒋介石上呈称:"敌人求降,胜利在握,金融复员自应与军事、政治力量同时推进。"他认为胜利后"处理敌伪钞券及法

---

① 《财政部呈文》(1942年1月),中国第二历史档案馆藏财政部档案:三(2)/1605。
② 重庆市档案馆、重庆市人民银行金融研究所合编:《四联总处史料》上册,北京:档案出版社,1993年,第325—328页。
③ 秦孝仪主编:《中华民国重要史料初编——对日抗战时期》第七编《战后中国》(四),第361页。以下简称《战后中国》。
④ 《战后中国》(一),第9页。

币复员工作,允宜审慎周详,以免影响善良人民之生活,而陷收复区域于不安"。他并拟定具体办法,主要内容包括:

> 敌伪钞券在政府未公告停止行使前,暂准民众照常行使,并可在市场上自由兑换法币及其他货币,政府对其兑换水平不加干涉,但绝不负以伪钞兑换法币之责,国营金融机构亦不得买卖敌伪钞券之业务;
>
> 政府衡量各地区情形,于相当时期公告停止行使敌伪钞券并办理登记,登记时间以六个月为限;
>
> 自沦陷区收复之日起,凡政府税收、机关及国营事业之收付,银行新立存户及放款,物价、租金、工资以及一切交易行为,均应以法币为标准。①

抗日战争胜利后,财政部首先拟定《收复区敌伪钞票及金融机关处理办法》(共六条)和《收复区敌伪钞票登记办法》(共九条)②,并即刻向宋子文报告。其中《收复区敌伪钞票及金融机关处理办法》的主要内容包括:收复区内敌伪钞票除小额伪钞得于政府规定限期按照规定折合率暂准流通外,其余敌伪钞票一律禁止行使,并于规定期限内向指定银行或机关登记,以备对敌清算赔偿;收复区内敌伪设立之金融机关,应由政府即予封闭,并指定国家行局接收,其他经敌伪核准设立之金融机关,一律停止营业,限期清理。

此时尚在国外的行政院院长宋子文接到财政部的报告后,立即致电蒋介石,并提出他的意见:

> 收复区金融复员工作,财部已拟定具体办法陈请核示,兹将临时紧急处置伪币及金融机关两节,就管见所及,摘要陈请采纳。(一)关于敌伪各机关及各银行,应即明令封闭;(二)关于市场伪币,应暂准照常流通,但不规定与法币折合率,听其自然;(三)政府与政府银行应一律以法币为本位,不准收受伪币;(四)由财部组织各地

---

① 台北"国史馆"藏国民政府档案:001—084100—0005。
② 两项办法均见台北"国史馆"藏国民政府档案:001—084100—0005。

临时金融调查委员会,指派委员将当地伪币流通情形、银钱行庄实际状况限期负责调查清楚,详报财部、四联总处,以便决定最后处置办法;(五)伪币样版应即销毁,其印制机关应即封闭;(六)中、中、交、农应即复业,但中、交两行应不与伪组织时代之中、交混合,以清界限。以上仅属大纲,其详细办法,请饬财部、四联总处核议。是否有当,敬祈核夺饬遵,并请电示。①

作为最高元首的蒋介石自然也十分关心对收复区金融机关及伪钞的处理事宜,他在日记中曾对如何处理伪券作出若干规定:"对伪钞在沦陷区于法币未运到以前,暂准伪钞通行,但不得掉换法币、缴纳税款及作为存款之用,惟限定日期逾期拟取缔禁用办法,但其价格是否与法币应定比值,当研究。"②

8月20日,财政部将其所拟订的处置伪币和金融机关意见向宋子文报告,22日宋子文即回电称:"关于处理收复区敌伪钞票及金融机关事,前经将紧急处理办法电陈委座,谅已交阅。来电所陈一、二各节,大致尚属可行,惟暂准流通之伪钞,其面额、期限与折合率,应俟各区特派员将各该区实际状况报到后,由部汇总,通盘筹议核定,同时公布实施,以免纷歧。"③遵照宋子文的指示,财政部特别对暂准收复区伪钞流通的问题加以解释。

财政部认为,若按战时制定的复员计划,抗日战争一旦胜利,所有沦陷区的伪钞应立即停止流通。当时之所以这样规定,主要考虑的是配合军事进攻,发动金融战争,目的是要在政治上和经济上给予敌伪严重的打击。但目前日伪已经投降,而持有伪钞者又大多是收复区的人民,因此,"若立时完全停止流通,市场立陷停顿,其直接蒙受损失者,为收复区广大民众"。当初日军侵占初期为了维护社会治安,尚暂准法币在沦陷区流通,如今抗日战争胜利,"对于敌伪钞票之处理,似亦应顾及人民生活之困难,以符政府爱护之本意"。而且因眼下交通困难,中央又无法及时运送法币或代用券到收复区,以满足当地市场交易的需求,在这种情形之下,"为顾及收复区人民生活困难及安定过渡期间社会秩序起见,对于收复区小额伪钞,似应规定期间暂准流通。此项暂准流通

---

① 《宋子文致蒋介石电》(1945年8月19日),美国斯坦福大学胡佛研究所藏宋子文档案:58—18;又见台北"国史馆"藏国民政府档案:001—084100—0005。

② 《蒋介石日记》(1945年8月19日)。

③ 《宋子文致俞鸿钧电》(1945年8月22日),宋子文档案:58—18。

之小额钞票,俟清理原发行银行资产后尽先抵付,以便限期收换;不足部分,则连同其余大额钞票一并要求赔偿"。①

8月19日,财政部曾制定《财政部派驻收复区财政金融特派员公署组织章程》,并呈报行政院核备分行,然而行政院却指令"着无庸制定"。9月1日,正在加拿大访问的宋子文以行政院院长的名义致函国防最高委员会,称"奉委员长蒋饬拟具收复区治安、金融、交通、通信、工矿等项紧急措施办法,经邀集各有关部会长官商讨,并拟具收复区五项紧急措施办法",呈送蒋介石审阅,指令由行政院综合核定。② 9月6日,行政院颁布《收复区财政金融复员紧急措施纲要》,将全部收复区分为京沪、冀鲁察热、晋豫绥、鄂湘赣和粤桂闽等五个区,并分别派出高级官员担任财政金融特派员;关于收复区钞券部分则规定"收复区行使之钞票,除台湾行使台湾地名券外,一律行使法币,在法币尚未充分供应以前,并由中央银行发行代用券,以资补充";至用法币及代用券,则由中央银行空运,或派员携带票版集中各供应站,或由部队机关自行携运;关于伪钞,"除小额伪钞得于政府规定限期内,按照规定折合率暂准流通外,其余敌伪钞票一律禁止使用","暂准流通之小额伪钞,银行不得存汇"。③ 收复区中最重要的京沪区(包括南京、上海二市及苏、浙、皖三省,驻上海)财政金融特派员则由中央银行副总裁陈行出任。

二

伪中央储备银行的总裁是汪伪政府的第三号人物周佛海,他还同时担任"行政院"副院长、"财政部"部长和上海市市长等要职,可以算是汪伪政权的"大管家"。太平洋战争爆发后,世界反法西斯战场发生变化,这时周佛海已认识到所谓"和平运动"必将失败,因此开始通过军统特务与重庆方面又建立了联系,并得到蒋介石的认可,而戴笠就是双方之间重要的联络人。

日本刚一宣布投降,周佛海即致电戴笠,请他转告蒋介石建议暂时保留中

① 《财政部长俞鸿钧致蒋介石签呈》(1945年8月31日),台北"国史馆"藏国民政府档案:001—084100—0005。
② 《战后中国》第4册,第403页。
③ 中国第二历史档案馆藏财政部档案:三(2)/1131。

央储备银行。周佛海认为,因为中储行"所发纸币流通均在数省人民之手,而为人民之财产,如一旦动摇,则受损失者为人民",所以主张应暂时准许伪中储券流通。在他看来,沦陷区人民最害怕的就是中央不承认伪中储券,所以中央"如能暂予承认,则人民对主座当颂德不忘,此为收拾沦陷区人心之最好方法"。周佛海还报告说,伪中储券发行额到 8 月 10 日止为 18 000 亿元,该行尚有 3 吨多黄金准备,而且日方同意将所借之款以黄金作价 10 600 万元(市价为 12 000 万元),以黄金约 4 吨偿还,因此,伪中储券绝不是像外间传说的那样毫无准备,而是"十足现金准备而有余"。①

8 月 19 日,周佛海被国民党中央任命为上海行动总队总司令,负责维护上海地区治安。接到任命后他立即行动起来,并向戴笠提出建议:"目前维持市面,实际上仍须暂时利用储备银行,故储备券之发行如立即停止,乃沪市金融必立即混乱,且在法币大量运来之前,中央各军政机关亦须暂用该券。"他听说有一些不负责任的人士主张立即停止伪中储券流通,认为这"实属不明事理,望慎重考虑"。周佛海同时还提出"法币与中储券之折合比率须早日决定"。②

周佛海被捕后曾在审讯中表白,当初发行伪中储券的目的主要是为了抵制日军滥发军票,客观上也起了保护沦陷区民众生计的作用;另外,敌军索取伪中储券是由正金银行向中储行透支,并非予取予求,而且正金银行于胜利前已陆续以金条偿还清了,因此他认为在当时这也是不得已中较好的办法。周佛海还说,伪中储券发行准备有黄金 16 吨、美金 300 万元、白银 30 余万两,还有若干日金,抗日战争胜利后这些准备金亦均上交中央了。③ 在 9 月 24 日的审讯中,周佛海说前次自白所说的数目不确,伪中储券的发行准备应为:金条 50 231 条,每条 10 两;美金 550 万元;日元 923 万;白银、杂银 7 639 445 两,银元 33 万元;伪政府公债 2 280 亿元,日本公债 20 亿元,尚有其他股票;其他,上海分行贴现票据 5 200 余亿元,以及其他不动产等各种资产。④ 至于伪中储券的发行总额,据周佛海交代,至 1945 年 9 月 6 日止,发行总额为 35 646 亿元,但储备银行到 9 月 12 日才移交,这期间还发行了一些以供市场所需,因此总

---

① 《周佛海致戴笠电》(1945 年 8 月 15 日),载南京市档案馆编:《审讯汪伪汉奸笔录》上册,南京:江苏古籍出版社,1992 年,第 181 页。
② 《周佛海致戴笠电》(1945 年 9 月 4 日),《审讯汪伪汉奸笔录》上册,第 183 页。
③ 周佛海:《简单的自白》(1946 年 9 月),《审讯汪伪汉奸笔录》上册,第 101 页。
④ 《首都高等法院检察官讯问笔录》(1946 年 9 月 24 日),《审讯汪伪汉奸笔录》上册,第 124—125 页。

共发行额大约为 4 万亿元。周坚持认为,所有发行都有账册记载,所以绝对不会有误。①

从汪伪有关档案中可以得知,抗日战争胜利后伪中储行于 1945 年 9 月 11 日停业,资负总额计 79 000 余亿元,该行发行局发行的伪中储券账面上计有 3 882 562 939 000.00 元,加上各分支处,共发行 4 621 728 310 200.00 元(苏、杭、甬三库除外)。②虽然伪中储券发行总额高达 4 万余亿元,但周佛海却认为伪中储券的发行有相应的黄金、白银和外汇以及其他股票和不动产作准备,因此并不承认其发行已到"滥"的程度,而且这些资产胜利后都上交给中央银行了。③

日本宣布无条件投降后,国民政府即于 8 月 11 日连续下达三道命令,要求国军"加速进军至日本占领区",要求伪军就地维持治安,同时命令中共军队"驻防待命,不得擅自行动"。同时命令在陆军总司令部下成立党政接收计划委员会,由陆军总司令何应钦任主任委员,农林部部长谷正纲、陆军总司令部参谋长萧毅肃任副主任委员,下设党团、经济、内政、财政、金融和外交等小组。9 月 6 日,第三方面军司令长官汤恩伯抵达上海,其后上海市市长钱大钧、陆军总司令何应钦亦先后飞抵上海,他们都受到上海民众的热烈欢迎。④

军队和接收人员陆续抵达各沦陷区之后,首先面对的就是后方的法币如何与当地伪券相互流通的问题。对此军事委员会副总参谋长白崇禧转发属下建议"清理陷区敌伪钞券,不应与赔款谈判并为一谈,而应作为谈判前之紧急措施"。蒋介石认为所提建议"颇多中肯之处",遂将原函抄发财政部部长俞鸿钧和外交部部长王世杰,希望他们参考研究,并拟具处理办法;但同时蒋又表示,"政府业已决定之收复区敌伪钞券处理办法,可仍照定案执行,不必受本案之牵制"。⑤此时蒋介石确实十分关心这个问题,他在日记中写道:"令财政部筹定新币制方案与实施日期。"⑥9 月 3 日,何应钦自芷江致电蒋介石,称已着陆军总司令部派员到伪中央储备银行调查及处理该行存金数额以及伪券发行

---

① 《首都高等法院检察官讯问笔录》(1946 年 9 月 24 日),《审讯汪伪汉奸笔录》上册,第 126 页。
② 陈钢:《汪伪中央储备银行简介》,《民国档案》1993 年第 3 期,第 139 页。该文原数目无小数点,其数额即扩大了 100 倍,与实际数字不吻合,因此予以改正。
③ 《周佛海之答辩书》(1946 年 11 月 2 日),《审讯汪伪汉奸笔录》上册,第 212 页。
④ 参阅林桶法:《战后中国的变局》第一章《欢欣鼓舞中的忧患》,台北:台湾商务印书馆,2003 年。
⑤ 《蒋介石致俞鸿钧、王正廷代电》(1945 年 9 月 2 日),《民国档案》1990 年第 3 期,第 35 页。
⑥ 《蒋介石日记》(1945 年 9 月 1 日,"上星期反省录")。

情形。蒋即将原电转发财政部,"希迅予核办"。①

与此同时,四联总处亦先于 8 月 30 日成立上海分处,部署复员计划。在该处成立的第一次会议中曾就如何接济中、交、农三行及中信、邮汇二局于收复区所需钞券一事进行详细讨论,决议:"除请中央银行在可能范围尽量予以救济外,并拟由三行两局发行本票,以补钞券之不足。"同意"京沪区开始复业三个月内,三行两局准发行定额本票,面额分一千元、五千元、一万元、五万元四种,共以二百亿为限"。②

关于如何兑换伪中储券,有关方面也曾征求过上海金融界人士的意见。金城银行总经理周作民在太平洋战争爆发后曾被日军强行从香港带回上海,他的身份相当复杂,一方面他没有完全落水,亦未担任重要伪职,但他与日伪方面却保持着一种若即若离的关系,譬如汪伪中央储备银行副总裁兼上海分行经理就是他的老部属、曾任金城银行大连分行经理的钱大櫆,伪中储行中也有不少原金城银行的高级职员,同时他与重庆方面也保持着密切的联系,军统曾在他的家中设有一部秘密电台,抗日战争胜利前夕,蒋介石发给驻华日军总司令冈村宁次的命令以及冈村的复电,就都是通过这部电台转交和拍发的。重庆方面后来也一再通过这部电台让周作民协助周佛海维持上海市面上的金融,并请他对于如何整理中储券发表意见。对此周作民曾在日记中留下一些记载。如 9 月 1 日,浙江兴业银行的徐寄顾托人带话,"盼余关于中储券之处理预备意见,以备当局采择"。但是周作民觉得还是"俟当局询及,再行陈述,以免越俎投机之嫌"。但过了两天,杜月笙亲自与他面谈有关伪中储券的处理意见,这时他的态度就转为积极,立即嘱咐部下"代草关于储券之报告电稿"。9 月 10 日,周作民刚刚到金城银行,周佛海就来相告,说他"昨晤戴君雨农,久谈甚欢洽,对于此次维持地方,颇为满意。关于中储券之整理,中央尚未确定办法,盼余代拟呈请中央核办,余诺之"。随即又嘱其部下"告以大意,托其起草"。③

然而,等到重庆方面的接收大员陆续从天而降,周作民维持金融的使命也就到此终结,他所拟制的方案更被束之高阁,无人理睬了。有一日杜月笙邀请周作民参加新任上海市长钱大钧主持的一次关于上海金融事宜座谈会,会上

---

① 《蒋介石致俞鸿钧代电》(1945 年 9 月 8 日),《民国档案》1990 年第 3 期,第 35 页。
② 中国人民银行总行参事室编:《中华民国货币史资料》第 2 辑,第 527—529 页。
③ 《周作民日记》,载《档案与历史》1989 年第 6 期,第 33—34 页。

只听到苏浙区金融特派员、中央银行副总裁陈行一个人高谈阔论有关伪中储券兑换以及上海商业银行清理复业的意见,却对周作民等人视而不见,态度十分傲慢。后来财政部部长俞鸿钧来到上海,周作民屡次造访,都不得而见。①周作民对自己的处境自然十分明晓,他在 9 月 12 日的日记中这样写道:"雨农部下邓葆光、吴伯明两君来谈,询余关于整理伪币之意见,余略告之。……钱幕尹市长邀寄顾、孝籁退席他往议事,乃出,而复归牵余同行,势难谢却。至新之宅,心雅、吴绍澍诸君已先在,随即入议室,会商补救储券流通方法。余于此事不甚明了,只好随声附和,不能有所主张。"②周作民心中十分清楚他的身份,事实也是如此,因为就在这时,有关伪中储券兑换的决议已经出台了。

三

抗日战争胜利之初,先期受降的部队随身携带少量关金和法币,因此法币也非正式地在市面流通,南京商会当时曾定出二百兑一的比率,但因大批法币无法迅速从大后方运出,所以这一比率影响并不是很大,而先期到达沦陷区的军队与政府官员使用的货币主要还是敌伪银行发行的伪券。当时伪中储行虽然已经停止营业,但中央仍责令其负责维持市面,同时以伪中储券供给中央所派遣的军政人员之需要。所以"接收大员只凭一纸便条,中储即照数付款,在这一二月间,中储券增发的数字是可惊的"③。据京沪区金融特派员陈行报告,自 1945 年 8 月 10 日日本宣布投降至 9 月 12 日中央银行正式接收伪中央储备银行的 30 余天中,该行共增加发行伪券 2 170 147 049 000 元,其中沪行增发 1 581 764 389 000 元,其余则系总行及其他分行所发行。关于增加发行的用途,根据伪沪行增加发行后业务上资产负债的变动分析,(1) 购入黄金 2 800 548 000 000 元;(2) 购入有价证券 9 121 000 000 元;(3) 购入房地产 18 409 000 000 元;(4) 增加放款 457 247 000 000 元;(5) 代付总行员役遣散费之一部 40 700 000 000 元;(6) 支付沪行员役遣散费 18 612 000 000 元;(7) 支

---

① 徐矛等主编:《中国十银行家》,上海:上海人民出版社,1997 年,第 304 页。
② 《周作民日记》,载《档案与历史》1989 年第 6 期,第 35 页。
③ 朱子家(金雄白):《汪政权的开场与收场》第 1 册,香港:春秋杂志社,1959 年,第 118—119 页。

付存款 12 546 000 000 元,合计共付 3 357 183 000 000 元。除收回各项放款计 1 775 115 000 000 元外,计轧付 15 820 068 000 000 元。[1] 按周佛海所说,伪中储行成立到抗战胜利的 4 年多时间发行的伪中储券大约 4 万亿元,而抗战胜利后不过一个月的时间,增发的伪券则高达 2 万余亿元,毫无疑问,这些增发的伪券大多为供应国军及接收大员所用。

对此情形蒋介石并非一无所知,他曾电令财政部:"伪中储行收回各项放款大户户名及性质如何,应一并查明。"[2]其后,据上海区伪中央储备银行清理处查明,自 8 月 10 日至 9 月 12 日,查收回放款,计往来抵押透支伪币 135 亿元,存放正金银行伪币 14 820 亿元,同业透支伪币 470 400 万元,贴现放款伪币 57 500 万元,重贴现伪币 27 308 800 万元,转抵押伪币 92 200 万元,拆放同业伪币 32 600 万元。共计 177 511 500 万元。[3] 有学者通过统计大量档案文件而得出结论,她认为,战后国民政府一方面以伪中储券"发行数额漫无限度,致物价奇涨,金融紊乱、为害民生"为理由而收兑伪券,但同时又在收兑期间继续发行大额伪券,因而应为战后伪中储券的贬值承担应有的责任。[4]

伪中储券与法币的比价因时因地而异,军统局根据派驻各地情报人员的资料汇总,1945 年 3 月初至 4 月下旬,上海地区每百元法币与伪中储券的比价由 300 余元升高到六七百元,其后又跌至 300 元左右的水平,而同一时期的徐州,法币与伪中储券的比价则维持在 180—250 元之间。1945 年 5 月中旬,当九江的比价还是 300 元左右的时候,广州湾却突破前所未有的千元大关,这是因为广州邻近香港,因受到盟军反攻的消息而抛售伪中储券所致。[5] 但即便如此,法币与伪中储券的比价也维持在 1:10 的水平。日本宣布投降后,沦陷区人民欢欣鼓舞,急切盼望国军收复失地,但同时又不清楚国府如何对待伪政权发行的货币,因而出现大量抛售伪券的现象,各地伪钞与法币的交换率日益下跌,伪中储券对法币 9 月上旬跌至 134.10:1,至中旬更跌至 200 余元对 1 元。

---

① 《俞鸿钧致蒋介石代电》(1945 年 10 月 12 日),台北"国史馆"藏国民政府档案:001—084100—0005。
② 《蒋介石致财政部电》(1945 年 10 月 20 日),《民国档案》1990 年第 3 期,第 37 页。
③ 《财政部长俞鸿钧致蒋介石呈》(1946 年 2 月 13 日),台北"国史馆"藏国民政府档案:001—084100—0005。
④ 林美莉:《抗战胜利后国民政府收兑汪伪中储券问题》,载《一九四九年:中国的关键年代学术讨论会论文集》,第 398 页。
⑤ 林美莉:《抗战时期的货币战争》,台北:台湾师范大学历史研究所,1996 年,第 274 页。

南京市长马超俊奉命由重庆经芷江飞往南京,随即前往市区各重要地带详加勘察,并向蒋介石报告,称南京市面"一切秩序尚称安靖,伪币价格约合法币二百元,若按法币价值计算,物价尚觉低廉。现有食粮尚不剧感缺乏,京沪、京芜均通车无阻。经召集米商多方采购,粮食源源供应,公用水电亦经严饬伪方现在主管机关,不得稍有间断"①。

抗战胜利后,国民政府一方面命令日伪军队维持南京、上海、杭州等地的治安,同时借助美国的援助,从空中和地面向华东地区运兵。9月5日,国军新编第六军空运至南京,第二天,第四方面军一部亦空运至上海,很快便完成了对京沪地区的控制。9月11日,陆军总司令部在南京向外发布公告,宣布自次日起京沪地区公共机关及银行一律使用法币,但对民间交易的伪钞并未规定停止流通的时间;虽然行政当局并未明文规定法币与伪中储券的兑换比价,但由军事机关非正式作出1∶200的比率。同时何应钦已派员到上海接收伪中央储备银行,而且因"该行所属印刷厂,及日军部控制下之印刷造纸机构原料,均与印行钞券有关",所以亦"应一并予以接收"。②

在这之后,接收大员与军队官兵携带的法币便在收复区大行其道,加上增发的大量伪券,市场上的货币流通量大幅增加,而伪券的实际价值则急剧下降。而且,由于当局并未规定兑换比率,以致法币兑换伪中储券的标准各异,有1元兑换200元的,也有1元兑换300元的,京沪市场一片混乱。

9月14日,四联总处秘书长徐柏园特别撰文呈送蒋介石,认为陆军总司令部颁布的命令存在诸多弊端。徐柏园指出,废止伪币表面上看似乎是打击敌伪,提高中央威信,然而"实际上则正足以卸脱敌伪之责任,妨害中央解民倒悬之一贯方针"。因为敌伪早就通过发行伪币掠夺物资,而那些奸商巨贾也早就将大部伪钞用于购置物资产业,因此目前流通的伪币多在民众之手中,因此伪币"一旦废止,敌伪自不必再负清理之责任,民间则泛滥此等不值半文之废纸,显与中央既定方针不符",他认为应该由政府将全部伪券收兑,再向敌人要求赔偿。③

自陆军总司令部发出通告后,各接收部门除了将随身携带的法币投入市场外,还纷纷在沦陷区自印法币代用券。蒋介石收到密报,称"浙江省第五行

---

① 《马超俊致蒋介石电》(1945年9月10日),《战后中国》第4册,第24页。
② 《何应钦致蒋介石电》(1945年9月15日),《战后中国》第4册,第26页。
③ 徐柏园拟呈《政府应确定处理伪钞办法》(1945年9月14日),台北"国史馆"藏国民政府档案:001—084100—0005。

政区专员俞济民所主持之鄞县金融调济委员会现印发百元、五十元、十元之法币代用券,规定发行额为一千七百万元,实际上已印发四千万元,其与伪币之折合率为一比二百。现物价受刺激而暴涨,人心惶惶不安",因而要求财政部迅速查明核报。[①]

9月15日,一位未具名但一定是蒋介石身边的工作人员拟呈意见,他认为财政部所拟关于处理收复区敌伪钞票的六条办法原则尚属可行,但陆军总部日前又颁布相关布告以及财政部有关伪钞登记办法,则表现出"财政部对此问题之认识尚欠透彻,办法亦欠适宜",因而提出若干意见供蒋介石参考。

签呈认为,必须对伪钞有一基本认识,即沦陷区民众使用伪钞乃出于不得已,若贬值或作废,受害者皆为中国百姓,而非敌人;为了安抚人心,政府即使有所花费,也是应该的。接着签呈指出目前处理伪钞办法的缺点:其一,未明文规定是否暂准伪钞流通,以致人心疑惑;其二,未确定法币与伪钞之比价,听任投机者任意剥削;其三,一个月的登记期限太短,亦未规定期满后是否禁止伪钞流通;其四,财政部相关人员动作缓慢,未能及时报告各地情形。这位签呈的作者目前无法得知其名,但其建议倒是切中要害。然而蒋介石看过之后似乎并没有采取什么措施,一个月之后,该文件由蒋的秘书陈方批"此件并存"而归档了。[②]

从蒋介石日记中可以看到,他对于收复区的金融和货币还是十分重视的,9月16日他与财政部部长俞鸿钧共同对"华北华中处理金融、速定伪币比例率及金价低落与取消十七万为一两之牌价"作出指示,蒋介石甚至认为,"此时币制、金融、物价、金价、伪币之复杂动荡之险象,实与接收降敌、接收东北与处置俄国对新疆之方针,其危状相等"[③]。

9月26日,财政部声称为了让"伪中储券流通区域之人民生活及市场交易得趋安定,而币制亦得以整理肃清",因而公布《收复区敌伪钞票及金融机关处理办法》及《伪中央储备银行钞票收换办法》,并正式规定伪中储券与法币的兑换率为200:1,收换期为1945年11月1日至1946年3月31日,"逾期未持请收换之伪钞,一律作废"[④]。10月30日,财政部又公布伪中储券收换规则,

---

① 《蒋介石致俞鸿钧代电》(1945年9月13日),《民国档案》1990年第3期,第35—36页。

② 台北"国史馆"藏国民政府档案:001—084100—0005。

③ 《蒋介石日记》(1945年9月16日)。

④ 《中央日报》(重庆),1945年9月27日,第2版。

规定每人每次以法币 5 万元为最高限额。[①]

此时还有一个重要的问题,就是如何处理已印制但未发行的伪券。据京沪区金融特派员陈行报告称,尚有 19 万亿余元伪中储券已经定制但尚未交付,印制钞券的包括上海、济南、汉口、香港和日本等 8 家公司,其中上海地区的公司已派员查明接收,济南和汉口两地则请当地特派员代为查明接收,但日本的公司财政部无法办理,因而呈请国民政府与驻日美军统帅麦克阿瑟将军联系,请其下令立即停印并予销毁。国民政府文官长吴鼎昌即在财政部的呈文上加批:"拟函美军总部斯特梅耶将军转电查明办理见复"[②],并得到蒋介石的同意。其后,陆军总部即将此事转饬冈村宁次查复,经日本大藏省调查,所有在日本印制的伪券自停战后均已停止印刷,其中在日本静冈、泷野川和富士印刷局印制的伪中储券(包括千元、万元和十万元三种面额)不足 5 000 亿元,还有数家工厂因战火毁坏或无法联系,不明数量。对于这些已印成钞券如何处理,日方建议"最好由中国驻日最高当局派员监督烧毁"[③]。

至此,蒋介石以为"沦陷区华中伪币与后方金价问题亦已如期解决,民生经济当可渐稳,物价则已大落矣"[④]。但他却没有想到,正是因为这个不合理的兑换比率,导致国民政府在沦陷区民众中的民望急剧下降。当时的《新华日报》对这种现象曾有过一段十分形象的表述:抗日战争刚胜利时,沦陷区人民对于国府大员充满着渴望,等到这批大员到达后,渴望就变成希望,再以后,随着国军的到达,希望就变成失望,等到国民党的接收工作开始后,再由失望变为怨望,最后则变为仇恨。[⑤]

四

财政部规定的伪中储券与法币的兑换率虽然与当时市场上的交换率差不

---

① 《汇编》第五辑第三编《财政经济》第 2 册,第 381—382 页。
② 《俞鸿钧呈蒋介石代电》(1945 年 10 月 12 日),台北"国史馆"藏国民政府档案:001—084100—0005。
③ 《京沪区财政金融特派员办公处呈财政部文》(抄件,无日期),台北"国史馆"藏国民政府档案:001—084100—0005。
④ 《蒋介石日记》(1945 年 9 月,"上月反省录")。
⑤ 《新华日报》(重庆),1945 年 11 月 18 日。

多,但却未能符合这两种货币在当时的购买力平价,依照这个比率,法币在收复区的购买力远较大后方为高。① 大后方接收大员见法币与伪券的兑换比率如此之高,没想到原先在大后方因通货膨胀已大大贬值的法币一下子价格暴涨,大量法币便通过各种方式蜂拥而来,接收大员固然顿时身价百倍,物价大幅提升,沦陷区的民众却惨遭剥夺。由于兑换比例太高,对沦陷区人民极为不公平。据当时任《中央日报》记者的龚选舞后来回忆,那些从重庆飞回上海、南京的大员其实"不必要'五子登科'的大肆'劫收',只消身怀当时还算稳定值钱的足量法币,在物价更为低廉的原来的'沦陷区'里过活,依然是非常舒适"②。就连一贯坚持反贪、倒孔倒宋的国民党中央执行委员、国民参政员黄宇人也承认,他到沦陷区后用了在大后方"已经所值无几"的 50 万法币兑换到 1 亿元伪币,并用这些钱购置了一幢四合院外,居然还剩下不少钱,再用它来购买一些家具以及夫人和孩子们的衣物。③

1942 年伪中储行成立时曾以 1∶2 的比率,从沦陷区人民手中强行收兑法币,3 年多之后,好不容易盼望抗日战争胜利,中央政府复员,竟又以 1∶200 的兑换率,再次从沦陷区民众的手中收兑伪中储券。这真是像老百姓口中流传的民谣:"想中央,盼中央,中央来了更遭殃!"

由于兑换率的极不合理,再加上有些接收大员从中舞弊,使得收复区人民的怨气更大,物价亦随着游资增加而大幅飙升。蒋介石就听到内情报告,"沪市最近发现大量来历不明之伪中储券金,中以五千元为最多,票面颜色为淡灰色与深灰绿色两种"④,命令财政部迅速查明核办。其后不久,蒋介石又接到情报,称浙江省第十区行政督察专员公署居然在海盐县私自印刷五千元面值的伪中储券,再由该署大队长秘密派人潜伏各地使用。此案侦破后交县政府审讯,竟然交保开释。蒋介石闻之极为愤怒,除立即电令浙江省政府严密彻查法办外,还将审讯笔录等文件抄发给财政部。⑤

重庆的《大公报》为此曾专门发表过一篇社评,题目就叫"为江浙人民呼吁"。该文在揭露江浙一带国府官员以 1∶200 的比价回收伪币,以此掠夺当

---

① 《中央银行月报》新 1 卷第 1 期(1946 年 1 月),转引洪葭管主编:《中央银行史料》下册,第930—931 页。

② 龚选舞:《龚选舞回忆》,台北:时报文化出版企业有限公司,1991 年,第 46 页。

③ 黄宇人:《我的小故事》下册,多伦多:自印,1982 年,第 8 页。

④ 《蒋介石致俞鸿钧代电》(1945 年 10 月 22 日),《民国档案》1990 年第 3 期,第 38 页。

⑤ 《蒋介石致俞鸿钧代电》(1946 年 1 月 3 日),《民国档案》1990 年第 3 期,第 39 页。

地人民的财产之后大声呼吁："抗战八年,大后方通货膨胀,还未到使工商业大量破产的程度;而今胜利到来,一开手,就使全国财富之区的江浙一带陷于经济崩溃的危险,这真太严重了! 我们今天写此文,就是为江浙人民呼吁,真实正是为国家呼吁。"①

兑换不合理也引发上海和江浙一带地区物价高涨,此时身在重庆的行政院院长宋子文也非常焦虑,同时发出多封急电查寻原因。上海市市长钱大钧认为:"本市物价激涨,其主要原因为运输尚未恢复,工厂犹未全数复工,生产不能增加,而原存货物又因(一)伪币限期废止,尚无足量法币可以兑换,致市民因伪币之必废,不愿收藏,竞购货物;(二)到埠盟军所持该本国钞币价值较高,视本市物价较低,亦争相购买;(三)已接收物资如棉花、布匹、纸张等,迄仍封存,等于冻结;(四)内地物价仍高于沪市数倍,飞机及上驶船舶均利用回空吨位抢运物资。有此四因,前存物资日渐减少,物价日趋上涨,除第三项正商请盟军协助抑止外,其余均非市政府力量所及。拟请饬有关方面妥筹办法,以资抑制。"钱大钧还称,上海物价上升的原因他也会同时向蒋介石报告。② 而行政院副院长翁文灏的看法就更为直接,他说:"沪市物价近时骤涨,原因固不一端,但依文灏观察,兑换伪币之方法,似有主要影响。因中央规定各种税款以及铁路、邮电等一律只收法币,不收伪币,公私银行概不得收受伪币存款,而近时公布十一月一日以后换回伪币办法,每次以五万元为限,限制颇严,实行收换之地点又不甚多。商界以伪币流通为数宏巨,收受太多,势必受累,故减少营业,或倍增价格。"翁文灏的结论是:"在此情形之下,沪市限价命令自绝难有效。中央对于处理伪币办法,似有迅加修正之必要。"③

蒋介石原以为制定兑换率后收兑伪券会为收复区的经济带来稳定,却没想到适得其反,他在日记中忧心忡忡地承认:"经济危机未过,平、津、京、沪一带自伪币比率规定以后,物价暴涨,人心不安。"同时也表达了他的忧虑:"学潮、工潮起伏无常,殊堪忧焚。"④

12月初,蒋介石收到密报称,"上海各银行对伪币日换五万元为限,若对目前情势无断然之处置,将恐来年三月收清之限期势必展缓,遗害社会"云云。

---

① 《大公报》(重庆)社评《为江浙人民呼吁》,1945年10月24日,第2版。
② 《钱大钧致宋子文电》(1945年10月26日),宋子文档案:51—4。
③ 《翁文灏致宋子文电》(1945年10月30日),宋子文档案:53—4。
④ 《蒋介石日记》(1945年11月,"上月反省录")。

蒋即下令："京沪各金融机构既拒收伪币存款,则每日收兑伪币数量限制不宜过严,以免伪币充斥市面,影响物价。如法币供应不及,似亦可先准其改做法币存款。"①

蒋介石在南京时曾收到一位市民郑大觉的呈文,陈述民众兑换伪币的困难,有的人排队三四天都换不到,从乡下到市区的农民凌晨3点钟就在兑换所排队,好不容易等到9时开门,但到晚上关门还是兑换不到。"加以兑换人员之种种挑剔,人民不便至极,甚至有无法兑到,自甘以七八折于外间街市兑换者"。为此蒋介石即下令:"查收换伪币应犹求便利,决不可使小民遭受种种痛苦,致滋怨望。即希通饬各收换行局认真改进,无许再有此种现象为要。"②

到了1946年年初,上海等地物价上升的趋势更加严重,"上海物价高涨不已,情势严重,应即切实更张。此时政府万不能只管收入,而不顾民生与社会实情。此一政策必须彻底研究改正,否则怨声载道,民不聊生,政府虽聚敛积蓄,适足促成危亡而已"③。宋子文认为,物价波动的主要原因是八年抗战期间政府收支相差太大,全靠扩大发行,加之物资缺乏,交通不便。补救的根本办法在于输入大量物资,增进运输能力,改变国际汇率,协助商业进入正轨。目前国外物资已开始源源输华,铁路、公路以及航运亦逐渐恢复,至于汇率则待委座回渝后提交国务会议决定。④ 其后宋子文企图采用开放黄金和外汇市场以及鼓励输入的政策来解决日益严重的通货膨胀,然而事与愿违,这一决策非但未能解决通胀问题,反而让宋子文被迫辞职。导致这一结果的原因固然很多,但战后诸多政策,特别是兑换伪券决策上的失误,应是其中的一个重要原因。

五

1946年3月4日,财政部部长俞鸿钧在国民党六届二中全会上所作之《财政金融口头报告》中曾有专节提及整理敌伪钞券,他说:"在收复区敌伪所发钞券,为数至巨,胜利后,本部为安定收复区人民生活,并恢复国家金融建制,确

---

① 《蒋介石致俞鸿钧代电》(1945年12月6日),《民国档案》1990年第3期,第39页。
② 《蒋介石致俞鸿钧代电》(1946年1月26日),《民国档案》1990年第3期,第39页。
③ 《蒋介石致宋子文电》(1946年2月15日),宋子文档案:58—14。
④ 《宋子文致蒋介石电》(1946年2月16日),宋子文档案:58—14。

定'伪钞予以收换,敌钞予以登记'之原则,并分别订定办法,积极加以清理。原流通于华中、华南区之伪中储券,经规定以二百元换法币一元,自三十四年十一月一日起,至三十五年三月三十一日止,为收换期间。流通于华北区之伪联银券,经规定以五元换法币一元,自三十五年一月一日起,至同年四月三十日止,为收换期间。此外尚有伪蒙疆银行券,因情形特殊,一时未能接收处理,俟接收调查完毕,即定价限期收换。"[1]

自 1945 年 11 月财政部开始按 200∶1 的兑换率收兑伪中储券以来,兑换伪券的数目有以下几种说法:

1946 年 3 月,国民参政会第四届二次会议在重庆召开,这是抗战胜利后召开的第一次会议。财政部在答复参政员翟衡质询中回答,抗日战争期间日本在中国各地发行伪币种类甚多,其中伪满中央银行和伪蒙疆银行所发钞券限于环境,尚未知具体发行数字,台湾银行钞券发行额为 22 亿余元,将来即以新台币收回,伪中国联合准备银行钞券发行额为 1 900 亿元(但各版假票甚多,听说实际流通额约在 3 000 亿元左右),目前正在加紧收兑中,已收回者计 374 亿余元;伪中央储蓄银行钞券发行额为 41 900 余亿元,截至最近止已收回者达 36 000余亿元。待所有伪币全部收兑后,将就实际损失汇总,向日本追索赔偿。[2]

中央银行总裁贝祖诒说,中央银行自 1945 年 11 月 1 日至 1946 年 3 月 30日止,计收换伪中储券 3 915 535 904 413.31 元,接收交存及敌伪存款项下伪币96 301 493 546 元整,查伪中国储备银行发行伪券总额为 4 199 342 939 000 元,目前余额为 187 505 541 040.69 元。为顾及边远地区收兑,同意将截止时间延至 4 月底,以后再定收兑办法。[3]

财政部则认为:"关于战时敌人及伪组织所发军用票、钞票暨掠夺我金银准备金情形,查敌人前发之军用手票,曾以伪中储券收换,散在各地者,当已无多。惟华南区内尚有较多数量流通,现已就各地办理登记,惟登记数目,尚未报齐。敌人发行之台湾银行券,现尚未以新券收回。至华南区内尚有较多数量流通,除伪蒙疆券、伪满洲券,现以事实所限,未能详加调查外,伪中储券、伪联银券,经以法币收换,现亦尚未藏事。惟该两种伪钞之发行总额,前已加以

———————

① 全文载《战后中国》第 4 册,第 486—487 页。
② 《财政部对国民参政会第四届第二次大会询问案答覆书》(1946 年 3 月),中国第二历史档案馆藏财政部档案:三(2)/405。
③ 《贝祖诒致宋子文呈》(1946 年 4 月 6 日),宋子文档案:53—7。

调查(已抄送李帮办捷才查洽),并经就其发行期内每三个月之发行数量,与同期之物价指数加以比较;折合战前法币,现卷存重庆,已电饬速送来京,即可转送。至掠夺我金银准备金一节,以平津存银数量为巨。惟前经调查,多数尚存平津原地,仍在详细调查及清理中。"①

按中央银行三十五年度业务报告说,收兑伪中储券分门兑、登记和接收保管三项,总计各项数字为 4 286 588 400 381.94 元;收兑伪联银券,自 1946 年 1 月 7 日至 6 月 30 日由持券人向本行各地分行及本行委托之各行庄以法定 5:1 之比率折兑法币(山西省以情形特殊奉准展至 1946 年 7 月底止),手续与收兑伪中储券同,总计各项数字为 192 872 715 525.17 元。②

兑换伪券政策中最大的失误,就是对伪券的比价估计过低,对这个问题几乎无人否认,而且当时就有许多人对这个比率提出质疑。

9 月间,戴笠自重庆飞往上海,周佛海即提醒他有关处理伪储备券的事必须慎重考虑。周佛海认为:"储备银行拥有黄金、白银、美金、日元及不动产与债权,足够收回发行之数,即使不足,中央可于要求日本赔款加入此项。且该券刻流通社会,均在人民手中,已为人民财产,政府须考虑人民利益。"他还根据当时伪储备银行所拥有的准备金数、重庆和上海两地当时的物价标准以及当时法币与伪券各自对美金之市场比价等三大要素拟订了一个具体办法,请戴笠转呈行政当局。③ 周佛海作为伪中央储备银行的法人,当然要为自己的行径加以解脱,但他提出兑换伪券的三大要素却是有其根据的。

当时在重庆的四联总处秘书长徐柏园亦针对处理伪钞提出若干建议,首先,应尽快规定伪钞与法币的比价,他认为法币与伪中储券的比价应定为 1:100;其次,这一比价一经规定,伪钞应准许暂时按此比价与法币一体折合行使;最后,中央银行应尽快按此比价收兑伪钞,并查明伪银行之资产准备,以便清理。④

与此同时,一位未具名致蒋介石的签呈亦建议,应将敌伪钞券分别处理,即敌钞及敌军用券立即停止流通,而伪钞中大额钞券进行登记,以减少市场之

① 《财政部长俞鸿钧致外交部部长王世杰函》(1946 年 5 月 28 日),载《战后中国》第 4 册,第 50 页。
② 洪葭管主编:《中央银行史料》下册,第 949 页。
③ 公安部档案馆编注:《周佛海狱中日记》,北京:中国文史出版社,1991 年,第 91 页。
④ 徐柏园拟呈《政府应确定处理伪钞办法》(1945 年 9 月 14 日),台北"国史馆"藏国民政府档案:001—084100—0005。

筹码,小额钞券暂准流通,但应立即规定伪钞与法币间的交易比价。至于比价如何确定,签呈则以伪中储券为例:"据报发行额约三万亿元,存有黄金准备五十万两,如以黄金每两值法币六万元计,伪储券即可定为一百元合法币一元;如金价提高至每两十万元,伪储券即可定为六十元合法币一元,但亦不宜与现在市价相去太远。"[1]

著名经济学家、西南联大教授伍启元战后曾被行政院借调担任顾问,当时他对伪币兑换问题曾经撰写多篇文章予以讨论。伍启元主张对于伪中储券与法币间的比率应暂不先行硬性规定,因为当下实无法找到一个较为合理的交换比率。他认为1:200的比率并不合理,"对于收复区,则因币值过低,持有伪币的人损失过大,不难会发生不满的感觉;再加以大后方有特殊力量的人,正利用这有利的比率,以大量法币运往收复区中去'发复员财',这更会增加收复区人民的不满"。最后他还向政府提出建议:"对于携带法币往收复区及汇款往收复区,应加以若干限制;华中伪币折合法币,军事机关既已命令按一比二百的比率兑换,则财政当局不应再坐视不加干涉",建议在目前情形之下,"暂准伪中储券按一百伪元合法币一元行使"。[2]

后来曾有学者根据重庆、上海和华北三个地区战前与胜利时物价指数加以对比,从而得出法币收兑伪币的相应汇率。请看下表。

抗日战争胜利前后法币与伪中储券、伪联银券实际购买力比较

年 月	重庆批发物价指数 1937 年 1—6 月 =100	上海批发物价指数 1936 年 =100	华北批发物价指数 1936 年 7 月—1937 年 6 月 =100	比 率	
				上海为重庆倍数	华北为重庆倍数
1945 年 7 月	164 500	4 188 600	214 455	25.5	1.3
8 月	179 500	8 640 000	305 170	48.1	1.7
9 月	122 600	6 919 800	?	56.4	——

资料来源:转引自黄逸峰等著:《旧中国的买办阶级》,上海人民出版社,1982 年,第 197 页。

---

[1] 该签呈日期为 1945 年 9 月 15 日,台北"国史馆"藏国民政府档案:001—084100—0005。

[2] 伍启元:《调整期的经济恐慌》,重庆《大公报》1945 年 9 月 30 日"星期论文",后收入氏著:《由战时经济到平时经济》,上海:大东书局,1946 年,第 325—338 页。

战后财政部规定伪中储券与法币的兑换价为 200∶1,伪联银券与法币的兑换价则为 5∶1;然而若按上表的统计资料计算,法币与伪币的兑换率只及法币对伪币实际购买力的 1/4 或 3/10,也就是说,广大沦陷区的民众手中的货币,无形中就被削弱了 70% 以上。

六

本文最后要讨论的是,有关伪券与法币兑换的决策是如何制定的,这个政策又具体是哪个人作出的。

宋子文自从 1944 年 12 月代理行政院院长、并于翌年 5 月底正式任职,步入他一生仕途中的最高峰。作为国家最高行政长官,宋子文本人又曾长期掌管国家的财政金融大计,有关战后的财经政策,特别是伪券的处理与兑换方针,于情于理都是应负有全责的。然而在抗日战争胜利前后的这段日子里,宋子文正在莫斯科忙于与苏联为签订中苏友好同盟条约而进行谈判,条约签字后他又启程飞往华盛顿,希望战后复员工作能够得到美国的援助,因此有关战后复员及国内的金融事务,他只能通过电报与财政部部长俞鸿钧保持联系。[①]

9 月 17 日宋子文从美国飞抵伦敦,其后又到巴黎,分别与英、法两国领导人见面,寻求战后合作。9 月 22 日,出国将近 50 天的宋子文终于回到重庆,回国之前他还特地通知财政部部长俞鸿钧,说明回国时飞机将于重庆白市驿机场降落,"届时请饬海关派员前往检查行李,以免外间造谣攻击"[②]。因此 9 月 26 日财政部公布有关伪券兑换的具体方案时宋子文虽然已经回到重庆,但应该说,这一决策其时已经制定,而他事先恐怕并不充分了解具体内容。10 月 11 日,宋子文在财政部部长俞鸿钧、战时生产局局长彭学沛等人的陪同下飞抵上海,这时兑换伪券的通告早已公布,而且也暴露出严重的问题了。但他作为国家最高行政官员,发现错误而不予纠正,自然应对此失误负有责任。周佛海亦认为宋子文虽然此时刚刚回国,但他"固为财政金融老手,但此举实不能不

---

① 8 月 18 日宋子文在致俞鸿钧的电报中表示,"黄金、外汇黑市低落系属一时现象",同意俞鸿钧建议"中央银行黄金牌价仍以不动为宜",同时要求俞鸿钧,今后凡是关于"国内金融经济状况及政府设施方针,仍希随时电告为盼"。宋子文档案:58—18。
② 《宋子文致俞鸿钧电》(1945 年 9 月 13 日),宋子文档案:58—18。

谓太欠考虑也"。他还以为,即使宋对于制定方案不了解详情,但是回国后他既然已经发现这一政策存在许多错误,却不予纠正,任其发展,实为不可原谅。① 此时民间对宋子文也有不少指责,傅斯年就认为:"子文去年还好,今年得志,故态复原,遂为众矢之的。尤其是伪币比例一事,简直专与国民党的支持者开玩笑。熬过了孔祥熙,又来了一个这样的。"②

在评论伪券兑换政策的问题上,伪中储行总裁周佛海倒是有一些独到的认识。周佛海虽然在抗日战争期间与重庆政府早有往来,胜利之初还一度负责上海地区的治安工作,但还是被判处死刑,其后又改判无期徒刑。他曾在狱中回忆抗日战争胜利之初沦陷区民众举国欢庆的情景,然而为什么这种热情很快就变得冷淡,转而失望、绝望甚至怨望。"谁实为之? 孰令致之? 岂最高当局之意耶?"他认为导致这一局面出现的原因,实为"各部负责无计划、无组织,对于派至沦陷区接收之人员又无选择、无训练、无指导、无管束,致若辈所言所行,丧尽政府威信,完全暴露行政力及人员之无能与腐化"。至于接收大员的腐败行径报纸上已连篇累牍予以披露,而最让周佛海铭记在心的就是有关伪券兑换比例的政策。他在 1947 年 5 月 6 日的日记中写道,由于胜利后"行政当局不加详细考虑,为近视之利益观念所蔽,为幼稚之主张所惑,不顾及人民之利益,不了解政府之要事为收拾人心,对于金融之措置铸成大错,致使人民财产大受损失,助长物价高涨,而为丧失人心之一有力分子也。储备卷(券)与法币定为二百对一之比例,暂准流通后,即以此比例收兑储备卷(券),此于经济及人心均有莫大损失"。③

周佛海认为,在中央尚未决定伪券处理办法之前,南京的陆军总司令部忽然规定的法币对储备券之临时比例开其滥觞。当时总部当局并不熟悉金融情形,完全没有考虑到沦陷区民众的利益,而是"听从幼稚无知之参议邵某、顾某之意思,定为二百对一,群情哗然";原以为中央政府日后必然会有相应的补救办法。却没有想到"行政当局亦因近视的打算,亦定为二百对一"。④

周佛海日记中提到的邵某,其实就是时任军事委员会侍从室的少将秘书

---

① 《周佛海狱中日记》,第 90—91 页。
② 《傅斯年致胡适函》(1945 年 10 月 17 日),《胡适往来书信选》下册,香港:中华书局,1983 年,第 49 页。
③ 《周佛海狱中日记》,第 90—91 页。
④ 《周佛海狱中日记》,第 91—92 页。

邵毓麟。8月17日,邵毓麟刚从美国回到重庆,就接受蒋介石的命令,以中国陆军总司令部参议的身份,参加受降工作。其后又前往南京和上海,目睹接收工作中的种种腐败行径以及相关政策的失误。

据邵毓麟后来回忆,9月20日他在上海时曾邀请多位日本和中国的银行家在金城银行举行了一次座谈会,专门讨论有关伪中储券兑换比率的问题。与会者根据京沪地区的物价指数、伪中储券发行总额、伪中储银行的库存现金及外汇总额,再比照目前大后方的物价指数、法币发行总额以及对美金汇率等资料,虽然各人提出的兑换比率不一,但共同的一点是,伪中储券与法币的兑换率不应超过100∶1。邵毓麟也认为,这个比率较之目前市场上滥用而非法定的比率更为合理和妥善,但这不仅是个极为重要的金融问题,更是政治问题,前方军政机关自然无权决定,必须由重庆的中央政府决定。[①]

邵毓麟的回忆是否准确,有人质疑他是事后为了摆脱自己的嫌疑才这样说的,但是档案中有一份他9月22日致蒋介石的电报,对他的回忆可以作出证明。在这封电报中他认为"行政经济接收情形极坏"的原因在于接收机构混乱,彼此之间又互不通气,而且接收人员对于沦陷区的政治、经济毫无认识。邵毓麟接着向蒋介石提出相关的建议,其中关于伪中储券兑换的比率问题,他的意见是:"法币与伪币之比率,仅在目前系一比二百,比率既嫌过大,亦无法令规定,金融因此混乱,应即法定比率,安定金融。"[②]由此可以说明,邵毓麟在财政部公布伪券处理政策前就已指出其兑换比率过高,对沦陷区民众不利了。

那么到底谁是这一政策的最后制定人呢?财政部公布伪中储券兑换办法时曾称:"自日本投降后,本部为办理收复区财政金融复员工作,制定紧急措施方案,遴派各区财政金融特派员驰往各地,遵照方案,积极办理。京沪区特派员陈行业已到达,并将应行查明事项电陈到部",在此基础上,财政部方制定有关敌伪钞票及金融机关的具体处理办法予以公布的。[③]邵毓麟的回忆也指出,制定这一兑换比率的决策人是陈行。邵毓麟说,当他在上海召开过相关会议后,随即到南京将讨论情形向陆军总司令何应钦报告,接着便飞回重庆,又分别向陈布雷和蒋介石作了汇报。9月25日一大早,等到他再将这一情形告知

[①] 邵毓麟:《胜利前后》,第84—85页。

[②] 《邵毓麟呈蒋介石电》(1945年9月22日),《战后中国》第4册,第31—32页。

[③] 《中央日报》(重庆),1945年9月27日,第2版。

财政部部长俞鸿钧,希望他尽快制定合理的兑换比率,并建议 1∶100 的比率较为合适时,俞鸿钧却告诉他,四联总处已根据中央银行副总裁、京沪区金融特派员陈行等人的建议,已奉行政院核定法币与伪中储券的兑换比率为 1∶200,并于前一天发出电报通令各地执行,因而无法更改。① 考虑到财政部在颁布《收复区敌伪钞票及金融机关处理办法》时曾规定,关于暂准流通的小额伪钞的面额、流通期限以及折合率等具体问题,应"由各区财政金融特派员拟定,报请财政部核定公告"②,因此邵毓麟的回忆有其依据。

从表面上看,由于抗日战争胜利突如其来,国民政府根本就没有作好战后复员的各项准备工作,以致政出多门,接收工作混乱无序,制定政策者则目光短浅,特别是在伪中储券兑换比率制定方面竟由对于财政金融并无认识的军方先行宣布,其后财政部门明知不符实际,却不予改正,因而铸成大错。至于这一比率究竟是如何计算出来的,沦陷区的民众不敢去问,生怕因此而被划为汉奸(就在公布伪券兑换的同时,军统特务开始在上海等地大批抓捕汉奸);俨然以胜利者自居的接收大员更是欣然接受,因为这一比率实在可以让他们发一笔横财,既然如此,那又何必要改呢?

如果再进一步分析,制定战后一系列接收复员政策的失误也与抗日战争中后期大后方蔓延孳生的腐败行径密切相关。蒋介石自己也承认:"今日最大之耻辱,乃国军败创,纪律废弛,内部腐化,外表枯竭,形如乞丐,以此为目前之大耻,而为国际所诉辩者。"③由于贪污腐败已经成为系统化、体制性的痼疾,而抗日战争的突然胜利又给这些接收大员和国军官兵一个敛财的大好机会。曾亲身参与接收的邵毓麟就认为,"经济事业机构的接收,更是弊端百出,黑漆一团";为此他还感叹地说:"个人或有'五子'而可'登科',政府却因此基础动摇。在一片胜利声中早已埋下了一颗失败的定时炸弹。"④

接收大员不仅从接收中"五子登科",而且趾高气扬,对沦陷区民众视如草芥,这在制定伪券兑换比率中表现得格外明显。周佛海就认为制定政策者之所以如此,是因为他们普遍存有"浅薄、幼稚、意气用事之报复心理,其意谓,储

---

① 邵毓麟:《胜利前后》,第 86—88 页。
② 《财政部长俞鸿钧致蒋介石签呈》(1945 年 8 月 31 日),台北"国史馆"藏国民政府档案:001—084100—0005。
③ 《蒋介石日记》(1945 年 1 月 16 日)。
④ 邵毓麟:《胜利前后》,第 81 页。

备券乃敌伪所用之伪币,故应压低其价。殊不知币为伪币,民非伪民,储备券乃人民手中之财产,即使全不承认,视为废纸,于伪无损,于敌更无损,受损者乃中国人民也。此种初步常识尚不具备,而令其为接收干部已属可怪","苏联在东北发行军票,尚知顾念中国人民利益,以军票与伪满货币一对一交换;而中国当局反不如此,实太伤心"。周佛海认为,政府制定这一兑换比率的后果是国家"完全取得储备银行之准备金,而牺牲人民之利益。其结果甚至成为招致中国人民之损失,减轻敌人应负担之负担。不智如此,不仁亦如此"。[①] 钱大櫆是中央储备银行的副总裁,战后他以汉奸罪被捕,并判处死刑。他曾对人说,他在汪伪政权中除了担任中储行的副总裁,其他什么事都没干过。他说最感遗憾的就是关于伪中储券的兑换比率,他以为"健庵(陈行字)是金融界的旧人,对中储券的比值,不该做出这样不合理的决定"。钱大櫆还拿出他所保管的资料计算,根据中储行所发行的钞券与库存的黄金、白银、外汇和其他动产不动产相对比,法币与伪中储券的兑换率应为1:28。[②] 周佛海、钱大櫆虽然落水成了汉奸,可是他们这一番话倒是切中肯綮、值得深思的。

　　蒋介石作为当时国家的最高元首,自然要处理众多国家要事,仔细阅读他在抗日战争胜利前后的日记和有关电报,可以看出他对于处理伪券的问题还是非常关心的,亦曾不断发出指示,要求属下认真处理。然而他身在重庆,同时对有关金融的具体内容并不熟悉,只能作些原则性的指示,即使有人提出异议,但亦未能引起他的重视。蒋介石原以为此事处理得较为顺利,可以稳定收复区的民心和经济,然而这一政策所带来的严重后果,却直接动摇了国民党的统治根基,此刻即使他想予以改正,但为时已晚,大厦将倾,蒋介石已无力回天了。

原载《文史哲》2012年第1期

---

① 《周佛海狱中日记》,第92页。
② 朱子家(金雄白):《汪政权的开场与收场》第1册,第119页。

宋子文与战后初期的金融贸易政策

一 引 言

抗日战争胜利后,百废待举,国民政府先后制定和采取了相应的经济政策与措施去应付这突然到来的巨变。在这众多政策之中,有关金融和对外贸易政策的演变至为重要,其中最明显的转变就是由战时的管制外汇到战后初期的开放金融市场,由战时对进出口贸易实施严格的统制到战后取消统购统销政策、撤销国营贸易公司,同时鼓励输入、对进口商品采取极度放任的态度。制定这一政策的主政者是抗日战争胜利前夕刚就任行政院院长、抗战胜利后又出任最高经济委员会委员长的宋子文,他推行这些措施的初衷是想借开放外汇市场和出售库存黄金以回收过量发行的货币,通过大量进口国外的商品来解决物资供应不足、物价不断上涨的局面,希望在较短的时间内制止自抗日战争中后期就爆发而且日益严重的通货膨胀。然而事态的发展却与当局的意愿截然相反,开放金融市场的后果导致国库中大量的外汇与黄金外流,而放任外国商品的自由输入更使得国际收支严重失衡。新政策实施后不久内战就全面展开,紧接着,在上海这个中国最大的经济城市又爆发了金融恐慌和经济危机,而且迅速波及全国。在这种形势之下,国民政府不得不修改政策,一方面严格控制进口商品的输入,同时严禁外汇和黄金的自由买卖,又重新捡起战时执行的那套统制经济政策;而宋子文也遭到朝野上下的一致攻击,不得不辞去行政院院长的职务,黯然走下政治舞台。然而所有政策的改变为时已晚,随着内战的扩大,国民党统治区的经济危机已病入膏肓,最终导致国民政府败退中国台湾。

金融与贸易政策所涉及的领域相当广泛,特别是它关系到一个国家的外汇管理、进出口商品的管制以及国际收支的平衡等各个层面，因此战后国民政府执行这一政策的正确与否就成为影响其政权统治成败的关键之所在。尽管学术界对这个问题基本上有所共识，然而真正深入的研究却不多见。① 近些年来这种状况虽然有所改变，但是对于国民政府为何战后在这么短的时间内会突然决定改变统制经济制度并进而实施开放金融市场及鼓励进口贸易的政策，特别是对于出现这一转变的背景及其原因仍然缺乏深入的研究。② 本文主要在收集了庋藏于海峡两岸第一手档案资料的基础上，并参考前人研究成果，试图对宋子文战后初期实施金融贸易开放政策的初衷、制定政策的经过与主要内容及其后果进行全面的阐述，进而对国民政府战后推行自由经济政策的背景与原因加以分析，并提出个人的见解，以求得诸位学者方家的指正。

二 抗日战争胜利后对外贸易政策的演变

1945 年 8 月 6 日和 9 日，美国在日本本土的广岛和长崎分别投掷了两颗原子弹，紧接着苏军向日本宣战，随即分几路出兵，中国的抗日军民亦开始全面大反攻。8 月 15 日，日本政府正式宣布无条件投降，国民政府坚持了八年抗战，终于取得了最后的胜利。

抗战胜利虽是迟早之事，但它的突然到来还是出乎大部分人的意料之外。8 月 10 日夜间，当日本准备接受波茨坦公告、宣布无条件投降的消息传到战时首都时，重庆山城的市民顿时沸腾起来。在这夹杂着胜利的喜悦、兴奋和忙乱

---

① 涉及这一问题的著作可参阅 Chang Kia - ngau：*The Inflationary Spiral*，*The Experience in China*，*1939—1950*（New York：The Technology Press of Massachusetts Institute of Technology and John Wiley & Sons, Inc, 1958)，中译本见张嘉璈著，杨志信译：《中国通货膨胀史：1937—1949》，北京：文史资料出版社 1986 年；郑友揆著，程麟荪译：《中国的对外贸易和工业发展：1840—1948》，上海：上海社会科学院出版社，1984 年；上海社会科学院经济研究所、上海市国际贸易学会学术委员会编著：《上海对外贸易》下册。

② 吴景平的《宋子文评传》对于宋子文在抗战胜利后推行的财政金融政策方面有较全面的分析。近年来汪朝光对于战后国民政府的财政金融措施亦曾进行过深入的研究，代表作包括专著《中华民国史》第三编第五卷（北京：中华书局，2000 年）中的相关章节以及论文《简论 1947 年的黄金风潮》（《中国经济史研究》1999 年第 4 期，第 64—72 页）和《战后初期中国经济恢复与重建的若干问题》（《复旦学报》2001 年第 4 期，第 34—42 页）。关于这一问题，还可参见日本学者久保亨的论著《对外经济政策の理念と决定过程》，载姬田光义编著：《战后中国国民政府の研究，1945—1949 年》，东京：中央大学出版部，2001 年，第 235—261 页。

之中,大后方政府各个部门的官员都忙着准备战后复员和还都的计划,海关总税务司署亦立即恢复对全国进出口贸易的管理。

8月11日,财政部召开会议,要求属下各单位应根据现实情势,速拟复员办法,并就机构、人事、经费、器材和法令各点分别筹划。于是贸易委员会主任委员邹琳当天即向属下各部门下达手令:"日本投降,复员在即,有关本会复员事项,亟应就现在情况重新切实检讨。除由童(季龄)副主任委员、赵(恩巨)处长召商整个计划外,各单位应即分别研究,并将紧急事项办稿实施。"[1]13日下午4时,赵恩巨处长于贸易委员会会议室主持各部门负责人参加的"复员问题讨论会议",讨论并通过了复员计划。其要点为:贸易委员会及所属外销物资增产推销委员会暨桐油研究所、生丝研究所迁设于南京,各地分支机构除原设于兰州的西北办事处拟更名为兰州办事处毋庸复员留驻原地外,应于全国其他地区或改组,或迁移,或增设新的办事处。[2]

由于上海是全国乃至当时远东最重要的金融与经济中心,国际贸易进出口总额通常占全国的绝大部分,复兴商业公司作为贸易委员会属下唯一的国营贸易公司即决定胜利后总公司迁往上海,其下属各分支机构则以分区经营业务为原则,除总公司兼营苏、浙、皖三省业务外,还设立汉口、广州、兰州、沈阳、天津、台湾分公司,负责全国其他各省的有关业务,各分公司得在物资生产之集中及转运地点斟酌需要情形,设立办事处、收货处及制炼厂,并于国外纽约、伦敦、新加坡、加拿大、澳洲、日本等处设立分支机构,销售出口货品及办理进口业务。[3] 复兴商业公司并依照这一精神,迅速拟定了先期前往上海筹备复员工作的人员名单。[4]

早在抗日战争中期,蒋介石就曾多次命令政府各部门分别制定政策,对战后复员和建设方针加以策划。1942年7月19日,蒋介石在一天之内即向国防

① 中国第二历史档案馆藏贸易委员会档案:三〇九/451。
② 《财政部贸易委员会及附属机构复员计划提要》(1945年8月14日),中国第二历史档案馆藏贸易委员会档案:三〇九/451。
③ 《复兴商业公司战后复员准备工作节略》(1945年8月),中国第二历史档案馆藏贸易委员会档案:三〇九/451。关于复兴商业公司战时的经营活动与战后的复员计划,可参阅拙文:《复兴商业公司的成立与初期经营活动》,载《近代中国》总第139期,台北:近代中国杂志社,2000年10月,第180—202页;《统制经济与国营贸易:太平洋战争爆发后复兴商业公司的经营活动》,载《近代史研究》2006年第2期,第125—149页。
④ 《复兴商业公司协理余绍光致童季龄函附件》(1945年8月18日),中国第二历史档案馆藏贸易委员会档案:三〇九/452。

最高委员会秘书长王宠惠下达两道手令,要他在一个星期内就"中国与美国现在与战后之具体合作方案(包括军事、政治、经济在内)"速拟草案,蒋介石强调,"战后以太平洋各国集体互助为主旨,而不必提两国单独同盟为宜也"。在另一份手令中蒋介石更明确指出,"中国战后发展本国国内工商业之必要条件与美国所倡导之自由贸易政策在中国所实施之程度,对美国给与中国以某种经济上及技术上之援助,使中国在战后之经济建设工作不致因自由贸易政策之限制而受阻碍也",因而要王宠惠遵照这一原则拟定具体方案,并与美国政府进行谈判。[①] 嗣后蒋介石又亲自向行政院副院长兼财政部部长孔祥熙和王宠惠下达手令:"对于战后国际贸易政策,希即研拟方案呈报为要。"[②] 其后不久,蒋介石又以个人名义公开出版《中国之命运》,对近百年间西方各国强加给中国的不平等条约予以严厉的谴责。许多西方观察家将此书的出版宗旨解释为是排外的,他们认为这本书打着"三民主义"的旗帜,既反对共产主义,又反对"自由主义"(亦即资产阶级民主主义),因而是反对西方的理想与实践的,进而他们得出结论,中国战后实行的将会是国家全面控制的经济体制。[③]

贸易委员会于接奉最高指示后即组织有关人员加以商讨,并拟具《我国国际贸易政策纲要草案》。草案由三个部分组成,第一部分为前言,阐明该草案起草乃"以遵循党训及国策为原则";第二部分最为重要,是依照上述原则所拟定的战后贸易政策之具体条文(共 31 条);第三部分则为实施该政策的步骤及其以切合目前形势所规定项目的次序。贸易委员会主任委员邹琳在呈文中承认,制定战后贸易政策最关键的问题就在于"自由贸易与统制贸易如何协调",他指出,"本草案系根据'民生主义'之企业国营、'抗战建国纲领'之实行计划经济、总裁手撰《中国之命运》之资本国家化、享受民众化,并参照现行统制贸易(国营贸易)之现实情形审酌拟订,一面维持国营贸易,一面扶助民营贸易,以期自由贸易与统制贸易将来能得到协调之进展"。因此他认为,"在战后初期产业基础未臻巩固,资本技术尚待外求,所赖于友邦之协助者正多,自不可

---

① 《蒋介石致王宠惠手令》(1942 年 7 月 19 日),台北"国史馆"藏蒋中正总统档案·筹笔(抗战时期):15311。

② 《委座机秘甲第七五一四号手令》(1943 年 2 月 23 日),中国第二历史档案馆藏贸易委员会档案:三〇九(2)/51。

③ 参见 The New China Destiny,Ameresia,Vol. IX,No. 13(23 June,1944),pp. 202—203,转引自陶文钊:《1946 年〈中美商约〉:战后美国对华政策中经济因素个案研究》,载《近代史研究》1993 年第 2 期,第 236—258 页。

不在国家建设之原则下，勉循世界潮流，酌量容纳各友邦免除国际贸易障碍之要求，此则尚有待于将来逐步实施时，酌察国际环境，再为适宜之措置者也"。①

尽管政府内部对于战后究竟应实施自由贸易还是统制经济的政策存有分歧，但相对说来，坚持统制经济模式的意见更加强大，其中尤以贸易委员会首脑的理念最为明显，这从贸易委员会所拟定的一份《战后贸易计划纲要》中即可看出。这份纲要虽然也提到战后要扶植民营制度、指导民营进出口业务，但更加强调的则是国家统制与计划经济，如"我国对外贸易以实行计划贸易为依归"，"我国对外贸易应建立国营制度"，"对外贸易行政机构应予统一充实"，"国营进出口贸易公司应予调整扩大或分业组织"②等，充分表现出要对战后贸易实施独占的强烈意欲。而此时蒋介石虽然表示战后20年的商业政策应当"尽力奖励民营，使之发达"，但它的前提则是"必须受政府切实之管制与考查"。③

对于战时主管全国对外贸易行政与业务大权的贸易委员会来说，战后继续实施统制贸易不仅是必然的，而且更是其本身能否存在以至发展的关键之所在。因此他们坚持，"抗战以来政府对于国际贸易采行统购统销政策实施迄今，虽系局部之统制，然亦着有相当成功"，尤其是"我国工商业尚未发达，为顾全国家及商人利益计，战后我国必须采行保护关税、管制贸易政策"，即"战后政府对于国际贸易必须采行严密监督、全面统制政策"。④

1945年9月13日，蒋介石亦对战后经济与贸易的原则发出训示："我国战后经济与贸易二种事业，必须确定制度，使能切实执行，合理发展，不可再踏过去听其自然、漫无规则之覆辙，应依据民生主义之准则及中央已定方针，分别设计具体方案，于一个月内呈报为要。"⑤财政部接奉行政院训令即按上述指示拟具《战后贸易设施方案》，该方案由总纲、政策、实施办法和组织四部分组成，其宗旨就是战后贸易，一是要"采取'有计划的自由贸易'，导助公私企业，使得

① 《贸易委员会主任委员邹琳拟送〈我国国际贸易政策纲要草案〉致财政部长孔祥熙签呈》(1943年3月31日)，中国第二历史档案馆藏贸易委员会档案：三〇九(2)/65。
② 《贸易委员会主任委员邹琳致中央设计局秘书长熊式辉函及附件》(1944年3月)，中国第二历史档案馆藏贸易委员会档案：三〇九/436。
③ 《蒋介石致王宠惠、张群、熊式辉手令》(1944年1月17日)，台北"国史馆"藏蒋中正总统档案·筹笔(抗战时期)：15516。
④ 《贸易委员会统计组会议记录》(1945年8月25日)，中国第二历史档案馆藏贸易委员会档案：三〇九/309。
⑤ 《委员长侍秘字第二九五二一号申元手启代电》(1945年9月13日)，载《民国档案》2003年第3期，第39页。

相互协调,合理发展";二是要"顺应世界潮流,并参照历次中外协定之精神及国际会议之决议,以加强国际合作,而促进世界繁荣"。而为了实施上项计划,"政府应在中央设立一个独立的贸易行政机构,加强调整或恢复各地贸易行政机构",同时"应建立国营贸易业务之体系,在国内及国外各地,依事实需要各设分支机构,以求推进业务"。①

然而此时国内局势出现的变化,却使得有关部门不得不对贸易政策作出重大修正。由于胜利初期物价一度狂跌,各方需求亦大幅减少,导致复兴商业公司经营发生困难。因为统购物资的收购价高于市场价,按理说此时应暂停收购统销物资才是,但因复兴商业公司负有执行统购统销的法令责任,明知亏蚀亦都无法停止。直至 10 月 9 日行政院召开第 716 次院会,财政部提议将原各项外销物资统购统销办法,包括桐油、猪鬃、生丝、羊毛和茶叶等农产品,一律取消,"嗣后易货续偿所需物资,由复兴公司订约收购;其余得由商民运销出口",财政部以为如此方可"发动民间广大资力,增加生产,扩大外销,繁荣进出口贸易,加深国际间合作"。② 既然统购统销的政策不再实施,那么专为执行该政策而成立的贸易委员会和复兴商业公司也就都没有继续存在的理由了,因此 10 月 30 日行政院第 718 次会议作出决议,决定撤销贸易委员会,并责成复兴商业公司"先行紧缩,至本年年底结束,结束后未了业务交经济部接办"③。大局已定,原先坚持战后继续实施统制贸易的贸易委员会也不得不改变立场,声称"今抗战已告胜利结束,国际交通路线即将通畅,而国际市场复待争取,所有原由政府统筹之各项主要外销物资,似可准许民营,将各项统购统销办法予以废止,以资扩大出口贸易业务"④。

根据这一形势的变化,行政院又重新确立了战后经济事业和贸易制度,其中"贸易制度"明确规定战后国内外贸易的经营方式可分为政府单独经营、民营、政府与人民合营、中外合营(政府或人民与外资合营)及外资单独经营等五种,除了军火以及钨、锑等物品政府应组织进出口专业公司负责经营外,而其他国内外贸易则均以民营为原则;至于"管理制度"则规定,"政府对于进口贸

---

① 《战后贸易设施方案》(1945 年 10 月),中国第二历史档案馆藏经济部档案:四/30408。
② 《中央日报》(重庆),1945 年 10 月 10 日,第 3 版。
③ 《复兴商业公司卅四年度办理业务情形节略》(1945 年 12 月),中国第二历史档案馆藏财政部档案:三(2)/280;又见《中央日报》(上海),1945 年 10 月 31 日,第 1 版。
④ 《贸易委员会进出口贸易组会议记录》(1945 年 10 月 31 日),中国第二历史档案馆藏贸易委员会档案:三〇九/309。

易、进口外汇及关税,在战后初期应予适度管理,以期进口物品能配合经济建设计划之需要,并使有限之外汇资源不致浪费,而国际收支亦能逐渐接近平衡","政府对于出口贸易以不统制为原则,并废除出口税,俾使扩大出口量值"。国民政府主席蒋介石审阅该项计划后批示,除了"关于出口关税之废除与结汇办法之规定两点应针对战后各时期实际环境之需要,详作具体之研究,以期国际贸易与国内工业之发展"外,其余"准照会拟意见办理,由行政院分别草拟法案施行"。① 与此同时,国民政府为完成经济复员、促进全国经济建设及发展,于11月26日成立最高经济委员会。该会直隶于国民政府,由行政院正副院长分任正、副委员长,各主要经济部门首长为委员,对各机关经济工作有统辖之权。行政院院长宋子文在就任最高经济委员会委员长时提出战后发展经济的政策纲领:一是扶助民间事业,协调国营、民营关系,使它们的配置轻重合理;二是平衡政府收支,协调各部门利益;三是与友邦进行经济合作,坦白互惠,毫无偏倚。② 这标志着宋子文此时已开始主导并着手进行战后财政经济政策的变革了。而且还有证据显示,成立最高经济委员会事先是得到美国方面认可与支持的。③

对外贸易关系到国家的金融体制和国际收支,因此对外贸易制度的变革是国民政府战后财政经济政策上的一个重大转变,它表示政府此时已决定放弃战时长期执行的贸易统制和国家资本垄断经营的政策,开始向所谓"自由经济"的体制过渡,而战时为执行统制经济而成立的贸易委员会战后不但未能如愿升格为贸易部,反而因政策的改变而遭撤销,其属下最大的国营贸易公司因无法继续垄断经营农产品的出口业务亦同时宣告停止,所有仓存及运输中货物连同各地房产、设备及所有投资事业等均全数交由经济部接办。④ 这也意味着实施多年的统制贸易至此已宣告结束,随之而来的则是"鼓励输入"的自由经济政策了。

---

① 《确立战后我国贸易制度》(1945年11月1日),中国第二历史档案馆藏财政部档案:三(2)/2988;又见《蒋介石关于确立战后经济事业制度与贸易制度代电》(1945年11月26日),《汇编》第五辑第三编《财政经济》(一),第6—10页。

② 《大公报》(重庆),1945年11月27日,第3版。

③ 1945年10月8日,美国总统杜鲁门(Harry S. Truman)的私人代表、著名银行家洛克(Edwin Lock)自美来华考察中国战后经济状况,历时一个半月,临行前曾发表谈话,赞成中国设立最高经济委员会。见《中央日报》(重庆),1945年11月17日,第2版。

④ 《复兴商业公司呈报公司结束及移交办法代电》(1945年12月15日),中国第二历史档案馆藏贸易委员会档案:三〇九(5)/248。

三　开放金融市场，鼓励进口贸易

抗日战争胜利后，物资供应仍然十分紧张，而进口商品与国内库存物资的价格相比又极为低廉，再加上政府陆续将战时所颁布的一系列管理进出口物品条例以及禁运、特许等限制宣告废除，从各个方面鼓励和刺激了进口商品的大量输入。但战后初期由于缺乏航轮运输，特别是受到进出口结汇方面的限制，因而直至1945年年底，除了大规模的联合国善后救济总署运来的物资外[1]，其他正常的进出口业务进展得尚不明显。

1938年3月，国民政府开始对外汇实施管制，最初汇率还大致依据物价和通货膨胀有所调整，以后两者间的差距就越来越大，汇率亦时加变动。太平洋战争爆发后，官方始将美元与法币的汇率订为1∶20(约为战前汇率的6倍)，在这之后尽管物价不断上涨，黑市汇率早已上升数十倍，但长期以来官价汇率却丝毫不予调整，抗日战争胜利前市场的汇率及物价实际上已分别达到战前的245.9倍和1 181.9倍[2]，因此抗日战争胜利后的外汇市场依然是有行无市，侨汇虽然另加24倍的补贴(即每美元兑法币500元)，但也只有收进，并无售出。据统计，自1945年8月19日(抗日战争胜利之初)至1946年3月3日(开放外汇市场前夕)的半年多时间里，中央银行及指定银行共售出6 420余万美元，其中工商业申请者仅占11%，为数甚微，个人申请者更只有2%，其余绝大多数均为机关申请者。[3] 由于外汇官价汇率极不合理，导致外汇供应无法进

---

[1]　根据联合国善后救济总署的报告，1946—1948年运入中国的救济物资总值达52 670万美元，其中仅极小部分是1946年以前运入的；但按中国海关根据每月平均汇率折合成美元后的统计，认为总值仅为32 120万美元。郑友揆经过比较后得出的结论是，中国方面估算的数字应更为接近实际情况。参见郑友揆著，程麟苏译：《中国的对外贸易和工业发展：1840—1948》，上海：上海社会科学院出版社，1984年，第220页。

[2]　郑友揆著，程麟苏译：《中国的对外贸易和工业发展：1840—1948》，第136页。若根据军事委员会委员长侍从室的报告，抗日战争胜利前夕(1945年8月8日)的物价约为战前2 500倍，以通货计算，战前中央连同地方发行货币约为20亿，现时约5 000亿，发行量为战前250倍。参见《唐纵失落在大陆的日记》，台北：传记文学出版社，1998年，第489页。

[3]　参见《监察院外汇使用及各公司营业报告情形报告书》(1947年10月)，载吴大明、黄宇乾、池廷熹编：《中国贸易年鉴(民国卅七年)》，第443—444页，该年鉴收录于沈云龙主编：《近代中国史料丛刊》第72辑，台北：文海出版社，1971年；又见赵兰坪：《中国当前之通货外汇与物价》，南京：正中书局，1948年，第109页。

行,进出口业务亦就无法取得进展,尤其是出口业务更为困难。1945 年 12 月,随着外商银行在上海的复业,黑市美钞开始有了交易的渠道和市场,上海的进口业务纷纷以美钞计价,暗中授受,已成为事实上相互交易的工具。此时对外交通业已恢复,外轮亦相继抵达中国港口,进出口商纷纷要求采用其他结汇方法进行贸易。所有的情况都在说明,这种僵硬的外汇制度已到了非改不可的地步了。

到了 1946 年初,上海等地物价日趋上涨,民众浮躁不安,为此蒋介石也沉不住气,并亲自下达手令,要求宋子文尽快制定财经政策以安定民心。手令曰:"上海物价高涨不已,情势严重,应即切实更张,此时政府万不能只管收入,而不顾民生与社会实情。此一政策必须彻底研究改正,否则怨声载道,民不了(聊)生,政府虽聚敛积蓄,适足促成危亡而已。"①在这种情形之下,行政院院长兼最高经济委员会委员长宋子文最终做出决策,为了解决日益严重的通货膨胀,缓解物资供不应求的困难,决定放弃战时实施多年的金融管制政策,改行开放金融市场,并实施"鼓励输入"的对外贸易政策。有学者指出,此时宋子文制定的开放金融市场、鼓励货物进口政策是他和美国顾问阿瑟·杨格(Arthur N. Young)及中央银行总裁贝祖诒秘密决定的,不要说财政部部长俞鸿钧毫不知情,就连国民政府主席蒋介石也是事后才得知的。②

开放金融市场是宋子文战后推行的重大的财政经济改革政策,其主要措施是,将法币汇率改为随市场供给而自由浮动,由中央银行操控买卖市场;同时中央银行还将库存的黄金以官定价格,通过上海黄金市场予以自由买卖,借以收回过量发行的法币,吸收民间游资。宋子文之所以敢采取开放金融市场、出售黄金外汇的政策,完全是因为当时国库中充裕的黄金和外汇储备为他撑腰。据统计,1945 年年底,中央银行的黄金和外汇的储备共计为 85 805 万美元(其中黄金储备为 568 万盎司[约为 160 000 千克]),达到历史最高水平,同时抗日战争胜利后接收敌伪产业的财产也非常可观,1946 年仅上海一地变卖的接收物资收入就高达法币 6 698 亿元③,更何况还有美国政府所应允的 20 亿

① 《蒋介石致宋子文手令》(1946 年 2 月 15 日),台北"国史馆"藏蒋中正总统档案:特交档案 2080. 200,304086。
② 汪朝光:《简论 1947 年的黄金风潮》,《中国经济史研究》1999 年第 4 期,第 67 页。
③ 张嘉璈著,杨志信译:《中国通货膨胀史,1937—1949 年》,第 193 页;又见汪朝光:《简论 1947 年的黄金风潮》,《中国经济史研究》1999 年第 4 期,第 64—72 页。

美元贷款。

1946 年 2 月 25 日,宋子文在国防最高委员会正式提出开放外汇市场的临时提案,获第 184 次常务会议决议:"通过,交行政院整理文字后迳行公布。"①该提案包括《管理外汇暂行办法》和《进出口贸易暂行办法》两大措施,主要内容为:由中央银行指定若干银行专门进行外汇买卖;废止现行官价外汇,其价格由中央银行根据市面情况随时加以调节;政府拨出 5 亿美元作为法币准备金,另由中央银行划出若干外汇,以维持汇率;将进口商品分为自由进口、申请许可进口和禁止进口三大类;设立输入设计临时委员会,负责进口贸易的调查统计;除指定物品外,其余货物经结汇后,均可自由出口。为了贯彻和实行这一政策,宋子文于 26 日还将他的亲信、原中国银行总经理贝祖诒调任中央银行总裁,在这之后,开放金融市场和鼓励输入的机制便正式开始运转。

按照宋子文的设想,"外汇开放以后,对外贸易便可畅通,各项物资尤可随人民的需要而增加;游资之流入投机市场以助长物价之波动者,亦纳入商业正轨;国外原料及机械也可因对外贸易之恢复,源源进口,来配合国内工业之发展,足以使增加生产,并收平定物价之效果。所以开放对外贸易,在国内可以安定人心,在国外可以引导投资,予我国经济建设以重要的助力"②。财政部部长俞鸿钧也认为,开放外汇市场至少可以收到以下几点成效:"第一是可以安定国内金融。以前因外汇官价过低,市面发生黑市投机者推波助澜,涨跌均甚剧烈,甚至物价随之涨落,其影响使社会经济为之不安,此项办法公布后,黄金、美钞价值立刻得以稳定,物价普遍下跌,金融渐见安定,今后中央银行善为运用,不难收平定之效。第二是恢复国际贸易。因以往黑市汇价高低不一,进口商不易计算成本,出口商以低价结汇,关系尤为萎缩,今后由中央银行控制汇价,出口货既可踊跃输入,而进口商亦免去汇兑之冒险,国际贸易可以畅通,对于国内经济也不难发展。第三是加速经济复员。因汇价波动之故,经济事业颇感束手,最低限度亦不敢放手进行,现汇价既有中央银行为之平准,工业家可以安心进行恢复工厂工作,进口物品又有进出口贸易办法加以限制,亦足

---

① 行政院院长宋子文临时提案"开放外汇市场案"(1946 年 2 月 25 日),中国国民党党史委员会藏国防最高委员会档案:国防 003/3720;《进出口贸易暂行办法》(1946 年 3 月 1 日公布),中国第二历史档案馆藏经济部档案:四/34357。
② 《行政院院长宋子文在国民党六届二中全会上的政治报告》(1946 年 3 月 8 日),《战后中国》(四),第 454 页。

以保护国内工业,因之经济复员可以加速进行。"①

3月1日,《进出口贸易暂行办法》正式公布,除了列于附表乙的少数货品外,绝大部分物品均可自由进口;3月4日,中央银行挂牌,美元电汇以2 020元卖出,1 980元买进,并指定由广东、汇丰等中外29家银行及16名外汇经纪人经营进出口外汇业务及外汇经纪业务。与此相配合,中央银行还制定了《黄金买卖细则》,自3月8日起由中央银行在上海以明配和暗售两种方式②随市买卖黄金,每条(10两)售价165万元法币。以此为标志,政府"一变战时统制贸易为平时自由贸易",亦"是为战后我国开放对外贸易之始"。③

战后初期政府推行开放金融与贸易市场政策最突出的特点即表现为进口管制极松、外汇管理极滥和"钉住制"④的外汇汇率太低。由于政府实施"鼓励输入"和"低汇率"的开放贸易政策,除了极少数物品列入"需经许可"和"禁止"入口外,其他绝大部分商品均可自由购运输入。⑤ 虽然此时国家已经大大提高了外汇价格,但进口商品的成本与国内物资不断上涨的物价相比仍然相差很大。⑥ 由于这种政策对于经营进口贸易极为有利,大批商人就充分利用两者间的巨大差额牟取暴利。据当时报纸记载,由于"国内的物价高,对外的汇率低,

---

① 《财政部部长俞鸿钧在国民党六届二中全会上的财政金融口头报告》(1946年3月4日),《战后中国》(四),第486页;又载《汇编》第五辑第三编《财政经济》(一),第165页。

② "明配"是由中央银行业务局以每日上午10时的上海金价为标准,决定当日央行牌价,再根据金业、银楼两公会会员之需要申请条数,由指定之同丰余、太康润、太丰恒三家金号和方九膏昌记、杨庆和发记两家银号负责购领、分发各申请会员;"暗售"则是由中央银行业务局于每日明配后根据市场情形,随时以当时波动之黄金最高市价为标准,分批交由上述五家金银号抛售,以此来平定金市价格,而实际上暗售的黄金要远远超过明配的数量。参见《何汉文等关于调查上海黄金物价报告》(1947年3月2日),中国第二历史档案馆藏监察院档案:八(2)/179。

③ 经济统计处:《三十五年我国对外贸易概述》(1946年12月),载《汇编》第五辑第三编《财政经济》(六),第600页。

④ 所谓"钉住制"是指不论法币的币值有无变化,其与外汇的固定汇率钉住不变。这也就是说,即使法币贬值、黑市外汇飞扬,但中央银行仍按官价公布的汇率卖出或收进。

⑤ 当时列入进口货物约有670多个类目,其中被禁止进口的品类包括22个号目,主要是高度华贵的奢侈品,需经许可进口类品种仅7个号目,而需纳重税进口的品类亦不足24个号目。而且其中若干号目也并非全部受限制,譬如列于第256号的汽车类亦仅有一小部分(七座位以下及出厂价格超过1 200美元)规定禁止进口,因此可以看出此时进口的开放程度是极为宽松的。具体规定类目可参见吴大明、黄宇乾、池廷熹编:《中国贸易年鉴(民国卅七年)》,第62—64页。

⑥ 自抗日战争中期起,官价的汇率即长期固定在1:20的价位上,但黑市价格则一路飙升,抗日战争胜利前夕(1945年7月)大后方外汇的黑市价格已上升到每美元兑3 000元法币以上。抗日战争胜利后物价和外汇的汇率都一度狂跌,重庆美钞1945年9月中旬曾跌至650元的最低价;但1945年9月至1946年3月由于通货膨胀加剧,物价暴升,上海主要日用品的价格前后已上涨了7—20多倍。因此此时政府规定的外汇价格虽然与最低价格相比上升了3倍多,但却远远赶不上同一时期物价的上涨幅度。参见上海社会科学院经济研究所、上海市国际贸易学会学术委员会编著:《上海对外贸易》下册,第163页。

法币的对内价值与对外价值有极大的差别,进口商结得廉价的外汇输入货物,依国内高昂的市价出售,一转手间利市三倍"①。就以进口硫化元染料为例,当时从美国购运一担硫化元到上海,成本约 40 美元,而在上海售出后所得法币却可依官价结购到外汇 500 美元;若以之再向国外订货,则又可以买到 12 担硫化元,这样转手之间,时间不过四五个月,扣除运费、关税、保险等各种费用,竟有数十倍的暴利可赚。② 一时间经营进出口商行纷纷崛起,特别是在上海的进口商行更是趋之若鹜,不但经营的户数剧增,而且经营的品种也无限扩大,呈现一派蓬勃兴旺的畸形繁荣景象。在这当中,尤其是以民营面貌出现却与政府之间具有极密切关系的"官办商行",如宋子良的中国孚中实业公司、孔令侃的扬子建业公司和宋子安的中国建设银公司等豪门资本更是先后在上海"抢滩登陆",他们利用战争期间与美国各大财团建立起的良好关系,以代理商的身份独家经营进口业务,特别是这些公司依仗特权,经营汽车、电器、药品、奢侈品等非生产性物资,赚取超额利润,同时也加快了国库中外汇和黄金大量流出的速度。

四 开放市场政策惨遭挫败

实行金融开放政策的最初几个月汇价和金价还比较平稳,买进与卖出之间大体持平,而且 1946 年上半年的物价上涨趋势也确实有所减缓。但是开放金融市场是以国家库存的外汇和黄金为筹码的,而黄金和外汇的储备毕竟有限。由于政府的决策人高估了法币与美元的比价,他们所规定的固定汇率大抵均低于美金市价与中美购买力平价③,从而使法币购买外币的能力将较购买国货的能力为高,导致外国商品如潮水般涌往国内,外汇储备大量流失,入超急剧上升,进口与出口的比例 1946 年 1 月开放金融市场前即为 2∶1,到了 3 月就上升到 5∶1,到 5 月底更递增到 8∶1。④ 根据海关报告,1946 年 1—6 月上海

---

① 李宗文:《一年来的经济》,载《商报》1947 年 5 月 22 日,转引自《上海对外贸易》下册,第 171 页。

② 参见《上海对外贸易》下册,第 171 页。

③ 据统计,自从实施开放外汇政策以来,中美购买力平价与官定汇价之比少则二三倍,多则 10 余倍。参见张维亚:《中国货币金融论》,台北:"中央银行"经济研究室,1952 年,第 223 页。

④ 吴大明、黄宇乾、池廷熹编:《中国贸易年鉴(民国卅七年)》,第 69 页;又见《上海对外贸易》下册,第 144 页。

进口货物总值为 347 260 004 000 元法币,而出口货物值仅为 34 794 400 000 元法币,进出口之比已高达 10∶1,若再加上同期联合国善后救济总署进口的物资以及走私进口的物资(据说每月走私货品约值 20 亿元法币),其入超比例还要大得多。①

开放外汇市场的初衷就是要消灭黑市,但外汇黑市存在与否至少取决于以下几个因素:其一,各指定行及央行的外汇头寸是否足够;其二,外汇持有者是否愿意出售外汇;其三,外汇的市场供给(包括出口外汇及汇款)是否充裕。很明显,如果中央银行的外汇供给不能应付市场的需求,黑市则势必存在。实施新外汇政策之后,由于对外贸易的大量入超对于外汇市场的售汇造成巨大的压力,特别是 1946 年 6 月内战重启,社会经济危机随之加剧,各地游资纷纷涌入上海,据 1946 年 12 月初的一项统计称,三个月来各地流入上海的法币约有 6 000 亿元,加上上海原有的 2 000 亿元,游资即高达 8 000 亿元之巨,按官价汇率合 4 亿美元。② 如此巨大的资金在市场上兴风作浪,投机取巧,不仅会对政府的开放金融政策带来沉重的压力,而且还将导致国库中大量的外汇流失。在这种形势之下,中央银行不得不于 8 月 19 日调整汇率,将法币贬值 60%,改为法币 3 350 元兑换 1 美元,并实施出口低利贷款、豁免出口税等措施,希望借此促进输出而减少输入。按宋子文的解释,实施这一政策的目的在于"求输出入贸易之趋于平衡及生产事业之活泼发展"③。然而外汇汇率仍旧采取"钉住制",因而并未能完全阻止汹涌而来的进口狂潮。自 9 月以后,虽然中央银行对进口货品的限制逐渐加紧,但外汇黑市的价格仍高于官价 50% 左右。④ 与此同时,国库中的外汇和黄金亦大量外流。据监察院调查,自 1946 年 3 月 4 日开放外汇市场到同年 11 月 17 日政府修正进出口贸易办法、宣布强化管制进口的八个半月时间内,中央银行和各指定银行共售出外汇计 381 522 461.13 美元,16 761 660 英镑,港币 24 325 589.88 元,折合约为 45 500

---

① 转引自左宗纶:《我国当前对外贸易问题的探讨》,载粟寄沧主编:《经济导报》第 1 卷第 4 期,北平:1946 年 10 月 1 日,第 5 页。
② 参见资耀华:《国民党政府法币的崩溃》,载《法币、金圆券与黄金风潮》,北京:文史资料出版社,1985 年,第 48 页。
③ 转引自《调整外汇新措施的评价》,载粟寄沧主编:《经济导报》第 1 卷第 2 期(北平:1946 年 9 月 1 日),第 1 页。
④ 参见吴大明、黄宇乾、池廷熹编:《中国贸易年鉴(民国卅七年)》,第 444 页。

万美元；①由于政府对于进口商品采取极端自由放任的开放政策，自 1946 年 3 月开放金融市场到 11 月的短短时间里，"政府原存 600 万盎司（约为 170 097 千克。——引者注）之黄金，与 9 亿以上之美金，大半消耗"②，而当初幻想得到的 20 亿美元的贷款此刻更已成为泡影。

经济危机的加剧导致国民党内派系的矛盾更加公开和激化，其中 CC 系对宋子文和政学系的攻击尤为强烈。③ 他们纷纷指责孔祥熙、宋子文的财政政策，甚至要他们下台以平民怨。1946 年 3 月 5 日国民党六届二中全会上进行财政经济检讨，就有多名代表发言抨击官僚资本和政府的财经政策。其中张九如就提出一连串问题予以质疑：黄金政策如何？ 法币回笼情形如何？ 今后是否仍继续执行黄金政策？ 黄金流出国外情形如何？ 外汇管理如不得法，则操纵外汇者，将为办理外汇之银行，财部是否有取缔方法？ 他并指出，应禁止奢侈品进口，以免套取外汇，酿成黑市。闻亦有、雷震则以书面询问的方式要求财政部答复：（1）二次货币平准基金之用途；（2）开放外汇以前历年政府供给外汇之详细数目，以及申请人姓名与其用途；（3）抗日战争期间政府所结得之外汇数目。④ 党内其他派系对于宋子文、翁文灏、俞鸿钧等人加以责难，有人甚至要求宋、翁辞职。其中革新派的主将刘健群更在会议中大声呼吁，"有办法拿出来，没有办法说出来，干得了挑起来，干不了放下来"⑤，他的这番言论竟得到与会者的普遍支持。但是看来此时蒋介石对宋子文的处境还是理解的，对他所实施的政策也是支持的。一方面蒋介石向陈立夫下令："以后对外不可再发表对于经济、财政有关之言论，须知此时无论任何人或任何政策，担任财政与经济必无良法，只有增加党国之艰危，尤其是社会纷乱、敌党环攻之时，更不能自相攻讦，以加强敌方之力量也。"⑥嗣后蒋介石又致电贝祖诒，对他表示

---

① 《监察院外汇使用及各公司营业报告情形报告书》(1947 年 10 月)，载吴大明、黄宇乾、池廷熹编：《中国贸易年鉴（民国卅七年）》，第 447 页；又见中国人民银行总行参事室编：《中华民国货币史资料》第 2 辑，第 835 页。

② 贾士毅：《民国财政史三编》，台北：台湾商务印书馆，1964 年，第 885 页。

③ 有关抗日战争胜利前后国民党内部派系相互倾轧和争斗的情形，可参阅 Lloyd E. Eastman, *Seeds of Destruction: Nationalist China in War and Revolution, 1937—1949* (California: Stanford University Press, 1984), pp. 108 - 129；王奇生：《党员、党权与党争：1924—1949 年中国国民党的组织形态》，上海：上海书店出版社，2003 年 10 月，第 332—355 页。

④ 《中央日报》（重庆），1946 年 3 月 6 日，第 2 版。

⑤ 参见《唐纵失落在大陆的日记》，第 552 页。

⑥ 《蒋介石致陈立夫手令》(1946 年 7 月 25 日)，台北"国史馆"藏蒋中正总统档案·筹笔（戡乱时期）：15895。

慰藉,并拒绝他提出辞去中央银行总裁一职的请求,电文内称:"自兄主持中央银行以来,经济形势日见进步,金融基础亦渐稳定,功效卓著,倚畀益深。务希勿辞劳怨,继续负责,努力奋勉,所称辞职一事,自毋庸议。"①

然而事态的发展并不像蒋介石所说的那样顺利,经济局势不但无法稳定,危机反倒进一步加剧。11月17日,为了应付日益严重的经济局面,国民政府公布了《修正进出口贸易暂行办法》②,同时废弃了3月1日所颁布的《进出口贸易暂行办法》。制订《修正办法》的主要目的是为了扩大输出,并严格限制进口,规定进口货品分为"许可"、"限额"和"禁止"三大类别,并对一切进口物品均采取输入许可证制度,实施"输入限额分配"的办法。其中事前须申请获得限额分配方能输入的货物,涉及税则号列141项,包括大部分工业原料在内;须申请外汇获得许可方能输入的货物,涉及税则号列122项;其余一切货物概在暂时停止入口或禁止入口之列。为了执行这一规定,特于最高经济委员会之下设立输入临时管理委员会,由最高经济委员会委员长和秘书长担任正副主任,其他各有关财政经济部门首长为当然委员,再由其下设之执行委员会以及输入限额分配处、输入品管理处会同中央银行外汇审核处等机构,具体办理所有输入物品的许可和限额问题。这说明此时的对外贸易政策已由过去的"放任"改为"紧缩",从而"厉行管制进口,一反前此之自由贸易政策"。③

实施"输入限额分配"的办法是要求各进口商先向输入临时管理委员会申请登记,然后管委会再根据以往各户对某一商品的进口实绩为标准而按比例予以分配。然而这些措施对于那些豪门资本来说并无阻碍,相反,他们却可以依仗特权优先获得额度,进口管制物资,再套取外汇。这一现象引起民间进口商特别是外商的强烈不满,当时上海的各大报纸对此均予以抨击,其中美资报纸《大美晚报》就曾披露合众社的一则记者消息,称"中美商人对于宋子良主持之孚中公司、宋子安之中国建设银公司、孔令侃之扬子建业公司,利用特权,经营商业,尤多指摘"④。此事震动颇大,就连国民政府主席蒋介石闻讯后都不得

① 《蒋介石致贝祖诒密电》(1946年9月15日),台北"国史馆"藏蒋中正总统档案·筹笔(戡乱时期):15928。
② 《修正进出口贸易暂行办法》共18条,全文载《汇编》第五辑第三编《财政经济》(六),第550—554页。
③ 经济部统计处:《三十五年我国对外贸易概述》(1946年12月),载《汇编》第五辑第三编《财政经济》(六),第600页。
④ 引自《蒋介石致财政部长俞鸿钧代电》(1947年3月19日),载《中华民国货币史资料》第2辑,第833页。

不亲自出面进行干涉,为此他曾下令要求查处:"据密报,近月来上海进出口贸易比值为十二与一之比,入超数字颇为惊人,进口数字以原棉占首位,而属于奢侈品中之汽车一项占次位,十一月汽车输入值贰佰贰拾亿元之巨。此批新型汽车市上行驶颇多,购买者均系富商大贾等情。此事实情如何,希即查明具报为要。"①此一传闻虽然有所夸大,但绝非空穴来风,中央银行总裁贝祖诒经过调查后报告:1946 年 1—11 月上海进口总值(起岸价格 C. I. F)为国币 1 172 705 555 000 元,出口总值(离岸价格 F. O. B)为 218 759 625 000 元,进口与出口总值约为 5∶1;其中原棉进口占第一位,总值为 293 258 605 000 元,马达拖动车及货车(包括车台在内)占第二位,总值为 54 551 730 000 元,而汽车(包括长途汽车及车台在内)进口共 1 621 辆,价值为 7 863 878 000 元,占第 29 位,11 月份单月汽车进口计 181 辆,价值 788 747 000 元。②

对外贸易实施强化管制之后,部分进口商品如棉制品虽有明显减幅,但车辆船艇及金属制品因有优先结汇之权,进口数额反而有增无减;至于出口方面,虽然政府竭力加以推广,但终因汇价与物价严重脱节,甚至竟出现货物成本高于国际市场价格的情形,以致出口物资不增反减,陷于僵局。蒋介石眼见外汇大量外流心急如焚,更亲自向行政院院长宋子文、财政部部长俞鸿钧和中央银行总裁贝祖诒下达手令:"今后外汇每月总数以五百万至一千万为最大数,每月汇数如到达五百万美金时,应即报告候核为要。"③与国库中外汇大量流失、法币急剧贬值的同时,上海金价亦随之暴涨,黄金价格一日数变,中央银行库存黄金在不到一年的时间里抛售出 370 万两,其中大部分是 1946 年 8 月调整汇率后售出的。开放金融市场后买进的黄金根本就无法与卖出的黄金数量相比,而暗售的数量又远远超过明配。1946 年全年中央银行代财政部买入黄金 19 000 余条,大部分是资源委员会外销矿产换得之黄金及行庄因当夜交头寸轧缺时售与央行的;同期卖出的黄金总数为 273 700 余条,其中明配金、银二业者为 2 100 余条,暗售者则为 231 600 余条。④ 在库存黄金即将售罄的情形之下,1947 年 2 月 8 日中央银行只能停止暗售,从而在全国各地一下子引

---

① 《蒋介石致宋子文代电　秘字第 17 号》(1947 年 1 月),转引自《贝祖诒关于上海进出口贸易入超实情覆宋子文函》(1947 年 1 月 27 日),《汇编》第五辑第三编《财政经济》(六),第 603 页。
② 《贝祖诒关于上海进出口贸易入超实情覆宋子文函》(1947 年 1 月 27 日),《汇编》第五辑第三编《财政经济》(六),第 603—604 页。
③ 《蒋介石手令》(1947 年 2 月 9 日),台北"国史馆"藏蒋中正档案:特交档案 2080. 2003,23/03。
④ 中央银行档案,转引自《中华民国货币史资料》第 2 辑,第 739—740 页。

发了灾难性的后果。由于金融市场上突然失去了官价出售黄金的平抑机制，黄金、外汇的黑市价格顿时失控而狂涨，法币汇价亦随之大跌，其他物价则疯狂上升，终于引起了所谓"黄金风潮"的爆发。①

由于进口商品大量输入，导致外汇急剧流出，国民政府为了刺激出口，1947年1月16日特于最高经济委员会之下设置输出推广委员会，负责督促及研讨发展输出贸易之任务，并于2月6日公布《鼓励输出贸易办法》，规定自即日起出口货品结汇时政府就其输出价格给予加倍补助，对于若干类进口商品，则由海关估价征收从价50%的附加税。然而这一措施不但无法减缓危机，反而还衍生出许多对外贸易政策上的弊病，责难四起，特别是遭到外商的抗议和抵制，因而仅公布数日即宣告废止。

2月16日，宋子文从南京赶回上海，召集经济部部长王云五、粮食部政务次长庞松舟、财政部政务次长徐柏园、上海市市长吴国桢、国防部第二厅厅长郑介民、中央信托局局长刘攻芸、中国纺织建设公司总经理束云章等各方面负责人举行紧急会议，并通过决议：（1）稳定物价，须先将沪市周围各地米价平抑；（2）平抑纱价，通知各商营纱厂不得提价，不得囤积，违者没收；（3）关于工人，由吴国桢市长召集工会负责人，晓以大义。② 2月17日，国民政府公布《经济紧急措施方案》③，正式宣布自即日起禁止黄金买卖，取缔投机，禁止外国币券在国境内流通，并再次调低外汇汇率，中央银行外汇牌价由1美元对法币3 350元调整为12 000元，同时对进口商品严格实施输入许可证制度。外汇汇率虽然再次贬值，但官价外汇因仍采取"钉住制"，远比黑市价格为低，因此有关系的进口商仍然可以从输入配额中赚取差额。在政治局势上，国民政府原先提出三个月解决国内和平的目标非但没有实现，反而在军事战场上被动挨打，节节失利，并由此导致政治经济危机的进一步加剧。对此美国的《纽约先锋论坛报》当时即指出，"要挽救中国的经济，就要赖于停止内战"，"如果贪污腐化和缺乏效率仍照例继续下去，则政府的法令是不会有多大成效的"；而美

---

① 关于"黄金风潮"的爆发及其过程，可参阅《法币、金圆券与黄金风潮》一书中何汉文、沈日新、李立侠等人的回忆文章以及汪朝光《简论1947年的黄金风潮》（《中国经济史研究》1999年第4期，第64—72页）。

② 《宋子文致蒋介石呈》（1947年2月17日），台北"国史馆"藏蒋中正档案：革命文献2020.4，4450.1。

③ 《经济紧急措施方案》（1947年2月17日），全文载《汇编》第五辑第三编《财政经济》（一），第46—49页。

国的《商业日报》也强调，"如无政治的和平，即无经济的安定"。① 在国民党六届三中全会上通过的《经济改革方案》虽然将失败的原因归之为"共产党蓄意造乱"，但也不得不承认战后实施的各项措施"不仅效果未彰，而缺点时现"。② 而战后初期推行财政金融政策改革的领军人物宋子文和贝祖诒此刻则被迫辞去行政院院长和中央银行总裁的职务，黯然走下了政治舞台。

7月4日，蒋介石以国民政府主席的名义提出"国家总动员"提案，并获国民政府第六次国务会议通过。提案指控"中国共产党拥兵割据，扰害地方，武力叛国"，因此"必须全国军民集中意志，动员全国力量，一面加紧戡乱，一面积极建国"。③ 总动员令的颁布和实施，即是国家已从平时体制转向战时体制的重要标志。按照太平洋战争爆发后颁布的《国家总动员法》规定："国家总动员之使命，在于集中全国人力物力，达成军事第一、胜利第一之目标，其方法为增加生产、限制消费、集中使用，因而管制物资之生产、分配、交易、储存乃至征购、征用，实属急要之图。"④这也表示，国民政府此时已放弃执行战后初期曾一度实施的自由经济政策，又重新回到战时统制经济的老路上去了。

五 鼓励输入政策制定的背景

前文主要将战后初期国民政府如何放弃原先已制定战后将继续执行的统制经济政策，并进而断然改行自由经济政策的经过予以详细的介绍，现在则根据史实，试图对制定这一政策的背景加以分析。

笔者以为，战后对外贸易政策的确定既受到当时国际国内局势变化的影响，也与主政者的理财观念密切相关，两者应该结合起来进行分析。

1. 统购统销政策弊病甚多，舆论强烈不满

首先应该说明的是，当一个国家进入战争状态时对全国经济实施统制，对

---

① 转引自《经济导报》第 9 期(香港：1947 年 2 月 27 日)，第 13 页。
② 《财政部秘书处抄送"经济改革方案"函》(1947 年 5 月 27 日)，载《汇编》第五辑第三编《财政经济》(一)，第 49—65 页。
③ 《国民政府公报》第 2869 号(1947 年 7 月 5 日)。
④ 《中央日报》(重庆)，1942 年 3 月 30 日，第 1 版。

所有重要的农矿产品出口实行统购统销的政策不仅是正确的,而且也是必须的,它对于政府掌握物资、保护资源,以实施易货贸易,从而为争取外援、坚持抗战作出了重要贡献。尤其是在抗日战争初期,国民政府军事委员会决定成立贸易调整委员会(贸易委员会的前身)的宗旨是为了"维持生产、扩大贸易",利用贷款、提高收购价格等手段,便利商人营运,因而在协助运输、调剂金融、促进货运、增加出口诸方面发挥了积极的作用。[①] 而贸易委员会及其属下的复兴商业公司、富华贸易公司和中国茶叶公司三大国营贸易公司也都分别承担着战时农产品出口的统购统销任务,地位重要,譬如复兴商业公司一经成立即认真履行桐油借款的收购和运销工作,不仅提前完成了借款的偿付工作,还为日后实现易货借款、寻求外援开创了一种模式。[②]

但是实施统购统销过程中亦不可避免地出现种种弊端,由于政府垄断农副产品的收购价格,其价格往往低于生产成本,同时国营贸易公司中的官商习气严重,漠视民情,甚至对产农百般挑剔,任意压低收购价格,严重地打击了产农的生产积极性,导致产农无法经营。尤其是到了抗日战争中后期,国营公司中的种种腐败现象日益严重,滥用职权者有之,玩忽职守者有之,浪费公帑者更有之,这种经营中的腐败和体制上的弊端自然成为舆论攻击的共同目标。就连当时曾亲身参与并执行统购统销政策的重要人物寿景伟(中国茶叶公司总经理)、张嘉铸(中国植物油公司总经理)在战后也承认:"我国出口贸易之盛衰,直接关系农村经济,间接影响政治秩序,故确立国策,至为重要。在抗战期中,当局曾实施统购统销与专卖统制,惟因条件未备,致生产本身萎缩,人民怨声载道,其结果则'有害民生,无裨国计'。"[③] 因而一旦战争胜利,国家转入和平时期,这种战时的经济体制势必要随着形势的发展而加以适当的改变。

2. 战后初期国内的局势变化

抗日战争胜利后最初的二三个月内,由于商家纷纷将囤积的大量货物割价抛售,导致全国各地黄金和物价一度大跌,《中央日报》曾在一篇专论中写

---

① 参阅拙文《贸易调整委员会的成立及其活动》,载《民国研究》第 6 辑,第 68—81 页。

② 关于复兴商业公司偿还美国借款的详情,可参见拙文:《复兴商业公司的成立与初期经营活动》,载《近代中国》总第 139 期,第 180—202 页。

③ 寿景伟、张嘉铸:《出口贸易与收购政策之商榷》(1947 年),载《汇编》第五辑第三编《财政经济》(六),第 556—557 页。

道："胜利以前金价节节上涨：一万七、二万、三万五、五万、八万、十一万、十七万、二十三万，使它成了投机的大对象……胜利后是急剧下降：三十五万、十八万、十一万、八万、五万，一下子一落千丈。"①在此期间上海的黄金价格下跌了 90％，重庆下跌了 60％，而法币对美元的重庆市价则上升了一倍；重庆的批发物价指数从 8 月份的 179 500 下降到 9 月份的 122 600 10 月份又降到118 417；上海的物价指数若以法币计算，亦从 8 月的 43 200 下降到 9 月份的34 508。② 物价的下跌致使国营公司收购农产品大量亏蚀，但贸易委员会既担负着对出口农产品的统购统销任务，便不得不承受收购中的亏损。在这种情形之下，行政院于 1945 年 10 月 9 日宣布放弃统购统销法令实在是必然之事；与此同时，由于贸易委员会与复兴商业公司的行政及业务机能丧失，亦被迫随之撤销。

战后百废待兴，急需进口工业设备，同时物资紧缺，亦希望大批生产及消费物资输入，经济部部长王云五就以为工业复员要有生产财，所以要进口大量机器和原料，而工业复员开始，各工厂出品有限，消费财供不应求，有关衣食住行诸项商品亦需大量进口，他的结论是："目前贸易上进超现象，在国家复员初期，实属无可避免。"③此时充裕的外汇和黄金储备是主政者实施改革的重要依靠力量，何况当时国民政府还对美国的战后援助充满希望④。实施经济自由化的基础是国内的和平环境，这样刺激经济发展才可能有所作为。而此刻国共两党签订的停战协定墨迹未干，政治协商会议更是刚刚召开，这说明此时国内的和平尚有一线曙光，推行经济自由化亦还有生存的空间。

但是战时实施的管理外汇制度却不利于战后对外贸易的发展，官价与黑市之间的汇率差距极大，官价有行无市，而随着英、美银行胜利后在上海的复业，外汇黑市市场极为活跃。因此，不论是为了恢复生产还是刺激消费，这种僵硬的外汇管理制度都必须加以改变。实际上最高当局对此亦早有设想，抗日战争胜利前夕蒋介石就曾在致宋美龄并转孔祥熙的一封密电中透露，他正

---

① 《中央日报》(重庆)，1945 年 11 月 21 日，第 1 版。
② 张嘉璈：《中国通货膨胀史，1937—1949 年》，第 48 页。
③ "经济部长王云五对记者的谈话"(1946 年 9 月 8 日)，转引自左宗纶：《我国当前对外贸易问题的探讨》，载《经济导报》第 1 卷第 4 期，北平：1946 年 10 月 1 日，第 6 页。
④ 当时的外交部部长王世杰曾在 1945 年 9 月 5 日的日记中写道，宋美龄刚从美国回来后即传达了"杜鲁门总统将于租借法停止后另行设法予我以经济援助"这一消息，而蒋介石更亲口对他说，"美政府允贷我十五万万美金"。参见《王世杰日记》，手稿第 5 册，第 170 页。

在与宋子文设计修改外汇汇率之事,并希望即将外访的宋子文到美国后与孔祥熙具体商洽,因为"对美汇率尚未决定数目,亦未定实施时期,但不能不有改正,否则所余无几,而无形中之损失甚大"①。

从另一个角度上来观察,战后自由经济体制的确立可能亦与当时政治局势的相对稳定有关。经历了多年战争痛苦的中国人民渴望和平,国共两党领导人正在进行和平谈判,因而战后初期国内有一段时间确曾洋溢着和平的气氛,自由主义知识分子要求民主的呼声更是此起彼伏,舆论界也呈现出一派短暂的自由主义氛围。直到内战重启后,随着经济的崩溃,统制经济取代了自由经济,国民党又对舆论加紧控制,并开始封杀自由主义知识分子的言论。② 这就从另一个方面说明,任何经济政策的制定或改变,都会不可避免地受到政治局势的制约。

3. 战后国际上的压力与贸易自由化的趋势

19 世纪国际贸易的繁荣兴旺往往被古典经济学家视之为自由贸易理论完美的现实典范,然而当时国际贸易的繁荣主要是缘于欧洲向新大陆自由输出资本与劳务以及世界市场向经济落后地区的扩张,从而使经济发达国家得以将本国的经济困难转嫁到贫困国家。自由贸易表面上强调的是平等和公正,要让全球开放市场,然而由于发展中国家与发达国家之间实力悬殊,根本无法公平竞争,因此实际上依然是富国剥削贫困国家。因此,在国际贸易史上,自由贸易始终与保护贸易交织在一起,分属于对外贸易的两个不同方向。

第二次世界大战期间,特别是太平洋战争爆发后,中国由于坚持抗战,国际地位空前提高,并跻身世界四强;但另一方面,中国的国力依然贫乏,仍旧是一个发展中国家。然而随着中国进入国际社会,并相继加入《大西洋宪章》,参加国际货币会议,成为联合国的常任理事国以及《关贸总协定》的发起成员国,作为国际大家庭中的一个重要成员,中国则又必须遵守相应的国际规则。

早在战争尚未结束之际,美国就率先提出"贸易自由化"的口号,并在盟国中积极倡议成立各种国际组织,签订多边协议,相互削减关税,以促进战后尽

① 《蒋介石致宋美龄并转孔祥熙密电》(1945 年 4 月 8 日),台北"国史馆"藏蒋中正总统档案·筹笔(抗战时期):15680。
② 有关抗战胜利后国民党对于言论由宽松到控制的转变,可参阅中村元哉:《戦后中国の宪政実施と言论の自由,1945—1949》,东京:东京大学出版社,2004 年,第 75—113 页。

快实现世界贸易自由化,因而贸易自由化便成为国际贸易发展的主流。第二次世界大战结束不久,国际货币基金组织(International Monetary Fund,IMF)即于 1945 年 12 月 27 日正式成立,中国为 35 个创始成员国之一;1946年 2 月 18 日,联合国经济暨社会理事会决定召开联合国贸易与就业会议,并希望在此基础上建立一个国际贸易组织(International Trade Organization,ITO),次年 10 月 30 日签订的关税与贸易总协定(General Agreement Tariff and Trade,GATT)就是这一产物,而中国也是 23 个签署国之一。

以美国为首的资本主义世界要求战后中国开放市场,实施自由经济的政策,这虽然同蒋介石的理念不相适合(《中国之命运》即其思想的真实表露),但中国作为一个大国参加国际事务、履行国际条约,更重要的是为了战后要得到美国方面的援助,就不得不对开放市场有所表示。实际上早在抗日战争胜利之前,美国政府(国务院与商业部)和商界(以美国全国对外贸易协会和中美工商业协进会为代表)就多次联合起来向中国政府施加压力,要求中国战后向美国全面开放市场,[①]与此同时,美国政府也多次公开向中国政府表示这一原则。1944 年 7—8 月间,行政院副院长兼财政部部长孔祥熙利用赴美参加国际货币金融会议之机多次发出呼吁,希望美国政府和实业界积极参与战后中国的发展,而美国政府亦同样利用这个机会向孔表示,中国政府要想与美国政府战后进行合作,就必须避免征收过高的关税和设置不必要的障碍,从而妨碍国际间的自由贸易。[②] 同年 12 月 1 日,美国国务院还通过驻华大使直接向中国外交部提出明确的口头声明,要求中国政府"注意美国政府在《大西洋宪章》中所列举的原则:所有国家拥有在同样条件下获得原料和在经济领域中进行合作,以及《租借协定》第七款的规定:在国际贸易中消除所有形式的歧视待遇,降低关税和其他贸易障碍"[③]。1945 年 5月,行政院代院长兼外交部部长宋子文前往美国出席联合国成立大会,催促美国政府履行援助中国的承诺,美国国务院和财政部又利用这一机会再次向中

---

①　有关美国政府和商界向中国政府施加压力的情形,可参阅陶文钊:《1946 年〈中美商约〉:战后美国对华政策中经济因素个案研究》,载《近代史研究》1993 年第 2 期,第 236—258 页。

②　United States Department of State, *Foreign Relations of the United States:Diplomatic Papers*,1944, *China*,Washington, D. C.:Government Printing Office,1967, Vol. Ⅵ, pp. 1060 – 1064.

③　United States Department of State, *Foreign Relations of the United States:Diplomatic Papers*,1944, *China*, Vol. Ⅵ, p. 1095.

国政府施加压力。[①] 1946 年 1 月,由国务卿、财政部部长、商务部部长、联邦储备银行董事长、进出口银行行长等财经巨擘组成的国际金融问题全国咨询委员会正式确定了美国战后援华的具体条件,其中包括不歧视的贸易政策、广泛的私人投资领域、建立可接受的外汇汇率机制、稳定的通货以及旨在促进国际贸易而非自给自足经济的关税政策。国务院立即将这一决定用急电通知来华不久的总统特使乔治·马歇尔(George C. Marshall),并让他告知中国政府,美国政府在决定给予中国贷款的数量和时间时,必须考虑到中国政府对于上述问题的态度。[②] 为了推动国民政府战后采取自由经济政策,美国一方面在政治上施加压力,同时又利用经济援助作为诱饵来引导中国上钩。这也就是说,如果中国政府制定的战后政策不能符合美国利益的话,那就很难得到美国的贷款。很明显,此时主政者坚持实施自由经济的政策,与国际上的背景,特别是来自美国的压力具有很大关系。

4. 主政者的理念

我们还应注意到,抗日战争胜利后财政经济政策的改变也与此时主政者的人事变动,特别是他们个人的理财信念有关。

国民政府成立后将近二十年,国家的财经方针都是由宋子文与孔祥熙轮流执掌的。虽然孔与宋在众多方面具有很多相似之处,譬如他们早年均曾前往美国留学,接受过较为系统的西方现代化教育,更何况他们与蒋介石之间的那种亲戚关系(连襟与妻舅),使他们都能相继在政府内担任要职,而且其职务也都几乎完全相同,譬如他们都先后出任过行政院副院长、院长、财政部部长、中央银行总裁、中国银行董事长等,但若仔细分析,他们之间的为人处事之道以及经营理财思想还是具有较大的分歧。[③] 抗日战争胜利后出任外交部部长的王世杰晚年阅读自己这一时期的日记时即将财经政策失败的原因归之为"通货之未能解决,宋子文之专横而不得中外之信任,外款之未能利用,皆为要

① United States Department of State, *Foreign Relations of the United States*: *Diplomatic Papers*, 1945, *The Far East*: *China*, Washington, D. C.: Government Printing Office, 1969, Vol. VII, pp. 1215 - 1219.

② United States Department of State, *Foreign Relations of the United States*, *Diplomatic Papers*, 1946, *The Far East*: *China*, Washington, D. C.: Government Printing Office, 1972, Vol. IX, pp. 920 - 921, 927.

③ 参见吴景平:《孔祥熙与宋子文》,《档案与史学》1994 年第 2 期,第 36—41 页。

因";而在他眼中看来,"宋子文为一有能力而实无政治魄力与责任心之人","孔祥熙则昏庸而无能"。①

孔祥熙自1933年接替宋子文出任财政部部长,一直到1945年初被赶下台,前后主持了战前主要的财政改革并执掌了几乎整个抗日战争时期的国家财政。他的作风大体上是依循迁延,对蒋介石的旨意基本上是唯命是从、坚决执行的。抗日战争期间他坚持实施统制经济及通货膨胀政策,依赖外援,维持币制,同时主张发展国家资本,实施有计划的经济体制。

相比之下,宋子文则有个人的主见,对蒋介石的指示并不盲从,1933年10月他的突然离职除了政治理念不同之外,还与不满蒋介石对国库予取予求的财政方针有关。虽然20世纪30年代初宋子文曾有过统制经济的主张,为此他曾积极筹划成立全国经济委员会,表现出他同意国家在某种程度上可以对社会经济进行干预的思想;②甚至1943年8月8日宋子文在英国广播公司发表演说时,还曾讨论战后实行苏联工业化模式的问题。③ 事实上,战后宋子文在重建国家工业化的问题上亦确实有扩大和加强国家资本之举措,其中最明显的事例就是极度扩充资源委员会的规模,使之完全垄断中国的大型工矿企业,以及接收敌伪产业,成立资本庞大的国营中国纺织建设公司。但若认真分析,宋子文内心中真正尊崇的还是他青年时期在美国所接受的自由主义经济模式。抗日战争初期国民政府为了争取外援,宣布对农矿产品实施统购统销政策,这一举措得到多数国民的认同,但时任中国银行董事长的宋子文对此却不予赞同,他建议除了属于易货物品的特矿、桐油和茶叶之外,对于其他产品不应实施统制,并胪列自由贸易的六大优点:

> (一)在战区内之货物因我方无统制关系,可吸引其经由我方转运出口,借以维持推行法币力量;
>
> (二)可促进后方生产,增加产量;
>
> (三)可增加出口,争得外汇,巩固法币;

---

① 《王世杰日记》,手稿第8册,第251、255页。
② 有关宋子文统制经济思想的由来与发展,可参阅吴景平:《宋子文思想研究》,福州:福建人民出版社,1998年,第40—56页。
③ 吴元黎:《中国经济政策——计划抑自由企业?》,纽约:1946年,第45页,转引自柯伟林:《中国战后计划:中国、美国与战后经济策略(1941—1948)》,《孙中山先生与近代中国学术讨论集》第4册,第190页,注19。

（四）可杜绝走私；

（五）在外交立场，我实行自由贸易，此项计划一经公布，世界耳目一新，显于我之地位有利；

（六）敌伪统制出口，与我背道而驰，照过去数月间情形统计，政府实际所损甚微，而无形中所得必甚大。①

因此战后出现的一个似乎十分矛盾的现象就是，主持经济重建的领导人在工业政策上推行的是国营统制，而在金融与贸易政策上却主张实施自由贸易；从全国范围上来看，国民政府在上海和其他大部分地区实施的是开放市场和自由贸易，而在台湾则坚持统制经济。② 这种现象在宋子文的身上表现格外明显。自抗日战争后期宋子文接替了孔祥熙的职位之后，特别是抗日战争胜利后他从国外回来不久即就任最高经济委员会委员长，开始实施他的经济政策，其间最突出、同时也是争议最大的就是他在金融和对外贸易方面上所推行的自由与开放政策。

宋子文在就任全国最高经济委员会委员长时曾强调政府在推行经济政策时应处理好与人民、政府和友邦三方面关系的原则。具体而言就是，在对待人民所经营管理的事业（亦即民族工商业和其他实业）时，"不是去管制这种事业，而是要扶助人民的经济活动"；"对于政府各部门之经济政策，有平衡及调整的责任"；对于友邦各国，则"在经济上应以合作为基础，其方式是绝对坦白互惠的，而且是毫无偏倚的"。③ 然而值得注意的是，宋子文的这种思想与他的副手翁文灏的理念却存在着很大的分歧。此时负责恢复战后国内经济的翁文灏（行政院副院长、经济部部长兼全国最高经济委员会副委员长）在接受记者采访时回答，最高经济委员会"核心工作在决定国家重要经济政策，制定主要经济计划及方案，筹划全国资源之如何充分利用，并将加强各有关经济部门间

---

① 《宋子文致蒋介石、孔祥熙密电稿》（1939年5月13日），中国第二历史档案馆藏中国银行档案：三九七/7721—2。
② 1945年11月5日，国民政府接收日治时期的台湾重要物资集团，并将其改组为台湾省贸易公司；1946年2月11日，再更名为台湾省贸易局，其经营性质实为"统制省内外之贸易，为管制之独占性垄断组织"。关于战后初期台湾地区的贸易活动，可参阅薛月顺编：《台湾省贸易局史料汇编》全三册（台北："国史馆"，2001年12月）。
③ 《大公报》（重庆），1945年11月27日，第3版。

工作之联系,俾使国家经济政策彻底实现,国民经济得以繁荣"①,而关于对外关系的事务翁文灏却几乎只字不提,可以看出此时他关注的只是如何推进资源的开发和制定发展经济的计划②。这也说明,主政者之间的理财观念并不统一,对于战后财政经济政策的制定亦具有重大的影响。

曾有人指出宋子文战后所制定和推行的财政政策与当时美国顾问杨格(Arthur N. Young)的策划有关③,因目前尚无其他资料证实,暂存待考。

5. 抗日战争后期"官办商行"的兴起

在中国历史上虽然官商勾结、以权谋私的现象屡见不鲜,但在抗日战争中后期的大后方这一行径则表现得格外明显。当时担任军事委员会侍从室第二处主任的陈布雷就曾私下感叹:"在北京政府时代买办与官僚结合,南京政府时代买办与官僚结合,尚有平、津、京、沪之距离;今者官僚、资本家、买办都在重庆,合而为一。"④而抗日战争胜利后豪门资本依仗特权、牟取暴利的行径更为人诟病。这些皇亲贵胄利用在战争期间与美国财团建立的良好关系,抗日战争刚刚胜利便抢滩登陆,迅速在上海成立公司,充当外国大公司的在华商品代理,从事进口贸易。这些公司表面上以民营公司注册,实际上却与政府及官员之间存在着极为密切的联系,因而时人形象地将其称为"官办商行",其中包括宋子良的中国孚中实业有限公司、孔令侃的扬子建业股份有限公司、宋子安的中国建设银公司以及一统国际贸易公司、嘉陵企业股份有限公司,等等。他们依仗特权,官商勾结,推波助澜,套取外汇,从进口贸易中牟取暴利。虽然后来政府又改变了政策,采取"输入限额分配"的办法,强力管制进物资,但这些措施只能对付那些没有背景的进口商,却限制不了豪门资本继续利用特权进口管制物资。当时的上海市市长吴国桢后来回忆说,按照政府的有关法令来说,像孔令侃的扬子建业公司这些豪门资本所做的一切确实没有问题,一切都是合法的,因为法令本身就是他们自己制定

---

① 《大公报》(重庆),1945 年 11 月 30 日,第 3 版。

② 有关宋子文与翁文灏观点的对立,可参见日本学者久保享:《对外经济政策の理念と决定过程》,载姬田光义编著:《战后中国国民政府の研究,1945—1949 年》,东京:中央大学出版部,2001 年,第 236—237 页。

③ 资耀华:《国民党政府法币的崩溃》,载《法币、金圆券与黄金风潮》,第 42—43 页;汪朝光:《简论 1947 年的黄金风潮》,《中国经济史研究》1999 年第 4 期,第 67 页。

④ 参见《唐纵失落在大陆的日记》,第 392 页。

的,这是因为"他们有影响力,一切都是在合法的范围内做的"。比如,当时没有人能得到外汇(因申请外汇需要审查),"但他们的人,即孔的人是控制财政部外汇管理委员会的,所以就能得到外汇。每个人都得先申请才能进口必要的货物,但他们却有优先进口权。因此,尽管他们的确从中国人民的血汗中发了大财,但一切仍然是合法行为"。① 吴国桢的这番话虽然平实,却道出了事情的本质,令人深思。

目前虽然没有直接的证据说明宋子文推行的开放外汇市场、鼓励输入的贸易政策之目的就是为了"官办商行"牟取私利,但大量的事实却表明这些豪门资本确实在战后开放市场的过程中赢得了大量的利润,而且他们的赢利也确实与当权者之间存在着密切的关系。当年监察院调查外汇使用情况的报告书就披露,"关于政府机关申请外汇案件,以当时政院主管外,审核工作既无一定审核机构,又无详细法规,核准时或由政院行文,或由宋前院长个人决定,以便条手谕央行拨售外汇,其未经正式程序,显有未合之处甚多"。监察院并为此列举实例说明:1946 年 4 月 11 日,行政院院长宋子文在致中央银行总裁贝祖诒的一封英文条谕中称:"宋子良代政府向加拿大政府购买 4 700 吨之船只三艘,价款加币 1 575 000.00 元,已电席德懋(纽约中央银行)先付宋子良加币157 500.00 元,并于准备启运时续付全部,嘱付还席德懋。"中央银行当即与席德懋接洽,于 4 月 23 日函财政部国库署,请准拨归垫,并呈报行政院。但卷内未准国库署归垫及行政院关于购船全案之正式文卷,计三船共付加币1 580 028.78 元,先垫加币 310 000.00 元,折合法币 569 272 723.60 元,于1946 年 4 月 23 日请国库署拨还归垫,7 月 15 日再付加币 1 270 028.78 元,折合法币 2 565 458 135.60 元,于 7 月 20 日列入财政部外欠内。② 就连政府体制内的人都认为,尽管孔、宋本人没有出头露面参加这些事业,但众所周知这些公司代表的正是他们的利益,因此人们没有理由相信,战后宋子文经济决策权的增长,会不为加速官僚资本的进程而效劳。③

---

① 《吴国桢口述回忆——从上海市长到"台湾省主席"(1946—1953 年)》,上海:上海人民出版社,1999 年,第 69 页。

② 《监察院外汇使用及各公司营业报告情形报告书》(1947 年 10 月),载吴大明、黄宇乾、池廷熹编:《中国贸易年鉴(民国卅七年)》,第 444—445 页。

③ 何廉著,朱佑慈等译:《何廉回忆录》,北京:中国文史出版社,1988 年,第 267 页。

六　结语：金融与外贸政策失败的原因

前文曾经提到，宋子文当初制定战后开放金融市场、鼓励输入这一经济政策的目的是为了舒缓物资供不应求的困难，更重要的是要解决日益严重的通货膨胀，因此在战后短短的时间内，国家的对外贸易和金融政策就发生了如此重大的转变，其中最明显的变化就是从战时实施多年的管理外汇、统制贸易到战后初期开放金融市场、放弃统购统销、鼓励输入，简言之，即是由战时统制经济的体制迅速转变为平时自由经济的体制。然而这一转变是否达到了它预期的目的，最终实施的结果又如何呢？

我们先分析一下战后对外贸易的特点。

由于政府鼓励输入，并开放外汇市场，对进口商品采取极为宽松的对外贸易政策，而工业和出口业却得不到政府相应的保护，这就刺激了商人们一窝蜂地从事进口贸易，所谓"工不如商，商不如囤，囤不如汇"的投机心理大行其道，再加上那些有背景的"官办商行"推波助澜，进出口贸易逆差的扩大和低汇价的政策导致进口货值远超过出口货值，国库中大量的黄金和外汇流失，国际收支失去平衡。

有关战后国际贸易的统计资料很多，但大多均以法币作为统计单位，而战后由于通货膨胀，法币贬值幅度巨大，因此还是将其折合成美元较为准确。

1945—1948 年中国的贸易收支

单位：百万美元

年　份	1945	1946	1947	1948
出　口	169.0	149.0	230.0	170.0
进　口	179.0	565.0	480.0	211.0
入　超	10.0	416.0	250.0	41.0

资料来源：Chang Kia-ngau：*The Inflationary Spiral*，*The Experience in China*，*1939—1950* (New York：The Technology Press of Massachusetts Institute of Technology and John Wiley & Sons, Inc, 1958)，p. 385；中译本见张嘉璈著，杨志信译：《中国通货膨胀史：1937—1949》，第 254 页，附表丁。

说明：有关这一时期中国国际收支的情形，郑友揆著、程麟苏译《中国的对外贸易和工业发展：1840—1948》第 218 页的统计数字与此略有不同，可供参考。

抗日战争胜利后对外贸易最明显的一个变化就是美国货物在进口贸易中占有绝对的优势，虽然战前（1936 年）美国对中国的进出口贸易已占据首位，但当时所占的比例还不是很高（进口占 19.6%，出口占 26.4%）；而到了抗日战争胜利后的 1946 年情形却发生了重大变化，当年美货进口占 57.2%，出口占 38.7%；若从数额上看，进口总额高达 36 500 万美元，出口总额则仅为 7 340 万美元，两者之间几乎相差 5 倍。[1] 仅以商业性进口而言，1946 年美货占进口总值的 57.2%，1947 年占 50.2%，1948 年占 48.4%；若再将同一时期外国的无偿援助（联合国善后救济总署的救济物资和美国的商品援助）计算进来，美货在中国进口货物中所占的比例更增至 1946 年的 61.4%，1947 年的 57.0% 和 1948 年的 66.5%，尽管 1937—1941 年美国在中国的进口比例已极为重要，但那时也仅占 15—21%。[2] 此时整个上海都被"美化"了，社会上广泛流传的"无货不美"、"有美皆备"就是美国商品充斥市场的一个生动讽刺。

再看看战后通货膨胀的情形。

抗日战争胜利后由于生产迟迟不能复员，财政收入无法增加，相反支出却大幅上升，据估计这一时期政府支出总额中通过税收或其他财源以及出售国有金砂、美元和敌伪财产所得的收入部分不足 35%，其余 65% 均依赖发行货币予以弥补。[3] 在这种形势之下，物价犹如脱缰之野马一路飙升，整个中国立刻陷入恶性通货膨胀之中。

据统计，自 1945 年 12 月起到 1948 年 8 月金圆券改革前夕的三十多个月内，以中国最大的金融与商业中心上海为例，物价已狂涨了 5 334 倍，外汇汇率增加了 7 122 倍。按照恶性通货膨胀的经济规律，物价与汇率的涨幅越到后来越为严重，事实也是如此，在 1948 年 8 月前的最后两个月中，已经以天文数字计算的物价和汇率又上涨了 5 倍。若与战前的 1937 年作一比较，此时物价上涨了 470 余万倍，汇率则上涨 310 万倍！[4] 这也就说明，此时国民经济已经完全崩溃，而宋子文等人战后所实施的财政经济政策已彻底宣告失败。

战后财经政策经历了一个由统制到放任，再由放任到紧缩，最后重新恢复

---

① 《美国情报局研究报告 SR 八》（1948 年 3 月），第 3 卷第 23 页，转引自柯伟林：《中国战后计划：中国、美国与战后经济策略（1941—1948）》，载《孙中山先生与近代中国学术讨论集》第 4 册，第 188 页。

② 郑友揆著，程麟荪译：《中国的对外贸易和工业发展：1840—1948》，第 227 页。

③ 郑友揆著，程麟荪译：《中国的对外贸易和工业发展：1840—1948》，第 202 页。

④ 郑友揆著，程麟荪译：《中国的对外贸易和工业发展：1840—1948》，第 200—201 页。

对贸易管制的怪圈,它与当时国内政治、军事、经济局势的动荡与变化息息相关。其中最明显的事例就是贸易委员会胜利之初计划扩大但不久即遭撤销、后来再设立的输出入临时管理委员会,其职责与贸易委员会并无实质上的区别。这就说明宋子文战后初期所推行的金融贸易制度的改革最终以失败而结束,宋子文本人也因执行这一政策而从政坛的最高峰跌落下来,因此我们有必要认真分析导致战后金融与对外贸易政策失败的原因。

首先应该说明的是,战时实施的种种统制经济的政策,包括对外贸易方面的统购统销和专卖政策,以及僵硬的管理外汇的金融体制既不适合战后经济的恢复,亦不利于促进对外贸易的发展,因而对此进行改革是必要的。但是改革的步伐太快,幅度也太大,脱离了当时的实际情形,违背了客观经济规律。实际上就在开放外汇市场的方案刚刚公布之际,在国民党六届二中第四次大会上(1946年3月5日)就有多名代表指责这一财经政策,并借机抨击官僚资本主义。前已提及,此处不再赘述。虽然这些攻击带有一些国民党内派系斗争的色彩,但它还是反映出党内外对于当时日益严重的这种官商勾结、以权谋私腐败现象的关注。

战后对外援的期望自然有其客观原因,但过分的依赖不仅暴露了制定这一政策的盲目性,同时也显示出主政者的经济思想缺乏基本信条。本来回收货币、进口物资、缓和物价应有一定作用,初期也确实取得一定成效;但由于利之所在,当进口商趋之若鹜、盲目进口外国商品、疯狂套购外汇之时,导致投机经营成风,引起市场混乱;同时出口货物由于交通、成本等问题无法解决,以致经营出口无利可图,最终导致国际收支失去平衡。

鼓励输入的后果就是大量的外国商品(其中许多是消费品和奢侈品)涌入中国市场,导致国库中的黄金外汇急剧外流。尽管战后中国百废待举,急需各类物资输入,但巨额入超又实非战后经济所能负担。出口不振的主要原因就是官价汇率过低,而官价汇率过低又是由于主政者害怕提高汇率影响物价所致,但实际上自抗日战争开始以来,物价始终高于汇价,1946年3月开放金融市场时美元的汇率为2 020元法币兑换1美元,与战前汇率相比约增长了六七百倍,但此时的物价指数却比战前增长了5 000倍以上。当时有人将这种状况称之为"物价无人管,汇价拼命管",于是法币的国内和国外价值就成了跛行状态。而法币与黑市外汇的差距越大,外国商品进口的利润也就越高,又为外货在中国市场的倾销大开方便之门。

　　抗日战争胜利后由于主政者过高地估计了胜利对经济稳定所带来的优势,对于战后恢复经济局势过于乐观,同时对于美援的期望值过高,因而过早地放弃了战时对于外汇、物价、进出口贸易所实施的各项管制。由于开放外汇市场和进口贸易造成巨大的赢利,导致人们追逐利润的本性立即表现出来,纷纷套取外汇进口洋货以图利。一旦美援成为泡影①,而当库存外汇和黄金大量外流之际,这种毫无基础的自由贸易政策就根本无法维持下去了。

　　对于胜利初期金融与外贸政策上的失误导致国民经济濒于崩溃,尽管国民党将其原因归之为"共产党蓄意造乱,利于国家之分崩,利于社会之动乱,以破坏民生为手段,以夺取政权为目标,视其一党之利益高于一切,漠视国家之生存,罔顾人民之疾苦,阴谋煽动,武力争夺,无不用其极,使目前复员之工作倍增困难,一息待舒之生机,因而加重其危殆";但同时他们也不得不承认政府推行的措施"效果未彰",以致"缺点时现"。其中包括"过去在经济、财政、金融上之措施,轻决多变,使人民对政府之信赖为之减低";"经济政策重点不明,财政金融制度未立,国营、民营畸轻畸重、宜存宜舍、孰后孰先,缺乏明确之划分与坚定之决策";"空有平衡预算之悬想,实际预算未能平衡,通货不免增发",以致民间剩余资力"集中都市而成为游资,竞事投机,妨害生产";"金融政策与最大多数人民生活需要相离,尤未能与经济政策密切配合,以扶植农工,奖励生产,大部以商为主,趋逐近利,成为'不理农业、敷衍工业与恶化商业'之病态";而"抛售黄金原为收缩通货,稳定物价,乃因运用不得其法,反使黄金领导物价上涨,造成市场之狂澜";最终乃因"缺乏久远之筹维与全盘之计划,舍本逐末,枝节应付,致使内地经济枯竭,资金集中一隅,造成不均不安之状态"。②

　　财政赤字的扩大和国内生产的停滞是造成战后恶性通货膨胀的主要原

---

①　抗日战争胜利前后,宋子文一直为争取美援而四处奔波,但却未能实现。1947年2月6日,行政院院长宋子文向美国驻华大使提出一份备忘录,直接表明需要美国在财政上进行援助,他认为:"只有某种具体形式之美援,始能稳定此种经济局势而改善政治之前途。"然而这一要求并未能得到美国政府的响应。参见"外交部"译印:《美国与中国之关系——特别着重1944年至1949年之一时期》,台北:出版社不详,1949年,第214页;本书亦即美国国务院编:《美中关系白皮书》(US Department of State: *United States Relations with China, With Special Reference to the period 1944—1949*)。

②　国民党六届三中全会通过之《经济改革方案》(1947年4月22日),《汇编》第五辑第三编《财政经济》(一),第50—51页。

因,尤其是内战爆发后,军费开支日见庞大,往往占政府支出总额的65%—70%。① 本来经济自由化首先是要以国内和平为基础,这样刺激经济的发展方有所作为。宋子文最初推行自由贸易政策时似乎国内尚有和平的一线曙光,同时他又寄望于美国的巨额经济援助。然而当他推行的政策刚刚出台,停战协议即被撕毁,不久内战重启,国内和平无望,美援遥遥无期,经济恢复更是积重难返。宋子文原以为进口国外商品可以解决国内供应和商品的不足,出售黄金和外汇则可以吸收过多发行的货币,抑制通货膨胀,但是他却没有办法去控制政府日益膨胀的军费开支。内战全面爆发仅两个多月后,宋子文就向蒋介石报告财政收支所出现的窘况:"查八月份内虽售巨量黄金及售卖物资等,以期收回法币,惟因支出浩繁,力不从心。经结算,上月增发法币二千亿元,如此巨额增加发行,实感惶惧。刻下国防部又请每月增拨经费八百亿元,国库罗掘俱穷,无力负担,且自军事发动以来,各铁路亦无收入,胥赖政府拨款,内外交迫,支应乏术。"②内战的消耗是极为庞大的,通货膨胀则是超速的。更重要的是,战况的发展远远出乎决策者的预料。1946年12月7日,宋子文在制定1947年度财政预算时就发现收支不敷的现象极为严重,他在当日呈送蒋介石的一份报告中称:"查军费向为我岁出之大部分,明年度预算内军费如按五万亿列计,依物价指数折合约为战前之十亿元,较战前超过三倍;而收入方面之估计,因基于期望恐于实际上难以达到,即使如愿以偿,则初步估计明年收支相差亦达四万亿元左右,实际亏绌恐将不止倍蓰,势必至增发大量通货以应急需。其结果必致物价直线飞涨,而支出益感不敷,如是恶性循环,影响经济前途,诚感危险万状。再以外汇方面言之,明年度计需支付物资输入及政府用途外汇美金五亿五千万元,而国货输出所得及华侨汇款等各项收入,不易超过美金三亿三千万元,计所差约达美金二亿元之巨。因此明年经济情形如何应付,当必较今年困难更多。且物价因通货膨胀而急速上升,则国货输出与华侨汇款所得之外汇又将蒙受影响,其结果将使国内币值跌落之外,发生对外贸易上之绝大困难,因之外汇支出更将窘于应付,而对币值之一般信心益难维持。"因

---

① 郑友揆著,程麟荪译:《中国的对外贸易和工业发展:1840—1948》,第202页。另有学者统计,1945—1947年军费和特别支出(另一种形式的军费)分别占整个财政支出的71%、54%和60%。参见吴冈编:《旧中国通货膨胀史料》,上海:上海人民出版社,1958年,第153页。

② 《宋子文致蒋介石函》(1946年9月6日),台北"国史馆"藏蒋中正档案·革命文献—政治:政经重要设施(上)2020.4,36/40。

此宋子文考虑再三,"究觉心余力绌,如其将来不能维持致负钧座委托之重,不若披沥奉陈,吁请俯准辞职,另选贤能。"①虽然此次宋子文的辞呈未获批准,但不到三个月他还是被赶下了政治舞台。这是因为蒋介石此时已对宋子文、贝祖诒等人完全失去了信任,并将经济局势的恶化归咎于他们所推行的开放金融政策上。蒋介石对于经济形势忧心忡忡,他曾在 1947 年 1 月 31 日的《日记》上写道:"农历年关经济,社会幸未崩溃,惟外汇基金日减,黄金减空,子文不学无术,败坏国是,不胜焦虑之至。"2 月 6 日,蒋介石对于中央银行总裁贝祖诒临时采取黄金限额出售措施更是极为恼怒,指责他工作不负责任,"事前既未请示,又毫无准备,造成物价腾涨,经济更趋败坏",甚至申斥他"颟顸无能";而宋子文则"失其脑力与主宰者然,而唯贝祖诒与劳杰斯之计是从,为之忧戚无已"。此刻蒋介石自己在反省时也不由得发出感叹:"经济失败,亦在余一任子文之所为,以致误国至此也。"②但实际上更重要的原因则是,国民党低估了共产党的力量,他们原以为,不论是谈判或是战争,消灭(或解决)共产党只需要几个月的时间,然而日后局势的发展恐怕不仅宋子文始料未及,而且由内战所引起的庞大财政开支也是任何主政者都无法解决的。从这个角度来看,战后初期开放金融和贸易的政策最终遭到失败也就是必然的了。

原载吴景平主编:《宋子文与战时中国(1937—1945)》,

上海:复旦大学出版社,2008 年 4 月

① 《宋子文致蒋介石呈文》(1946 年 12 月 7 日),台北"国史馆"藏蒋中正档案·革命文献—政治:政经重要设施(上)2020.4,44/50。
② 台北"国史馆"藏蒋中正档案:事略稿本—文物图书。转引自吴淑凤:《宋子文与"建设新广东"》(1947 年 9 月—1949 年 1 月),《东华人文学报》第 5 期(2003 年 7 月),第 123—126 页。

第三辑
官办商行

中国建设银公司的创立

——官僚与财阀结合的一个实例

　　中国建设银公司（China Development Finance Corporation）是 1934 年由刚刚卸任的行政院副院长兼财政部部长宋子文亲自创办的一家股份有限公司，创办公司的最初目的主要是为了开辟国内资本市场、引进外资、进而投资国内的交通与工矿企业。然而公司成立之后，宋子文便利用其与政府间的特殊关系，几乎包揽了所有引进外资的业务，嗣后并采用参股的方式接管国有企业，业务发展极为迅速，赢利更加惊人；而公司的股东和董事、监察人不是政府主管财政经济的高官，就是国内金融界的巨头。因此中国建设银公司实际上是国民政府成立后官僚与财阀相结合的一个典型，在中国近代经济史中占有相当重要的地位。然而长期以来，由于资料的缺乏与分散，一直未有学者对此进行深入的研究。本文即依据原始档案，并参阅当时的报刊资料及有关著作，试图对建设银公司创办的原因、背景及其经过进行深入具体的分析和研究。

一　宋子文创办银公司的原因

　　中国建设银公司的创立是与当时中国的经济、政治局势有着密切的关系。
　　从经济的角度来看，国民政府成立后虽然多次宣布欢迎外商对华投资，但由于清朝及北京政府滥借外债，导致抵押殆尽、债信低落，外资视对华投资为畏途；再加上成立于 1920 年的新银行团的存在也是当时阻碍各国对华借款的一个重要原因，因此南京政府成立初期基本上没有举借过什么外债，外国对华投资的数额也为数甚少。① 这一时期国民政府为了维持日益增长的财政支出，除了千方百计增加各种税收之外，主要是靠向国内的金融界发行公债和库券而度日。②

再从政治的角度来观察，1931 年九一八事变之后，日本帝国主义侵略中国的野心日益明显，1933 年 1 月，日军攻占山海关，随即进犯热河。华北危机的日趋严重促使国民政府上层中以宋子文为代表的亲英美派将目光转向西方，并进一步萌生了"联合欧美，抵御日本"的战略构想，希望借西方的财政与技术援助以遏制日本的侵略野心，1933 年宋子文的欧美之行就是这一战略构想的具体实践。然而由于日本的破坏与阻挠，宋子文出访欧美的预期目标未能完全实现；与此同时，由于他的外交与财政方针与中枢产生牴牾，在他回国之后不久便被迫辞去行政院副院长兼财政部部长的主要官职，暂时离开了政权中心。

政坛上的失意使得宋子文对政治感到心灰意懒，但他并没有放弃寻求西方援助、抵御日本侵略、发展国内经济的努力，相反却刺激了他以"在野"的身份"弃官就商"，从另一种途径来达到争取欧美援助、发展中国经济的目的，而创办中国建设银公司则正是这种努力的具体表现。

宋子文产生创立中国建设银公司的念头并不是凭空而来的，实际上早在他出访欧美之前就有此设想，只不过当时他考虑的是由国家出面、联合外国财团共同创办而已。③ 而建设银公司的真正创办则是与他多年来的经历，特别是和当时的国内外局势具有密切的关系。

宋子文自 1928 年初即开始掌管全国的财政金融，多年来的经验使他深深感受到国家财政的艰窘状况仅靠增加税收、发行公债已无济于事，从而将目光转到吸引外资的方向上来。早在 1932 年 6 月，宋子文就曾向英国驻华公使馆代办伊格兰姆（Ingram）表示，他打算向国际市场借入相当数额的资金，用以开

---

① 拙文《战前国民政府举借外债的数额及其特点》(载《民国研究》第 1 辑，)附录《抗战爆发前国民政府各部门举借外债一览表》统计了中央政府 1927—1937 年间各年度的举债数额，可供参考。

② 据统计，国民政府自 1927 年 5 月至 1931 年年底发行各种内国公债和库券共 28 笔，发行额高达 10 亿余元。详见千家驹编：《旧中国公债史资料》，第 370—373 页。

③ 宋子文在访问欧美期间曾频繁向各国政府及财团游说，希望能组织一个类似新银行团的国际合作机构，向中国提供财政及技术方面的援助。按照他的设想，这个组织应有 1 亿元(相当于 1 500 万英镑)的资本，其中一半由中国承担，另一半则希望从英国或欧洲其他国家募集。参见 Simon to Lampson (July 4, 1933), *Documents on British Foreign Policy*, *1919—1939*, SecondSeries, Vol. XX (London: Her Majesty's Stationery Office, 1984), pp. 24‑25.

发经济建设和国防上所急需的资源。[①] 特别是九一八、"一·二八"事变后,面对着日本军国主义日趋明显的侵华野心,宋子文更加坚定了他依靠英美、孤立日本的信念。尽管1933年的欧美之行未能完全实现他的预期目标,但他并没有放弃这一念头,仕途上的失意反而使得这个想法更趋成熟。下野之后的宋子文将他的全部精力投放在发展金融事业和经济建设上面,他曾对中国银行总经理张嘉璈表示"决计弃官就商,且具做'中国摩根'意愿"[②]。而且他还认为以其在野的身份可能更便于与国外财团联络,同时也可以减少来自日本方面的猜忌与压力。

应该说,宋子文创办中国建设银公司具备了许多有利的条件。

首先,宋子文具有丰富的理财经验,他不仅早年接受过西方完整的现代化教育,回国之后又从事过多年的金融工作;更重要的是,南京国民政府成立后不久他就一直主管全国的财政金融,对中国的财政状况极为熟悉,并深知解决财政危机症结之所在。

其次,宋子文此时虽然已经辞去行政院副院长和财政部部长的职务,但却仍保留着全国经济委员会常委一职,并新任国民政府委员,这说明宋子文虽然被排除于权力中心,但同政府仍保持着相当密切又颇为特殊的联系,更何况他与蒋介石、孔祥熙之间还具有那种至亲的关系。从这个意义上来说,宋子文虽然在某些政见上与当权者不尽相同,但就形势而论,宋本人无意同时也无法真正"弃官就商",后来的历史发展也证实了这点。但是在当时,宋子文的这一特殊身份对于推动和创立中国建设银公司却是极为有利的。

最后,宋子文担任财政部部长之后一改过去压制资本家的政策,主张与资本家实行合作,比如在政治上邀请金融、工商界的领袖出席全国经济会议,在发展实业、改革财政诸方面认真听取他们的意见;在经济上则为资本家认募公债提供优厚的条件,所以一直与以江浙财团为代表的中国大资产阶级保持着极为密切的联系。

除此之外,宋子文还通过1933年的欧美之行与英美各国的领袖及财团建立了联系。毫无疑问,这些因素都有助于宋子文加快中国建设银公司的筹建

① Ingram to Simon(June 20,1932),*Documents on British Foreign Policy*,*1919—1939*,Second Series,Vol. X,pp. 512 - 513.

② 姚崧龄编著:《张公权先生年谱初稿》上册,第 133 页。

工作。

在创建中国建设银公司的过程中,有一个人起了十分重要的作用,他就是第二次世界大战后因创议成立欧洲共同体而闻名于世、被尊称为"欧洲之父"的让·蒙内。

蒙内(Jean Monnet,1888—1979)是法国银行家,也是一位著名的社会活动家,1919—1923 年曾任国际联盟副秘书长,随后相继在美国、波兰、罗马尼亚等国担任经济或财政顾问。1933 年宋子文访问欧洲时,通过国联卫生部部长拉希曼(Ludwik Rajchmen)的介绍认识了蒙内,并被其学识所折服,因此当宋子文倡导成立咨询委员会(即取代新银行团的国际合作组织)时,立即提议由蒙内担任该委员会的主席[①],同时还邀请他访华,其目的就是想制定一个有能力吸引中国和外国资金的重建计划。尽管宋子文成立咨询委员会的意图未能实现,但蒙内仍按原计划来华访问,并担任中国政府的财政顾问,只不过为了避免日本人的猜疑,蒙内是以私人身份接受这一邀请和任务的。[②]

蒙内在上海调查了中外金融机构的运作情形之后很快就得出结论:在没有中国的同意及参与之下,外国财团试图对中国投资是毫无用处的。他认为应该建立一家完全由中国人组成的银行团,这个银行团可以在西方市场上参与发行债券。在他看来,这些业务的成功取决于国家的现代化,而国家的现代化又同样可以为它带来其他好处。[③] 为此他向宋子文提出,中国若要吸引外国的资本,就必须解决下列三方面的问题:(1)中国本国的资本必须发挥投资导向的作用,只有这样外资才可能跟进;(2)中国政府必须认真清理积欠各国的外债(其中他还特别提到日本的西原借款),以恢复和提高债信;(3)有必要成立一个专门负责铁路方面事务的机构。[④] 宋子文对蒙内的建议很感兴趣,尽管他认为后两项并不是马上就能解决的事,而且他此时也不具备这个能力,但蒙内的第一项建议却同他的想法不谋而合。按照蒙内的设想,是希望由上海的中国银行家出面组织一个资本为 1 000 万元的银行团,其成员全部都是中国人,并按中国的法律运作,如此银团即可得到外国财团所提供的援助计划。在

① Stephen Lyon Endicott, *Diplomacy and Enterprise:British China Policy,1933—1937*(Vancouver:University of British Columbia Press,1975),p. 35.

② Jean Monnet:*Memoires*(Paris:Fayard,1976),p. 131.

③ *Ibid*,pp. 131-132.

④ *Foreign Relations of the United States*,1934,III(Washington:Government Printing Office),pp. 379-380.

蒙内看来,这样既可以摆脱"银行团"(Consortium)这个让中国人厌恶的名称,又可以避免日本人的抗议,因为日本一直反对任何将其排除在外的国际援助。[①] 由此,宋子文认为可以联合中国规模最大的几家银行,出资成立一个被蒙内称之为"辛迪加"(Syndicate)的新的金融机构,再由这个新机构出面同外国财团联络,专门承担吸引外资的业务。这就是中国建设银公司得以成立的背景。

二 公司的筹备与成立

宋子文自从辞去政府的主要官职之后便积极致力于中国建设银公司的筹备工作,他凭借自己特殊的身份,一方面努力争取政府方面的支持,另一方面则频频在上海金融界活动,动员各大银行入股。就连蒙内也不例外,他不仅向英、美等国驻华的外交官员解释这一计划的详细内容,还亲自参加了游说的行列。据他后来回忆,他在李石曾的介绍之下结识了中国银行总经理张嘉璈,并曾三次劝说他加入中国建设银公司。[②]

宋子文和蒙内的这番活动很快就取得了成效,在他们的游说之下,总行设于上海的国内最大的十几家银行都先后同意入股参加,蒋介石、孔祥熙等也对此发生兴趣,有意支持公司的创立。

尽管宋子文的这一切活动都是在暗中进行,十分机密,但不知是什么原因,苏联的塔斯社最早于1934年4月初即将这个消息披露出来,说宋子文已聘请国际银行家,并获得美国总统亲近人员之赞许,组织新的国际银行团,对中国进行大宗借款;由于日本未被邀请入伙,故直接以中国保护人的资格拒绝云云。[③] 消息一经传出,立即引起社会各界的极大关注,但宋子文对此却不予置评,说是要考虑之后再谈;而财政部部长孔祥熙则发表书面谈话,声称这是一场误会,然而他却承认"上海银行界有拟组织银公司,借以便利将来外人投资我国建设事业"[④]之议,从而间接证实了这一消息并非空穴来风。

---

① Memorandum by Johnson (May 3, 1934), *Foreign Relations of the United States*, 1934, III, p. 378.

② Monnet, op, cit, p. 135.

③ 经济资料社编:《宋子文豪门资本内幕》,香港:光华书店,1947年,第7—8页。

④ 《申报》1934年4月7日。

未久,孔祥熙即公开对报界承认他将与宋子文以及中央、中国、交通等银行合组一个银公司,资本 1 000 万元,并说明该公司"系专以沟通我国与国际间之投资与建设诸事业之金融机关"①。同时他还一再强调公司"完全为商业性质",投资目标则"须视条件如何而定,目前尚谈不到"。② 以孔祥熙的官方身份(行政院副院长、财政部部长兼中央银行总裁)对此消息加以证实,不仅打消了社会上的疑虑,同时也加快了公司的筹建速度。

成立中国建设银公司的消息既经公开,其创办的进度也就更为加快。宋子文等一面继续在金融界中游说,一面则于香港路 4 号银行公会二楼设立筹备处,在九江路 111 号大陆银行大楼设立办事处,与此同时进行的注册立案手续进展亦堪称顺利,4 月 18 日方将募款章程呈报备案,4 月 24 日上海市社会局即准予备案,5 月 28 日财政部亦予核准,③速度不可谓不快。

5 月 31 日,中国建设银公司于汉口路 7 号召开发起人会议,孔祥熙、宋子文、宋子良、贝祖诒、张慰如、陈光甫、徐可亭、叶扶霄、唐寿民、谢作楷、刘晦之、吴启鼎、徐新六、徐补荪、钱永铭等发起人出席会议,旋即对外发布新闻稿,宣称该公司资本总额为银元 1 000 万元,分为 10 万股,每股 100 元(后改为 100 万股,每股 10 元,总额则未变),已如数募足。其认股情形大致如下:除发起人(名单另列)认定 5 000 股计 50 万元外,其余部分由下列银行及个人募足。(1) 银行计:中央、中国、交通、金城、中南、上海、浙江兴业、中国实业、聚兴诚、垦业、通商、大陆、江浙、四明、东莱、国货及国华;(2) 个人计:孔庸之、宋子文、张嘉璈、李馥荪、陈光甫、贝祖诒、张慰如、徐补荪。④

在谈到公司发起的缘由及其业务时,发言人强调公司"组织之动机,资本之募集,与管理之权限,完全操诸国人,诚为经济改造之一大工具",而其目的则"在于联络本国银行及海外金融界,对于公共或私人事业,加以辅助与协商,以谋工商业之发展,并注重于大资本得以源源接济"。⑤

发起人会议召开仅仅两天之后,中国建设银公司就举行隆重的创立会。原来创立会打算在大陆大楼公司的临时办事处召开,然而出席会议的人数过

---

① 《申报》,1934 年 4 月 15 日。
② 《申报》,1934 年 4 月 20 日。
③ 《工商半月刊》第 6 卷 13 期,"国内经济",1934 年 7 月 1 日。
④⑤ 参见《申报》,1934 年 6 月 1 日;《银行周报》第 18 卷第 21 期,1934 年 6 月 5 日;《中行月刊》第 8 卷第 6 期,1934 年 6 月。

多,办事处地方窄小,不敷应用,遂临时改在位于香港路的银行公会议事厅举行。孔祥熙、宋子文、张静江、李石曾、张嘉璈、陈光甫等 98 名公司股东(代表96 700 股)出席创立会,由李石曾任临时主席。主席在报告了筹备经过之后,即开始进行选举,结果孔祥熙、宋子文等 21 人当选为第一届董事,张静江、宋子安等 7 人当选为监察人。[①]

众所周知,宋子文是中国建设银公司创立的最重要的策划者和推动者,若没有他的游说与组织,在这样短的时间里成立规模如此巨大的机构实在是难以想象。然而公司成立时,董事长是孔祥熙,总经理则由宋子文乃弟宋子良担任,宋子文只是一名执行董事。据张嘉璈回忆,这个方案是蒋介石亲自决定的。[②] 这样的安排除了具有阻止宋子文专权的目的之外(蒋、宋二人半年前曾为财政开支等问题发生过激烈争执,最终导致宋子文的辞职),更重要的原因恐怕还是为了避免引起日本方面的猜疑,因为谁都知道宋子文是国民政府内著名的亲英美派的代表人物。

7 月 4 日,中国建设银公司正式开张营业。开幕当天,公司门口两侧分别悬挂着国旗和党旗,总经理宋子良,执行董事宋子文、贝祖诒,常务董事谢作楷、张嘉璈等亲任接待,办公室内摆满了各界赠送的花篮、银盾、绸幛等贺仪,前来恭贺的嘉宾包括上海市商会主席俞佐廷、上海银行公会主席陈光甫、上海钱业公会主席秦润卿、财政部钱币司司长徐堪、招商局总经理刘鸿生、中央造币厂厂长卢学溥以及金融、工商各界名流 500 余人,其中有些人本身就是公司的股东或董事(如陈光甫、徐堪),盛况空前。[③]

中国建设银公司营业之初计划设立秘书、设计和统计三个处,各处分别设有主任、秘书等职位。由于公司的背景特殊,资本亦颇为雄厚,公司尚未开张,各地及各企业要求投资建设者便络绎不绝,因此公司一经正式成立,便立刻进行各项投资建设事业的调查工作。

---

① 参见《申报》,1934 年 6 月 1 日;《银行周报》第 18 卷第 21 期,1934 年 6 月 5 日;《中行月刊》第 8 卷第 6 期,1934 年 6 月。6 月 29 日,经临时股东大会决定,又增补张汉城、宋汉章、张咏霓、齐云青 4 人为董事,傅筱庵、王宝仑 2 人为监察人。这样,中国建设银公司的董事就增加到 25 人,监察人则为九人。参见《中国建设银公司致中国银行函》(1934 年 7 月 3 日),中国第二历史档案馆藏中国银行档案:三九七/3398。

② 姚崧龄编著:《张公权先生年谱初稿》上册,第 134 页。

③ 有关中国建设银公司开幕的消息,可参阅:《银行周报》第 18 卷第 26 期,1934 年 7 月 10 日;《中行月刊》第 9 卷第 2 期,1934 年 8 月。

根据《中国建设银公司股份有限公司章程》①第十一条规定,公司经营的业务范围是"以协助并联同政府机关、中外银行及其他组织,扶持公私各类企业,发展农工商业,办理关于是项事业之投资,及管理事务与信托公司之一切事务",至于采取何种方式、办法及程序,则由"公司董事会随时议决,呈请财政部核准备案"。据中国建设银公司战时发表的一份业务报告书称,战前该公司"为促进我国经济建设,对于国内工矿路电事业之经营,无不竭力以赴,藉应各处之需要。其荦荦大者,为扬子电气公司首都与戚墅堰两电厂、淮南铁路与煤矿、汉口既济水电公司、江南铁路、川黔公司之成渝铁路、南昌水电公司、庐山升降电车及咸阳酒精厂等","对于工矿路电之总投资为一千四百八十万八千四百二十元,金融业之投资为港币十万元与十万佛郎。此外各附属事业之企业投资尚未计算在内"。②据此可知战前建设银公司所经营的业务大致分为三个部分,即以各种方式为工矿企业筹借款项,意图打进国内证券及资本市场;吸引外商投资,共同兴建铁路;接办国有企业,成立扬子电气公司和淮南矿路公司,并通过投资入股的方式,控制企业的经营与管理权。

三 官僚与财阀的结合

民国初年,特别是袁世凯死后,由于军阀内战,各自为政,中央政府缺乏强有力的威权统治;此时又恰逢第一次世界大战爆发,西方列强无暇东顾,中国的民族工商业有了长足的进步,进入了所谓"资本主义发展的黄金时代"。与此同时,中国资产阶级的组织和力量也不断得以发展壮大,他们不仅能控制国家经济和政治的某些领域,甚至敢对中央说"不"(1916 年张嘉璈领导的上海中国银行公然拒绝北京政府的停兑令就是一个典型的事例)。然而 1927 年南京国民政府成立之后,随着国民党致力于加强中央集权的统治,资产阶级手中的权力便日益缩小,摆在他们面前的只有两条路可以选择:不服从或消极抵制中央政府的,其势力则被架空乃至削弱,如上海总商会会长冯少山、中国通商

---

① 公司章程共分 7 章 39 条,原文见中国第二历史档案馆藏中央银行档案:三九六(2)/9。

② 《中国建设银公司战时业务概况报告书》(1943 年 12 月 30 日),中国第二历史档案馆藏扬子电气公司档案:四〇一/121。

银行总经理傅筱庵;依附于现政权,则在其控制下与之共进退。绝大部分资本家采取的是后一种方式,其中尤以金融界最为明显,这是由于他们支持政府发行公债,从中获得巨大利润,也正是因为如此,金融资本家与国民政府更紧密地联系在一起,从而加速了他们转变为官僚或半官僚的进程。

国民政府自介入国家的经济事务之后,其中一个明显的特征就是将国家与私人的利益极为复杂地糅和在一起,其后果是既形成了像孔祥熙、宋子文这样亦官亦商的官僚,又造就出以张嘉璈、陈光甫、钱新之为代表的亦商亦官的财阀,而中国建设银公司则正是官僚与财阀结合的一个典型案例。大量的中外历史事实说明,享有种种特权的官僚与财阀化国库(或利用国库)中饱私囊,这正是封建社会中的王侯(或中国宗法社会里的职业官僚)转型为市场经济中"自由企业家"的必由之路,过去在英国、法国如此,后来的日本也不乏其例,就是在今天的世界中(特别是在那些发展中国家)不是也都还存在着大量类似的事例吗?

表面上看起来,中国建设银公司只是一个普通的由私人注册的股份有限公司,但实际情形却远非如此简单,这里只需举出两个事例即可清楚地说明这个问题。

与中国建设银公司创办的同时,仅上海一地即有其他类似的银公司宣告成立,如1934年5月25日李子初等呈请成立汇业股份有限银公司;6月7日,中国垦业银行的王伯元等人也申请设立乾一企业股份有限银公司。不过其规模则小得多,前者股本仅20万元,后者多一些,但也不过只有50万元;若论其经营情况则更无法与建设银公司相比,如乾一银公司成立不过两年多时间就召开股东会,最终以"市面萧条,无意经营"[①]为由而决议解散。而西南地区最具规模的民族金融资本财团聚兴诚银行与此同时也曾有过联络外资的计划,该行总经理杨粲三并于1934年6月亲自前往英国,与英商扬子公司董事长爱德华进行秘密谈判,签订合组德善公司的计划,该合同的第一条即规定双方可以在对方国家开设金融公司。这个合同的内容经留英学生披露后立即引起舆论的强烈反响,各界纷纷要求政府予以废除。为此杨粲三四处活动,并列举当时刚刚成立的中国建设银公司为例(聚兴诚银行也是银公司的股东银行之一,杨本人则为股东),称银公司就是引用外资的信托投资企业,"何以他人能为之,而聚行独遭非议?"但外交、财政、实业三部则以该行"不先将契约呈明政府

---

① "中央研究院"近代史研究所档案馆藏实业部档案:17—23,51—3。

核准,遽尔签约"为由,"迳令聚兴诚银行撤废违法合同",因此聚兴诚银行的这一计划最终未能实现。[①] 两相比较,就可以清楚地看出建设银公司的地位是如何特殊的了。

当然,最能反映出与政府之间关系的莫过于银公司的董监事人选及其个人背景,请看下表:

中国建设银公司第一届董监事名单及其背景(1934 年 6 月)

姓名	字号	年龄	籍贯	股份	公司职务	社会背景/主要任职	备注
孔祥熙	庸之	54	山西太谷	20 000	董事长	行政院副院长、财政部部长、中央银行总裁	
宋子文		40	广东文昌	25 000	执行董事	国民政府委员、全国经济委员会常委	后任中国银行董事长
贝祖诒	淞荪	41	江苏吴县	30 000	执行董事	中国银行上海分行经理、外汇部主任	
叶薰	扶霄	55	江苏吴县	5 000	董事	大陆银行董事兼经理	
陈行	健庵	44	浙江绍兴	10 000	常务董事♯	中央银行常务理事兼副总裁	
唐寿民		42	江苏镇江	30 000	常务董事	交通银行总经理、中央银行常务理事	
胡筠	笔江	53	江苏江都	35 000	常务董事♯	中南银行总经理	后兼任交通银行董事长
周作民		50	江苏淮安	15 000	常务董事	金城银行总经理	
徐新六	振飞	44	浙江余杭	10 000	常务董事♯	浙江兴业银行总经理	
宋子良		35	广东文昌	15 000	常务董事、总经理	中国国货银行董事兼总经理	1936 年 7 月辞总经理职
张嘉璈	公权	45	上海宝山	30 000	常务董事	中国银行总经理、建设委员会常委	

---

① 邹以海:《杨粲三经营聚兴诚银行三十年》,载寿充一等编:《近代中国工商人物志》第 1 册(北京:中国文史出版社,1996 年),第 439—440 页。

姓　名	字号	年龄	籍　贯	股　份	公司职务	社会背景/主要任职	备　注
徐　堪	可亭	46	四川三台	10 000	董　事	财政部钱币司司长、中国国货银行董事	后升任财政部常务次长
李　铭	馥荪	47	浙江绍兴	10 000	常务董事♯	浙江实业银行总经理、中国银行董事长	
叶　瑜	琢堂	59	浙江鄞县	10 000	常务董事	中央银行常务理事	后任四明商业银行总经理
杨敦甫				5 000	董　事	上海商业储蓄银行常务董事、副总经理	去世后由霍宝树接任董事
李煜瀛	石曾	53	河北高阳	25 000	常务董事	中国农工银行董事长、中央政治会议委员、建设委员会常委	
刘体智	晦之	55	安徽庐江	5 000	董　事	中国实业银行总经理	
陈辉德	光甫	53	江苏镇江	10 000	常务董事	上海商业储蓄银行总经理、中央银行常务理事	
席德懋	建侯	42	江苏吴县	50 000	董　事	中央银行业务局总经理	
谢　棋	作楷	48	广东新会	25 000	常务董事	前财政部统税署署长	
钱永铭	新之	49	浙江吴兴	10 000	董　事	四行储蓄会总经理	后任交通银行董事长
张汉城				70 000	董　事*	中国实业银行常务监察、裕华银行总经理	
宋　鲁	汉章	62	浙江余姚	20 000	董　事*	中国保险公司董事长、中国银行常务董事	后任中国银行总经理

续 表

姓名	字号	年龄	籍　贯	股　　份	公司职务	社会背景/主要任职	备　注
张寿镛	咏霓	58	浙江鄞县	10 000	董　事＊	中国女子商业储蓄银行常务董事、财政部顾问	曾任财政部政务次长
齐　致	云青		河北	10 000	董　事＊	中国农工银行总经理	
张人杰	静江	57	浙江吴兴	25 000	监察人	国民政府委员、建设委员会委员长	
宋子安		28	广东文昌	15 000	监察人	中国国货银行监察人、松江盐务稽核所稽核	后接任公司总经理
张文焕	慰如	56	上海	5 000	监察人	上海华商证券交易所理事长	
瞿祖辉	季刚			5 000	监察人	国华银行常务董事	
徐补荪	凤辉			10 000	监察人	上海金业交易所理事长、中和商业银行董事长	
王怀忠	伯元	41	浙江慈溪	15 000	监察人	中国垦业银行总经理	
孙衡甫	遵法	59	浙江慈溪	6 000	监察人	四明商业储蓄银行董事长兼总经理	
傅宗耀	筱庵	62	浙江镇海	15 000	监察人＊	中国通商银行总经理	
王宝仑	行是			20 000	监察人＊	中央银行常务理事	曾任中央银行发行局局长

说明：＊者为6月29日公司临时股东会决议修改章程增补之董监事；♯者为7月9日公司董事会议遵照财政部咨令增选之常务董事。

资料来源：董监事名单及其股份根据中国第二历史档案馆藏中国建设银公司有关档案编制；其中个人背景主要参考下列工具书：徐友春主编：《民国人物大辞典》；陈旭麓等主编：《中华民国史辞典》，上海：上海人民出版社，1991年；中国银行经济研究室编：《全国银行年鉴》，民国二十四、二十六年；刘寿林、万仁元等编：《民国职官年表》，北京：中华书局，1995年。

　　从上表中即可看出中国建设银公司的董监事既包含有国民党元老、财政要员(财政部门如财政部部长兼中央银总裁孔祥熙、中央银行副总裁陈行、财政部钱币司司长徐堪、前统税署署长谢祺、中央银行业务局总经理席德懋;经济建设部门如全国经济委员会常委宋子文、建设委员会委员长张静江、常委李石曾等,张、李还是国民党的元老),更囊括了几乎国内所有的金融巨擘、海上闻人,其声势之强大,可谓一时无两。无怪乎当时有的报刊就将其看成是一个"半官的公司或经济委员会的一个外委",他们因此而得出的结论是,"如果这公司不是半官的公司或经济委员会的一个外委,那他的业务范围就不会这样的广大"。[1]

中国建设银公司的创立及其经营活动是国民政府以私营公司的形式出面介入国家经济的一个典型事例,更是官僚与财阀相结合的实例。虽然初期银公司董监事所占有的股份并非全部是由本人出资,其中绝大部分是各股东银行参股的数额;但到了抗日战争后期,这些官僚和财阀则以极低廉的价格,从国家银行的手中收购了公司的大部分股权,然后再利用种种特权,操纵股市,买卖外汇,从事各种投机经营,此时政府的资产已经和官僚财阀私人的利益混为一体、难以区分了。

四 公司创立前后的各界反应

中国建设银公司的创立不仅是当时金融界的一件大事,在政治乃至外交方面也都有很大影响,无怪乎上海的主要报刊,如《申报》、《新闻报》、《银行周报》、《中行月刊》、《工商半月刊》、《国闻周报》等都连篇累牍地对此加以报道。仅以《申报》为例,自 1934 年 4 月初传闻筹备银公司到 7 月 2 日公司正式开业的三个月时间中,有关银公司的各类报道就不下 20 余篇。与此同时,国内外各界也对公司的筹备及成立产生了激烈的反响。

尽管中国建设银公司联络到中国最大的十几家银行入股,但这并不意味着金融界完全赞同公司的宗旨及其经营目标,恰恰相反,起初他们当中不少人对于成立这样一个公司是持怀疑或消极态度的。他们恐惧公司成立后会争夺原有银行的既得利益,然而碍于宋子文的面子,他们又不得不表示赞同。举例来说,中国银行是中国建设银公司的最大股东,拥有公司 1/5 即 200 万元的股

---

[1] 《中国建设银公司的前途》,载《社会新闻》第 7 卷第 22 期,1934 年 6 月 6 日。

份,但中国银行的总经理张嘉璈和董事长李铭却对银公司的成立并没有多大兴趣,甚至还有所怀疑,这也可以说代表了当时中国金融界的一种普遍想法。

前文曾经提到,由宋子文聘请来华的顾问蒙内为了动员中国银行入股曾经三次向张嘉璈进行游说,但因为最初银公司的业务范围包括"兼营国内银行业务",张嘉璈等人认为这不啻是与股东银行竞争,极不合理。在他的竭力坚持之下,公司的章程才不得不在文字上加以修改。① 而李铭不仅是中国银行的董事长,还是浙江实业银行的董事长兼总经理,在中国银行界内享有崇高的声誉,但是他在对曾任英国驻上海领事普拉特(John Thomas Pratt)的谈话中就丝毫没有掩饰他对银公司所经营的目标及其职责的怀疑态度。他说,中国实际上已经有类似于财政事务合作、包括为企业筹措资金的银行团,虽然他没有明讲,但此中的含义已是十分明白的了。他承认,中国的银行同银公司建立联系是"非常勉强的",因为在他们看来,银公司只是一个"欲将日本排除在中国复兴事业之外的政治组织",他们只是看在宋子文的面子上才对公司加以支持的。不过李铭却认为,银公司的目标并不是要兼并中国银行业的利益,主要来讲还是致力于大规模地引进外资。②

中国建设银公司虽然对外宣称自己"纯系私营商业公司",但是公司董事的身份及其与政府之间的关系却引起不少舆论的猜测,特别对公司公私不分的情形更是持批评的态度,其中尤以国民党内右翼的反对程度最为激烈。受到执掌国民党党务大权 CC 系支持的《社会新闻》就曾公开发表社论抨击中国建设银公司,认为它"是一个半官的公司或经济委员会的一个外委",他们对公司的前途不抱"纯粹乐观的态度",因为除了日本的反对之外,"目前金融界的动向很不好,国际投资中国的空气也很薄弱,恐怕其结果这个建设银公司,会变成一个普通的银行"。他们特别反对的是金融界所从事的买卖政府公债之类的投机活动,在他们看来,这不过是从农村吸取资金,结果反倒加重了经济危机;"而这次参加银公司组织的人物,又几乎全是金融界里面的人物,我们如敢望其投资于有裨国计民生的建设方面呢? 如果银公司的投资竟不投到有裨国计民生的建设方面,则所谓建设岂不是一句空言!"③

---

① 姚崧龄编著:《张公权先生年谱初稿》上册,第 134 页。

② Memorandum by Sir J. Pratt (June 22, 1934), *Documents on British Foreign Policy*, *1919—1939*, Second Series, Vol. XX, p. 254.

③ 《中国建设银公司的前途》,载《社会新闻》第 7 卷第 22 期,1934 年 6 月 6 日。

中国建设银公司成立的消息也同样引起世界各国的广泛注意,但是各个国家的态度却不尽相同,其中有的国家比较主动,有的国家暂时持观望的态度,而日本对此则竭力加以反对。

日本早已视中国为其禁脔,不容其他列强染指。早在宋子文出访欧美、试图寻求西方援助之际,日本就千方百计加以干扰与破坏,致使宋子文的计划终告失败。因此当蒙内应邀来华、帮助宋子文创办中国建设银公司的消息传出之后,日本即开始采取种种手段加以制止。日本驻南京总领事须磨弥吉郎不但关注着蒙内的一举一动,还不断向英美各国驻华外交官员进行游说。1934年2月9日,须磨就向美国驻华公使馆参赞贝克(Willys R. Peck)表示,任何把日本排除在外的、对中国经济发展提供援助的计划都是不切实际的,而且也是注定不会成功的。[1] 4月9日,须磨在与英国驻华商务参赞的会晤中对蒙内帮助创办中国建设银公司表示强烈的反对,"除非是首先考虑到日本的利益并邀请其参加";他强调,"鉴于日本是中国的邻国以及在远东的特殊利益,因此日本有责任参加任何对中国的借款";他还威胁说,日本对中国的忍耐是有限度的。[2] 果然,正当银公司筹备成立的消息传播得沸沸扬扬之际,4月17日,日本外务省情报部部长天羽英二就对外公开发布了旨在独占中国的强硬声明,反对西方各国以及国联对中国进行财政或技术援助,其中也自然包含有日本反对成立中国建设银公司的态度。据须磨自称,这个所谓"天羽声明"是他建议日本政府发表的。[3] 5月6日,须磨代表日本政府与蒙内会见时竟公开声明,反对英、美等国加入银公司投资中国的计划,他还表示,"日本对于中国第一步要求急需整理旧债,依银公司之分区投资无异分割中国"[4]云云。就在中国建设银公司刚刚成立之际,日本的朝鲜银行调查课即对此进行了详尽的调查,并作出秘密报告。这份题为《中国建设银公司及其国际性》的调查报告长达18页,共分为"中国建设银公司的国际意义"、"银公司的首脑及其有关系者"、"国际联盟的对华援助"、"中国国家复兴事业的要点"、"银公司的事业方

[1]　*Foreign Relations of the United States*, 1934, III, p. 374.
[2]　Cadogan to Simon(April 26, 1934), *Documents on British Foreign Policy 1919—1939*, Second Series, Vol. XX, pp. 220-221.
[3]　Arthur N. Young, *China's Nation - building Effort*, *1927—1937: the Financial and Economic Record* (Stanford: Hoover Institute Press, 1971), p. 364.
[4]　《新闻报》,1934年5月11日,转引自陈真编:《中国近代工业史资料》第3辑下卷,北京:生活·读书·新知三联书店,1961年,第1020页。

面"和"我国政府对于列强对华援助的态度"等六个部分,报告明确表示国联与列强的对华援助是以创建中国建设银公司为中心,目标则显然是针对日本的。报告并承认所谓"天羽声明"即是日本政府对于列强与国联对华援助而表示出的强硬立场。① 当时国内的舆论也意识到这个问题,譬如影响极大的《东方杂志》就曾发表一篇署名文章,认为"日本曾于去年向中国提议延长胶济路至新疆,为中政府所拒,而现在宋子文辈则筹备组织开发西北之新银公司,这当然要引起日人的仇恨。而且在四月初旬苏联塔斯社曾传出上海将有大规模的国际银团出现,因此更引起日本政府的注意,以为宋子文所主持之银公司即此新银团之现身,而含有国际背景者,于是就不论这事的实际情形如何,与银公司一千万元资本的有限力量,而成其发表这次宣言的原因了"②。

美国对此事同样也十分关注,所有关于中国建设银公司的筹建情形,大抵都是通过美国驻华公使詹森(Nelson Trusler Johnson)和驻上海总领事康宁翰(Cunningham)从中进行的,为此他们曾先后同蒙内以及上海的银行家分别交换过意见,询问了公司的经营方向、资本来源等筹备情形,然而他们对公司的前景却持审慎的态度,认为目前讨论这种担当风险的行动是否成功或是失败还为时过早。③ 詹森他们认为的风险主要是来自日本方面的反对,尽管在他们看来日本反对成立中国建设银公司是毫无道理的,因为成立于 1920 年的新银行团的协议中不但没有规定不允许中国的银行之间成立联合的组织,而且在对华贷款方面还希望能够得到中国银行界的合作。他还认为,中国建设银公司只不过是为了中国能够得到外国的投资而由中国的银行组成的一个机构而已。但鉴于当时的远东局势,詹森觉得还是应该审慎一些,看看事态的发展再做结论。④ 然而美国的金融界却对中国建设银公司成立的消息发生兴趣,新银行团中的美国代表、摩根公司的拉蒙特在同国务院远东司司长霍恩伯克(Stanley K. Hornbeck)的谈话中就竭力打消国务院对银公司的疑虑,他认为银公司将来可能会发展或被发展成中国与银行团之间的一个纽带。尽管霍恩

---

① 朝鲜银行调查课:《中国建设银公司其国际性》(昭和九年调查第二五号),1934 年 7 月 9 日。

② 张明养:《日本反对国际援华声明与中国外交前途》,载《东方杂志》第 31 卷第 10 期,1934 年 5 月 16 日。

③ Johnson to the Secretary of State (June 8, 1934), *Foreign Relations of the United States* 1934, III, pp. 387 - 388.

④ Johnson to the Secretary of State (July 31, 1934), *Foreign Relations of the United States*, 1934, III, pp. 403 - 405.

伯克对此尚有疑问,但他还是将中国银行和其他银行的支持视为中国建设银公司得以顺利发展的关键。[1]

相比之下,英国金融界和企业界对中国建设银公司的态度就更加积极明朗。由于日本势力的兴起以及中国民族主义情绪的高涨,导致英国在亚洲的地位日益衰落,而与银公司的合作或许能够保持他们的固有地位。在他们看来,若能"与蒋介石和宋子文周围的资本家合作,可激之以利,驱使为我而战的中国人击退来自日本人对长城以南英国利益的打击"[2]。因此,一些与中国有生意往来的英国银行和公司,如怡和洋行、太古公司、英美烟草公司等,都纷纷与银公司洽谈,或联合投资,或合作经营。[3] 而汇丰银行和中英银公司更是先后与银公司共同参与对中国铁路的投资。

至于欧洲其他国家对中国建设银公司的态度也不完全一样。因为蒙内是法国人,所以法国政府很自然地将"天羽声明"与蒙内从事的向中国提供国际贷款的活动联系在一起,协议中的一项条款即是中国坚持拒绝日本参与对中国的借款。[4] 4月23日,法国外交部秘书莱热在同中国驻法公使顾维钧谈到"天羽声明"时,他所关心的也主要是日本的声明是不是因为蒙内在上海进行的国际贷款而引起。[5] 法国的担心并不是没有道理的,事实确是如此,后来通过中国建设银公司向中国提供铁路借款数额最大、项目最多的正是法国财团。

由于德国不是新银行团的成员,可以不受银行团条款的束缚而单独对华贷款,早在20世纪30年代初期,以奥托·华尔夫公司(Otto Wolff)为代表的德国财团就率先与中国方面谈判,投资兴建浙赣铁路玉(山)南(昌)段,成为30年代西方国家中最早向中国提供铁路借款的国家。[6] 正因为如此,德国对于标榜自己为吸引外资之导向的中国建设银公司的成立及其经营目标自然也十分注意。但是德国方面得到的消息是,由于日本的强烈反对,这个计划的本身就是一个错误,在他们看来,如果没有外国的帮助,单凭中国的银行和商业机构

---

[1] Memorandum by Hornbeck (September 19, 1934), *Ibid*, pp. 412 – 417.

[2] Endicott, op, cit, p. 43.

[3] Parks M. Coble, *The Shanghai Capitalists and the Nationalist Government*, 1927—1937 (Cambridge, Mass: Council on East Asian Studies, Harvard University, 1980), p. 221.

[4] Lindley to Simon (April 23, 1934), *Documents on British Foreign Policy*, 1919—1939, Second Series, Vol. XX, p. 209.

[5] 《顾维钧回忆录》第2册,第294页。

[6] William C. Kirby, *Germany and Republic China* (California, Stanford University Press, 1984), pp. 194 – 198.

根本不可能完成中国的重建计划。为此德国驻华公使陶德曼（Oskar P. Trautmann）请求，或许应该出于德国的利益而指出该计划之不安全性。[①]

　　尽管国内外的大部分舆论对中国建设银公司的前景并不看好，但公司仍按照其既定的方针开业，而且各项业务在短短的时间内便取得了令人惊异的成绩。虽然公司成立的第一年（1934）正值"国内经济金融俱陷极度紧张时期，凡百措施，自应审慎进行"，但建设银公司仍于"稳健之中谋积极扶助之道"，在公司成立的最初半年之内净盈余达 587 558.69 元；[②]从 1935 年起，公司的各项业绩更是突飞猛进，民国二十四年（1935）度公司纯收益为 1 211 997.73 元，二十五年度又上升到 1 914 531.62 元[③]，净盈率几占公司资本总额的 20%，其发展及赢利实在是出乎一般人之想象。关于中国建设银公司各个时期的经营活动及其特点不在本文的叙述范围，但仅从公司的赢利也可清楚地看出公司所具有的特别之处，这也正是笔者需要深入研究的一个重要课题。

原载《改革》1999 年第 2 期

---

　　① 郭恒钰等编：《德国外交档案：1928—1938 年之中德关系》，台北："中央研究院"近代史研究所，1991 年，第 136 页。

　　② 《中国建设银公司二十三年度营业报告书》（1935 年 3 月），中国第二历史档案馆藏中国银行档案：三九七(2)/314。

　　③ 银公司历年资产负债表，参见中国第二历史档案馆藏中国银行档案：三九七(2)/314。

中国第一家投资公司

一 中外投资公司的产生与发展

投资公司(Investment Company)是专门经营投资信托业务的金融机构，是经营货币与资本的企业，它的主要作用是为了联络资金使用者和资金供给者，为发行者和投资者创造机会，使发行者能够筹集到资金，同时也使投资者能够投放资金，双方最终取得最佳的金融效益。投资公司除注册资金外，主要靠发行股票和债务来筹集公司的资本，并用以购买其他公司的股票、债券，也可以购入的证券作担保，增发新的投资信托证券。从理论上说，投资公司的主要产品是财务建议和金融能力，它既不生产任何产品，也不出售任何商品，但是正因为它是有效分配和交换资金的中介渠道，因此它能够左右从事这一工作的所有企业。投资公司与一般商业银行的重要区别是，后者的业务主要是存贷款，而前者的活动则主要是在通过包销证券获得差价和佣金，为投资者和筹资者融通资金，它是从商业银行中分离和发展出来的，有着一个历史演变的过程。[①]

投资公司大约于 19 世纪初产生于英国，美国出现类似这一性质的公司虽然时间较晚，但其发展的速度却极为迅速，其中最为著名的就是成立于 1860 年的 J. P 摩根公司。

摩根公司(J. P. Morgan & Co. Incorporated)是美国重要的银行持股公

---

① 有关投资公司的定义，参考罗伯特·劳伦斯·库恩著，李申等合译：《投资银行学》(北京：北京师范大学出版社，1996 年)和胡定东、谢安峰编著：《投资银行的金融创新》(成都：西南财经大学出版社，1998 年)。

司,也是当今世界上最大的跨国银行公司之一。公司成立之初只是一家专门买卖外汇的个人经营的办事处。其后公司业务不断发展,主要经营各种有价证券的发行业务,并通过持股和参与董事会等方式,逐步控制了美国及其海外许多大企业和金融组织。第一次世界大战期间,公司包揽了美国对西欧的金融业务,更成为英、法等国政府在美国购买军火、发行公债的唯一代理机构,战后仍继续经营外国政府的公债发行业务,成为巨富。根据1933年美国的银行法,摩根公司改为商业银行,将原来经营的投资业务交付给摩根斯坦利公司,并同费城的德雷克塞尔公司、纽约的摩根—斯坦利公司、巴黎的摩根公司和伦敦的摩根—格伦费尔公司密切联系,成为一个庞大的国际金融性垄断集团。

中国最早出现的类似企业是外国资本的投资公司。鸦片战争之后,外国资本开始大量进入中国,尤其是甲午战败后,中国门户洞开,各国列强更是加快对中国资本输出的速度,以投资中国铁路、矿山为目的的投资公司便应运而生,1898年,以英资汇丰银行(Hongkong & Shanghai Banking Co., Ltd)与怡和洋行(Jardine, Matheson & Co., Ltd)合资设立的中英银公司(British and Chinese Corporation)就是其中最著名的一家投资公司。该公司总部设在伦敦,另在北京和上海开设分公司。公司成立后,即凭借特权,通过贷款、购料和包办建筑工程等手段,取得了对京沈、沪宁、沪杭甬、广九等铁路的监督权和管理权。与此同时,中英银公司还以资助另一家英资福公司(Pekin Syndicate, Ltd)的形式,间接对中国的矿业进行投资,在华势力急剧扩张,从而成为所谓"洋行之王"。

民国成立之后,随着华资金融业的发展,业内也不断有人设想创办投资公司。1920年,交通银行总理梁士诒即曾计划联合几家资本较大的银行合组一个金融投资公司——中华银公司,专门代募国家债票和公司债款,不做零碎生意。它拟效法中英银公司的模式,资本只作垫款之用,如有合适的投资对象,如欲参与某条铁路的兴建或某个企业的创办,即可临时由各银行组织共同经募债票,这样既可在较短时间内凑成巨额资金,亦能在相当程度上代替部分外资。然而最终还是由于华资实力有限,无法发挥预期作用。① 其后,盐业、金城、中南、大陆四家银行(即所谓"北四行")在上海成立"四行储蓄会",各存基

---

① 洪葭管、张继凤:《近代金融业与沿海经济发展》,载丁日初主编:《近代中国》第2辑,上海:上海社会科学院出版社,1991年,第146页。

本储金 25 万元,其经营目标乃是以优惠的利息和红利来吸引社会的闲散资金,然后再将其投放到国内的工商企业中。当时四行曾与美国芝加哥大陆银行洽谈,计划双方合组一个中美信托公司,草案已经签订,双方各投资 250 万美元,资本不须巨额,但双方皆具无限集资能力,若遇一新兴企业具有创办潜质,一经公司审核通过,双方即可发行股票,或另筹公司债及资金。1930 年,金城银行总经理周作民代表四行委派刘景山等人前往美国正式商定成立公司事宜,然而此时正遇到美国空前未有的经济大危机,许多银行和企业破产倒闭,芝加哥大陆银行也受到严重打击,对成立公司之事犹豫不决,所谓中美信托公司之设想最终化为泡影。① 与此同时,著名的民族资本家刘鸿生也曾计划组织一个持股公司来控制其经营的各个企业,进而再对外扩充投资。他的设想是,公司的主要业务包括为企业投资,并接受委托、代为管理经营企业,他甚至已经拟具了《中国企业经营股份有限公司章程草案》。在刘鸿生看来,如果他的计划能够实现,那么这家公司就会成为中国第一家控股投资公司。但是由于种种原因,公司最后还是无法注册成立,刘鸿生的愿望始终未能实现。②

然而几乎就在同一时间,由宋子文亲自创办的中国建设银公司(China Development Finance Corporation)却基本上达到了这一目标,成为"吾国第一家真正投资公司"③。

二 宋子文创办中国建设银公司的背景与目的

宋子文创办中国建设银公司的念头并不是凭空而来的,这与他的学历经历,特别是同当时国内外局势都具有十分密切的关系。

宋子文早年就读于上海圣约翰大学,后赴美国哈佛大学、哥伦比亚大学深

---

① 刘景山:《刘景山自撰回忆录》(三),载《传记文学》第 29 卷第 5 期,台北:传记文学出版社,1976 年 11 月。

② 上海社会科学院经济研究所编:《刘鸿生企业史料》上册,上海:上海人民出版社,1981 年,第286—289 页;中册,第 21—23 页。

③ 这句话是宋子文 1947 年 9 月 18 日在国民党中常会上报告中国建设银公司成立经过时所说的。他的原话是:"为解决上述两项问题(即引进外资和促进国内资本市场发展。——引者注),本人经本党同志及银行界友好之赞助,发起组织中国建设银公司,成为吾国第一家真正投资公司。"宋子文报告全文见《大公报》(天津),1947 年 9 月 19、20 日。

造,毕业后曾在美国短暂工作,回国后相继在汉冶萍公司和上海金融界任职。1923年起任孙中山先生的英文秘书,开始步入政坛。在广州时期他历任两广盐务稽核所经理、中央银行行长、广东省财政厅厅长、广州国民政府财政部部长。南京国民政府成立后不久他就被任命为财政部部长、中央银行总裁,后又兼任行政院副院长,可谓权倾一时。

由于宋子文受到全面而系统的西方现代化教育,又具有从事企业与金融的实践经验,多年来主管全国财政的理财体会使他深深地感觉到,国家艰窘的财政状况仅靠发行公债、增加税收已无济于事,必须促进国内资本市场、积极吸引外资方可解决刻下的危机。特别是九一八、"一·二八"事件之后,面对着日本帝国主义日趋明显的侵略野心,宋子文更加坚定了他依靠欧美、抵御日本的信念,而1933年的欧美之行正是其实现自己理念的一个重要机会。

1933年4月至8月,宋子文以出席于伦敦召开的世界经济会议为名,开始了他上任之后一次重要的欧美之行。其间宋子文除了会晤国联首脑及各国政要外,还广泛接触到欧美各大财团和金融界大亨,并建立了颇具成效的直接联系。就在此次出访期间,宋子文代表中国政府与美国复兴金融公司签订了价值5 000万美元的棉麦借款,同时亦向英、法等国提出成立一个"类似国际银行团的国际合作机构",以便对中国的经济建设提供意见和资金,其成员包括欧美各重要工业国,中国也是当然代表,但却明确表示排除日本在外。尽管宋子文出访欧美的努力遭到日本朝野的竭力阻挠而未能取得预期的成效,但这一举动则向西方各国明确地表达了中国政府积极寻求财政与技术援助的迫切要求,同时也更加坚定了宋子文创立投资公司的决心。

宋子文回国后不久,由于外交政策与理财方针与中枢发生严重分歧而辞去了行政院副院长和财政部部长的职务。政坛上的失意却令其另辟他念,用他自己的话来说就是"决计弃官就商,且具做'中国摩根'意愿"①。在著名财政专家、曾任国联副秘书长的让·蒙内(Jean Monnet)的协助之下,经过很短时间的筹备,中国建设银公司便在上海宣布成立了。

1934年5月31日,中国建设银公司在上海汉口路7号召开公司发起人会议。在会上发言人强调成立公司的目的"在于联络本国银行及国外金融界,对

---

① 这句话是宋子文亲口对中国银行总经理张嘉璈说的,见姚崧龄编著:《张公权先生年谱初稿》上册,第133页。

于公共或私人事业,加以辅导与协商,以谋工商业之发展,并注重于大资本得以源源接济",而且更表示愿与中外投资者合作,"经由公司代为投资各项企业,因该公司代表中国国内最稳固的势力"。[①] 而公司在内部讨论时,对其成立的目的解释就更为详细。在宋子文等公司发起人看来,以往中国各种经济建设计划由于范围太广,又限于目前的组织状态,没有哪一个机关可以胜任,必须联络其他机关共同合作,或是依赖社会公众的投资方可达到目的;而中国正是缺少这样一个金融机构,才坐失许多机会与利益。因此成立中国建设银公司的目的就是为了联合各个金融机构,"以便我国各银行及其他公司之合作及相互担任投资事业,并代理发行公司债与研究、调查各项范围较大之新事业计划",同时公司还"可为各银行或其他公司管理其较为呆滞之投资事业,盖此类投资一经整理,或可渐使活动而达到公众投资之目的"。更重要的则是,公司"可代理发起银行与其他公司为发行机关,如遇有需要长期投资之事业者,可代为发行债券,允在中国市上发行,逐渐推销于欧美各国"。因此,"本公司成立后不独能引起中外投资之互助与联络,且可使外人趋向于中国实业之投资,盖无论外国各银行实业家及投资家,且于本公司为扶助本国各项实业之唯一机关,均采于委托本公司为代理或代表,而谋华人为共同之投资,本公司并可为中外金融界切实联络与合作之机关"。[②] 多年以后,宋子文在回忆他发起创立建设银公司的目的时说,"当时本人所注意之问题有二:第一,如何能在国人可以接受之条件,鼓励大量外资之输入,及如何获取外国技术管理之协助;第二,为如何促进国内资本市场之发展"。在他看来,若"缺此二者,我国工业必不能有大建树之发展"。[③]

中国建设银公司注册资本为 1 000 万元,绝大部分资本来自中央、中国、交通以及当时国内规模最大的 10 多家商业银行,只有少部分为个人投资。根据《中国建设银公司章程》[④]第十一条规定,"本公司以协助并联同政府机关、中外银行及其他组织,扶持公私各类企业,发展农工商业,办理关于是项事业之投资及管理事务,与信托公司之一切事务为业务之范围",由此可知公司经营的

① 《申报》,1934 年 6 月 1 日。
② 《创议设立中国[建设]银公司缘起》,载上海档案馆主办:《档案与史学》1998 年第 6 期,第 19 页。
③ 《宋子文向中常会报告中银公司经营经过》,《大公报》(天津),1947 年 9 月 19 日,第 1 版。
④ 《中国建设银公司股份有限公司章程》共 7 章 39 条,中国第二历史档案馆藏中央银行档案:三九六(2)/9。

范围极为广泛,后来公司在其所拟的开业广告中就将"业务要目"归纳为四句话,即"扶持公私企业,发展农工商业,代办投资管理,经营信托事业"。① 公司成立后,即围绕这些方针开展各项投资活动,很快便取得了突出的业绩。

三 战前公司的主要投资经营活动

中国建设银公司成立之初计划设立秘书、设计和统计等三处。据公司协理刘景山后来回忆,银公司成立之后开展的业务范围大致包括以下几项:(1) 创办大中型企业;(2) 代客户筹集中外资金,发行股票、债券;(3) 代购国外材料及各种设备;(4) 代客户设计生产计划,组织公司;(5) 代中外客户组织输出、输入贸易;(6) 代客户重新整理不健全但有前途的企业。② 由此我们可以将公司战前的投资经营活动归纳为以下几项:

1. 进军证券市场,代理政府和公司发行债券

上海是近代中国最大的商埠和远东金融中心,同时也是中国证券市场的发源地,建设银公司成立后的一个重要目标就是企图开辟和完善国内资本市场,并进而入主上海证券交易所。据宋子文所说,中国建设银公司成立之后即与证券交易所商议有关健全国内资本市场之事宜,经过多番交涉,最后证券交易所同意将半数股票让售给银公司,并由银公司负责改组内部组织,以此扩大影响,使得有地位的公司企业乐于将其股票在交易所上市;同时还商请银公司出面,同有关金融机构接洽,对经纪人予以贷款。本来这些计划已经准备得差不多了,最后却终因抗日战争的突然全面爆发而中断。③

由于公司的股东不是政府内主管财政经济的高官,就是国内金融业的巨擘大亨,因此公司与政府间一直具有极为密切的关系,其中一个重要表现就是公司多次经手承办政府发行印花税。1934 年 11 月,银公司即代理财政部以九二折独家全数发售卷烟、印花税 3 000 万元,其中绝大部分由公司以九三折交

---

① 中国第二历史档案馆藏中国建设银公司档案:二八九/287。
② 刘景山:《刘景山自撰回忆录》(四),载《传记文学》第 29 卷第 6 期。
③ 《申报》,1947 年 9 月 19 日。

各股东银行代募。[①] 1937 年 2 月初，财政部又与银公司续订卷烟、印花税借款 6 000 万元，九二付款，财政部则以印花、卷烟以及酒等税收作为担保，分 17 个月偿还。[②]

1936 年 8 月，上海永安公司由于资金短缺出现财政危机，尽管公司采取各种办法，以低价抛售纱布，压缩库存，并向花旗等外国银行作短期抵押贷款，但都无法摆脱困境。最后还是由建设银公司出面，经双方协商，决定仿照欧美等国通行办法，将零星短期债务合并重组，发行公司债 500 万元，以永安公司、永安纱厂第三厂及杨树浦仓库的资产作为抵押，由银公司按票面 9.15 折全部承购，再以 9.45 折公开募集，年息 7 厘，10 年归还。银公司接手承募后很快即将公司债券全部售罄，并在交易所登记，正式开盘交易，流通于市场。[③] 银公司自然从中获利甚厚，宋子文个人更是趁机以极低的价格强行购入永安公司的股份[④]，但另一方面，公司债的发行确实为永安公司解救了燃眉之急。

除此之外，建设银公司还为地方政府招募公债。如 1936 年 11 月，银公司即应青岛市政府之邀，代为招募该市为扩充自来水等公众事业而发行的建设公债 300 万元，并于短期内得到金融界的合作，所有款项，悉数募足。[⑤] 1936 年 7 月"两广事件"解决后，建设银公司总经理宋子良调任广东省财政厅厅长，该公司的势力亦随之南下，曾专为广东的黄埔港开埠募集过一批美元公债。[⑥]

2. 引进外资，投资铁路

宋子文创办中国建设银公司的最初目的就是希望以公司作为吸引外资的一个导向，将外资引入中国，共同投资兴建国内的实业，其中成效最显著的就是铁路方面的投资与建设。公司成立后不久即与中英银公司合作，与铁道部签订完成沪杭甬铁路借款合约，借款总额 110 万英镑由双方共同承担，按八八

---

① 《本公司二十四年下半年度营业报告书》(1936 年)，中国第二历史档案馆藏中国国货银行档案：四〇三(2)/56。

② 天津《益世报》，1937 年 2 月 5 日；又见 Parks M. Coble, Jr, *The Shanghai Capitalist and Nationalist Government*, *1927—1937* (Harvard University Press, 1980)，p. 220。

③ 上海社会科学院经济研究所编著：《上海永安公司的产生、发展与改造》，上海：上海人民出版社，1981 年，第 130—131 页；《中国建设银公司报告》(1936 年度)，中国第二历史档案馆藏中国银行档案：三九七(2)/314。

④ 《上海永安公司的产生、发展与改造》，第 131—132 页。

⑤ 《中国建设银公司报告》(1936 年度)，中国第二历史档案馆藏中国银行档案：三九七(2)/314。

⑥ 《申报》，1947 年 9 月 19 日。

折发行,用以偿还旧欠及垫款以及完成包括钱塘江大桥在内的全线工程。① 而与法国银团合作共同投资兴建的成渝铁路更是战前建设银公司引进外资的最大成绩,为了达成引进外资的目的,建设银公司特别联合铁道部及所在地方政府共同成立川黔铁路公司,为引进外资开创了一个新的模式,即以"商办形式"签约,改变了以往借款必须由政府出面、并以铁路收入担保等旧习,从而杜绝了外国财团通过借款来控制中国铁路这一沿袭已久的疑难问题。此外,战前中国建设银公司还参与德国的奥托·华尔夫(Otto Wolff)公司投资兴建浙赣铁路的计划,并与汇丰银行、中英银公司洽商广梅、浦襄铁路借款的谈判。② 然而正当借款协议签订之际,日本帝国主义已经开始了全面侵华战争,上述借款无法发行债票,所有协议自然也就胎死腹中了。

3. 参股控股,直接经营企业

除了打入国内资本市场和引进外资,建设银公司成立初期还参与国内企业的投资,但到了1937年前后,公司的经营方针发生了重大的转变,即由一般性的商业融资变为以参股控股为手段,进而参与企业的经营管理,最终达到掌握和控制企业的目的。其间特别是通过参股,将原建设委员会属下的首都电厂、戚墅堰电厂和淮南煤矿及铁路改变为扬子电气公司和淮南矿路公司最为典型。

首都电厂、戚墅堰电厂以及淮南煤矿是建设委员会苦心经营多年、并投入大量资金的国有企业,不论是资金或设备,还是收入或产量,这几个企业在国内同行业中都名列前茅,实为建设委员会投资工业的成功范例。然而1937年初,建设委员会突然以发展实业需要巨额资金、而国家一时难以筹集为由,建议"为发展建设委员会主办之电矿事业,拟具招收商股办法,以提高社会投资",并委托中国建设银公司代为招收商股。该办法获中央政治会议议决照准,并奉国府指令遵照暨由行政院通令各关系部会查照办理。很快建设银公司便筹集了全部商股,扬子电气公司与淮南矿路公司即告成立。新公司资本各为1000万元,其中建设委员会只拥有20%的股份,其余均为商股,而建设

---

① 《完成沪杭甬铁路六厘金镑借款合同》全文收自《民国外债档案史料》第10卷,北京:档案出版社,1990年,第339—346页。

② 参见张嘉璈:《抗战前后中国铁路建设的奋斗》,第73—80页。

银公司手中所掌握的股份最多(48.75%),完全控制了公司的经营权。[1]

类似这一经营模式的还有建设银公司与建设委员会、陕西省政府三方共同投资,合作经营西京电厂,资本共计 100 万元,建设委员会与陕府各 33.5 万元,银公司 33 万元,公司的董事会由三方共同派员出任。[2] 1937 年 6 月,建设银公司还利用汉口既济水电公司财政出现危机、经营发生困难之际,以增加资本的方式,对公司进行改组。其方法是,旧股折半,并增招新股,而增招的新股中将近 3/4 为银公司填补的。[3] 建设银公司就是利用这些方法,以较少的资本操纵和控制较多的资本,从而在一个较短的时间内推动生产与资本的迅速集中。

20 世纪 30 年代中期,国民政府为了逐步达到统制经济的目的,曾有计划地成立一批专业公司,主要是采用官商合办、共同入股的方式,并以有限公司的形式出面,企图以此来控制全国商品生产与流通的各个领域。这一计划正与建设银公司的设想不谋而合,因此银公司当然更是不遗余力地加以配合,其间成立的中国棉业公司、中国木业公司、中国矿业公司和川黔铁路公司等就是其中的几个有代表性的专业公司。

除此之外,建设银公司还充当中介,以银团贷款的角色为国内企业筹措款项,这些投资大都是用于发展能源和城市公共事业方面。如南昌水电厂、武昌水电厂、庐山电气交通公司、咸阳酒精厂以及扩充首都电话计划,等等。

四　经营方针的改变及其原因

中国建设银公司自正式开办到抗日战争全面爆发不过只有短短的 3 年时间,但所取得的效益则极为显著,同时这也是公司历史上业绩发展最为辉煌、最为迅速的一个时期。据公司《战时业务概况报告书》所称,战前该公司"对于国内工、矿、路、电事业之经营无不竭力以赴,藉应各处之需要,其荦荦大者,为扬子电气公司之首都与戚墅堰两电厂、淮南铁路与煤矿、汉口既济水电公司、

---

① 台北"中央研究院"近代史研究所档案馆藏建设委员会档案:23—04,23—2。
② 中国第二历史档案馆藏建设委员会档案:四六/562。
③ 台北"中央研究院"近代史研究所档案馆藏建设委员会档案:23—25—15,1—1;2。

江南铁路、川黔公司之成渝铁路、广梅铁路、中国棉业公司、中国木业公司、中国矿业公司、西京电厂、南昌水电公司、庐山升降电车及咸阳酒精厂"①等10余家工矿企业,工矿业投资总金额为14 808 420元,金融业投资为港币100 000元及100 000法郎,此外各附属事业之企业投资尚未计算在内。与此同时,公司的业绩也取得了惊人的效益,根据公司公布的战前历年营业报告书记载,二十三年度(公司开业仅半年)公司纯益为587 558.69元,二十四年度为1 211 997.73元,二十五年度更上升到1 914 531.62元。② 在短短的数年间公司竟取得如此显著的成绩,不能不为世人所钦羡。

正当公司的营运蒸蒸日上之际,日本帝国主义发动的全面侵略战争打破了公司的发展大计,不仅酝酿已久的计划突然夭折,无法进行,那些已投资兴建的大型项目更是遭到严重破坏。战争期间,建设银公司曾接受政府的委托,积极联络国内外资本,兴建铁路和煤矿,如吸收法国资本,修建南(宁)镇(南关)、叙(府)昆(明)铁路;与国内资本合作,共同创办中湘、建川煤矿。但总的来讲,抗日战争全面爆发后建设银公司的经营方向就开始发生转变,尤其是到了抗日战争胜利之后,公司更是改变了其成立时吸引外资、共同投资国内实业的初衷,而变为一个依仗政府权力、官商勾结、利用特权、牟取暴利的机构。

中国建设银公司经营方向的转移具有多方面的原因,其中既同国际国内大形势有关,也与公司性质的改变密切相连,值得深入进行分析。

20世纪30年代中期正值世界经济危机转向复苏、各国资本又竞相开始对华投资之时,也正是日本帝国主义侵略野心日益猖獗之际,宋子文等人发起创办中国建设银公司乃为实施其"联合欧美,抵御日本"既定方针的重要措施。公司成立后确实充分发挥了它吸引外资的导向作用,因此到了1936年,中国又出现了一个外资对华投资的高潮。然而抗日战争的突然全面爆发使得银公司的投资计划遭到严重破坏,公司的业绩自然也受到莫大影响。抗日战争胜利后,日本无条件投降,英、法在华势力亦大受打击,唯有美国对华投资迅速增长,然而此时原以吸引外资为导向的建设银公司的作用已不重要,美国完全可以其实力掌握和控制对华投资的规模与数量。有一个例子很能说明问题。

---

① 《中国建设银公司战时业务概况报告书》(1943年12月30日),中国第二历史档案馆藏扬子电气股份有限公司档案:四〇一/121。
② 中国第二历史档案馆藏中国银行档案:三九七(2)/314。

抗日战争期间,几位著名的银行家、同时也是中国建设银公司常务董事的李铭(浙江实业银行总经理)、陈光甫(上海商业储蓄银行总经理)和张嘉璈(原中国银行总经理、交通部部长)曾积极在美国活动,准备成立一家中美合资的投资公司,希望于战后大规模地投资中国的实业。就在抗日战争刚刚胜利之际,这家定名为"中国工业投资公司"(China Industries Co.)就正式在美国宣告成立,资本定为 500 万美元,中国方面占六成,由浙江实业、上海商业两家银行共同承担,美国方面的四成资本则由美国两家重要的企业国际通用电气公司(International General Electric Co.)、通用汽车公司(General Motors Corporation)及著名的投资公司拉柴兄弟公司(Lazard Freres)和利门兄弟公司(Lehman Brothers)分任。董事长为柯尔德(Curtis Calder),李铭任总经理,陈光甫和张嘉璈则任常务董事,计划在纽约资本市场以发行债券的方式,吸收外资,投资中国的企业。[①] 然而他们的计划却未能实现,这是因为胜利之后不久内战即告爆发,致使美国的资本家对华投资缺乏信心,更重要的则是,战后美国对华的主要投资者已不是私人资本而是美国政府,而且投资也是采取间接投资(诸如种种借款与援助)的方式来进行,因此有无中国建设银公司、中国工业投资公司的中介作用也就无关紧要了。

与此同时,国内的局势也发生重大变化。银公司成立时国家资本特别是金融资本势力还不是很强,公司股东中只有中央银行算得上完全是国家资本;但随着国家以发行官股控制中国、交通二行,又以解救金融危机为名,将中国通商、四明和中国实业三家银行改为官商合办之后,情况就发生了变化,国家开始对金融实行统制。抗日战争全面爆发后更以四行二局一库的模式完成了对全国的金融统制,此时原先建设银公司可以经营的业务就大大缩小了。譬如抗日战争全面爆发之前公司原有准备以占有一半股份来达到控制上海证券交易所的计划,待到胜利后上海证券交易所重新开市时时移势转,建设银公司已无法置喙,而改由国家资本的三行(中国、交通、农民)和二局(中央信托局、邮政储金汇业局)接手操办了。

公司经营方针的演变也与创办人身份的改变有关。前文已提及,宋子文创办建设银公司时正是他刚刚辞去行政院副院长和财政部部长之时,此时宋虽然还担任国民政府委员、全国经济委员会常委等职,但毕竟已离开了权力中

① 参见姚崧龄编著:《张公权先生年谱初稿》上册,第 507—508 页。

心。抗日战争全面爆发后宋子文又重新步向中枢,先是作为蒋介石的特别代表前往美国寻求援助,1941年12月出任外交部部长,抗日战争胜利前夕又升任行政院代院长(1944年12月)、院长(1945年5月),走上其一生政坛的最高峰。宋子文为了避嫌,于抗日战争胜利后以"公务繁忙"为由,相继辞去了建设银公司执行董事以及扬子电气、淮南矿路、汉口既济三家公司董事长的职务[①],在这之后不久,宋子文因战后推行的财政方针出现失误而引发"黄金风潮",遭到朝野上下猛烈的抨击,最后不得不黯然辞职。尽管他仍占有公司的相当股份,但他的去职对于公司的经营势必还是会产生重要的影响。

公司经营的内容发生变化也与公司性质的转变有关。中国建设银公司成立时其股份绝大部分为国家银行与商业银行所有,属于个人投资极少,公司的成立实际上是政府寻求外援、实行中外财政合作的一个重要产物,自然以投资国内企业为要务。随着公司内股份的占有情形发生重大的转变,特别是到了抗日战争中后期,原来国家银行所拥有的股份以极低廉的价格转移到私人手中,国有银行所占有的股份从一半以上下降到只有5%。[②] 公司的性质发生变化,公司的经营方针自然也会随之而改变。

然而公司经营方针的改变最重要的因素恐怕还是与政府的政策演变有关。

抗日战争胜利后,国民政府一改战时实施的统制经济模式,推行的是鼓励输入的外贸政策和开放外汇市场的金融政策。这一政策的特点是进口管制极松、外汇管理极滥以及"钉住制"外汇汇率极低,导致的后果就是经营进口贸易极为有利,一时间在上海等大商埠经营进出口的商行趋之若鹜,呈现出一派畸形繁荣的景象。中国建设银公司自然不会放弃这一牟利的大好时机,特别是公司内的股东不是政府主管财经政策的高官,就是具有巨大经济实力的金融大亨,他们依靠与政府间的那种密切联系,利用战时与外国财团建立起的良好关系,抢先登陆,担任外国商品在中国的独家代理,从事经营汽车、无线电和各种奢侈品的进口业务;后来当政府采用"输入限制配额"制、强力管制外汇时,这些豪门资本却仍可依仗特权、套取外汇,牟取暴利,终引起世人极大不满。

――――――――――

① 中国第二历史档案馆藏资源委员会档案:二八/23203。
② 建设银公司高级职员当公司1949年被新政权接管时亦承认:"本公司成立之初,其股份大部分属于当地各国家银行及商业银行,私人股份甚少。其后时日变迁,原有股份渐多转移,私人股份亦渐次增多。"见《暂拟中国建设银公司清理计划草案》(1949年6月14日),中国第二历史档案馆藏中国建设银公司档案:二八九(2)/24。

就连国民党中央执行委员也联名提出动议,认为像一统公司、孚中公司、中国建设银公司、扬子建业公司这类"官办商行""皆有利用特权、结购巨额外汇、输入大量奢侈品情事,致普通商人难与争衡,外商并因此屡提抗议",而且"此类'官办商行'又大抵为官僚资本之企业机构,其间不乏贪官污吏之财产,尽为搜刮民脂民膏之所得",因此要求有关部门"彻查此类'官办商行'之账目",一旦发现其有"勾结贪官污吏之确凿事实者,应即封闭其公司、没收其财产,以肃官方,而平民愤"。[①] 不久,国民党《中央日报》也公开刊登扬子、孚中和建设银公司破坏进出口条例、依仗特权结购外汇的消息[②],更加激起国人的愤慨,遭到民众的唾弃。

中国建设银公司从一个具有相当政治背景的投资公司发展到官商结合的"官办商行"这一演变过程说明,任何一个企业或机构,哪怕它最初创办的动机是良好的,其经营活动确实也曾发挥过促进国计民生的积极作用,但是一旦公司的决策人将个人牟取暴利的意图置于国家利益之上,甚至依仗权势,损公肥私,以权谋私,那么最终一定会走向历史的反面。

原载吴景平、马长林主编:《上海金融的现代化与国际化》,

上海:上海古籍出版社,2003 年

---

① 见《黄宇人等一百零三名中执委员临时动议》(1947 年 4 月 2 日),中国国民党党史馆藏国民党中央执行委员会会议档案:6.3/89。

② 《中央日报》,1947 年 7 月 29 日,第 4 版。

扬子电气、淮南矿路公司的创立与
国有企业私营化

抗日战争全面爆发前夕,国民政府建设委员会突然对外宣布将属下的骨干企业首都电厂、戚墅堰电厂以及淮南煤矿与铁路改为民营,并委托中国建设银公司代为招募商股,嗣后不久便成立了扬子电气股份有限公司和淮南矿路股份有限公司,从而完成了所谓"国有企业的私营化"的转变。

对于国企改制的这一转变长期以来并没有引起史学界的重视,即使有的著作偶见提及,但亦大都缺乏依据,与史实不符。本文主要参阅庋藏于海峡两岸的原始档案,试图从扬子电气、淮南矿路两公司的创立经过来探讨建设委员会招收商股的背景及其原因,并进而分析国有企业私营化的利弊与得失。

一 建设委员会的创立及其主要经营活动

扬子电气公司所辖的首都、戚墅堰两电厂和淮南矿路公司属下的煤矿及铁路都是建设委员会经营多年并卓具成效的重要企业,为了说明这一问题,有必要先简单介绍一下建设委员会的创立经过及其主要经营活动。

1928年2月1日,中国国民党中央政治委员会第127次会议通过孙科(哲生)等11名委员的提议,决定设立中华民国建设委员会,直隶于国民政府,从事交通、水利、农林、渔牧、矿冶、垦殖、开辟商港、商埠及其他生产事业之设计开创,并对各省区建设厅负有监督指导之责。

建设委员会设委员若干人,由中央政治会议遴选充任,从委员中互推主席1人,常务委员7—11人,各省建设厅厅长为当然委员;并设专门委员或顾问,聘请国内外专家担任,辅助该会技术上及专门事项之建设。委员会设秘书处,设秘书长一人,督率秘书处及各处执行该会之职务。2 月 18 日,各委员宣誓就职,至此建设委员会正式宣告成立,由张人杰(静江)担任建设委员会主席。同年 10 月,中华民国建设委员会更名为国民政府建设委员会,改隶于行政院,委员改由国民政府聘任,取消主席制,改设委员长及副委员长各一人,张人杰旋任委员长。

在此之后,建设委员会又经过多次改组,隶属关系亦屡有变更,但其职掌则没有多大改变,即主要掌管全国建设事业之研究、计划及不属于各部主管之水利、电气和其他国营事业;拟制全国建设事业之具体方案呈报国民政府核办;专责民营电气事业之指导、监督、改良以及办理经国民政府核准试办之各种模范事业。建委会下设总务、事业及设计三处,其主要职掌分别为:

总务处:下设文书、事务二科,掌理各类文件的收发、撰拟及保存;负责所属机关之人事及财务等事宜。

设计处:下设技术室和调查科,掌管全国建设事业之调查、统计及设计,制定政府交办的各项建设计划。

事业处:下设矿业、电业、灌溉和会计四科,掌理该会经营各种事业的稽核、充实和改良,以及其他经国民政府核准试办的模范事业之管理事项。①

建设委员会一经成立就以经营不善为由,相继接管了浙江的长兴煤矿和江苏的南京市电灯厂及永兴电气公司,不久又于安徽创办了淮南煤矿,并积极筹划修筑矿区的铁路。为了解决资金问题,建委会还先后于 1930、1933 年两次发行电气公债共 1 000 万元,专门用作发展电气事业之途。上述几个企业在建设委员会的直接领导下,资金较为充足,因此各项事业发展得极为迅速。②

正当这几个企业发展蒸蒸日上之时,1937 年 5 月,建设委员会却突然宣布,"遵奉国府令饬将首都及戚墅堰两电厂,改组为扬子电气股份有限公司,淮南煤矿及铁路两局,改为淮南矿路股份有限公司,股本各一千万元,除建委会保留股本两公司各二百万元外,其他商股均由中国建设银公司募足"③,这也就

---

① 关于建设委员会的创办及其职能,主要参考韩文昌、邵玲主编:《民国时期中央国家机关组织概述》,北京:中国档案出版社,1994 年,第 226—228 页。

② 关于建设委员会下属的这几个企业的经营状况,王树槐教授曾进行了极为深入的研究,详见《张人杰与淮南煤矿,1928—1937》,载"中央研究院"近代史研究所集刊第 17 期下册(台北:1988 年);《首都电厂的成长,1928—1937》,载"中央研究院"近代史研究所集刊第 20 期(台北:1991 年);《江苏武进戚墅堰电厂的经营,1928—1937》,载"中央研究院"近代史研究所集刊第 21 期(台北:1992 年)。

③ 《中央日报》(南京),1937 年 5 月 20 日。

是说,建设委员会将其苦心经营近十年的国营企业,以招募商股的名义拱手让出,交由银公司出面打理了——尽管建委会在新成立的公司内还占有股份,但那不过也只是拥有 20% 的股权罢了。

1937 年 5 月 14 日,扬子电气公司和淮南矿路公司在建设银公司的所在地——上海江西路 181 号建设大厦召开发起人大会。张人杰、宋子文、孙科(宋子文代)、李煜瀛(石曾)、曾养甫、胡筠(笔江)、宋汉章、杜镛(月笙)、李铭(馥荪)、周作民、吴蕴斋、宋子良、贝祖诒(淞荪)、杨介梅、汪楞伯、吴震修、霍宝树(亚民)等 40 余人出席会议。[①] 为此建设委员会委员长张人杰事前曾发布手令,决定除了他和李煜瀛、吴敬恒、曾养甫 3 名委员出席外,还"加派秦渝、张家祉、陈大受、许敦楷、潘铭新、程士范代表本会参加"[②]。因此出席此次发起人大会的除了建设委员会的高级职员(如事业处处长秦瑜、设计处处长潘铭新、专门委员程士范等)外,其余大部分都是银公司的董监事,或身兼二职,如张人杰既是建委会的委员长,又身兼银公司的监察人;而李石曾、张嘉璈(公权)则既任建委会的常务委员,又是银公司的常务董事;原任建委会设计处处长的霍亚民此时已成为银公司的股东和董事(接任已去世的杨敦甫之职)。了解这一情形,或许会对我们分析建委会为何将国有企业交由银公司经营的原因有所认识。

二　扬子电气、淮南矿路两公司的成立

扬子电气股份有限公司和淮南矿路股份有限公司的总管理处均设于上海九江路 290 号,是中国建设银公司通过投资参股并完全控制的最重要企业。扬子电气公司属下包括首都及戚墅堰两个电厂,主要提供对南京、无锡一带的电力供应。

首都电厂是一个官办企业,原名金陵电灯官厂,创立于清宣统元年(1909),厂址位于南京的西华门,宣统三年电厂工程方告完竣,开始正式发电,但此时清政府的统治已摇摇欲坠。民国建立后,该厂易名为江苏省立南京电灯厂,用户方不断增加,设备亦逐渐更新。1927 年 4 月,国民政府在南京定都,

---

① 《申报》,1937 年 5 月 15 日。
② "中央研究院"近代史研究所藏建设委员会档案:23—04,23—2。

遂接收该厂,改称南京市电灯厂,此时用户虽已达3 000余户,但电压不足,灯光暗淡,电力供不应求,与首都之地位极不相符。在此情况下,1928年2月,国民党中央政治委员会决定将南京市电灯厂改隶建设委员会。4月17日,建委会正式接收,将厂名改为"建设委员会首都电厂",简称"首厂"。

自改隶建设委员会之后,首都电厂不论是在资金的筹措还是在设备的更新诸方面都有了明显的进步。首厂先是拆除了陈旧不堪的机器,并相应添置了多座发电机;与此同时,建设委员会还不断以发行公债等手段为其筹措资金,拟定扩充计划。1931年春,首厂废弃了原西华门发电所,扩充并新建了下关电厂,陆续增置了5 000千瓦透平发电机两座,10 000千瓦汽轮发电机两座(其中一座尚未使用),输电线长度已达14公里,高压线长度共计270千瓦里,变压器增设至580余个,总容量达57 000千瓦。随着资金的注入与设备的更新,首都电厂的业务发展亦极为迅速。至抗战全面爆发前夕,首厂的营业区域已由南京市的市区扩展至江宁、句容、六合3县,所有资产设备,由50万元增至1 300万元。与此同时,首厂的用户也急剧增加。用户分为电灯、电热和电力3种,建委会接办之初,全部用户仅有3 000户,到1932年即增加至16 000户,1936年底更突破44 000户,并以每日平均增加10名新用户的速度稳步增长。电灯用户之电,每年约1 600万度,电热约80万度,电力约2 200万度,总共为3 900万度。[①]

戚墅堰电厂与首都电厂的情形略有不同,它的前身是两家私营的电厂,即1909年成立于无锡的耀明电灯公司和1920年由施肇曾、杨廷栋等与德国西门子公司(Siemens China Co.)合资创办于武进戚墅堰的震华电机制造厂,主要营业区域跨越无锡、武进两县。后两厂之间因营业区域而发生争执,几经调停,双方才于上海商定合并营业事宜,合组永兴电气公司。但震华厂后来发现自己仅占股本的1/3,认为这与合并方案不符,故而反对移交,彼此间矛盾激化,最后酿成停电事件,引致无锡、常州各大厂家及用户的极大不满,纷纷要求政府收为国营。为此国民政府乃于1928年10月1日下令将该厂收归国营,改由建设委员会接办,将其命名为"建设委员会戚墅堰电厂",简称"戚厂"。同时委派专人从事整顿,维持正常发电,并专案呈报行政院核准备案。当时戚厂

---

① 参见《首都电厂之概况》,中国第二历史档案馆藏扬子电气公司档案:四〇一／316;又见《中央日报》,1937年4月27日。

的资本共计为国币 168 万元,总办事处乃租用无锡市区 10 余间民房。自建委会接办以后,工程、设备迭经扩充,各项业务亦年有进展,至 1935 年年底,资本已增至国币 340 万元,并购置无锡城内圆通路附近的两亩土地,准备修筑总办事处,同时又在望亭购买了 400 亩地用于筹建新发电所。①

淮南煤矿位于安徽省怀远县舜耕山之九龙岗,建设委员会成立后不久即派员前往勘测,先后勘定煤田四处,面积 227 000 余公亩(约为 22.7 平方千米)。建委会认为此处煤田质优量富,遂向当时的农矿部承领矿区执照,于 1929 年 5 月开始创办,并于次年春天成立淮南煤矿局,先于九龙岗矿区购地置屋,开凿东西各井,并在矿区内修筑轻便铁路。1931 年冬,待到各项设备大致布置就绪,即正式开采并对外营业。

由于矿区位于安徽省的腹地,对外交通甚为不便,而津浦路运输繁忙,拨车尤为困难。因此建委会遂计划修筑淮南铁路,自矿局南行经合肥直达芜湖对岸之裕溪口,全长 215 公里,外加卷线岔道及矿厂码头各处复线 40 公里,合计 255 公里。经过约一年时间的准备,1933 年 12 月成立了铁路工程处,随即便开始一边测量、一边筑路,1935 年 12 月 31 日完成全线接轨,试行通车,次年 1 月 20 日正式对外营业。淮南铁路从设计到通车前后仅用了两年时间,效率甚为迅速。②

淮南煤矿及铁路的资金大致来说均由建设委员会筹措拨付,其中主要来自建委会出让长兴煤矿之款项、发行建设公债、筹借庚款及其他银行借款等。据统计,截至 1937 年 12 月止,建委会共拨付资金 9 726 889 元,加上 1934 年 6 月以前所拨之款,则共计约为 1 100 万元。③

建设委员会成立以来,一直以首都电厂及戚墅堰电厂"为本会发展全国电气事业之起点,一切技术设施、营业办法、会计制度,均力求精审完备,随时改进,以资他厂取法"④,而淮南煤矿和铁路更是建委会亲自创办、苦心经

---

① 参见《戚墅堰电厂概况》,中国第二历史档案馆藏扬子电气公司档案:四〇一/316。
② 关于淮南煤矿及铁路的发展历史主要参考下列资料:《淮南煤矿概况》(1935 年),资源委员会档案,载《汇编》第五辑第一编《财政经济》(五),第 894—905 页;陈真编:《中国近代工业史资料》第 3 辑下卷,第 782—784 页。
③ 参阅王树槐:《张人杰与淮南煤矿,1928—1937》,《"中央研究院"近代史研究所集刊》第 17 期(下册),第 225—226 页。
④ 《建设委员会呈行政院文》(1930 年 10 月 20 日),载《建设委员会公报》第 11 期(1930 年 11月),第 49 页。

营多年的骨干企业。然而到了1937年初,建设委员会却突然以发展实业需要巨额资金(据建委会估计,两年内需要筹措资金5230万元)①,而国家却一时难以筹措为由,建议"为发展建设委员会主办之电矿事业,拟具招收商股办法,以提高社会投资"②。4月9日,建设委员会拟具招股办法,主要内容为:(1)将首都电厂、戚墅堰电厂合并,组织扬子电气股份有限公司,将淮南煤矿与铁路二局合组为淮南矿路股份有限公司;(2)两公司资本均定为1000万元,除建委会各保留20%(即每公司200万元)之外,其余均招收商股,并委托中国建设银公司办理。③此项办法获得中央政治会议议决照准,并奉国府指令遵照暨由行政院通令各关系部会查照办理。5月14日,扬子电气公司和淮南矿路公司同时在上海中国建设银公司所在地召开发起人会议,同时对外宣布资本业已募足。④7月1日,两公司正式宣告成立,并于10月29日经核准登记。

根据扬子电气公司章程⑤规定,公司系"遵照公司法股份公司之规定"而组成(第一条),"承受建设委员会所办首都电厂及戚墅堰电厂之电气设备,经营电气事业"(第二条),而公司经营之区域则规定为"首都区域、戚墅堰区域,将来本公司呈准主管机关扩充或增加之营业区域"(第三条),公司资本额"定为国币一千万元,分为十万股,每股一百元,一次收足"(第七条),由此而大致确定了公司的性质、宗旨、资本及其经营范围。淮南矿路公司的章程除了营业范围与扬子电气公司有所不同外,其他内容则大致一样。⑥

扬子电气、淮南矿路两公司各1000万股本中除了建设委员会占200万元外,其余800万元均为商股。下列二表为扬子电气公司与淮南矿路公司的董监事名单。

---

① 《建设委员会招收商股补充说明》(1937年4月),"中央研究院"近代史研究所藏建设委员会档案:23—04,23—2。

② 《国民政府训令》(1937年4月1日),"中央研究院"近代史研究所藏建设委员会档案:23—04,23—2。

③ 《建设委员会呈文并附招收商股办法》(1937年4月9日),"中央研究院"近代史研究所藏建设委员会档案:23—04,23—2。

④ 《申报》,1937年5月15日。

⑤ 《扬子电气股份有限公司章程草案》共7章38条,中国第二历史档案馆藏中国银行档案:三九七/10275。

⑥ 淮南矿路公司章程共7章37条,"中央研究院"近代史研究所藏建设委员会档案:23—04,23—2。

表1　扬子电气股份有限公司董监事名单(1937年5月)

公司职位	姓　　名
董事长	宋子文（商股）
常务董事	张人杰　秦　瑜（官股） 孔庸之　孙哲生　霍亚民　吴震修（商股）
董　　事	吴敬恒　潘铭新（官股） 李石曾　曾养甫　胡笔江　陈光甫　李馥荪　周作民　钱新之 汪楞伯　宋子安　贝淞荪　胡筠庄　尹仲容（商股）
监察人	张家祉（官股） 余梅荪　陈康齐　秦颖春　赵季言　卞仲莆　袁纯初（商股）

资料来源：中国第二历史档案馆藏中国银行档案：三九七/10725。初选名单与此略有不同的是胡笔江为常务董事，孔祥熙只是董事，中国第二历史档案馆藏扬子电气公司档案：四〇一/289。战后公司董事长先后由宋子安、李石曾继任，取消常务董事，其他则未变，中国第二历史档案馆藏扬子电气公司档案：四〇一/316。

表2　淮南矿路公司董监事名单(1937年5月)

公司职位	姓　　名
董事长	宋子文
常务董事	张人杰　李石曾　胡笔江　宋子良　秦　瑜　霍亚民
董　　事	王志莘　程士范　孔庸之　杜月笙　孔令侃　孙哲生　盛升颐 徐可亭　曾养甫　陈健庵　宋汉章　徐新六　陈筞霖　唐寿民
监察人	陈大受　庄叔豪　蒋尉先　刘竹君　叶扶霄　汪楞伯　杨介眉

资料来源：中国第二历史档案馆藏资源委员会档案：二八/23203。

从上面二表中可以看出，扬子电气与淮南矿路两公司的董监事中除了个别人物有所不同外，其他大部分人都是同时身兼两公司的董监事。很明显，这与两个公司的股份分配具有十分密切的关系。请看下表：

表3　扬子电气、淮南煤矿股东明细表

股东单位	代表人	股份	股额(元)
建设委员会	张人杰　吴敬恒　秦　瑜　陈大受 张家祉　许敦楷　程士范	20 000	2 000 000

续　表

股东单位	代 表 人				股　份	股额(元)
中国建设银公司	宋子安 尹仲容 孔庸之 杜月笙 胡筠庄 余梅荪	刘竹君 蒋尉先 宋子良 盛升颐 秦颖春	霍亚民 宋子文 徐可亭 孔令侃 陈康齐	袁纯初 孙哲生 陈健庵 沈寿宇 赵季言	48 750	4 875 000
中国银行	卞仲莩 汪楞伯	宋汉章	吴震修	贝淞荪	10 000	1 000 000
交通银行	胡笔江	唐寿民	庄叔豪		5 000	500 000
中国国货银行	李石曾				2 500	250 000
上海商业银行	陈光甫	杨介梅			2 500	250 000
中南银行	胡笔江	黄浴沂	周继云		1 250	125 000
大陆银行	许汉卿	叶扶霄			1 250	125 000
浙江实业银行	李馥荪				1 250	125 000
浙江兴业银行	徐新六				1 250	125 000
金城银行	周作民	吴蕴斋			1 250	125 000
新华银行	王志莘				1 250	125 000
四行储蓄会	钱新之				1 250	125 000
公　记	陈筜霖				1 250	125 000
中国汽车制造公司	曾养甫				1 250	125 000
合　计					100 000	10 000 000

　　说明：扬子电气与淮南矿路两公司的股东名单及认股数额完全一致。原股东名册篇幅较大，此表根据中国第二历史档案馆藏扬子电气公司档案《扬子电气公司及淮南矿路公司未填发股票明细表》(四〇一/260)、资源委员会档案《淮南矿路公司股东认股清册》(二八/23203)及"中央研究院"近代史研究所藏建设委员会档案《扬子电气、淮南矿路公司股东姓名、住址、户名、认股数额名册》(23—04,23—2)联合制成。

　　这里要对扬子与淮南两公司的股份分配作一简单说明。王树槐先生从档案中确认建设银公司各占两公司股份的 36.9%，中国银行占 20%，建委会占

20％,其他 10 余家银行只占 18.6％,另外私人投资者约占 4.5％。① 实际上这个比例是有问题的,譬如中国银行不论是战前还是战后,其拥有扬子与淮南两公司的股份一直只占 10％;②王先生在注释中说档案未载明股数,然而正是在这卷档案中就收有扬子、淮南两公司股东姓名、住址、户名、所认股数及缴股日期的清单。③ 这份清单清楚地表明中国建设银公司分别占有扬子、淮南两公司 48.75％的股份,其中宋子安(建发记)、袁纯初(建工记)、刘竹君(建展记)、霍亚民(建业记)各为 10 000 股,尹仲容(建商记)5 550 股,孔庸之(建丙记)、孔令侃(建壬记)、宋子文(建甲记)、宋子良(建丁记)、沈寿宇(建癸记)、杜月笙(建庚记)、余梅荪(建辰记)、胡筠庄(建子记)、徐可亭(建戊记)、孙哲生(建乙记)、秦颖春(建丑记)、陈健庵(建己记)、陈康齐(建寅记)、盛升颐(建辛记)、赵季言(建卯记)、蒋尉先(建业记)等 16 人各为 200 股,这个数额与中国第二历史档案馆所藏档案的记载也完全一致。④ 另外王文中提及建委会以淮南煤矿的股份与建设银公司交换中湘煤矿、建川煤矿和西京电厂股权的说法亦误,实际上相互交换股权的是资源委员会和建设银公司,时间则是战后的 1946 年。⑤ 其实这也很明白,因为中湘煤矿和建川煤矿都是战时创办的企业,而那时建设委员会早已裁撤了,怎么可能还和银公司进行交易呢?

由上述几表我们可以清楚地看出以下几点。

首先,经过改组之后的扬子电气公司与淮南矿路公司虽然还保持着部分建设委员会的股份(各占总数的 1/5),而且在董事会中也占有一定的地位,如7 名常务董事中建设委员会中占两名(张人杰、秦瑜)⑥,另外在董事和监察人中也分别有两个和一个名额,但是可以肯定的是,扬子与淮南两公司的实际控

---

① 王树槐:《张人杰与淮南煤矿,1928—1937》,《"中央研究院"近代史研究所集刊》第 17 期下册,第 251 页。
② 战前参照表 3 所引档案,战后参阅《扬子、淮南公司股份分析表》(1947 年 7 月制),中国第二历史档案馆藏扬子电气公司档案:四〇一/291;1947 年月 12 月两公司增资改组,股份亦分别增加到 20 000 万股,中国银行仍占其中的 10%,扬子电气公司档案:四〇一/293。
③ 该清单收于"中央研究院"近代史研究所藏建设委员会档案:23—04,23—2。
④ 《扬子电气公司及淮南矿路公司未填发股票明细表》,中国第二历史档案馆藏扬子电气公司档案:四〇一/260;《淮南矿路公司股东认股清册》,中国第二历史档案馆藏资源委员会档案:二八/23203。
⑤ 《资源委员会代表钱昌照与建设银公司代表宋子安交换股票协议书》(1946 年 5 月 5 日),中国第二历史档案馆藏资源委员会档案:二八/22203。
⑥ 王树槐先生认为建委会有 3 名代表,即除了张、秦之外,霍宝树(亚民)也是其中一位(见前引文)。实际上霍宝树 1935 年即辞去建委会设计处处长一职而改任中国银行副总稽核,杨敦甫去世后,霍即于 1936 年接任建设银公司董事。

制权已完全操纵于中国建设银公司手中,如两公司的董事长都是宋子文(建设银公司的实际创办人、公司执行董事),而董事会秘书长则由银公司副经理尹国墉(仲容)担任,这当然与银公司占据两公司接近一半的股份有关,而且其他股东也大都是银公司的股东银行。

其次,建设委员会所谓"提倡人民投资以扩充国内建设事业起见,拟为已有成效之事业招收商股,组织公司,继续经营"[1],只不过是一个对外宣传的口号而已,实际上招收商股完全是在暗中进行,从未公开向外界招募。待到两公司召开发起人大会时才对外透露此事,并宣布股本业已募足。这里需要强调的是,所谓商股并非真正意义上的商股,表3的股东名单只能表明他们分别是各家银行的法人代表而并非是个人的投资,这也同中国建设银公司一样,公司初期的董监事所拥有的股份亦并非全部是私人投资,其中绝大部分是各股东银行参股的数额;但是到了抗日战争后期,这些官僚与财阀利用手中的特权,以极低的价格从国家银行那里收购了公司的大部分股权,此时政府的资产已经和官僚财阀私人的利益混为一体、难以区分了。[2]

最后,从扬子、淮南两公司的股东名单中可以得知,中国建设银公司是其最大的股东,它不但拥有公司近一半的股权,而且其他参股的银行也大都是银公司的股东;再从各银行的股份来看,除了中国、交通、国货与上海四家银行所拥有的股权比较多之外,其他的几家银行或公司股份则完全一样,都是1 250股,这就说明股份乃为分配摊派,而并非源于自由竞争,至于股份的比例则主要视乎银行的实力及其在银公司中所占据的地位而决定。

另外要说明的一点是,尽管中国建设银公司控制了扬子、淮南两公司,但两公司的实际管理仍由原建设委员会的班底掌握,从法律的意义上看,所有权与经营权的分离是将所有权中占有、使用、收益和处分等四项权能中的一部分交由专门的经营者来行使,而与其所有者相分离,这也正是股份有限公司的特点之一。

① 《申报》,1937年5月15日。

② 中国建设银公司成立时中国银行占有20%的股份,中央和交通二行则各占有15%的股份,此后公司的股份不断转移,如中央银行的股份就大量转移到孔祥熙名下(以敦厚、悦愉、嘉禾等户名代表),抗日战争后期(1944年1月)建设银公司又要求中国银行"援央行之例,将其股票让出一部分给友邦人士及民间,藉收普及之效",结果中国银行即以极低廉的价格将其拥有的股份出售给私人,从后期中国建设银公司的股东名单中可以看出,新拥有这些股份的个人不是财政部门的高官,就是银公司的董事或高级职员,此时国家银行拥有的股份迅速由50%下降到5%,而个人拥有量则从10%大幅提高到70%左右。有关这方面的资料,详见中国第二历史档案馆藏中国银行档案:三九七/2995、三九七(2)/197等。

比如扬子电气公司的总经理就由曾任首都电厂厂长（1933年2月—1935年8月）、时任建设委员会设计处处长（1935年8月—1937年12月）的潘铭新担任，首都、戚墅堰两电厂的厂长则分别由原厂长陆法曾、吴玉麟续任，后者还兼任公司的协理；淮南矿路公司的总经理则是原淮南矿务局的局长程士范。因为他们不仅是学有专长的国内一流的工程技术人才，而且也都具有多年的管理经验，这样的安排自然有利于企业的平稳过渡，也可以促进和提高管理科学的发展。

1937年7月1日，扬子、淮南两公司顺利完成各项交接手续，正式开始营业。然而开业连一个星期都不到，卢沟桥的上空就响起了日军的枪炮声；紧接着战火又蔓延到长江下游。随着东南沿海大片国土的沦陷，扬子、淮南两公司也相继落入日本侵略者的手中，这几个好端端的企业都遭到严重的破坏和摧残。

三　建委会招募商股的原因

南京国民政府成立之后不久，即根据国民党中央全会所确定的精神，开始积极筹划建立国家资本主义的体系。1929年3月在国民党第三次全国代表大会上通过的《训政时期经济建设实施纲要方针案》中，就特别将煤、铁及基本工业列入"建立国家强有力物质基础"的重要位置，并明确规定"煤、铁、油、铜矿之未开发者，均归国家经营"。① 进入20世纪30年代，国民政府更是加紧扩张国家资本的势力，并计划逐步对工矿、金融、贸易等行业实施经济统制。为了达到这一目的而采取的方式主要有：以政府的名义接收并经管原有的私营企业（如交通部接管轮船招商局、建设委员会接管长兴煤矿以及耀明、震华两电厂）；利用发行公债、增加官股的手段控制国内最大的金融机构——中国银行与交通银行；设立统制全国贸易的专业公司，如茶叶、棉业、木业、矿业等公司；成立全国性的机构（如建设委员会、全国经济委员会，特别是资源委员会），指导并拟定经济建设计划，有步骤、有计划地调查与国防有关的经济资源，从而为建立国家资本主义体系奠定基础。

然而就在这同一时期，建设委员会居然将属下的国有企业（其中还包括原本由私人手中接管的企业）以接受商股的名义改由商办，这岂不是与政府的决策背道而驰？

---

① 中国第二历史档案馆藏经济部档案：四(2)/260。

对于这个问题历来说法不一,据笔者所知,大致可以归纳为以下几种说法。

第一种说法是,1936年前后,建设委员会委员长张人杰(静江)深感年迈体衰,生怕自己创办的企业后继无人,因而未雨绸缪,先找一个可靠的继承人。而宋子文既为"国舅",各方又都兜得转,不如与其合作,于是便在"国营事业应限于国防工业、铁道干线、水力发电,此外改归民营"①的理由下,委托中国建设银公司代为经营淮南煤矿、首都电厂和戚墅堰电厂。

第二种说法主要见于中国大陆学者的论述。按照金士宣等人的讲法,淮南煤矿和铁路都是由大官僚张静江主持下的建设委员会投资和修建的,但在七七事变后,南京沦陷前夕,张静江竟把路矿产业转让于宋子文兄弟经营的中国建设银公司了。② 另一位作者写得就更加严重了。他说,淮南铁路全线通车后方便了淮南煤炭的外运,也方便了安徽中部地区的交通运输,营运效果较好。但是"1937年八一三上海抗战爆发之后,张静江竟私自将淮南铁路连同建委会经营的淮南煤矿和南京下关、常州戚墅堰两座电厂一起作价'出让'给宋子文兄弟经营的中国建设银公司,把四项公营事业私相授受,一举变成私营企业,而且将所售价款分给建委会各部门职工。蒋介石闻知此事后,大为恼火,但张静江远离中国,跑到国外去了。蒋介石一气之下下令解散了建设委员会,但未作进一步深究"③。

对建设委员会及其属下企业素有研究的王树槐教授对此则另有见解,他主要针对张人杰的经济思想加以具体分析。王树槐认为,张人杰并不完全赞同孙中山先生节制私人资本的思想,而是主张中国国家建设大计必须以提倡民营为原则,在张人杰看来,除了一些非由政府主办不可者外(如国防、水利、重工业),其他经济建设政府只需制定政策,树立示范工作即可,"而主要的是由政府领导、鼓励,发动全国人民去努力,才能早著成效"④。因为招收商股的构想非常符合张人杰的实业思想,由此王树槐教授推论:张人杰很可能是推动将建设委员会属下企业交由商办的关键人物。⑤

---

① 经济资料社编:《宋子文豪门资本内幕》,第12页。
② 金士宣、徐文述:《中国铁路发展史,1876—1949》,北京:中国铁道出版社,1986年,第410页。
③ 李占才主编:《中国铁路史,1876—1949》,汕头:汕头大学出版社,1994年,第212页;实际上这一说法前引金士宣等人在其著作中也已提及,见该书第481页。
④ 秦慧伽:《回忆伟大的革命建国领袖张静公》,载《张静江先生百岁纪念集》(台北:1976年),转自前引王树槐:《张人杰与淮南煤矿,1928—1937》,《"中央研究院"近代史研究所集刊》第17期下册,第216—217页。
⑤ 同上引王树槐文,第251页。

　　至于建设委员会和建设银公司则各有自己的解释。按照建设委员会的说法是由于发展实业需要大量资金,因为国家一时难以筹备,故而"拟具招收商股办法,以提高社会投资"①,并经中央政治委员会原则通过;而宋子文则在扬子、淮南两公司发起人大会上如此解释银公司参与经营的原因,他强调此两公司系由建设委员会将所办电矿事业添招商股改组而成,因此与普通公司略有不同。他首先历数了建设委员会的成就,"对于电气及矿路事业经营至力,所办如首都电厂、戚墅堰电厂、淮南煤矿及淮南铁路,均已成绩昭著。前者之工程与管理效率甚高,对首都、无锡等地工业之推进颇具成绩;后者则以接近长江,对于我国中部煤斤之供给,亦占有重要地位"。接着宋子文话题一转,大谈招收商股之必要,他说:"建设委员会为提倡人民投资以扩充国内建设事业起见,拟将已有成效之事业招收商股,组织公司,继续经营。其招得之资金,则以之倡办其他事业,俟将来办有成效,再行开放商股,如此循环,在政府固得资金易于周转之效,在人民亦投资有正常稳固之途,开政府与人民共同建设之先河,即所以奠国家富强之始基。故两公司成立后,希望能仍在建委会指导监督之下,本以前发展电矿、以扶助工农业之主旨,继续迈进,尽量为社会谋服务,则两公司业务之发展可预卜也"②云云。十年之后,宋子文解释当年银公司入股扬子、淮南两公司的原意"仅欲保留小数,俾在两公司内得参加管理而已",然而却没有想到战争突然爆发,一部分认股人未能按认额缴款,因"银公司负包募之责,不能不自行垫购,并担负因战争所发生之风险,此为银公司成为淮南矿路及扬子电气两公司大股东之由来"。③

　　这些说法有的缺乏根据,有的只是表面文章,不足为信;④有的分析较为中肯,但仍不够全面。比如上述第一种"继承人说"和第二种"私自出售说"就都缺乏史料依据(两者均未注明资料来源),更与史实不符:扬子、淮南两公司明明筹备成立于抗日战争全面爆发前夕(1937年4月拟定招股章程,5月14日召开发起人大会,7月1日正式开业),金、李二书却将时间说成是"八一三淞沪战争后、

　　① 《国民政府训令》(1937年4月1日);《建设委员会呈文并附招收商股办法》(1937年4月9日),"中央研究院"近代史研究所藏建设委员会档案:23—04,23—2。
　　② 《扬子电气、淮南矿路公司发起人会会议纪录》(1937年5月14日),"中央研究院"近代史研究所藏建设委员会档案:23—04,23—2;又见《申报》,1937年5月15日。
　　③ 《申报》,1947年9月19日。
　　④ 比如宋子文所讲"一部分认股人未能按期缴款"之事就与事实不符,实际上所有认股者均于1937年5月23日全数缴清股款,见"中央研究院"近代史研究所藏建设委员会档案:23—04,23—2。

南京沦陷前",照这么说宋子文和中国建设银公司岂不都是傻瓜,大敌当前竟筹募巨资去收购那几个即将沦陷的企业?至于说张静江瞒着蒋介石私自出售企业,并将所售价款分给建委会各部门的职员就更不合情理了。因为当初"为发展建设委员会主办之电矿事业,拟具招收商股办法,以提高社会投资"①就是由蒋介石和张静江两人共同提出的,该提案并由国民党中央政治委员会第 39 次会议议决,由国民政府令饬建委会拟具办法后,再经中央政治委员会第 43 次会议批准,并奉国民政府指令遵照,最后再由行政院通令各关系部、会查照,②在手续及程序上可以说完全符合当时的"党治原则",而且报纸上对此事也都曾公开加以报道,实在是不可能瞒着蒋介石而私自出售的。至于建设委员会的裁撤则是由于抗日战争初期为了避免职权分散、提高行政效率所进行的机构调整(全国经济委员会和实业部也同时被裁并),这同建委会招收商股并无直接关系。

王树槐教授的看法不无道理,但是他没有提到建设委员会招收商股的真正原因,也没有提及张人杰与建设银公司的关系——张不仅是策划银公司成立的积极支持者(发起人之一),而且还是公司的股东和监察人,因此要想了解这个问题的真相,还是应该从建设委员会的经营活动以及张人杰与银公司的关系中进行分析。

建设委员会自成立以来先后创办了不少企业,取得了相当大的成绩;然而在这些成绩的背后,也存在着一些隐患,其中最突出的就是张人杰等人好大喜功,投资项目过多,摊子铺得太大,没有考虑本身的承受能力,以至于负债过重,最后则到了难以为继的地步。按照建设委员会的说法是,该会成立以来投资各厂、局的资产共达 3 500 万元,"其投资来源,不外借款与盈余二途。近年来事业发展速度甚高,盈余一项,不足抵扩充费用之什一;胥赖借款,以资挹注。致现在所负长短期各债之数,共达一千五百余万元。收入方面,除开支及付息外,尚须偿还本金;而扩充之需要,仍有加无已,经济周转,殊感困难"③。据统计,截至 1937 年 6 月 30 日建设委员会本部及其属下企业(包括首都、戚墅堰两电厂及淮南煤矿与铁路)的负债情形为:结欠电气事业长期及续发两

---

① 《国民政府训令》(1937 年 4 月 1 日),"中央研究院"近代史研究所藏建设委员会档案:23—04,23—2。

② 《申报》,1937 年 5 月 15 日。

③ 《建设委员会招收商股补充说明书》(1937 年 5 月),"中央研究院"近代史研究所藏建设委员会档案:23—04,23—2。

笔公债 5 685 000.00 元,借用中英庚款折合法币 3 810 393.18 元,应付物料款 1 552 086 元,应付已订购但未运到之物料款 3 621 305.63 元,其他负债 3 111 966 67 元,负债总额合计为 17 780 752.36 元。[①] 还有一件事可以反映出建设委员会负债累累的情形:当银公司刚刚宣布完成招募商股之后不久,1937 年 5 月 22 日建委会就以"现在本会本月内需用国币贰佰万元",要求银公司立即将其所招募的款项拨交建委会的银行账户内;6 月 21 日,建委会又致函银公司,称"兹因本月底为结账日期,所有银行借款本息及对外应付之一切欠款,均拟分别偿还,以后再由本会与扬子、淮南两公司结算,又本会所办各项事业亦亟需款应用",故要银公司在代收商股项下于 25 日前拨存上海中国银行该会账户 500 万元,月底再拨付 300 万元。统计自 1937 年 5 月 26 日至 1938 年 2 月 18 日,银公司将其所招募的商股分 7 次共 1 165 万元拨付给建设委员会。[②] 很明显,这些新招募来的商股大部分是用来偿付建设委员会各种到期债务的。

在这种情形之下,张人杰等人也不得不承认:"建设委员会前此办理电矿事业,纯恃其本身历年之盈余,与夫对外筹措之债款,经济能力甚属有限,对外负债超过本会投资约一倍半左右。"而当时国民政府正在大力推行所谓"国民经济建设运动",要求各部门从速完成已定之计划,但是,"欲求整个计划之实现,尤须筹巨量之资金。际此百端待举,各方需款孔殷,仰给国库拨款,恐亦难能";因此张人杰和蒋中正认为,"只有设法吸收长期民资,藉图扩展",其办法就是学习欧美等国成例,将部分电矿事业改归民营,以便让公司的股票和债券在市场得以流通,使得一般游资可以有正常的投资渠道。为此他们建议,首先将建设委员会经营多年且已颇具成效的首都、戚墅堰两电厂以及淮南煤矿和铁路作为国有企业私营化的试点。[③] 由此可以看出,由于负债过多,财政支出日益庞大,政府已无法注资以维持及扩大生产,反须将已投入之资金逐步抽出改作他用,国有企业的真空便只好召集民间资本来予以填补,从而企业的产权结构亦随之发生变化。

---

① 根据建设委员会各项资料汇编而成,"中央研究院"近代史研究所藏建设委员会档案:23—04,12—2。

② 根据建委会与银公司来往函件统计,"中央研究院"近代史研究所藏建设委员会档案:23—04,23—1。

③ 《张人杰、蒋中正为发展建设委员会事业拟具招收商股提案》,"中央研究院"近代史研究所藏建设委员会档案:23—04,23—2。

四　如何看待国有企业的"私营化"

国有企业私营化在近代中外历史上都不乏其例,譬如 20 世纪初湖广总督张之洞就将亏损巨大的湖北纺纱局及其他官办三局(织布局、缫丝局、制麻局)全部招商承办,规定四局产权为官方所有,经营管理由商董负责,嗣后逐渐转亏为盈,企业获得新生。当时外国人编纂的江汉关报告就注意到这一现象,报告指出:"这一个中国人办的纱厂开工有二十年了……它的命运是在变动的。当它在官厅的手中,常常是失败的;当它租给一个商人时,除了当地棉花收成不足以外,它总是赚钱的。"①类似这样的例子还有很多,所以国有企业私营化应该被视为是企业发展的一种主要趋势。

那么应该如何看待建设委员会招收商股,并将属下的国营企业改由私人经营这件事实呢?

在分析这一案例之前,我认为至少应有以下两个问题值得提出来加以讨论。

首先,建设委员会属下的这几个企业,不论是前期接管的首都、戚墅堰电厂,还是后来自行创办的淮南煤矿与铁路,都是经营得十分成功、在同类产业中成绩优异的企业,而并不是一般人心目中官营必定是效率低下、濒临破产的企业,对此王树槐教授曾进行过深入的研究。

以首都电厂为例,若以 1929 年建委会刚刚接管该厂时的情形和抗日战争全面爆发前的 1936 年相比,不论是资金还是发电容量都发生了巨大的变化,请看下表:

表 4　首都电厂资金与发电容量对照表

	资金(千元)		发电容量(千瓦)	
	1929 年	1936 年	1929 年	1936 年
首都电厂	887	8 013	2 940	20 000
江苏全省电厂	19 723	47 818	76 154	125 740

① 转引自汪敬虞编:《中国近代工业史资料》第 2 辑上册,第 583 页。

续　表

	资金(千元)		发电容量(千瓦)	
	1929 年	1936 年	1929 年	1936 年
首厂所占比例	4.5％	16.8％	3.9％	15.9％
位　次	5	2	6	2
全国电厂	61 657	119 733	202 619	335 870
首厂所占比例	1.4％	6.7％	1.5％	5.6％
位　次	13	3	15	5

　　资料来源：根据王树槐《首都电厂的成长，1928—1937》一文之表 28、29 改制，《"中央研究院"近代史研究所集刊》第 20 期(台北：1991 年 6 月)，第 326、327 页。

　　由于经营得法，管理完善，首都、戚墅堰两电厂的获利情形在江苏省乃至全国也一直名列前茅，1935、1936 年度一般均保持在 20％—25％左右，这要比当时国内供电规模最大的外资企业上海电力公司年获利只有 5％高出许多，[①]从而证明国营企业只要用人得当，经营得法，一样可以取得优异的成绩。

　　淮南煤矿的情形也同样如此。自正式投产以来，淮南煤矿的产销量即不断增加，即使面对强大的市场竞争，也能维持稳步增长的速度。若以 1933 年的产销量为基数，那么到了 1936 年，三年期间的产销量各自增加了两倍以上；同时获利能力亦随之提高，1936 年为 14％，1937 年估计为 30％。由于经营的改善以及产量的增加，成本自然大幅下跌，实际成本除其他费用增加外，采煤费降低 26％，管理费降低 50％，运输成本也因铁路的建成而逐年下降。[②]

　　第二个问题就是关于企业的资产。

　　上述这几个企业之所以能在较短的时间内取得显著的成绩，除了经营得法、管理现代化之外(这几个企业的负责人都是受过国内外高等教育、学有专长并具有丰富经验的一流管理人才)，很重要的一个原因就是政府的关注与支持。国民政府不但对这几个企业时有拨款，还曾为此专门发行两次建设公债，因而这些企业可以不断得以注资，扩大生产，这对于其他企业来说，当然都是

────────────

　　① 参见王树槐：《江苏武进戚墅堰电厂的经营，1928—1937》附表二《各大电厂获利能力比较表》，载《"中央研究院"近代史研究所集刊》第 21 期(台北：1992 年)，第 51 页。
　　② 王树槐：《张人杰与淮南煤矿，1928—1937》，《"中央研究院"近代史研究所集刊》第 17 期下册(台北：1988 年)，第 250 页。

无法比拟的。

以淮南煤矿为例,该矿早期投资大部为建委会筹拨,以后政府又以发行公债、借用庚款及银行借款等方式不断注资,统计至 1937 年 6 月底止,淮南煤矿各项拨款(包括盈余、债款收入和政府拨款)共计为 11 576 404 元。[①] 根据另一项统计,淮南煤矿至 1937 年 6 月底止,资产负债总额各增至 1 080 余万元,其中建设委员会投资达 600 万元,工程设备共 900 万余元。[②]

首都电厂和戚墅堰电厂的资金来源也与淮南煤矿差不多,主要出自政府拨款、公债收入、庚款及企业盈余,截至 1937 年 6 月底止,首都电厂的资金大约为 878 万元。[③] 从资产情形上看,截至 1936 年 12 月,该厂总投资为 8 013 000 元,固定资产为 9 587 000 元,为建设委员会刚接管时(1928 年 5 月)的 44.9 倍,平均每年增长 5.5 倍。[④] 戚墅堰电厂因原有设备相当完善,所以固定资产的增长情形远远比不上首都电厂,但即便如此,1933 年 12 月时的资产也已较建委会刚接管时(1928 年)增加了 58%,达到 266 万元;[⑤]若依据概算,该厂至 1937 年度总资产约为 400 万元,而实际固定资产至 1936 年度已达 400 万元以上,较 1928 年亦已增长一倍有余。[⑥]

从以上分析中可以看出,淮南煤矿、首都电厂和戚墅堰电厂都是当时经营效益良善、设备初具规模、资产亦较为雄厚的大中型国有企业,因此建设委员会欲将这些企业交由商股接办,对于一般商家来说自然极具吸引力。

这里并不是否定建设委员会将属下国有企业招收商股承办这件事的本身,或许还应该承认国营企业通过招收商股改为私有化可能会在经营管理方面能够发挥更突出的效益,办得更有起色。然而最具争议的地方则在于建设委员会招收商股的这种方式并不是一种真正公平、公正、公开的竞争。

---

① 王树槐:《张人杰与淮南煤矿,1928—1937》,《"中央研究院"近代史研究所集刊》第 17 期下册(台北:1988 年),第 225—226 页。

② 参见陈真编:《中国近代工业史资料》第 3 辑下卷,第 784 页。

③ 王树槐:《首都电厂的成长,1928—1937》,《"中央研究院"近代史研究所集刊》第 20 期(台北:1991 年),第 320 页。

④ 《中国电气事业统计》第七号,第 15 页,转引自上文,第 314 页。

⑤ 王树槐:《江苏武进戚墅堰电厂的经营,1928—1937》,《"中央研究院"近代史研究所集刊》第 21 期(台北:1992 年),第 36 页。

⑥ 王树槐:《江苏武进戚墅堰电厂的经营,1928—1937》,《"中央研究院"近代史研究所集刊》第 21 期,第 37 页。

按照一般惯例,国有企业改组为股份有限公司时,首先应对原有企业的债权、债务进行清理,委托具有资格的资产评估机构进行资产评估,并由注册会计师进行验资,之所以进行资产评估是因为原企业的部分资产(即所有者权益)将要被出售而决定的。若原有企业资产评估过低,将会产生贱价出售、化公为私的弊病;若资产评估过高,则又很难引起民间投资者的兴趣,因此资产评估是一件十分严肃认真的工作。

那么建设委员会在招募商股、将属下企业改组为股份有限公司的过程中有没有进行资产评估呢?从目前笔者所掌握的档案中尚无发现这方面的资料。当然,没有发现绝不等于没有进行,这完全是两个不同的概念。但是从一些现象上来分析,可能有助于我们弄清这个答案。

现象之一:正如前面所说,资产评估是一件十分严肃也是十分细致的工作,其过程一般需经申报立项、清查资产、评定估算和验证确认等几个阶段,所需时间甚长。但是国民政府于1937年4月1日训令批准张人杰、蒋中正"为发展建设委员会主办之电矿事业、拟具招收商股办法"后仅仅过了一个多星期,建设委员会就提出招收商股办法,其主要内容就是"首都、戚墅堰两电厂合并组织为扬子电气股份有限公司,淮南煤矿局及铁路组织为淮南矿路股份有限公司,股本各定一千万元,除本会至少各保留股份百分之二十外,所余股份之招收商股事宜,拟由本会委托中国建设银公司办理"。① 短短的一个多星期,怎么可能完成那么多复杂的评估工作呢?

现象之二:无论是首都电厂、戚墅堰电厂,还是淮南煤矿,其资产及负债都决不会相同,这是一个极普通的常识。但是建设委员会为什么会将这些经营宗旨、营业范围截然不同的企业股份,特别是该会所占有的股权完全划归一致,如果真的经过资产评估的话,其结论会如此相同吗?

现在需要弄清的问题是建设委员会估值的数额是否合理。由于笔者缺乏这方面的专业知识,实在不适合评论这一问题;然而却在档案中发现一份《扬子电气公司财务报告》(1937年7月—1938年12月),内中包含该公司1937年7月1日(公司正式成立的日期)资产负债表,现将其抄录如下,或许能为有关专家学者解决这个问题提供一些数据。

---

① 《建设委员会呈文并附招收商股办法》(1937年4月9日),"中央研究院"近代史研究所档案馆藏建设委员会档案:23—04,23—2。

表 5　扬子电气公司资产负债表(1937 年 7 月月 1 日)

资　　产		负　　债	
发电资产	6 878 702.52	股　　本	10 000 000.00
输电配电资产	4 816 499.99	长期负债	4 138 514.42
用电资产	1 175 928.08	短期借款	1 991 112.13
业务资产	730 887.98	应付款项	1 749 987.53
未完工程	1 571 463.47	保证金	1 015 931.65
应收款项	515 773.17	杂项负债	132 358.68
物料及燃料	2 315 788.57	各项准备	2 547 382.55
其他流动资产	76 960.11		
企业投资	500 000.00		
杂项资产	2 993 283.07		
合　　计	21 575 286.96	合　　计	21 575 286.96

资料来源：中国第二历史东案馆藏扬子电气公司档案：四〇一/303。

为了说明这个问题,有必要先弄清建设委员会与中国建设银公司之间的关系。

中国建设银公司(China Development Finance Corporation)是 1934 年由刚刚辞去行政院副院长兼财政部部长的宋子文亲自创办的一家股份有限公司,从表面上看来,公司是根据《银行法》和《公司法》注册的私营公司,但实际情形却远非如此简单：公司初期的股份中大部分来自国家银行与最大的十几家商业银行,并非个人投资;公司的股东乃至于董事和监察人不是政府主管财政经济的高官,就是活跃于商界的金融大亨,或者本身就是身兼二任的人物,彼此之间很难划清什么界限。因此公司自成立以来就一直与政府保持着一种极为特殊的关系,实际上中国建设银公司的创立即标志着国民政府成立后官僚与财阀的一种结合。而建设委员会的委员长张人杰以及三名常务委员中的张嘉璈和李石曾二人既是建设银公司的发起人,又是银公司的股东,而且张人杰还是排名第一的监察人,张嘉璈和李石曾则都是公司的常务董事。正是由于这个原因,建设委员会将属下经营得最好的企业交由银公司接办,自然会给人们留下官商勾结、以权谋私的印象。

其次,建委会在招收商股的整个过程中,不论是拟具章程,还是吸收股份,一切都是在暗中进行,既无刊登招股广告,又无对外公开宣传,待到扬子、淮南两公司召开发起人大会时,才突然对外宣布两公司各1 000万元的商股已经全部募足,令世人大吃一惊。

再从表3扬子、淮南两公司的股东名单中也可清楚地看出,两家公司的股份安排完全一样,只是个别董事名单有异。其中建设委员会只占20%的股份,中国建设银公司是两家公司的最大股东(分别占48.75%),其他几家认股的银行又大都是银公司的股东银行,但这些股东都是银公司或银行的代表,并不是个人投资,比如中国银行入股扬子、淮南两公司的各100万元股份就是由中国银行南京分行认股代办,分别由宋汉章、汪楞伯、吴震修、贝祖诒、卞仲莆五人代表总行及各大分行出任两公司的董、监事。① 除了几家大股东之外,余下的扬子、淮南两公司股份则大致按各家银行在银公司内所占股份的比例予以分配,比如新华、金城等九家银行的股份就完全一样,均为125 000元,各占总数的1.25%。这就证明股份实为利益的分配所致,而根本不是真正的自由竞争。

扬子电气与淮南矿路两公司成立后不久就相继陷于敌人手中。抗日战争胜利后,根据政府的规定,"对于沦陷区内,凡为敌人所侵占之经济事业,无论公私,均先由主管部会接收,一俟审查无通敌嫌疑,然后发还原主"。按理说,扬子、淮南公司完全属于这一类型,但是中国建设银公司凭借特权,由经济部特别批准,指派原企业主管人员担任接收大员,乘飞机迅速前往华东各地,随部队前去接收,四联总处还贷放巨款,保证各厂矿的生产与运作。② 后来这几个公司成为中国建设银公司属下规模最大、经营效益最好的企业。因此,从扬子电气与淮南矿路这两个国营企业私有化的转变过程中就可以看出中国建设银公司与政府之间的那种特殊而又微妙的关系。

原载《历史研究》1998年第3期

---

① 中国第二历史档案馆藏中国银行档案:三九七/3426、3428。
② 《淮南与扬子及既济三公司之复员报告》(1946年5月10日),中国第二历史档案馆藏扬子电气公司档案:四〇一/121。

中国建设银公司的股份演变

　　中国建设银公司(China Development Finance Corporation)是 1934 年由刚刚辞去行政院副院长兼财政部部长的宋子文亲自创办的一家股份有限公司,表面上看来,公司是根据《银行法》和《公司法》注册的私营公司,但实际情形却远非如此简单:公司初期股份中的大部分来自国家银行以及国内最大的十几家商业银行,并非个人投资;而公司的董事、监察人乃至股东不是政府主管财政经济的高官,就是活跃于商界的金融大亨,或者本身就是身兼二任的人物,彼此之间很难划清什么界限。因此公司自成立以来一直都同政府之间保持着一种极为特殊的关系,实际上中国建设银公司的创立即是国民政府成立后官僚与财阀结合的一个明显标志。

　　中国建设银公司创立时资本定为银元 1 000 万元,分为 100 万股,每股 10 元(原先曾议决为 10 万股、每股 100 元,后经股东大会决议修改),一次收足。早在银公司成立之前,发起人即对外宣布资本已全部募足,但资本是通过什么方式募足的、各银行及个人的认股数又是如何分配的则语焉不详,这不仅引起当时舆论的关注,也为后来学者的研究带来困难。[①]

　　一个公司的股份如何分配对于判定其资本构成、进而分析其性质至为关键。实际上建设银公司股东的身份是在不断变化的,本文主要依据原始档案资料,对中国建设银公司创立时的股份占有状况以及日后的演变情形分别加以评述,并试图在此基础上对公司的性质予以初步的分析。

[①] 譬如有的学者就认为:"不可否认的事实是中国建设银公司为一民间资本集团,但此集团之资本 1 000 万元,系孔祥熙、宋子文、中央、中国、交通等银行组成,唯各占资本多少,则不得而知。"参见王树槐:《张人杰与淮南煤矿,1928—1937》,载《"中央研究院"近代史研究所集刊》第 17 期下册,1988 年 12 月,第 251 页。

一 关于股份分配的几种不同说法

中国建设银公司的创立在当时是一件重大的新闻，国内外舆论对此事都十分关注，而它的股份分配及其股东身份更是议论的焦点。对这个问题在当时乃至后来一直众说纷纭，莫衷一是。

早在建设银公司筹备期间，上海市面上即已传出新成立的银公司将以银行为单位，不收个人存款。有的刊物报道说，经过宋子文的多方游说接洽，中央、中国、交通等几家最大的银行均已赞成加入，计中央银行 400 万元、中国银行 200 万元、交通银行 150 万元、上海商业储蓄银行 50 万元，其余部分则由浙江兴业、中国垦业、四明、盐业、金城、大陆、中南等银行分别认股一二十万元。这家刊物还进一步披露称，孔祥熙、张嘉璈、唐寿民已于 4 月 16 日分别代表中央、中国、交通三银行签字认股，其他银行亦将陆续认定签字云云。[①] 后来英国驻上海的商务参赞 Beale 在谈到银公司创立的消息时说，按照他的理解，银公司 1 000 万元的股份之中中央银行占 400 万元、中国银行为 200 万元。[②] 他的这个理解，很可能就是根据上述刊物的传闻而作出来的。

1934 年 5 月 31 日，建设银公司召开发起人会，会上发言人公开对外宣布银公司全部资本除 27 名发起人认 5 000 股（每股 100 元）共 50 万元外，其余 950 万元由下列各银行及个人担任募足：（1）银行计中央、中国、交通、金城、中南、上海、浙江兴业、中国实业、聚兴诚、垦业、通商、大陆、江浙、四明、东莱、国货、国华等 17 家；（2）个人计孔祥熙、宋子文、张嘉璈、李馥荪、陈光甫、贝祖诒、张慰如、徐补荪等 8 人。[③] 但是各银行及个人究竟如何认募的、认募额又是多少则只字未提。

而汇丰银行和中英银公司所得到的报告却说，中国建设银公司的特殊性就在于中国、交通和中央三大银行掌握有公司 70％ 的原始股（分别是 35％、

---

① 《建设银公司即将实现》，《中行月刊》第 8 卷第 5 期，1934 年 5 月。

② Beale to Cadogan (June 6, 1934), W. N. Medlicott & Douglas Dakin (eds), *Documents on British Foreign Policy, 1919—1939*, Second Series, Vol. XX (Lodon: Her Majesty's Stationery Office, 1984), pp. 253 - 254.

③ 《申报》，1934 年 6 月 1 日。

20%和15%),宋子文通过向交通银行以年息3%的全额贷款认购了价值100万元的公司股票,其余的200万元股票则在"劝诱"(inducement)下由中国的其他几家银行分摊。①

当时任中国银行总经理、也是中国建设银公司的发起人和常务董事的张嘉璈(公权)后来在他的笔记中写道,中国银行实为建设银公司的最大股东,拥有公司1/5即200万元的股份,而中央、交通两行各认150万元,宋子文本人自认1/10,计100万元,其余由各商业银行分认。②

上述几种说法或是猜测,或是传闻,彼此相互抵触,数额亦相差很大,可信程度不高;只有张嘉璈因为是当事人,故他的回忆具有重要的参考价值。但他没有透露公司股东的详细资料,其中称宋子文拥有公司1/10股份的说法亦与事实略有出入。

后来又有一份资料披露说③,中国建设银公司的1 000万元资本中实由北四行(即盐业、金城、大陆、中南)、中央、中国、交通、新华、上海、浙江实业等银行认股六成以上,以个人名义认股者80余人,其中13人所占有的股份即超过公司总资本的一半,他们是:

武渭清	176 000 股	李树芬	53 000 股
宋子文	35 000 股	席德懋	31 000 股
李石曾	30 000 股	贾月森	30 000 股
宋子良	25 000 股	张人杰	25 000 股
陈齐康	25 000 股	贝祖诒	25 000 股
徐 堪	20 000 股	孔祥熙	20 000 股
叶琢堂	20 000 股		
合 计	515 000 股	合 计	5 150 000 元

这份股东名单虽然没有公布资料的来源,但它的影响却很大,乃至于后来

① Frank H. H. King, *The History of the Hongkong and Shanghai Banking Corporation* (New York: Cambridge University Press, 1988), Vol. III, pp. 400-401.
② 姚崧龄编著:《张公权先生年谱初稿》上册,第134页。
③ 经济资料室编:《宋子文豪门资本内幕》,第8页。

国外的学者一直都在引用这份资料。① 然而经过仔细查证,实际上这并不是公司的原始股东名单。

证据之一:据当时报载,出席银公司创立会的股东就有 98 人,共计 96 700 股(当时每股按 100 元计,则代表资本 96 700 000 元)②,而不是只有 80 余人。

证据之二:建设银公司创立时的股东不是主管财政经济的政府官员,就是代表中国最大的十几家银行的金融界巨子,他们之中虽然绝大部分是以私人名义出现,但绝非私人出资,这与后来的情形有所不同。关于这个问题下面将专门分析,这里只是简单提一下。

证据之三:上述名单中有几位占有公司最多股份的人不大为人所知,如武渭清(176 000 股)、李树芬(53 000 股)、贾月森(30 000 股)、陈齐康(25 000 股),仅此 4 人即拥有 284 000 股,资本几占整个公司总资产的三成;然而在 1934—1936 年建设银公司各年度报告所附录之拥有 1 000 股以上的 92 名股东名单中(根据银公司的规定,持有 1 000 股以上的股东方有资格被选为公司的董事及监察人)均无上述 4 人之名!③ 即足以证明这绝不是公司最初的原始股东名单。

上述 4 人中只有李树芬的情形不大清楚,但若将其他 3 人视为孔、宋的亲信则没有什么疑问。如武渭清和贾月森分别是山西裕华银行和川盐银行的总经理,众所周知,这两家银行都与孔祥熙家族有着极密切的关系,特别是前者更是孔氏亲手创办的银行,如同孔家私人的钱柜;而陈康齐(不是陈齐康)则长期担任宋子文的秘书,从建设银公司后期股东的名单中也都可以见到他们的名字,只是所占股份与上述名单中的数额不尽一致,因而这份名单很可能是后期银公司的股东名单——尽管它并不完整,而且也不一定准确。

二 公司的原始股东及其背景

那么究竟哪些人才是建设银公司的原始股东呢?

---

① 譬如美国历史学家 Parks M. Coble, Jr 研究上海资本家的力作 *The Shanghai Capitalists and the Nationalist Government*, *1927—1937* (Cambridge:Harvard University Press, 1980)就将这份名单作为自己论述的一个重要依据。见该书第 218 页。本书已有两本中文译本。
② 《申报》,1934 年 6 月 3 日。
③ 这个持 1 000 股以上股东的名单详见中国第二历史档案馆藏中国银行档案:三九七(2)/314。

由于这个问题是判断公司背景及其性质的关键,所以我花了很大的精力在档案中寻找,终于查到了一份公司原始股东的名单,后来又发现了战前公司发放股息单据的存根,根据各个股东的股息收入(每年 7 厘,再扣除所得税),两相比照,其股东名单与股份数额丝毫不误,因此可以证明这份名单是正确的。因为这份原始股东名单十分重要,所以不惜占用篇幅将其全部抄录如下。

表 1 中国建设银公司原始股东名单

户　名	代表人	股份数	股款数(元)	权　数	代表银行或个人
陈辉德	陈辉德	10 000	100 000	9 001	上海商业银行
杨介梅	杨介梅	5 000	50 000	4 502	同　上
邹秉文	邹秉文	2 500	25 000	2 252	同　上
李桐村	李桐村	2 500	25 000	2 252	同　上
陆　记	许汉卿	10 000	100 000	9 001	大陆银行
陆公记	叶扶霄	5 000	50 000	4 502	同　上
祥　记	张汉城	50 000	500 000	45 001	中国国货银行
新　记	宋子良	15 000	150 000	13 501	同　上
伯　记	宋子安	15 000	150 000	13 501	同　上
裕　记	张汉城	10 000	100 000	9 001	山西裕华银行
瑞　记	张汉城	10 000	100 000	9 001	同　上
养和堂	马笙和	10 000	100 000	9 001	同　上
安怀堂	孔霭如	5 000	50 000	4 501	同　上
厚生堂	孔霭如	5 000	50 000	4 501	同　上
三有堂	孔荫堂	5 000	50 000	4 501	同　上
四维堂	孟文储	5 000	50 000	4 501	同　上
代　记	孔庸之	20 000	200 000	18 001	中央银行
理　记	陈健庵	10 000	100 000	9 001	同　上
经　记	叶琢堂	20 000	200 000	18 001	同　上
募　记	王宝仑	10 000	100 000	9 001	同　上
利　记	徐可亭	10 000	100 000	9 001	同　上

户 名	代表人	股份数	股款数(元)	权 数	代表银行或个人
用记	席德懋	50 000	500 000	45 001	同 上
富记	李 莲	10 000	100 000	9 001	同 上
生记	胡孟嘉	20 000	200 000	18 001	同 上
留记	黄奕住	15 000	150 000	13 501	中南银行
吉记	胡笔江	5 000	50 000	4 501	同 上
深 记	黄浴沂	5 000	50 000	4 501	同 上
通商银行	傅宗耀	15 000	150 000	13 501	中国通商银行
总 记	冯幼伟	20 000	200 000	18 001	中国银行
中 记	宋汉章	20 000	200 000	18 001	同 上
津 记	卞白眉	20 000	200 000	18 001	同 上
鲁记	王仰先	20 000	200 000	18 001	同 上
浙记	金润泉	20 000	200 000	18 001	同 上
宁记	吴震修	20 000	200 000	18 001	同 上
粤 记	郑铁如	10 000	100 000	9 001	同 上
闽 记	黄伯权	10 000	100 000	9 001	同 上
贝淞荪	贝淞荪	20 000	200 000	18 001	同 上
淞 记	贝淞荪	10 000	100 000	9 001	同 上
张嘉璈	张嘉璈	30 000	300 000	27 001	同 上
刘晦之	刘晦之	1 850	18 500	1 666	中国实业银行
中德堂	刘晦之	3 150	31 500	2 836	同 上
崇实堂	金采生	2 500	25 000	2 251	同 上
敬业堂	刘子余	2 500	25 000	2 251	同 上
宁德堂	陈卓甫	2 500	25 000	2 251	同 上
永宁堂	刘子树	2 500	25 000	2 251	同 上
青鹤堂	刘子益	2 500	25 000	2 251	同 上
青莲堂	刘丙黎	2 500	25 000	2 251	同 上

续　表

户　名	代表人	股份数	股款数(元)	权　数	代表银行或个人
汉仪堂	叶友庭	2 500	25 000	2 251	同　上
江汉堂	叶晋蕃	2 500	25 000	2 251	同　上
劝惠记	齐　致	10 000	100 000	9 001	中国工商银行
垦业银行	王伯元	15 000	150 000	13 501	中国垦业银行
孙衡甫	孙衡甫	1 850	18 500	1 666	四明银行
元　记	徐仲麟	2 000	20 000	1 801	同　上
禄　记	陈仰和	2 000	20 000	1 801	同　上
寿　记	范松夫	2 000	20 000	1 801	同　上
喜　记	葛昌岐	2 000	20 000	1 801	同　上
明　记	孙衡甫	3 000	30 000	2 701	同　上
松　记	孙祥?	1 150	11 500	1 036	同　上
柏　记	胡锡安	1 000	10 000	901	同　上
交　记	唐寿民	30 000	300 000	27 001	交通银行
通　记	胡笔江	30 000	300 000	27 001	同　上
交甲记	钱永铭	10 000	100 000	9 001	同　上
交乙记	张咏霓	10 000	100 000	9 001	同　上
交丙记	王子崧	10 000	100 000	9 001	同　上
交丁记	庄叔豪	10 000	100 000	9 001	同　上
交戊记	吴君肇	10 000	100 000	9 001	同　上
交己记	吴眉孙	10 000	100 000	9 001	同　上
交庚记	张佩绅	10 000	100 000	9 001	同　上
交辛记	袁松藩	10 000	100 000	9 001	同　上
交壬记	张麟书	10 000	100 000	9 001	同　上
江浙银行	周文瑞	2 000	20 000	1 801	江浙银行商业部
江浙银行	吴启鼎	5 000	50 000	4 501	江浙银行储蓄部
盛升颐	盛升颐	2 000	20 000	1 801	江浙银行

户　名	代表人	股份数	股款数(元)	权　数	代表银行或个人
周乾康	周乾康	1 000	10 000	901	同　上
仁　记	宋子文	25 000	250 000	22 501	个人名义
义　记	李煜瀛	25 000	250 000	22 501	个人名义
礼　记	张人杰	25 000	250 000	22 501	个人名义
智　记	谢作楷	25 000	250 000	22 501	个人名义
李馥荪	李馥荪	5 000	50 000	4 501	浙江实业银行
恭　号	李馥荪	1 000	10 000	901	同　上
宽　号	李馥荪	1 000	10 000	901	同　上
信　号	李馥荪	1 000	10 000	901	同　上
敏　号	李馥荪	1 000	10 000	901	同　上
惠　号	李馥荪	1 000	10 000	901	同　上
金　记	周作民	15 000	150 000	13 501	金城银行
城　记	吴蕴斋	10 000	100 000	9 001	同　上
厚　记	王子厚	2 000	20 000	1 801	东莱银行
德　记	吴蔚如	3 000	30 000	2 701	同　上
载　记	顾逸农	3 000	30 000	2 701	同　上
福　记	徐日宣	2 000	20 000	1 801	同　上
浙兴记	徐新六	10 000	100 000	9 001	浙江兴业银行
浙兴记	徐寄顾	10 000	100 000	9 001	同　上
耀　记	徐补荪	3 000	30 000	2 701	同丰永金号
森　记	杨德森	2 000	20 000	1 801	同　上
金金记	徐补荪	2 000	20 000	1 801	上海金业交易所
金业记	徐补荪	2 000	20 000	1 801	同　上
金交记	徐补荪	2 000	20 000	1 801	同　上
金易记	徐补荪	2 000	20 000	1 801	同　上
金所记	徐补荪	2 000	20 000	1 801	同　上

续　表

户　　名	代表人	股份数	股款数(元)	权　　数	代表银行或个人
国　记	饶韬叔	5 000	50 000	4 501	国华商业银行
国华记	瞿季刚	5 000	50 000	4 501	同　上
国储记	姚应龄	5 000	50 000	4 501	同　上
张慰如	张文焕	5 000	50 000	4 501	华商证券交易所
华　记	尹韵笙	5 000	50 000	4 501	同　上
证　记	沈长赓	5 000	50 000	4 501	同　上
聚　记	杨粲三	4 000	40 000	3 601	聚兴诚银行
兴　记	黄墨涵	3 000	30 000	2 701	同　上
诚　记	喻元恢	3 000	30 000	2 701	同　上

资料来源：中国第二历史档案馆藏中国建设银公司档案：二八九/411。

从这份原始股东名单中可以看出,中国建设银公司成立初期时的股东绝大部分是当时国内的各家大银行,出任股东的代表人虽然都是各银行的法人代表(董事长或总经理),但却并非完全是其私人投资(或许孔祥熙的裕华银行和徐补荪的银号可算得上是私人投资);表面上看真正以私人名义入股者只有宋子文、李煜瀛、张人杰、谢作楷四人,但是否真的是其个人投资也还存在许多疑问,①而且即使是私人投资,其股份也不过只占总资产的1/10。

下面是根据原始股东名单而编制出的股份分配表,可以更清楚地显示出早期公司各股东银行的股份占有情形。

表2　中国建设银公司原始股份分配表

股东银行或个人	股款(万元)	股东银行或个人	股款(万元)
中国银行	200	中央银行	150
交通银行	150	中国国货银行	80

---

① 宋子文等4人以仁、义、礼、智之名义开户的股份共有10万股、100万元,表面上看是以私人名义登记的,似乎是个人投资,但据交通银行收取股息的回执中却将上述股息记入该行的账户之内(见中国建设银公司档案：二八九/279),因此汇丰银行所谓宋子文以年息3厘的全额贷款认购银公司100万元股票的传闻恐怕就不是空穴来风了(参见前引King一书,第400—401页),这与张嘉璈所讲宋子文占有公司1/10股票的说法亦不谋而合。

股东银行或个人	股款(万元)	股东银行或个人	股款(万元)
山西裕华银行	50	中南银行	25
中国实业银行	25	金城银行	25
宋子文(个人名义)	25	张人杰(个人名义)	25
李煜瀛(个人名义)	25	谢作楷(个人名义)	25
上海商业储蓄银行	20	浙江兴业银行	20
大陆银行	15	中国通商银行	15
中国垦业银行	15	四明银行	15
国华商业银行	15	上海金业交易所	10
华商证券交易所	15	浙江实业银行	10
工商银行	10	江浙商业储蓄银行	10
东莱银行	10	聚兴诚银行	10
同丰永金号	5	合　　计	1 000

由此可以看出,当时股份分配的原则大致是以银行的规模及其与公司发起人的关系而决定的。其实这也很容易理解,中国、中央、交通三行是当时中国国内最大的几家银行,银公司自然竭力邀其入股,以壮声势;中国国货银行和山西裕华银行虽然规模不是很大,但前者是一家由孔祥熙任董事长、宋子文兄弟相继担任董事总经理的官商合办银行,后者则更可以视为孔氏家族的私人钱庄。至于其他股份的分配数目则相差不是很大,也可以说采用的是一种利益均摊的原则。

关于各股东大致是以银行身份参股而并非个人投资的这一事实,还可以找到其他一些资料加以佐证。

1934年6月2日,中国银行总管理处在致各地分行的一封信中说,"中国建设银公司即日成立,本行认定210万元,经总经理口头报告,此款因亟须交付,已嘱信托部先行垫款,再由各方分认",具体分配的方案为:津、鲁、浙、宁四行各20万元,闽、粤二行各10万元,沪行110万元。① 这个数字除了沪行

---

① 中国第二历史档案馆藏中国银行档案:三九七(2)/602。

（包括总行）最后实际入股额为 100 万元外，其他均与上述名单相符。再从交通银行内部股东代表及股额分配情形来看，亦与上表完全一致。[1]

1934 年 6 月 1 日金城银行总经理周作民在致中国建设银公司筹备处的信中也称："敝处经募股额计共国币二十五万元，系分二户，一为金记，股额十五万元，系由（周）作民代表；一为城记，股额十万元，系由（吴）蕴斋代表。"[2]

弄清这个道理十分重要，因此这份原始股东的名单对于我们下文中判断建设银公司早期的性质是非常关键的证据。

三　股东身份的变化

中国建设银公司成立之后股东的身份曾经发生了一些变化，其原因大约有以下几个方面。

1. 因原股东的去世而由银行其他代表继任。比如杨敦甫于 1935 年去世，他的股东及董事身份即由霍宝树继任；1938 年 8 月，徐新六与胡笔江由香港飞往重庆途中遭日机袭击，不幸遇难逝世，他们在银公司中的董事职务亦随即由浙江兴业银行和中南银行同仁继任。

2. 太平洋战争爆发之后，原上海的一些金融界领袖如唐寿民、王子崧、周作民、吴震修等人相继加入汪伪政权。尽管他们当中有些人落水是被迫的，但他们在银公司的股东及董事身份却即刻被取消，改由其他人担任。如原交通银行交记代表人唐寿民的股东身份即为赵棣华所代替，浦心雅则取代了原交丙记的代表王子崧。[3] 上述这几个例子也正进一步证实银公司的大部分股东只是各银行的法人代表、而并非个人出资的这一论断。

3. 一些银行经营不善或宣告破产，其股份亦随之易手。如被称为"小三行"的中国通商、中国实业和四明三银行 1935 年因滥发银行券导致资金亏损，从而不得不接受官股，其手中的股份亦随之转到银公司名下（新的代表人均为银公司的高级职员）；江浙银行于 1936 年被中汇银行兼并，其大部分股份则很

---

[1]　中国第二历史档案馆藏中国建设银公司档案：二八九/410。
[2]　中国人民银行上海市分行金融研究室编：《金城银行史料》，上海：上海人民出版社，1983 年，第 503—504 页。
[3]　中国第二历史档案馆藏交通银行档案：三九八(2)/253。

自然地转移到杜月笙(中汇银行董事长)的手中。

4. 让售股份。比如1937年3月和11月,中央银行即两次将富记名下的股份过入中央信托局名下;①在此前后,央行还将代记、理记、经记项下计5万股的股份转到孔祥熙的名下,分别以敦厚、悦愉、嘉禾三个堂号为代表。

在档案中我又发现了另一份与原始股东不尽一致的股东名单,该名单虽然没有注明时间,但依据股东身份变化的情形分析,可以确定这一名单应形成于抗日战争全面爆发前后这段时间(即1937—1938年)。我将这份名单与银公司最初的股东名单(即表1)相互对照比较,并在此基础上编制出《抗战全面爆发前后公司股份转移表》,从而可以较清楚地看出建设银公司初期股份是如何转移的。

表3 抗战全面爆发前后公司股份转移表

原户名	原代表人	股份	现户名	现代表人	股份
代记	孔庸之	20 000	敦厚堂	敦厚堂	20 000
理记	陈健庵	10 000	悦愉堂	悦愉堂	10 000
经记	叶琢堂	20 000	嘉禾堂	嘉禾堂	20 000
富记	李莲	10 000	中央信托局	刘攻芸	10 000
生记	胡孟嘉	20 000	徐可亭 中国银行	徐可亭 贝祖诒	10 000 10 000
张慰如 华记 证记	张文焕 尹韵笙 沈长赓	5 000 5 000 5 000	中国银行	贝祖诒	15 000
通商银行	傅宗耀	15 000	沈寿宇 陈康齐 徐可亭	沈寿宇 陈康齐 徐可亭	2 500 2 500 10 000
中国实业银行共计10户	刘晦之等10名代表人	25 000	刘景山 尹国镛 袁纯初 霍宝树 李煜瀛	刘景山 尹国镛 袁纯初 霍宝树 李煜瀛	5 000 2 500 2 500 5 000 10 000

① 中国第二历史档案馆藏中央银行档案:三九六(2)/1651。

原户名	原代表人	股份	现户名	现代表人	股　份
四明银行 共计 8 户	孙衡甫等 8 名代表人	15 000	秦颖春 安　记	秦颖春 宋子安	5 000 10 000
江浙 银行	周文瑞 吴启鼎	2 000 5 000	中汇银行 储蓄部	魏晋三	7 000
智　记	谢作楷	25 000	智　记	陈康齐	25 000

由此可知,至抗日战争全面爆发前后,银公司已有 18.2% 即 182 000 的股份发生了转移。

抗日战争期间,建设银公司的股东身份随着各个银行人事的变迁也有所变化,其中一个最明显的变化就是股份的相对集中。从战前公司的年度报告中可以得知,当时拥有公司 1 000 股以上的股东或代表人有 100 多人;但是到了抗日战争胜利前夕,公司的股东名单中就只剩下 50 人(其中杜月笙、吴启鼎 2 人还是重复的)。[①]

此时公司股东的另一个重大变化就是原来国家银行所持有的股份通过贱价出售而变为私人拥有。

前文曾经强调,建设银公司初期的股东成员绝大部分是以银行为单位,并非纯粹个人投资;然而随着股东身份的转变,公司的性质也开始发生变化。

1944 年 1 月 11 日,中国建设银公司副经理潘铭新在致中国银行的一封信中提出,要求中行"援央行之例,将其股票让出一部分给友邦人士及民间,藉收普及之效",其具体的条件是按原票面价的 2.25 倍出售。中国银行经过研究后得出一致意见:让售是可以的,但其价格必须按时价而不能按票面价的 2.25 倍计算,且需追计自 1939 年以来一直未付的股息。[②]

平心而论,中国银行的这一要求一点也不过分。抗日战争全面爆发以来,

---

① 1944 年 3 月 23 日建设银公司副经理潘铭新在致中国银行的一封信中曾附有一份公司的股东名单,该名单虽然没有注明各人所拥有的股份,但却有股东或代表人的姓名。他们是:孔庸之、俞鸿钧、郭锦坤、陈国梁、姬莫川、钟秉锋、席德柄、陈健庵、徐可亭、吴启鼎、席德懋、李骏耀、张似岳、宋子文、宋汉章、贝祖诒、霍宝树、王君韧、钱永铭、赵棣华、吴志时、宋子安、徐继庄、吴昆吾、李仲祺、张嘉璈、李煜瀛、张人杰、张咏霓、贾月森、王宝仑、宋子良、张蔚观、武渭清、陈辉德、赵汉生、戴自牧、孙荫浓、胡彦尊、尚其亮、李馥荪、瞿季刚、王伯元、杜月笙、黄墨涵、齐云青、傅沐波、王子厚。见中国第二历史档案馆藏中国银行档案:三九七/2995。

② 中国第二历史档案馆藏中国银行档案:三九七(2)/197。

由于收入剧减而支出激增,国民政府唯有依靠发行公债和增印钞票来应付财政危机,导致通货膨胀日益加剧。据统计,若以抗日战争全面爆发前的 1937年 6 月为基数(100),那么 1944 年 1 月底货币的实际发行额则为 5 801,而 1943 年 12 月底的物价指数更上升到 22 304。[①] 这也就是说,在中国建设银公司要求中国银行以 2.25 倍的比率让售股份之时,货币的发行量和物价指数则已分别是战前的 58 倍和 223 倍! 另外,按照银公司章程的规定,公司每年至少应付给股东 7 厘股息,但抗日战争全面爆发之后多年不曾发放。因此中国银行要求银公司按时价让售及计算历年未付之股息是完全正当的。

然而仅仅一个月之后,中国银行又改变了主意,同意将该行所拥有的银公司 20 万股(每股 10 元)按票面价格的 2.25 倍出售,得款 450 万元。[②] 虽然中国银行在信中并未提及其态度变化的原因,但从后期股东名单中却可以推测,所谓"让股于民"不过是化公为私的代名词,实际上就是将原银行名下的股份以极低廉的价格转让给个人所有。当然这些"个人"绝非一般平民,而全都是原银行、银公司以及政府中有权势的人物。因此我们可以说,至少从抗日战争中后期开始,中国建设银公司的性质就发生了本质上的变化。[③]

四　公司后期的董事与股东

随着政府有关部门以及各股东银行的人事变迁,加之抗日战争期间股份的所谓"让售",银公司的董事及其股东的身份也相应发生了变化。

抗日战争后期,也就是在所谓让售股票之时,中国建设银公司曾于 1944

---

① 参见《历年法币发行数额表》(1937 年 6 月至 1948 年 7 月),《历史档案》1982 年 1 期,第 66—69 页。

② 见《中国银行致中国建设银公司函》(1944 年 2 月),中国第二历史档案馆藏中国银行档案:三九七/2995。但从后期公司股东名单中发现,中国银行仍保留有 25 000 股,实际上这些股份并不是中国银行所持有的原始股,而是后来从中央银行及华商证券交易所那里转购来的(参见表 3)。

③ 就在中国银行将银公司的股份廉价出售给私人的同时,中国通商、四明、中国实业这三家银行(俗称"小三行")也想仿照其例,将银行内的官股改由私人承受。然而消息泄露,引起舆论的极大不满,国民参政会为此还提出质询,追问现时还股究竟是按投资法币计算,还是按银行现时资产净值计算。参政员除了群起责难之外,还一致要求撤销原案,并彻查承办人。在此情形之下,蒋介石、宋子文只好说:社会上既有误会,三行退回官股之事决定暂时作罢,恢复官商合办原状。"小三行"化公为私的企图最终未能实现。参见中国人民银行上海市分行金融研究室编:《中国第一家银行》,北京:中国社会科学出版社,1982 年,第 51—52 页。两相比较,中国建设银公司为何能将国家银行掌握的股份转移到私人手中实在令人深思,其性质的转变也就一目了然了。

年1月20日在重庆孔祥熙府邸(国府路范庄)召开过一次股东临时会,出席股东34人,共计915 000股,会议通过了公司的修改章程,并对董监事进行了改选。① 1947年5月3日,建设银公司于上海建设大厦公司本部召开了战后第一次股东临时会议,出席会议的有64名股东代表833 000股,与会代表公推孔祥熙为主席。会议除议决垫付战争期间未曾发放之股息及修改若干章程条文外,另一个重大的议题就是对公司的董监事会进行改选。若将这个新的董监事名单与十三年前公司成立时的名单②相比,则可以发现其中的许多变化;但与抗日战争后期的那次改选比较则只是个别人事上的调动。③

表4　后期建设银公司董监事会名单

(1947年5月3日选举通过)

姓　名	字号	籍贯	职务	持有股份	时任其他要职
孔祥熙	庸之	山西太谷	董事长	20 000	中央银行常务理事
宋子良		广东文昌	执行董事	15 000	孚中公司总经理
钱永铭	新之	浙江吴兴	执行董事	1 000	交通银行董事长
张嘉璈	公权	江苏宝山	常务董事	1 000	中央银行总裁
李煜瀛	石曾	河北高阳	常务董事	10 000	中国农工银行董事长
徐继庄	子青	浙江杭州	常务董事	1 000	邮政储金汇业局局长
陈辉德	光甫	江苏镇江	常务董事	10 000	上海商业银行董事长
陈　行	健庵	浙江绍兴	常务董事	1 000	中央银行常务理事
俞鸿钧		广东新会	常务董事	1 000	财政部部长
宋子安		广东文昌	常务董事	20 000	兼建设银公司总经理
徐　堪	可亭	四川三台	常务董事	20 000	国民政府主计长

① 中国第二历史档案馆藏财政部档案:三(2)/3895。
② 中国建设银公司第一届董监事名单为:董事长:孔祥熙;执行董事:宋子文、贝祖诒(淞苏);常务董事:陈行(健庵)、唐寿民、胡笔(笔江)、周作民、徐新六、宋子良、张嘉璈、李铭(馥荪)、叶琢堂(琢堂)、李煜瀛(石曾)、陈光甫、谢祺(作楷);董事:叶薰(扶霄)、徐堪(可亭)、杨敦甫、刘体智、席德懋(建侯)、钱永铭(新之)、张汉城、宋汉章、张寿镛、齐致(云青);监察人:张人杰(静江)、宋子安、张文焕、瞿祖辉(季刚)、徐补荪、王怀忠(伯元)、孙衡甫、傅宗耀(筱庵)、王宝仑;总经理:宋子良(兼)。
③ 此次改选正值宋子文黯然下台之际,因此董事中最大的变化就是宋子文、贝祖诒、霍宝树等受到黄金风潮牵连的几个人不在名单之内,改由徐寄顾、瞿祖辉、胡惠春出任。但贝祖诒又于1948年6月补选为公司的董事。见中国银行档案:三九七(2)/197。

姓　名	字号	籍　贯	职　务	持有股份	时任其他要职
郭锦坤	景琨	广东番禺	常务董事	1 000	前中央银行业务局长
宋鲁	汉章	浙江余姚	常务董事	1 000	中国银行总经理
徐寄顾	陈冕	浙江永嘉	常务董事	10 000	浙江兴业银行董事长
李　铭	馥荪	浙江绍兴	董　事	10 000	浙江实业银行总经理
武渭清		山东	董　事	20 000	山西裕华银行总经理
贾月森		山西	董　事	15 000	川盐银行总经理
吴昆吾		四川铜梁	董　事	1 000	江西省高等法院院长
席德懋	建侯	江苏吴县	董　事	1 000	中央银行理事
齐　致	云青	河北高阳	董　事	10 000	中国农工银行总经理
吴启鼎	芑汀	浙江	董　事	1 000	四明银行总经理
李骏耀		江苏吴县	董　事	1 000	前中央银行发行局长
胡惠春		江苏	董　事	5 000	中南银行总经理
瞿祖辉	季刚	江苏	董　事	5 000	国华银行董事长
张人杰	静江	浙江吴兴	监察人	25 000	前国民政府委员
杜　镛	月笙	江苏浦东	监察人	10 000	中国通商银行董事长
陈国梁	冠杰	河北大兴	监察人	1 000	曾任甘肃省财政厅长
席德柄	彬儒	江苏吴县	监察人	1 000	前中央造币厂厂长
钟　锷	秉锋	广东梅县	监察人	1 000	中央信托局副局长
王宝仑	行是	江苏上海	监察人	1 000	至中银行总经理
王君韧		江苏	监察人	1 000	中国银行总管理处
叶　薰	扶霄	江苏吴县	监察人	5 000	大陆银行总经理
姬奠川		河北定兴	监察人	1 000	西安裕华银行总经理

　　资料来源：中国第二历史档案馆藏财政部档案：三(2)/3895,其中现任职主要参考《民国人物大辞典》《民国职官年表》等工具书。

　　与此同时,建设银公司的股东身份也有所变化。但是原有股东名册以及股东印鉴已于 1948 年 12 月随银公司迁往广州,不知所踪;① 待到 1949 年 5 月

──────────

　　① 《中国建设银公司概况》(1949 年 6 月),中国第二历史档案馆藏中国建设银公司档案：二八九(2)/24。

解放军军事管制委员会接管建设银公司时,也只能根据 1948 年 7 月 15 日的发息单据排列出公司后期的股东名单。虽然这个名单只列有股东的户名而未列其代表人的姓名,因而无法确知所有股东的真实身份(如很多股东只是以某记、某堂开户,不能因此而确定股票的真正持有人),但若与公司原始股东名单相互对照,还是可以看出股东身份变化的轨迹。

从对公司后期股东名单及其各自拥有股份的具体分析中得知,此时公司与创办时最大的一个变化就是私人股份拥有量已占了相当大的比例。罗列所有股东名单可能过于繁冗,因此我将这份名单略加改制,成为下表。

表 5　后期银公司股额分配表

(1948 年 7 月 15 日)

户名(银行或个人)	户数	股份额	户名(银行或个人)	户数	股份额
中国银行	1	25 000	中央信托局	1	18 000
交通银行	1	10 000	上海商业储蓄银行	4	20 000
大陆银行	2	10 000	中南银行	3	25 000
中国农工银行	1	10 000	中国垦业银行	1	15 000
中汇银行	1	7 000	浙江第一(实业)银行	6	10 000
金城银行	2	25 000	东莱银行	4	10 000
浙江兴业银行	2	20 000	同丰永金号	2	5 000
上海金业交易所	5	10 000	国华商业储蓄银行	3	15 000
中国国货银行	1	30 000	聚兴诚银行	3	10 000
以个人姓名登记者	21	130 000	以堂、记名义登记者	42	590 000
合　　计	107	1 000 000			

若将上表与表 1 及表 2 相互比较,我们可以发现其中至少有以下几个明显的变化。

其一,国家银行的股份占有量大幅降低。建设银公司刚刚创立时,中国、中央、交通等几个最大的股东银行占有整个公司一半的股份,但到了后期,通过所谓"让售于民"的方式,这些银行的股份只占 5% 多一些。

其二,商业银行中除了部分银行因经营不善或其他原因将股份转售外,大部分持有公司股份的情形并无太大改变。

其三,个人所持有的股份急剧上升,若将所有以某堂、某记名义登记者加上个人拥有部分,其比例由初期的 10% 猛增到后期的 70% 以上。毫无疑问,这些新增加的股份都是通过特权,以极低廉的价格,从国家银行手中转移到私人名下的。关于这个问题,建设银公司的高级职员在被新政府接管后也承认说:"本公司创立之初,其股份大部分属于当地各国家及商业银行,私人股份甚少。其后时日变迁,原有股份渐多转移,私人股份亦渐次增多。"①

当然,这些"私人"可不是一般的人物,除了财政部、中央、中国银行以及银公司的头面人物外,掌握股份最多的则是孔、宋两大家族。从后期公司股东名单中具体分析,孔氏家族(以祥记、裕记、瑞记及养和堂等名义登记)至少拥有公司股额 266 000 股,而宋氏家族(以广记、安记、新记、伯记等登记)也至少持有 223 000 股,两大家族的股款加起来,几乎占整个公司总额的一半,这就难怪时人都将银公司视为孔、宋的私产了。

五 从股份占有的情形分析银公司的性质

中国建设银公司一直称其为私营的股份有限公司,若按公司成立时均依《银行法》与《公司法》向财政部和实业部注册来说,倒也符合实际;而建设银公司投资经营的几个最大企业如扬子电气、淮南矿路等公司,据政府主管部门发下的营业执照,其"企业性质"栏下均注明为"官商合办"②,因为上述这些企业都含有相当部分的官股(前期的持有者是建设委员会,抗日战争全面爆发后移交给资源委员会),因此这样说也不是没有道理。但是在一般民众眼中,甚至在国民党内部,都将银公司视为不折不扣的"官办商行",或直接称为"官僚资本之企业"③,中华人民共和国成立之后,新政权更理所当然地将其视之为官僚资本企业而加以没收。

---

① 《暂拟中国建设银公司清理计划草案》(1949 年 6 月 14 日),中国第二历史档案馆藏中国建设银公司档案:二八九(2)/24。

② 如扬子电气公司戚墅堰电厂所持有的"经济部电气事业执照"就是如是填写的。原执照见"中央研究院"近代史研究所藏经济部档案:18—25—11,4—1。

③ 譬如 1947 年 4 月 2 日国民党六届中执委常委会第 63 次会议上,黄宇人等 103 人"惩治金钞风潮、彻查官办商行"的提案中,就将孚中公司、中国建设银公司、扬子建业公司视为"官办商行"或"官僚资本之企业机构"。原提案见中国国民党党史委员会藏国民党中央政治会议档案:6.3/89。

上述说法,各有依据。那么中国建设银公司究竟是一个什么性质的公司呢?

关于官僚资本抑或国家资本的争论是近年来中国大陆学术界讨论得十分激烈的一个问题[1],但目前除了为数不是太多的学者仍坚持过去的传统观念外[2],多数学者都不同程度地对其进行了修正。譬如《民国社会经济史》的作者就将过去统称为"官僚资本"的国民党及其政府控制下的企业和机构改称为"国家垄断资本"。照他们看来,这种资本一般来说应具备以下三个方面的条件:首先,这一资本集团是和国家政权结合在一起的,换句话说,它们的资本主要来自政府,并由政府的官员掌管其经营权;其次,这一资本集团对国民经济的某些方面具有垄断性;最后,这一资本集团对广大人民具有压迫性。而他们所称之为"官僚资本"的定义,则和传统说法具有明显的差异,这些区别主要在于:(1)这一资本集团的资本主要不是来自政府,而是某一个或某些官僚的私人投资(至于这些资本的来源则另当别论);(2)这一资本集团的经营权掌握在某个或某些官僚的手中;(3)掌握这一资本集团的官僚利用手中的权力,进行操纵垄断、囤积倒卖等损害国家和人民的利益,以饱私囊。[3] 笔者作为该书的作者之一,自然也同意这一意见。也就是说,判断一个企业或公司的性质至少要有以下几方面的条件,即资本的来源、企业主要经营者的地位和身份、企业所经营的活动是否带有垄断性以及企业与政府之间的关系。因此本文即主要以上述条件为标准,以具体史实为依据,试就银公司的性质作一分析。

首先,从公司的资本来源进行分析。

根据表1,得知建设银公司创立时的资本中绝大部分是来自当时中国最大的10多家银行,但其股东或董监事成员大都只是各银行的法人代表,并非个人的投资;在所有银行中,中央银行为国家资本自然是毫无疑义的,而其他银行则基本都是属于商业银行,即使是中国银行和交通银行,当时也还是以私人

① 关于这场争论,可参阅黄逸平:《民国经济史研究述评》,载曾景忠编:《中华民国史研究述略》,北京:中国社会科学出版社,1992年,第10—11页。
② 持这类传统观念的代表文章主要有黄如桐:《关于官僚资产阶级问题的一些看法》,《近代史研究》1984年第2期;清庆瑞:《国民党官僚资本的形成对中国经济究竟起了什么作用》,《教学与研究》1986年第6期和《坚持对国民党官僚资本的科学认识》,《教学与研究》1989年第6期。
③ 陆仰渊、方庆秋主编:《民国社会经济史》,北京:中国经济出版社,1991年,第774页。

成分为主的商业银行。① 但一年之后,中国的银行界进行了大改组,政府通过增加官股的方式逐渐控制了中国和交通两个最大的银行,同时又以救济金融危机为名,将中国通商、四明和中国实业银行加以兼并,改组而成官商合办银行,这样银公司中的大股东与政府中主管财政的官员就基本上是一帮人,比如董事长孔祥熙既是财政部部长兼中央银行总裁,又是中国国货银行董事长;执行董事宋子文为全国经济委员会常委、中国银行董事长;另一名执行董事贝祖诒则是中国银行外汇部主任兼上海分行总经理;总经理宋子良同时也是中国国货银行总经理;而最能说明问题的则是,中央银行理事会的 8 名常务理事(宋子文、孔祥熙、徐堪、陈行、叶琢堂、张嘉璈、陈光甫、唐寿民)竟全部都是建设银公司的董事会成员,彼此之间已经很难分清哪个是官、哪个是商了,从而他们可以很容易地动用银行中的额外资金来为公司谋取各种利益。② 特别是到了抗日战争期间,公司股东的身份发生变化,原先代表国家银行的资本以极为低廉的价格逐渐转移到个人头上,公司的性质亦必然会随之而改变。

其次,分析一下公司主要经营者的身份和地位。

从中国建设银公司前后几届董监事名单中即可以看出,无论是创办初期还是后期,公司的董监事会人选主要都是由政府职能部门(如财政部、建设委员会等)的长官和各股东银行的负责人组成,而总经理一职则更是一直由宋子良、子安兄弟相继出任,宋子文虽然只担任执行董事,但无论是公司的创办,还是公司经营方针的确定,长期以来都是由他一手策划和操纵的。因此可以这么说,以宋氏兄弟为首的官僚和财阀一直是建设银公司的决策核心。

当初宋子文创办中国建设银公司的目的主要是为国内的企业寻求外资,但公司成立后不久,其宗旨就开始发生变化,逐步成为政府银行与负责国家财政与经济发展计划的相关部门(如财政部、建设委员会以及全国经济委员会等)的中介人。然而抗日战争的突然全面爆发却使得公司无法充分发挥这一

---

① 中国银行和交通银行虽然是近代中国规模最大的银行,亦曾具有代理国库、经理和募集公债、特准发行钞票以及铸造银币等职权,但在银公司成立之时,两行中的官股均占 20%,比重并不算大,因此从严格的意义上来说,还是应属于商业银行的范畴;1935 年 3 月,国民政府发行金融公债,强行加入官股,这才使得中、交二行的官股比重分别上升到 50%和 60%,至于"四行二局"金融统制局面则形成于抗日战争全面爆发之后,那都是建设银公司成立之后的事了。

② 战前财政部要从政府控制的大银行那里借款时,往往就由建设银公司组成银行团筹措款项。如 1937 年 2 月,银公司就贷给财政部 6 000 万元,财政部则以印花、卷烟、酒三税担保。但银公司并没有那么多资金,它主要是从公司的股东银行如中国银行、中央银行和交通银行那里借来的。参见 Coble, *The Shanghai Capitalists and the Nationalist Government*, 1927—1937, p. 220.

作用,以后随着股份的私有化转移,建设银公司越来越成为政府中的某些高级官员利用职权或政治影响、为自己牟取私利的机构。此时建设银公司已完全违背了其吸引外资、发展国内实业的初衷,而变成一个官僚与财阀相互勾结、利用特权、牟取暴利的机构。他们操纵部分企业的生产,控制对外贸易,利用特权,结购外汇,进口各种管制物品,从事市场投机,使得正当的商业和工业企业无法获得发展,同时也使政府中的贪污腐败、效率低下的现象日益严重,助长了官僚主义的发展。[1]

至于建设银公司与政府之间的关系笔者将撰专文分析,限于篇幅,这里无法详述,只能列举若干事例加以说明。比如公司成立后不久就以优惠的价格单独承募政府发行的卷烟、印花税,从中赚取差价;利用特权,几乎包办所有引进外资的项目;以投资参股的方式,用极低的资本,私下从建设委员会手中取得效益良好的国有企业的经营权;抗日战争期间更可无视政府管制外汇的法令,利用职权,将公司大部分资金转换成外币,存往外国银行;抗日战争胜利后,在政府的支持与扶助下,迅速接收了原为日伪强占的企业,并优先获得政府的贷款,使得企业不仅很快复业,且规模还有所扩大;特别引起世人不满的是,建设银公司自抗日战争中后期以来,日益蜕变为政府中某些官员利用特权牟取私利的工具,因而它最终成为舆论抨击的一致目标就毫不奇怪了。[2] 这也说明,任何一个企业或机构,哪怕它最初创办的动机是良好的、其方向是有利

---

[1] 有的著作中指出,中国建设银公司严密操纵着股票的交易,当私营公司从交易所招收资金时,如发现股票低落,往往求助于建设银公司;银公司就利用它的金融优势以及与政府之间的特殊关系购进那些股票,使私营公司的股票回升,一旦等到股票价格提高时,银公司随即就将股票全部抛出。可参见艾萌:《两朝国舅宋子文秘史》,香港:环球内幕秘闻社,出版时间不详,第35页。

[2] 当时的舆论以国民参政员、著名历史学家傅斯年的抨击最为严厉。他先后发表了《这个样子的宋子文非走开不可》(《世纪评论》第1卷第7期,1947年2月15日)、《宋子文的失败》(《世纪评论》第1卷第8期,1947年2月22日)、《论豪门资本必须铲除》(《观察周刊》第2卷第1期,1947年3月1日)。傅斯年在文章中指名道姓地攻击宋子文"官商不分"、"公私不分","自己(包括其一群人)又是当局、又是'人民'";他还称宋子文具有"无限制的、极狂蛮的支配欲",具体表现为通过中国建设银公司经营或收买下戚墅堰电厂、首都电厂、既济水电公司、淮南煤矿、鄱乐煤矿等厂矿,变国营为"宋营",因而提议立法院、国民参政会等彻查孔、宋等"豪门"在国内外企业的内幕,包括营业范围和外汇来源,并征用其财产。参见吴景平:《宋子文评传》,第503—505页。紧接着,黄宇人等103人也在国民党第六届中央执行委员会常务会议第63次会议中提出临时动议,要求追究宋子文、贝祖诒等负责大员的责任,因为他们"不但运用失宜,且抑有勾串商人、操纵图利之嫌",故应"依法提付惩戒"。临时动议还称,一统公司、孚中公司、中国建设银公司、扬子建业公司等"官办商行""皆有利用'特权'、结购巨额外汇,输入大量奢侈品情事,致普通商人难与争衡,外商并因此屡提抗议",而且"此类'官办商行'又大抵为官僚资本主义之企业机构,其间不乏贪官污吏之财产,尽为搜刮民脂民膏之所得",因此要求有关部门"彻查此类'官办商行'之账目",如果发现其有"勾结贪官污吏之确凿事实者",应即封闭其公司、没收其财产,以肃官方,而平民愤"。该动议原文见中国国民党中央党史委员会藏国民党中央执行委员会会议档案:6.3/89。

于国计民生的,然而一旦当决策人将其个人牟取私利的意图置于国家利益之上,甚至依仗特权、损公利私、化公为私,那么最终一定会走向历史的反面。

通过以上的具体分析,我们是否可以得出这样一个结论:中国建设银公司在创办初期既不属于国家资本,亦非简单意义上的私人公司,实际上它是一个介于政府与财阀之间、类似于银行团或称为辛迪加(Syndicate)的投资公司,其目的首先是代表国内银行吸引外资、共同投资国内企业,其次则是为了开辟和发展国内的投资市场。然而,随着公司经营方向的改变,特别是公司股东性质的转变(其中最明显的标志就是公司中原属国家资本的那部分股份变为私人所有),它的性质也随之发生变化,最突出的改变就是公司将国家与私人的利益极为复杂地糅合在一起。因此我们可以说,中国建设银公司初期是国有银行资本与商业银行资本共同投资的一个金融机构,后期则变为商业银行与私人资本(官僚与财阀)共同拥有的投资公司,在某种程度上便成为国家资本与私人资本相结合的一个典型。官僚与财阀的相互渗透实际上就是政治权力与经济活动的结合,亦即权与钱的交换,两者相互利用、互为依存。这种产权不明、公私不分的性质,或许正是中国传统社会所固有的一个特征。

国民政府自介入经济事务之后,既形成了像宋子文、孔祥熙这样亦官亦商的官僚,同时也造就出以张嘉璈、陈光甫、钱新之为代表的亦商亦官的财阀。一旦这些掌握国家财经大权的官僚和控制金融命脉的财阀结合在一起,大量腐败的现象必然会随之发生,他们就可以利用这种产权不明的特点,化公为私,赚了是自己的,赔了是国家的。中外历史上的大量事实都说明,享有种种特权的官僚与财阀资本化国库(或利用国库)中饱私囊,这是封建社会中的王侯(或中国宗法社会里的职业官僚)转型为市场经济中“自由企业家”的必由之路。他们主要是以官方代表的身份去经营和管理企业,并依仗官势和手中的权力来积累自身的财富,过去在英国、法国如此,后来的日本也不乏此例,[①]就是在今天的世界中(特别是在那些发展中国家)不是也都还存在着大量类似的事例吗?

原载《历史研究》1999年第3期

---

① 关于这方面的分析,可参阅马敏:《官商之间——社会剧变中的近代绅商》,天津:天津人民出版社,1995年,第213—217页。

孚中国际与孚中实业公司的创立

一 引　言

抗日战争胜利后,国民政府先后制订和实施相关财政政策来应付这突如其来的巨变,其中在财政金融方面最明显的变化就是由战时的管制外汇改为战后初期的开放黄金和外汇市场,由战时对进出口贸易实施严格的统制变为放弃统购统销政策,撤销贸易委员会及其属下的国营贸易公司,同时对进口商品采取极为放任的态度。当时主持国家财经大政方针的是行政院院长兼最高经济委员会主任委员宋子文,实施这一政策的初衷,是想借开放外汇市场和出售黄金来收回过量发行的货币;大量进口外国的商品,是为了解决物资供应不足、物价不断上涨的局面,希望能在较短的时间内制止自抗日战争中期即爆发并日益严重的通货膨胀。然而事态的发展却与当局的意愿截然相反,开放金融市场导致国库中在战争期间积存的大量外汇和黄金急剧外流,而放任外国商品的自由输入则使得国际收支严重失衡。开放外汇市场的政策实施不久,内战就全面展开,紧接着上海这个中国最大的商业都市又爆发了金融危机,物价飞速上升,而且很快就波及全国。在这种形势之下,国民政府不得不修改政策,一方面严格控制进口商品的输入,对于外汇和黄金又重新加以管制,而主持财政方针的宋子文亦被迫辞职,黯然下台。[①]

战后初期国民政府推行开放外汇市场政策最突出的特点就是进口管制极

---

① 关于这一时期财政与贸易政策的演变,可参阅拙文:《从统制经济到开放市场:论战后初期国民政府对外贸易政策的转变及其原因》,载《"中央研究院"近代史研究所集刊》第 53 辑(台北:"中央研究院"近代史研究所,2006 年 9 月),第 51—102 页。

松、外汇管理极滥以及外汇汇率极低,虽然此时国家业已大幅度提高了外汇的汇率,但进口商品的成本与国内物资不断上涨的价格之间仍然存在很大的差距。由于这种"鼓励输入"和"低汇率"的政策对于经营进口贸易极为有利,众多商人就充分利用两者之间的差价大量进口商品,从中赚取超额利润。据当时报纸记载,由于"国内物价高,对外的汇率低,法币的对内价值与对外价值有极大的差别,进口商结得廉价的外汇输入货物,依国内高昂的市价出售,一转手间利市三倍"。就以进口硫化元染料为例,当时从美国购运一担硫化元到上海,成本约 40 美元,而在上海售出后所得法币,却可依官价结购到外汇 500 美元;若以之再向国外订货,则又可买到 12 担硫化元,这样几经转手,时间不过四五个月,扣除运费、关税、保险等各种费用,竟有数十倍的暴利可赚。① 因此战后初期上海经营进出口业务的商行纷纷注册,不但经营的户数剧增(最盛时竟高达 3 000 多家),而且经营的货物也无限扩大,呈现出一派蓬勃兴盛的畸形繁荣景象。

在这些经营进出口业的公司中,特别引人注目的就是几家具有特殊政治背景的公司,它们的数量虽然很少,但其能量却极大,活动更是异常活跃;从表面上看,它们与其他公司一样,都是按照公司法成立的民营公司,然而其背后却都具有强大的政治势力;它们与国家的政治权力结合在一起,享有种种特权,从进出口贸易中赢得超额利润。正是它们所具有的这种背景,当时社会和舆论形象地将其冠之为"官办商行",在这中间,尤其是以孔祥熙之子孔令侃经营的扬子建业公司和宋子文两个弟弟宋子良、宋子安负责的孚中实业公司及中国建设银公司最具代表性。本文在收集各方档案资料的基础上,以孚中国际和孚中实业公司为个案,对于战后"官办商行"兴起的背景及其创立过程予以深入的研究。

二 孚中国际公司的创立经过

在叙述孚中公司成立的背景之前,首先应介绍一下公司创办人宋子良的

---

① 参见上海社会科学院经济研究所、上海市国际贸易学会学术委员会编著:《上海对外贸易》下册,第 171 页。

简历。

宋子良(1899—1983),广东(今海南省)文昌人,出生于上海,在宋氏兄妹中排行第五,他的三个姐姐和兄长均是中国近代历史上赫赫有名的人物。

宋子良早年也留学美国,回国后在国民政府外交部任秘书、总务司司长,曾参与中国国货银行的创办,并于1932年继任该行总经理;1934年6月,协助其兄宋子文创办中国建设银公司,任公司常务董事(后任执行董事),并被聘任为公司第一任总经理。1936年7月两广事件解决后,中央为加强对广东的控制,特将宋子良调任广东省政府委员兼财政厅厅长。抗日战争全面爆发后,宋子良历任财政部贸易委员会常务委员、西南运输处主任,抗日战争中期,行政院以考察交通专使名义派他前往美国,实际上是负责租借物资的分配。嗣后他便长期在美国工作,1944年任中英美三国战后和平机构会议专门委员,抗日战争胜利后又被中国政府委派为国际复兴建设银行代理理事。除了上述任职外,宋子良还是中央银行理事,并先后出任中国银行、交通银行、中国实业银行、中国农工银行、华安合群保寿公司、华美烟公司、南洋兄弟烟草公司等著名的银行和公司以及大晚报馆、时事新报馆、申报电讯社等新闻出版机构的董事①,由此可以看出他在政商两界的人脉关系极深。抗日战争胜利前夕军事委员会委员长侍从室所进行的一份秘密调查中,对宋子良的表现曾有如下的评价:

> 性格聪明,长于活动,才(?)亦开展,学识中常,对金融、企业尚有研究,在国外甚久,识见广博。历任金融、运输方面要职,无多建树,前任西南运输处总经理,成绩欠佳,至在香港时多做国际金融投机生意,现又往美,对国货银行亦少负责,四联总处兼职,亦未能负实际之责。②

虽然情治中枢对宋子良的总体评价欠佳,而且他也远远没有他的三个姐姐和兄长那么出名,但是宋子良这种亦官亦商的特殊身份,以及他与政界及美

---

① 有关宋子良的简历主要参考徐友春等编:《民国人物大辞典》,第440页;张宪文等主编:《中华民国史大辞典》,第1012页。

② 《中央军政机关司处长以上人员调查》(1945年4月4日调查,4月18日收到),台北"国史馆"藏侍从室个人档案,1352。

国财团之间所具有的密切关系,却为他日后成立孚中公司、专门从事进出口贸易奠定了重要基础。

抗日战争胜利前夕,宋子良一直在美国,他持有外交护照,公开的身份是英美中三国战后和平机构会议三国委员,负责筹办战后复兴经济、恢复生产的计划,而他也充分利用这一有利的条件,四处接触美国著名财团和商家,从而建立了广泛的人脉网络。因此抗日战争刚刚宣布胜利,宋子良便抢滩登陆,迅速在美国筹备成立孚中国际公司,并策划在国内设立实业公司。

1945 年 8 月 18 日,正当日本刚刚宣布无条件投降之际,远在大洋彼岸的宋子良就以中国国货银行总经理的身份亲笔致函交通银行董事长钱新之、总经理赵棣华和金城银行代总经理戴自牧,提出欲以三行共同投资成立公司、独家代理美国厂商、专门经营进口贸易的建议。由于此信详细说明了宋子良创办公司的意图及计划公司未来经营的范围,内容十分重要,所以全文抄录于后。①

　　新之、棣华、自牧三兄公鉴:

　　　　抗战胜利,普天同庆,建国定基,事在人为。遥慕贤劳,曷胜景仰。兹为促进中美合作,以利建设起见,子良等拟组织孚中公司(Fu Chung Corp.),先在美国注册,资本多寡,容再酌定,但至多国货银行可认半数。其营业范围包含经营国际贸易及兴办实业,特别注重交通工具以及附属业务。子良业与美国著名之 Willis - Overland Motors 公司 Toledo Ohio 订立合同,五年为期,订明在中国境内(包括东三省、台湾及香港)独家经销其所有出品,如汽车、货车、军用或农用之奇普车(Jeep)及小型发动机等。查奇普车灵便省油,有口皆碑,最近在 Florida 试验结果,实胜于 Ford Ferguson Tractor。按六十四马力之奇普车,每加仑(仑)汽油可走卅英里,其效能之优,无可出其右者,将来发展希望甚大。初步为其代销,次为由美装运机器赴华设厂,制造一部分零件及装配,如获成功,则合资在华设厂,制造全车,并由其技术协助,在各运输要地广设汽车修理供应处,以尽服务

－－－－－－－－－－

　　① 《宋子良等致钱新之等函》(1945 年 8 月 18 日),中国第二历史档案馆藏交通银行档案:三九八(2)/252。

社会之初旨。闻印度 Tata 公司与 Willis - Overland 亦订同样合作，但条件不及吾方之优。此外尚有其他美厂多家（如全世著名之 Spark Plug 公司、化学医院用品公司等）欲在吾国发展营业，苦无对象为其策划，孚中公司可为效力，裨益建设前途，良非浅鲜。不特此也，一俟国内得设立机构时，即可着手推销国货及农产品于海外市场，藉以补充外汇，平衡国际收支，实利赖焉。窃以为吾方人力财力似宜结合推动，易收鸿效，惟事关交通建设，交、金两行谅必乐予参加。因拟由三行合资组织孚中，不另招外股，尚乞鼎力赞助，加以指导，不胜祈祷。如荷诸兄个人投资，亦所欢迎。专此，并盼电复。

祗颂

公安

弟宋子良、施济元、邓以诚敬启
卅四年八月十八日

　　宋子良深知战后百废待举，急需复兴，而交通运输又是恢复经济的关键，因此他早就对此加以注意。经过两次世界大战，美国业已成为全世界最强大的国家，战后世界各国的复兴必须依靠美国的经济力量；而交通银行和金城银行既是国内久负盛名的银行，又长期致力于投资交通运输事业，声名卓著，若要在国内发展，极有必要将他们联合在一起；更重要的则是，当时交通银行和国货银行都是国家银行，而金城银行则是一家民营银行，这样三家银行合作，既有国家银行投资、又有商业银行入股，既可享有国家资本的势力，又可以民营的面貌出现，在经济上和人事上均无需向国有银行请示报告，其经营活动亦可不受监管，作为总经理的宋子良便可大权独揽，计划实在是高明。因此后来国民党内和舆论界将孚中公司称之为"官办商行"，这个名词也算是非常贴切的了。而这封信则清楚地透露了宋子良等人筹划成立孚中公司的目的、经营方针以及投资方式等重要内容，值得认真分析。

　　钱新之收到宋子良的来函后即委派该行有关部门进行讨论，经过认真研究，设计处对此计划形成的结论是，新公司既能与美国厂家订立合同，独家经销其产品（主要是各种汽车），再由美国装运机器到国内设厂，制造一部分汽车零件，最终的目的是在国内设厂，制造全车，因此该公司"计划缜密，自属稳妥"；而且交通事业原为本行经营的重要范围，投资汽车制造业自当赞助支持。

但同时设计处又提出几点疑问：其一，公司设于美国，投资必须动用外汇，是否应先向政府有关部门呈准；其二，听说政府已与美国有关厂商洽商合作制造汽车的协议，此举是否与政府的主张相冲突；其三，公司日后经售的汽车价格与其他公司相比是贵还是廉。① 钱新之随即将此意见转交金城银行，戴自牧即表示："敝处意见与尊所得签呈结论相同，如何取决，自当随同贵行意旨办理。"②

设计处提出的所谓外汇指标和政府政策这几个疑点对于宋子良来说实在不算是什么问题，将来公司既已垄断了汽车的进口大权，出售的价格就更不用考虑了。得到这一确切的答复后，交通、金城二行便立刻答应了宋子良的提议，同意投资入股成立孚中公司。

按宋子良等人原先的设想，在美国成立的公司集资100万美元，后来经律师建议，认为公司成立之初资本数目不宜过大，这样可以避免缴付过多的资本税，以后如果需要增加资本，可由公司发行债券，以此来逃避对美国法律上规定应担负的所得税。最后决定集资30万美元，其中国货银行占一半，15万美元，交通银行10万美元，金城银行5万美元。至于公司的领导层，宋子良则建议由孔祥熙（中国国货银行董事长）任名誉董事长，钱新之任董事长，宋本人任总经理，副总经理则由施济元（博群）和任以诚出任，并派任以诚速回国内组织中国公司，以开展国内业务。③

10月26日，宋子良由华盛顿发来电报，说明公司已在美国注册就绪，为节省资本税起见，注册资本额为美金60万元，先交半数，国货银行15万，交通10万，金城5万，拟推钱新之、戴自牧、孔祥熙、宋子良、席德懋、施济元、邓以诚、沈鹤年，再加钱新之指定一人为董事，并推孔祥熙为名誉董事长，钱新之为董事长，定于11月1日开始营业；为节省所得税，应即在国内成立同名之公司，请钱、戴二位立即在重庆进行公司注册事宜。电报还详细介绍了在国内成立公司的各项内容：

(1) 公司定名为中国孚中有限公司；

(2) 以经营国际贸易、促进实业生产为宗旨；

(3) 总公司设于上海，并得在国内外各大城市设立分公司；

---

① 《交通银行设计处会呈》（1945年9月7日），中国第二历史档案馆藏交通银行档案：三九八(2)/252。
② 《戴自牧致钱新之函》（1945年9月10日），中国第二历史档案馆藏交通银行档案：三九八(2)/252。
③ 《任以诚致戴自牧函》（1945年10月16日），载中国人民银行上海市分行金融研究室编：《金城银行史料》，第850页。

（4）股本为 1 800 万元国币，其中国货银行认缴 900 万元，交通 600 万元。金城 300 万元，一次缴付；

（5）各行股款仍存原行；

（6）董事名单照美国公司原额外，再由钱、戴二位各指定交通、金城一名董事，国货银行则推张竹屿、庄永龄两名董事，监察三人，由三行各推一名，国货银行推张蔚观；

（7）总经理由董事互选，协理二人至三人。

宋子良在电报中还提及美公司所缺一名董事人选，并说明已收到金城银行汇来的 5 万元美金，询问交行股金何时汇出。为此钱新之在这封电报上亲笔批示："美金十万元即拨交宋子良先生，收孚中公司账。董事赵棣华（兼国外）、李道南，监察人庄叔豪。"①交通银行即于 11 月 6 日致电美国欧文公司（Irving Trust Company），要求在交行存于该公司的账上拨付 10 万元美金给宋子良。据欧文公司函告，款已汇出，并收到孚中公司 1 000 股，每股票面 100 美元，列收交行 A 户保管。②

实际上在宋子良这封电报发出的两天之前（10 月 24 日），孚中公司就已经向美国的达拉威州和纽约州主管官署正式注册，11 月 23 日，孚中公司假纽约市华尔街 1 号公司总部召开成立大会。③ 至此，孚中国际公司（Fu Chung International Corporation）就算正式在美国成立了。

三　创立中国孚中实业公司

根据宋子良的计划，在美国成立孚中国际公司之后，便立即委派沈鹤年回国，联络交通、金城银行高层，筹备在国内登记注册公司事宜。抗日战争虽然已经胜利，但此时尚未还都，所有注册手续必须在当时的陪都重庆进行，总公司也暂时设于重庆。

---

① 《宋子良电及钱新之批文》（1945 年 10 月 26 日），中国第二历史档案馆藏交通银行档案：三九八(2)/252。1946 年 5 月 18 日，交通银行又交孚中国际公司 10 万美元，连同前次，共交 20 万美元。

② 《交通银行秘书处致会计处函》（1946 年 1 月 11 日），中国第二历史档案馆藏交通银行档案：三九八(2)/252。

③ 《宋子良致赵棣华函》（1945 年 12 月 1 日），中国第二历史档案馆藏交通银行档案：三九八(2)/252。

1946 年 1 月 29 日,以孔祥熙等为首,钱新之等人在重庆正式发起成立中国孚中实业有限公司,并遵照公司法向当地政府申请成立。2 月 6 日,重庆市社会局批:"查所赍文件核与公司法施行法第二十三条之规定尚无不合,应准备案,仰于文到一月内依法呈请验资勿延为要。"2 月 11 日,钱新之等代表 16 名股东(其中孔祥熙、宋子良等多位股东并不在重庆)于重庆陕西路中国国货银行召开公司股东会,公推钱新之任主席。接着钱新之报告公司筹备经过,并讨论通过公司章程及选举董事和监察人。① 3 月 8 日,钱新之等人向重庆市社会局呈文,称"遵照公司法股份有限公司之规定,在重庆市地方发起设立中国孚中实业股份有限公司,资本总额定为国币壹仟捌佰万元",所有股份均由各发起人如数认足,要求该局验资,并转呈经济部核准登记,发给执照。② 呈文中并附有公司章程、股东名簿、董监事名单以及营业概算书等文件,其中公司章程中规定公司经营业务范围具体如下:

> 甲、各项钢铁、五金、轮船、汽车、汽车零件及其他交通工具,各项机器、工具及零件,电料及无线电器材,冷藏设备,建筑材料,化学用品及其他原料产品之进口运销;
>
> 乙、猪鬃、桐油、羊毛、生丝、茶叶、牛羊皮及其他原料产品之出口运销;
>
> 丙、代理国内外工商业采购及推销上列各项原料及产品;
>
> 丁、协同国内外金融、工商业,发起及经营各项工业及交通事业;
>
> 戊、开设各种修理及装配工厂,以修理及装配本公司经售之各项机器及交通工具等;
>
> 己、各项技术及工程方面之服务;
>
> 庚、其他有关经营国际贸易、促进实业生产之业务。③

从公司经营的内容来看真可谓包罗万象,进口物资主要以工业原料、机器

---

① 《中国孚中实业股份有限公司股东会决议录》(1945 年 2 月 11 日),"中央研究院"近代史研究所档案馆藏经济部档案:18—23—01—77—31—015。

② 《钱新之等为设立孚中实业公司致重庆市社会局呈》(1946 年 3 月 8 日),"中央研究院"近代史研究所档案馆藏经济部档案:18—23—01—77—31—015。

③ 《中国孚中实业有限股份公司章程》共 30 条,公司业务范围为第三条。章程全文见"中央研究院"近代史研究所档案馆藏经济部档案:18—23—01—77—31—015。

设备、化学物资和交通运输工具为主,而出口物资则都是原贸易委员会所垄断的统购统销易货产品,此外还涉及有关技术、修理以及工程各方面的业务。由此亦可看出孚中公司的野心之大,几乎包揽了国家所有重要的进出口业务。

新成立的中国孚中实业股份有限公司(Fu Chung Corporation〔China〕Ltd)与之前在美国创立的孚中公司均由中国国货、交通和金城三家银行投资,不仅董事和监察人相同,而且各行投资的比例亦完全一致,但两家公司并无上下级的隶属关系,而是一种兄弟公司平行的关系。[①] 为了表示区别,一般将国内的公司称作"孚中实业公司",而将在美国的公司叫"孚中国际公司"。

表1是中国孚中实业公司董监事会的名单,从中即可以清楚地看到公司的背景和"官办商行"的性质。

表1　中国孚中实业公司董事监察人名单

(1946 年 3 月)

姓　　名	公司职务	股　　份	代表银行	社会主要任职	备　　注
孔祥熙	名誉董事长	1 000 (3 100)	国货银行	国货银行董事长、中国银行董事长、原行政院副院长兼财政部部长	
钱新之	董事长	2 000 (3 400)	交通银行	交通银行董事长、中兴煤矿总经理、通济公司常务董事	后任常务董事
宋子良	董事,总经理	2 000 (3 200)	国货银行	国货银行总经理,江南煤矿、大中华火柴公司董事长	后任常务董事
戴自牧	董事	1 000 (1 130)	金城银行	金城银行代总经理、大生化工厂董事长、民生公司董事	后任常务董事
赵棣华	董事	1 000 (1 650)	交通银行	交通银行总经理、中央合作金库常务董事、中本纺织厂董事	后任常务董事
席德懋	董事	1 000 (1 700)	国货银行	中央银行理事、中国银行董事、外汇管理委员会常务委员	

---

① 关于两公司的关系就如交通银行在致美国一家公司的信中所说,是一种"a sister organization"的关系。见《交通银行致 A. F. Holden Company 函(英文)》(1946 年 6 月 7 日),中国第二历史档案馆藏交通银行档案:三九八(2)/252。

续　表

姓　名	公司职务	股　份	代表银行	社会主要任职	备　注
李道南	董事	1 000 （1 650）	交通银行	交通银行上海分行经理	
张竹屿	董事，协理	1 000 （1 800）	国货银行	国货银行协理、中国国货公司董事	后任常务董事
徐国懋	董事	1 000 （1 120）	金城银行	金城银行上海分行经理	
施济元	董事，协理	1 000 （1 650）	交通银行	四行储蓄会经理、沪西电力公司董事、闸北水电公司监察人	
沈鹤年	董事，协理	1 000 （1 700）	国货银行	中国联合运输公司总经理	
庄永龄	董事	1 000 （1 700）	国货银行	中国毛纺织厂董事会秘书、国货银行副总经理	
邓以诚	董事	1 000 （1 730）	国货银行	忠信昌茶栈总经理、大中华火柴厂董事	后退出，由周作民接替
张蔚观	监察人	1 000 （1 700）	国货银行	国货银行经理、中国火柴厂董事	后任常驻监察人
庄叔豪	监察人	1 000 （1 650）	交通银行	交通银行信托部经理	
王文山	监察人	1 000 （1 120）	金城银行	金城银行南京分行经理	

资料来源：《孚中实业公司呈请登记核发公司执照附件》(1946 年 3 月 8 日)，"中央研究院"近代史研究所档案馆藏经济部档案：18—23—01—77—31—015。

从上表可以看出，孚中实业公司的董监事会成员共 16 人，其中 13 人为董事，中国国货银行 7 人，交通银行 4 人，金城银行 2 人，监察人则各行 1 人；公司名誉董事长孔祥熙，董事长钱新之，总经理宋子良，协理邓以诚、施济元、沈鹤年；而公司的股东也就是上述 16 人，除了钱新之和宋子良二人每人各持 2 000 股（每股1 000 元）外，其他 14 人均为 1 000 股，加起来正好是 18 000 000 元。[1] 1946 年 12

----

① 《中国孚中实业股份有限公司董事监察人名单》(1946 年 2 月 11 日通过)，"中央研究院"近代史研究所档案馆藏经济部档案：18—23—01—77—31—015。

月孚中公司决定增资,将资本增加到国币 3 亿元,共分 3 万股,每股股额也上升为 10 000 元;①但股份并不是按比例增加,而孔祥熙、钱新之、宋子良三人的股份差不多就占了 1/3。这就说明孚中公司的资本全部来自中国国货、交通和金城三家银行,所谓的股东及董事都是这三家银行的高层领导。但这里有两点需要特别加以说明:其一,孚中公司的原始股份并不是个人投资,而是银行出资;②其二,孚中实业公司与先前成立的孚中国际公司董事与监察人名单除了个别人之外,几乎完全相同。③

1946 年 4 月,经济部发出设字第 2054 号执照,孚中实业公司即正式成立。然而就在公司刚刚成立之际,宋子良又从美国发来电报,要求把握机会,扩充资本,增加营业规模。电报全文如下:

> 重庆交通银行总管理处。密。钱新之先生、周作民先生鉴:孚中成立有时,经弟等谨慎进行,业务日进,而开支极省,前途颇有把握。外界舆论,因三行关系,对公司极为推重。近欧洲各大商业行家均在美设立机构,资本雄厚,颇获进出口银行及各商业银行之信任,吾国公司无法比拟。现世界银行及国际平准基金瞬将成立,甚可利用大量吸用外资,时机极佳。本公司既由三行合资组织,不妨乘机扩充资本至壹百万元,或仍照原定总额六十万元全数收足,另发公司债券五百万元,或酌量增减,亦可由三行及其他联行承受,专供三行发展国内重要实业、交通之用。至购买船只、机器等项,尤属急需。该项债券资金拟请指派保管委员会负保管及运用之责。如蒙赞同,乞速电覆。再,孚中国际公司与孚中实业公司已加推作老(即周作民。——引者注)为董事,务请作老俯就指导为幸。弟宋子良、施博

---

① 增资后股份的持有情形请参阅表 1"股份"一栏中的括号内数字。《孚中国际公司呈请变更登记附件》(1946 年 12 月 19 日),上海市档案馆藏上海市社会局档案:Q6—1—1795。

② 譬如说,金城银行的股份占孚中公司总资本的 1/6,以后公司增资为 3 亿元时,比例依然如此。因此在金城银行投资统计表中也明显标列:投资中国孚中实业公司 50 000 000 元,孚中国际公司 50 000 美元。见《金城银行史料》,第 837 页。关于公司股份的来源,董事长钱新之也承认,孚中的所有资本"系由交通、金城及中国国货银行投资,并无私人股款,所由(有)董事、监察人,均系代表各银行选出"。详见《钱新之答记者谈话稿》(1947 年 4 月),上海市档案馆藏交通银行上海分行档案:Q55—2—152。

③ 1946 年 6 月 7 日交通银行总管理处在致美国一家公司的信中附有孚中国际公司的董事与监察人名单,两者相对比,孚中国际公司的董事名单中有复兴商业公司前原总经理 P. V. Z. Loch,却没有李道南,其他则完全相同。该信及附件(英文)均见中国第二历史档案馆藏交通银行档案:三九八(2)/252。

群。冬。孚中公司。①

因为密电的译电本在上海,所以该电直至 13 日才被译出。钱新之等人阅后立即予以答复,同意孚中国际公司先收足原定资本总额 60 万美元,仍由三行按原比例增加;关于公司债之事,钱新之认为应待市场能出售时再予发行。②但这增加的资本仍是由各行出资还是私人入股则存在疑问,因为在金城银行1948 年投资各种事业的统计表中,该行对孚中国际公司的投资额为 50 000 美元,而不是增资后的 100 000 美元;但据金城银行总经理周作民 1950 年 2 月 24日向董事会报告时则声称该行投资数额为 100 000 美元。③

孚中国际公司在美国成立后,营业日隆,由于其具有强大的政治与经济背景,更加引起中外人士重视。据宋子良自称,公司成立后"愿加入普通或优先股者甚众,著名厂家要求合资办理国内实业、交通等事业或委托代理者,亦大有人";但根据美国的法例,增收新股或发行公司债,必须事先向当地政府登记。因此宋子良提出,"为便利孚中将来扩充营业及伸缩自如起见,似以预行布置为妥",建议先行在美国公司本部召开股东常会,并拟具议案向国内报告。董事长钱新之经与周作民商议后复电:"股东会提案均同意,请兄全权代表。"④

1946 年 7 月 22 日,孚中国际公司在纽约华尔街的公司总部召开股东会议,虽然出席会议的只有宋子良、席德懋、施济元、邓以诚 4 名股东,但因事先已得到国内董事的同意,因而如期举行。在会上宋子良等提议,公司原定有普通股 6 000 股,每股 100 美金,业已全数募足;如今公司业务发展,需要增加资本至 30 000 股,每股仍为 100 美金。宋子良并提出,增资后的股份改为优先股(20 000 股)和普通股(10 000 股)两部分,优先股股息年息 4 厘,普通股股息则须在优先股应得股息付清后方得支付。会后宋子良将会议记录寄回国内,要求各行去函认可。钱新之在文件上加批曰:"待宋子良君日内到沪再覆。"⑤

---

① 《宋子良等致钱新之、周作民密电抄件》(1946 年 4 月 2 日),上海市档案馆藏交通银行上海分行档案:Q55—2—152;中国第二历史档案馆藏交通银行档案(三九八(2)/252)亦藏有该电的抄件,但有多处电码不明。
② 《钱新之等覆电稿》(1946 年 4 月 13 日),中国第二历史档案馆藏交通银行档案:三九八(2)/252。
③ 参见《金城银行史料》,第 837、850 页。
④ 《宋子文致钱新之、周作民密电》(1946 年 7 月 12 日)及《钱新之覆电稿》(1946 年 7 月 17 日),上海市档案馆藏交通银行上海分行档案:Q55—2—152。
⑤ 《孚中国际公司股东会议记录(摘录)》(1946 年 7 月 22 日)及《钱新之批》(1946 年 8 月 15 日),中国第二历史档案馆藏交通银行档案:三九八(2)/252。

　　孚中公司成立之后即广泛向美国商界洽谈业务,争取得到各大厂家在华的独家代理,但因其刚刚成立,信誉尚未确立,一些美国公司对其仍存有疑虑,因而直接向交通银行来函调查该公司的信誉。为此交通银行不惜笔墨,向外商进行全面介绍。交通银行在信中说,孚中实业公司(Fu Chung Corporation [China] Ltd)是由三家具有悠久历史、信用昭著的银行投资成立,由经济部注册并发给执照的中国商行,公司的董事会成员均为中国金融界和企业界的著名人物。在美国还有一家孚中国际公司(Fu Chung International Corporation),它依美国的法律而设立,位于纽约华尔街1号。两家公司为姐妹公司,投资者和管理者完全相同,其业务也都是经营中美间的进出口贸易,公司职员中包括机械、电子、汽车、电气工程等各个领域的技术专家。孚中公司的对外关系及网络非常宽泛,公司与中央和地方政府的官员具有密切的联系,公司的负责人战时都曾在政府中握有实权,而公司的管理者亦都多为政府官员。虽然公司刚刚成立,但已在南京设立分公司,而且据我们所知,公司即将计划在香港、天津、汉口和台湾设立分公司。交通银行的最后结论是:"鉴于该公司拥有如此雄厚的财政背景、董事会成员显赫的地位以及行政管理人员极具进取心的素质,我们认为该公司是今日中国最具实力、前景可观的一家公司。"[1]随同此信,交通银行还附上孚中公司董监事会成员的名单及其个人简历,借以证明其说并非虚构。尽管交通银行的这封信带有某种自荐之意(因为交行本身就是孚中公司的大股东),但应该承认,信中所说的大都为实情,同时它也从一个侧面描绘出孚中公司与政府之间那种"剪不断、理还乱"的复杂关系。

　　表面上看,孚中国际公司和孚中实业公司是两个相互独立的姐妹公司,但实际上不论是公司的股东或是董事会成员完全相同,而且股份的分配比例也完全一致,更重要的是,两家公司经营的业务也是相互配合、不分彼此的。譬如孚中实业公司在回顾公司经营业务时即称:"敝公司自本年一月起开始营业,经购美国惠律司厂各种车辆以来,迄至四月底止,自美国该厂共装出万能吉普车共计五十九辆,行将陆续抵沪销售"[2],但是1946年1月孚中实业公司尚未成立,因此实际上这批汽车是刚在美国成立的孚中国际公司经手的。

---

　　① 《交通银行总管理处致美国 A. F. Holden Company 函(英文)》(1946 年 6 月 7 日),中国第二历史档案馆藏交通银行档案:三九八(2)/252。
　　② 《孚中实业公司致上海市公用用局函》(1946 年 5 月 1 日),上海市档案馆藏上海市公用局档案:Q5—5—116。

当孚中实业公司刚刚酝酿成立之时,钱新之即致电中国驻纽约总领事馆,称
"本公司系国内交通、金城、中国国货三银行共同投资所组设,专以发展国际
贸易及促进实业生产为主旨,业经依法呈请本国政府注册。嗣后关于本公
司在国外接洽业务、签订契约等事,授 Fu Chung International Corporation
New York 全权办理"。纽约总领事馆接信后自然不敢怠慢,当即回函,应允
"准予备案"。①

四 孚中实业公司的发展与盈利

1946 年 5 月 5 日,国民政府还都南京,全国的政治、经济、文化中心随之东
移,战时随政府西迁的金融、贸易、企业和公司亦都纷纷回到上海,国货、交通
和金城银行也相继迁移,三行投资成立的孚中实业公司当然也不例外。

9 月 28 日,公司董事会于上海市九江路 45 号花旗大楼三楼召开临时股东
大会,讨论并通过以下事项:

(1) 总公司由重庆迁至上海;

(2) 增加资本总额至国币 3 亿元,所增加之资本由公司各股东增认;

(3) 同意原董事邓以诚辞职,并公推金城银行总经理周作民为公司董事;

(4) 增设常务董事和常驻监察人,常务董事为钱新之、宋子良、戴自牧、赵
棣华、张竹屿,常驻监察人张蔚观。②

11 月 15 日,公司再次召开临时股东会,讨论通过了新修改的公司章程,公
司监察人并报告,各股东应缴新股款业已如数收足,所缴股款均为现金,并无
金钱以外之财产抵作股款。③

其后公司即正式具文上海市社会局,声称公司"业务重心移至上海,经股
东会议决,将总公司迁移上海市,并以原有资本不敷运用,增加资本国币贰万
捌仟贰佰万元,共为资本总额国币叁万万元,现已齐数收足,并经召开新旧股

---

① 《驻纽约总领事馆致钱新之函》(1946 年 2 月 5 日),上海市档案馆藏交通银行上海分行档案:
Q55—2—152。

② 《中国孚中实业股份有限公司临时股东会会议纪录》(1946 年 9 月 28 日),"中央研究院"近代
史研究所档案馆藏经济部档案:18—23—01—77—31—015。

③ 《中国孚中实业股份有限公司临时股东会会议纪录》(1946 年 11 月 15 日),"中央研究院"近代
史研究所档案馆藏经济部档案:18—23—01—77—31—015。

东大会修改章程,改选董事监察人"①,呈请该局依照公司法转呈经济部予以变更登记,换发新照。不久经济部即予以批准,并核发新字第 1805 号执照。②

在总公司迁移上海之前,孚中实业公司董事长钱新之即于 5 月 23 日向南京市社会局申请在南京设立分公司,并选定南京市新街口中国国货银行南京分行为分公司的办事处;8 月 8 日,经济部批复:"该公司在南京设立分公司,所请登记,经核尚合,应予照准,兹填发设字第五七二号执照一张,仰转具领。"③

1947 年 9 月,宋子文在辞去行政院院长职务的半年之后,被任命为广东省主席,随后又兼任广州行辕主任、广东军管区主任,成为华南地区地位最高的行政长官。1948 年 3 月 4 日,孚中实业公司董事长钱新之又具文呈报经济部,要求在广州设立分公司,"俾于社会经济复兴略贡绵薄",并拟聘请夏曰校任广州分公司经理,分公司地址设于广州市十八甫富善西街 12 号。经济部于 4 月 20 日予以核准,并发给设字第 1421 号执照。④

有关孚中公司具体的经营活动,特别是公司如何利用政治特权套购外汇、申请额度、进口汽车、电器等高档消费品,从中牟取高额利润的情形,笔者将另行撰文论述,此处只根据公司的营业报告予以简单的介绍。

根据孚中公司 1946 年前 8 个月的营业报告,此期间公司主要业务就是进口美国韦立斯厂生产的万能吉普车,其中第一批 232 辆陆续到货,并已全数售出,用户至为踊跃,另有 74 辆旅行车亦望近期内装配发售。公司 1—8 月的营业总额为法币 1 266 165 301.50 元,扣除运费、红利各种税收,营业净额为994 157 282.84 元,再减去汽车成本,毛利为 439 495 498.34 元,最后扣掉其他管理费用,本期纯益为 276 421 299.04 元。⑤

按照宋子良的设想以及公司登记注册时的申请,孚中实业公司主要经营的是进口美国产品的业务,其中最为重要的是代理美国重要公司向中国进口

① 《孚中实业公司呈文》(1946 年 12 月 19 日),"中央研究院"近代史研究所档案馆藏经济部档案:18—23—01—77—31—015。
② 《经济部发放孚中公司执照》(1947 年 3 月 26 日),中国第二历史档案馆藏经济部系统档案:二九九/957。
③ 《经济部指令稿》(1946 年 8 月 8 日),"中央研究院"近代史研究所档案馆藏经济部档案:18—23—01—77—31—015。
④ 《孚中实业公司呈文》(1948 年 3 月 4 日)及《经济部指令稿》(1948 年 4 月 20 日),"中央研究院"近代史研究所档案馆藏经济部档案:18—23—01—77—31—015。
⑤ 《孚中公司三十五年八月底营业概况》,上海市档案馆藏交通银行上海分行档案:Q55—2—152。

汽车和其他大型电气设备。在公司成立后的第一个财政年度报告中,总经理宋子良报告一年来的经营业即主要是这两项,然而局势的变化似乎与预期的设想差距颇大。

(1) 公司成立后首先与美国的卫律斯厂签订合约,独家代理该厂在华进口汽车的业务,1946 年全年共向该厂订购吉普车 700 余辆、旅行车数百辆,均领到进口许可证,全数进口。而进口汽车"均照成本加应得利润,售于各政府机关、工业团体及预定用户,其售价远较市价为廉"。

(2) 公司原与美国西屋公司订约进口其产品,但因该公司受工潮及原材料缺乏之影响,无货支配,因此本年度公司并未进口该公司产品;只是代中央航空公司向该公司进口一批无线电设备。

(3) 本年度出口桐油三批共 250 吨,但至今尚未售出。①

根据公司成立前所拟定的业务概算,孚中实业公司预计每年进口运销收入为法币 19 500 000 元,出口运销收入为 8 400 000 元,代理推销佣金收入 3 000 000 元,投资收益 1 000 000 元,修理工厂修理费收入 1 500 000 元,技术及工程服务费收入 800 000 元,合计营业收入法币 34 200 000 元;每年营业支出 28 300 000 元(其中职工的薪金、工资和膳费所占的比例最大,为 12 000 000 元,而进货成本只有 8 000 000 元),收支相抵,每年盈余约计 5 900 000 元。② 然而公司成立后实际收益情形则大不一样。据孚中公司成立后的第一个损益计算书(1946 年 1 月 1 日至 12 月 31 日),公司全年销售收入为 179 589 375.00 元,减去退货部分(2 194 250.00 元)和销售成本(56 581 974.25 元),销货毛利为 120 813 150.75 元;再加上佣金收入(829 770 983.03 元)和其他收入(448 559 988.18 元),合计营业收入为 1 399 144 121.96 元;再扣除营业费、管理费和其他费用,本期纯益为 36 748 388.88 元。③ 而根据前文所提到的公司营业概况,1—8 月底公司的纯益为 276 421 299.04 元,照理说到年底应该增加才是,但不知道是什么原因,孚中公司全年的纯益收入竟只有前 8 个月的 13.3%。

1946 年 3 月政府决定实施开放外汇市场、鼓励进口贸易政策的结局不但

① 《宋子良报告三十五年度公司营业概况》(1947 年 3 月 20 日),中国第二历史档案馆藏交通银行档案:三九八(2)/252。
② 《中国孚中实业股份有限公司营业概算书》(1946 年 2 月 11 日通过),"中央研究院"近代史研究所档案馆藏经济部档案:18—23—01—77—31—015。
③ 《孚中实业公司损益计算书》(1946 年 12 月 31 日),中国第二历史档案馆藏交通银行档案:三九八(2)/252。

没有解决日益严重的通货膨胀,反而导致大量外汇流出,整个国家的国民经济陷入空前危机。面对这样的困境,同年 11 月,国民政府不得不放弃贸易开放政策,对于进口贸易以及出售外汇重新加以管制。然而孚中公司却能利用政治权势,套购外汇,申请进口额度,从而赚取了大量超额利润。

宋子良在总结 1947 年度公司赢利的原因时声称,"本公司虽属初创,然所经理之厂商均属世界闻名美国最大之制造家,且本公司办事迅速有律,推销有力,颇有发展之可能";他认为就是因为这一原因,引起原来独占中国市场的外商之嫉妒,以致"故捏造谣言,煽动社会,以乱视听,达打倒本公司之目的"。由于政府实施进出口贸易限额,并对外汇加以管制,许多商人没有办法,只能以自备外汇向美国进口货物运到上海,原以为政府会放宽进口管制,没想到进口管制更加严格,以致蒙受重大损失。但孚中公司却"得将已经客户定货及本公司自定之货逐一渐渐解决,幸无损失"。其他公司血本无归,孚中公司却完好无损,按宋子良的解释是因为"本公司绝不违令冒险,故未受分文损失"。[①] 此中奥妙,令人回味。

表 2　孚中实业公司 1947 年度损益计算书

(1947 年 1 月 1 日至 12 月 31 日)

摘　　要	金　　额	金　　额
销货收入		2 189 185 766.00
减除成本		769 800 327.51
毛利滚存		1 419 385 438.49
减除销货费用		250 786 265.00
盈余滚存		1 168 599 173.49
减除管理费用		4 982 057 480.27
营业亏损		3 813 458 306.78
增加其他费用		3 931 175 794.51
		7 744 634 101.20

---

① 《宋子良报告三十六年度公司营业概况》(1948 年 3 月 20 日),中国第二历史档案馆藏交通银行档案:三九八(2)/252。

续　表

摘　　要	金　　额	金　　额
减除其他收益		
其他收益	1 674 578 489.59	
兑换盈余	5 537 074 176.68	
什项损益	843 066 356.61	8 054 719 022.88
本期纯益		310 084 921.59

资料来源:《孚中实业公司第二届第三次董监联席会议纪录》(1948 年 3 月 20 日),中国第二历史档案馆藏交通银行档案:三九八(2)/252。

　　从这份损益计算书可以得知,尽管公司本年度销售方面亏损高达 77 亿余元,但年终结算,公司仍有纯益 3.1 亿元,这是因为公司另有 80 余亿元的其他收益(其中兑换盈余就高达 55 亿余元)。这也就是说虽然公司账面上是亏损了,但通过外汇汇兑之间的差价,公司仍有高额利润可赚。

　　根据公司章程,公司应将每年盈余先提取 10% 充当公积金,余款之中的 70% 作为股东的红利,因此 1946 和 1947 年度股东的红利应分别为法币 23 121 000 元和 195 300 000 元。然而这两笔红利孚中公司却迟迟未予发放,一直拖欠到 1948 年 12 月 20 日才将支票寄出,此时早已进行币制改革,按法币 3 000 000 元兑换 1 元金圆券的比率,上述红利只能折合成金圆券 7.71 元和 65.10 元。而交通银行拥有 1/3 的股份,因此两年的红利仅值金圆券 24.27 元,[1]交通银行收到的这张支票简直就是一张废纸! 但是作为股东代表的个人来说情况就不一样了,譬如钱新之拥有孚中国际公司 2 000 股,一次就收到股息 8 000 美元;[2]后又收到孚中实业公司寄来的"伕马费"法币 24 000 000 元(赵棣华的股份为 1 000 股,所以"伕马费"亦减半,为 12 000 000 元)。[3] 因此交通银行作为真正的投资人,可以说没有任何收益,而作为投资方的代表个人,却可以享受到公司的盈利。

――――――――――

　　① 《孚中实业公司致交通银行总管理处函》(1948 年 12 月 20 日),中国第二历史档案馆藏交通银行档案:三九八(2)/252。
　　② 《施济元致钱新之函》(1947 年 9 月 4 日),中国第二历史档案馆藏交通银行档案:三九八(2)/252。
　　③ 《孚中实业公司致钱新之、赵棣华函》(1948 年 2 月 2 日),中国第二历史档案馆藏交通银行档案:三九八(2)/252。

五　孚中公司的结业

正是由于孚中公司、扬子建业公司这些所谓"官办商行"利用政治特权,在经营进出口贸易牟取暴利,不仅受到同业间的不满,更成为社会舆论口诛笔伐的目标。特别是著名的历史学家、国民参政会参政员傅斯年的抨击最为严厉。他先后发表了《这个样子的宋子文非走开不可》(《世纪评论》第 1 卷第 7 期,1947 年 2 月 15 日)、《宋子文的失败》(《世纪评论》第 1 卷第 8 期,1947 年月 22日)、《论豪门资本必须铲除》(《观察》周刊第 2 卷第 1 期,1947 年 3 月 1 日)等一系列文章,指名道姓地攻击宋子文官商不分、"公私不分","自己(包括其一群人)又是当局,又是'人民'",变国营为"宋营",因而提议立法院、国民参政会彻查孔、宋等"豪门"在国内外企业经营的内幕,包括营业范围和外汇来源,并征用孔、宋家族的财产。[①]

"官办商行"利用特权申请配额、进口物资、套取外汇的行径不仅引起经营进出口业务的上海商人强烈不满,外商对此更是愤愤不平。1947 年 3 月 13日,具有美资背景的上海《大美晚报》刊登了一条合众社记者龙特尔的报道,称目前中国的国营商行"购有价值数十万万元之进口货,绝不受结汇限额及进口条例等限制,本市环球贸易公司、中央信托局及中国供应局现大量进口奢侈品,如汽车、无线电、电机、冰箱及其他政府严禁进口之货物。此次奢侈品大部分为政府有关之商行所定购,供应私人买户,且传获利以饱私囊";而"中美商人对于宋子良所主持之孚中公司、宋子安之中国建设银公司、孔令侃之扬子建业公司利用特权经营商业尤多指摘"。[②]

紧接着,在 4 月 2 日召开的国民党第六届中央执行委员会常务会议第 63次会议上,以黄宇人为首的 103 名中央委员联名提出"拟请惩治'金钞风潮'负责大员及彻查'官办商行'账目、没收贪官污吏之财产,以肃官方,而平民愤"的临时动议,动议要求追究宋子文、贝祖诒等负责大员的责任,不能仅以辞职、免

---

① 参见吴景平:《宋子文评传》,第 503—505 页。
② 《蒋介石致俞鸿钧代电 侍宙字第 60483 号》(1947 年 3 月 19 日),中国第二历史档案馆藏财政部档案:三(2)/599。

职了事,因为这些大员"不但运用失宜,且抑有勾串商人、操纵图利之嫌",因此应"依法提付惩戒",并"从速查明议处,以肃党纪,而彰国法"。临时动议还声称,一统公司、孚中公司、中国建设银公司、扬子建业公司等"官办商行","皆有利用'特权'、结购巨额外汇、输入大量奢侈品情事,致普通商人难与争衡,外商并因此屡提抗议",而且"此类'官办商行'又大抵为官僚资本之企业机构,其间不乏贪官污吏之财产,尽为搜刮民脂民膏之所得",因而要求有关部门"彻查此类'官办商行'之账目",一旦发现有"勾结贪官污吏之确凿真实者,应即封闭其公司、没收其财产,以肃官方,而平民愤"。①

1947年7月29日,国民党中央机关报《中央日报》突然公布了财政、经济二部对孚中、扬子等公司套购外汇的调查报告,一时间舆论大哗,矛头直指豪门资本。尽管事后《中央日报》又刊登更正启事,称原报告漏列了小数点,而且事实亦确实如此,但这件事的本身却显示出整个国家的各个阶层对于豪门资本利用特权的愤怒心情,同时它也在某种程度上遏制了"官办商行"以权谋私的行径。

与此同时,国内外的环境也发生了重大变化。由于"黄金风潮"的爆发,导致宋子文被迫辞去了行政院院长和最高经济委员会主任的职务,从政坛的最高峰跌落下来,孚中公司也因此失去了最有力的后台;而内战重启之后,国军又节节败退,美国对蒋介石政权已失去信心;而此时最大的危机还是来自经济,政府为挽救危局,拼死一搏,实施金圆券改革,并强行抑制物价,蒋经国上海打虎,结果揪出了"扬子公司囤积案",豪门资本更加陷于人人喊打的一片汪洋之中。

早在1947年4月国内"倒孔倒宋"的高潮中,远在美国的公司总经理宋子良就已经意识到,"孚中公司虽因迩来国内经济情形较差。沪市业务不及往昔,但此间成绩则甚佳,差堪告慰"②。当《中央日报》刊登孚中、扬子公司套购外汇的新闻之后,宋子良一方面下令属下立即通知上海各报社连日刊登启事,对此事力予澄清,同时他也致函钱新之,说他在美国也看到相关报道,只是"阅读之下,不胜惊异,窃念此等毁谤之来虽属另有作用,别具深心,然弟等处理不

① 《黄宇人等103人临时动议》(1947年4月2日),中国国民党党史馆藏中国国民党中央执行委员会议档案:6.3/89。
② 《宋子良致钱新之函》(1947年4月8日),上海市档案馆藏交通银行上海分行档案:Q55—2—152。

善,德不足以感人,亦难辞其咎"①。在这种内外交困的形势之下,孚中公司实在已无法在国内继续经营;为了保存资产,公司高层遂决定结束营业。

1948 年 12 月 15 日下午,孚中实业公司于上海国际饭店召开股东大会,由董事长钱新之任主席,在代总经理施济元报告公司营业概况之后进行讨论,当讨论公司清算结束案时达成决议:"本公司营业清淡,各股东无意继续经营,决定本年十二月底止结束";"本公司清算完竣后如有盈余,应按股份派由各股东接收,至各股东投资之资本,则如数发还",同时还委托会计师查核账目,代向工商部申请解散。② 经立信会计师事务所审核,代呈工商部,声称公司"为保存原有资本避免亏损起见,决予停业解散"③。就这样,战后显赫一时的"官办商行"孚中公司便结束了国内的经营活动,资本悉数逃逸,而原本是由三家银行投资的股份亦被这些股东据为己有而远走高飞了。④

本文只是对孚中公司创立的背景及其经过加以详细的介绍,而公司如何利用其与政府间所存在的那种特殊关系,在从事进口贸易的业务中牟取暴利的行径,则是笔者目前正在深入研究的另一个重要课题。

原载《中国经济史研究》2009 年第 4 期

---

① 《宋子良致钱新之函》(1947 年 8 月 1 日),上海市档案馆藏交通银行上海分行档案:Q55—2—152。

② 《孚中国际公司临时股东会会议录》(1948 年 12 月 15 日),中国第二历史档案馆藏经济部档案:四/37051;又见上海市档案馆藏上海市社会局档案:Q6—1—4766。

③ 《立信会计师事务所代呈工商部文》(1949 年 4 月 2 日),中国第二历史档案馆藏经济部档案:四/37051;又见上海市档案馆藏上海市社会局档案:Q6—1—4766。

④ 交通银行总行、中国第二历史档案馆合编:《交通银行史料》第 1 卷(1907—1949)下册,北京:中国金融出版社,1995 年,第 1581 页。

扬子电气公司的接收与复业

一　前　言

扬子电气股份有限公司(Yangtse Power Company, Ltd)是战前建设委员会委托中国建设银公司以招收商股的名义而成立的一家官商合办的有限公司。公司总管理处设于上海,下属首都电厂和戚墅堰电厂,主要负责首都南京及附近地区以及京沪铁路沿线丹阳、武进、无锡一带的民用与工农业用电,地位之重要自不待言。

首都电厂是一个官办企业,原名金陵电灯官厂,创立于清宣统元年(1909),民国成立后易名为江苏省立南京电灯厂,1927年国民政府在南京定都,随即接收该厂,但其设备陈旧,供电不足,实不能与首都之地位相符合。故1928年2月国民党中央政治委员会决定将该厂改隶建设委员会,并正式命名为"建设委员会首都电厂"。戚墅堰电厂与首都电厂略有不同,它的前身是由两个私营电厂(即无锡的耀明电灯公司和位于戚墅堰的震华电机制造厂)合并而成的永兴电气公司,由于合并后两厂因营业区域问题屡起争端,矛盾不断激化,甚至酿成停电事件,引致无锡、常州各大厂家及用户的极大不满,要求政府将该厂改为国营,为此国民政府遂于1928年10月下令收归国有,改由建设委员会接办,同时易名为"建设委员会戚墅堰电厂"。首厂和戚厂自改隶建设委员会领导之后,设备不断更新,经营范围也日益扩大,成为建设委员会属下的骨干企业。[①]

---

① 关于首都电厂和戚墅堰电厂战前的经营状况,可参阅王树槐:《首都电厂的成长,1928—1937》,载《"中央研究院"近代史研究所集刊》第20期(台北:"中央研究院"近代史研究所,1991年);《江苏武进戚墅堰电厂的经营,1928—1937》,载《"中央研究院"近代史研究所集刊》第21期(台北:"中央研究院"近代史研究所,1992年)。

正当首厂与戚厂发展蒸蒸日上之际，1937年初，建设委员会突然以发展实业需要巨额资金、国家一时难以筹措为由，提议"为发展建设委员会主办之电矿事业，拟具招收商股办法，以提高社会投资"。4月9日，建设委员会拟出具体办法，将首都电厂、戚墅堰电厂合并，组织扬子电气有限公司，资本定为1 000万元，除建设委员会保留200万元之外，其余均招收商股，并委托中国建设银公司承办。此项办法获国民党中央政治委员会议决照准，并奉国民政府指令遵照暨由行政院通令各关系部会查照办理。5月14日，扬子电气公司在上海召开发起人会议，同时向外宣称资本业已募足。7月1日，公司正式宣告成立。

然而扬子电气公司成立还不到一个星期，卢沟桥的上空便响起了日本帝国主义全面侵华的炮声。随着常州、南京的陷落，戚墅堰、首都二厂亦相继沦陷于敌人手中，因此扬子电气公司真正开始经营是在抗日战争胜利之后才得以进行的。本文即主要参阅庋藏于海峡两岸的原始档案资料，试图对扬子电气公司战后初期（1945—1947）接收及复业的经过作一详细考察，并希望从中总结出一些值得深思的经验与教训。

二　战争损失与战后接收

中国建设银公司是1934年由刚刚下台的财政部部长宋子文联络国内最大的十几家银行创立的投资公司，公司的股东和董监事不是政府中主管财政经济大权的高官，就是金融实业界的巨擘。公司成立后，凭借其与政府间的那种特殊关系，在引进外资、投资国内企业诸方面取得了令人瞠目的成绩。然而抗日战争的突然全面爆发不但使银公司酝酿已久的发展计划胎死腹中，那些已投资兴建的项目更是遭到严重破坏，而损失最严重的当数银公司于抗日战争前夕投资入股、参与经营的三大企业——扬子电气、淮南矿路和汉口既济水电公司。据统计，上述三大公司暨所属企业的资产共计为52 565 845.68元，除去折旧、呆账及内迁的设备外，尚有价值40 583 891.68元的财产陷入敌人手中。[1]

---

① 《中国建设银公司战时业务概况报告书》(1943年12月30日)，扬子电气公司档案：四〇一/121。本文所引用之档案除另行注明者外，均藏自中国第二历史档案馆，下略。

以扬子电气公司为例,建设银公司刚刚接管建设委员会属下的首都、戚墅堰两电厂时雄心勃勃,计划在苏州附近兴建第三座电厂,于首都电厂下关发电所添置整套 20 000 千瓦的发电机,期望于 1939 年将南京市的发电总容量由当时的 30 000 千瓦增加到 50 000 千瓦。然而正在力图拓展之时,日本帝国主义悍然发动了全面侵华战争。抗日战争全面爆发后,随着南京、常州的沦陷,扬子电气公司属下首都、戚墅堰这两个电厂也相继落入日本人手中,后成为日本华中振兴株式会社属下的企业,其中首都电厂与南京自来水厂合并,变为华中水电公司南京支店,戚厂则改称为常州营业所。① 不要说上述计划根本就不可能实现,就是原有的设备也遭到严重的破坏,待到抗日战争胜利后接收时该厂供电能力不足 10 000 千瓦,实际供电量仅有 7 000 千瓦,经各种方法加以抢救,最高也只能恢复原发电量的六成,加上汽锅上之损坏而增加耗汽,安全供电量只能达到 15 000 千瓦,仅及战前的一半。② 更加令人发指的是,首都电厂有 45 名职工于南京沦陷时遭到日军灭绝人性的集体大屠杀!③

抗日战争全面爆发后,银公司及其所属企业遵照政府指示,尽量将设备及材料迁往大后方,其中扬子电气公司有一部分原存于上海的材料运至香港暂为储藏,准备日后再运到后方,结果太平洋战争爆发后香港很快沦陷,这批未及时运出的材料均为敌人所劫掠;撤到内地的器材有部分运到湖南,于第一次长沙会战时亦略受损失;至于运达重庆的整套 6 000 千瓦发电机、小火轮一艘、百余具变压器以及其他五金电气材料,因公司在大后方并无电气专营权,不能自行设厂,发电机及小火轮遂为资源委员会接收,装置于宜宾电厂,材料被兵工署收购。④ 其他材料和设备运到重庆后则拨交兵工署及资源委员会属下的各个工厂。⑤

1945 年 8 月 15 日,日本宣布无条件投降,中国军民经过八年浴血奋战,终

---

① 华中振兴株式会社成立于 1938 年 11 月 7 日,总部设在上海,资本 1 亿日元。根据《华中振兴株式会社法》及日本内阁总理大臣命令书,会社受日本政府监督、操纵,同时也享有种种特权,实际上是为其侵略政策服务的"国策会社"。该会社下设 16 家直属公司,包括交通、通讯、公共事业、矿产、房地产等行业,抗日战争全面爆发后,扬子电气、淮南矿路两公司都相继被其掠夺。有关该会社的情形,可参阅《华中振兴株式会社概况》,载上海档案馆主编:《档案与史学》1998 年第 5 期,第 14—23 页。
② 陆法曾:《首都电厂现状略述》(1946 年 11 月),扬子电气公司档案:四○一/37。
③ 《首都电厂员工殉难蒙难纪略》记载了大屠杀的经过并附有被害者的详细名单,见扬子电气公司档案:四○一/313。
④ 《中国建设银公司战时业务概况报告书》(1943 年 12 月 30 日),扬子电气公司档案:四○一/121。
⑤ "中央研究院"近代史研究所档案馆藏经济部档案:18—25—15,1—2。

于取得了抗日战争的胜利。

日本战败投降后，根据国际惯例，国民政府首先宣布将日本在中国设立的所有"公私事业及一切权益，一律接收，由中国政府管理或经营"①；经济部也同时制定"收复区工矿事业接收整理办法"共 11 条，派员随部队前往各沦陷地区接收工矿事业，"迅速查明接收之资产及原来之状况，开具目录及说明呈部，并由部拟具处理方案（包括移交、接管、国营、民营各类办法）"。② 然而各沦陷区都远离大后方，接收人员不可能迅速赶赴各地接收，因而决定在陆军总司令部之下，设立党政接收计划委员会，于负责接受日军投降的同时，接收敌伪产业，各省市也相应设立同样机构，由各战区军事长官主持。

抗日战争胜利后，百废待举，资金短缺，通货膨胀日益严重，私营企业在复业过程中都毫无例外地遭遇到很多困难，但是中国建设银公司却能依仗特权（宋子文时任行政院院长），立即派员乘飞机前往华东地区接收敌伪产业，并从四联总处那里获得大批贷款，因而属下各厂矿不但可以迅速复业，而且业务还有所扩张，绝非一般私营厂矿所能企及，从中即可清楚地看出银公司与政府之间存在着的那种特殊关系。

1945 年 8 月 17 日，也就是日本刚刚宣布无条件投降的第三天，扬子电气公司总经理潘铭新便呈请经济部委派原首都电厂厂长陆法曾为收复首都电厂委员会主任委员，陈东、侯家煦、戴绍曾、朱树燕、杨宝绂等为委员，随军前往南京接收，并向经济部提出下列要求：（1）为陆法曾等人颁发护照及奉命接收电厂之合法人的证明文件；（2）由部转咨南京市政府及当地军警机关随时提供保护，并加以协助；（3）由部核转四联总处"以最优先级全数拨贷"5 亿元现款作为该厂复业之周转金；（4）由战时生产局拨付各项修配物资材料。8 月 22日，经济部即为陆法曾等人签发证明书，同时也向南京市政府和首都警备司令部发出公函，要求予以保护和协助。③

陆法曾一人先于 9 月 9 日搭乘经济部专机由重庆飞往南京，先向经济部苏浙皖区特派员及南京市市长报到，做好接收前的准备。当时因电厂的接收到底是由中央还是由地方负责而发生争执，结果耽误了几天时间，直到 17 日

　　① 《收复区工矿事业整理》（1945 年 8 月 29 日），资源委员会档案：二八/5666。
　　② 《收复区工矿事业接收整理办法》（1945 年 8 月 29 日），"中央研究院"近代史研究所档案馆藏经济部档案：18—36,1—2。
　　③ 扬子电气公司档案：四〇一/7。

得到陆军总司令部同意接收的训令后,陆法曾方于 19 日正式接收首都电厂,并宣布 8 项接收办法,主要内容包括:以接收当日为界,一切业务及事务均应重新开始;所有现金及收入均解缴指定银行,由接收人员核定后方可支付;所有员工不得借故辞职或擅离职守,并服从接收人员的指挥。[①] 10 月 29 日,戚墅堰电厂厂长吴玉麟率属下徐冠瀛、徐辛八等人前往常州,并于次日正式接收伪华中水电公司常州营业所,该厂除原有设备外,存料相当充实,同时还接收了 6 000 余万元伪钞。[②] 至此扬子电气公司在党政军各部门的大力协助下,顺利完成了胜利后的接收工作。

三　恢复营业的努力

首都电厂是首都南京及其附近地区工业与民间照明用电的唯一电厂,戚墅堰电厂则对无锡、常州一带工农业及民用事业提供电力,地位十分重要,因此接收之后的首要任务就是如何保证正常供电并尽快恢复和扩大营业范围。然而两厂于沦陷期间电机容量以及机器设备均受到严重破坏,维持供电尚属可行,但若想于短期内恢复到战前水平则绝非易事。就以首都电厂来说,由于战争的原因,原先向国外订购的电气控制设备滞留在香港,未能运往南京发电。南京沦陷前后,部分电气控制设备又遭毁坏,后虽经日本方面的技术人员重新设计,接收时原来的四座发电机还能勉强应用,但因长期以来超负荷运转,又未能善加管理,致使各种设备破损情形甚为严重,其中尤以锅炉及其附属设备为甚,刚接收时的发电量只有 15 000 千瓦,仅及战前发电量的一半。至于输电线路方面,战前首厂拓展甚广,北达龙潭,并已准备延长至镇江,南至江宁县土山镇,西越长江,供电及于卸马甸与浦口、浦镇,东至句容,已初步形成以南京为中心的供电网;但于八年沦陷期间,南京郊外线路除卸马甸线及句容线之京汤一段尚保存之外,其他均已损坏殆尽。至于城区方面八年来也是破坏多而建设少,线路上虽然大体如旧,但都破落不堪,尤其是变压器大部分都

---

① 《首都电厂接收经过简述》(1945 年 12 月),扬子电气公司档案:四〇一/8。
② 《吴玉麟致潘铭新函》(1945 年 11 月 1 日),扬子电气公司档案:四〇一/9。

有不同程度的损伤,且数量也有所减少。① 据陆法曾报告,接收之初首都电厂登记的用户只有2万多户,其中电灯21 807户,电力347户,电热167户。②

南京沦陷期间,原首都电厂的部分机器和设备曾被日伪华中水电公司迁往他处,如四台变压器被运到山东的张店,循环水泵和马达则迁至安徽的蚌埠,另有一台1 000千瓦应急电厂的全部电气设备被拆迁到浙江的杭州。首都电厂于抗战胜利接收后得知这一情况,便立即与经济部苏浙皖区特派员办公处联络,呈请调查发还。然而结果并不尽如人意:安徽方面答应查明归还,山东则百般推诿,要首厂将型号、功率详细列明,最后亦不了了之,而拆迁到杭州的设备更是杳无音信。由于国府接收时各自为政,混乱无章,谁抢到就算谁的。如原句容电厂的房产及设备就被当地政府扣押,拒不交还;战前首都电厂向慎昌洋行(Messrs, Andersen, Meyer&Co. ,Ltd)购买的1 200 KVA变压器就被联勤总部兵工署第六十厂据为己有,首厂虽通过经济部多方设法,却也无能为力。③ 而复业最为困难者不外乎经费、人员、设备、燃料诸方面,为此首厂将接收时所遇到的困难一一列出,并相应拟定了补救方法。④

戚墅堰电厂于接收之初因设备残破,加之交通迟滞、燃料缺乏之故,恢复供电极为不便。在这种情形之下,接收人员一方面四处搜求燃料,同时征用申新三厂发电所,并与武进电气公司接洽自行开机发电,虽然未能完全达到预期计划,但自接收八个多月来亦不无成绩可言。如接收时每月总发电量为2 072 100度,1946年5月份则为5 385 260度,增长幅度接近160%;接收时最高负荷为5 500千瓦,八个月后即上升到10 800千瓦,上升亦接近一倍,且用户也有所增加。⑤ 与此同时,戚厂的职工人数也大体恢复到战前水平。⑥

在这种情形之下,戚墅堰电厂也相应制定了该厂的扩充发展计划:

甲、发电方面:拟就望亭建筑第二发电所,容量暂定二万千瓦,

---

① 《经济部投资经营、合办事业概况报告》(1947年),扬子电气公司档案:四〇一/316。
② 《首都电厂厂长陆法曾致扬子电气公司总管理处函》(1945年9月3日),扬子电气公司档案:四〇一/37。
③ 扬子电气公司档案:四〇一/7。
④ 《首都电厂接收所遭遇困难及其补救办法》(1945年12月),扬子电气公司档案:四〇一/8。
⑤ 《接收委员吴玉麟呈经济部文》(1946年7月15日),"中央研究院"近代史研究所档案馆藏经济部档案:18—25—11,3—1。
⑥ 战前戚厂职员为167人,工人353人;据1946年7月时的统计,该厂已有职员143人,工人353人。见《戚墅堰电厂战前后概况调查表》(1946年7月),中国建设银公司档案:二八九(2)/23。

并与首都电厂联络,用十三万二千伏输电线路接通,是故新发电所完成后本厂发电容量共计三万七千一百千瓦外,又可与首都电厂发电机连络发电;

乙、输电方面:拟建设(南)京(无)锡十三万二千伏输电线路及(南)京武(进)六万六千伏输电线路,并拟筹建丹阳 3 000 KVA、奔牛 3 000 KVA、漕桥 3 000 KVA、中桥 4 000 KVA、洛社 2 000 KVA、广勤路 4 000 KVA 等六个 33KV/13.2 KV 变压所,总容量共计为 19 000 KVA。①

与此同时,为了有效地进行管理,尽快恢复生产,扬子电气公司也恢复了战前公司的管理机构,分为总管理处以及下辖的首都电厂和戚墅堰电厂,并建立和健全了一系列规章制度。

抗日战争全面爆发后,扬子电气公司及其属下企业的主要管理干部和工程技术人员大都随政府撤退到大后方,有的被安排在建设银公司战时新设的企业工作,也有的在政府其他部门就业。战争刚一结束,扬子电气公司即从后方各地抽调原企业干部,并尽快赶赴华东地区接收原有企业。从下表即可看出,公司各部门主管中大多为战前原厂技术管理人员,这样自然有利于加快公司接收与复业的进程。

表1　接收后扬子电气公司各部门主管人员

总 管 理 处	首 都 电 厂	戚墅堰电厂
总经理潘铭新	厂长陆法曾	兼厂长吴玉麟
董事会秘书长尹仲容	主任秘书陆国梁	总工程师兼电业处处长徐嘉元
协理吴玉麟	副总工程师张兰阁	副总工程师蒋大恩
兼工务处处长徐嘉元	副总工程师兼发电所所长杨定安	工程师兼发电所所长陆镜智
兼业务处处长陆国梁	副总工程师兼电业处处长戴绍曾	秘书兼电业处副处长翁之晋

① 《戚墅堰电厂战前后概况调查表》(1946 年 7 月),中国建设银公司档案:二八九(2)/23。

续　表

总 管 理 处	首 都 电 厂	戚墅堰电厂
会计处处长张介源	秘书兼会计课课长杨宝绂	会计课课长徐珂
总务处兼财务处处长罗孝胥	秘书朱树蒸	总务课课长江暄
工程师兼材料处处长陈卓		

资料来源：扬子电气公司档案：四○一/302。

　　首、戚二厂接收之后经过全体员工的努力，很快便恢复供电，生产规模也不断扩大。下表即分别罗列了二厂战前、接收时以及 1947 年 6 月底的各项业务状况，从中可以看出，尽管首、戚二厂在许多方面尚未达到战前水平，但在战后百废待举的情形之下，用了不到两年的时间即能做到这一步，也实在是不容易的了。

表 2　首、戚二厂发电供电设备与业务对比
（截至 1947 年 6 月底）

项　　　目	单位	厂别	战前状况	接收时状况	现时状况
发电容量	千瓦	首厂 戚厂	31 000 17 360	15 000 15 000 *	24 000 18 100 *
输电线路	公里	首厂 戚厂	153 145	52 135	76 135
配电线路	公里	首厂 戚厂	583 406	411 294	445 306
变压器	千伏安	首厂 戚厂	66 180 30 297	36 000 29 578	47 887 29 578
供电户数	户	首厂 戚厂	47 739 15 182	 13 896	25 801 16 893
最高负荷	千瓦	首厂 戚厂	18 800 10 350	9 100 6 100	22 600 14 500
每月发电度数	度	首厂 戚厂	7 295 440 5 081 000	3 460 732 2 072 100	10 995 888 6 908 220

　* 发电容量包括借用的 4 000 千瓦在内。
　资料来源：扬子电气公司档案：四○一/303。

公司在恢复生产的同时,还制定了扩建新厂的计划。战前首、戚两厂本有分别建筑新厂的计划,戚厂并已在望亭购有基地,但因战争突然爆发而无法实行。战后公司屡经商讨,认为与其两厂分建,不如择一适中地点合建一新厂更为实际。因而已在龙潭、江阴、镇江、丹徒各处实地勘察,一经决定,即行投资筹建。战前首厂 66 000 伏高压输电线已达龙潭及栖霞山,但于战时全部燬坏。战后除积极恢复、于两年内用 66 000 伏输电线放达镇江外,还计划于四年内将首、戚二厂用132 000 伏高压输电线接通,这样一旦新厂设立,电力即可交互输电,益臻便利。[①]

四 公司股份与组织的演变

扬子电气公司成立时,其章程[②]规定,公司系"遵照公司法股份公司之规定"而组成(第一条),"承受建设委员会所办首都电厂及戚墅堰电厂之电气设备,经营电气事业"(第二条),营业区域为"首都区域、戚墅堰区域,将来本公司呈准主管机关扩充或增加之营业区域"(第三条),公司资本额"定为国币一千万元,分为十万股,每股一百元,一次收足"(第七条),由此大致确定了公司的性质、宗旨、资本及其营业范围。公司总资本中除建设委员会所占有的 200 万元官股外,其余 800 万元商股均为中国建设银公司及其公司的其他股东银行所持有。抗日战争胜利后,公司股份的占有情形发生了些许变化,其中最明显的就是官股比例有所上升。表 4 反映的即是扬子电气公司战前(1937 年 5 月公司创立时)、战后(1947 年 7 月公司召开第二届董监联席会)股票持有情形。

表 3 扬子电气公司股份占有情形
1937 年 5 月至 1947 年 7 月

股东单位	代 表 人	股份	代 表 人	股份
建设委员会(经济部)	张人杰 ＊ 吴敬恒 ＋ 秦瑜 ＊ 张家祉 ♯ 潘铭新 ＋ 许敦楷 程士范	20 000	张子柱 ＊ 朱世龙 ＋ 董维翰 朱大经 ♯ 潘铭新 ＋	30 000

---

① 《扬子电气公司营业报告书》(1946 年 12 月 31 日),上海市档案馆藏中国银行上海分行档案:Q54—48。

② 《扬子电气股份有限公司章程草案》共 7 章 38 条,见中国银行档案:三九七/10275。

续　表

股东单位	代　表　人	股份	代　表　人	股份
中国建设银公司	宋子安＋　刘竹君　霍亚民＊　袁纯初♯　尹仲容＋　蒋尉先　宋子文＊　孙哲生＊　孔庸之＊　宋子良　徐可亭　陈健庵　杜月笙　盛升颐　孔令侃　沈寿宇　胡筠庄＋　秦颍春♯　陈康齐♯　赵季言♯　余梅荪♯	48 750	宋子文　孙哲生＋　孔庸之＋　徐可亭　陈健庵　杜月笙　盛升颐　孔令侃　沈寿宇　胡筠庄＋　秦颍春　陈康齐♯　赵季言♯　余梅荪♯　宋子安＋　刘竹君　霍亚民＊　袁纯初♯　尹仲容＋　张人杰＊　蒋尉先　潘铭新　胡惠春　李仲祺　杜光祖　许应期　李冠儒　严韶丞　许诗荃　李石曾＊	41 150
中国银行	卞仲莆♯　宋汉章　吴震修＊　贝淞荪＊　汪楞伯＋	10 000	宋汉章＋　卞仲莆♯　徐广迟＋　彭石年＊　王一规	10 000
交通银行	胡笔江＋　唐寿民　庄叔豪	5 000	钱新之＊　赵棣华＋　庄叔豪	5 000
中国国货银行	李石曾＋	2 500	杨学赍	2 500
上海商业银行	陈光甫＋　杨介梅	2 500	陈光甫＋　伍克家	2 500
中南银行	胡笔江　黄浴沂　周继云	1 250	胡惠春　王孟锺　黄浴沂	1 250
大陆银行	许汉卿　叶扶霄	1 250	许汉卿　谈公远	1 250
浙江实业银行	李馥荪＋	1 250	李馥荪＊	1 250
浙江兴业银行	徐新六	1 250	项叔翔	1 250
金城银行	周作民＋　吴蕴斋	1 250	周作民＋　徐国懋	1 250
新华银行	王志莘	1 250	王志莘＋	1 250
四行储蓄会	钱新之＋	1 250	钱新之	1 250
公记	陈竿霖	1 250		

续　表

股东单位	代　表　人	股份	代　表　人	股份
中国汽车制造公司	曾养甫＋	1 250		
广东银行			袁纯初＃	100

说明：有＊者为公司常务董事，＋者为董事，＃者为监察人。
资料来源：根据扬子电气公司档案(四〇一/260、296)、资源委员会档案(二八/23203)、中国银行档案(三九七/4401、10725)联合制成。

由此可以看出，商股中除了建设银公司占据将近一半股份之外，其余的部分大致是按照各股东银行在银公司中的比例而分配的，并非自由竞争。至于战后代表人的演变则主要是各个机构人事上所发生的变化而已，如经济部政务次长张子柱代替原建设委员会事业处处长秦瑜出任股东及常务董事，而胡笔江、徐新六因1938年8月由香港飞往重庆途中遭敌机袭击而遇难，唐寿民、吴震修等于抗战中落水，因此他们的股东及董事身份便分别由继任者钱新之、项叔翔、赵棣华、彭石年担任，这也从一个侧面说明，所谓商股亦并非是纯粹意义上的个人投资，他们不过是股东银行的法人代表而已。至于董监事的人选及数目基本上也是按股份占有率而决定的，如战前公司21名董事中有4名官股，这和官股占整个股份中的比例(20％)差不多。但需要说明的是，战后官股的比例虽然增加了50％(由20 000股增加到30 000股)，然而官股董事的名额非但没有增加，常务董事反而由两名减少到一名，建设委员会委员长张人杰战前以官股名义出任常务董事，战后则变为商股董事了，这一变化值得注意。

扬子电气公司成立时董事长为宋子文，抗日战争胜利前后公司在人事上有些许变动，其中最明显的变化就是由宋子安接替乃兄宋子文出任董事长，这是由于宋子文此时担任行政院院长、恐其身份与公司利益引致公众猜疑有关(他还同时辞去了淮南矿路、汉口既济等公司董事长的职务)。① 到了1947年7月公司召开第二届董监联席会时，董事长又变成了李石曾，看来这主

① 抗日战争胜利后宋子文曾亲笔签名致函辞去淮南矿路公司董事长的职务，内中写道："查本人现以公务繁重，关于原任贵公司董事长一席，势难兼顾。兹特函达，即请洽照，于召开股东大会时另行改选；在股东会未召集以前，即请由现任常董或董事中推选一人负责为荷。"该信见资源委员会档案：二八/23203。与此同时，他也辞去扬子、既济等公司的董事长职务，后分别由李石曾、霍亚民、李馥荪出任扬子、淮南、既济三公司的董事长。

要是当时宋子文正因"黄金风潮"而下台、宋氏家族被舆论大肆抨击为官商豪门所致。

抗日战争期间,特别是战后,由于通货膨胀日益严重,原有资本已远远不能反映公司实际的资产与负债情形。因此 1947 年 7 月 19 日公司召开第二届董监联席会议时,特别提出并通过了重估固定资产价值及调整资本方案,具体内容为:(1)依照政府颁布《工矿运输事业重估固定资产调整资本办法》之规定,将截至 1945 年底止京、戚两厂之固定资产重估升值为 1 599 000 万元,加上原有资本 1 000 万元,共调整资本为 160 亿元;(2)增收现金投资 40 亿元,连同调整后之资本共计为 200 亿元,分作 2 亿股,每股仍为国币 100 元;(3)每一老股可换给新股 1 600 股,并可优先认缴新股 400 股。① 公司并于当年年底对外宣称所有新股业已招募完毕。

根据 1947 年的统计资料,扬子电气公司包括总管理处及首都、戚墅堰两电厂共有职工 1 232 人,其工资待遇是按底薪分级(由 A 到 F 共分六级)打折扣减低后,再按上海市政府公布之员工生活指数计算。其中职员 434 人,待遇标准最高 800 元,最低 40 元;伕役 124 人,最高 70 元,最低 20 元;技工 674 人,最高 100 元,最低 20 元。② 限于篇幅,下面只罗列公司高级管理层(A级)的基本情况:

表4 扬子电气公司高级职员概况

姓名	生年	籍贯	职务	主要学历	主 要 经 历	薪金
潘铭新	1897	浙江吴兴	总经理	美国麻省理工学院电气工程硕士	杭州电厂厂长、浙江电气局局长、建设委员会设计处处长、首都电厂厂长、既济水电公司及南洋烟草公司总经理	800 元
吴玉麟	1887	江苏吴县	戚墅堰电厂厂长兼公司协理	美国麻省理工学院电机科硕士	建设委员会专门委员	700 元

① 《扬子电气股份有限公司重估固定资产价值及调整资本方案》(1947 年 7 月 19 日通过),上海市档案馆藏中国银行上海分行档案:Q54—48。
② 《扬子电气公司组织概况》(1947 年),扬子电气公司档案:四〇一/303。

续 表

姓名	生年	籍贯	职 务	主要学历	主 要 经 历	薪金
陆法曾	1891	江苏吴县	首都电厂厂长兼总工程师	交通部工业专门学校电气机械科毕业	慎昌洋行庆丰纱厂及西门子电机制造厂电力工程师、苏州电气公司主任技术员、震华电气制造厂总务主任、建设委员会技正专门委员、建委会首都电厂厂长兼总工程师	700元
吴清泰	1881	上海	顾问	圣约翰大学毕业	南洋公学教员、津浦铁路局秘书长、交通部技监处秘书、华商上海水泥公司经理兼厂长	700元
艾淑尔	1889	德国	顾问	德国电气机械学校毕业	西门子洋行中国分行总工程师	600元
陈卓	1903	广东番禺	工程师兼购运处长	交通大学机械科肄业，美国伊利诺大学机械科学士、美国康奈尔大学机械科硕士	广西省建设厅机械厂厂长、浙江省电气局工程师、怡和机器公司总工程师	550元
薛绍清	1896	江苏江阴	工程师兼总务处长	美国康奈尔大学电机科学士、美国哈佛大学电机科硕士	唐山大学及天津高等工业学校教授、青岛大昌实业公司经理、津浦铁路济南机厂工程师、中央大学工学院教授、浙江大学工学院院长	500元
张介源	1909	河北临榆	会计处长	南开大学商学院学士、美国纽约大学工商管理研究院	首都电厂副课长、既济水电公司整理委员兼秘书、广西纺织机械工厂课长、三才生煤矿公司总会计、正信会计师事务所主任、美国田域安管理局、联邦电力委员会电气证券公司	500元

续　表

姓名	生年	籍贯	职　务	主要学历	主　要　经　历	薪金
罗孝胥	1912	福建闽侯	财务处长	清华大学经济系学士、美国哥伦比亚大学商学院硕士	中国木业公司会计主任、建川煤矿公司秘书	500 元
陆国梁	1902	江苏吴县	京厂主任秘书兼总处业务处长	复旦大学	建设委员会审核股长，戚墅堰电厂、长兴煤矿、淮南煤矿铁路及湘南煤矿会计课长，建设委员会设计委员，大公染织厂副经理	550 元
徐嘉元	1903	浙江平湖	戚厂总工程师兼电业处处长兼总工务处处长	交通大学电机工程系学士	津浦铁路浦口电气厂工务员，南京电灯公司工程师，建设委员会首都电厂工程师、工务课长、电务课长，新厂机电组管理工程师，平湖明华电灯公司总工程师	700 元

资料来源：扬子电气公司档案：四〇一/305。

　　由上表可以看出几个特点，其一，扬子电气公司的高级职员和工程技术人员都具有良好的学历，他们不但毕业于国内著名的高等学府（如交通大学、清华大学、复旦大学等），而且多半人还在美国受过专业训练；其二，他们都具有丰富的工作经验，曾在国内各重要电力公司担任过重要职务；其三，他们中有不少人曾在建设委员会中任职，因而与官方之间关系非常密切；其四，公司职工，特别是高级职员的薪金在同类行业中是比较高的。[①] 这些特点毫无疑问也都成为公司战后能够迅速复业的一个重要原因。

五　政府的支持与扶助

　　扬子电气公司及属下首都、戚墅堰两电厂战时均沦于敌手，并遭到严重破

---

　　① 根据 1946 年 12 月上海 11 个行业工人的工资收入比较，可知扬子电气公司技工的收入名列前茅，见陈达：《我国抗日战争时期市镇工人生活》，北京：中国劳动出版社，1993 年，第 298 页。

坏,然而战后不久却都能相继复业。虽然公司在战后复业过程中也曾遇到许多困难,具体表现为:现有设备容量不足,补充不易;求过于供,应付困难,照核定电价收费,很难赶上成本(主要是燃料和工资)的上涨;币制变动,周转困难。[①] 然而尽管如此,公司属下的首、戚二厂还是能够在战后短期内顺利接收敌伪企业并迅速恢复生产,不仅经营范围有所扩大,生产能力也逐渐恢复甚至超过战前水平。首、戚二厂之所以能够在这样短的时间内取得如此成绩,除了企业内员工的勤奋工作与努力外,很重要的原因是得到政府的支持与扶助,这样优渥的条件是其他一般私营企业无法与之相比的。

政府对扬子电气公司及属下企业的扶持与资助具体表现在以下几个方面。

(1) 在接收过程中尽量给予协助,因而三大公司都能顺利完成接收并很快恢复生产。

中国建设银公司战前投资入股并参与管理的几个最重要的企业如扬子电气、淮南矿路和汉口既济水电公司于战争爆发后都相继落入日伪之手,并遭到严重破坏。抗日战争胜利后,根据政府的规定,"对于沦陷区内,凡为敌人所侵占之经济事业,无论公私,均先由主管部会接收,一俟审查无通敌嫌疑,然后发还业主"。按理说银公司属下的这几个企业完全属于这一类型,理应由政府先行接收,予以调查后再发还原来业主。但是银公司却以"煤矿与水电工作若在接收时稍有挫折,本公司与社会均将受到极大损失"为由,要求经济部准予指派原企业主管人担任接收大员,随部队前往各地接收,要求各地军警予以协助,并要求四联总处贷放巨款维持各厂矿的生产与运作。[②] 这一要求很快就得到经济部的同意,并立即发放护照及证明文件,要求各地政府部门及军警予以协助,因此各厂矿的接收大员陆法曾(首都电厂)、吴玉麟(戚墅堰电厂)、程文勖(淮南矿路)和孙保基(汉口既济)等人都能迅速由大后方乘飞机前往各地(当时要想在大后方弄到一张机票实在不是一般人所能办到的)。

(2) 兼并同类企业,扩大营业范围。

扬子、淮南、既济三大公司在接收复业的过程中不仅收回了原来属于本公司的设备及产权,还利用特权,兼并接管了邻近地区其他同类型的厂矿,譬如三大公司就曾联合投资,吞并了战后无法复业的鄱阳煤矿公司,继而成立江南

---

① 《中国银行工矿事业调查表稿》,扬子电气公司档案:四〇一/303。
② 《淮南与扬子及既济三公司之复员报告》(1946 年 5 月 10 日),扬子电气公司档案:四〇一/121。

煤矿公司；①扬子电气公司属下的首、戚二厂于接收后很快便获得经济部发下的电业执照，准许首厂在南京、江宁、句容三地及以及六合、丹徒、江浦的部分地区营业，戚厂则在无锡、常州、丹阳营业，由于战后苏南一带电厂都无法恢复生产，所以首、戚二厂可说已无竞争对手，在初步实现梦寐已久的独占江南电气事业目标之后，公司还计划在两年内首厂用 66 000 伏输电线放送，四年内将用 132 000 伏高压输电线连接起来囊括整个江南的电气事业。② 1947 年行政院善后救济总署配售给戚墅堰电厂一台 2 000 千瓦发电机，为此戚厂四处查寻装置地点，最后勘定的地点为无锡县城附近的惠河镇。但是该镇镇长拒绝让售土地，于是戚厂便通过无锡县政府并以江苏省建设厅及地政局的名义，强行征购土地。③ 这一行径引起当地民众极大不满，其他私营公司也根本无法仿效。

（3）原料与贷款的供应方面基本上可以得到保证。

战后百废待举，物资短缺，通货膨胀，给一般工商企业复业带来诸多困难，其中最为紧张也最为关键的莫过于原料的供应和资金的周转，但这些对于公司属下的企业来讲却算不上是什么太大的问题。就以燃料来说，公司承认，"电厂之成本，以燃煤为重要项目，本公司京、戚两厂，燃煤成本占正项成本半数以上，幸燃管会方面，对于电厂用煤，尚能平价供给"④。这些企业平时不仅可以享受到政府平价煤的供应，而且因为淮南矿路公司与扬子电气公司同为建设银公司属下的重要企业，两家公司可以互相担保向银行贷款，淮南煤矿还经常以低价售煤给扬子电气公司。如胜利后不久，淮南煤矿就曾以每吨 15 000 元之价格售与扬子公司 6 000 吨优质煤觔，而当时市价至少每吨要 2 万元以上。⑤ 至于资金方面，公司则能经常获得四联总处的低利贷款，比如刚刚胜利时建设银公司就与四联总处商议，由银公司出票、资源委员会承兑、经济部担保，以承兑汇票方式向中国、交通、农民、邮政储金及中信等银行借贷 5 亿元，其中扬子、淮南二公司各得 2 亿元，既济分得 1 亿元。⑥ 这样的优厚待遇自

---

① 扬子电气公司档案：四〇一/124。

② 转引自陈真编：《中国近代工业史资料》第 3 辑下卷，第 757—758 页。

③ 《总经理潘铭新呈经济部文》(1948 年 2 月 5 日)，"中央研究院"近代史研究所档案馆藏经济部档案：18—25—11,3—1。

④ 《扬子电气公司营业报告书》(1946 年 12 月 31 日)，上海市档案馆藏中国银行上海分行档案：Q54—48。

⑤ 《朱用龢致潘铭新函》(1946 年 1 月 24 日)，资源委员会档案：二八/23203。

⑥ 《淮南、扬子及既济三公司之复员报告》(1946 年 5 月 10 日)，扬子电气公司档案：四〇一/121。

然是其他私营企业难以企及的。

(4)设备不断得以扩充。

扬子电气公司在复业的过程中还经常得到政府有关部门的照顾,机械和设备不断得到扩充,从而可以保证生产的正常运转。例如接收初期,行政院计划向美国购买的 10 套 5 000 千瓦发电机,扬子电气公司获悉后即要求从中配售三套给戚墅堰电厂。① 自抗日战争胜利至 1947 年年底的两年多时间内,扬子电气公司先后从行政院有关部门获得的大型设备包括:

① 首厂向慎昌洋行立约订购美国燃烧工程公司每小时 50 吨蒸发量锅炉一座;

② 政府决定将日本赔偿发电机 TOBATA 厂 25 000 千瓦一组配拨给首都电厂,而以 SHLKAMAKO 厂之 35 000 千瓦发电机一套拨配给戚墅堰电厂;

③ 行政院核准将兵工署现存物资供应局之 2 000 千瓦发电机两套借由首都电厂装用;

④ 行政院善后救济总署同意配售首、戚两厂 2 000 千瓦发电设备各一套;

⑤ 戚厂向英国茂伟电机厂订购 2 500 千瓦发电机设备全套,并得中国、交通两银行协助贷款;

⑥ 向美国通用电机公司订造 50 000 千瓦发电机,俾资增加京、戚地区供电量,并在京、戚间勘地设立新厂。②

另外接收之初,政府即将申新纱厂的发电设备暂拨给戚厂使用,后申新一再要求发还,戚厂却置之不理。③ 1948 年 10 月,由行政院牵线,美国经济合作总署还拨款 1 200 万美元,用以扩充扬子电气公司的设备,并聘请慎昌洋行委托专人为设计工程师。④

与此同时,民营工厂的处境则不可同日而语了。譬如上海市商会在一份致重庆国民参政会的电报中就曾如实地说出民营企业在复业过程中的苦衷:"经济部及敌伪产业处理局处理应发还之民营工厂,只以工厂未被毁坏之厂房及机器设备为限,其所接收于原有厂内之原料、成品、机械附件、材料等类,均

① 《扬子电气公司呈经济部文》(1946 年 12 月 21 日),"中央研究院"近代史研究所档案馆藏经济部档案:18—25—11,3—1。
② 《扬子电气公司概况》(1947 年),扬子电气公司档案:四〇一/303。
③ 转引自陈真编:《中国近代工业史资料》第 3 辑下卷,第 758 页。
④ 转引自陈真编:《中国近代工业史资料》第 2 辑,第 300 页。

须收归国有;甚至被敌将原有设备拆毁改造之厂房、设备,亦须作为敌人增设、新设,责令原主作价承受……似此情形,民营工厂名为发还,实则只存躯壳,非重新添置原料、材料,仍无从实施开工,维持其原有基业。"①因此若与其他民营企业的待遇相比,扬子电气公司真可谓是天之骄子了。

政府各有关部门之所以大力支持与扶助建设银公司属下的企业,当然首先是与这些企业所处的重要地位(都是负责供应燃料及电力的厂矿)有关,比如扬子公司负责提供首都及京沪沿线重要城市的用电,既济电厂则为武汉三镇提供电力服务,而淮南公司所产之煤则是上海、南京一带燃料供给的主要来源,甚至蒋介石本人对于淮南煤矿都十分关心,抗日战争胜利之初曾致电经济部部长兼战时生产局局长翁文灏,亲自过问该矿的接收及生产情况②,因此能够得到政府一定的资助是可以理解的。但是除了这个表面上的原因之外,我们也不能忽视公司与政府之间的密切关系。前文曾提及,扬子电气公司的最大股东中国建设银公司是由国家银行与国内最大的几家商业银行共同入股的一家投资公司,股东和董监事不是政府主管财政经济的高官,就是金融界的大亨,特别是自抗日战争后期,公司的股东以极为低廉的价格将原属国家的股份转移到个人名下之后,建设银公司实际上已成为国家资本与官僚资本、官僚与财阀结合的一个典型。而时任行政院院长的宋子文正是中国建设银公司的创始人和执行董事,总经理则长期以来一直由其弟宋子良、宋子安担任,因此国人将公司视为宋氏家族的私产并不是没有道理的。尽管宋子文于抗日战争胜利后不久即先后辞去扬子、淮南、既济三家公司董事长的职务以避嫌,但这只不过是一个障眼法,政坛上和金融界中谁不知道宋氏家族与建设银公司的关系?对于宋子文在官场上的作用与影响就连建设银公司及其属下企业也都予以公开承认,特别是抗日战争刚胜利时若不是宋子文施加压力,陆军总部就很可能不会将首都电厂和戚墅堰电厂等企业交还给建设银公司。③

1947年3月,宋子文因战后推行外汇及黄金政策的失误导致朝野上下一致攻讦,最后不得不引咎辞去行政院院长一职;与此同时,孔、宋豪门资本依仗

---

① 上海市商会致重庆国民参政会电(1946年5月30日),转引自孙宅巍:《抗日战争胜利后国统区工业述评》,《民国档案》1992年第1期。

② 《蒋介石致翁文灏代电》(1945年9月20日),"中央研究院"近代史研究所档案馆藏经济部档案:18—24—12,7—1。

③ 经济资料社编:《宋子文豪门资本内幕》,第13页。

特权、化公为私也成为国内外舆论抨击的共同目标。随着宋子文政治上的失势,中国建设银公司及其属下企业的经营也每况愈下,由于燃料供应无法保障,资金周转日益困难,首都电厂甚至难以维持南京地区的日常供电,以致南京市政府要求行政院将电厂收归国有、交由资源委员会经办。限于篇幅,关于扬子电气公司 1947 年以后的经营状况不在本文讨论的范围之内,但从中却可看出,政府的扶持与资助实在是扬子电气公司战后得以顺利接收及迅速恢复营业的重要因素。

原载张伟保、黎华标主编:《近代中国经济史研讨会 1999 论文集》,
香港:新亚研究所,1999 年

关于孚中、扬子公司套汇数目的
争论及其真相

　　1947 年 7 月 29 日，南京的《中央日报》刊登了一条披露孔、宋家族企业孚中、扬子等公司利用职权套购巨额外汇的新闻，这则消息虽然刊在第 4 版，但因《中央日报》是国民党的中央机关报，内容又涉及孔、宋家族经营的公司，因而立即在国内外引起巨大的反响。然而两天之后，还是这家《中央日报》又在同一版面刊登了一则类似更正的启事，声称日前的报道漏列了小数点而发生错误，由此便将这几家公司套汇的数额缩小了 100 倍，从而避免了一场政治风潮的爆发。40 多年后，亲身经历此事的两名记者先后撰写回忆录，又将此案再次曝光，从而引起学界的重视，并将其视为国民党官商勾结的重要例证。然而这则新闻是不是真的漏列了小数点，还是有人以此混淆视听；是当事人的回忆不够准确，还是另有玄机，实在是应该加以探讨。笔者依据原始档案的记载，首先对此事的起源和经过予以详细的回顾，然后对照原始档案的记录、报纸的报道和亲历者的回忆进行认真的梳理和排比，希望能从中寻找出一个正确的答案。

一　"官办商行"成为众矢之的

　　抗日战争胜利之初，百废待举，国民政府先后制订和实施了一系列财政政策来应付这突如其来的巨变，其中最明显的改变就是由战时的管制外汇到战后初期的开放黄金和外汇市场，同时对进口商品采取极为放任的态度。由于这种"鼓励输入"和"低汇率"的政策对于经营进口贸易极为有利，众多商人就充分利用两者之间的差价大量进口商品，从中赚取超额利润，以致战后初期上海经营进出口业务的商行纷纷注册,不但经营的户数剧增(最盛时竟高达3 000多家),而且经营的货物也无限扩大,呈现出一派蓬勃兴盛的畸形繁荣景象。在这些商行中,特别是那些以民营公司的形式注册、却又与政府间具有密切联系的豪门资本最为令人瞩目,它们为数不多,但能量却极大。正是由于这些公司的特殊背景,更因为它们在经营活动中利用权势牟取暴利,当时社会和舆论中都形象地将其称为"官办商行",其中最具代表性的几家就是孔、宋家族成员经营的孚中实业公司、扬子建业公司和中国建设银公司。

这些"官办商行"利用其特殊的政治背景及其与政府的微妙关系,战后迅速在上海"抢滩登陆",一方面独家代理美国各大厂商的在华经销代理权,垄断汽车、电器、药品、奢侈品等非生产性的物资进口,同时又仗恃特权,套购外汇及申请大量的进口配额,赚取超额利润,加快了国库中外汇和黄金大量流出的速度,同时它也成为国人攻击的共同目标。

实行开放外汇市场和鼓励进口贸易是以国家库存的外汇和黄金为筹码,但外汇和黄金的储备毕竟有限,由于政府的决策者高估了法币与美金的比价,他们所规定的固定汇率大抵均低于美金市价和中美购买力平价,导致外国商品如潮水般涌入国内市场,外汇储备大量流出,入超急剧上升,外汇黑市的价格也突飞猛涨。在这种情形之下,中央银行不得不于8月19日调整汇率,将法币贬值60%,将原来法币2 020元改为3 350元对1美元,然而这一切措施并不能阻挡汹涌而来的进口狂潮,外汇的黑市价格仍高于官价50%左右。[1]为了应付日益严重的经济危机,11月17日国民政府公布《修正进出口贸易暂行办法》[2],同时宣布废止3月1日颁布的《进出口贸易暂行办法》。然而自开放外汇市场到公布《修正办法》的八个半月中,中央银行和各指定银行已售出外汇计381 522 461.13美元,16 761 660英镑,港币24 325 589.88元,折合大约为45 500万美元。[3]由于政府对进口商品采取极度放任的政策,"政府原存600万盎司(约为170 097千克。——引者注)之黄金,与9亿以上之美金,大

---

① 吴大明、黄宇乾、池廷熹编:《中国贸易年鉴(民国三十七年)》,第444页。
② 《修正进出口贸易暂行办法》(1946年11月17日),中国第二历史档案馆藏全国经济委员会档案:四四(2)/15。
③ 监察委员何汉文等呈:《外汇使用及各公司营业报告情形报告书》(1947年10月2日),中国第二历史档案馆藏监察院档案:八/2040;又载中国人民银行总行参事室编:《中华民国货币史资料》第2辑,第835页。

半消耗"①。

　　政府制订《修正进出口贸易暂行办法》的目的是为了扩大输出、严格限制进口货品,对所有进口物品采取输入许可证制度,并于最高经济委员会之下设立输入临时管理委员会,会同中央银行外汇审核处等机构具体办理输入物品的许可和限额问题。然而这些措施对那些豪门资本来说不但没有什么阻碍,相反,他们却可以利用特权,优先获得进口额度,再套取官价外汇,从而赚取超额利润。这些"官办商行"的所作所为,激起了社会各界的强烈不满,甚至在国民党内部都掀起了一股"倒孔倒宋"的风潮。

　　在这场"倒宋"风潮中,以著名的历史学家、国民参政会参政员傅斯年的抨击最为严厉,他先后发表了《这个样子的宋子文非走开不可》(《世纪评论》第1卷第7期,1947年2月15日)、《宋子文的失败》(《世纪评论》第1卷第8期,1947年月22日)、《论豪门资本必须铲除》(《观察》周刊第2卷第1期,1947年3月1日)等一系列文章,指名道姓地攻击宋子文官商不分、"公私不分","自己(包括其一群人)又是当局,又是'人民'";傅斯年还指责宋子文具有"无限制的极狂蛮的支配欲",具体表现为通过中国建设银公司经营或收购戚墅堰电厂、首都电厂、既济水电公司、淮南煤矿、鄱乐煤矿等工矿企业,变国营为"宋营",因而提议立法院、国民参政会彻查孔、宋等"豪门"在国内外企业经营的内幕,包括营业范围和外汇来源,并征用孔、宋家族的财产。②

　　"官办商行"利用特权申请配额、进口物资、套取外汇的行为引起经营进出口业务的上海商人强烈不满,外商对此更是愤愤不平。1947年3月13日,具有美资背景的上海《大美晚报》刊登了一条合众社记者龙特尔的报道,称目前中国的国营商行"购有价值数十万万元之进口货,绝不受结汇限额及进口条例等限制,本市环球贸易公司、中央信托局及中国供应局现大量进口奢侈品,如汽车、无线电、电机、冰箱及其他政府严禁进口之货物。此次奢侈品大部分为政府有关之商行所定购,供应私人买户,且传获利以饱私囊";而"中美商人对于宋子良所主持之孚中公司、宋子安之中国建设银公司、孔令侃之扬子建业公司利用特权经营商业尤多指摘";另外,这些公司的一些头面人物还持有中国外交官的护照,在美国从事商业活动。这个消息一经披露,第二天上海各家报

① 贾士毅:《民国财政史三编》,第885页。
② 参见吴景平:《宋子文评传》,第503—505页。

刊纷纷转载,《大美晚报》又发表社评称,"从其他方面所得之报道,与合众所称者相符,望官方能对此事予以说明"云云。蒋介石看到这一报道后大为愤怒,他不仅在一份致财政部部长俞鸿钧的电报中抄录了上述报道的主要内容,还命令财政部迅速"会同经济部遴派妥员,彻查具报"。俞鸿钧不敢怠慢,即在电报上加批:"派姚主任会查具报,并洽经济部。"①

紧接着,在4月2日召开的国民党第六届中央执行委员会第三次全体会议上,以黄宇人为首的103名中央委员联名提出"拟请惩治'金钞风潮'负责大员及彻查'官办商行'账目、没收贪官污吏之财产,以肃官方,而平民愤"的临时动议,动议要求追究宋子文、贝祖诒等负责大员的责任,不能仅以辞职、免职即为了事,因为这些大员"不但运用失宜,且抑有勾串商人、操纵图利之嫌",因此应"依法提付惩戒",并"从速查明议处,以肃党纪,而彰国法"。临时动议还声称,一统公司、孚中公司、中国建设银公司、扬子建业公司等"官办商行","皆有利用'特权'、结购巨额外汇、输入大量奢侈品情事,致普通商人难与争衡,外商并因此屡提抗议",而且"此类'官办商行'又大抵为官僚资本之企业机构,其间不乏贪官污吏之财产,尽为搜刮民脂民膏之所得",因而要求有关部门"彻查此类'官办商行'之账目",一旦发现有"勾结贪官污吏之确凿真实者,应即封闭其公司、没收其财产,以肃官方,而平民愤"。大会决议:"通过,交中央常会迅速切实办理。"随后举行的中央常会第63次会议亦作出决议:"除函中央监察委员会外,并分函监察院、行政院迅速切实办理。"②

在国内外舆论强烈抨击和党内抗议声浪不断高涨的巨大压力下,行政院秘书处奉院长谕:"官办商行一节,交经济部迅即切实办理具报"。③ 财政部亦遵奉蒋介石的指令,委派视察室主任姚曾廙率领视察余敦兆,会同经济部所派专员宋哲夫前往上海,调查上述公司自开放外汇市场后所购买的外汇数额和进口货物的详情。5月20日,调查组完成初步调查后,组长姚曾廙即撰写报告,呈送财政部部长俞鸿钧及次长徐柏园、李俶(为便于后文的比较,以下简称

① 《蒋介石致俞鸿钧代电 侍宙字第60483号》(1947年3月19日),中国第二历史档案馆藏财政部档案:三(2)/599。

② 《黄宇人等103人临时动议》(1947年4月2日),中国国民党党史委员会党史馆藏中国国民党中央执行委员会议档案:6.3/89。《临时动议》及国民党中央常会决议又见中国第二历史档案馆藏经济部档案:四/28233。

③ 《行政院秘书处交办案件通知单 发服伍字第30217号》(1947年5月1日),中国第二历史档案馆藏经济部档案:四/28233。

"签呈")。① 同时视察室还为财政部起草了答复黄宇人等质询的文字:"此案业经最高当局令交经济、财政两部会同调查,惟须将上年三月四日以来施行《中央银行管理外汇暂行办法》以来所有销售外汇及海关进口情形全部检查,颇费时日。现此案有关资料已搜集齐全,正与经济部、中央银行及输入临时管理委员会依照法令逐项审核,一俟审查竣事,当即呈报最高当局依法处理。"②6月14日,该调查报告经过整理,即以财政部部长俞鸿钧和经济部部长陈启天的名义会呈国民政府主席蒋介石(以下简称"会呈")③。然而调查报告的内容极为机密,又涉及孔、宋亲属直接经办的公司内幕,十分敏感,因此有关部门在未接到最高当局指令之前,并不准备向任何报刊披露。没想到一个半月之后,《中央日报》的记者通过特殊途径取得报告,这一报告的主要内容才公之于天下。

二 《中央日报》一则新闻引起轰动

1947 年 7 月 29 日,南京《中央日报》第 4 版在居中的位置刊登了一则新闻(以下简称"新闻"),标题并排分作三栏:"孚中暨扬子等公司 破坏进出口条例 财经两部奉令查明",披露"孚中、扬子等公司年来有破坏进出口管制条例之情事发生",为此"最高当局特令财政部、经济部会同严查,顷已将全部经过调查竣事,并由财、经二部会稿呈报"云云。该报记者并声称从财政部方面得知调查报告的主要内容,其中最关键的部分就是涉及孚中实业、扬子建业及中国建设银公司利用特权、套取大量外汇的内幕。

这则消息共分三个部分,第一部分介绍了政府宣布有关禁止奢侈品进口及限制结汇实施的日期,即 1946 年 3 月 1 日起,凡 7 人以下、厂价超出 1 200 美元的汽车不准结汇,禁止进口;卡车自同年 4 月 29 日起,无线电机、冰箱自

① 《财政部视察室主任姚曾廙签呈》(1947 年 5 月 20 日),中国第二历史档案馆藏财政部档案:三(2)/599。
② 《财政部视察室拟黄参政员宇人询问案答覆文》(1947 年 5 月 24 日),中国第二历史档案馆藏财政部档案:三(2)/599。
③ 《财政部、经济部会呈 财视字第 2598 号》(1947 年 6 月 14 日),中国第二历史档案馆藏财政部档案:三(2)/599。另据财政部 6 月 16 日致经济部的公函称,关于本案财政、经济二部"已联合派员调查,并由本部主稿,会同贵部呈覆,因时间匆促,仅具会稿一份,未能分存"云云。说明这份会呈是由财政部撰写的。见中国第二历史档案馆藏经济部档案:四/28233。

同年 11 月 25 日起均禁止进口,不予结汇。

第二部分是有关中央银行结汇的数目,自 1946 年 3 月 4 日政府开放外汇市场到同年 11 月 17 日修正进出口贸易办法、强化管制进口的八个半月以来,中央银行共售出三八一五五二四六一.一三美元;嗣后至 1947 年 2 月 1 日止,共售出二〇一二〇四〇八〇美元。接着就公布了孚中、扬子等公司的结汇数额:①

(甲)孚中公司共结外汇一五三七七八七二三美元,除该公司自有及售出者外,净购一一一三三〇七三一美元,所购货物以吉普车及旅行车两者为最多,共占百分之五十,无线电及附件,共占百分之二十,余均为准许进口物品。

(乙)扬子公司共结汇一八〇六九一〇六九美元,除售出者外,净购一〇七四二〇〇美元,所购货物以棉花药品为最多。

(丙)中国建设银公司,共结汇八七七六二美元。

第三部分主要是公布孚中、扬子二公司实际进货情形:

(一)孚中公司:共购"卡特拉克"牌汽车二辆,厂价超出规定,外购旅行车一〇一辆,但均得有许可证,准许进口。至吉普车七八〇辆,已进口七三八辆,如依照规则,列为轻便卡车类,应暂停输入。据海关报告,谓内有吉普车一八九辆,系于禁令前起运,五四九辆,系于禁令前付结购价,按政府所颁命令,得准许进口;惟查该公司结汇账册,除禁令前订购二百辆外,其余均在禁令后结付购价,与海关所报告不相符合。又该公司购进无线电设备一〇八箱,内收音机四十件,在限制令颁布后,凭许可证进口。

(二)扬子公司:共购"奥斯丁"牌车五十辆,厂价未超过规定,惟所购无线电三只,系在限制令颁布后,凭许可证进口;[此]外共购化妆品一二八箱,经海关检验后退回。

---

① 为便于比较,此处及后文所引用的美金数额均以原文的中国数字表示,小数点亦按原文抄录。

（三）中国建设［银］公司：共购汽车五十六辆，但均不超过规定。①

由于这则消息没有登在要闻版，而且《中央日报》平日的官样文章并不吸引读者，所以最初并未引起人们的注意。然而外国记者的嗅觉却十分灵敏，合众社记者立即就此事写下一则消息，称"当美国政府派遣特使魏德迈将军来中国调查大陆实况之后，CC派所控制的《中央日报》今天刊出消息，向宋、孔两家公司开了一炮"。这则消息当天在上海主要英文报刊的显著地位刊出后，立即在国民党和政府的上层中掀起一阵轩然大波，因为《中央日报》是国民党的中央机关报，刊登如此重要的消息，一定代表最高当局的意见，特别是报道中声称此消息来自于财政部，对此俞鸿钧更是恼羞成怒，立即下令彻查消息泄密的原因。

7月30日上午刚刚上班，俞鸿钧的秘书黄苗子就奉命召集有关当事人在财政部开会，对此事进行排查。可能是时间过于紧张，更可能是心慌意乱，看来他们并没有仔细核对全文（特别是数额），只是大致从二者的主要内容上加以比较，从而得出结论：

（一）报载内容翔实，且有数字，其第一项标题"禁止奢侈品进口及限制结汇实施日期"，与本部会同经济部呈复国府之措辞相符，足见确系根据原会呈而发表；（二）该件办稿系余视察起草，由职亲自送各级核阅后，亲交宋哲夫携经济部会核，撰写、封发均由职监视，决无抄出之可能；（三）发出后原卷仅送部长室一次，此外亦无他人调阅（且本室专案非经批准不准调阅），依此推断，该件由部泄露之成分极少，惟原呈于六月十四日送府，迄已一月有半，究系何方透露，殊难判断。②

尽管财政部竭力否认消息是从他们那里泄露的（后来的事实也证明确实

① 《中央日报》（南京），1947年7月29日，第4版。
② 《中光致财政部视察室密呈》（1947年7月30日上午10时），中国第二历史档案馆藏财政部档案：三(2)/599。

如此），但他们也承认，这个报告并非杜撰，来源是可靠的。

同日，行政院亦致函国民党中央执行委员会，称"关于惩治'金钞风潮'负责大员一节，业经上海地方法院分别依法判处，至关于彻查'官办商行'账目一节，已由财政、经济二部派员严密调查"，并随函附上二部 6 月 14 日联名会呈的调查报告。① 第二天上午 12 时，财政部部长俞鸿钧致电经济部部长陈启天，要求调阅该部收存的会呈，直到 8 月 4 日上午才予退还。② 同日，财政部视察室又致电上海货物税局速转正逗留在上海的姚曾廙主任，称"报载消息以档案保管机密，似非本部泄密，正商承黄秘书查探中"，由于预料"事件恐将扩大"，因而询问姚"能早回否"。③

这个消息同样也引起社会上的议论和猜测，因为大家都知道，扬子、孚中和中国建设银公司都是具有浓厚官方背景、并且本身就是孔祥熙的儿子孔令侃和宋子文两个弟弟宋子良、宋子安亲自开办的公司，而《中央日报》又长期掌握在与孔、宋家族势不两立的国民党内 CC 派手中，披露这一新闻，一定有其背景，明眼人纷纷议论，好戏就要开始了。

7 月 30 日《中央日报》第 4 版又刊登了记者访问监察院监察委员王冠吾的谈话，他说奉于右任院长的命令赴上海调查孚中等公司的账目已逾三周，目前"已发现孚中等公司有利用人事关系，获取特殊权利之重大嫌疑，且有以取巧手段、图谋重利之情形，如将容七人以下之汽车，改装成容七人以上之汽车而输入。此种不择手段、花样百出，确有碍政府之法令，吾人决不能否认孚中等公司为官僚资本之表现"。接着他更要求政府组织一个调查委员会予进行彻底调查，"如确有政府官员利用职权而营私舞弊者，自可依据所获得之事实，遵循法律途径，以求合理解决"。④

同一天出版的《救国日报》专为此事发表社论，题目就是《请先没收孔宋豪门资本》。社论在历数豪门资本依仗特权、巧取豪夺之种种事实之后抨击道："我们可以看出豪门资本势力之权威，竟是违禁输入品照样通过海关，竟拿得

① 《行政院致中央执行委员会公函》(1947 年 7 月 30 日)，中国国民党党史委员会党史馆藏中国国民党中央政治会议档案：政 008/135。
② 经济部在该会呈上曾加注："此卷财政部俞部长于七月三十一日十二时以电话商请陈部长调去查阅，由余视察敦兆携去，八月四日上午十一时复由余视察携回。今注明。"中国第二历史档案馆藏经济部档案：四/28233。
③ 《财政部急电》(1947 年 7 月 31 日)，中国第二历史档案馆藏财政部档案：三(2)/599。
④ 《中央日报》(南京)，1947 年 7 月 30 日，第 4 版。

到特别许可证，竟敢违法输入严格禁止的化妆品，这岂不是由政府有权发特许证的高级机构，直到海关，都是孔、宋二家私人的机关吗？"社论最后大声呼吁道："政府当局若不惩治孔、宋二大豪门资本，实无以对全国的军民，和一切因保卫国家而牺牲的死难者！"①上海《大晚报》也以《彻查进出口公司》为名发表社评，声称"有少数国人所办之进出口公司，被认为有破坏外汇及贸易管制之嫌疑，外间传说纷纭，真相难明，事关国策及政令，此项事实在政府方面自应详细调查，并予公布，以明是非，而释群疑"②。

消息传到海外，也立即引起众多华侨的极大愤慨，国民党驻美国总支部在致中央海外部的报告中声称，孔、宋二人及其家族"利用其政治上之特殊势力，垄断我国出入口贸易，由美输华商品，不论大小，囊括无遗，国内外正当商人备受压抑，难与竞争"；"最近中外报纸舆论揭载孔、宋二氏所经营控制公司、商号数十家，此等公司向政府所购取之官价外汇是否合于法定？其所购进之入口货有无违反入口货管理规程？其所获得巨资有无缴纳赋税？实有彻底查究之必要"。因此呈请政府"派员调查孔、宋二氏所组织之公司财产账目，并依政府经济紧急措施方案，征用孔、宋二氏存于外国银行之款项，以充国库"。③

就在国内外舆论为此事争论得沸沸扬扬之际，还是这家《中央日报》两天后在同一版上又刊登了一则类似更正的启事（以下简称"启事"）：

前日（本月二十九日）本报记载孚中、扬子及中国建设银公司之新闻一则，各报颇有转载，本报对于此项记载，特声明如下之两点：

（一）本报记者未见财政、经济两部调查报告之原件，故所记各节与原件当有出入之处。

（二）本报所记载各该公司结购外汇之数目，有数处漏列小数点，以致各报转载时，亦将小数点漏列。查孚中公司结购外汇为一五

① 《救国日报》（南京）社论，1947 年 7 月 30 日，第 1 版。《救国日报》1932 年创刊于南京，1937 年 11 月停刊，抗日战争胜利后复刊。创办人龚德柏人称"龚大炮"，曾任《申报》总编辑，一向以敢言而著称。

② 《大晚报》（上海），1947 年 7 月 31 日，第 1 版。《大晚报》1932 年创办于上海，创办人张竹平，曾虚白任总经理兼总编辑，新闻报道以快捷、新颖而著名。早期该报曾接受政学系津贴，后被孔祥熙强行收买产权，并由孔令侃主持。1937 年 11 月委托英商独立公司出版发行，太平洋战争爆发后停刊，抗日战争胜利后又于上海复刊，并由著名报人胡鄂公主持。

③ 《中国国民党驻美国总支部执行委员会致中央海外部呈》（1947 年 7 月 31 日），中国国民党党史委员会党史馆藏中国国民党中央政治会议档案：政 008/68。

三七七八七. 二三美元。扬子公司结购外汇为一八〇六九一〇. 六九美元。中国建设银公司结购外汇为八七七. 六二美元。①

《中央日报》披露财、经二部的调查报告不仅在国内广为传播，就连在美国的《纽约论坛报》等重要媒体亦予以转载，当时正在美国的孚中公司总经理宋子良"阅读之下，不胜惊异，窃念此等毁谤之来虽属另有作用，别具深心，然弟等处理不善，德不足以感人，亦难辞其咎"，同时他又命令属下立刻致电上海各大报社刊登启事，对此事加以澄清。②

紧接着，自8月3日起，扬子建业公司又连续数日在《中央日报》等主要报章的头版用大字标题刊登广告，声称"合众社廿九日电讯关于财、经两部公布调查孚中及本公司新闻一则报道与事实不符"，因其"报道错误，歪曲事实"，本公司"深恐以误传误，特此声明"云云。宋子文此时虽然已经辞去行政院院长的职务，但他对此事却一直愤愤不平，他在就任广东省主席之后曾公开对外界说："孚中、扬子、银公司所结外汇之事，经财部详细调查，公布数额，共合外汇总额千分之五，因此所谓三公司垄断外汇、独占进口贸易绝无根据，本人亦从未所闻。"他接着强调："本人任行政院长时已辞银公司理事名义，即各公司或有不合规定之经营，亦与本人无关，应由该公司负责人负责。"③甚至一年之后，宋子文在接见中央社记者的谈话时，仍对此事耿耿于怀。④

三 当事人的回忆

一则漏列小数点的更正启事，将孚中、扬子和中国建设银公司结购外汇的数字缩小了100倍，同时也暂时化解了一场突如其来的危机。然而真相如何？是不是真的漏列了小数点，还是内中另有玄机，长期以来一直是一个未解之谜。直到40多年后，几位亲历者陆续出版了回忆录，又将多年前的这桩谜案

---

① 《中央日报》（南京），1947年7月31日，第4版。
② 《宋子良致钱新之函》（1947年8月1日），上海市档案馆藏交通银行上海分行档案：Q55—2—152。
③ 《大公报》（天津），1947年10月7日，第1版。
④ 参见乐恕人等：《中国名记者的故事》，台北：中华大典编印会，1965年，第34—38页。

重新提了出来,并成为豪门资本依仗特权、牟取暴利的明显事例。

最早披露这个谜底的是当年《中央日报》的记者漆敬尧,1989 年 1 月,他以亲历者的身份发表了一篇题为《小数点的玄机化解一场政治风暴——独家采访宋孔家族利用特权结汇谋取暴利新闻的一段往事》①的文章,详细回忆起 40 多年前的这段往事。

据漆敬尧自述,1947 年 3 月"黄金风潮"爆发后,国民参政员黄宇人等人要求政府彻查孔、宋家族经营的孚中、扬子等"官办商行"结汇及进口商品的数额,"倒宋"的舆情十分激烈。他当时是《中央日报》采访财经新闻的记者,奉副总编辑兼采访主任陆铿的指示,前往财政部询问有关调查的进展,却屡屡碰壁;其后他又到经济部去打听消息,虽然也没有得到确切答案,但从商业司司长邓翰良的表情中猜到一些眉目。当时国民党为了粉饰门面,成立所谓"联合政府",特意拉拢一些小党派的党魁进入政府,因此青年党的陈启天就成了经济部的部长。陆铿在平日采访中与陈启天多有来往,在得知这一消息后就带着漆敬尧亲自上门拜访陈启天,要求了解孔、宋案的调查情况。对此陈启天虽然未曾明确应允,但也没有完全拒绝,因此陆铿便嘱咐漆敬尧,一定要紧追不舍,查明真相。于是漆敬尧就常到经济部去打探消息,很可能是得到陈启天的默许,邓翰良向他表示,待到时机成熟时,他保证先让执政党报社的记者知悉案情。

1947 年 7 月 28 日,邓翰良突然打电话给漆敬尧,约他中午到经济部去聊聊。当时正是用膳时间,经济部的官员大都不在部中,漆敬尧进了司长办公室后,邓很快就从抽屉中拿出一包公文,让他看看。漆敬尧一看封面,标题写的正是调查孔、宋家族企业的报告,不禁大喜过望。邓翰良随即离开办公室,漆敬尧便立刻动手抄录,前后大约化了 40—50 分钟时间。事后邓司长还特别嘱咐他说,这些材料仅供参考,漆敬尧当然只是点头应诺,赶紧跑回报社。

漆敬尧深知此事重大,一人不敢承担责任,回到报社后只是悄悄地将抄录的报告加以整理,待到晚上 9 时陆铿来报社上班时,他才将整理过的报告偷偷地交给陆铿。陆铿当然也知道此事非同小可,刊出后一定会出纰漏,但若听任不管,又实在是咽不下这口气。当时中央日报社社长马星野卧病在家休息,总

---

① 该文刊于《传记文学》第 54 卷第 1 期(台北,1989 年 1 月),第 63—68 页。后文中引述漆敬尧的回忆全都来源于此。

编辑李荆荪出差在外,可以向上请示的只有国民党中央宣传部副部长兼《中央日报》总主笔陶希圣一个人了。

于是陆铿就打电话给陶希圣,说财政部发言人透露了有关宋、孔案的内容,不知可否在《中央日报》上发稿。陶希圣不知详情,因此就在电话中回答,既然是财政部透露的消息,《中央日报》自然没有理由不发。得到陶的允诺,陆铿便以代总编辑的身份,决定将这则消息刊登在第4版,文字基本上没有改动,只是将消息来源由经济部改成出自“财政方面某高级官员”,一方面是掩人耳目,同时也是对财政部趾高气扬态度的一个报复。

果然不出所料,消息见报后立即引起轰动,《中央日报》的直接上司中央宣传部部长李惟果立即来找陆铿,查问刊登消息的来源,陆铿一口咬定是他写的,而且说为了维护新闻操守,绝不可以透露消息来源。然而这件事却触怒了最高当局,蒋介石坚持要予以查办,由于李惟果仗义执言,甘愿为此承担一切责任,再加上陶希圣亦从中晓以利害,认为此事不宜扩大,最终则以漏列小数点为名,将此事悄然化解。

1996年12月笔者前往台北收集有关中国建设银公司的资料,住在“中央研究院”学术交流中心,正好陆铿先生为了撰写回忆录从美国到台北,也下榻于此。其间我曾多次对他进行访问,其中一个重点就是询问刊登孚中、扬子公司套汇事件的始末。事后我曾撰文介绍《中央日报》当年披露孔、宋两大公司套汇的往事,并记录了当事人陆铿对此事经过的回忆。[1] 1997年,陆铿本人的回忆录也在台湾出版[2],其中有一章题为《揭发孔宋贪污与蒋公直接冲突》,用了20多页的篇幅,详细介绍了本案的来龙去脉。其后内地也有不少刊物发表文章,虽然其中的内容都源于上述文字,但经过如此渲染,孚中、扬子公司套购外汇已成为孔、宋豪门资本官商勾结、以权谋私的重要证据。[3]

---

① 郑会欣:《孔宋违法结购外汇案五十年后曝光》,《炎黄春秋》1998年第7期,第62—65页。
② 陆铿:《陆铿回忆与忏悔录》,台北:时报文化出版企业股份有限公司,1997年7月。后文引述陆铿的回忆也都来源于此书第159—180页。
③ 如李莉、经盛鸿:《1947年〈中央日报〉揭露宋、孔豪门套汇走私事件始末》,《民国春秋》2001年第3期;王春南:《〈中央日报〉为何揭露孔宋》,《钟山风雨》2003年第4期。2003年台湾的公共电视用了两年多的时间拍摄了一部回顾宋美龄一生的大型纪实电视片《世纪宋美龄》,首次播出后不到10天宋美龄就与世长辞,这就更加扩大了该片的销路和影响。此片不仅在台湾多次重播,香港的无线电视和凤凰卫视中文台也都相继购买了版权,观众遍及两岸三地和全球的海外华人。在本片中笔者曾接受采访,主要是评价宋美龄的姐夫孔祥熙和她的兄长宋子文在主持国家财政经济政策上的功过与作用,而陆铿的访谈又将当年揭露孔、宋违法套汇的情形再次曝光。2008年6月,陆铿先生在美国病逝,在众多回忆他生平的文字中,又有许多作者重新提及这段往事。

陆铿不愧是位名记者,文字生动,情节曲折,读来让人有一种亲临其境的感觉。他的回忆内容虽然大体上与漆敬尧的文章相符,但若将二文加以对比,还是会发现有些牴牾之处,除了陆文生动有趣、故事性强之外,二文至少有以下几点不大一致的地方。

其一,关于《中央日报》高层对于消息发表的意见。漆文说,当时社长马星野卧病在家,总编辑李荆荪在外出差,是陆铿隐瞒事实真相,打电话请示陶希圣(《中央日报》总主笔、国民党中央宣传部副部长),并在得到其同意之后,方以代总编辑的身份下令排印的。但是陆文则说,他早就向总编辑李荆荪和副总编辑马沛文透露过这个计划,马连声称好,但李则面露难色,不予支持;等到取得调查报告后,陆主张发在头版,李认为此事太大,反对发表,马则从中斡旋,提出既发表但又不刊在要闻版的建议,最后决定发在第 4 版上,而陶希圣事前对此事经过则一无所知。当然陆的级别高,有些内幕漆不一定知晓,但这件事直接牵涉到漆,当晚他又在现场,因此他的回忆也不是没有一点根据。

其二,是谁决定刊登漏列小数点的启事?对此二人的回忆区别不大,漆敬尧因为地位低微,对于真相了解不多,他认为很可能是陶希圣出的主意(这也很可能是陆铿告诉他的)。而陆铿则肯定说,这一切都是在陶的设计下所玩弄的"小数点"游戏,这样不费力气就将数额缩小了 100 倍,为此陆铿还讥讽陶希圣"真是高手"。

其三,关于蒋介石召见当事人的情形。事件发生后蒋介石十分震怒,一再表示要严惩肇事者,并追查透露消息的源头。后因李惟果主动请责,陶希圣又说明彻查会引起诸多不利,蒋才放弃这个念头,但却要亲自传见肇事者。据陆铿回忆,那天他是和李惟果一起乘车前往黄埔路蒋氏官邸的,经侍卫官唱名后进入蒋的办公室。蒋第一句话仍是追问:"什么人告诉你的?"陆铿此时心想干脆豁出去了,立刻站了起来,也不管蒋愿不愿意听,站在那里慷慨陈词,从社会舆论谈到党内斗争,从国共内战说到国家危机,滔滔不绝,一口气讲了 40 分钟。他说蒋的脸色最初很难看,但慢慢地开始缓和起来。陆铿最后说:"校长,虽然我的动机是好的,但做法是错的,影响是很坏的。因此请求校长给我以最严厉的处分。"这时李惟果也赶快站了起来,说自己身为中央宣传部部长,部下犯错,责任却应由本人承担。没想到蒋介石却说:"我什么人也不处分!"这个事件因此告一段落。事隔 50 年,陆铿的回忆十分仔细,内容栩栩如生,情节跌宕起伏,结局更具有戏剧性的效果。按常理说一般人见到大人物的反应只会是恭敬和紧张，更何况是被训斥的对象；但是陆铿却不同，他不仅将他说的话几乎全都记下，甚至连蒋穿的是什么衣服、面目的表情变化以及如何装假牙等细节都记得清清楚楚，真是令人敬佩不已。但是漆敬尧的回忆就不同了，最初陆铿也是这么告诉漆，他是如何向蒋大胆进言的。但多年后漆敬尧又听陆铿的一位同学王天循谈起这段往事。据王说，当陆走进蒋的办公室之后，蒋只看了他一眼，接着就说，你就是陆铿，给我滚出去！陆铿听到这句话后掉下两滴眼泪，默默地走出蒋的办公室。按照漆的分析，依蒋的个性和脾气推断，王说比较可靠，在当时蒋盛怒的情形之下，只会叫陆滚蛋；而陆对他所说的一番话很可能是为了安慰漆，让他安心工作而已。然而根据后文所引蒋介石的日记来看，陆、漆二人的回忆都有不确的地方。

陆铿的回忆明确指出当时他是和李惟果一起去晋见蒋介石的，这件事之所以最后不了了之也是和李的承担责任有很大的关系，因此陆对李一直抱有感恩之情。40 多年后二人在美国重逢时又谈起这段往事，但李只是回忆起当年他本人在黄埔路官邸开会时如何向蒋进言，并为此事承担责任，却完全没有提及二人同时面见蒋之事。①

1970 年 11 月中国台湾破获了一起"匪谍案"，主角即为当年《中央日报》的总编辑李荆荪，罪名之一就是指控李当年"任职南京《中央日报》期间，指使该报记者陆铿揭发'扬子公司'业务机密，致京沪轰动，以策应匪党攻击'官僚资本'之阴谋"。在陆铿的回忆录出版后不久，蒋经国的一位旧部撰文回忆当年上海"打虎"的经过，重复《中央日报》发表孔、宋套汇案之事乃中共阴谋之说。文中说台湾的有关单位根据调查，侦破李荆荪"匪谍案"，据李自白，他曾利用其任《中央日报》总经理的身份，遵照中共的指示在报上刊登揭露孔、宋套汇的消息，因为中共认为，只有在《中央日报》上发表这条新闻，才能在社会上具有可信度，同时也才更具打击国民党和蒋氏父子的宣传价值。② 这种说法与当事人的回忆截然不同，漆敬尧以为李荆荪事先并不知情，陆铿虽承认事前曾向李荆荪透露过这一计划，但李的态度是坚决反对，为此陆铿还半开玩笑半认真地说，你要是不同意我就和你打架。而且陆铿认为所谓"李荆荪匪谍案"完全是

① 陆铿：《拒作贰臣盼望统一的李惟果先生》，《传记文学》第 54 卷第 1 期，第 72—73 页。
② 王章陵编著：《蒋经国上海打虎记：上海经济管制始末》，台北：正中书局，1999，第 62 页。

逼供而造成的,是当时政治上的需要,因此将其称为“千古奇冤”①。不久前刚刚出版的有关李荆荪案件的史料对此也有详细的记载。当时“司法行政部”调查局认定李荆荪早在抗日战争爆发前就已加入中共,并于战时接受重庆《新民报》记者浦熙修的领导,“抗战胜利后,返南京任《中央日报》总经理、总编辑,续受浦匪领导,积极为匪从事新闻统战,在此期间,曾利用职务上之便利,刊登甚多不利于政府之消息,并指使该报记者陆铿揭发‘扬子公司’内部业务机密,新闻发布后,轰动京沪,以策应匪党攻击‘官僚资本’之阴谋”②。然而起诉书并无提供任何有关证据,更重要的是李荆荪本人对此根本就不承认。他在答辩书中声称,关于扬子公司一案只是报纸刊登之后他才知道,“见报以前的事,苦思追忆,竟是一片茫然”。至于原因他则归纳为两条:第一,他对陆铿非常信任;第二,关于获取并发表这一新闻并非出自他的计划。虽然他也赞成刊登这一类的新闻,因为他痛恨官僚资本,认为这样可以让大众对国民党刮目相看,起到挽救国民政府危局的作用,但是扬子公司新闻是陆铿自己得来,并非由他指使,别人指控全系推论,却无法提供任何证据。③ 因此陆铿将其称为“千古奇冤”是有道理的。

《中央日报》的这篇报道其实对国民党政府来说也并非全无益处,譬如美国驻华大使司徒雷登 1947 年 8 月 10 日晚与蒋介石会谈时,曾向蒋提议扩大监察院职权,制止文官中猖獗横行的贪污腐化现象。此外又谈到新闻自由的问题,蒋即认为中国已经具备了新闻自由,涉及孔、宋两家公司的事件在报纸上广为宣扬即为例证。④ 毫无疑问,蒋介石所举出的例子一定就是《中央日报》的有关报道。

四 孚中、扬子公司结购外汇的真实数字

由于各人的立场、角度不同,回忆的内容自然也就不会一样,事隔多年,当

---

① 有关“李荆荪匪谍案”的经过,可参阅《陆铿回忆与忏悔录》,第 470—480 页。
② 参见:《“司法行政部”调查局特种刑事案件李荆荪叛乱案移送书》(1971 年 2 月 17 日),载王正华编,《战后台湾政治案件:李荆荪案史料汇编》(一),台北县新店市:“国史馆”,2008 年 1 月,第 68—69 页。
③ 《李荆荪答辩状续稿》(1971 年 8 月 30 日),载王正华编,《战后台湾政治案件:李荆荪案史料汇编》(二),第 975—977 页。
④ 《司徒雷登致国务卿电》(1947 年 8 月 11 日),载[美]肯尼斯·雷、约翰·布鲁尔编,尤存、牛军译:《被遗忘的大使:司徒雷登驻华报告,1946—1949》,南京:江苏人民出版社,1990 年,第 115—116 页。

事人已大多不在人世,有些情节现在已经很难核对,然而是否漏列小数点则是本案的关键。以下笔者先从逻辑和常理加以推断,然后再将这则新闻与档案资料进行查勘和对比,希望得出一个正确的答案。

首先我们从逻辑和常理上进行分析。

按照"新闻"的报道和漆、陆二人的回忆,孚中、扬子两个公司八个半月套汇数额高达 334 469 792 美元,占同一时期中央银行售出外汇 381 552 461 美元的 88% 弱,数额如此之大,难怪社会舆论为之愤慨,并纷纷加以声讨。然而仔细分析,这个数额是有疑问的。

其一,从经营进出口行业的数目上分析。

前文曾经提及,战后初期由于政府开放金融市场、鼓励进口贸易,导致从事进出口贸易的公司大幅增加。据统计,战后上海一地经营进出口业的华商数目逐年上升,1948 年春季到达 1 621 户的最高峰;虽然战后外国洋行公司的势力有所减弱,但数目还是约占一半①,而根据此时开放外汇市场的法令,进口商是可以根据各自的实力,随意向中央银行申请结购外汇,再向国外进口商品的。因此如果孚中、扬子两家公司结购的外汇高达 88%,其他中外公司仅结购 12% 的外汇,这在情理上无论如何是说不通的,与当时大批的商人因结汇购买货物进口谋利的实际情形也是不相符的。更何况在这批从事进出口业的公司中还包括中央信托局、物资供应局以及中国纺织建设公司、资源委员会等国营垄断机构,它们经手进口的商品数额应该占据最大的份额。实际情形也是这样,譬如说在这段时期中,中央信托局向国外订货物金额计达 13 520 204 美元,其中 90% 以上都是油料。② 因此,仅中央信托局一个部门结汇额就约占中央银行售出外汇的 3.5%。

其二,从进口货品的种类分析。

根据国民政府经济部统计处的调查,1946 年占进口最大比例的进口物资当属棉花及其制品(26.05%),以下依次为化学工业货品(10.42%),汽油、柴油、煤油、机油(9.68%),机器设备及车辆船艇(9.39%),食品及饮料

---

① 参见《上海对外贸易》下册,第 150、154 页。
② 《财政部、经济部会呈[财视字]第 2598 号》(1947 年 6 月 14 日),中国第二历史档案馆藏财政部档案:三(2)/599。

（6.92％），图书及纸类（6.35％），其他纺织纤维（6.17％），等等。① 而根据中央银行总裁贝祖诒同期的报告称，1946 年 1—11 月上海进口总值（起岸价格 C.I.F）为国币 1 172 705 555 000 元，出口总值（离岸价格 F.O.B）为 218 759 625 000 元，进出口总值大约为 5：1；其中进口货物数额最多的是原棉，计国币 293 258 605 000 元，②约占进口总额的 25％，这也与经济部的调查情况大体相符。

其三，孚中、扬子公司进口的汽车数量及金额。

以孚中公司为例，按"新闻"的说法，孚中公司在八个半月时间内共结外汇 153 778 723 美元，进口的货物主要是吉普车及旅行车，共占总进口额的 50％，计购买"卡特拉克"牌汽车 2 辆，旅行车 101 辆，吉普车 780 辆。按照当时海关的规定，所有进口汽车的价格均不得超过 1 200 美元的标准，而孚中公司进口的汽车中除了"卡特拉克"牌车价格超出标准外，其他旅行车和吉普车均未超标。这也就是说孚中公司进口约 900 辆汽车至多只需 100 万美元，既然汽车进口占据公司进口额的一半，那么结汇额最多也就是 200 万美元左右，这离"新闻"所披露的 15 300 多万美元差距确实太大了。而扬子公司进口的物资主要是棉花和药品，另外购进"奥斯丁"牌汽车共 50 辆，价格均未超过规定，也就是说不会超过 6 万美元。

当然，仅凭上述结论并不一定能说明问题，最可靠的证据应该是来自第一手的档案资料，那就是前文曾提及的 5 月 20 日的"签呈"和 6 月 14 日的"会呈"（为便于比较，以下外汇数额及其标点均完全抄录原档）。

首先看"签呈"中关于结售外汇的数额：

（1）售给一般工商业及私人合法所需外汇数额自三十五年三月四日至十一月十七日止，在进出口贸易暂行办法时期共售出美币三八一五二四六一·一三元，英币一六七一六六〇镑，港币二四三二五五八九·八八元。此后修正进出口贸易办法，加强限制输入至三十六年二月十五日止，共售出美汇二〇一一一〇四〇·八〇元，英汇

① 《国民政府经济部统计处关于 1946 年中国对外贸易概况的报告》（1946 年 12 月），载《汇编》第五辑第三编《财政经济》（六），第 601 页。
② 《贝祖诒关于上海进出口贸易入超情形覆宋子文函》（1947 年 1 月 27 日），载《汇编》第五辑第三编《财政经济》（六），第 603 页。

八七三九〇四镑,港汇三五四九一七九.二五元,仅相当于两期售出总额百分之五,可见修正办法颁行后,售量大减。

(2)中信局及孚中等公司售结外汇情形。

(甲)中信局全部订货共值美汇一三五二〇二〇四元,半数以上系该局自有及各机关自行请准之外汇,所购货物百分之九十为油料。至汽车价款共五四四九〇〇美元,内有五〇〇〇〇〇元系院令所购190辆之价,其请购外汇数目约占央行售出总额百分之三。

(乙)孚中实业公司除自有及售出者外,净购美汇一一一三三〇七.三一元,约占央行售出总额万分之三十八,所购货物以吉普车、旅行车两项共占百分之五十,无线电及附件占百分之二十,余皆准许进口之零星物品。

(丙)扬子建业公司净购美汇一〇七四二〇〇元,约占央行售出总额万分之四十五,所购货物,以棉花药品较多。

(丁)中国建设银公司共购美汇八七七.六二元,约占央行售出总额五十万分之一,为数甚微。

6月14日财政、经济两部"会呈"中的内容基本与"签呈"相同,但仔细对比之下,也有几处不一致的地方:

(1)"签呈"报告的售出外汇除了美元之外,还有英镑和港币,但不知为何,"会呈"中则只保留美元的数目,这样售出外汇的总额就减少了大约7 000万美元左右;

(2)"签呈"只列举了孚中和扬子公司净购外汇的数目,而"会呈"则增加了两公司结购外汇的总额,即"孚中公司共结购美汇一五三七七八七.二三元,除自有及售出者外,净购一一一三三〇七.三一元";"扬子建业公司共结汇美汇一八〇六九一〇.六九元,除售出者外,净购一〇七四二〇〇元";

(3)"签呈"中不但列出孚中、扬子和中国建设银公司结购外汇的数额,还计算出各公司结购外汇占央行售出总额的比例①,而"会呈"则将其完全略去。

《中央日报》的新闻说明其消息来源出自财政、经济二部的"会呈",因此我

---

① 但这个比例是有问题的,譬如孚中公司结汇的数额高于扬子公司,但比例(38/10 000)却低于扬子公司(45/10 000),而且根据两者的比例推算总额,其数目亦不相同。

们又将二文加以对比,发现除了主要文字、措辞等内容基本相同外,也有一些明显的区别。

首先是次序和标题上有所变动。"会呈"内容排列的次序是:(1)禁止奢侈品进口及限制售结外汇实施日期;(2)国营商行及孚中等公司实际进口情形;(3)中国银行经售外汇情形。而"新闻"则将第二和第三部分予以掉转,并将第三部分的"中国银行"改为"中央银行",同时删去第二部分"国营商行及"几个字。

其次是内容上有所删节。"会呈"在公布孚中、扬子公司结汇数额及进口情形的同时,还列举了国营公司如中央信托局、物资供应局结汇及进货情形,但"新闻"却将其全部删去。

当然最重要的区别就是小数点问题。"签呈"和"会呈"在公布所有外汇数额时都标有小数点,而且还自个位数起每三位数字之后加上顿号予以注明;而"新闻"除了在央行售出外汇总数中标明小数点外,对孚中、扬子公司结汇的数额均没有任何标点符号。而且"签呈"和"会呈"中所提到的自1946年11月7日至1947年2月1日所售出的外汇为"美金二〇一一〇四〇.八〇元",但"新闻"中却写成"二〇一二〇四〇.八〇元",将其数额缩小了近10倍。①

除此之外,还有一个重要的证据,那就是当《中央日报》刊出孚中、扬子公司结购大笔外汇、引起舆论一片哗然后,监察院院长于右任立即亲自下令:"派吴南轩、何汉文、王冠吾、杜光埙、谷凤翔调查孚中、扬子等公司案,通知审计部派人参加。"②于是何汉文等监察委员便会同审计部审计万荣斌、协审陈华元等亲自前往上海进行调查,先后到银行、海关以及各大进出口贸易公司搜集资料,并征寻各方意见,8月21日大致调查完毕,回到南京后再加以汇总,并于10月2日将调查结果呈报于右任。③ 这份调查报告随后并在上海、南京等地

① "签呈"和"会呈"个位以上数字起每三位之间都标有顿号,因此很容易识别;但"新闻"没有加标点,同时因为文字是竖写的,原本111万用中国数字写应该是"一一一万",不知是抄错还是排版错误,三位数最后变成了"一二"二位数,因而数额缩小了近10倍。

② 《察院院长于右任手令》(1947年8月2日),中国第二历史档案馆藏监察院档案,八/2040。

③ 《何汉文等监察委员呈外汇使用及各公司营业情形调查报告书》(1947年10月2日),中国第二历史档案馆藏监察院档案:八/2040。《中华民国货币史资料》第2辑亦摘录了该报告的主要内容,见该书第837—847页。

各主要报章上予以公布。① 应该指出的是,这个调查是在国内外舆论的强大压力下、由监察院和审计部独立进行的,可信程度很高。然而该报告虽然对于孚中、扬子等公司依仗特权、赚取超额利润的事实有所披露,而且在结购外汇的数目上与财政部的调查亦有所不同,但两者之间的差距并不大。对此财政部调查室主任姚曾廙曾逐条加以解释:

一、监察院报告书关于外汇使用部分直溯至三十四年八月,而本部之调查则自三十五年三月四日管理外汇暂行办法实施后开始。

二、本部之调查仅限于中央信托局、物资供应局及孚中、扬子、建设银三公司,监察院之报告则遍涉及其他部分。

三、监察院报告书丙项"外汇使用数字分析"一节,其数字与本部所调查者完全相同。

四、孚中公司结购之外汇,监察院报告所载为"共请准美金一五八五〇八六.〇九元,自备外汇一三七八一七.四三美元",与本部调查报告中"共结购美汇一五三七七八七.二三元,内自备美汇一八九三二.四九元及售回之美汇二三四五四七.四三元"互有不符,惟本部之调查在四月初旬,监察院则于九月末,因时间相隔五个余月,则数字自有不同。

五、关于孚中吉普车进口数字,监察院为七四五辆,本部报告为七三八辆,当系于本年四月间本部调查完竣后该公司续有吉普车进口。

六、扬子公司结购外汇之数字,据监察院报告为美汇一八二〇四一一.〇三元,英汇二一〇四一镑,出口货物计结美汇九五四八八九.六一元,英金九五五六二镑,而本部调查之数字为结购美汇一八〇六九一〇.六九元,英汇一八四〇四镑,出售美汇七三二七一〇元,英汇六〇七九七镑。

七、其他部分完全相符。②

---

① 如上海的《商报》曾于 1947 年 10 月 12—13 日将报告全文加以连载。
② 《姚曾廙关于调查外汇使用情形签呈》(1948 年 1 月 11 日),中国第二历史档案馆藏财政部档案:三(2)/599。

最近刚刚对外公布的蒋介石日记也进一步证实了这一论点。① 此事曝光后蒋介石十分恼火,除了立即下令彻查外,他在8月1日的日记中也流露出当时的心情:

> 近日为宋家孚中、孔家扬子等公司,子文违章舞弊,私批外汇□□(两字不清。——引者注),令行政院彻查尚未呈覆,而《中央日报》副总编辑乃探得经济部所查报之内容,先行登刊发表,并误记数目,以一百八十万美金误记为一亿八千万美金,因之中外震惊。余严电财部公布真相,稍息民疑。子文自私误国,殊为可痛,自应严究惩治,以整纪纲。
>
> 朝课后,为查究孚中等公司案,令财部与《中央日报》公布改正,必须根究查办,水落石出方妥。……召见陆铿,即在《中央日报》登载孚中公司案者,面慰之,以彼甚惧我惩处其违法登载政府未公布之消息也。

两天之后,蒋介石又在"上星期反省录"中写道:

> ……对孚中、扬子各公司违法外汇,子文私心自用如此,昔以荒唐误国,犹以其愚顽而尚无舞弊之事谅之。今则发现此弊,实不能再恕,故依法行之,以整纪律。

从蒋介石的日记和手令中我们至少可以了解以下几个问题:其一,孚中、扬子公司确实存在以权谋私的行为,而这些弊案又都牵涉行政院院长宋子文的头上,蒋介石为此极为愤恨,多次下令予以彻查,并指示迅速制定防止官商勾结的措施;其二,孚中、扬子等公司套汇的数额被扩大了100倍,《中央日报》的报道确实漏列了小数点,而后来的更正启事则是蒋介石决定发表的;其三,蒋介石已经了解消息的来源出自于经济部,但他并不准备予以追查,所以还曾

---

① 蒋介石日记目前暂时保存于美国斯坦福大学胡佛研究所,自2006年3月起分批对外开放。笔者2007年12月曾前往该所收集资料,但当时日记只公布至1945年,因此无法查阅1946年以后的日记。这些日记已于2008年7月对外开放,以下两则蒋介石日记是委托浙江大学历史系陈红民教授代为摘录的,谨此说明,并致谢忱。

当面安慰陆铿，因为陆铿"甚惧我惩处其违法登载政府未公布之消息也"。

五　漏列小数点之谜

现在有两点是可以肯定的，一、《中央日报》公布的这则新闻并非杜撰，肯定是抄自财政部和经济部的联合调查报告；二、《中央日报》的报道确实漏列了小数点。既然漏列小数点是真的，那么为什么会漏列小数点，也就是说漏列小数点到底是无心之失还是有意为之的呢？

我们还是先看看当事人是怎么说的吧。

最先披露这件事内幕的是抄录调查报告的《中央日报》记者漆敬尧，据他回忆，他是抗日战争胜利后刚刚进入报社的新手，没有经验，"由于没有受过正规的科班新闻教育，最初不知'采访'、'写作'为何物，以致常受责备"。当年他是奉陆铿的旨意追查财政、经济部的调查报告，最后是在经济部商业司司长邓翰良的默许下亲自抄录的。据漆敬尧回忆，当时他是"从头抄到尾，约抄了四五十分钟才抄完交还邓"。今天我们在档案馆看到的这份调查报告原文一共 6 页，每页 10 行，连同标点符号大约不到 1 800 字，虽然字迹十分清晰，但漆敬尧抄写的速度算是比较快的了。

漆敬尧是中午时分到经济部抄录的，抄完后不敢停留，立即赶回报社（经济部离《中央日报》社不远，走路大约只需 10 分钟）。漆回忆说，回到报社他还是不敢拿出来，只是到入夜后才将抄到的内容加以整理，然后再悄悄地交给前来值班的陆铿。漆敬尧只是说将报告加以整理，但到底是删节了还是修改了却没有细说。由于当时没有复印设备，因此漆敬尧只能用笔抄录，抄完后又没有时间校对，因此抄录过程中如果漏记了小数点也是极有可能发生的。漆敬尧自己也承认，由于"无法记得当时那么多的阿拉伯数字与小数点的'玄机'，所以事隔四十多年之后的今天才来动笔"。

陆铿的回忆与漆敬尧略有不同，他说没有想到他与经济部部长陈启天谈话后的第二天，漆敬尧就从经济部商业司司长邓翰良那里拿到了这份调查报告。请注意，陆铿这里用的是"拿到"而不是"抄录"这个词，一般说，人们会理解为"拿到"的可能是副本，可信度当然要高过抄件了。至于对报告的内容有无改动陆铿没有明说，漆敬尧回忆"陆主任仅在第二段动了点手脚，把来自经济部的新闻改为来自'财政方面某高级官员……'",目的是转移读者的视线。但陆铿则承认这么做的原因除了要保护消息来源之外,也是对财政部官员趾高气扬态度的一个报复。

正如前文所述,"新闻"虽然确实抄自"会呈",但二文之间还是有些不同,不仅个别文字略有改动,次序有所调整,内容上更是将有关中央信托局和物资供应局结购外汇的数额予以删节。这段文字字数虽然不多,但内容却十分重要,因为中央信托局结购的外汇有 1 300 万美元,如果不列小数点,数额将高达10 多亿美元,于理不合;但要列小数点的话,那么孚中和扬子公司结购外汇就应同样标明,数额自然就不会如此惊人了。联想到"新闻"将 1946 年 11 月至 1947 年 2 月出售外汇的数额由 2 000 多万美元缩减到 200 多万美元,似乎也不是偶然的事。因此我以为此处删节不像是无意中的抄漏,恐怕还是有意为之。

据笔者分析,漆敬尧可能只是个执行者,他自己也承认根本就不记得抄来的那些数字和小数点了;但陆铿后来的回忆可能就是有意而为之的了,因为既然原文中确实列有小数点,那么报道中漏列了小数点予以更正也是自然之事,但陆铿却将其说成是陶希圣凭空想出的一个补救办法,而且还说陶"真是高手"。从这些事实分析,即使陆、漆当年抄漏小数点可能是无意之失,但 40 多年后的回忆,特别是陆铿的说法则与事实一定存在某些出入。

还有一点需要注意的是,漆敬尧的文章发表于 1989 年 1 月,陆铿的回忆录于 1997 年出版,而此时几个当事人均刚刚离世(李荆荪 1988 年 2 月因心肌梗塞猝死,陶希圣 1988 年 6 月病逝,马星野于 1991 年辞世),因此陆的回忆也就只能成为孤证了。至于陆铿他们当年为什么要这样做,是出自对豪门资本的义愤,还是囿于党派之间的攻讦,或者更简单,就是无意中抄漏了小数点,真相不得而知;但 40 多年后他们的回忆有一些内容与事实不相符,则是肯定的。当然以上这些猜测只是笔者个人根据各方面资料的对比而做出的一个判断,是否成立,还请学界方家指正。

其实国民政府自 1946 年 3 月实施开放外汇市场的政策以来,国家对外汇的管制极为宽松,除了极少数禁止进口以及部分须向海关申报许可后方能进口的货物外,大多数商品均可自由进口,任何从事进出口行业的公司申请结购外汇都很容易,既不需要什么特殊的关照,也没有数额上的限制。对于外汇加以管制是 1946 年 11 月 17 日公布《修正进出口贸易暂行办法》,严格限制进口、实施输入限额办法以后的事。也就是"会呈"和"新闻"中所说自 1946 年 11 月 17 日至 1947 年 2 月 15 日这段期间仅售出外汇 20 111 040.80 美元,数额仅占这两段时期总额的 5%。而正是在这段时间内,由于其他公司很难购买外汇,更因难以申请到进口额度,从而无法购买外国商品;而孚中、扬子等这些"官办商行"方显示出其巨大的能量,利用特权,从中央银行中套取大量外汇,再由输入临时管理委员会那里领取进口配额,从中牟取暴利。① 因此,这才是外商和那些没有政治背景的进口商愤而攻击的原因。

当时国民政府正积极向美国政府寻求援助,而在华美商却纷纷对中国政府的对外贸易政策表示不满。《大公报》在一篇报道中曾披露:"自输入管制以后,所有进口货物均由输入管理委员会加以管制,并以规定限额,配以进口商分别进口,在华之各地美籍进口商因经营困难,均表不满,并认为进口限额很多配给豪门资本,歧视洋商,不予平等待遇,于日前联名致电美国国务院,表示于中国政府不予彼等便利情形下,美国政府对于中国政府之要求种种援助,亦应加以审慎考虑。"②香港华商总会亦致函行政院院长张群,对于输入结汇新办法表示强烈不满,并声称予以联合抵制。③ 时任上海市市长的吴国桢后来在回忆这段往事时也承认,这些"官办商行"虽然都是些剥削者、暴发户,但他们所做的一切确实没有问题,一切都合法(法令本身就是他们自己制定的),这是因为"他们有影响力,一切都是在合法的范围内做的",比如,没有人能得到外汇(因申请外汇需要审查),"但他们的人,即孔的人是控制财政部外汇管理委员会的,所以就能得到外汇。每个人都得先申请才能进口必要的货物,但他们却有优先进口权。因此,尽管他们的确从中国人民的血汗中发了大财,但一切仍然是合法行为"。④ 而当时的舆论则将此事斥之为"像是一幕事先排演熟练的戏,这幕戏演过之后有什么效果呢? 在中国之内从此以后,人们不必再指摘这三公司,因为他们已取得合法的证明,但就对美国舆论而言,这幕戏演了等于

----

① 笔者曾在中国第二历史档案馆所藏《输出入管制委员会》的档案中(全宗号:四四七/1946、1949)对孚中、扬子公司呈报的"申请外汇单"逐张进行统计,结果是两公司在这段时期按官价结购外汇接近 38 万美元,约占同期国家出售外汇总额的 2%;同时批准配额进口,但需自备外汇约 150 万美元。
② 《大公报》(上海),1947 年 6 月 27 日。
③ 《香港华商总会致行政院院长张群函》(1947 年 7 月 15 日),中国第二历史档案馆藏全国经济委员会档案:四四/1473。
④ [美]裴斐、韦慕庭访问整理,吴修垣译:《吴国桢口述回忆——从上海市长到"台湾省主席"(1946—1953 年)》,第 69 页。

不演。因为调查里的结果,与人家所指摘的,是文不对题"①。明明中外商人关心的是限制进口、管制外汇之后孚中、扬子公司套购外汇的数额,但财政部调查的却是开放外汇和进口贸易的第一阶段,当然是"文不对题"了。

正是由于孚中、扬子等"官办商行"在战后经营进出口贸易中依仗特权、牟取暴利,所以才成为社会舆论攻击的一致目标;也正是因为这个原因,尽管《中央日报》在有关孚中、扬子等公司结购外汇的报道中确实是漏列了小数点,但却为广大民众所信服。也就是说即使是谎言,老百姓却都相信,由此可以看出人心向背的影响之大,说明此时政府已完全没有公信力。最后还要指出的是,这篇报道虽然并不完全真实,但它却顺应了广大民众憎恶贪腐、要求公正的心情,同时在某种程度上也削弱或阻碍了豪门资本利用权势、攫取暴利的行径。

原载《"中央研究院"近代史研究所集刊》总第 61 辑,

台北:"中央研究院"近代史研究所,2008 年 9 月

---

① 褚光明:《扬子、孚中、建设三公司案彻查内幕》,《自由天地》1947 年第 3 期,第 8—9 页。

战后中国的"官办商行"

一 "官办商行"兴起的背景

什么叫"官办商行"？按照字面理解,应该是由政府出面或投资、从事商业经营例如中央信托局、物资供应局那样的机构或公司;但是在抗日战争胜利后的中国,这个名词却具有其特别的含义,它主要是指那些与政府具有特殊关系的豪门资本。表面上看,它们与一般私营公司一样申请注册,收募资本,但实际上公司的股东不是政府内主管财经事务的高级官员或其亲属,就是富甲一方的财阀大亨,因此他们能够仰仗特权,控制经济,牟取暴利,从而引起社会舆论的强烈抨击。在这些"官办商行"之中,由于孔祥熙、宋子文执掌国家财政20余年,其间从未放弃为家族谋利,所以孔、宋豪门资本便成为千夫所指的目标。

在中国的传统社会中,官与民是对立的阶层,中央政府更严令禁止高级官员及其亲属经商,《大明律》就规定公、侯、伯以及四品以上的官员及其亲属、仆人不得经商。而且官府手中控制的国内市场和手工场并不多,只有盐、铜、丝、瓷器等由国家垄断。由于利益的驱动,虽然许多官员暗中从事商业活动,但他们大多不敢明目张胆地进行,而是委托代理人经营,或是以假名或堂号入股,获取利益。到了近代,自强运动中出现中国最早具有近代化生产的大工业,由官办、官督商办到官商合办,即将原由官府经营的事业招商人出资承办,但政府仍能予以严格控制,一时间轮船招商局、矿务招商局、电报招商局便应运而生,出现了国家资本与民族资本兴办实业的高潮。

国民政府成立之初,官僚经商的事例并不罕见,但应该说这种现象还不算特别严重,因此尚未引起社会的广泛注意。然而当抗日战争进入相持阶段之后情况就发生了变化,一方面由于国家实施统购统销、物资专卖等战时统制经济政策,给予经办财政金融事务的官员极大权限;同时,战争对经济造成了严重破坏,大后方人口迅速增加,物资供应极度匮乏,通货膨胀日益加剧。随着国家对外汇实施管理,原先投机外汇的资金转变了方向,以致走私、贪污等各种腐败行径大行其道,尤其是那些掌管国家财政金融大权的高级官员,私事公办,公款私营,他们的家属则凭借其特殊身份,亦官亦商,或假借名义向国家银行贷借巨款,囤积居奇,或套购外汇,大做其无本生意,大后方官商勾结、权钱交易的现象日益严重。对此陈布雷曾十分精辟地形容:"在北京政府时代买办与官僚结合,南京政府时代买办与官僚结合,尚有平津、京沪之距离;今者官僚、资本家、买办都在重庆合而为一。"[①]各级政府掌握一定权力者,特别是主管财政经济部门的首脑,甚至于军队将领,上行下效,一旦有机会也会置身于内。这种借助权力而形成的官僚资本,以及由此而产生的特权阶层,其目的就是要阻止市场经济向公平竞争的现代化方向发展,着力将市场经济引向畸形的方向,从而成为腐败的市场经济。

抗日战争胜利后,国民政府接收了大量敌伪产业,同时又改变了战时的统制经济体制,实行开放外汇和黄金市场以及鼓励输入的财经政策,使得经营贸易成为有利可图的行业。一时间从事进出口贸易的公司纷纷注册,而那些官僚及其亲属更是利用特权,抢滩登陆,在经营美国商品进口的贸易中大发其财。然而数月之后,由于国库中外汇的大量流失,进口商品充斥于市,国民政府又不得不修改对外贸易政策,对于进口商品实施配额制,同时对于结购外汇亦实行严格的管制。[②] 政府的这一政策确实制止了一般商人的发财之路,但对那些具有强大背景的豪门资本来说,这些举措不但没有任何作用,反倒为他们清除了大量的竞争对手。

正是因为这些特殊的公司可以享受种种特权,继续从事利润极大的进口贸易,所以引起中外商人的强烈不满。1947 年 3 月 13 日,上海的美资报纸《大美晚报》披露合众社的一则记者消息称:目前中国的国营商行购有价值数十亿元的进口货物,绝不受结汇限额及进口条例等限制,如环球贸易公司、中央信托局及中国供应局现大量进口奢侈品,如汽车、无线电机、冰箱及其他政府

---

① 转引自《唐纵失落在大陆的日记》,第 392 页。
② 参阅拙文:《从统制经济到开放市场:论战后初期国民政府对外贸易政策的转变及其原因》,《"中央研究院"近代史研究所集刊》第 53 期,台北:"中央研究院"近代史研究所,2006 年 9 月。

严禁进口之货物，"此项奢侈品大部分为政府有关之商行所定购，供应私人买户，且传获利以饱私囊"；而"中美商人对于宋子良主持之孚中公司、宋子安之中国建设银公司、孔令侃之扬子建业公司，利用特权，经营商业，尤多指摘"；另外上述公司的一些头面人物还利用中国外交官的护照在美国从事商业活动。同日《大美晚报》的社评称，"从其他方面所得之报道与合众所称者完全相符，望官方能对此事予以说明"云云。蒋介石听到这一消息后极为愤怒，并立即致电财政部部长俞鸿钧，令财政、经济二部"遴派要员彻查具报"。①

此时，宋子文因黄金风潮的爆发刚刚辞去行政院院长的职务，但朝野上下对他仍然予以抨击。4月2日，黄宇人等103人在国民党第六届中央执行委员会第三次全体会议上提出"拟请惩治'金钞风潮'负责大员及彻查'官办商行'账目、没收贪官污吏之财产、以肃官方而平民愤"的临时动议，要求追究宋子文、贝祖诒等负责大员的责任，不能以辞职、免职即为了事，因为这些大员"不但运用失宜，且抑有勾串商人、操纵图利之嫌"，因此应"依法提付惩戒"，"从速查明议处，以肃党纪，而彰国法"。临时动议还称，一统公司、孚中公司、中国建设银公司、扬子建业公司等"官办商行""皆有利用'特权'、结购巨额外汇、输入大量奢侈品情事，致普通商人难与争衡，外商并因此屡提抗议"，而且"此类'官办商行'又大抵为官僚资本之企业机构，其间不乏贪官污吏之财产，尽为搜括民脂民膏之所得"，因此要求有关部门"彻查此类'官办商行'之账目"，如果发现其有"勾结贪官污吏之确凿事实者，应即封闭其公司、没收其财产，以肃官方，而平民愤"。② 由此可见，孔、宋家族经营的这些公司业已成为官僚资本的代表，更成为朝野上下一致攻击的目标，因此有必要对其进行深入的分析。

二 "官办商行"的个案研究

中国建设银公司、孚中实业公司和扬子建业公司虽然都被称为"官办商行"，但它们成立的背景、经营的活动并非一样，所以应先对这几家公司的情形

---

① 《蒋介石致财政部部长俞鸿钧代电》(1947 年 3 月 19 日)，中国第二历史档案馆藏财政部档案：三(2)/599。

② 临时动议原文见(党史会藏)国民党中央执行委员会会议档案：6.3/89;；又见中国第历史档案馆藏经济部档案：四/28233。

作一简单的介绍。

1. 中国建设银公司

在这几家公司中,中国建设银公司成立的时间最早,它是1934年宋子文在上海联合国内最大的十多家银行(包括国家银行和商业银行)共同投资而成立的一家股份有限公司。此时宋子文刚刚辞去财政部部长,照他的原话说就是"决计弃官就商,且具做'中国摩根'意愿"[①],因此成立这家公司的目的是为了解决引进外资和促进国内资本市场发展两大问题,故"本人经本党同志及银行界友好之赞助,发起组织中国建设银公司,成为吾国第一家真正投资公司"[②]。公司成立后曾一度以国家的名义,积极吸引外资,完成和新建多条铁路,公司本身又同时投资国内的工矿企业,特别是通过改制,将大批国有企业控制在手中。然而抗日战争后期,随着公司中原属国家银行投资的股份以极低廉的价格出售给私人(主要是包括孔、宋家族在内的政府官员和金融大亨),公司的性质及其经营方向都发生了重大的变化,成为名副其实的官僚与财阀结合的典型。[③] 由于宋子文长期操纵公司的运作,其弟宋子良和宋子文更相继担任公司的总经理,因此中国建设银公司一直被认定为宋氏家族的官僚资本。[④] 1949年5月上海刚刚解放,中国建设银公司亦即立刻被军管;1950年1月4日,军管会正式宣布,中国建设银公司及其属下的所有企业、公司均以"国民党官僚资本"的名义予以没收,但在此之前公司的资本早已撤出,留下来的只是那座矗立在上海外滩的建设大厦。

2. 孚中实业公司

孚中实业公司是由中国国货银行、交通银行和金城银行三家银行共同投

---

① 这句话是宋子文亲口对中国银行总经理张嘉璈说的,见姚崧龄编著:《张公权先生年谱初稿》上册,第133页。

② 宋子文1947年9月18日在国民党中常会上报告中国建设银公司成立经过时的讲话,全文见《大公报》1947年9月19、20日。

③ 参见拙著《从投资公司到"官办商行":中国建设银公司的创立及其经营活动》,香港:中文大学出版社,2001。

④ 譬如陈真主编《中国近代工业史资料》第3辑的副标题就是"清政府、北洋政府和国民党政府官僚资本创办和垄断的工业",其中下卷即将中国建设银公司及其属下的企业列为"宋子文家族官僚资本";而黄逸峰、姜铎的《旧中国的买办阶级》(上海:上海人民出版社,1982年)第165页图表《四大家族直接控制的金融机构》亦将中国建设银公司列于其中。

资成立、专门从事进出口业的公司,董事长为钱新之,但实际权力则由总经理宋子良所控制。抗日战争刚刚胜利,远在大洋彼岸的宋子良就以中国国货银行总经理的身份亲笔致函交通银行董事长钱新之、总经理赵棣华和金城银行代总经理戴自牧,提出以三行共同投资成立公司、独家代理美国厂商、专门经营进口贸易的建议,信中称:"兹为促进中美合作,以利建设起见,子良等拟组织孚中公司(Fu Chung Corp.),先在美国注册,资本多寡,容再酌定,但至多国货银行可认半数。其营业范围包含经营国际贸易及兴办实业,特别注重交通工具以及附属业务。"宋子良表示,他已经和"美国著名之 Willis - Overland Motors 公司 Toledo Ohio 订立合同,5 年为期,订明在中国境内(包括东三省、台湾及香港)独家经销其所有出品,如汽车、货车、军用或农用之奇普车(Jeep)及小型发动机等"。他并且计划,"初步为其代销,次为由美装运机器赴华设厂,制造一部分零件及装配,如获成功,则合资在华设厂,制造全车,并由其技术协助,在各运输要地广设汽车修理供应处",除此之外,"尚有其他美厂多家(如全世界著名之 Spark Plug 公司、化学医院用品公司等)欲在吾国发展营业,苦无对象为其策划,孚中公司可为效力,裨益建设前途,良非浅鲜。不特此也,一俟国内得设立机构时,即可着手推销国货及农产品于海外市场"。至于股份,则全数来自于国货、交通和金城三行(其中国货银行应占半数),不收外股,但"如荷诸兄个人投资,亦所欢迎"。① 这封信详细介绍了成立孚中公司的目的、公司经营的范围、资本的来源等重要内容,更充分显示出宋子良等人计划战后抢占国内市场的野心,值得深入研究。

3. 扬子建业公司

同孚中实业公司成立的背景几乎完全一样,只不过扬子建业公司的老板是孔令侃。抗日战争全面爆发时,大学毕业不久只有 20 多岁的孔令侃就被其父任命为财政部秘书、中央信托局理事,常驻香港,负责与西方国家购买军火,从中赚取大笔佣金。其后他在美国活动期间,与美国众多金融寡头建立了联系,成为他们在中国的代理人。抗日战争刚刚胜利,孔令侃就抢先成立扬子建业公司,专门从事进出口贸易。扬子公司的总公司设于上海,在汉口、福州、南

① 《宋子良等致钱新之等函》(1945 年 8 月 18 日),中国第二历史档案馆藏交通银行档案:三九八(2)/252。

京、香港、天津等地设立分公司,并在纽约设有联合机构"扬子贸易公司",公司下设工业、营业、事务、财务、代理进出口、颜料、影片等九个部门。[①] 由于公司主要经营进出口的贸易,如棉花、电器、药品及其他奢侈品的进口以及从事猪鬃、茶叶等农产品的出口,因此人们将其视为垄断进出口的"孔家资本"是十分自然的,而 1948 年 9、10 月间蒋经国在上海"打虎"时所牵连的所谓"扬子公司囤积案",使得这家公司更为世人所知。

这些"官办商行"利用其特殊的政治背景及其与政府的微妙关系,战后迅速在上海"抢滩登陆",一方面独家代理美国各大厂商的在华经销代理权,垄断汽车、电器、药品、奢侈品等非生产性的物资进口,同时又仗恃特权,套购外汇及申请大量的进口配额,赚取超额利润,加快了国库中外汇和黄金大量流出的速度,因而它也成为国人攻击的共同目标。

三 "官办商行"的特点

1. 资本的来源与转变

首先我们对这些公司的资本来源进行分析。

以中国建设银公司为例,公司的创立得到了国民政府最高当局和国内银行界的支持,公司注册资本为国币 1 000 万元,25 名董事和 9 名监事不是政府主管财政经营的高官(如孔祥熙、张静江、李石曾、陈行、徐堪等),就是以江浙财阀为代表的金融大亨(如胡笔江、周作民、唐寿民、张嘉璈、徐新六、贝祖诒、李铭、陈光甫等),其声势之强大、阵容之鼎盛,可谓一时无两。最能说明问题的是,自 1936 年以后的中央银行理事会 8 名常务理事(宋子文、孔祥熙、徐堪、陈行、叶琢堂、张嘉璈、陈光甫、唐寿民)竟一个不差地全都是建设银公司的董事会成员![②] 从中我们可以得出一个结论:中国建设银公司的董事会不仅由政府内主管财经事务的高官主事,其成员包揽了中国最大的十几家国家银行与商业银行的首脑,而且他们与政府间具有十分密切的关系,有些人甚至还担任政府中的重要官职,其中有些人"官"与"商"的身份已很难区分。这些事实

---

① 《大公报》,1947 年 9 月 21 日。

② 参见刘寿林、万仁元等编:《民国职官年表》之《中央银行职官年表》。

都在在说明,中国建设银公司的创办是国民政府成立后官僚与财阀结合的一个重要标志。

应该指出的是,中国建设银公司成立初期董监事所占有的股份并非来自个人,其中绝大部分都属各股东银行的参股数额;但是到了抗日战争后期,随着大后方腐败的加剧,这些官僚和财阀却以极为低廉的价格,将国家银行和商业银行手中的股份转移到个人名下,然后再利用种种特权,操纵市场,买卖外汇,从事各种投机事业。对于这一点公司高级职员亦承认:"本公司成立之初,其股份大部分属于当地各国家银行及商业银行,私人股份甚少。其后时日变迁,原有股份渐多转移,私人股份亦渐次增多。"[①]这就说明,此时国家的资产已与官僚财阀私人的利益结合在一起而难以区分了。

孚中实业公司在美国注册,注册资本为美金 60 万元,先付一半,其中国货银行占一半股份,交通和金城银行则分别占公司 1/3 和 1/6 的股份。其后孚中公司又在重庆申请注册,其资本为国币 1 800 万元(不久又增资为国币 3 亿元),其股份分配的比例也完全一样,但两家公司并无上下隶属地位,而是一种兄弟公司的平行关系,为了以示区分,前者称作孚中国际公司,后者则为中国孚中实业公司。孔祥熙为公司的名誉董事长,董事长为交通银行董事长钱新之,其他的董事按比例分别由国货、交通和金城三行负责人出任,而真正执掌公司大权的则是董事总经理宋子良。

扬子建业公司筹备于 1945 年冬季,1946 年 1 月在上海登记注册,资本为法币 1 亿元,1947 年 7 月增加为 10 亿元,分为 100 万股,孔祥熙之子孔令侃一人就拥有 249 000 股,其余的大股东包括杜月笙、范绍增、赵季言、顾心逸、姚文凯等海上闻人,董事长及总经理均由孔令侃一人兼任。[②]

2. 经营活动及其特点

由于成立的时间及背景不同,所以这几家公司的经营活动亦不尽一致。宋子文创办中国建设银公司的目的是希望将其建成为投资公司,因此公司成立后主要经营活动包括进军证券市场,代理政府和公司发行债券;引进外资,

---

① 《暂拟中国建设银公司清理计划草案》(1949 年 6 月 14 日),中国第二历史档案馆藏中国建设银公司档案:二八九(2)/24。

② 陈真主编:《中国近代工业史资料》第 3 辑,第 1000 页。

修建铁路,譬如分别与英国、法国和德国财团合作,完成和兴建沪杭甬、成渝、浙赣铁路,并洽商广梅、浦襄等铁路的建设;参股控股,直接经营大企国有企业;充当中介,为国内企业筹措资金,发展能源及城市公共事业等。① 其中特别重要的是,中国建设银公司私下里以代为招募商股的形式,从建设委员会手中接管了经营效益良好的首都电厂、戚墅堰电厂和淮南铁路与煤矿等几家国有企业,将其改组为股份制的扬子电气公司和淮南矿路公司,从而完成了国有资产私有化的转变。抗日战争中后期,随着公司股份的转移,公司经营的方向也发生变化,因为投资企业无利可图,建设银公司也开始依靠特权,转而经营那些能够赢得暴利的行业。

孚中公司和扬子公司均成立于抗日战争胜利之际,这是因为当时政府实行开放外汇市场和鼓励主口贸易的经济政策,致使经营进口商品利润极高。宋子良和孔令侃利用他们战时在美国建立的关系,成为众多美国公司在华的总代理,从而垄断进口物资。抗战胜利之初,孚中公司就垄断了美国对华钢铁输出限额的90%,并独立经营美国13家公司的产品。孔祥熙的扬子建业公司,亦独家经营美国60余家工厂的产品。宋子良曾表示,创立孚中公司的宗旨是:在战后急需各种商品、特别是工业设备、交通工具的关键时刻,抢滩登陆,分别在美国和国内成立公司,独家经销美国厂商产品,最终的目标是垄断整个中国市场(包括东三省、台湾和香港);经营范围主要从事国际贸易,兴办实业,特别注重的是交通工具及其附属业务,着重进口汽车、卡车和吉普车,同时计划经销出口原由国家统购统销的农矿产品;公司成立初期主要承担美国厂商在中国的独家代理,然后在中国设厂制造零件,成立装配厂和修理厂,待到条件成熟,再与外商合资,在中国建造汽车制造厂。② 而对于创办公司的目的孔令侃解释得就更加明白,他说:"只要我们集中精力,先把扬子公司办好,逐步扩大,有了坚实的经济基础,就不难像华尔街富翁那样,也可在中国政治舞台上一显身手。"③由此我们即可清楚地看到这些"官办商行"成立的目的就是要垄断进出口贸易,牟取暴利,最终则要在政治上占据重要地位。

---

① 参阅拙文《战前中国建设银公司的投资经营活动》,载《中国经济史研究》2004年第1期。

② 《宋子良等致钱新之等函》(1945年8月18日),中国第二历史档案馆藏交通银行档案:三九八(2)/252。

③ 宋子昂:《扬子公司的一鳞半爪》,载寿充一编:《孔祥熙其人其事》,北京:中国文史出版社,1987年,第216页。

四 "官办商行"依仗特权的实例

正是由于这些公司的特殊背景,所以他们与政府之间存在着极为密切的关系,譬如说,中国建设银公司就是凭借与政府间的特殊关系,才可能完成国有资产私有化的转移过程。除此之外,"官办商行"还从外汇的双轨制和进口贸易的配额制中享受特权,从中牟利。

1. 外汇双轨制与进口商品配额制

1935 年 11 月法币政策实施后的一段时间,法币与美金、英镑等主要外币的比率虽然不断调整,但相对来说尚比较稳定;到了抗日战争中期,国民政府终于放弃了平衡外汇市场的企图,美元对法币开始固定在 1∶20 的汇率上。以后随着大后方通货膨胀的日益严重,法币亦急剧贬值,但官方的外汇比价却从未进行调整,而黑市外汇的比价却不断以数倍乃至数十倍的速度大幅攀升,当时大后方盛传"工不如商,商不如囤,囤不如汇"就是生动的写照。由于战时国家对外汇实施严格的管制,因此只要是能与政府高层拉上关系,以官方牌价购得外汇,再在黑市上一倒手,数十倍的利润便唾手可得。

当时行政院主管审核外汇工作既无一定审核机构,又无详细法规,核准时或由行政院行文,或由行政院院长宋子文个人决定,以便条手谕中央银行拨售外汇。经审计部派员审核,未经正式程序、违反规定之处甚多。1946 年 4 月 11 日,宋子文致中央银行总裁贝祖诒英文条谕称:"宋子良代政府向加拿大政府购买 4 700 吨之船只三艘,价款加币 1 575 000.00 元,已电席德懋(纽约中国银行)先付宋子良加币 157 500.00 元,并于准备启运时续付全部,嘱付还席德懋。"中央银行当即与席德懋接洽,结果于 4 月 23 日函财政部国库署,请准拨归垫并呈报行政院。但卷内未准国库署归垫及行政院关于购船全案之正式文卷,计三船共付加币 1 580 028.78 元,先垫加币 310 000.00 元,折合法币 569 272 723.60元,于 1946 年 4 月 23 日函请国库署拨还归垫,7 月 25 日再付加币 1 270 028.78元,折合法币 2 565 458 135.60 元,于 7 月 20 日列入财政部欠账内。[①]

---

① 监察委员何汉文等:《外汇使用及各公司营业情形调查报告书》(1947 年 1 月 1 日),中国第二历史档案馆藏监察院档案:八/2040。

抗日战争胜利后,政府实施开放外汇的政策,将美元与法币的汇率一下子提高到 1∶2020 的水平,经营进口贸易者趋之若鹜,导致外汇库存急剧下降。在这种情形下,政府一方面再度贬值法币,同时修正进出口贸易办法,对进口商品实施配额制,对外汇则予以严格的审批。然而这些制度对于豪门资本和"官办商行"来说并无妨碍,相反他们却可以依仗特权,优先获得配额,进口管制物资,然后再"合法"套购外汇,从而赚取超额利润。1947 年 7 月 29 日《中央日报》披露了财政、经济二部调查孚中、扬子公司套购外汇的情形,虽然数额不对,而且二部调查的时间只是政府开放外汇市场政策这一阶段,但却反映出朝野上下对于"官办商行"依仗权势套汇、牟取暴利的强烈不满。而且事实也是如此,这些公司确实在管制外汇和进口物资的阶段,从政府相关部门处获得进口配额和官价外汇。

当时的上海市市长吴国桢后来回忆说,按照政府的有关法令来说,这些豪门资本所做的一切确实没有问题,一切都是合法的,因为法令本身就是他们自己制定的,这是因为"他们有影响力,一切都是在合法的范围内做的"。比如,当时没有人能得到外汇(因申请外汇需要审查),"但他们的人,即孔的人是控制财政部外汇管理委员会的,所以就能得到外汇。每个人都得先申请才能进口必要的货物,但他们却有优先进口权。因此,尽管他们的确从中国人民的血汗中发了大财,但一切仍然是合法行为"。[1]曾任行政院政务处处长、经济部次长的何廉也回忆说:"如果没有政府的帮助,没有机会从政府手里买进外汇,在这个当口任何企业肯定都是要覆灭的。可是在 1945 年到 1947 年这两年期间,在宋子文的控制下,政府出售外汇时是差别对待的,和宋子文没有联系的企业所有人几乎没有机会从政府手里得到外汇,而与之有关系的人申请外汇就得到照顾。"[2]著名金融家、上海商业银行总经理陈光甫对于管理外汇有自己的看法,他认为那些外国专家觉得这种方法不错,却不了解中国的官僚政治,"管理外汇,愈管而资金愈逃避",而"管理正好帮助政府中人方便……好比唱戏人总想唱一出好戏,不知政治、经济环境,死硬的做,弄得百姓鸡犬不安,可怕的学说!"[3]

① 《吴国桢口述回忆——从上海市长到"台湾省主席"(1946—1953 年)》,第 69 页。
② 何廉著,朱佑慈等译:《何廉回忆录》,第 280—281 页。
③ 上海市档案馆编:《陈光甫日记》,上海:上海书店出版社,2002 年,第 205 页。

2. 与政府间的关系

"官办商行"不仅利用特权申请配额、进口物资、套取外汇,而且还享有其他特权,合众社记者龙特尔就披露:"孚中公司有代表一人,利用中国外交官之护照,现正在美国从事商业上之旅行,而一般有经验之中国商界领袖欲赴美国,则常不能获得准许。"[①]

经监察院调查外交部相关案卷,证实孚中公司现任总经理宋子良曾于1940年7月3日领有外交部D-2067号外交护照,由行政院以派赴美国考察交通专使的名义出国,1946年9月14日又将护照加签赴美,现尚未回国。孚中公司时任协理沈鸿年则于1942年4月20日以当时外交部部长宋子文随从秘书的身份,领有外交部D-2435号外交护照出国,1946年7月5日加签赴美,目前仍在美国。而中国建设银公司总经理宋子安亦于1941年11月6日以军事委员会侍从室侍从秘书的身份领有外交部D-2325号外交护照出国,现仍在纽约。[②]很明显,宋子良、子安兄弟和沈鸿年当年出国或许确为公务所需而持有外交护照,但战后他们的身份已经完全改变,所持外交护照却仍能加签,从而继续使用这一特权,由此也可以看出他们与政府之间所具有的那种密切关联了。

战后从国外进口汽车利润最大,但经营这一行业必须具备一些先决条件:首先,公司要拥有充足的资本;其次,要与外国汽车公司建立良好的关系;最后,所有经营活动必须得到国家相关部门的支持。而"官办商行"则正具备这些有利条件。《文汇报》记者曾披露宋子良"曾获得美国对华钢铁事出限额的90%",而且孚中实业公司"独家经营之威利吉普,进口已达万辆,今年进口之新汽车也达千辆"。[③]扬子建业公司垄断经营"奥斯汀"、"雪佛兰"等高价名车,每辆进口成本约合1 800美元,公司却可以5 000美元一辆在国内市场出售。[④]

当时舆论普遍认为,进口客车主要是为有产阶级,特别是为官僚财阀服务的奢侈品,因此要求严格控制进口。1946年3月4日公布的《进出口贸易暂行

---

① 转引自《何汉文等监察委员报告书》(1947年10月1日),中国第二历史档案馆藏监察院档案:八/2040。

② 《财政、经济两部会查报告书》(1947年6月14日),中国第二历史档案馆藏输出入委员会档案:四四七(2)/80;又见《何汉文等监察委员报告书》(1947年10月1日),监察院档案:八/2040。

③ 《工商天地》第1卷第9期,1947年8月。转引自《交通银行史料》第1卷下册,北京:中国金融出版社,1995年,第1579页。

④ 宋子昂:《扬子公司的一鳞半爪》,载寿充一编:《孔祥熙其人其事》,第217页。

办法》规定,禁止出厂价格在 1 200 美元以上、七座位以下之客车进口。但"上有政策,下有对策",本来吉普车按其性质应属于客车,孚中公司就钻了这个空子,将吉普车列为 1 公吨以下货车,并得到海关的同意,从而得以堂而皇之地将其大量输入国内。[①] 另外该办法规定凡在 1946 年 3 月以前所订的各项合同或已购进者"不在此限",孚中公司又利用这一空隙,拿出与伟力斯公司所签订的包销合同以及已售出的合同向海关交涉,结果批准进口 7 000 辆吉普车,均按当时的官方外汇牌价 2 020 元结汇。这个数字相当庞大,据时任孚中实业公司协理的陆品栞后来回忆,当时在美国购买一辆吉普价格不超过 400 美元,加上运费、关税后,成本至多为 800 美元,然而运到国内转手即可以 2 400 美元的价格售出,利润实在是惊人。因此,孚中公司仅从经营汽车进口一项业务中就发了大财。[②]

但不久之后,因政府向国外购入大批卡车,所以又规定其他商家自 1946 年 4 月 29 日起暂时停止输入卡车,然而孚中公司却于 5 月以后共进口 738 辆汽车。据海关报单签注,这批汽车中分为 5 月 1 日、9 日、23 日和 6 月 22 日共进口 189 辆,系 4 月 29 日以前业已起运在途;而 5 月 23 日至 1947 年 1 月 28 日共进口吉普车 549 辆,则是 4 月 29 日以前业已订购、并以现款或信用证付结购价,因此海关方按章核准进口云云。而且海关提供的单据只是一份抄件,说是原件已发还。但是经调查该公司结汇账册,仅有 1946 年 4 月 10 日和 24 日两次订购吉普车 200 辆、共付定金美汇 49 000 美元,其余吉普车价款美金 767 240.68 元都是在 4 月 29 日以后,而且大多是在 8 月份以后陆续结汇的,与公司及海关的报告内容并不相符,因此"所称四月廿九日以前业已订购一节不无可疑"[③]。

孚中公司还于 1946 年 3—12 月凭政府发给之配额,共进口旅行汽车 101 辆,其中 74 辆为 3—9 月份额度,获发 M. C. 11 - 49 号许可证(6 月 22 日发证),指定向中国银行结汇美金 54 020 元,27 辆系 10—12 月份额度,指定向大通银行(Chase Bank)结汇美金 38 021 元,并以 M. C. 11 - 101 号许可证(9 月

---

① 《交通银行史料》第 1 卷下册,第 1580—1581 页。
② 《原孚中公司协理陆品栞访问纪录》(1963 年 3 月),转引自《经济学术资料》(上海)1982 年第 8 期,第 36 页;又见《交通银行史料》第 1 卷下册,第 1580 页。
③ 《财政、经济两部会查报告书》(1947 年 6 月 14 日),中国第二历史档案馆藏输出入委员会档案:四四七(2)/80。

21 日发证)报经海关查验后进口的。①

此外,孚中公司还进口其他各类紧俏物资,如购买进口 108 箱各类无线电设备,其中无线电收音机 60 件,内有 40 件是在 1947 年 1 月 18 日进口的,这是超出政府公布限制进口日期之后的,因为输入临时管理委员会早于 1946 年 11 月 17 日公布的《修正进出口贸易暂行办法》中即对已订货而尚未进口的货物限定了起运时间。但孚中公司却称,这批货物是代中央航空公司所购置的,主要是供飞机航行及机场交通联络之用,而且凭有中央银行外汇审核处签发之第 14747 号许可证报关进口,已于 1946 年 11 月 6 日就将这批货物由纽约运出,所以海关即以"手续尚无不合,似可予以进口"②为由予以放行。公司还曾代理美国西屋电器公司(Westing House)进口电机,售于台湾电力公司发电机及水电设备,并为上海经纬纺织机器制造厂进口全套设备及其他一切零星机器。③

孚中公司大量进口汽车牟取暴利之事可算是当时的一大新闻,就连浙江大学校长竺可桢也从朋友口中得知孚中、扬子公司"均利用政府,大批购汽车入国,其贪污情形直堪发指也"④。

3. 蒋介石的态度

应该说,蒋介石对于贪污腐败的行径还是深恶痛绝的,当他收到有关密报后即下令财政、经济二部秘密调查"官办商行"依仗特权牟取暴利的活动,而且在批阅调查报告后,仍下令继续追查"中央信托局、物资供应局、孚中公司进口汽车中确有超出规定限制,依法应禁输入;又,孚中公司、扬子公司进口之无线电及冰箱,亦有在法令限制输入以后,何以主管机关竟予核发许可证,准予进口"?"孚中实业公司进口之吉普车,其结汇在卅五年四月廿九日以后,依法应停止输入,何以仍准进口并结售外汇? 以上各节仍有查究必要"。⑤

---

① 《输入临时管理委员会非限额进口审核处报告》(1947 年 7 月),中国第二历史档案馆藏输出入委员会档案:四四七/425。

② 《输入临时管理委员会非限额进口审核处报告》(1947 年 7 月),中国第二历史档案馆藏输出入委员会档案:四四七/425。又见《何汉文等监察委员报告书》(1947 年 10 月 1 日),中国第二历史档案馆藏监察院档案:八/2040。

③ 《交通银行史料》第 1 卷下册,第 1580 页。

④ 《竺可桢日记》(1947 年 10 月 4 日),载《竺可桢全集》第 10 卷,上海:上海科学教育出版社,2004 年,第 549 页。

⑤ 《蒋介石代电》(1947 年 6 月 28 日),输出入委员会档案:四四七(2)/80。

与此同时,蒋介石为了制止官商之间的勾结,又亲自向行政院院长张群下达手令:

> 目前中外商人对于政府申请外汇、核准进口货物之办法诸多批评,认为唯有与政府密切关系之商家,始能有特殊之待遇。而事实上管理办法是否尽善,亦成问题。查目前核准之外汇有限,而申请之商行则甚多,为免除社会对政府之责难,并防止管理机关徇情偏袒起见,唯有采取公用(开)公告之方式,按月由财政部将结放外汇之数额及准许进口物品之项目,先期登报公告,嘱各行商限期登记申请。至于各商行之名称,董事长、经理之姓名,资本额,申请外汇之数额,进口物品之名称、数量等项,无论核准与否,均由财政部按月登报公告,以昭大信。如有数个商家同样合于申请之规定者,则取抽签式轮流核准之方法,以示公允。倘商家认为财政部核准有不公允者,准予提出申诉。此事简而易行,且将使中外舆论认识我政府确有保障人民合法利益及铲除积弊之决心。此外,凡涉及工商业核准之外汇、进出口贸易、公营事业经费状况等,应由行政院采取公开公告之原则,并尽量鼓励人民检举贪污,提成充奖,以杜流弊。希即照此原则,限本月十五日前拟定实施办法呈核为要。①

然而蒋介石的心情是矛盾的,一方面他对于贪污腐败深恶痛绝,亦希望通过严刑峻法予以打击,以巩固政权的统治;然而一旦腐败牵连到家族,特别是孔氏豪门的身上,蒋介石的态度就变得犹豫不决了,1945年对美金公债舞弊案的处理结果就是一个明显的案例,而1948年的扬子公司囤积案的最终处理,又再次证实了这个判断。

1948年9月,蒋经国在上海"打老虎"的行动中查抄了扬子建业公司囤积的大量物资,此举得到朝野上下的密切注意,监察院亦立即委派监察委员熊在渭、金越光前来上海进行调查,孔令侃立即搬出宋美龄为他说情。10月9日,蒋经国从无锡飞往北平,特地向蒋介石报告上海执行经济管制的情形,蒋介石

---

① 《国民政府主席蒋介石致行政院院长张群手令》(1947年8月5日),台北"国史馆"藏国民政府档案:001—084100—0005。

在日记中写道:"经济本为复杂难理之事,而上海之难,更为全国一切万恶鬼诈荟萃之地,其处理不易可想而知。对于孔令侃问题,反动派更借题发挥,强令为难,必欲陷其于罪,否则即谓经之包蔽(庇),尤以宣铁吾机关报攻讦为甚。余严斥其妄,令其自动停刊。"①10月18日刚从沈阳督战回到北平的蒋介石又给上海市长吴国桢发来一电,要他立即制止监察院的行动:

> 上海吴市长:关于扬子公司事,闻监察委员要将其开办以来业务全部核查,中以为依法令论殊不合理。以该公司为商营,而非政府机关,该院不应对商营事业无理取闹,如果属实,则可属令侃聘律师进行法律解决,先详讨其监察委员此举是否合法,是否有权,一面由律师正式宣告其不法行动,拒绝其检查。并以此意与经国切商,勿使任何商民无辜受屈也。中正手启。②

两天后吴国桢亦发来回电:

> 北平总统蒋钧鉴:酉巧机平电奉悉。查此案前系由督导处办事处径饬警局办理,奉钧座电后,经与经国兄洽定三项办法:(一)警局即日通知监察委员,检查该公司业务全部超越警局,只能根据违反取缔日用品囤积居奇条例之职权,警局前派会同查勘人员即日撤回;(二)该公司可以无当地行政人员在场为理由,拒绝查账,不必正面与该委员等发生争执;(三)监察委员熊在渭与天翼先生关系极深,职定访天翼先生,请其转达不作超越法律范围之检查。
> 是否有当,敬请示遵。职吴国桢。酉号机。③

此时东北战场鏖战正急,国共两党正在进行决定中国未来两种命运、两种前途的大决战。蒋介石居然万里戎机,特地从前线发来电报,阻止有关部门对

---

① 《蒋介石日记》(1948年10月9日)。
② 《蒋介石致吴国桢电》(1948年10月18日),台北"国史馆"藏蒋中正档案特交档案:002080200334070。
③ 《吴国桢致蒋介石电》(1948年10月20日),台北"国史馆"藏蒋中正档案特交档案:0020080108002015。

扬子公司的调查,这就说明此刻国民党荣辱与家族利益已经紧密地结合在一起,也是到了生死存亡的关键时刻了。

五　应当重视对官僚资本的研究

在中国,"官僚资本"是个耳熟能详的名词,尤其是从 20 世纪 40 年代起,"官僚资本"便成为革命的对象,"官僚资本主义"更成为压在中国人民头上的三座大山之一(另两座分别是帝国主义和封建主义),长期以来,没有人怀疑(更确切地说应该是没有人敢怀疑)它的正确性。然而进入 80 年代以后,有学者开始对它的内涵和定义提出质疑,并发表了新的见解,曾围绕这一名词展开过激烈的讨论。[①]

其中具代表性的《民国社会经济史》的作者即将过去统称为"官僚资本"的国民党及其政府控制下的企业与机构改称为"国家垄断资本"。他们认为,这种资本一般来说应具备以下三方面条件:其一,这一资本集团是和国家政权结合在一起的,换句话说,它的资本来自政府,并由政府的官员掌管经营大权;其二,这一资本集团对国民经济的某些方面具有垄断性;其三,这一资本集团对广大人民具有压迫性。而他们对"官僚资本"的定义则与传统说法具有明显的不同,这些区别表现为:(1)这一资本集团的资本不是来自政府,而是来自某一个或多个官僚的私人投资;(2)这一资本集团的经营权掌握在某个或某些官僚手中;(3)掌握这一资本集团的官僚们利用手中的权力以权谋私,进行操纵垄断、囤积居奇等损害国家和人民的利益,以饱私囊。[②]

目前绝大多数学者都不同程度地接受了以"国家资本"来代替以往将国营企业统称为"官僚资本"的概念,因为这一提法内涵比较明确,不会将官僚私人的投资与国家(包括中央和地方)投资的资本混淆在一起,但是应注意的是,在一定的条件下,特别是在中国长期以来官僚政治传统的影响下,官僚可以通过

[①]　关于近 30 年来官僚资本与国家资本的争论,可参拙文《对"官僚资本"的再认识》,载《民国档案》2003 年第 4 期;李少兵、王莉:《20 世纪 40 年代以来中国大陆"四大家族官僚资本"问题研究》,载《史学月刊》2005 年第 3 期。

[②]　陆仰渊、方庆秋主编:《民国社会经济史》,第 774 页。作为该书的作者之一,我自然也是同意这一观点的。

手中所掌握的权力,以各种方式将国家资本转化为官僚私人的资本,而且这种转化往往都是以各种"合法"的途径加以实现的。

我们还应看到,这一时期的官僚资本还具有一个重要特点,那就是除了政府高级官员本人直接从事或投资企业之外,往往还采用另一种形式介入国家的商业活动,他们本身不直接出面,而以其家属(配偶、子女、兄弟等)身份投资兴办公司,即所谓"裙带资本(apron - string capital)",这些事例在抗日战争胜利前后表现得格外明显。抗日战争胜利前后,宋子文担任行政院院长,步入其一生中仕途的巅峰,他为了表明官员不参与经商而辞去扬子电气、淮南矿路和既济水电三公司董事长的职务。然而也就是在此同时,一大批政府高级官员亲属创办的公司却纷纷出现,抢滩登陆,其中最著名的也是被朝野上下指责为"官办商行"的三大公司——扬子建业公司、孚中公司和中国建设银公司,总经理就分别是孔祥熙之子孔令侃和宋子文的两个胞弟宋子良、宋子安。

尽管我们承认官僚的资本仍应属于中国的私有资本,不能将其划为国家资本的阵营;尽管他们的资本在原始积累时可能充满着血腥,但并不能因此而将其划出私人资本的范畴。有学者即明确指出:"在对资本类型作分类统计或分类研究的场合,'国家资本'或'国家垄断资本主义'确有比'官僚资本'清晰的一面,但'国家资本'或'国家垄断资本主义'的经济学概括并不完整,在许多场合,'官僚资本'的概念仍不应被弃用。"他认为"官僚资本"应该是"在中国近代国家资本主义经济体系中,官僚利用对资源的控制,利用对信息的独占,利用对企业的使用权、收益权、处置权和转让权的掌握,牟取私利并损害全社会福利的一种经济和社会形态"。[①] 因此,我们在认同官僚资本与民族资本一致性的同时,更应看到两者之间所存在的明显差异,特别应注意到官僚与财阀的联合及其这种结合所产生的影响。而中国建设银公司、孚中实业公司和扬子建业公司等这些"官办商行"则正是官僚资本的最佳代表,因此应该深入进行研究。

原载《民国档案》2014 年第 1 期

---

① 杜恂诚:《试论近代中国社会阶层排序》,载《学术月刊》2004 年第 1 期。

第四辑

家 族 利 益

蒋介石与反腐肃贪

以往由于意识形态的宣传和需要,海峡两岸对于蒋介石的评价截然相反,但是谁也不能否认,他是中国近代史,特别是民国历史中无法回避的重要人物。近年来,随着时代的发展,社会的进步,特别是有关蒋介石日记和档案的开放,推动了民国史的研究,越来越多的学者开始以各种不同的角度对蒋介石予以重新审视,并发表了众多有价值的学术论著,而且两岸学者在许多问题上的认识也越来越趋于一致,这应该说是一个可喜的现象。

最近这几年我正在进行抗战以来贪腐大案的研究,希望在占有大量史料的基础上,对每一重大贪腐个案发生的背景、经过以及最终处理的结果予以综合分析和对比,从中寻找一些共性的特征。在这中间,自然会涉及蒋介石对待贪污腐败的态度,以及他又是如何反腐肃贪的。

应该说,蒋介石个人的生活(特别是中年以后)还是相当清廉,也是比较俭朴的。作为国民党的最高领袖,为了政权的稳定,蒋介石对于贪污和腐败的行径极为憎恶,对这类案件亦常常予以严厉的惩处,这种言论在他的日记和讲话中可以说随处可见。

南京国民政府成立后曾努力惩治贪污,行政院秘书长翁文灏在1936年3月10日的日记中写道:"行政院通令铲除贪污:(一)侵吞公款,(二)侵占公物,(三)滥用公物,(四)虚糜公物,(五)伪造报销,(六)收官用,(七)浮报,(八)兼职兼薪或津贴,(九)超薪,(十)以公款生息。"①

抗日战争全面爆发后,国民政府亦曾多次颁布惩办贪污的法令,1938年3月通过的《抗战建国纲领》第16条即明文规定,"严惩贪官污吏,并没收其财产";同年6月27日,颁布《惩治贪污暂行条例》;1943年7月1日,又在其基础

---

① 翁文灏著,李学通、刘萍、翁心钧整理:《翁文灏日记》,第26页。

上经立法院修订,公布《惩治贪污条例》,并列举了 21 种贪污的行为。与此同时,财政部亦曾多次下令取缔国家行局以资金投机套利、禁止国家行局人员投机牟利以及禁止官员直接经营商业。但是,贪污的风气不但没有得到制止,反而越来越盛,特别是自抗日战争中期以后,这种腐败已经日益具有系统化、体制性的特点,这也与当时的大环境有关。

战争对经济造成严重破坏,物资极度匮乏,而大后方人口却迅速增加,物价上涨。为此政府实施战时统制经济,所有出口物资均以统购统销的方式运营,并全面管理外汇,而对事关国计民生的物资则实施专卖。这些举措在战时是必须的,但它却使得那些主管财政经济的官员所掌握的权力越来越大,导致黑市盛行,通货膨胀,而官商勾结,以权谋私乃至囤积、走私、贪污等各种腐败行径更是大行其道。为此蒋介石曾亲自向四联总处秘书长徐堪下达手令,要他严格禁止财经官员以权谋私的活动。电文曰:

> 据报各国营银行及贸易机关职员私做投机买卖,囤积居奇,几成普遍现象,而普通检查仓库,皆早得讯逃逸,国家施行统制管理,甚或反为此辈操纵图利之机会。闻上海方面外汇黑市买卖,亦以四行人员私做为多,坐令金融经济时生波动,国计民生胥受严重影响。此辈利欲熏心,罔知国难,若不设法取缔,严加制裁,物价前途必更趋昂涨,于社会治安、民心向背关系均甚重大,希立核议具体实施办法,呈候核定颁布施行,以期严禁严惩,树之风声,是为至要。[1]

与此同时,残酷的战争也影响和扭曲了人们的心理,虽然抗日战争初期人心振奋,同仇敌忾,然而到了相持阶段,一是溃败的阴影,二是相对的偏安,人们的心态发生变化,特别是在那些官员和商人中间,悲观厌战、得过且过、及时行乐的心态日益严重,贪赃枉法的事件更是层出不穷,电影《一江春水向东流》对此就有生动的描述,而这些也都成为腐败加剧的客观原因。

就以军队的情形予以说明,当时部队官兵的待遇很低,中下级军官的薪水不足以维持基本的生活,士兵的饷费就更少。国军高级将领五十四军军长黄

---

① 《蒋介石致徐堪电》(1940 年 6 月 14 日),重庆市档案馆、重庆市人民银行金融研究所合编:《四联总处史料》上册,北京:档案出版社,1993 年,第 698—699 页。

维曾对蒋介石的侍从唐纵大叹苦经:"今日如规规矩矩拿薪水,便要饿饭,而且不能做事,势必失败不可。反之,浑水摸鱼,贪污舞弊,自己肥了,大家也可沾点油水,倒是人人说声够交情,有了问题大家包涵。这是做好不好,做坏倒好,正义扫地,是非颠倒。"①

蒋介石对于官场中的这种腐败现象并非毫不知情,他曾指责政府中"做官不贪赃、不纳贿,真是凤毛麟角。什么人不到政界则已,一旦有了地位,便想腰缠万贯了"②,为此他曾多次下令对贪腐行为予以严惩。据报道,1944 年头 8个月,仅粮食部就惩处所属粮政人员贪污案件共 169 人,其中死刑 4 人,无期 7人,10 年以上 25 人,5 年以上 36 人,1 年以上 15 人,此外予以撤职记过等行政处分者有 82 人。③ 然而这种处罚往往是随意性的冲动,远非制度化的举措,而且惩治的对象大都亦只是那些较低级的官员,这里我们可以举几个例子予以说明。

国民政府迁都重庆之后,为了缓和物资紧缺的问题,特设立平价购销处,并委任经济部商业司司长章元善兼任处长。章元善上任后尽管也颁布了一些法令,企图实施"以量控价"的政策来抑制物价,然而没有物资为基础,那些空文如何制止得了物价的上升。章元善无奈之余,只好辞去平价处处长一职。此时大后方物价已如脱缰之马,老百姓更是怨声载道,政府各部门之间也相互推诿。为了堵塞民怨,蒋介石决定"借人头,平物价",1940 年 12 月 28 日,他指示戴笠等军统人员将章元善和国货联营公司经理寿墨卿秘密扣押。然而调查了大半个月,并没有查到章元善等人的贪污证据,加上经济部部长翁文灏的力保,只能将他们释放。然而为了面子,最终还是以"玩忽政令,贻误事机"的莫须有罪名,免去章元善的所有职务。

另一件令人瞩目的事件则是成都市长杨全宇的囤积居奇案。当时大后方物价飞涨、物资紧缺是一个普遍的现象,特别是粮食供应的短缺更加牵动市民的神经。1940 年 3 月 13 日成都市发生抢米风波,作为一市之长的杨全宇自然负有一定责任。其后又传出有人以他的名义购进 300 石大米的消息,尽管他本人事先可能并不知情,但此事一经披露,立即引起成都市民的愤怒和舆论的

---

① 《唐纵失落在大陆的日记》,第 282 页。
② 《蒋总统集》第 1 册,台北:"国防研究院",1963 年,第 527 页。
③ 《新华日报》(重庆),1944 年 9 月 4 日,第 2 版。

抨击。正为粮食问题感到焦头烂额的蒋介石闻讯后极为震怒，并下令从严惩治。于是，杨全宇先是被逮捕，免去所有职务，接着便移送军法总监部审理。军法总监何成浚以为杨囤奇粮食数额未超过 1 000 石，尚未达到死刑标准，对他拟判处有期徒刑，但蒋介石为了制止物价上升，决定杀一儆百，最终下令将杨全宇以囤积粮食之罪名处以极刑。

经济部部长翁文灏闻讯后曾在日记中发表一番感慨："前成都市长杨全宇，因囤积粮食被枪决。大川银行（其后台闻为杨森及王缵绪）渝分行经理欧书元、合川万福臻、粮行经理李佐臣各处徒刑。不知其他囤积者反响如何！"①而当时任行政院参事的陈克文看到报纸上刊载杨全宇被枪毙的消息不禁大吃一惊，他在当天的日记上写道："吃午饭时看报，朋友杨全宇被枪毙的消息突然射进眼帘。囤积居奇以至处死这是第一个，他是才卸任的成都市长，大川银行的总经理，官不大不小，地位不高不低，这时候恰好做一个牺牲品。他囤的麦子虽不过三百石，处死的作用却是不小的。"②陈克文的说法倒是言简意赅，一语中的。对此事的处理蒋介石心中当然十分清楚，这就是乱世用重典，他在日记中说："杨全宇于二十三日伏法后，人心为之一快，物价已趋平稳。"③三天后他又重申："石友三通敌谋叛，杨全宇囤积居奇，两人先后正法，关于军事与经济前途之影响甚大。"④

关于政府在反腐肃贪中"只打苍蝇，不打老虎"的弊病，社会舆论亦深为不满，成都一家报纸在社论中曾评论说："至于县市以上，官愈大势愈厚，而贪污数目愈为惊人者，无有。这是不是说大官尽廉、小官才贪呢？不是。政治上从没有大官真廉而小官敢贪污者。真贪污而无人告发检举。吞舟之鱼漏网，而落网者皆鼠窃狗偷之徒。大奸大恶，逍遥法外，为所欲为，所以由此产生的下级贪污，也就诛不胜诛、越来越多了。"⑤

这倒不是说，蒋介石对于高层官员的贪腐行为完全不闻不问，他在日记中就经常痛斥属下、包括一些高级官员贪腐的行径。1942 年，林世良以中央信托局运输处经理地位和名义，勾结大成商行章德武从仰光将 3 000 万元物资运往

① 李学通等整理：《翁文灏日记》，第 581 页。
② 陈方正编辑校订：《陈克文日记 1937—1952》上册，台北："中央研究院"近代史研究所，2012 年，第 690—691 页。
③ 《蒋介石日记》（1940 年 12 月 28 日，"本星期反省录"）。
④ 《蒋介石日记》（1940 年 12 月 31 日，"本月反省录"）。
⑤ 《华西日报》（成都），1944 年 5 月 16 日。

昆明,转手就图利1 000万元。此案为军统人员所破获,社会为之震动。但是林世良与孔公馆的关系实在太深,他常替孔夫人与孔二小姐做生意,众人皆知,因此孔祥熙竭力为其缓颊,军法执行总监部判处他无期徒刑。此案传到侍从室后,引起唐纵、陈芷町等人的不满,他们觉得这样执法不公,并联名上书蒋介石要求重判。当天蒋介石就亲自下令,林世良判处死刑,不许缓刑,并限第二天执行公布。蒋介石认为:"林世良与许性初案,依法严惩,此实为以后祛除贪污、修明政治最大之关键。"①

另一个案件则直接牵涉到孔祥熙。抗日战争胜利前夕,蒋介石接到有关孔祥熙涉嫌卷入美金公债舞弊案的报告后,即多次下令财政部予以认真调查。当财政部将确凿证据提交在他面前时,蒋介石极为愤怒,他在日记中说:"审阅中央银行舞弊案全文,为之痛愤不已。"②在这前一天他曾亲自召见刚刚回国的孔祥熙,"告以此案调查经过与事实及人证物证,属其好自为之"。然而孔祥熙"总不肯全部承认也,可叹!"③甚至蒋介石"将其人证物证与各种实据交彼自阅,彼始犹指誓强辩,令人痛心,殊愧为基督徒矣";"彼总想口辩掩饰此事,而不知此事之证据与事实俱在,决难逃避其责任也。余以如此精诚待彼,为其负责补救,而彼仍一意狡赖,可耻之至!"④蒋介石虽然经常在日记中责骂属下,但用"可耻之至"这样的言辞辱骂孔祥熙还是第一次,可见蒋此时的确是对孔痛愤已极。

虽然蒋介石在日记中对孔祥熙予以痛斥,但并没有公开道破,还是让他"设法自全",算是给他留足了面子。然而在人证、物证面前,孔祥熙还想抵赖,这时蒋介石愤怒至极,"更觉此人之贪劣不可救药,因之未能午睡,痛愤极矣"⑤。他曾一度决定将此案公开,由监察院和国民参政会进行彻底调查。他的亲信闻讯后立即加以阻止,说此案若要深入调查,势必破坏国家的形象,失去国际的援助。最终蒋介石决定,将此案"仰令速了,以免夜长梦多,授人口实"。只是"庸之之不法失德,令人不能想象也"。⑥这桩震惊中外的贪腐大案,最终就这样不了了之、仓促结案了。

---

① 《蒋介石日记》(1942年12月26日,"本星期反省录")。
② 《蒋介石日记》(1945年7月12日)。
③ 《蒋介石日记》(1945年7月11日)。
④ 《蒋介石日记》(1945年7月13日)。
⑤ 《蒋介石日记》(1945年7月22日)。
⑥ 《蒋介石日记》(1945年8月16日)。

　　蒋介石对孔祥熙的态度从信任有加到暗中调查，从愤怒至极到不予追究，可以看出此时他的矛盾心理。尽管蒋介石可能一度曾有大义灭亲的想法，但是一旦国民党利益与家族情谊纠缠在一起，他也完全无能为力了，这就像他在给宋子文的一封电报中所说，所有举措必须"增加我内亲之情感，免除外人之猜测"①。

　　虽然此案在强权控制下得以遮掩，国民党与家族的声誉亦暂时得以保全，但这种后果却极大地助长了贪腐行为的扩张。随着抗日战争胜利的到来，接收大员"五子登科"，军政官僚贪赃枉法，豪门资本以权谋私，贪污与腐败已逐渐成为体制性的行为，就像恶性癌细胞一样，迅速蔓延到肌体的每一部分。蒋介石曾在日记中这样写道："今日最大之耻辱，乃国军败创，纪律废弛，内部腐化，外表枯竭，形如乞丐，以此为目前之大耻，而为国际所诟辩者。应以此整顿军队，充实兵力，为雪耻图张之第一步也。"②而战后接收不仅为贪官污吏创造了一个大好机会，就连平日奉公守法的官员亦都想尽一切方法参加接收工作，以图谋利。因此大致上可以这么说，接收工作中的贪腐现象不是有与无的问题，而只是多与少、放肆与克制之间的区别而已。

　　蒋介石收到各地接收大员贪污腐败、强占民宅的报告后也非常愤怒，他曾密令上海市市长钱大钧，要求严加惩处。电文曰：

　　　　据确报，京、沪、平、津各地军政党员穷奢狂嫖滥赌，并借党国军政各机关名义，占住人民高楼大厦，设立办事处，招摇勒索，无所不为，而以沪、平为最，不知就地文武主官所为何事，究有闻见否。收复之后，腐败堕落，不自爱至此，其将何以对地方之人民，更何以对阵亡之先烈？中正闻此恶劣情形，中心愧惶，悲愤莫名。实无异遭亡国之痛，不知有何面目再立国际之林、生存于今日之世界耶！如各地文武主官再不及时纠正，实无以自赎，当视为我革命军之敌人，必杀无赦。希于电到之日，立即分别饬属，严禁嫖赌，所有各种办事处之类机关名称，无论大小，一律撤销封闭，凡有占住民房、招摇勒索情事，须由市政当局负责查明，一面取缔，一面直报本委员长，不得徇私隐匿。无

────────────

①　《蒋介石致宋子文电》(1945 年 5 月 31 日)，台北"国史馆"藏蒋中正档案：筹笔 2010.3.56/59。
②　《蒋介石日记》(1945 年 1 月 16 日)。

论文武公务员及士兵长警,一律不得犯禁,责成高级官长连带负责,倘
再有发现而未经其主官检举者,其主官与所属同座,决不宽贷。①

蒋介石在这段时期的日记中也曾多次强调,要"告诫军队及各级党政人员,对
收复区民众只可抚慰,切勿骄矜自大。凡收复后在都市买屋占车与赚钱者,一
经查明,必加严处(收留伪物资),应以清廉简朴为主"②。当美国特使魏德迈对
他说"中央派往华北大员之如何贪污不法,失却民心"时,一方面蒋介石"闻之
惭惶,无地不知所止"③;但他又认为,这是魏德迈不了解当时社会的复杂,认为
是共产党造谣中伤,唯恐天下不乱与中央不倒之阴谋。

　　1949年初,国民党政权内外交困,面临灭顶之灾。1月21日,蒋介石被迫
宣布下野,他在第二天的日记中写道:"此次失败之最大原因,乃在于新制度未
能成熟与确立,而旧制度已放弃崩溃,在此新旧交接紧要危急之刻,而所恃以
建国救民之基本条件,完全失去,焉得不为之失败?"④3月底,国民党的失败已
成定局,蒋介石又对国民党在中国大陆的失败进行了总结,其中他认为比较重
要的原因包括:外交失误、军事挫败、派系分裂、组织混乱、财经崩溃、战时行
宪、个人的傲慢作风,以及缺乏有效的宣传方法等,但就是没有提及贪污与腐
败对于国民党失却政权所造成的影响。⑤ 虽然蒋介石败退中国台湾后曾一度
痛定思痛,对于贪污腐败有所认识,譬如1949年10月16日他在革命实践研
究院开学致辞中说:"我今天沉痛地指出,自从抗战末期到现在,我们国民革命
军内部所表现的贪污、腐败的内容及实情,真是光怪陆离,简直令人不能想象。
我自己作了革命军的统帅,不能督导部属,建立健全的制度,树立教育的规范,
以致今天军队败坏若此,我个人当负最大的责任。"⑥但实际上,蒋介石对此造
成的影响并没有深刻的意识。

　　1970年6月1—7日,蒋介石百病缠身,此时已久卧病榻的他又在日记中
对自己在中国大陆失败的原因进行检讨。直到这时,蒋介石还是特别强调内

　　① 《蒋介石致钱大钧密电》(1945年10月26日),美国斯坦福大学胡佛研究所藏宋子文档案:第
58箱第13卷。
　　② 《蒋介石日记》(1945年10月26日)。
　　③ 《蒋介石日记》(1945年11月29日)。
　　④ 《蒋介石日记》(1949年1月22日)。
　　⑤ 《蒋介石日记》(1949年3月31日,"本月反省录")。
　　⑥ 张其昀编:《先总统蒋公全集》第2册,台北:中国文化大学,1984年,第1924页。

战期间的外国因素,指责苏联援助中共夺取了东北,批评美国的错误调停工作,他认为这些才是致使中共取得军事上风的重要原因。虽然他也承认,政府官员的腐败也是其中的一个原因,但并未予以正视。至于说他为什么未能坚持反腐肃贪,蒋介石自己的解释是因为他要处理的事务实在太多,而这类问题并非当务之急。因此直到蒋介石去世他都没有意识到,对腐败的纵容,使他成为贪腐的领袖,他的政府也成为腐败的政府,最终必然遭到民众的唾弃。

原载《澳门理工学报》(人文社会科学版)第 17 卷(2014 年)第 1 期

从宋子文赴美期间电报看战时
重庆官场异动

一　郎　舅　之　间

宋子文自幼便出国留学,接受的是西方文化,且生性清高自傲,他年纪轻轻就担任高职,少年得志,不把别人放在眼中。因此他在处理人事关系上就远不如许多政客那样圆滑,同时也缺乏传统中国官场那种文化的修养,往往在不自觉中便得罪了不少人。

宋子文在处理人际关系中最明显、也是最重要的对象就是他与妹夫蒋介石、姐夫孔祥熙之间的关系,几大家族原本彼此可以精诚团结,荣辱与共,但实际上他们之间却存在着诸多矛盾。1933 年 10 月宋子文在理财问题上与蒋介石发生重大冲突,随即辞去财政部部长之职,他的原有职务大都由孔祥熙接替。卸任后的宋子文似乎一度想弃政从商,因而联络了国内最大的十来家银行,创办了中国建设银公司,用他自己的话说就是想成为"中国的摩根"。话虽如此,宋子文其实从来都没有放弃过他在政治上的追求,1935 年 3 月,他出任增资改组后的中国银行董事长,同时又参与策划币制改革,但不管怎么说,此时的宋子文毕竟与政坛高层的距离还是远了些。

抗日战争全面爆发后,蒋介石一度想让宋子文接替吴铁城出任广东省主席,而将吴调任实业部部长,为此事蒋还特别征求过孔祥熙的意见。[①] 但宋子文却不想放弃中国银行的权力,因此百般拖延,一直不肯去汉口。按照孔祥熙之子孔令侃的报告,宋之所以不肯出任广东省主席或经济部部长,是因为此时

---

① 《蒋介石致孔祥熙电》(1937 年 12 月 1 日),台北"国史馆"藏蒋中正档案:筹笔 2010.3,7/45。

孔祥熙当上了行政院院长,"财政当局觊觎中国银行"①。他对国民政府刚刚进行的机构改组极为不满,"宋未出山,认为系委座及钧座未加赞助所致"②。因此这一阶段宋子文是以中国银行董事长的身份在香港活动,其主要工作是为稳定中国货币的汇价,向英国洽谈借款,成立平准基金委员会。其间宋亦曾协助财政部部长孔祥熙制定和实施抗日战争期间的财经方针,但是宋与孔之间的矛盾由来已久,而且日益明显,这在重庆的官场上早已是公开的秘密。

此时蒋介石作为国民政府的元首,地位已经无人可以取代,因此宋子文对蒋介石的态度同以往相比也发生了改变,虽不能说是百依百顺,但肯定是不敢公开反对了。然而孔、宋之间的矛盾却日益激烈,就连蒋介石也不得不从中斡旋,1939 年 7 月 22 日蒋介石曾亲自致电宋子文,要他从速起程回渝,因为此举即标志"对内对外拥护政府、团结内部之表示",蒋并告诫宋,"此行关系重大,应舍除一切私见,共支危局"。③ 9 月 7 日宋子文从香港飞抵重庆,时任蒋介石侍从室组长的唐纵即在当天的日记中记道:"宋子文来重庆,外间谣言甚多,谓政府将改组,宋有任行政院院长说。此次宋之来,系委座一再催促,其将有所借重,自不待论。惟宋不愿居孔之下,宋孔亦难相容,外间之责难于孔者亦多,故宋之声望,仅见重于人民也。"④

此时孔祥熙除了担任行政院院长之外,还身兼财政部部长和中央银行总裁等重要职务,由于他的名声不佳,蒋介石确实有撤换孔的想法,但又不希望变动过于明显。蒋的计划是行政院院长由他自己兼任,孔任副院长,财政部部长一职则由宋子文重新出任。宋子文对此建议十分心动,但他又得寸进尺,提出必须解除孔祥熙的中央银行总裁,他才出任财政部部长。蒋介石为此大为恼火,当即便拒绝了宋的要求。⑤

蒋介石虽然对宋子文一直存有戒意,但是为了寻求美国的援助,他还是不得不再次起用宋子文。1940 年 4 月,蒋介石曾电告宋子文,说他准备成立一个经济作战委员会,其主要任务"即管理各战区经济委员会与对外贸易、运输等要务,此事在以后抗战时期比任何军政要务尤为重要"。这个委员会的主任委员名义上由蒋亲自挂名,但他希望宋子文出任副职,实际负责该会的工作,因

---

① 《孔令侃致孔祥熙电》(1938 年 1 月 5 日),载《民国档案》1998 年第 2 期,第 9 页。
② 《孔令侃致孔祥熙电》(1938 年 1 月 14 日),载《民国档案》1998 年第 2 期,第 9 页。
③ 《蒋介石致宋子文电》(1939 年 7 月 22 日),台北"国史馆"藏蒋中正档案:筹笔 2010.3,25/31。
④ 《唐纵失落在大陆的日记》,第 80 页。
⑤ 《王世杰日记》,手稿本第 2 册,第 190—191 页。

此特别来电询问宋是否能"屈就",①但是这一设想最终并未实现。两个月之后,宋子文突然以蒋介石的特别代表身份前往美国进行外交活动,洽谈借款,然而对外却没有任何名分;直至太平洋战争爆发后,宋子文方正式出任外交部部长,这才算是重新回到了政治舞台。

出任外长后的宋子文并没有立即回国,而是继续长驻美国进行外交活动,直至 1942 年 10 月才回到重庆正式宣誓就职,但其后不久,他又奉命出国,继续奔走于与英、美各国的外交事务之中,一年后方回国。

在美国的这段时间中(1940—1943),宋子文除了寻求借款、周旋于美国政府与财团之间外,他还与国内各方频繁往来,留下了众多文件。宋子文生前对这些电报和信函十分重视,并悉心加以整理。1971 年宋子文去世后,他的家人将这些文件交给美国斯坦福大学胡佛研究所保管,共有 60 余箱,十分珍贵。最近由复旦大学历史系吴景平教授和斯坦福大学胡佛研究所郭岱君博士共同整理,在最新公布的宋子文档案第 59 箱文件中精心挑选出 418 封往来电报予以出版②,诚为研究抗日战争史和中美关系史的重要资料。然而在宋子文档案第 42、43、44、46、47、58 等箱中还收藏一些他在留美期间与国内各界人士往来的电报,这些文件虽然甚为零散,电报字数较短,内容亦与抗战及美援没有多大关系,但是它却涉及这一时期重庆官场上层的人事异动,透露出宋子文鲜为人知的人际关系以及他周边人物的不同态度,也正是因为上述原因,这些电报大都从未刊布,因而显得更加重要。从这些电报中我们既可以了解蒋、孔、宋之间的恩恩怨怨,战时重庆官场的人事异动,同时也能看出此时宋子文虽然身在美国,却时刻关心国内政治变动的那种迫切心情。③

二 私 人 代 表

在宋子文长期驻美的这段时间里,重庆与他来往电报最多、看得出也是与

---

① 《蒋介石致宋子文电》(1940 年 4 月 20 日),台北"国史馆"藏蒋中正档案:筹笔 2010.3,33/49。
② 吴景平、郭岱君编:《宋子文驻美时期电报选(1940—1943)》,上海:复旦大学出版社,2008 年 3月。以下简称《电报选》。
③ 杨天石曾著文《豪门之间的争斗》,摘录了宋子文档案中的一些来往电报,见氏著《海外访史录》,北京:社会科学文献出版社,1998 年,第 556—566 页。但不够全面,本文在此基础上予以补充。

宋关系最为密切的人是钱昌照。

钱昌照,字乙藜,1899年出生在江苏常熟的一个官绅家庭,上海浦东中学毕业后即赴英国伦敦大学经济学院留学,毕业后又前往牛津大学继续研究。1924年回国之后,由于其连襟黄郛的关系而受到蒋介石的重用,先后担任外交部机要秘书、国民政府简任秘书、教育部常务次长等要职。九一八事变后,由于他的积极建议,蒋介石同意设立国防设计委员会(即资源委员会的前身),钱并担任副秘书长,抗日战争全面爆发后担任资源委员会副主任委员。钱昌照设立资源委员会的理念与宋子文的思想可以说是非常接近,而且在创办过程中亦曾得到他的大力支持(当时宋不仅担任财政部部长,而且还是全国经济委员会的主要负责人),因此两人之间建立了密切的关系。[1]

据钱昌照后来回忆,抗日战争初期有一段时间他几乎每天都在宋子文重庆的怡园公馆吃早餐,二人之间有什么事都相互商量,即使以后宋出国,彼此之间也还经常有电报来往。[2] 钱昌照的回忆中未曾提及电报中的内容,但宋子文却将这些电报保留了下来,可以让我们了解他们二人之间的一些秘密。

1940年6月25日,宋子文作为蒋介石的特别代表启程赴美,此时他确实是想做出一番成就。宋子文到美国之后不久在给他的一位老朋友、后来成为他弟弟子安岳父的胡筠庄(Y. C. Wu)的一封英文信中就曾踌躇满志地说:"此地生活紧张,几无休止,但我相信在此我能对国家多些贡献,尤其是自从我发现我们在此的外交官几乎已与国内情况失去联系。"[3]

身处大洋彼岸的宋子文时时刻刻关心着国内的局势,特别是重庆官场上的变化。7月1日起,国民党在重庆召开五届七中全会。7月3日还在会议期间,钱昌照即向宋子文发去一封密电:

> 从密。七中讨论外交,哲生主张联德,众似赞成。弟认不应太显著,直接得罪英,间接得罪美,盖惟美、俄真能助我。光甫抵渝,昨晚向介公表示,美国方面希望甚少。公权与友人闲谈,谓先生出国乃以

---

① 钱昌照虽然与宋子文的关系非常密切,但他在与政学系大佬熊式辉等人品评官场人物时,却又认为宋子文"功利心重"。参见熊式辉:《海桑集:熊式辉回忆录》,第263页。

② 《钱昌照回忆录》,第128页。

③ 转引自陈立文:《宋子文与战时外交》,台北:"国史馆",1991年,第14页。

时局为重,有意逃避。此种人事实上无法与[之]合作。(42—6)①

这封电报主要表达了三层意思:第一,此时中苏之间的外交关系因苏芬战争的爆发而出现裂痕,苏联不但暂时中断了对华援助,还主动与日本进行外交方面的协调,两国暗中正在洽商签订所谓"中立条约"。就连原本是著名亲苏派的立法院院长孙科,此刻也主张与德国进行联络,但钱昌照对此则有不同的想法。而蒋介石在七中全会的开幕式上也说明中国的外交政策仍以《九国公约》为中心,以不变应万变为指针,确保领土、主权、行政之完整,重奠东亚之和平。第二,上海商业储蓄银行总经理陈光甫于抗日战争之初被任命为贸易委员会主任委员,1938 年曾奉命前往美国寻求援助,并与美国进出口银行成功洽谈桐油借款和华锡借款,开创了抗日战争期间中美易货借款的先例。然而此时刚刚回国的陈光甫却向蒋介石报告,认为继续得到美国的援助希望不大,这分明是对此次宋到美国签订新借款的前景不予看好。第三,钱透露了重庆官场上对于宋出访美国的意见,特别是原中国银行总经理、现任交通部部长张嘉璈(字公权)的攻击,钱昌照认为以后不宜与这种人交往。

8 月 3 日,钱昌照又给宋子文发去一电,内容还是报告孔、陈攻击宋在美国借款的事:

> 光密。卅电奉悉。孔谓先生气量狭小,又谓在外接洽碎屑零星。光甫谓上两次桐、锡借款成功,全靠彼与摩根索私人关系。此次先生在外接洽,希望极小云云。(42—6)

1940 年 8 月 23 日,多年来一直出任财政部政务次长的邹琳奉令调任广东省政府委员兼财政厅厅长,这一重要的职务出缺,立即引起各方有势力的人极大关注,并在私下里积极进行活动。宋子文当然也不例外,当他听说这一职务有可能由顾翊群(季高)接替时,即刻于 9 月 6 日致电宋子安,向他打探消息,并让他在重庆活动,宋子文的希望是,这一要职"最好望由良弟就任,请将兄意转达为盼"(46—2)。9 日,宋子安回电说:

---

① 本文所引用的文件如无特别说明,均摘抄自美国斯坦福大学胡佛研究所珍藏的宋子文档案,括号内前后两个数字分别表示箱号和卷号。

鱼电悉，已转二哥。据大姊云，邹缺内定顾，惟尚未发表。又云，堪亦有更动消息，拟调派军委会某职，继者不知。友谓借款事以后有望。(46—1)

9月25日，一个化名为"七号"的人向宋子文发去一电，报告财政部部长官人事上变动的最新消息：

孔电镕浦①来渝，传拟接替可亭②，二人间关系甚欠圆满。财政困难达极点。日昨进攻越，又有与华合作意。(46—1)

也不知是宋霭龄没有说真话，还是后来情况发生变化，邹琳财政部政务次长的职务一直到11月2日方正式免去，接替者为原财政部常务次长徐堪，而徐堪的原职则于次年3月24日由顾翊群继任。然而不管怎么说，宋子文想让其弟子良出任的希望根本没戏。

三 借款交涉

前文提及，此次宋子文到美国最重要的任务就是洽谈新的借款，但他的活动却遭到孔祥熙等人的攻击和抵制。9月21日钱昌照刚刚回到重庆，就将他所了解的情况向宋子文报告：

弟今日返渝，病愈。观察孔及光甫对先生借款仍在破坏，即如任洽购钨砂，亦其手段之一。甚盼借款能从速解决，则一切可无问题也。再，孔还款，将来钨砂贸易由世界公司作中间人。弟认为贸易由资委会直接负责，将货款存入中美共同商定之银行，美方当可满意，

---

① 曾宗鉴，字镕浦，福建闽侯人，上海南洋公学毕业后赴英国留学，获剑桥大学经济学士。回国后曾在北洋政府外交部任职，署任次长，国民政府成立后历任财政部内外债整理委员会秘书长、铁道部常务次长，1938年铁道部与交通部合并改任外交部常务次长。
② 徐堪，字可亭，四川三台人，早年参加同盟会，国民政府成立后历任财政部钱币司司长、公债司司长，1935年升任常务次长兼钱币司司长。徐堪长期在宋子文与孔祥熙手下任职，与他们均保持良好的关系。

又何如以贸易权奉送他人,并多出佣金耶?(46—1)

抗日战争初期与美方洽商借款主要是在孔祥熙的主导下,通过陈光甫与美国财政部部长摩根索(Henry Morgenthau, Jr.)之间的谈判进行的,具体承担此项事务的是财政部属下的贸易委员会以及特地为借款而成立的复兴商业公司和世界贸易公司,而陈光甫既是贸易委员会的主任委员,又身兼复兴商业公司和世界贸易公司的董事长,具体业务则由世界贸易公司总经理任嗣达负责,此时借款改由宋子文出面进行,孔、陈的态度肯定会有所不满。另一方面,钨砂易货借款其实早在抗日战争以前就已由资源委员会与德国之间秘密进行,如今孔祥熙要将其纳入自己的控制之下,作为资源委员会创办人的钱昌照自然也是竭力反对。

9月23日,宋子文完成了抵美后与美方签订的第一笔借款,中方以钨砂作抵,故又称中美钨砂借款。蒋介石对此结果虽然不甚满意,认为"五千万美金实不能济急,然却之不恭,且不无补益,自当承受",然而他又明确表示,以后所有借款"请兄全权办理",①说明此时蒋对宋还是相当放心的,相反他对驻美大使胡适却流露出不满。宋子文刚到美国时就曾对胡适说:"你莫怪我直言,国内很有人说你讲演太多,太不管事了。你还是多管管正事吧!"②很显然,这也是蒋介石等人的看法。

孔祥熙虽然对宋子文参与对美借款一事不满,但大面上还是得说得过去。9月25日,他在致宋子文的电报中说:

自弟赴美,时闻为国努力,甚佩贤劳,此间切盼佳音。昨接美方来息(电),知进出口银行增加款额十五万万,而卫立克候选总统亦已公然发表,应以经济援华,是则罗总统前所顾虑者业已解除。光甫返国曾报告,如我方履行合同,美方必能源源援助。现我方对于履行合同义务,无不排除万难,竭力以赴,毛财长亦曾表示满意。现在时机已至,日方进占越南,势必乘机南进,与美之国防为害实大,美为友为己,亦应予我助力,藉儆戒暴日。美方对我同情之友甚多,前后为我

---

① 《蒋介石致宋子文电》(1940年9月26日),《电报选》,第44页。
② 曹伯言整理:《胡适日记全集》第8册,台北:联经出版事业公司,2004年,第57页。

助力不少,国钦兄在美多年,结识颇多,必能为吾弟臂助也。务希乘机努力图之,事必大有希望。王承黻因中美机厂问题需其助理甚急,请促即日返国。(42—6)

孔在电报中提到的李国钦(1892—1961),字炳麟,湖南长沙人。湖南高等工业学校毕业后,赴英国留学,获矿冶工程师学位。回国后从事采矿,创办华昌矿务公司,于各地设立分公司,并在美国成立总办事处。抗日战争期间,以华昌贸易公司的名义经办美国援华物资,贡献甚大,而他与孔之间的关系更是非常密切(孔曾积极向蒋介石建议成立贸易部,并由李出任部长)。孔欲经"华昌"之手经营借款,其目的不言自明,但宋子文则不买账,并借美方之口予以反对。他曾在一封电报中称:"中央银行电请由借款内拨交华昌美金二百万元为购纸墨用,惟毛财长屡次向弟表示,中国政府购料,应集中于世界公司,如用借款而由华昌购料,恐引起其反感。"因此他认为,"如托华昌购料,则不宜动用借款,应由政府于其他款项内拨支"。(42—7)孔的电报透露出他对宋经手借款的不满,而宋在回电中又让孔碰了一个软钉子,这也可以看出,此时二人之间的矛盾已经有多深。

9月30日,在重庆的宋子安听说宋子文要去莫斯科,急忙发去一电予以阻拦,说到重庆还可以,不过"到渝后不可久留,望即回美或港"(46—1)。

11月18日,"七号"再来电报告:

庸公计划组统一贸易公司,经营印度、西康及香港、重庆间航空线客货运,路易士、史帝文生、林枢等运动甚力,中航、欧亚甚虑竞争。(42—3)

从这封电报中可以看出孔祥熙野心之大,并得到了外国顾问的支持,而他的势力,就连中航、欧亚这两家中国最大的航空公司都要为之畏惧三分。

12月9日钱昌照的一封电报虽然很短,但却透露出重庆官场的近况:

最近公权等因岳军外放而畏惧,孔因先生借款成功而恐慌,中央政局颇露不安之象(相)。先生大约何时返国?(42—2)

张群(字岳军)是政学系的领军人物,1940 年 11 月由原国防最高委员会秘书长改任军事委员会委员长成都行辕主任,兼理四川省政府主席及保安司令。从电报上看,他的外放在官场上引起不小的震动,同是政学系成员的交通部部长张嘉璈心里就感到有些不自在,而孔祥熙对于宋子文在美国借款活动中所取得的成绩却心存嫉妒。

两天之后,军统局副局长戴笠也给宋子文发来一电:

> 宋部长:一、马寅初发表救蒋杀孔灭宋之谬论,已押往前线服务;二、晚奉命兼任财部缉私处长,固辞不获,只得勉就。(42—6)

宋子文留美出身,长期主管国家的财政大权;戴笠则毕业于黄埔六期,后来一直从事特务工作,他不仅是赫赫有名的军统头目,更是蒋介石的心腹爱将。按理说这两个人不论是出身还是经历都大相径庭,不可能有什么交情,但事实上则不然。1931 年宋子文曾遭刺客暗杀未遂,事后戴笠为破案确实煞费苦心,从此宋子文对戴笠便十分友善,不管他提出什么要求都尽量满足(胡佛研究所保管的宋子文档案中有不少戴笠要求中国银行借款购置器材的电报,宋都予以应承);而戴笠在宋子文的面前更是百依百顺,谦恭万分(他在宋面前一直谦称晚辈),两人之间关系非同一般。①

马寅初是著名的经济学家,当时任重庆大学商学院院长,多年来还一直担任集聚众多经济学家的学术团体——中国经济学社社长,学术地位很高。抗日战争全面爆发后,马寅初在大后方经常发表一些攻击豪门资本官商勾结的演讲,矛头直指孔、宋,最终遭到蒋介石的嫉恨,以莫须有的罪名将其秘密关押。关于马寅初被捕的内幕当时在蒋介石侍从室任职的唐纵亦曾在 12 月 8 日的日记中有过相同的记载:

> 马寅初迭次公开演讲,指责孔宋利用抗战机会,大发国难财。因孔为一般人所不满,故马之演说,甚博得时人之好感与同情。但孔为今日之红人,炙手可热,对马自然以去之为快,特向委座要求处分,委

---

① 笔者曾在中国第二历史档案馆典藏的档案资料中看到戴笠为宋子文购买古玩并由中国银行开支的一封亲笔信,为此撰文《宋子文"以行为家"》,刊于《明报月刊》2008 年 10 月号。

座乃手令卫戍总司令将其押解息峰休养,盖欲以遮阻社会对孔不满之煽动也。①

宋子文接到戴笠的电报后亦立即草拟复电:

> 马博士神经病,可笑;惟国内经济情形之严重,可想而知。兄就缉私处,须防范,勿为中伤。(42—6)

钨砂借款完成之后,宋子文继续与美国和英国政府商谈,希望英美双方向中国借款,成立中美和中英平准基金,目的就是为了稳定中国的货币。孔祥熙对宋子文的活动不但不予支持,反倒四处进行攻击。1940年12月12日,宋子文的部下、中国银行副总稽核霍亚民向他报告:"近来可亭处理四联事多不报手续,柏园拟向委座辞职。如柏园去,四联将更妄为,故劝缓提辞呈。为国为行计,敬乞钧座密电挽留。"(46—2)宋子文接到信后即致电徐柏园竭力予以挽留,"为党国计,此时无论如何困难,我人应继续奋斗,望勿消极,至盼"(42—7)。

12月17日,霍亚民再次致电宋子文:

> 孔在小组会报告,钧座借款谈判困难甚多,因英、美当局要求严格管理,免敌套取。又对中英平衡会及杨格极有烦言。当时外界有人主张不维持上海市场,故孔谓将来外汇保全,请先以重庆为中心。对钧座来电建议四点,多数赞同,故孔勉允。

宋子文接电后立即回电指示:"此后孔及渝各方对借款等事如有意见,请即密告。"(42—6)这表现出他对重庆官场异动的情形十分关心。

四 官场异动

抗日战争进入相持阶段以后,大后方的贪腐现象开始蔓延,政府原本设立

---

① 《唐纵失落在大陆的日记》,第161页。

若干平价机关的目的就是为了压抑物价,保障供应,没想到此一举措非但未能达到目的,反倒引起重庆官场爆发激烈的争斗,蒋介石为此大为恼怒。1940年12月23日钱昌照在电中透露,"介公对物价极灼(着)急,孔一味敷衍,毫无办法。弟认为整个政治如不刷新,前途可虑,严重当不至物价一端也"(42—6)。12月31日,钱昌照再次报告:

> 介公大不满于平价机关,前日扣留农本局、燃料管理处、平价购销处三机关高级职员多人。该三机关均属经济部,翁部长或将因此辞职。(42—6)

这封电报说的是经济部商业司司长兼平价购销处处长章元善、重庆日用品批发所所长寿墨卿以及农本局、国货联营公司众多工作人员1940年12月底突遭被捕之事,蒋介石的目的,就是想"借人头,平物价";然而此案的背后,则牵扯到孔祥熙、徐堪等财政部门高官与经济部负责人翁文灏、何廉之间的斗争。

1941年1月3日宋子文致钱昌照一电,一方面继续攻击孔祥熙,同时也对他日后的行动表示担心:

> 此间各项借款十日内可办妥,飞机事亦有相当成功,此后是否留美继续工作,或赴英办理借款,抑回国,正须考虑。以弟观察,介公仍被孔等愚弄,回国亦无意义,即平衡委员会弟亦不拟参加,一切听委座及孔等决定。弟或仍在美努力,惟胡大使非但不能为助,且恐暗中冷淡,诸事均唱独角戏。俟告一段落后,拟在此稍事休养,惟此后行止究应如何,请兄与孟余兄详商指示为盼。(42—7)

1月6日,钱昌照回电:

> 弟与孟余先生均认为最近国际政治中心在华盛顿,有暂时留美的必要。中、英、美远东合作及派遣专家等事,在华盛顿接洽较为方便。国内政局尚未至明朗化,除非介公电催速回,届时加以考虑外,似不应遽作归计。(42—6)

宋子文的另一亲信、中国银行副总经理贝祖诒刚从重庆返回香港,亦于
1941 年 1 月 9 日致电宋子文,除了报告蒋介石彻查平价机关之事外,更重要的
则是汇报孔祥熙欲插手中国银行一事。电报曰:

> 诒离渝时孔嘱将本行去年账目及盈余款、外汇存款等开列细账
> 寄阅,并称委座极注意此事,中央已先办等语。应否照办,乞示。委
> 座对政府平价无效深致不满,因此彻查经济部所属平价处、农本局等
> 账目,并将重要职员拘询,不免引起物议。现闻平价事已由孔负责主
> 办。(42—6)

宋子文接电后即于 14 日回电,命其"可根据以前致委座报告酌报孔,惟可
稍缓送阅"(42—6)。1 月 22 日,翁文灏亦致电宋子文,内中"言经济崩溃,迟恐
更甚,最好改良行政机构,如不易即行,战时经济组织、中外专家,筹划改善金
融、运输等项亦可有益",翁将希望寄托于宋,故在电报中要求"盼设法补救"。[①]
而此时身兼国民党中央宣传部部长和中央设计局秘书长的王世杰则在日记中
披露了孔祥熙与宋子文及蒋介石的分歧:"晚与参事室同人同在孔庸之院长处
餐聚。孔先生对于外汇问题,与宋子文等持反对意见(不主在沪出售外汇);对
于物价与蒋先生主张相反(不主统制)。"[②]

宋子文在美国除了多方寻求援助之外,还积极在各界进行宣传中国的抗
战情形,并动员美国有影响力的人士亲自前往中国进行考察,其中一项重要的
成绩就是推动居里(Lauchlin B. Currie,宋电报中有时又将其名译成卡雷)的
两次访华。1941 年 1 月 23 日经济部部长兼资源委员会委员长翁文灏致电宋
子文,向他报告国内情形:

> 目前国内经济殆于崩溃,本年度国库不敷六十万万以上,各省物
> 价较战前涨五倍,川、滇两省已过十倍,四川粮价涨至十五倍。公路
> 运费,缅甸至渝,每吨万元,衡阳至渝八千元,倘日加紧封锁,必续涨。

---

① 李学通整理:《翁文灏日记》,第 596—597 页。
② 《王世杰日记》(1941 年 1 月 24 日),林美莉编辑校订:《王世杰日记》上册,台北:"中央研究院"
近代史研究所,2012 年,第 324 页。

政府举棋不定,物资或更缺乏。美虽决心抗日,我自力不支,内变纷起,殊可虑。兄何时返,介公颇望美财政经济专家来华协助,最好能改变行政机构。如未能及早实行,则设战时经济组织,延中外专家筹划,改善金融、运输等事,迟恐更难挽救。中、美、日一战线,我如崩溃,美亦不利,请妥筹补救,幸甚。(42—5)

宋子文接到电报后即于 25 日向翁报告了居里即将访华的消息,同时也透露出他的不满:

> 现遵委座意旨,特聘卡雷君来华,对我国经济、金融情形作短期考察。此君于行政机构亦甚明晰,盼兄多与接谈,谅解借助他。弟在外稍能效力,回国恐于事无补耳。(42—7)

2 月,在宋子文的多方努力之下,中国政府终以蒋介石的名义正式邀请居里到重庆进行短期访问,重点是考察战时中国的经济与币制情形。因为居里身为美国总统府经济主任,他的言行对于罗斯福总统的决策将会发生重要的影响,宋子文更希望日后居里在蒋与罗之间“作一私人联络线”①。2 月 13 日,财政部次长徐堪向宋子文报告居里来华的情形:

> 居里到渝后,关于财政金融事项,遵委座面谕,概以实情详告,毫无隐饰。居里态度极佳,惟现尚在研究资料期间,尚未讨论办法。

宋子文接到电报后即在抄件上亲笔草拟复电,但后来又在这封电报上划上交叉号,因此不知是否发出,仍照抄如下:

> ○电敬悉。国内金融财政内容情形熟悉莫如兄者,今能予居里充分材料,再加之以详细研究讨论,此后必能决定大计方针,减少我兄痛苦。(42—6)

---

① 《宋子文致蒋介石电》(1941 年 1 月 20 日),《战时外交》(一),第 533 页。

对于蒋的态度,宋子文很是失望。2月15日,他亲笔拟就了一份致钱昌照的电稿,其中错别字和修改的痕迹甚多:

> 乙藜兄:为中国计,英、美环境现正抵(处)最有希望、最有办法之日。接诵删电,国家将失此最后之机会,为之丧(伤)心。至弟本身,在恶劣环境中,无能为力,太平洋如战事发生,留美、回国均无关系。孟余兄有意见否?再,在战云密布中,卡雷如能依期回美,或可多生效果。(42—7)

2月20日,宋子文的另一亲信,原中国建设银公司协理、抗日战争全面爆发后调至美国负责物资进口的刘景山在华盛顿致函宋子文:

> 文公赐鉴:我公临行时所拟致淞荪兄一电,恐意过坚决,与财部意见微有出入,且对新之、淞荪两兄始终维持沪行苦衷,或稍生误会。兹拟改电文如次:
> "二月四日函悉(即贝、宋报告经过附送抄电之函)。兄等所虑甚是,如遵照财部意旨,沪行实无法抗拒。弟意亦谓虽被迫撤离,亦无所不惜,仍请商请财部意旨办理,并转达新之兄。"
> 如何?请裁酌为祷。此候
> 时安
>
> > 景山　二月廿日

宋子文接受了刘景山的建议,并亲自草拟了复电:

> 宋汉章、贝淞荪:四日函悉。顾虑周到,至佩。国际关系已渐达最后阶段,弟意对付沪伪券,不仿(妨)坚决撤(彻)底与财部取切实联络。(42—7)

除了钱昌照以外,宋子文在重庆还有一个重要的眼线叫古达程。抗日战争期间古达程曾任委员长侍从室秘书(侍从室少将组长唐纵在日记中曾提到过他的名字),相对于钱昌照来说,他能接触到蒋氏夫妇的往来函电(有人说他是宋美龄的秘书),因此对于宋子文来讲,古达程的作用更为重要。1941年2月26日宋子文致电给古,就是希望能从他那里了解蒋介石的态度:

> 古达程兄:委座对弟态度如何,卡雷到后政府作何感想,三月底大会弟应否回渝?(42—7)

国民党将于3月下旬召开五届八中全会,宋子文作为中央执行委员及中央政治委员会委员,理应出席会议,原来蒋对他回国参加会议的态度是,"能于三月杪回最好,如届时交涉未完,则缓行亦可"①。宋子文也想观察一下动静再作决定,但其后蒋又多次来电让他回国。3月6日,宋子文在致驻英大使郭泰祺(字复初)的电报中也透露了他此刻的心情:

> 委座屡电促弟返国出席大会,对行政机构有调整之意。惟弟以此间各事纷繁,一时殊难离美。现弟密电渝方亲信探询底细,在弟未有复电前,请兄暂缓电复介公。(42—7)

同日宋子文又致电钱昌照:

> 委座电复初,谓大会后各部将加以调整,嘱其返国供职中枢。究竟政府是否将有彻底改组,请密探详示为感。(42—7)

钱昌照收到来电后即于8日回电:

> 介公对亮畴不满,雪艇等在介公前为复初吹嘘。以弟观察,大会后即有变动,或仅更换一二部长,无补大局。倘介公真的准备彻底改组,定有急电邀请先生回国也。(42—2)

钱昌照的分析没有错,八中全会之后行政机构进行了局部调整。王宠惠(字亮畴)既是国民党的元老,也是老资格的外交家,抗日战争全面爆发前即担

---

① 《蒋介石致宋子文电》(1941年2月6日),《电报选》,第68页。

任外交部部长,然而蒋对其主管的战时外交工作却一直不满,1941年4月五届
八中全会之后就将其调出外交部,后改任国防最高委员会秘书长。而此时担任
国民党中央宣传部部长的王世杰(字雪艇)又出任中央设计局秘书长,他与蒋的
关系甚为亲近。4月10日,郭泰祺果然接替王宠惠的职务,出任外交部部长。

1941年3月12日宋子文致孔祥熙电报中称:

> 庸之兄鉴:齐电敬悉。华昌洽购纸墨,承允另筹款项,并节省整
> 批交款,深以为慰。查此问题之症结,本不在借款款项之能否由我自
> 由支配,而在[美方对我利用借款洽购货物,希望能集中采购。盖经
> 手购货机关稍涉散漫,即易发生谣诼,于美财部之地位不无影响。毛
> 财长屡次向弟表示,我政府购料应集中世界公司,其理由实于此。]毛
> 财长对中国购买货物,希望能集中世界公司。特此奉闻。(42—7)

原电括号内的文字后虽被划去,但其内容却能说明许多问题,因此仍将其
录下。

1941年1月皖南事变发生后,国内政治局势十分紧张,国民党内有人希望
由宋子文出面斡旋国共两党之间的关系。2月12日,国民党中央执行委员、曾
代表国民党与中共秘密谈判的张冲曾给宋子文发去一电,向他报告苏联方面
很关心皖南事变的影响,并问他是否回国参加五届八中全会。而3月23日张
冲给宋子文的电报中希望宋回国主政的意愿说得就十分明显了:

> 中共以中央未采纳共党十二条办法,暂不出席中央所召集一切
> 会议,但周恩来与委座间仍直接商洽调整,大体安静,八中全会或提
> 付讨论。钧座如出面赞裹委座,则此事易得一解决之道,党内国内对
> 钧座属望皆甚殷。①

在宋子文收藏的档案中还有一封他的弟弟宋子良致孔祥熙的电报(1941
年3月21日),宋子良时任军事委员会西南运输处主任,此时正以医治手疾为
名前往美国,已有数月之久。这封以退为进、要求辞职的电报看来是出自宋子

---

① 引自杨天石:《海外访史录》,第558页。

文的旨意,因为早在 1940 年 12 月蒋介石就致电宋子文,表面上是询问宋子良的病况,"约需几时可愈",紧接着便话题一转,称"西南运输处自良弟去后业务日坠,内容复杂,头绪纷繁,负责无人,最近运输力照预定者不及三分一。此种情形对于军事与运输前途危险殊多",因此蒋提出,若"良弟病一时不能回任,则不如辞去此职",由蒋再"另派亲信有能力之人负责代理或继任",否则"现在名义与责任仍当由良弟担负,将来必更多连累"。① 由此可以看出蒋介石对宋子良的工作极不满意,以致亲自出面,要他主动辞职。宋子文无奈,只能让其弟致电孔祥熙照办。

> 孔院长庸兄赐鉴:密。元电敬悉,感甚。弟手疾迄今未痊愈,气候转变,或稍用脑力,依然作痛,恐再须割治。迩来体力甚弱,医生坚嘱静养。滇缅运务本已有人负责,西南事务亦有樵峰、子博兄主持,私衷窃慰。敬恳准电辞职,不胜感祷。(42—7)

古达程于 4 月 6 日致电宋子文,密报孔祥熙夫妇的计划:

> 顷见孔夫人致蒋夫人函,坚决反对俞鸿钧调任外次,并拟请委座任钧座为美大使。(42—7)

宋子文收到电报后即于 4 月 7 日回复古达程,电文虽很短,却对其大姊的行为极为不满:

> 孔夫人又拟支配政治,甚为明显。委座对弟究竟如何,应否回国,以免被迫为大使。再,光甫有何新活动,均盼密告。(42—7)

同日,宋子文又致电询问钱昌照:"各方对孔不满,孔有无放弃财部、交光甫代理意?"(42—7)陈光甫与孔祥熙的关系较为密切,因此宋担心孔是否会将财政大权交给陈。

---

① 《蒋介石致宋子文电》(1940 年 12 月 24 日),台北"国史馆"藏蒋中正档案:筹笔,2010.3,41/37。此电又载《电报选》,第 62 页,两者之间文字略有不同。

宋霭龄虽然是宋家大姊,但在事关家族利益的重大问题上,夫妇之间的关系总是要超于姐弟之间的情谊。

五 相 互 攻 击

宋子文此时陷于两难,原打算留在美国静观其变,待到时机成熟时再回国重出江湖,没想到孔祥熙竟计划就此让他出任驻美大使,从而长驻海外,以防止成为他日后的竞争对手。

抗日战争全面爆发后,国民党为表明开放政治,开放党禁,特别邀请各党各派以及无党派的贤达人士,成立国民参政会,1941 年 3 月 1 日,国民参政会第二届第一次大会又在重庆召开。曾任外交部两广特派员的甘介侯也是连任两届的参政员,他与桂系的渊源很深。4 月 7 日他在致宋子文的电报中报告了会议期间的动态:

> 参政会时有抬孔抑政学系计划,但大会时内定世杰长外交,铁城赴欧美,政系得势,孔及他系遂反攻。结果杰改郭,孔推维炽①代吴,惟杰、郭与汪一片,各方认为和平准备。余函详。(42—5)

4 月 10 日,钱昌照来电报告:

> 就弟所知,孔无放弃财部之意,各方对孔不满由来已久,但介公迄无决心根本改组政府耳。孔夫人建议任先生为美大使,显有作用,其目的当在巩固孔之地位也。承介绍高斯,甚感,来华后当随时与之洽谈。(42—5)

高斯(Clarence E. Gauss)是美国新任驻华大使,与宋子文的关系甚为熟稔,因此在他来华之前宋就将他介绍给钱昌照,可见钱在宋心目中的位置。同

---

① 刘维炽(1892—1955),字季生,广东台山人。曾任实业部常务次长、广东省建设厅厅长,1941年 4 月取代吴铁城出任国民党海外部部长,是国民党派系中孙科太子系的重要人物。

日,古达程亦复电:

> 委座对钧座现极信赖,惟孔在参政员及全会各中委前竭力攻击钧座,幸各人咸知孔之为人,多不直其所为。八中全会钧座未回国,在美任务若未终了,此时似不宜回。是否有当,尚祈钧裁。光甫尚未闻有何新活动。(42—5)

宋子文接到此电后并不罢休,仍去电古达程,要其报告"孔在参政会及大会攻击之言词"(42—7)。古达程随即于11日复电云:

> 孔趁开会时机轮流宴请参政员及中委,席间每以钧座为攻击对象,诬蔑棉麦借款及平准基金之办理不善,又谓钧座未尽量利用国际局势,致美方援我不能彻底云云。(42—5)

棉麦借款是20世纪30年代初南京国民政府成立后为了寻求西方的援助,向美举借的最大一笔借款,而平准基金则是中国政府为了稳定美元与法币间的汇率,刚与美英两国政府签订的一个重要协议。这两笔借款都出自宋子文之努力,而孔祥熙却对此大加攻击,可见双方之间积怨已久,矛盾亦已日益明显。

4月25日,平准基金借款合同正式签字,宋子文致电蒋介石,一半是表功,一半是告状:

> 文奉命来美,经十月之苦干,赖钧座督促,于今得告一段落。关于平准基金事,闻有人于八中全会及参政会向各委员对文相当施攻讦,幸钧座明察,勿以为罪。本日起对维持法币问题,悉听财部措置,文未便再参末议矣。(42—5)

孔祥熙虽然对宋子文在美国的活动极为不满,但他作为行政院副院长兼财政部部长,表面上还是不得不对宋加以赞扬。5月2日他致电宋子文:

> 数月贤劳,公私同感,抗战前途,实深利赖。顷由委座转示俭电,

军械贷借进行顺利,尤深欣慰,已电知胡大使正式通知美方,特派吾弟为国民政府与美洽商决定及接受贷借之全权代表,诸盼共同努力,期早告成,毋任企幸。

但宋子文并不领情,他在抄电上草拟复电,要求孔说明到底借款应该由谁负责:

> 蒋委员长、孔部长:冬电敬悉。来电关于军械贷借所谓共同努力,是否指文与胡大使共同负责办理,请复,以决定责任。(42—5)

宋子文此时仅仅是以政府代表的身份在美国寻求借款,在他看来实在是名不正,言不顺,因此屡次要求委以行政院副院长的头衔。蒋介石对此却另有想法,但他又不便直接拒绝,只好予以敷衍。他在致宋的电报中说:

> 副院长事屡想提出而未果者,总以官制不能常变,犹恐为他人所讥评。且此案必须经过立法手续,决非如普通提议或一纸手令所能发表也。故中于此尚不敢断行,必须待其他官制亦有改革时提出,乃不着痕迹,其事较易。此时惟有经济会议主席为中自兼,拟推兄屈就,或恢复经济委员会,推兄为委员长。此皆不必经立法程序,故其事较顺耳,未知兄意如何?[①]

宋子文还向常驻香港的中国银行副总经理贝祖诒打探消息,5月9日,贝向他报告:

> 鱼电敬悉。此间绝无所闻,数星期前有人传述共党方面主张公出任行政院,国共方有调解希望,现已无人谈及。未知重庆有无其他宣传。(42—5)

5月16日,中国银行戴志骞、霍亚民联名致电宋子文:

---

① 《蒋介石致宋子文电》(1941年5月7日),载《电报选》,第78—79页。

可亭面告莫柳忱近况甚窘,孔部长意欲本行听为顾问,月赠五百
元,谓经钧座同意。如何,乞电示遵。(42—5)

莫德惠(字柳忱)是东北耆宿,张作霖统治东北时曾出任奉天省省长,国民
政府成立后亦作为中方首席代表与苏联交涉中东铁路的谈判。抗日战争期间
以社会贤达的身份连任历届国民参政会参政员,然生活艰难,孔祥熙想慷中行
之慨作自己的人情。宋子文当然清楚孔的用意,即于当日回电:

聘莫为顾问,可亭从未提及,惟事属微小,请设法敷衍。但本行
似无顾问名称,可另用名目接济。(42—5)

从这件小事上,也可以看出宋与孔之间的关系多么紧张。

六 积 极 活 动

此时宋子文虽然身在美国,但他却不忘时时与重庆官场各界拉拢关系。5
月4日,国民党元老戴季陶给他发去一电,对于国际形势发表了自己的看法:

日本侵华之战,为今日欧战所由来。现在欧局正危,日本又力
图缓和英、美,若美国不趁此时联合英、荷、澳,击破日本海空军,对
日本国内城市加以猛烈之沿岸炮击与空中轰炸,而仅用较为有效
之经济武器援助与海上封锁,恐不久英、美必有在海上受日本攻击
之日。是时英、美、荷、澳被动作战,其困难将十倍于今日。弟对国
内外战事二年来未尝发言,惟目睹世界危机日甚,故以鄙见向告,
望兄切实考虑,迅速相机劝告美国当局,勿再失时机也。弟戴传
贤。微。(42—5)

戴季陶担任的这个考试院院长虽然只是个闲职,但他在国民党内的地位
却很高,九一八事变后曾任国民政府特种外交委员会委员长,宋子文当然不会

轻视与他之间的关系。① 因此收到电报后即于 20 日回电,一方面吹捧戴对于外交策略深具远见,当然更重要的还是表白自己:

> 季陶先生鉴:微电奉悉,尊见极佩。追忆九一八事变后,弟随先生主持外交会,曾判断从此日本侵略,必时有加无已,而将来足以制止其野心者,必为美国。弟始终本此方针,进行不懈,以冀证实。惟美国为本身利益及舆论之耸动,对于德、义轴心,深恶痛绝,不久必有重要之表现,至第二步,始能以全力对付日本,此时未必先发制人。诚如先生所言,或不免被动作战。弟惟有尽个人力量,联络此间权要,相机申述利害,以冀改变视听,或对国事不无小补耳。(42—5)

5 月 21 日钱昌照又复电告知近况:

> 寒(十四)电悉。弟亦认由介公手令为妥,倘介公表示赞同,弟自当分劳,但介公如询及孔,渠以先生在美接洽,对弟最近与国内军政各方联络均极注意,或将反对。(42—5)

因为未见宋的来电,这封回电的意思还不是很清楚。5 月 28 日钱再致电宋:

> 关于代表接洽事,蒋商孔,孔不但反对,且中伤,弟早已料及。重庆乌烟瘴气,前途可虑。孟余先生②等均极悲观。(42—5)

6 月初,国民政府内部酝酿,调中央信托局常务理事俞鸿钧到财政部任职。消息传到宋子文耳中,他即于 6 月 3 日向古达程询问其中原由:"兄前电称孔夫人反对俞鸿钧任外次,今俞忽任财次,究竟内幕如何?"6 月 5 日,俞鸿钧正式接替徐堪的职务,出任财政部政务次长。在这前一天古达程向宋子文报告说:

---

① 在宋子文档案中收藏有戴季陶于 1941 年 12 月 3 日开具的一份收据,并钤有他的印章:"收到宋部长交来中国银行支票贰张,计国币壹拾伍万元正。"(41—65)虽然目前不清楚此中的来由,但可以肯定戴、宋二人之间的关系应该是相当密切的。

② 顾孟余原为改组派的重要成员,但汪精卫降日后,顾却与汪彻底决裂,拒绝加入汪伪政府。国民党中枢为嘉奖其深明大义,1941 年 7 月任命顾为中央大学校长,颇为大后方知识分子所推崇。

俞鸿钧在信托局极得孔夫人赏识,反对俞任外次,恐他人夺其干部,故力荐为财次,以便充分利用。该项命令于孔夫人抵渝之翌日即行发表,并以奉闻。(42—4)

宋霭龄在政府中没有任何职务,但从俞鸿钧的任命一事上即可看出她的势力有多大,她不想让俞任外次,俞就不能当;她要俞出任财次,则没有人能够阻挡得了。

6月24日,甘介侯从重庆发来一封密电:

（一）福克斯返港,谓在渝所得印象颇满意,惟孔财政办法理论殊奇特,并称中央已准将排除罗杰士;(二)美财部驻港代表告侯谓,美财部及福均对罗印象不佳,公向美财部提出罗后,美财部态度冷淡,英大使及李滋罗斯向中央推荐罗,中央答以罗非中国之友,此系孔作梗;(三)委员会将全受孔控制。(46—3)

接连听到这么多不利的消息,宋子文的心情自然十分低落,6月11日他在复贝祖诒的电报中称:"蒸电悉。兄、罗及弟三人努力基金事四年,此次借款幸而告成,罗竟得如此结果,未免不平,可为太息。嗣后对于平衡基金事只可奉令遵行,并盼兄早日回港。"(42—7)7月6日,宋子文在致林维英的电报中又告诫他"处此环境之中,不宜有所主张,罗杰士可为前车之鉴,慎之为要"(42—7)。

宋子文欲倒孔,但有些事实在又不便亲自出马,因此他就想通过国民党元老李石曾向蒋介石进言。1941年6月15日,钱昌照将李石曾到重庆的消息告诉宋子文,称"已将一年来政治内幕达告,并共同斟酌晤蒋时应持之态度"。19日,李石曾两次面见蒋介石之后立即致电宋子文:"介公两次晤谈,函件已交,尚无机会及于具体问题,惟曾一再约弟往住黄山,俾利静谈,彼时或为较好之机会。"(42—7)

然而这时宋子文却等不及了。6月23日,他致电李石曾:

最近孔在重庆,爪牙密布,几有清一色之势。今春大会,有人建议改组政府,介公谓君等以某某贪婪,故有此举,然代之者其为争夺政权,亦可想而知云云,意似指弟而言。领袖之不谅如此,益增悚愧;

但我辈一本赤忱，为民族、为国家，只有不顾一切，努力尽我个人之职责。介公处兹环境，先生前电黄山谈话，恐难有彻底之效果耳。（42—7）

"今春大会"指的就是国民党于1941年3月下旬在重庆召开的五届八中全会，当时在会上确实有一部分中央委员建议改组政府。然而由于蒋介石的袒护，倒孔未能成功，仅仅是郭泰祺接替王宠惠出任外交部部长。所以王世杰在4月3日的日记中写道："此次全会，外间切望财政部部长人选有更动，会毕，竟无更动征象，外间不免失望。"①毫无疑问，这里所说失望的人一定包括宋子文在内。

钱昌照7月3日自重庆来电报告说：

石曾先生两次见介公，屡次谈及先生，介公总不接嘴，对适之更不提起。以弟观察，此事介公当在与孔等商榷中。石曾先生拟下次晤介公时提出一谈。（46—3）

7月8日钱再来电，建议宋子文要联合部分友好，共同"建立一种新秩序"：

昨与孟余畅谈，认目前政治黑暗，而国家前途确甚有望，倘抗战胜利，中国须建立一种新秩序，现拟集合少数同志详加检讨，一年内可得到具体结论。（46—3）

7月26日，李石曾给宋子文发去一封长电，主要内容有以下六项：

（子）两周前弟告介公，一、二星期返渝后由滇来港，因滇、港均有研究院工作。在川、滇时染肠胃病迄未愈，前重渐减，港医嘱稍留治，均告介公。（丑）兄与介公及家庭关系，抵渝时乙藜谓此来颇被传为兄运动，必须多方戒备，因此引起弟对介公及两夫人态度言论之注意。以弟观察，介公、孔夫人皆避谈兄事，介公且避谈适之，故拟缓

————————

① 《王世杰日记》，手稿本第3册，第51页。

言。嗣迭接尊电促进,事关大政,不敢再延,而来函介公未可否,对兄态度冷淡无可讳言。介公用人行政,自有权衡之见甚深,虽常命兄作事,但绝不愿由兄使其被动。(寅)幸介公大方针不错,抗战前途颇可乐观,虽对兄不起,然兄为国必可谅而笑置之。弟常请兄作哲学工夫,此其时也。兄赤忱为国,当不计一时艰苦,介公外态且淡,实际倚重性未减,兄只有尽忠,终有良果。(卯)蒋夫人对兄尚好,极宜维持兄妹好感。若夫人对兄如何如何,最好置之不问,见怪不怪,亦有效哲学。蒋夫人好学勤工,法文上亦有进步,与谈学识,亦极注意,弟亲见病中仍为介公服务,兄不可视为无识小妹。(辰)介公领袖自雄,对庸公亦非尽信,且已有小裂痕。庸近因病,裂痕或又无形消灭,否则一旦忽而舍孔用宋,亦在意中,此稚老言不为无见。介公对兄虽表面不好,亦或正欲用兄,世事往往不宜皆看正面。非孔病,弟愿兄回国一行,必可接近情感,便利工作,但万不可于孔病时返渝!(巳)此次弟与介公友谊上虽亲善,但无法有裨兄之工作,至歉。弟拟暂不西行,在港、滇就近致力研究工作,偶一赴渝,俟孔病愈,兄回国后面详,再定行止。尊意如何?(46—3)

宋子文认真地研究了李石曾的来电,7月29日回电曰:

宥电诲爱敦挚,纫佩无已。长途跋涉,尤深感念。弟素性激直,不能与俗俯仰,处兹环境,艰难阻挠,亦意料中事,此后惟有谨守时势许可之范围而已。目前不拟返国,清恙康复否?尚希慎护。(42—7)

8月4日,钱昌照又来电提供重庆新的情报:

孔谓先生气量狭小,又谓在外接洽,碎屑零星,光甫谓上两次桐、锡借款成功,全靠彼与摩根索私人关系。此次先生在外接洽,希望极小云云。(46—3)

8月8日宋子文致电古达程,急欲打听蒋介石对孔祥熙的态度,并要他立即电复。(46—2)15日,古达程回电曰:"闻各方攻击孔院长,委座对之亦不满。

现孔在南温泉养病。"(46—1)

8月15日,宋子文致电宋子安,蒋介石曾来电说,行政院准备进行改组整顿,希望他能早日回国,还因此嘱其打听"友人意何如"。同日,宋子文又将这消息告诉钱昌照,并说:"同时接渝电,各方攻击孔甚烈,委座应对其不满。弟在美进行借款,至少须一个月。兄意何如?"(46—2)向他们征求是否回国的意见。

钱昌照8月25日来电:

> 李惟果来谈,谓孔方常在介公前攻击先生与弟及辞修等,希望我
> 等注意。弟答以我辈为抗战关系,惟有尽心力为之耳。(46—3)

李惟果,四川成都人,1905年生,1927年清华大学毕业后即赴美留学,获加州柏克利大学文学硕士,又到哥伦比亚大学转攻国际关系,取得博士学位后再到德国留学,直至抗日战争爆发前方回国。回国后先后在中央大学和武汉大学教授国际关系,名重士林。抗日战争全面爆发后,经陈布雷延揽,进入委员长侍从室,任蒋介石英文秘书,主要负责国际事务,极得蒋之信任,后来成为侍从室中的一位重要人物。从这封电报中可以看出李惟果与宋子文的关系相当密切,太平洋战争爆发后宋任外交部部长后不久,李就出任外交部总务司司长,亦可证明二人关系非同一般。抗日战争胜利后李惟果曾先后担任国民党中央宣传部部长、行政院秘书长等党政要职。

此时贝祖诒原想通过宋子文的关系前往美国,但宋却以为这恐怕更为不利,8月28日宋回电曰:"孔对弟嫉视有增无减,是以兄来美之议,以另筹善策,托他人提出较妥。"(42—7)

10月2日,宋子文又致电戴笠,想通过他打探消息:"推测委座意,仍欲弟留美续借款购机及国际间其他工作,一时恐不能回国。兄意内政方面是否有急回之必要?"(46—2)

钱昌照10月7日来电:

> 顷与孟余先生详商,介公如不电催回国,则似可在美多留二月,
> 惟盼对日美变化特别注意,如发生问题,归途或将感到不便也。……
> 又,苏俄方面缺乏联络,回国后政治上如不见彻底改革,则不妨前往

也。(46—1)

古达程 10 月 27 日来电,报告孔氏夫妇身体不适,可能最近要出国治疗的消息:

> 径电敬悉。孔数月前曾患小便不痛(通)症,孔夫人、蒋夫人亦以暂疾未愈,本拟同往香港就医,若港方无法,有径行赴美一说。后孔病经诺尔治愈,而夫人以时局关系亦不果行,赴美说恐已作罢。昨蒋夫人回渝,职亲闻其与孔夫人通话,孔夫人现患心脏病,立即往视,深夜始回。故蒋、孔两夫人仍有赴港就医可能。(46—3)

然而不久之后反法西斯战争发生了重大的变化,使得国内外的政治架构出现转变。

七 争夺中国银行

1941 年 12 月 7 日,日本偷袭珍珠港,次日英、美对日宣战,太平洋战争爆发,国民政府随即向日本和德国、意大利三国宣战,并与英国和美国结为同盟。因此宋子文的地位迅速提升,12 月 27 日宋被任命为外交部部长,但仍然留在国外,积极向英、美洽商数额巨大的借款。而此时孔祥熙"病重伤寒,半月来热度皆在一百○(零)三度上下,故财政、外交皆由中亲自主持也",因此蒋对宋寄予莫大期望,要求宋立即向美国政府"正式提议,以期速成"。[①]

此时宋子文真可谓春风得意,踌躇满志,一心想干出番大事业。钱昌照接到他的来信后也为之兴奋不已,他在 1942 年 1 月 4 日致宋的电报中说:

> 艳电奉悉。介公对真有干才者可用之一时,绝对服从者可久用之。复初非此两者,故不能安于位。至外间所传儿女问题等,以弟推测,尚非主因也。(46—4)

---

① 《蒋介石致宋子文电》(1941 年 12 月 29 日),《战时外交》(一),第 324—326 页。

　　然而他们并不知道的是,蒋介石此时虽然任命宋担任外交部部长,但其实对他并不完全信任。特别是宋自以为是,甚至自作主张,对于美国意图通过借款来控制中国军队的要求也予以应承,因此引起蒋介石的极大不满。他曾在日记中写道:"子文对财政无自立方针,始终受英人之迷惑,不能脱离之羁绊,而且执迷不悟,殊可叹也。应善导之,使之觉悟。"[①]其后他又在日记中记载:"子文私心与野心不能改变,徒图私利,而置国家于不顾,奈何?""英美以借我军饷,且每月分拨,尽用心之鄙吝与侮辱中国已极。而子文赞成,尤为痛之至。……子文赞成美国提案,尽失国体与人格不顾,痛愤无已。本拟电稿痛斥其非,后乃克制缓和,重拟复电,免致怀恨抱怨也。"[②]

　　当时大后方各地正掀起一股倒孔风潮,对此蒋介石认为:"昆明联大学生游行反对庸之,此事已成为普遍之风气,不能不令辞去,但此时因有人反对而去则甚不宜也。国人与青年皆无辨别之智能,故任人煽惑蒙混,以致是非不彰,黑白颠倒,自古皆然。"[③]他在第二天的日记接着写道:"政客又想借《大公报·整顿政治》一文,在各处运动风潮推倒庸之,应以淡定处之。"[④]其后不久,蒋介石又致电宋子文,强调"以后关于借款事,凡与中各电,请另发庸兄一份,并照手续对财政部电商办理"[⑤]。这就非常清楚地看出,蒋对孔和宋二人的态度有多大的区别。

　　3月16日,宋子文致电宋汉章和贝祖诒:

　　　　孔对行及本人蓄意摧残,已非一朝一夕之故。其人虎头蛇尾,两兄不必过虑。但我行内部,如有侵害社会、自私自利之徒,亟当不待外间指摘,随时自行察办。所谓西北助长囤积,本行在该区共放款若干?西北货栈案,油饼厂及豫丰等事,内容如何?希即详细电告,交光华加码密转,以便检讨,决定今后方针。请告外间,本行港沪损失奇大,决非意欲以零星剥削抵偿也。至于总处统筹管理,严加督导,乃我辈寻常应办之事,即请特别注意。(46—6)

---

① 《蒋介石日记》(1942年1月4日)。
② 《蒋介石日记》(1942年1月15日)。
③ 《蒋介石日记》(1942年1月9日)。
④ 《蒋介石日记》(1942年1月10日)。
⑤ 《蒋介石致宋子文电》(1942年2月3日),台北"国史馆"藏蒋中正档案:筹笔2010.3,21/18。

1942年3月21日,经过宋子文的多方游说,美国向中国提供5亿美元的借款协定终于签字,这也是抗日战争爆发后中国向西方寻求数额最大的一笔借款。但孔祥熙对此不但不高兴,反而还加以攻击。宋的亲信贝祖诒将其所了解的情形向他报告,3月25日宋子文在回电中称,有关孔祥熙暗中破坏之事"抗战后已屡见不鲜。今大借款案告成功,更是孔发动机会,希照以前方针,妥慎应付为要。如有内幕,希即密告,交光华加码译发"(46—6)。

4月23日,宋子文以退为进,主动向蒋提出辞职的要求。蒋介石此刻需要宋子文在美国进行外交工作,因此立即复电,一方面对他的工作予以奖励,更重要的则是对其辞职力加劝阻:

> 租借案成绩得有如今日者,全赖兄之运用之力,而且非第二人所可办者。所称派员接办,乃不可能之事,请兄为公为私,任劳任怨,勉为其难,不再言辞,以免外间猜测也。①

其后,蒋介石又致电宋子文,称他身旁苦无亲信人士与美国军事代表切实联系,经与宋美龄商议,"只有子安弟可胜任此工作,请即嘱其回国服务"②。

6月29日,宋汉章、贝祖诒联名致宋子文电报中报告了孔祥熙欲控制中国银行的企图:

> 俭日可亭、健奄奉庸公命,召集中、交、农三行重员会谈,正式提出:(甲)三行加股问题。略谓统一发行实施期近,政府为加强三行实力起见,决定中国增资二千万,改定股本总数六千万;交通、农民各增资三千万,均改定股额各为五千万。当以中、交增资,照章须由股东会通过,现在股东会无法召集,应如何使两行得法律上之保障,请研究。商议再三,主张:(一)由政府训令三行将来各行开股东会时,如商股股东通过增加商股,政府当予考虑;(二)商股董监事名额暂不更动,商股董事仍为十二人。(乙)修改三行条例问题。(一)应注重专业化,力避业务上之重复冲突。当以就世界大势而论,固属紧

---

① 《蒋介石致宋子文电》(1942年4月25日),台北"国史馆"藏蒋中正档案:筹笔,2010.3,47/55。
② 《蒋介石致宋子文电》(1942年6月25日),台北"国史馆"藏蒋中正档案:筹笔,2010.3,49/21。

要，但抗战期间四行经四联总处之指导，通力合作，尚感难于应付，此时若严格注(?)以专业，深恐力量分散，利少害多。遂决定三行条例应依照专业意旨规定，但在抗战期间，得另定过渡调整办法，由四联总处审察情形，逐步予以调整。（二）组织。拟三行董事名额一律增为廿五人，本行方面由政府再加派官股董事四人，常务董事名额拟不加，惟总经理可不必兼任常董，其常董缺额，拟将由新派官股董事中补充之；监察人由七人增至九人。以上各点系择要奉陈，庸公拟于星期二行政院例会提出，但本日商讨后，以为万来不及，拟请展缓二星期再提。惟无论如何，财政部预定三行将加派董监事在所难免，叶莱缺额亦必补派。加派董事之后，在公出国期间，庸公或以常董资格召集董事会，亦未可知。汉等应付艰局，益感痛苦。公有何指示，敬请电复为叩。（46—5）

同日，当宋、贝联名致电后，贝祖诒又单独去电加以解释：

顷电计达。此次财部所拟增加三行董事原属意中，并非对本行有特别恶意，吾等行宜忍耐，镇静处置，不必过于计较，引起他种误会。此等虎头蛇尾之事已屡见不鲜，要在应付得当耳。（46—5）

对于孔祥熙欲抢占中国银行的企图宋子文早有防范，他于 8 月 4 日致贝祖诒的电报说出了他的计划：

支电悉。最好办法，官商股常董各加一人，或原任商股常董五人中，以一人为官股常董。若不可行，弟可退让。汉章兄为本行砥柱，数十年劳苦功高，不可不维系。请代告庸兄。（46—6）

8 月 8 日，贝祖诒回电报告最新的情形：

昨四联会议，四川丝业公司有董事长兼经理之组织，孔谓董事会为立法机关，董事长未便兼任经理。此次修正本行条例，常董官五商四，恐已无法更动，将来谈到人选时，仍照尊豪电指示，坚持汉老仍兼常

董。但所虑者,在公出国期间,若汉老仍不能代公为董事会召集人,则
必引起其他纠纷。请公先予研究,并将钧意电示为荷。(46—5)

1942年9月5日贝祖诒致电宋:"柏园来云,庸公昨询本行外汇究竟暗藏
若干,嘱其特别注意。渠劝诒将本行外汇清单报送庸公。如公以为然,拟照
办。"宋子文即在该电文上手批:"外汇单如本行已向政府具报告,不必另例单
交孔。"(46—5)宋子文对孔祥熙控制中国银行的企图虽然百般防范,但最终
孔还是接替宋,于1944年2月出任该行董事长。

钱昌照9月12日来电报告了此时中苏之间的外交冲突:

> 介公对新疆问题决定方针大概如下:(一)维持现状,对苏俄在
> 新之军队及政治潜势力暂不作任何特别表示,惟此后外交悉由中央
> 主持;(二)一旦日苏开战,当即比较彻底的设法收复新疆一切主权。
> (46—5)

苏联对新疆觊觎已久,此时国民政府无法对新疆实施有效的管制,只能寄
望于日后局势发生变化,中国政府方可收复主权。

八 出 任 外 长

1940年宋子文作为蒋介石的私人代表赴美洽谈借款,他的这种特别身份
以及为人处事的方式与驻美大使胡适格格不入,因为胡适认为宋子文"毫无耐
心,又有立功的野心,来了若无大功可立,必大怨望"[1]。太平洋战争爆发后,宋
子文出任外交部部长,但却不回部主持工作而长驻美国,这就更与中国驻美使
馆的工作发生冲突,宋子文甚至连国内发来的电报都不给胡适看,因此胡适的
卸任也就是个时间的问题了。然而驻美大使由谁接任,这在重庆的官场上又
掀起一阵不小的风浪。最后,蒋介石接受了宋子文的建议,由原任行政院秘书
长、时任驻法大使魏道明接替著名学者胡适。8月11日,魏道明致蒋介石电:

---

[1] 曹伯言整理:《胡适日记全集》第8册,第61页。

"顷承宋部长转示钧座尊电,拟调职使美等因,仰见眷注,感铭五中,而任重才轻,深惧弗胜。惟在钧座指导之下,不敢畏难,谨惟命是从。"①其后蒋介石正式通知外交部政务次长傅秉常和常务次长钱泰,称"驻美胡大使积年辛劳,闻其心脏衰弱,兹拟在国内另畀任务。其驻美大使拟以魏大使道明调充,希由部依手续,电由大使馆征求美方同意为盼"②。

胡适接到离任的电报立即回电:

> 重庆转兰州。介公钧鉴:删电奉悉。适奉命使美,四年以来常感任大力薄,深负国家重寄。兹蒙中枢垂念病躯,解除职务,十分感谢。此后当理旧业,专心教学著述,以报国家。③

8月20日,宋子文在华盛顿邀请即将卸任的胡适共进午餐,只有他们两人在场。其间宋竭力推卸责任,说他这个外交部部长徒有虚名,其实什么事也不知道。然而一年多之后胡适在日记中谈到这次聚会时却这样写道:"当时我以为子文是爱面子的人,他说的话也许可信。……近来几个月之中,我得着两个可靠消息,才知道魏道明确是宋子文保荐的。其实他何必对我自辩?他的'撇清',只足使他成为一个说谎的人而已。"④

胡适被撤换的消息公布后,在大后方立即引起一片不满的声音,矛头直指宋子文。⑤

9月15日,财政部次长徐堪自重庆来电:

> 最近此间对公有两种议论,(一)外长长住外国,有损国家体面;(二)魏继驻美大使,中外失望,有害中美国交。堪固知我公用魏别具苦心,但言者甚众,无法普遍解释。(46—5)

---

① 《魏道明致蒋介石电》(1942年8月11日),台北"国史馆"藏蒋中正档案:革命文献2020.3,29/30。

② 《蒋介石致傅秉常、钱泰电》(1942年8月15日),台北"国史馆"藏蒋中正档案:革命文献2020.3,29/11。

③ 《胡适致蒋介石电》(1942年8月15日),台北"国史馆"藏蒋中正档案:革命文献2020.3,29/12。

④ 曹伯言整理:《胡适日记全集》第8册,第183页。

⑤ 宋子文10月下旬回国后曾解释他与胡适去职无关,但王世杰却在日记中写道:"宋氏此言颇为教育界人士所轻,盖胡使之去职实由于宋之排斥,久为外间所知也。"见《王世杰日记》,手稿本第3册,第381页。

同一天贝祖诒也来电,对徐堪的讲法加以解释:"可亭电第二点确有传述,但是一时现象;第一点或因第二点引起,但尚无普遍攻击。"(46—5)

16 日宋子文又致电钱昌照,向他了解重庆政界的反应。第二天钱就回电曰:

> 政学各界均对魏不满,即庸之、亮畴等,为恐牵累,亦向人表示魏非适当人选。弟竭力冲淡此种空气,但仍难全消。以弟观察,此次似非有组织的攻击,其原因在各界对魏绝无好感耳。斯事影响先生至巨,但望不久空气可以好转。(46—5)

关于美使易人之事戴笠也替宋表示担忧,9 月 30 日他致电宋子文说:"吾驻美大使易胡为魏,国内各方感想不佳,美国旅华人士,闻亦有不满表示,乞公注意之。"(43—4)

此时距宋子文出访美国已两年有余,虽然他从来不曾中断与国内的联系,但彼此之间的关系毕竟还是隔了一层。在这种情形之下,宋子文有意回国一趟,希望以此疏通关系,并减轻国内官场对他的压力。他在致蒋介石的电报中称,鉴于"美方接济日形困难及竭蹶,为打破难关,极有向钧座面陈详情及请示办法之必要",因而要求回国述职,"往返不过一二月"。[1] 由于此时美国正与中国谈判有关废除不平等条约的具体问题,宋向蒋报告说"原则上美方当无问题",但"最好俟文回国面陈后再进行"。[2]

9 月 23 日宋子文将准备回国的计划通知钱昌照,对此钱竭力表示支持,他在两天后的电报中说:"先生回国一行,极好,离国日久,实有回国与各方面接洽之必要。先生回国事此间知者甚少。"(46—5)

10 月 2 日,宋子文又向戴笠打听此刻有无必要回国一行,他在电报中说:"推测委座意,仍欲弟留美续借款购飞机及国际间其他工作,一时恐不能回国。兄意内政方面是否有急回之必要?"(46—2)

10 月 5 日,钱昌照又发去一电:

---

[1] 《宋子文致蒋介石电》(1942 年 9 月 18 日),《战时外交》(一),第 723 页。

[2] 《宋子文致蒋介石电》(1942 年 10 月 7 日),《战时外交》(三),第 711—712 页。

先生不日回国,以下各点请即准备:(一)对全会的外交报告;
(二)物价问题,介公定与先生讨论;(三)和平会议的准备;(四)战
后建设问题,此点介公或将请先生负责接洽。再,最近介公在国家总
动员会议表示,从前军事第一,此后经济第一,足见介公对经济抱有
隐忧。(46—5)

但此刻蒋介石似乎并不希望宋立即回国,他在 10 月 7 日宋子文发来的电
报上亲自草拟复电:"如美政府能提前讨论取消不平等条约,则我方应即与之
交涉,不必待兄回国也。"[1]然而宋回国的计划已定,10 月 13 日,他再次致电蒋
介石,说明与美国谈判签订新约的内容和范围必须回国面谈,如此方能妥善解
决,而且美方业已准备了专机送他回国。在此情形下,蒋介石才在回电中批
示:"请兄先回国可也。"[2]

九　攀上政坛高峰

宋子文于 10 月 25 日乘专机经印度抵达重庆,这时他才正式宣誓就职,主
持外交部的工作。在重庆期间他曾出席国民参政会会议,并报告外交问题,当
时"政府长官及中委到会参加,极为踊跃,旁听席上亦座无虚席",而当宋子文
报告外交形势时,与会参政员"极为动容,全场报以最热烈掌声"。[3] 但他在国
民党五届十中全会上报告国际形势时,与会的侍从室六组少将组长唐纵却认
为他只是"宣读报告文,毫无风度可言"[4]。此次回国宋子文主要是负责与英、
美两国洽谈废除不平等条约之事,1943 年 2 月,宋子文又奉命出国,继续奔走
于与欧美各国的外交谈判之中,但他与孔祥熙之间的争斗仍明里暗里一直在
进行。

钱昌照 1943 年 3 月 25 日致电宋子文:"粮食会议无特别重要性。孔荐郭
任首席,似可不与之争,惟以后如有重要会议,则必须力争。为国家前途着想,

---

[1]　《蒋介石手拟复电稿》(1942 年 10 月 7 日),《战时外交》(三),第 712 页。
[2]　《宋子文致蒋介石电》(1942 年 10 月 13 日),《战时外交》(三),第 714—715 页。
[3]　《新华日报》(重庆),1942 年 10 月 30 日,第 2 版。
[4]　《唐纵失落在大陆的日记》,第 287 页。

即伤介公及孔感情亦所不顾。"在他们看来,出席世界粮食会议还算不得是件大事,因此孔祥熙推荐郭秉文出席似可不必与之相争,但若是其他事务,特别是关于人事任免方面的事,即使伤及蒋介石的面子也必须力争。这就说明宋与孔之间的争斗此时已经箭在弦上了。

果然,到了召开世界货币会议的时候,宋子文就不予退让了。4月10日他在致钱昌照的电报中说:

> 魏伯聪言,据闻孔对币制会议颇为冲动,有派陈光甫、冀朝鼎出席之说。此两人既不恰当,与弟亦不能合作,弟是否应向介公力争?此事关系我国战后复兴异常重大,自愿不辞劳瘁,负责参加;抑以消极处之,听其自然,以免烦琐。尚祈代酌。(46—6)

在宋子文与孔祥熙的争斗中,戴笠明显是站在宋一边的,他虽然是蒋介石的心腹,但与宋美龄的关系却相当紧张,这很可能就是因为戴笠与孔氏家族之间的矛盾而引起的。1943年9月10日,贝祖诒在致宋子文的电报中透露了这一情形:

> 孔夫人与雨兄情感日恶,此为缉私处更动之原因。蒋夫人返国时,对雨益不相容,闻至今尚未与雨兄谈话,甚至对外宾谓政府将令雨兄出国。委座对雨兄信心似未摇动,惟雨兄应付环境痛苦情形,不言而喻,委座亦深感左右为难乎?(47—1)

宋子文接到电报立即回电,要贝对戴笠的生活予以关心:

> 雨农兄经济困难,希询需款若干,即照数接济,毋须先期电告。(44—1)

1943年10月11日,宋子文陪同盟军东南亚战区总司令蒙巴顿将军(Louis Mountbatten)回到重庆,然而没有多久,宋子文却在罢免史迪威(Joseph W. Stilwell)的问题上与蒋介石发生冲突,蒋大怒之下,竟将宋完全冷落。尽管宋子文事后不得不委曲求全,请人代笔写了一份"认错书",算是取得了蒋的谅解,①但彼此之间的关系毕竟出现了重大隔阂。这种情绪从宋子文1944 年 6 月 17 日致李石曾的电报中即可看出端倪:

> 蒋夫人最近告美国女记者霍明威夫人,谓我财部人员办事不力,大都为文任内之残余,该记者以之转告总统夫人。介公左右对我嫉视太甚,不惜以种种方法,必欲摧残而后快(文与介公往来电报与资互证之处,先生可以一阅)。如此情形,文何能得总统之信心,更何能对外发展?处境之难,可以想见矣。此电及其他来往电,请随时交乙黎兄一阅。(58—1)

然而就在这时,国内舆论对孔祥熙的贪腐行径日益不满,国民党党内各派系也都群起而发难,特别是关于孔祥熙等涉嫌美金储蓄公债一案曝光后,蒋介石也无法再坚持了。1944 年 11 月,蒋以孔祥熙赴美开会及治病之名,免去了他的财政部部长一职。其后蒋介石又致电孔祥熙,一方面说,有关财政金融等交涉事务仍由其全权处理,但同时又告之,在他未回国之前,派宋子文代理行政院院长。② 到了 1945 年 6 月,蒋、孔双双辞去行政院正副院长的职务,而由宋子文、翁文灏继任,对此事蒋介石曾在日记中发出感叹:"庸人不可与之再共国事矣,撤孔之举犹嫌太晚矣!"③孔、宋在这场争斗中,宋子文占了上风,终于登上政坛的最高峰。然而好景不长,仅仅一年多之后,宋子文又被舆论指责为贪污误国,1947 年 3 月,宋子文同孔祥熙一样,黯然走下政治舞台。

原载吴景平主编:《宋子文生平与资料文献研究》,

上海:复旦大学出版社,2010 年 5 月

---

① 有关宋子文与蒋介石的这次冲突经过,笔者曾撰有一篇短文《宋子文的"认错书"》,刊于《南方都市报》2008 年 10 月 9 日。

② 《蒋介石致孔祥熙电》(1944 年 12 月 5 日),台北"国史馆"藏蒋中正档案:革命文献,002020.3,29/55。

③ 《蒋介石日记》(1945 年 7 月 25 日)。

有关宋美龄访美期间的几份电报

　　1942 年 10 月，美国总统特使威尔基(Wendell L. Willkie)访问重庆，他在与蒋介石夫妇会面时建议宋美龄访问美国，并借此机会向美国朝野宣扬中国军民抗日的决心。威尔基认为，以宋美龄的才气、智慧、语言能力以及出众的魅力，一定能够说服美国国民支持中国的抗战。此时宋美龄离开美国已有 20 多年，她当然很想重回故地；另一方面，宋美龄患有各种疾病，也需要前往美国治病。然而宋美龄访美最重要的目的，还是为了希望赢得美国国会及一般民众的好感，从而支持中国的抗战。

　　宋美龄此次访美获得极大的成功，她在美国国会以及其他场合的演讲，使美国朝野上下对她的风采发出由衷的赞扬，同时也让美国人民进一步了解了中国人民坚持抗日的决心，因而此次访美也成为宋美龄个人生涯中最光辉的时段。

　　宋美龄是 11 月 26 日晨抵达美国佛罗里达州 West Palm Beach 的，她的两个弟弟宋子良和宋子安亲自到机场迎接，当天转往纽约，随即便入住哥伦比亚大学的医院，美国总统罗斯福(Franklin D. Roosevelt)特别派他的代表霍浦金斯(Harry Hopkins)陪同宋美龄到医院，其后罗斯福的夫人也经常到医院看望，可见美方对宋美龄的来访极为重视。此时宋美龄虽住在医院，但却多次与霍浦金斯和总统夫人会面，交换两国间的情报，并随时将谈话的内容向蒋介石汇报。[①]

　　宋美龄在哥伦比亚大学医院整整住了 11 个星期，直到 1943 年的 2 月 12 日方出院。这时她的身体已有所康复，而她最重要的任务就是在美国国会发表演讲。为了准备这一讲稿，蒋介石曾多次致电(仅 13 日一天就接连发去 3

---

　　① 《战时外交》(一)收录有多份宋美龄致蒋介石的电报，详见该册第 781—790 页。

份电报),对演讲的内容及原则予以具体指示。① 对此宋美龄表示:"所告卓见非常感佩,妹向国会及各地演词,当予分别遵照电示,总以维持我国家尊严,宣扬我抗战对全世界之贡献,及阐明中美传统友好关系为原则;私人谈判,当晓谕美国当局以我国抗战之重要性;公开演讲,则避免细节,专从大处着眼,以世界眼光,说明战后合作之必要。"②

2月17日,宋美龄一行(包括国民党中央宣传部副部长董显光、随从秘书孔令侃以及孔二小姐等)由纽约乘火车抵达华盛顿,车站内外,万头攒动,彩旗飘扬,当地市民热烈欢迎她的到访。第二天,宋美龄以中国第一夫人的身份在美国国会参众两院发表演讲。③ 国会大厅座无虚席,宋美龄更是神采奕奕,与刚到美国时满面病容相比,简直是判若两人;而她那略带南部口音的标准英语以及幽默的语言,更是打动了所有议员的心扉,博得了一阵阵掌声。随后,宋美龄便开始了她在北美大陆被称为"征服美国"的演说行程。6月29日,宋美龄乘坐来美时同一架飞机启程返国,于7月4日抵达重庆,此次访美历时七个多月。

有关宋美龄访美的经过举凡中美关系史或抗日战争史的著作都有较详细的介绍,众多海内外出版的宋美龄传记更将这方面的内容列为重点④,而台湾中国国民党党史会亦于多年前即将宋美龄访美期间与蒋介石的往来电报以及重要演讲加以编辑,并公开出版,成为研究这段历史最重要的史料。⑤ 然而最近笔者却从宋子文档案中发现几封有关宋美龄访美期间的电报,虽然内容并不完整,亦较为零散,但因从未正式公布而鲜为人知,故特为摘录,以供关心和研究这一问题的学者参考。

宋子文是1940年6月以蒋介石特别代表的身份前往美国从事外交活动的,其间他积极游说美国的政界和商界,洽商借款。太平洋战争爆发后,1941年12月27日,他又被任命为外交部部长。但是宋子文并没有回国,而是继续长驻美国,因为他的主要任务还是寻求美国的军事与财政援助。

---

① 《战时外交》(一)收录有多份宋美龄致蒋介石的电报,第790—793页。

② 《宋美龄致蒋介石电》(1943年2月16日),《战时外交》(一),第793页。

③ 宋美龄在美国众议院发表的中文演讲词收入《战时外交》(一),第797—802页。

④ 坊间出版的宋美龄传记实在太多,这里仅举几部较有代表性的著作,如杨树标:《宋美龄传》,南昌:江西人民出版社,1995年;石之瑜:《宋美龄与中国》,台北:商智文化事业股份有限公司,1998年;林博文:《跨世纪第一夫人宋美龄》,台北:时报文化出版股份有限公司,2000年。

⑤ 《战时外交》(一),第781—858页。

宋美龄虽然是宋子文的胞妹,她出访美国的任务亦与其兄大致相同,但兄妹二人之间的关系似乎并不是想象中的那么融洽,特别是宋子文一直视对美外交为其禁脔,因而最初他并不赞成宋美龄访美。然而宋美龄的决心已定,宋子文亦无可奈何,只能与美方联络,要求美国空军准备专机到重庆接送,但是宋子文对其妹到访的来由总是有些猜忌,为此他不惜动用他的情报关系,多方打探宋美龄访美的真正目的。

1971年宋子文在美国去世后,他的家属将其保管的文件交给美国斯坦福大学胡佛研究所珍藏,但有部分资料长期并未对外开放,直到2003年10月宋美龄去世之后,这部分档案方陆续予以公布。在这中间,第58箱主要珍藏的是宋子文私人文件,其中就包括他与宋美龄之间的一些往来电报,从中可以看出他们兄妹之间不为人知的关系。

宋子文档案中收有几份电报,发电人为古达程。关于古达程这个人的背景目前还不是很清楚,从各种零星的档案资料中得知他于20世纪30年代初曾担任过全国经济委员会驻沪办事处的工作人员(宋子文是该委员会的创办人和实际负责人,全国经济委员会后来撤销时,宋子文曾亲自写信,为驻沪办事处的人员安排工作,其中就包括古达程),后在行政院任职,抗日战争期间曾在蒋介石侍从室任秘书(侍从室少将组长唐纵在日记中提到过此人),因而他能接触到蒋介石的往来电报。从宋子文与他之间的往来电报来看,古应是宋子文安插在蒋身边的线人,至少也是与宋的关系非同一般。古达程曾不断地向宋子文报告重庆官场的异动以及蒋介石的一些动向,其中亦包括宋美龄访美期间与蒋介石来往的数份电报。[①]

一、古达程来电(1943 年 4 月 22 日)

顷委座致夫人电如下:史迪威、陈纳德今日飞美,兄与史谈话纪录,已托其带上。史此次奉召回美,对陈纳德甚怀疑。此人如有神经病然,甚难共事也。(58—7)

---

① 以下所抄录的电报除注明者外,均藏于斯坦福大学胡佛研究所宋子文档案,括号内数字为箱号与卷号。

1943年春,罗斯福与丘吉尔计划在华盛顿召开一个代号为"三叉会议"(Trident Conference)的军事会议,重点讨论欧洲西西里和亚洲缅甸的战役,因此要求中国战区参谋长史迪威(Joseph W. Stilwell)和飞虎队队长陈纳德(Claire L. Chennault)前来参加。这封电报透露出史、陈之间的矛盾颇深,而蒋介石对史迪威的不满之情更是跃然纸上。

二、宋子文草拟致罗总统备忘录大意
(1943 年 5 月 10 日)

蒋委员长获悉阁下与蒋夫人商谈之结果,嘱余从(重)新声明:

(一)陈纳德队需要最近三个月中印空运,每月以四千七百吨供应空军,俾得实施空中攻击,破坏日敌在中国沿岸之水上交通线,预期除削弱敌空军力量外,并将消灭敌水运五十万吨。

(二)蒋委员长确信,北非会商之决议,复经重庆、加尔各答会议决定者,在中国实施空中攻击,及今秋大举攻缅等计划,为打通国际运输线之唯一途径,故须实践,美国派遣三个师至印度,并盼施行。

史迪威将军建议缩小攻缅范围至缅北为上,鉴于 AKYAB 之败,必无效率,故不能接纳。

北非之决议如有不能实行理由,蒋委员长希望有切实详明之解答。

(三)总之,蒋委员长依其历久之经验——且事实如此——坚信非立即实行空中攻击,不能缓和中国目前之危机,不实行此项攻击之危险性,远甚于实行;再则,如以强有力之美空军,配合中国军队,将使日敌在中国各项之蠢动,不发生严重的顾虑,否则影响之巨,殊难预测也。(58—8)

三、宋子文致蒋介石电(1943 年 5 月)

虞、佳各电敬悉。文昨赴纽约见三妹,交阅关于四人会面及盼望美方派有力海军控制各电,文并提议催促总统派正式陆军参加战事。

三妹与文同意关于四人会面事不必太客气。至派正式陆军参战,三妹意,前渠向总统谈时,要求派美军参加(战)缅北,故此时最好亦请其派兵参战缅北。唯文意此次决定缅北、缅南同时进行,最多亦不过二三星期之差,故最好不指明参加(战)缅北。如指定缅北,则参谋本部或将谓缅北运输困难,有中英军队作战,美军为运输关系加不上。如何之处,仍请钧裁。①

四、古达程来电(1943年5月17日)

顷委座致夫人电称:如参加会议时,务盼与文兄态度一致,若有不利于中国之决议,以暂时保留,待先请示政府,此时不能擅允答之可也。(58—13)

五、古达程来电(1943年5月18日)

顷夫人致委座电如下:十三日电及文兄转来庚、元电均悉。妹来美本未负任何使命,但为国家前途设想,不辞辛苦,经与总统谈辩多次后,探美、英对整个反攻缅甸目前毫不在意,盖英认为击败德国后,不损一兵一卒,缅甸将不攻而获,届时若需用兵力,则不必有第三国参加,以免我军参与立功。妹经千辛万苦、日夕焦虑,才使罗即允诺派飞机军队前往,助我反攻孟德勒与腊戍,因此妹始将美国加入缅甸战线,此乃收复仰光之第一步,现见既谓上项计划无用,妹即完全停止进行声援,妹并未允诺放弃全面反攻缅甸,而文兄谅已尽将兄意照为转达,妹当乘机静养。兄所谓美、英食言,与轴心无异一节,所见甚是,我两当知国际上武力即真理。邱相十四日致兄通电,希详察之。(58—13)

---

① 《电报选》,第200页。

"三叉会议"于 5 月 12—23 日在华府召开,在蒋介石的要求之下,宋子文也被邀请参加。第 2、3 两封电报应是宋为参加此次会议准备的报告,而第 4、5 两份电报则是蒋介石与宋美龄对是次会议交换意见的来往文件。

六、古达程来电(1943 年 5 月 27 日)

> 顷委座致夫人电称:近日战况确甚紧急,本星期内关系最大,所以致此之故,实由史迪威催促我精兵抽调入滇,准备攻缅,以致前方空虚,为敌所乘。其实去年至今,自缅战至此次战争,皆为史所陷害也。纽约报载兵变之说,绝无其事,自信对战事最后仍有胜算,请勿过虑,一星期内胜负即可分明也。(58—13)

1943 年 5 月,日军第十一军司令长官横山勇率领 10 万余兵力向湖北西部沙市、宜昌我第六战区驻军发动进攻,史称"鄂西会战"。中国军队顽强抵抗,经过一个多月的拼杀,敌我损失惨烈,6 月 10 日,日军主力撤回汉口,双方恢复战前态势。这封电报讲述的主要是这场战事,同时蒋介石又在电报中又将战局的恶化归咎于史迪威用兵的错误,可见此时蒋、史之间的矛盾已日趋激烈。

七、蒋介石致宋子文电(1943 年 6 月 7 日)

> 支电悉。对于罗总统拟约邱、史与余四人会谈,并愿先与余畅谈之提议,甚所感纫。惟余觉苏联与日本尚未公开决裂以前,余之参加会谈,是否将使史太林感觉不便,若果有此顾虑,而目前为商讨战略,英、美、苏有提先会谈之必要时,似不可因待四人会谈而迟延,故余意或请英、美、苏三国领袖可先行会谈。至余个人甚愿与罗总统把晤倾谈,若届时有机会请总统赐约,随时可趋教也。惟如罗总统以为此次会谈余有参加之必要,而无如此以上所述之顾虑,则中亦不敢坚辞。请照此意面见总统,密为切商,并请将此意先商三妹,然后再送罗总

统可也。中正手启。虞。（58—13）①

1943 年初,随着盟军在欧洲、北非和太平洋战场上不断取得胜利,德、意、日法西斯轴心国的失败基本上已成定局。为了重新安排战后世界的格局,罗斯福设想成立一个以美、英、苏、中四国为首的国际组织,主导日后的国际事务。由于美国在此次战争中对于各盟国所提供的援助,战后各国也离不开美国的支持,因此美国必定会在这个组织中处于支配的地位。为此罗斯福希望尽快召开一次四国首脑会议,以讨论成立这一组织以及在欧亚战场上的各种细节问题。这封电报就是蒋介石对罗斯福提议所作出的回答,一方面蒋非常感谢罗斯福对中国地位的重视,但他又认为苏联目前与日本仍签有相互中立的条约,因此不便参与有关对日作战战略的制定。因此当年 11 月美、英、中三国领袖参加的开罗会议,就是在这种背景下召开的。

八、古达程来电(1943 年 6 月 19 日)

顷委座致夫人各电略称:(一)史迪威来见,得悉海军所用兵力,请向总统表示感谢,并望其能加派陆军二、三师。(二)关于史丹林覆函内容,于可能范围内,请总统明告一二,余甚望俄能供给美国以西比利亚空军根据地,俾直接轰炸日本。(三)对战后远东和平善后问题,应照面嘱各事,再与罗商讨,作一结论,迅即回。(四)关于旅顺、大连问题,中国只可与美国共同使用,不宜与他国共用。(五)与罗别时,最后应相机提出史迪威问题,但不必太正式,亦不以不可不撤换方式出之,只以实情告之如下:(甲)史对余不能合作,余为大局计,均能容忍,惟其对中国军民成见太深,以廿年前之目光,看我今日之革命军民;(乙)故自史来华,我军队精神因之消沉颓丧,盖史视中国无一好军人,无一好事,而根本不信我军能作战,更不信我胜利,故欲其指挥盟军以求胜利,无异缘木求鱼,而彼对自己所处理之事与计划,以为无一不好,固执不变,毫无商洽余地;(丙)故现在我军对史

① 这封电报亦收于《战时外交》(三),第 491 页。

失望，以为如再听其指挥，不惟无胜利，必大受牺牲，非至全败不可。彼之态度，是来胁制中国，而非协助抗日，其结果与美国之热忱援助及友爱精神相反。余为史对于一般军官严加劝诫，令与合作，惟长此以往，时时发生误会，则不胜防制之苦。故为作战及大局计，深望罗总统明瞭此事真相与现状，盖甚恐其华盛情将来失望，故不敢知而不言也。(58—7)

6月24日，宋美龄在结束访美之前要向罗斯福总统辞行，蒋介石事先对她发出各项指示。这封电报包含两个主要内容，其一是关于战后远东关系，此时蒋介石已经预见到苏联战后对远东必定会有极大的野心，因此他主动提出旅顺、大连港战后只能由美国和中国共同使用。果真不久，斯大林即在雅尔塔会议上提出苏联战后独占旅顺军港的问题，然而美国却为了本国的利益，竟然背着当事国，同意了这项侵犯他国主权的条件。第二个内容就是史迪威的问题。

太平洋战争爆发后，中国跻身四强，国际地位空前提高。为了共同抗击日本法西斯，1941年12月31日罗斯福总统代表同盟国致电蒋介石，建议成立中国战区最高统帅部，并推选蒋介石担任最高统帅。对此建议蒋介石自是欣然接受，为了报答美方的这番好意，他又致电一直在美国进行外交活动的宋子文（数天前他刚被任命为外交部部长），请罗斯福总统委派一位"亲信之高级军官"出任中国战区的参谋长。

蒋介石的想法是，中国战区参谋长当然要接受中国战区统帅的命令，这个道理再明显不过了；但美方则认为，中国战区参谋长除了兼任中缅印战区美军司令官之外，他还有权监督租借法案，甚至可以指挥部分中国军队。因此中国战区指挥部自设立之始，中美两国之间就出现了不协调的声音，而美方参谋长人选的任命则更加深化了彼此间的矛盾。

美方任命的参谋长陆军中将史迪威曾经多次驻守中国，并在抗日战争初期出任过美国驻华大使馆武官，在美国的军队中算得上是一位有名的中国通，但是他固执己见、过分坦率、得理不饶人和疾恶如仇的个性，平时较难与同僚相处，亦曾得罪过不少上司。另一方面，由于他相当了解中国的国情，对于政府和军队内贪污腐败的现象极为不齿，特别是对蒋介石的独裁深表不满，甚至私下里还给蒋起了个"花生米"的绰号，所以他一接受这个任命就注定会和更加固执专横的蒋介石发生摩擦。虽然初期蒋介石还顾忌到与美国的关系，对史迪威的所作所为予以容忍，然而随着冲突的日益尖锐，特别是史迪威提出要插手指挥中国的军队，这就触动了蒋介石的神经，于是他下定决心，一定要将史迪威予以撤换。这封电报就是蒋介石要求宋美龄亲自向罗斯福表示蒋对史的不满，但不知是什么原因，宋美龄回国后却又坚决反对蒋撤换史的决定，为此还引发出蒋介石与宋子文之间的一番争吵。①

九、孔祥熙致宋子文电(1943年6月21日)

宋部长子文弟勋鉴：○密。文、皓两电谅达，三妹即将再访罗总统，恐将询及平准借款清偿结束问题。请即将文电照抄一份，密送三妹接洽，俾作谈话参考。祥熙。马。(58—1)

最后一份电报是孔祥熙发来的，内容非常简单，主要涉及的是平准基金。

1940年6月，宋子文以蒋介石的特别代表身份访问美国，为了争取美国的援助以及稳定中国的币制，他四处游说，多方活动，中美、中英平准基金协定终于在第二年的4月签订。在宋子文看来，这是他争取西方援助的得意之作，但是行政院副院长兼财政部部长孔祥熙对此却竭力加以阻挠。

在重庆，孔祥熙与宋子文不和的传闻早已是官场中公开的秘密，就在宋子文在美国签订平准基金协定之际，重庆先是于3月1日召开国民参政会第二届第一次大会，24日又举行国民党五届八中全会。孔祥熙利用这一机会，不仅在会前会后四处活动，而且还以宴请的形式拉拢与会代表，对宋子文大加攻击。宋子文听到这一消息之后立刻致电古达程，要其报告"孔在参政会及大会攻击之言词"。古达程随即于4月11日复电云："孔趁开会时机轮流宴请参政员及中委，席间每以钧座为攻击对象，诬蔑棉麦借款及平准基金之办理不善，又谓钧座未尽量利用国际局势，致美方援我不能彻底云云。"(42—5)

棉麦借款是1933年宋子文出访欧美时与美国金融复兴公司签订的价值5 000万美元的借款，同时这也是南京国民政府成立后向西方举借的最大一笔

---

① 笔者撰有《宋子文的"认错书"》一文，对蒋介石与宋子文之间在撤换史迪威问题上的争吵之事记述甚详，载《南方都市报》2008年10月9日，第8版。

借款,平准基金则是中国政府为了稳定美元与法币间的汇率,刚与美英两国政府签订的一项借款。这两笔借款都出自宋子文之努力,而孔祥熙却对此大加攻击,可见双方之间积怨已久,矛盾亦已日益明显。

宋子文生前将这些电报认真加以保管,说明他对此非常重视,并希望以此为历史留下一个记录。宋子文档案中保存的资料相当丰富,本文只是摘录了其中几封未曾公布的电报,希望能引起关注这一问题的学者留意。

原载胡春惠、陈红民主编:《宋美龄及其时代国际学术研讨会论文集》,
香港:珠海书院亚洲研究中心,2009 年

美金公债舞弊案的发生及其处理经过

一　引　言

　　抗日战争中期以后,国民政府偏安一隅。随着政治上加强一党专制,经济上实施统制专卖,军事上不断溃退,大后方官商勾结、以权谋私的情形亦愈发严重,并逐渐形成系统化、体制性的痼疾。在这些腐败的案例中,发生在抗日战争后期的美金公债舞弊案就是其中一件极具代表性的个案。

　　关于1942年美金公债的发行,以往已有一些论文涉及。如杨斌、林美莉关注的是战时中央政府如何通过发行公债来达到控制财政的目的[①],更多的文章则是披露舞弊案的发生[②];特别应该提及的是,杨天石最先利用刚刚开放的蒋介石日记,详细介绍了蒋介石亲自查处此案的经过。[③] 然而上述各文都没有参考财政部与主计局等对此案的调查报告,未能查阅台北"国史馆"珍藏的蒋中正档案中的重要文电(杨文中引用了部分特交档案及《事略稿本》的内容),更没有揭露本案的关键之所在,即孔祥熙牵涉本案1 660多万美金债券的内幕。本文主要征引南京中国第二历史档案馆典藏的国民政府财政部和中国银行等部门的原始档案,全面描述该案的发生以及调查的经过,参考台北"国史

---

　　① 杨斌:《抗战时期国民政府发行公债政策述评》,《江西社会科学》2001年第1期;林美莉:《战时公债与财政控制:以1942年美金公债为例》,提交"近代中国的财经变迁与企业文化"国际学术研讨会(台北,"中研院"近史所,2004年12月15—17日)论文。

　　② 论及此舞弊案的文章包括陈赓雅:《孔祥熙鲸吞美金公债的内幕》,载寿充一编:《孔祥熙其人其事》;刘昌红:《从"五亿美元借款"的使用看国民党政府的腐败》,《四川师范大学学报》1996年第3期;马亮宽:《傅斯年揭露美[金]公债舞弊案述论》,《聊城大学学报》2005年第2期。

　　③ 杨天石:《蒋介石亲自查处孔祥熙等人的美金公债案》,载氏著:《找寻真实的蒋介石:蒋介石日记解读》下册,太原:山西人民出版社,2008年,第449—466页。此前刚在香港三联书店出版的同名著作中并没有收录此文,可以说是作者的最新力作。

馆"蒋中正档案中收藏的蒋介石、孔祥熙、宋子文、俞鸿钧之间在调查此案过程中的来往电报,同时还摘抄目前存放于美国斯坦福大学胡佛研究所的蒋介石日记和宋子文档案,并对上述原始档案进行认真的分析和比勘。从这些珍贵的史料中,我们不仅可以清楚地了解此案舞弊关键之所在,更能观察此时蒋介石的矛盾心理。他虽然在公开的场合仍然维持孔祥熙的形象,但暗中却多次命令下属秘密调查此案,并逐一解除孔祥熙所担负的各项要职。在得悉孔祥熙确实涉及贪腐的事实后,蒋介石的态度可谓极为痛恨;然而为了维持国民党和政府的统治及家族的荣誉,蒋介石最终还是将此案大事化小、小事化了。也正是因为这个原因,由于蒋介石和国民党政府无法正视事实,彻底惩治贪腐,导致抗日战争胜利后国民党内贪污腐败的情形日益加剧,成为国民党最终失去中国大陆政权的一个重要原因。

二 5亿美元借款与美金公债的发行

抗日战争全面爆发后,国民政府一直致力于寻求西方的援助,但收效甚微。1940年6月,宋子文作为蒋介石的特别代表前往美国,就是为了得到美国更多的借款。太平洋战争爆发后,中国随即跟随英、美两国向德、意、日宣战,并加入同盟国,国际地位随之提高。蒋介石即利用这一时机,向英国政府提出商借1亿英镑的要求,其目的是"发行长期公债及定期储蓄券,为提高法币信用与收回法币之用",他还特别指出,"此次借款不能有任何担保之条件";与此同时,蒋介石又致电给刚被任命为外交部部长的宋子文,要他按照这一原则积极向美国进行借款,强调"此次借款手续决非如平时普通之财政借款可比,或先商用度办法,而后再定款数",因为"敌伪以东亚为东亚人之东亚之理由,竭力鼓吹与煽惑作用发生影响之时",英、美若不提供援助的话,势将难"挽救国人心理与提高抗战精神"。可能是当时国内正掀起一波倒孔的风潮,蒋介石在电报结束前还特别提及,最近财政部部长孔祥熙"病重伤寒",因此所有外交和财政方针都由他亲自主持。① 强调此时向英、美等国争取援助并规定借款原则,都是出自他个人的旨意。

① 《蒋介石致宋子文电》(1941年12月29日),《战时外交》(一),第325—326页。

美国当然希望中国继续坚持抗战,抵抗日军的进攻,因此同意对中国实施援助,但最初美方只同意为 100 万中国军队发放军饷,然而这一提议却严重地干涉中国主权,蒋介石自然极力加以反对。此时蒋介石虽然任命宋子文出任外交部部长,但其实对他并不完全信任,蒋曾在日记中写道:"子文对财政无自立方针,始终受英人之迷惑,不能脱离之羁绊,而且执迷不悟,殊可叹也。应善导之,使之觉悟。"①他在得悉美国的意图后十分恼火,并将这种愤怒的情绪记在宋子文的头上:"子文私心与野心不能改变,徒图私利,而置国家于不顾,奈何?""英美以借我军饷,且每月分拨,尽用心之鄙吝与侮辱中国已极。而子文赞成,尤为痛之至。……子文赞成美国提案,尽失国体与人格不顾,痛愤无已。本拟电稿痛斥其非,后乃克制缓和,重拟复电,免致怀恨抱怨也。"②

不久之后,蒋介石致电宋子文,再次强调借款原则,并说他最近要外出,因此"以后关于借款事,凡与中各电,请另发庸兄一份,并照手续对财部电商办理为盼"③,这就说明,此刻蒋介石又恢复了对孔祥熙的信任。④

经过宋子文的多方活动,美国政府虽然同意提供借款,却又对借款的用途不放心,因而在协议草案的第二条中予以规定:"中国愿将本约中所列资金之用途通知美国财政部部长,并愿对该项用途随时征询其意见,美国财政部部长愿就此项资金之有效运用方面,向中国政府提供技术上及其他适当之建议。"⑤但蒋介石和孔祥熙均认为这一规定"拘束太大",要求改为"对于此款之用途,愿随时通知美财长,并对与用途有关之技术事项与之洽商"⑥,以此加以限制。为此宋子文不断向美国方面解释说,"中国政府关于此项借款用途,绝无对美国政府守秘密之意,且愿得美方技术之援助,但不能有任何表示中国政府负有

<hr/>

① 《蒋介石日记》(1942 年 1 月 4 日)。
② 《蒋介石日记》(1942 年 1 月 15 日)。
③ 《蒋介石致宋子文电》(1942 年 2 月 3 日),台北"国史馆"藏蒋中正档案:筹笔 2010.3,21/18。
④ 蒋介石曾在 1942 年 1 月 9 日的日记中写道:"昆明联大学生游行反对庸之,此事已成为普遍之风气,不能不令辞去,但此时因有人反对而去则甚不宜也。国人与青年皆无辨别之智能,故任人煽惑蒙混,以致是非不彰,黑白颠倒,自古皆然。"他在第二天的日记接着说:"政客又想借《大公报·整顿政治》一文,在各处运动风潮推倒庸之,应以澹定处之。"与同一时期他对宋子文的责难相对比,即可看出蒋介石内心中对孔、宋的态度是大不相同的。
⑤ 《战时外交》(一),第 340 页。又见《电报选》,第 148 页之注 3。
⑥ 《孔祥熙致宋子文密电》(1942 年 3 月 8 日),中国第二历史档案馆藏中国银行档案:三九七(2)/638。

交换意见及磋商之义务"。最后双方妥协,达成协议为"中国政府愿以此项借款之详细用途,不时由财政部详告贵财长"云云。①

1942 年 3 月 21 日,宋子文以外交部部长的身份在华盛顿与美国财政部部长摩根索(Henry Morgenthau, Jr)签订借款协议,规定该项借款应用于:(1) 加强货币、金融及银行制度;(2) 资助及增进一切必需品之生产、收购及其分配;(3) 阻抑物价上涨,稳定经济关系,并以防止通货膨胀;(4) 防止食粮与其他原料之囤积;(5) 改良交通及运输工具;(6) 推行社会及经济的措施,以增进人民福利;(7) 供应租借法案以外之军事需要,并实施业经两国政府认可之其他一切应战之适当措置。②

这次财政援助是抗日战争全面爆发后美国向中国提供的一次重要借款,不仅借款数额高达 5 亿美元,而且条件极为优惠,因为"借款几乎是无条件的,无抵押、无限期、无利息"③。蒋介石亦亲自向罗斯福总统(Franklin D. Roosevelt)表示感谢,并声称"此次借款除为军事上之需要外,大部分将用于加强我国之经济机构,收回法币,紧缩通货,平定物价,保持战时生活水准及增加生产"④。

然而孔祥熙却对宋子文的成功心怀嫉妒,并利用各种机会进行攻击,宋子文的亲信贝祖诒将其所了解的情形不时向他报告。对此宋子文倒亦见怪不怪,他曾多次致电宋汉章和贝祖诒,称"孔对行及本人蓄意摧残,已非一朝一夕之故。其人虎头蛇尾,两兄不必过虑"⑤。而有关孔祥熙暗中破坏之事,"抗战后已屡见不鲜。今大借款案告成功,更是孔发动机会,希照以前方针,妥慎应付为要"。话虽如此,其实宋子文还是十分关心重庆的官场异动,因而嘱其"如有内幕,希即密告"。⑥

5 亿美元大借款成功之后,孔祥熙立即于 3 月 24 日在重庆举行记者招待会宣布这一消息,并将发行美金公债之计划公之于众。三天之后,孔祥熙致电宋子文并转美国财政部部长,方将发行 4 厘美金公债及美元储蓄券各 1 亿元

① 《宋子文致孔祥熙电》(1942 年 3 月 21 日),中国第二历史档案馆藏中国银行档案:三九七(2)/638;又载《电报选》,第 148 页。
② 《中美借款协定译文》(1942 年 3 月 21 日),中国第二历史档案馆藏财政部档案:三(1)/4912。
③ 《大公报》(重庆),1942 年 3 月 27 日,第 2 版。
④ 《蒋介石致罗斯福电》(1942 年 2 月 14 日),《战时外交》(一),第 337 页。
⑤ 《宋子文致贝祖诒电》(1942 年 3 月 16 日),美国斯坦福大学胡佛研究所藏宋子文档案:46—6。
⑥ 《宋子文致贝祖诒电》(1942 年 3 月 25 日),美国斯坦福大学胡佛研究所藏宋子文档案:46—6。

的细节予以说明。其中美金公债的主要内容包括以下几项：公债由财部照面额发行，中央银行为发行行，发行银行不许购买或贷款购买；发行汇率由财部规定，目前暂定 6 分（不宜低于平准会现行之汇率），以后或须减低；自 1944 年 4 月起，每半年抽签还本一次。[①]

美方官员由于未能事先了解发行公债的详情，对此甚为不满，而为借款四处奔波的宋子文更加恼火。他在接连两封致孔祥熙的电报中，借美国财政部部长摩根索、钱币司司长怀特（Harry D. White）之口，发泄他个人的强烈不满。电报声称，因为美方认为此次发行公债和储蓄券的办法甚不合理，因为即使公债全数销尽，也不过只有法币 40 亿元，对于抑制通货膨胀的作用根本不大；而且据说民间对此并不积极，因此前途未必乐观；然而这一方法如果失败的话，美国财政部必会遭到各方指摘。虽然美方目前同意按约如期拨款，但若"误会滋深，来日方长，从大处着想，中美联系关乎全局，美方经济援助，亦非至此而止"。宋子文最后在电报中说，"弟离国已将两载，国内财政方面之策划布置，自不接头，美财部对我财政情形，似较弟明瞭"，"自不能作深切尽情之解释"，因此"为兄着想"，还是应该快些派人到美国来"随时应付"，彼此间"交换意见，误会自可冰释无疑"。[②]

宋子文虽然不高兴，但孔祥熙却不买账，依然按照他的计划进行。他在致蒋介石的报告中声称，美国借款已经签订，因此"现即利用此借款，为发行三十一年同盟胜利公债美金一万万元，及美金节约建国储蓄券一万万元之基金，并计议其他运用方法"。按照他的说法，发行公债的目的就是为了"巩固币信，吸收游资，稳定物价，协助生产"。[③]

4 月 15 日，美国按照借款规定如期将 2 亿美元作为发行美金公债和库券的基金拨入准备银行；4 月 25 日，财政部即正式公布《民国三十一年同盟胜利美金公债条例》，声明发行公债的目的是为了"平衡预算，稳定物价，健全金融，吸收游资"，发行数量为 1 亿美元，自 1942 年 5 月 1 日起按照票面额十足发行，年息 4 厘，每六个月付息一次，自 1944 年开始还本，十年还清。此次发行的美金公债最大特点就是，公债发行时按照票面额折合国币缴购，折合率则由

---

① 《孔祥熙致宋子文电》（1942 年 3 月 27 日），《战时外交》（一），第 343—344 页。
② 《宋子文致孔祥熙电》（1942 年 4 月 10 日、4 月 12 日），《战时外交》（一），第 344—345、346 页。
③ 《孔祥熙致中央报告》（1942 年 3 月），中国第二历史档案馆藏财政部档案：三(1)/4912。

财政部于发行日公告;还本付息时,按照票面额付给美金,或由中央银行按照当日挂牌市价,折合国币付给之。①

5月1日,美金公债以每6美元折换100元法币的汇率计算,由中央银行正式对外发行。财政当局发行美金公债的初衷是希望通过美国的援助,以偿付美金的条件吸引民众认购,收回发行过度的法币,从而缓解通货膨胀的压力。这就像当时宣传的那样,所谓"公债以美元为基金,本固息厚,稳如泰山;国人踊跃认购,功在国家,利在自己"。"这是收回法币的最好办法,这是不被冻结的自由美金"。②

然而公债发行的情形却与当局的设想大相径庭。抗日战争之初,全国军民同仇敌忾,有钱出钱,有力出力,积极认购救国公债。然而到了抗日战争中期,由于政府上下贪腐的行为日益扩大,广大民众对政府的债信已全无信心。此刻大后方的多数市民正饱受通货膨胀的煎熬,每天的生计都有困难,哪还有余钱去认购公债;③而那些富商巨贾虽然拥有大笔金钱,但却都用来抢购物资,囤积居奇,也不愿去做这看似亏本的买卖。国民政府尽管竭力推销,蒋介石并以全国节约建国储蓄委员会主席的名义,亲自致函大后方各省分会主任委员(由各省政府主席兼)和副主任(省财政厅长兼),要求各地按照规定的比例摊派认购,甚至还为推销公债专门下达手令:"对于摊派公债,应即积极进行,其发行数目,似尚可增加。应着重于强派,惟于分配数目时,必须公道无私,以免负担不均。目前富人多在都市,故其摊派应先由各大都市与各省会起,然后再派至各重要县份等。对于各地财富之调查,可由政府与党部、青年团合作,限期查报。"④尽管财政当局和各地政府大肆宣传,强行摊派,但实施的效果却不尽如人意,美金公债推行一年以来,各地只销售了一半,即不到5 000万美元的债券。

---

① 《民国三十一年同盟胜利美金公债条例》(1942年4月25日公布),《汇编》第五辑第二编《财政经济》(二),第471—472页。
② 《大公报》(重庆),1942年5月6日,第3版。
③ 1943年2月17日行政院参事陈克文与一些同事和朋友餐聚,席间重庆市财政局局长竭力向他们宣传购买美金公债的好处。陈克文在当天的日记中写道:"可惜公务员虽面对着发财机会,因为没有钱,也只好让它白白过去。"见陈方正编辑校订:《陈克文日记》下册,第719页。陈克文是简任官,抗日战争之前月薪约有500元,连他都说没有钱,那一般民众的处境更可想而知。
④ 《财政年鉴》第三编第一篇,上海:财政部财政年鉴编纂处,1948年,第8页。

三　美金公债舞弊案的发生

美金公债发行之初虽然成效不彰,但是没过多久情况却发生了变化,其中最明显的就是外汇官价与黑市价格之间的差距日益扩大,这就使得政府中主管财政的官员意识到经营美金公债实在是一笔可以赢得巨大利润的买卖。

1935 年 11 月币制改革后,财政部宣布的外汇汇率为法币 1 元等于美元 3 角,或英镑 1 先令 2 便士半,抗日战争全面爆发后的一段时间,政府还千方百计地维持这一汇率。直到 1938 年 3 月,华北傀儡政权在日本的指使下成立伪联合准备银行,企图套购法币来换取外汇时,财政部门方开始对外汇实施管制。其后中国政府还相继寻求英国和美国的援助,设立平准基金,目的就是要维持外汇汇率的平稳。起初汇率尚能大致依据物价上升和通货膨胀的速度有所调整,之后两者间的差距越来越大,汇率也时有变动。太平洋战争爆发后,官方始将美元与法币的汇率定为 1:20(大约为战前币制改革时的 6 倍),因此美金公债最初就是按照平准委员会所订的这一汇率发行的。

1943 年春,美国军队开始进驻中国的西南地区,由于美军在后方普遍使用美钞购物,导致官价外汇与黑市外汇之间的差距越来越大。以重庆市美钞黑市价格为例,1943 年 6 月底 1 美元约为法币 59.07 元,12 月底为 83.96 元,1944 年 6 月底为 191.94 元,12 月底更上升为 570.45 元。[①] "工不如商,商不如囤,囤不如金,金不如汇",这段极为流行的民谣生动地描述出大后方当时的情景。特别是 1944 年下半年国军在豫湘桂战场上出现的大溃败,导致大后方民众人心惶惶,更使得美金黑市价格飞速上扬。11 月下旬仅半个月,重庆的外汇黑市价格就从 250 元法币兑 1 美元升至近 600 元法币兑换 1 美元。[②] 尽管美元的黑市汇率不断上涨,美国政府和其他外国驻华团体也都一再要求法币贬值,但官方汇率依然维持 1:20 这一水平。虽然官方的这一汇率基本上是有价无市,但外汇价格的双轨制却为那些有权势的人物创造了一个敛财的大

---

① 参见《1943—1946 年重庆美钞市价》表,载张嘉璈著,杨志信译:《中国通货膨胀史(1937—1949 年)》,第 192 页。原表的比率是法币对美元,为便于统计,笔者将其换算为美元对法币。

② 《陪都的"美金热"》,《新华日报》,1944 年 11 月 22 日,第 3 版。

好机会,对于他们来讲,此时购买和销售美金公债就是一个最好的时机。

1943年8月2日,财政部通知各地国家行局自即日起停止出售美金债券。10月9日,孔祥熙向蒋介石秘密呈文,要求结束销售美金公债,他的理由是:

自五亿元美金借款成立后,为利用此项借款以紧缩发行、收回法币、稳定币值、平抑物价、扶助工商起见,呈准发行美金公债一亿元。事前屡经交涉,始获美方同意,照额拨出基金。殊自开始发售以迄现在,历时已一年有余,而售出之数尚未及半,不仅发行之目的未达,而对外观感亦多不利,近来美方对此颇为注意,屡来询问。故觉如不筹维办法,将来再请援助恐有妨碍。反复思维,惟有宣布结束,以顾全政府之信誉。于宣布结束后,将未售之券交由中央银行承受,依照该行法之规定,有买卖有价证券之业务,如运用得法,对于调节发行、平抑物价、稳定外汇当有裨益,且符发行美债券之原意。熙当督促行局主管人员妥为办理,以期早日完成。除已密定十月十五日结束外,特将结束日期及今后运用办法,密为陈报钧鉴。①

10月15日,中央银行业务局局长郭锦坤(字景琨)在大后方的各大报章上宣称,年前发行的1亿元美金公债业已全数售完;然而实际的情形却是,还有接近一半的债券根本就没有出售。在中央银行总裁孔祥熙授意下,央行要求各地分支行迅将尚未售出之美金公债上缴,由国库局全数收回,并一律停售。

按照规定,美金公债未售出之部分由国库局收回之后,应全数交还给业务局,归之于国库。然而这些从各地行局收回的美金债券并未全数上缴国库,其中有相当部分被掌管国家财金大权的那些人物,以"调剂同人战时生活"为幌子,私下里朋比瓜分了。这就是当时震惊大后方社会和舆论,甚至引起美国朝野愤懑的美金公债舞弊案。

关于美金公债舞弊案,以往披露的主要是中央银行国库局局长吕咸在征得央行总裁孔祥熙的同意下,将收回的债券暗中出售之事。

1944年1月10日,中央银行国库局局长吕咸请示:"查本局经理卅一年同

① 《孔祥熙致蒋介石呈文》(1945年10月9日),台北"国史馆"藏蒋中正档案:特交档案2080.109,02/02。

盟胜利美金公债情形迭经面陈钧座,现计交足业务局债票伍千万美元外,尚有余额三百五十万零四千二百六十美元……应如何拨款转妥之处,理合签请核示祗遵。"1月12日孔祥熙亲笔在呈文上批示:"公债券交业局,以前预定各户交款取券,由两局转账可也。"同年5月吕咸再次报告,称各行陆续缴回美金债票尚余存7 650 660美元,请示总裁孔祥熙如何处理。孔于5月27日手批指示:"交业务局。"①但是这批未售之债券并未完全上缴便在私下瓜分,国家银行的官员从上到下从中牟利,获得最大利益的当然是那些位高权重的人物。

这两笔美金债票共计为11 154 920美元,按官价1:20计算,应为国币223 098 400元;然而根据1944年1月重庆《国民公报》的记载,当月美金公债债票价格最低为250元,最高为270元,到了5月份,价格更加高。照这个价格,即使按最低价计算,一倒手获利也能高达10余倍之多,而且个人还不需要出资,只需记账即可,这不就是典型的"空手套白狼"吗?

豪门高官公然舞弊、中饱私囊的行径激起了大后方舆论的强烈谴责,就连美国政府也对此极为不满。1943年12月18日,美国财政部部长摩根索在致罗斯福总统的一份备忘录中报告,"中国政府发行并出售了美金证券以回收法币,它把美国拨给的援助款项中的两亿美元抽出来,用以兑换这些证券,这些证券以极高的利润售给了购买者",因此他认为,这个计划对于控制通货膨胀没有任何显著效果,因为"这些做法在过去除了使了解内情者、投机者和囤积者获得额外利润外,收效甚微"。摩根索在报告中还提及,在美国到处流传孔、宋及其家族大量投资并从中获利的传说。② 甚至传言,涉及此案的除了宋子文、孔祥熙为首的财政部及中央银行的高级官员之外,还包括宋美龄、宋霭龄、陈光甫、魏道明、杜月笙、李国钦、龙云等权贵在内。③ 与此同时,中央银行内部了解内情的职员也暗中向外界披露这些消息,从而使得大后方又掀起了新一轮倒孔的风潮。

① 吕咸的两次呈文及孔祥熙的亲笔批示均见于1945年4月5日财政部长俞鸿钧呈送蒋介石报告的附件之中,见台北"国史馆"藏蒋中正档案:特交档案2080.109,28/01。而中国第二历史档案馆财政部档案[三(1)/4904]亦藏有《中央银行国库局局长吕咸签呈》(1944年1月10日)及《中央银行总裁孔祥熙批》(1944年1月12日),但这两份文件均为抄件,其内容与原文亦略有出入。杨天石引用夏晋熊(曾任孔祥熙秘书、央行国库局局长)的回忆,说吕咸的签呈是倒填时间,等到孔祥熙回国后再行补批的。参见杨天石:《找寻真实的蒋介石:蒋介石日记解读》下册,第450页注2。此一说法不确,因为俞鸿钧在调查此案过程中呈交孔祥熙亲笔批示时,孔尚未回国。

② *Morgenthau Diary*(*China*)(New York:Da Capo Press,1974),pp. 944-946.

③ *Morgenthau Diary*(*China*),pp. 1486-1488.

此时担任委员长侍从室少将组长的唐纵曾在 1944 年 5 月 21 日的日记中记载了倒孔风潮中蒋介石与陈布雷的一段对话,值得玩味。[①]

> 孔副院长鉴于社会人士之责难,向主席提出辞呈。主席嘱布雷先生将原件退回并慰留。主席问布雷先生,究外间对孔之舆论如何?布云,普遍的批评,孔作生意,在北京政府时代买办与官僚结合,南京政府时代买办与官僚结合,尚有平津、京沪之距离;今者官僚、资本家、买办都在重庆合而为一,党内的批评,孔不了解党的政策,违背政府政策行事。委座云,现在没有适当的人接替。布代表慰留孔时,曾谓,不能因外间之非议而有所表示,愈表示反而增加社会的不安。止谤莫如自省,如果切实反省,改变作风,国家之福。布公所言,均甚得体,可惜未能接受也。布公云,委座没有彻底改革决心!

恰好同盟国此时要在美国的布里敦森林(Brettonwoods)召开一个国际性的货币基金会议,因此蒋介石就委派孔祥熙以中国政府的全权代表,于 6 月 22 日率团启程赴美,这样也可以躲避国内倒孔的风头。行前蒋介石还专门致函罗斯福总统,称"孔博士与余始终共事凡十六年于兹,对于中国政治、经济及财政方面之情形,充分明瞭";蒋介石还在信中表示,虽然中国目前非常需要孔祥熙留在国内处理政务,但因此行"对于增强我中美两国以及余与阁下之友谊合作,深信必有重大之成就",所以才委派他为"余个人最堪信任之代表",前往美国洽谈。[②]

国际货币基金会议结束之后,孔祥熙长期逗留在美国,但国内倒孔的风潮却丝毫没有降温。1944 年 9 月 5 日,国民参政会三届三次会议在重庆开幕,第二天财政部政务次长俞鸿钧代表孔祥熙在会上作财政报告,参政员傅斯年带头开炮,要求"办贪污首先从最大的开刀",并提出四大问题:(1) 孔及其家族经营商业问题;(2) 中央银行问题(任用私人,予取予求);(3) 美金储蓄券舞弊

---

① 《唐纵失落在大陆的日记》,第 392 页。
② 《蒋介石致罗斯福函》(1944 年 6 月 17 日),转引自古僧编著:《孔祥熙与中国财政》,台北:博学出版社,1979 年,第 309 页。

问题;(4) 黄金买卖问题。① 矛头直指孔祥熙。

面对着国内日益高涨的倒孔浪潮,虽然此时孔祥熙出任财政部部长业已11年,但蒋介石也不得不考虑撤换他的决定。10月29日,蒋介石让正在美国的宋美龄转给孔祥熙一电,第一次透露要他辞职的意图:

> 蒋夫人转孔副院长亲译:最近内外形势与行政本身工作皆应有调整之必要。兄如此次在美必须乘时入院割治,不能即时回国,则对副院长与财政部长职务暂时辞卸,俾得专心疗疾;一面仍任弟驻美之代表,专与美政府接洽要务,如此则公私两皆有益,而尊体亦可复元增强也。兄意如何,请与大姊、三妹洽商详复。②

尽管孔祥熙接到来电后表示接受辞职的要求,但在回电中自然流露出不快的语气,于是蒋又立即回电加以安慰:

> 蒋夫人:〇密。亲译转庸兄:东电诵悉。此事在国内并未有与一人道及者,绝对秘密,请勿念。弟以为兄虽辞财部,而中央银行总裁仍由兄专任,则财政金融枢纽并未有所变更,如此兄于党国仍为弟负其责,而于个人可免除攻击之目标。现时情势□□(有二字看不清。——引者注)公私两有益无逾于此也。惟财部继任人选,未知俞次长是否相宜,抑兄另有其他相当之人,亦请明告。总使其仍能听兄指导,以期财政与金融合作无间也。③

孔祥熙在回电中虽然对继任人选没有表示异议,称俞鸿钧"为人忠实,具有干才,如兄认为满意,当不致有负重托",但这封电报最重要的内容还是要表白自己。他在电报中自称:

> (祥熙)十一年来,先任中央银行总裁,继长财部,时值内忧外患,

---

① "中央研究院"历史语言研究所藏傅斯年档案:1—647;又见《王世杰日记》,手稿第4册,第394—395页。

② 《蒋介石致孔祥熙电》(1944年10月29日),台北"国史馆"藏蒋中正档案:筹笔2010.3,54/55。

③ 《蒋介石致孔祥熙电》(1944年11月4日),台北"国史馆"藏蒋中正档案:筹笔2010.3,55/01。

纷至沓来,饱经惨变。就任之始及军兴之后,扶病支持,无日不在艰困之际,乃赖吾兄指导有方,幸无陨越。至弟个人,幼受庭训,长信宗教,束身自好,绝无丝毫苟且之处,于国于民,问心无愧。惟有三五捣乱分子,任意无理取闹,自有其目的。吾兄明镜高悬,无庸再赘。好在均查无事实佐证,对弟个人此种荒谬污谤,本欲依法追究,以明曲直,而微效尤。为顾全大局,维护参政会信誉及吾兄抗战使命,乃忍气吞声。且此种不识大体之人,各国皆有,不与此无聊小政客一般见解,故暂置不提,冀邀明理者洞鉴。惟瞻念国难严重,使忌我国者有所藉口,而仇我者称快,实极痛心。①

11月18日,蒋介石致电孔祥熙,一方对于他在美国处境艰难表示慰问,同时提出"最好兄能屈就驻美大使,以加重对美合作之表示"②,坚持他准备撤换孔职务的决心。

四 蒋介石暗中派人调查

1944年11月20日孔祥熙被免去财政部部长一职,由原政务次长俞鸿钧继任。但其行政院副院长一职并未更换。随后,蒋介石再次致电孔祥熙,要他出任驻美大使,很明显,这就是叫他主动辞去行政院副院长之职。电文曰:

> 孔副院长:行政院内财、军、教各部长调整人事已于昨日决议发表,新院长问题仍未提出。顷接兄皓、哿等电,中美今后关系重要,故前请兄担任驻美大使,弟意除兄外,其他无相(适)人选,仍请兄屈就此职,而调魏大使任文官长或行政院秘书长皆可也。今以兄副院长资格出任美使,似美方必注意,如此则兄可专任对美外交,而副院长问题亦可解决。以弟一人决不能长理院务,副院长一缺不能久悬也。

---

① 《孔祥熙致蒋介石电》(1944年11月11日),台北"国史馆"藏蒋中正档案:特交档案 2080.109,15/14。
② 《蒋介石致孔祥熙电》(1944年11月18日),台北"国史馆"藏蒋中正档案:筹笔 2010.3,55/08。

如何,请速决为盼。①

孔祥熙接到这封电报后曾于 23、24 日接连发去两电,扬言说要辞去所有公职,专心养病。蒋介石又连忙去电予以慰留,称他已嘱美国特使赫尔利(Patrick J. Hurley)转告罗斯福总统,目的就是表示他"对吾兄平时依界之深","对兄只有更加信任与感佩"。蒋介石并且安慰他说:"此次兄虽卸除财部,而其他要职并未变更,中外观感决不因此有所影响,请勿以此介意,并请在美照常进行工作,勿再言辞为盼。"②

12 月 5 日,蒋介石又致电孔祥熙,虽然一方面声称有关财政金融事务交涉今后仍由其全权处理,但同时又宣布,在其未回国之前,派宋子文代理行政院院长一职。③ 此时蒋介石如此急切要求孔辞职,很可能是他已经发觉孔祥熙涉嫌美金公债的舞弊案了。就在此电发送后的第三天,蒋介石即命令新任财政部部长俞鸿钧暗中调查美金公债案。原电云:

> 据报,近日各国家银行假储蓄为名,规定行员每人可认购美金储蓄券,低级人员最少五百元,高级职员竟高达万元,一律照法价二十元购入,再以黑市价售出,一转手间,收益巨万。又中国银行近因黔境战事紧张,对行员生活秘密发起美金、英镑补助办法,凡卅年以前到行之行员,准予以二百四十元价购十元美金储券一张,科长以上人员,分别以五十元、百元、二百元购买一张,廿八年以前到职行员,所有年金一律以英镑核发,廿八年以后者,行中不负救济责任,农民银行以美钞发给各职员,最低之职员亦可领得百元美钞。各等情。即希切实查明具报。中正。(卅三)亥庚侍秦。④

俞鸿钧接到电令后即在电稿上加批:"交司彻查具报。"其后财政部即与四联总处联合调查,并将中、中、交、农四行暨中央信托局与邮政储金汇业局等国

---

① 《蒋介石致孔祥熙电》(1944 年 11 月 21 日),台北"国史馆"藏蒋中正档案:筹笔 2010.3,55/09。
② 《蒋介石致孔祥熙电》(1944 年 11 月 28 日),台北"国史馆"藏蒋中正档案:筹笔 2010.3,55/12。
③ 《蒋介石致孔祥熙电》(1944 年 12 月 5 日),台北"国史馆"藏蒋中正档案:革命文献 2020.3,29/55。
④ 《军事委员会委员长蒋介石致财政部长俞鸿钧代电》(1944 年 12 月 8 日),中国第二历史档案馆藏财政部档案:三(2)/3879。

家行局近两年来各自购买美金公债及发放外汇情形予以统计上报：

中央银行：1943 年 7 月，经总裁孔祥熙核准，按行员储金数额分配认购美金储蓄券 96 000 元，业已到期兑回；同年 11 月间，经孔祥熙核准，由该行认购额内拨出美金公债 200 万元供行内同人分配，但迄今尚未实施，所有债券仍由该行保管。

中国银行：1939 间奉令举办外币储蓄及法币折合外币定期储蓄等存款，业于 1943 年到期结汇本息分别发给；1942 年 5 月曾劝导该行员工认购美金储蓄券 1 万元，业已陆续赎取完毕。

交通银行：并无以美钞或美券、美债发给或按官价让与同人之事。

中国农民银行：1943 年 10 月 20 日，经董事会决议并经董事长核准，由该行认购之美金公债项下拨出 200 万元，按薪津所得每月平均扣款办法，由行内员工认购。

中央信托局：1943 年 10 月 13 日经理事长核准，同意由内部认购该局所分配的美金公债 1 050 600 元，大约 80％以上已从工资中扣清。

邮政储金汇业局：该局内部员工曾认购美金储蓄券 357 480 元，然自 1943 年 8 月奉令停售美金储券后，即未准同人继续购买。①

然而此案风波不但未能平息，反而越来越大。12 月 19 日《大公报》发表社评《为国家求饶》，严厉斥责贪官与奸商。社评说："暴敌不足畏，胜利确在望，最可虑的，还是我们本身不能除恶去秽，振作自新。"因此我们"一面期望政府英断，社会制裁；同时也不得不诚恳地向那些官僚国难商人以及一切社会的病菌们求饶。为国家求饶，请你们饶了国家吧！"②过了几天，《大公报》又发表社评《晁错与马谡》，引用历史上汉景帝杀晁错而败七国之兵，诸葛亮斩马谡以正军法为例，指出"当国事机微，历史关头，除权相以解除反对者的精神武装，戮败将以服军民之心，是大英断，是甚必要"③。明眼人都清楚，《大公报》的这篇社评完全是以古喻今，所谓"除权相"说的是罢免孔祥熙（行政院副院长），"戮败将"则是应惩治原军政部部长何应钦等军政大员。

12 月 29 日，蒋介石以军事委员会委员长的名义再次致电财政部，命其

① 《财政部长俞鸿钧、四联总处秘书长刘攻芸致蒋介石签呈稿》(1944 年 12 月 26 日)，中国第二历史档案馆藏财政部档案：三(2)/3879。
② 《大公报》(重庆)，1944 年 12 月 19 日，第 2 版。
③ 《大公报》(重庆)，1944 年 12 月 24 日，第 2 版。

彻查：

> 据报中国农民银行管理处于去年十一月间美金黑市价格每美元
> 已达法币陆、柒拾元时，将该行于卅一年认购同盟胜利美金公债数百
> 万元，以原价分售该行同人，认购之款由行方垫付，分卅六个月扣清，
> 期满发给公债票。近以湘桂战事，该项公债黑市价格猛涨，每美元可
> 售法币数百元。该总管理处各高级人员俱将公债票提前领出，自由兜
> 售，际(藉)局[势]紧张，乘机抛[售]债券，破坏战时金融，损失库款。[①]

据财政部调查，中国农民银行原应承销美金公债面额 3 734 000 元，但一
直未能全数销售。1943 年 10 月 20 日(央行宣布停售之后)，农行第 221 次常
务董事会决议，并由董事长核准，拨出公债面额 200 万元，按照职员薪酬标准，
以每月扣款的方式，由该行职员摊购。[②]

此时有关美金公债舞弊案的报告仍从各种渠道不断呈送，蒋介石表面上
虽然对孔祥熙予以保护，但亦对其行为产生怀疑，屡屡下令暗中调查。他曾将
"中央银行业务局之查察"列为"预定近期工作计划"中的首要工作；[③]并于 2
月第一周的"预期工作课目"中明白写道"密查中央银行美金公债账目"。其
后，他便命令俞鸿钧：

> 据报，中央银行国库局副经理徐俊卿于奉到停售美金公债之命
> 令后，竟将外省各分行所提缴结余额美金公债提出三百四十万元，以
> 黑市出售，报账则仍以每元二十元计算。又有美金公债九十九万元，
> 以黑市售出后，倒填二月份出售，以图蒙弊等情。希彻查具报。中
> 正。(卅四)丑养一侍秦。[④]

---

① 《军事委员会致财政部代电》(1944 年 12 月 29 日)，中国第二历史档案馆藏财政部档案：三
(2)/3879。
② 《财政部致军事委员会代电稿》(1945 年 1 月 17 日)，中国第二历史档案馆藏财政部档案：三
(2)/3879。
③ 《蒋介石日记》(1945 年 1 月 31 日)。
④ 《军事委员会委员长蒋介石致财政部长俞鸿钧代电》(1945 年 2 月 22 日)，中国第二历史档案
馆藏财政部档案：三(2)/3920。

俞鸿钧即刻在该电报上批示："严密查报。"其后不久,他即在调查美金公债案经过的呈文中报告,财政部自奉令后即派员前往中央银行国库局进行调查,并调阅了有关账册、卷宗和单据。但涉及此案的关键人物却百般狡辩,据国库局局长吕咸称,该局并无副经理一职,徐俊卿系债务科副主任,其职权只是管理债券门市账务,并不经手债票,因此不可能将外省各分行上缴结余债券提出在黑市出售,再以 20 元计算并倒填月份舞弊之事。根据国库局提供的美金公债收付表,收方财政部发行额为 100 000 000 美元,付方计出售 97 125 770 美元(内各省市售出额 43 113 440 美元,预售户售出数 54 012 330 美元),拨存额 514 020 美元,破损额 136 580 美元,催缴额 72 590 美元,电告未缴额 717 000 美元,现存额 1 434 040 美元。再查考预售户售出额,自 1943 年 10 月 15 日奉令停售后,截至 1944 年 6 月 26 日止,由各分行缴回债票计 31 926 470 美元,财政部核发债票 23 540 000 美元(经前财政部部长孔祥熙批准),两者合计 55 476 470 美元,其中拨交央行业务局预购数 42 087 410 美元,拨交恩施湖北省债票处预购数 90 100 美元,另外国库局局长吕咸 1944 年 1 月 10 日和 5 月 6 日两次密签央行总裁孔祥熙批交业务局债券,分别为 3 504 260 美元和 7 650 660 美元,以及 6 月 15 日奉孔祥熙谕留备债券 770 000 美元,转发都柏林、铭贤等机关文化事业之用,国库局现实存债票 1 374 040 美元。因此俞鸿钧的结论是,"该徐俊卿似无提出中央银行外行(省)各分行所提缴结余额美金公债三百四十万元以黑市售出,及以美金公债九十九万元以黑市售出后倒填二月份出售,以图蒙弊等事实"①。

财政部的调查虽然认定美金公债舞弊案缺乏根据,但实际上此案的疑点很多,特别是那些所谓预售户的下落。蒋介石对此十分关心,他在日记中亦多次提及此事②,并将"彻查美金公债案"列为 3 月份预定处理的大事。同时蒋介石再次对俞鸿钧发出手谕:

(一)应即将吕局长两次密签及孔总裁批示一并原案缴呈候核;

(二)应即令查报该两款批交业务局之后,究系何人购去,据实

---

① 《俞鸿钧关于调查美金公债舞弊案致蒋介石呈稿》(1945 年 3 月 24 日),中国第二历史档案馆藏财政部档案:三(1)/4904。

② 蒋介石在 1945 年 3 月 28 日的日记中写道:"与俞财政部长聚餐,与俞谈中央银行美金公债不清之数,责成其彻底追究。"

具报；

（三）应即查报三十二年十月十五日停售时实际售出债额若干，现时业务局究竟有无存余债券；

（四）业务局之预售户，其中承购十万美元债额以上之户名及其承购月日，应列表具报。①

这就说明，蒋介石对于财政部的调查报告根本就不相信，并决计将此案调查清楚，同时他还明确拒绝了孔祥熙在此之前拟将中央银行业务局局长郭锦坤、发行局局长李骏耀派往美国的要求。②

五　孔祥熙涉案的证据

3月28日，具名胡叔度、李尚清二人联合呈文，举报美金公债案的内幕。从呈文的内容来看，这两位检举人深悉内情，所述事实经过、舞弊手段以及涉案人员等细节均极为清楚。检举书称，美金公债自发售以来购者寥寥，截至1943年11月停止发售后，中央银行各地分行及委托代售银行共退还给总行未售之美金公债票面达5 500余万元，其中5 000万元由央行总行预购，剩余500万元应该缴回国库，归国家所有，由政府支配。"不意该中央银行国库局局长吕咸，竟认机会难逢，利用职权之便，串同该局襄理李鹏，债务科主任熊国清，副主任徐俊卿、葛家荃、沈希麟、解吉昌，岁出科主任刘柏林，会计科兼岁入科主任焦树藩，专员萧禀原、沈慕潜等高级人员，将此项多余未售出债票未缴还国库，巧立'各行缴回已售待发债票户'账，秘密于三十三年二月十五及六月十五前后两次非法以二十元官价折合率提出，计共美金票面四百万元分赃出卖。按普通拨发债票手续，收票人均应有收据开出，作为收到债票之证据及付出传票之附件。当日债票付出时，传票摘要栏仅简注'拨付预售票'五字，其他证件毫无。时该局负责门市会计之副主任孔昭琼以手续未合，职责有关，不予盖章。然经该局局长高压手段后，始免（勉）强在威力下从命。债票提出时，均分

---

① 台北"国史馆"藏蒋中正档案：革命文献 2020.3,29/55。
② 《蒋介石致孔祥熙电》(1944年4月4日)，台北"国史馆"藏蒋中正档案：革命文献 2020.3,56/37。

作十数小包,装一白大皮箱,用小汽车装载,由熊国清押运歌乐山而去,情境可想而知。"检举书接着说,"现国家抗战正步入艰困之秋,身为国家银行重要长官,日度特殊优遇生活,不知振奋努力,从公为国,胆敢利用职权,作此祸国勾当,诚属罪不容诛。美金票面四百万,合目前黑市国币拾贰万万元,数目之巨,骇人听闻,破近年贪污案件中之最高纪录"。检举书指出,这些收回的债券售出时"离政府宣布停止发售已有数月之隔,当时市面黑市已成,何能以二十元官价折合率再行出售? 弊病显明,毋庸致(置)疑"。问题是"'拨付预售票'究系拨付何人,奉何命令拨付,有何手续及证据",为此呈请政府委派大员亲赴国库局予以彻查。① 军事委员会收到检举后立即将原件抄送财政部,要求"严密彻查究办",俞鸿钧亦在原件上批示:"公债司、钱币司、国库署派员彻查。"②

此时仍在美国治病的孔祥熙似乎也探悉到中央银行被秘密调查之事,为此他四处活动,竭力予以包庇。一方面他以工作为由,要求立即将中央银行业务局局长郭锦坤、发行局局局长李骏耀派往美国,协助他与美方的谈判;同时还致电蒋介石,希望他能够亲自出面,对央行人员公开加以表彰。电文曰:

> 近来密报国内别有意图者,对中央银行屡造谣诼攻击,希图动摇中外对政府信仰。该行责任重大,负责人员牺牲为国,倘使人心动摇,影响行基,即破坏国家财政金融,关系抗建至巨。近闻钧令辟谣,仰见关怀国本,甚为敬佩。如蒙见主管人员,加以训勉,尤足鼓励。③

然而随着调查的深入,案情越来越清楚。据财政部调查,1943 年 10 月 15 日美金公债奉命停售时,各省市售出数为 43 113 440 美元,预售户售出数为 54 012 330 美元。关于预售户部分,国库局于停售后陆续拨交业务局债券计有预购债票 42 087 410 美元,以及 1944 年 2 月 15 日和 6 月 1 日两次专案拨交债票共计 11 154 520 美元,合计 53 242 330 美元,均经业务局分别入账。这些债票都是先行列入公记垫款户账,以后再分别调拨,计 1944 年 4 月 4 日及 12 月

---

① 《胡叔度、李尚清检举书》(1945 年 3 月 28 日),中国第二历史档案馆藏财政部档案:三(2)/3920。

② 《军事委员会代电及俞鸿钧批文》(1945 年 4 月 1 日),中国第二历史档案馆藏财政部档案:三(2)/3920。

③ 《孔祥熙致蒋介石电》(1945 年 3 月 30 日),台北"国史馆"藏蒋中正档案:特交档案 2080.109,09/05。

14 日分两次拨交中央银行有价证券户 29 130 160 美元,1943 年 1 月 12 日及 12 月 31 日共分三次拨交中央信托局预购户 7 510 500 美元,1943 年 11 月 23 日至 1944 年 6 月 10 日陆续拨交客户预购债票 16 601 670 美元。此外还有 770 000 美元系国库局局长吕咸奉央行总裁孔祥熙谕,留备转发欧柏林和铭贤等机构文化事业之用,以上这些债券数合计正好与所报预售数相符。

至于上述陆续拨交客户预购债券 16 601 670 美元,经查均系美金公债停售前数日央行业务局奉总裁孔祥熙批准而出售的,计德生公司等 6 户 320 万美元(10 月 11 日)、怡兴丝厂等 12 户 196 万美元(10 月 13 日)、华懋工业厂等 16 户 665 万美元(10 月 13 日)、仁和铁工厂等 17 户 580 万美元(10 月 14 日),总计应为 17 610 000 美元,但因债票不足,实际拨交出去的只有 16 601 670 美元。而问题就出在这 1 660 多万美元身上。据俞鸿钧呈报,"该局陆续拨交上项债券虽经付账,但并未由各预购户出具收到债券之收据,究竟各户是否收到,无凭查核,且预购时亦并无任何凭证或登记手续可查。各预购户虽有户名,但均未留有地址,无从稽考"①。俞鸿钧的这份报告还同时呈送中央银行国库局局长吕咸的两次呈文与孔祥熙的亲笔批示等 14 份附件,其中中央信托局所认购的 7 510 500 美元债券中,除了 400 万美元债票由该局下属四个单位分别认购保管外,另外 1 010 500 美元债券由"本局同人奉准认购",其余 250 万美元债票则"奉孔理事长谕,准代从前委托定购之客户购买经让购与各慈善团体备充基金之用者,计宋公嘉树教育基金户八十万元,桂贞夫人医务基金户七十万元,真道堂布道基金户四十万元,铭贤学院实科基金户三十万元,贝氏奖学基金户二十万元,慈善堂慈善基金户十万元"。②

财政部国库署稽核章执中、钱币司专员严家骏、公债司稽核辜遂接奉俞鸿钧的指令后,即于 4 月 4 日前往重庆打铜街及歌乐山中央银行国库局所在地查核有关账册、传票,并核实该局保管债票的数额。章执中等人在完成调查后所呈的报告中称,1944 年 2 月 15 日付出的债券票面额为 3 504 260 美元,该债票账载为"拨付预售票",实系密签奉中央银行总裁孔祥熙批交该行业务局收账;同年 6 月 15 日付出之债票共二笔,数额为 770 000 美元,亦系奉孔祥熙之

---

① 《俞鸿钧致蒋介石呈文》(1945 年 4 月 5 日),台北"国史馆"藏蒋中正档案:特交档案 2080. 109,28/01。

② 《中央信托局认购美金公债明细表》,系《俞鸿钧致蒋介石呈文(1945 年 4 月 5 日)》之附件,台北"国史馆"藏蒋中正档案:特交档案 2080.109,28/01。

命,留备铭贤等机关作为文化基金之用途。① 而据时任财政部钱币司司长的戴铭礼后来回忆说,当时的调查人员只能在账面上查出出售公债的日期,至于户名和数额等具体资料均无从知晓。②

蒋介石收到调查报告后即认真阅读,并于 4 月 8 日向财政部下达手令:

> 自卅二年一月十二日至卅三年十二月卅一日拨交信托局三项共计七,五一〇,五五〇美元之美金公债,应由中央银行负责追缴保管,仍归还国库,不得延误;卅三年二月十五日列收美金公债叁佰伍拾万圆余之款,未经本主席批准,不得由中央银行之员摊购,应缴还国库,不得延误,否则应作舞弊论;卅三年六月三日列收美金公债柒佰陆拾五万〇陆佰陆拾美圆之款,不得由各部摊购,应即缴回国库保存勿误,否则应作舞弊论罪;自卅二年十月十一日至同月十四日所售出之美金公债一六,六〇一,六七〇美圆,其预购户未出具收到债券收据,预购时亦无凭证与登记手续者,应作无效。③

同一天他又在日记中记道:"下午研究美金公债查账之报告书,其中显有弊窦,应彻查。"当天晚上,他还"约布雷等,指示查账手续"。④ 此刻他已认为"考虑彻查美金公债案已得要领,不难追究也"⑤。

然而孔祥熙却百般狡辩,拒不承认中央银行有贪污舞弊之事。他在致蒋介石的电报中声称:

> 昨闻因中央银行徐俊卿在黑市售出美债,劳兄查询。查徐君所为,其实情来源如何,弟未得悉,惟对美债推销事,查财政部发行债券,向交银行负责经理销售,各国发行公债,皆于极短时期即行全部售罄,显示人民爱护国家之热忱。美债发行后事隔一年又半,仍未销清,国际观感不佳,美方亦时询及。弟以职责所在,迭于四行会议时

---

① 《章执中、严家骏、辜遂报告》(1945 年 4 月 7 日),中国第二历史档案馆藏财政部档案:三(2)/3920。
② 戴铭礼:《孔祥熙出长财部时的财政与金融》,载寿充一编:《孔祥熙其人其事》,第 54 页。
③ 《蒋介石手令》(1945 年 4 月 8 日),台北"国史馆"藏蒋中正档案:筹笔 2010.3,56/38。
④ 《蒋介石日记》(1945 年 4 月 8 日)。
⑤ 《蒋介石日记》(1945 年 4 月 10 日)。

屡告各行加紧推销,并严令业务局认真加紧办理,限定日期结束,将未销者缴回,短缺寄补,大体竣事。后据国库局报告,尚有边远小行,仍有极小尾数零星寄到,请示可否准由办事辛劳各员稍予配购,以示奖励。当允酌予支配,并令如再有余,应分配于前预定之文化慈善团体各户,此当时经过之实在情形。再,销售债券纯系银行业务责任,鸿钧或亦未甚详悉,经已详告一切,请其面陈钧鉴。①

但蒋介石则认为证据已经查明,他立即致电孔祥熙:

> 据查美金公债剩余部分有壹仟壹佰万余元,预定户在停售后付价给券,不合手续,应即将此壹仟壹佰余万元之债券饬令该行经管人员负责如数追缴,归还国库,勿得贻误干究,并将追缴确数呈报为要。②

孔祥熙见蒋介石如此认真,虽不敢公开抗拒,但还是予以推诿。他在回电中称:"此事当时经过实情如何,弟不详悉,已将钧电转主管局长迅克遵办,并严令责成负责追缴齐全。俟弟病稍愈,即当回国亲自处理。"③

与此同时,蒋介石具体开列查核要点,命令财政部部长俞鸿钧迅速派员,限期进行调查:

> 关于卅一年所发美金储蓄券壹亿元之销售情形,应将下列各点由兄负责秘密查明具报:(一)卅二年八月二日命令停止发售,截止是日该券已实际售出之数几何,各行局分别售出之数额几何;(二)命令停止发售以后,各行局有无违令私售或倒填日期朦(蒙)报情事;(三)各行局经售时,凡承购该券拾万元以上之户名有无登记,该券是否亦有预售情事;(四)现时四行局之公家库存中是否尚存有

---

① 《孔祥熙致蒋介石电》(1945年4月9日),台北"国史馆"藏蒋中正档案:特交档案 2080.109,28/01。
② 《蒋介石致孔祥熙电》(1945年4月10日),台北"国史馆"藏蒋中正档案:特交档案 2080.109,28/01。
③ 《孔祥熙致蒋介石电》(1945年4月11日),台北"国史馆"藏蒋中正档案:特交档案 2080.109,02/03。

该券,其数目共有几何。统希切实详查,于四月廿五日以前列报为要。中正手启。卯文侍秘。①

此时蒋介石已察觉美金公债一案涉及孔祥熙,但如何处理他还没有决定,他在"本星期反省录"中写道:"美金公债舞弊案已有头绪,须待庸之病痊回国也。"②

4月22日,财政部钱币司将调查情形逐条报告如下:

(1) 截至1943年8月3日止,四行二局发售美金债券(包括山西、云南两省搭付之券)总计为90 355 717.58美元;

(2) 1943年8月3日以后,除中央银行外,共他各行局仍有发售美金债券情事,计中国银行售出1 574 635美元,交通银行售出8 380 630美元,中国农民银行售出2 118 140美元,中央信托局售出247 995美元,邮政储金汇业局售出786 980美元,合计为13 108 380美元,其中多数是在重庆以外地区出售的。按各行局的解释,逾期出售的原因主要是因为邮电受阻、延期收到通知所致。

(3) 关于10万元以上户名虽有登记,但存根均存于各原发行行之分支机构;各行局承办该项业务虽仍有逾期出售,但未发现预售情事。

(4) 目前各行局尚存美金债券,计中央银行2 760 000元,中国银行500 610元,交通银行1 682 850元,中国农民银行93 600元,中央信托局3 479 371元,邮政储金汇业局尚无购存,但曾奉交通部令代购100万元,除已领20万元外,尚有80万元美金债券仍存于该局。③

蒋介石曾在日记中记录有关美金公债案的疑点:

美金公债案:甲、各省市售出四千三百万;

乙、国库局交业务局五千四百万;

丙、预售户有收据者只四千二百万;

丁、尚差数一千六百六十余万元。④

---

① 《蒋介石致俞鸿钧代电》(1945年4月12日),中国第二历史档案馆藏财政部档案:三(2)/3920。

② 《蒋介石日记》(1945年4月14日)。

③ 《财政部钱币司签呈》(1945年4月22日),中国第二历史档案馆藏财政部档案:三(2)/3920。

④ 《蒋介石日记》(1945年"杂录")。

此刻,美金公债舞弊案的事实已经十分清楚了。

　　蒋介石于是将美金公债舞弊案初步调查结果告知仍在美国的孔祥熙,但孔还是拒不承认。蒋在日记中记道:"接庸之电,令人烦闷,痛苦不知所止。"他再与俞鸿钧商讨进一步调查美金公债的案情,然而此案真的牵涉到孔氏家族,如何处理确实十分棘手,因此他也认为,此事"甚难解决也"①。

六　宋子文旁敲侧击

　　就在这时,重庆又揭发出一桩黄金舞弊的惊天大案。1945年3月下旬,中央银行决定将黄金的价格由原来每两国币20 000元提高到35 000元,提高的幅度高达75%。重庆中央银行中的一些要员事先打探到消息,利用黄金提价前后短短的时间差,买进卖出,营私舞弊,牟取暴利。此案一经披露,立即引起社会舆论的极大关注。大后方的报刊立即集中火力猛烈加以攻击,孔祥熙作为中央银行总裁更成为众矢之的。

　　孔、宋之间不和由来已久,这早已是重庆官场公开的秘密,就在1944年6月孔祥熙出访美国前夕,宋子文曾给国民党元老李石曾发去一封电报,对于蒋、孔排斥他的种种举措发泄了强烈不满:

　　　　蒋夫人最近告美国女记者霍明威夫人,谓我财部人员办事不力,大都为文任内之残余,该记者以之转告总统夫人。介公左右对我嫉视太甚,不惜以种种方法,必欲摧残而后快。如此情形,文何能得总统之信心,更何能对外发展?处境之难,可以想见矣。②

　　此时宋子文正以中国政府首席代表(行政院代院长兼外交部部长)的身份出席在美国旧金山举行的联合国成立大会,并借此机会与美国财政部洽谈黄金贷款。在听到披露黄金舞弊案这一消息后,宋子文也不断从美国发来电报,对涉及此案的中央银行和孔祥熙予以旁敲侧击。宋子文在电报中称,他在与

①　《蒋介石日记》(1945年4月30日)。
②　《宋子文致李石曾电》(1944年6月17日),美国斯坦福大学胡佛研究所藏宋子文档案:58—1。

美方谈判时,美国财部要员屡次向他询问"中国出售黄金究系售与何方,以前售价何以如此之低,究竟政策如何",因为美方对此情形并不了解,因此对于出售给中国黄金之事"不得不持观望态度"。① 美国财政部官员并声称,"因我国出售黄金价值太贱,亦不知售与何方,种种不当流言滋多,故反对运金赴华,最大限度只能交我已经出售之期货,未售者恐不能续交"②。宋子文并称美国财政部部长摩根索"对美金公债及储蓄券事甚责难,并谈及此次黄金加价参政会攻击事"。宋子文虽然一再表示他已解释"此事系政府首先发觉检查,政府不愿投机者牟利实有过于参政会"云云,③但他还是借摩根索之口,将美国不愿继续对华出售黄金,其"根本原因系对中国政府过去运用黄金公债、储券及黄金等事极不满意"④。

5 月 14 日晚,美国著名广播评论家雷蒙特·斯文(Raymond Swing)突然在电台中报告重庆黄金舞弊案的详情,并介绍《大公报》攻击中国政府的言论,引起美国朝野的极大关注,同时也为正在进行的美国对华出售黄金谈判带来重大障碍,宋子文即刻将此消息向蒋介石报告。⑤ 18 日,宋子文再次致电蒋介石:

> 日来美国各报及无线电广播对重庆三月二十八日黄金案大为张扬,共党亦趁此机会攻击中央。职意此事非由职正式声明经过详情,无法以塞他人之口,以免酿成国际上不名誉事件,且恐美财政部将借此赖账。查此案违法人员必须从严处分,职声明时自必谓,如我政府查获贪污舞弊实据,决予严惩。万一美方询及我政府将如何惩处犯法人员时,应如何答复为宜,敬祈速赐电令。

蒋介石收到电报后即亲笔拟定复电:"对黄金舞弊声明案,中极赞成。至惩处罪犯人员,必须依法律并公开执行之"。⑥

---

① 《宋子文致蒋介石电》(1945 年 4 月 23 日),台北"国史馆"藏蒋中正档案:革命文献 2020.3,31/55。
② 《宋子文致蒋介石电》(1945 年 5 月 7 日),台北"国史馆"藏蒋中正档案:革命文献 2020.3,31/56。
③ 《宋子文致蒋介石电》(1945 年 5 月 8 日),台北"国史馆"藏蒋中正档案:革命文献 2020.3,31/57。
④ 《宋子文致蒋介石电》(1945 年 5 月 8 日),台北"国史馆"藏蒋中正档案:革命文献 2020.3,31/58。
⑤ 《宋子文致蒋介石电》(1945 年 5 月 15 日),台北"国史馆"藏蒋中正档案:革命文献 2020.3,31/65。
⑥ 《宋子文致蒋介石电及蒋介石覆电稿》(1945 年 5 月 18 日),台北"国史馆"藏蒋中正档案:革命文献 2020.3,31/71。

5月19日,孔祥熙也为此事向蒋介石发来一电:

> 日来不知何方意存破坏,将月前重庆售金风潮在美扩大宣传,使报纸所载故意颠倒事实,损害政府信誉,意图激起反感,欲碍进行,此种奸计切盼特赐注意。①

数日后,孔祥熙又专为黄金舞弊案向蒋介石发去一封长电,除了进行一些解释之外,主要是对外界的批评予以还击:

> 自去冬以来,即有中外人士关心中国财政金融前途者屡向弟言,各方另有政治作用,别有企图,阴谋打击中央银行。此次金案本牵涉各行,今对中央银行特别攻击,情节显然。……此事发生多日,国内虽广播宣传,而国外尚无所闻。忽巧日美国各报露布此案,并同时由广播电台广播,颠倒事实,如谓银行特别延长时间至深夜,令人购买。经派人查询,据谓系此间华人拟就交戴,何人所交,不允泄漏。即此一端,可见奸人之用心矣。②

孔、宋二人的电报中虽然没有公开指名道姓,但彼此之间相互攻讦的意味却是相当明显的了。

5月22日,蒋介石致电仍在美国的孔祥熙,以不久前在重庆揭露出的中央银行黄金舞弊案为由,令其立即回国"主持央行,以免社会指摘"③。

5月下旬,国民党将召开第六届全国代表大会,会议中最重要的议程就是选举和产生新一届的中央委员会,党内诸派系各出奇谋,四出拉票。④ 尽管蒋介石竭力活动,但因孔祥熙等财经官员的贪腐行为引起朝野上下强烈不满,这在选举的得票中可以得到印证。蒋介石也不得不承认:"此次大会选举中委,

---

① 《孔祥熙致蒋介石电》(1945年5月19日),台北"国史馆"藏蒋中正档案:革命文献2020.3,31/74。
② 《孔祥熙致蒋介石电》(1945年5月24日),台北"国史馆"藏蒋中正档案:特交档案2080.109,22/03。
③ 《蒋介石致孔祥熙电》(1944年5月22日),台北"国史馆"藏蒋中正档案:筹笔2010.3,56/56。
④ 有关国民党六全大会的召开及其会议中党内各派系的活动,可参阅王奇生:《党员、党权与党争:1924—1949年中国国民党的组织形态》的相关章节。

在旧中委当选者以庸之与徐堪为最低,而全会选举常委,且竟落选,其信望坠落至此,犹不知余往日维持之艰难也,可叹!"①

鉴于这种情形,蒋介石决定行政院改组,他将与孔双双辞去行政院正、副院长之职,由宋子文和翁文灏继任。5 月 27 日,蒋介石致电孔祥熙,要他主动辞去行政院副院长一职:

> 第六届一中全会已定明日开会,对于党政各务将有一番改革。弟拟辞去行政院长职务,如他人长院,兄当不愿联蝉(蝉联)副院长之职。是否弟提出辞呈时,兄亦同样请辞?盼酌覆。中正。②

孔祥熙接电后立即回了一封长电,虽说是同意辞职,但主要内容却是对他十多年来的工作评功摆好:

> 感电奉悉。弟德薄能鲜,体弱多病,久思让贤。奉命在欧公干之际,会日寇侵我,抗战军兴,党国多难,兄既许弟同生死、共患难,何忍言辞?前岁承兄不弃,欲弟掌院,深虑责艰任重,德望未孚,而所负责财政金融重责,苦无妥人负担,尤恐贻误大局。去春请辞本兼各职,亦未允准。去夏来美,以经手公务未毕,病体待治,奉召不克即归,深恐贻误要政,再思辞去本兼各职,承体念使命重大,院、行两职未获俯允。今既胜利在望,国内事务紧急,后继有人,极念退避贤路。十二年来,弟承兄扶持,整理财政金融,筹济军需军实,周旋国际各方,于抗战建国大时代中,聊尽绵薄,其苦心孤诣经过情形,无非得国家之富强,报吾兄之知遇。西安应变,武汉见危受命,均本情甘牺牲之愿,赤心忠诚,早邀洞鉴。政府迁川,大局暂定,即主统一军政权责,坚辞院职。同志不明,疑我卸责,责难纷纷,幸我兄知我谋国之诚,允承艰巨,以副院长辅佐见责,为公为私,何克再言其他?忍辱负重,又六年矣,幸承指导,尚无陨越。奉令到美,正值内外环境恶劣之会,幸罗氏故交尚驾,知弟为人,推诚相见,疑难问题辄予询洽,中美邦交幸得转

① 《蒋介石日记》(1945 年 5 月 31 日)。
② 《蒋介石致孔祥熙电》(1944 年 5 月 27 日),台北"国史馆"藏蒋中正档案:筹笔 2010.3,56/57。

佳。其余经办各事,进退均秉钧旨,不敢粉饰伪造,表功邀赏,可有成就,皆仰德重,与弟无涉。十二年在职艰辛痛苦,他人或有不知,兄必洞悉无遗。一中全会开会,党政各务有所改变,自所当然。兄辞院长,弟决让贤,即请代列弟名,共同提出。久病之身,元气未复,委实不胜繁剧。

说到这里,孔祥熙还不忘攻击当时正主持院务的宋子文,并以退为进,表示就连中央总裁亦一并辞去了事:

> 现在财政,专赖增加发行接济。昨据李局长电陈,每月必需钞票五百万万元方可应付,如此年需六千万万元,与弟出国时维持七年抗战之总数一千一百余万万元相较,诚不可以道理(里)计也。日夜焦虑,诚惶诚恐,深虑贻误,拟请格外体谅,所有中央银行总裁职务,亦准一并辞去。俾得安心静养,度我余年。①

但此刻蒋介石的主意已定,他认为:"余与庸之辞去行政院正副院长,亦为政治上必要之措施,深信此举必于今后政治之效用甚宏也。"②因此他答复孔祥熙曰:"事已如此,对美财政经济等未了诸事,不如交托子文负责办理,请兄从速回国襄助,以免事出两歧也。"③但他又同时致电正在美国访问的宋子文:

> 宋代院长:本日中央全体会议,庸兄请辞副院长数职,并推兄与咏霓为正副院长,全会已一致通过。请兄在美时对庸兄应特加礼遇尊重,诸事并须与其切商,以增加我内亲之情感与免除外人之猜测,此乃兄之责任所在也。并代催请庸兄早日回国为盼。中正。④

这意味着蒋介石对孔祥熙态度的矛盾心理,既要撤换,但更重要的还是要

---

① 《孔祥熙致蒋介石电》(1945 年 5 月 28 日),台北"国史馆"藏蒋中正档案:特交档案 2020.109,15/14。
② 《蒋介石日记》(1945 年 6 月,"上月反省录")。
③ 《蒋介石致孔祥熙电》(1944 年 5 月 30 日),台北"国史馆"藏蒋中正档案:筹笔 2010.3,56/58。
④ 《蒋介石致宋子文电》(1945 年 5 月 31 日),台北"国史馆"藏蒋中正档案:筹笔 2010.3,56/59。

保,内中的含义自然是"增加我内亲之情感,免除外人之猜测"了。然而孔祥熙似乎并不领会蒋介石的这番心意,借口身体尚未完全恢复,迟迟拖延不归,以致蒋介石不得不再次致电,称"因有重要事待决,非面商不可,务请兄即日回国为盼"①。很显然,这件重要事不是别的,正是关于美金公债案的来龙去脉,蒋介石必须要与孔祥熙当面问个清楚。

七 参政员欲公开披露

7月8日,赴美一年有余的孔祥熙终于回到重庆;就在同一天,第四届国民参政会第一次会议也在重庆开幕。蒋介石原想以孔辞去行政院与财政部职务来减缓外界的压力,哪知道孔氏豪门贪腐行为已经引起众怒,朝野上下,群情激愤。特别是代表民意的国民参政员陈赓雅、傅斯年等人又借新一届国民参政会开幕的机会,掀起了新一轮倒孔的高潮。

陈赓雅(1905—?),笔名任安、石英,云南蒙化人,上海沪江大学毕业。早年曾参加共产党,后长年从事新闻工作,历任《申报》编辑、记者,《申报》香港版总编辑,驻重庆特派记者。当美金公债发行之初,国民政府为了动员民众踊跃认购,曾在中央设立由蒋介石担任主席的全国节约储蓄劝储委员会,并在各省设立分会,由省主席和财政厅长分别担任正、副主任委员。陈赓雅是云南人,抗战时曾任云南省参议会参议员,因而被聘为云南省分会委员兼主任干事。由于陈赓雅长期从事新闻工作,又主要负责全省美金债券的认购工作,因此对于美金公债认购工作的许多内情都非常了解。1945年4月他当选为第四届国民参政会参政员,而此时亦正值舆论对国家行局以及孔氏家族贪污舞弊之事大张挞伐之际,当他知悉美金公债舞弊的内幕之后,即收集了相关资料并加以整理,准备在即将于7月召开的第四届国民参政会上,利用参政员的这一身份,把这件丑闻公之于众。

按照国民参政会的议事规则,发表提案必须有5位参政员联署方能成立,于是陈赓雅首先就想到了傅斯年。傅斯年人称"傅大炮",是一位著名的历史学家,更是一位见义勇为、疾恶如仇的学者,早在抗战之初他就对孔祥熙家族

---

① 《蒋介石致孔祥熙电》(1945年6月8日),台北"国史馆"藏蒋中正档案:筹笔2010.3,56/63。

利用权势发国难财的行径极为不满,曾多次上书甚至发表文章公开"倒孔",因此陈赓雅一经提议,傅即满口应承。① 7 月 17 日,在一位老朋友的介绍之下,傅斯年秘密地会见了中央银行的两名知情人,并从他们手中取得了重要的证据,从而更加坚定了倒孔的决心。② 接着陈、傅二人又联络了顾颉刚、徐炳昶、赵澍、伍纯武、李鉴之、严锘、萧一山等参政员,共同拟就了要求政府调查美金公债舞弊案、严惩涉案人员的提案。

陈赓雅等人的提案尚未提出,内容即被国民参政会主席团主席、同时又是国民党中央宣传部部长的王世杰知悉,他立即加以劝阻。王世杰先是对陈赓雅说了一堆大道理:"此案提出,恐被人借为口实,攻击政府,影响抗战前途,使仇者快意,亲者痛心";王世杰接着又半带威胁地说,提案内容若与事实有出入,恐怕对联署人有所不利,要他将提案自动撤销。陈赓雅则坚持本案证据确凿,个人愿为此负责。其后,蒋介石的文胆陈布雷又以新闻界前辈的身份前来劝说,他一方面肯定陈赓雅等人收集资料用心良苦,他也承认若在大会上提出一定有所价值。然而陈布雷又接着指出,这里还有个投鼠忌器的问题,就是提案一旦曝光,公诸社会,将会引起美国和英国等友邦人士的反感,因而不再继续支持我国的抗战,导致失道寡助的后果,这肯定也不是诸位发起提案的初衷。因此他建议,不如将提案改为书面检举,直接递交蒋介石,这样既可查明舞弊,又不致影响抗战。在这种情形之下,陈赓雅等人也只能接受他的提议,将提案改为检举;但他们又不甘心,害怕此事最终会不了了之,因此陈赓雅又与傅斯年等人商议,将提案改为质询案,当行政院院长在会上作政府工作报告时予以质询,但内容却未能公开。③

陈赓雅等 9 名参政员提出质询案的大致内容是:政府原发行的民国三十一年同盟胜利美金公债总额 1 亿美元,折合国币为 20 亿元,在美国对华 5 亿

---

① 傅斯年事后曾在致夫人的信中说:"国库局案,我只嚷嚷题目,不说内容。"并说:"老孔这次弄得真狼狈,闹老孔闹了八年,不大生效,这次算被我击中了,国家已如此了,可叹可叹。"详见《傅斯年致俞大彩函》(1945 年 8 月 1 日),载王汎森、杜正胜编:《傅斯年文物资料选辑》,台北:"中央研究院"历史语言研究所,1995 年,第 120 页。

② 傅斯年:《关于国库局案在参政会所提说明书》(1945 年 8 月 6 日),载王汎森、杜正胜编:《傅斯年文物资料选辑》,第 122—124 页。

③ 陈赓雅:《孔祥熙鲸吞美金公债的内幕》,载《孔祥熙其人其事》,第 147—148 页。关于参政员提案被压制还有另一说法。据孔祥熙的亲信谭光后来回忆说,当时参政会秘书处正准备将这一提案排印分发,侍从室第二处突然将提案原件带回,说是蒋介石要亲自审阅。该提案被取走之后,一直到大会闭幕前都没有退回,未能在会上进行讨论。会后该提案又立即被销去案号,所以没有在社会上公开。见谭光:《我所知道的孔祥熙》,载《孔祥熙其人其事》,第 7 页。

元美金贷款中拨出,1943 年 10 月 15 日财政部通知中央银行国库局予以停售,未售出之债票大约有 5 000 万美元。原本国库局在收到各分行缴还之未售债票后,应全数转交业务局承购才是,但国库局竟利用职权,公然将这批未售之债票私下出售,一方面逢迎上司,一方面自图私利。局长吕咸借口推销公债之名,于 1944 年 1 月签呈央行最高当局,怂恿在余额中购买 3 504 260 美元公债,折合国币 70 085 200 元,这一要求立即获得同意。按照当时美金债券的价格约在国币 250—270 元之间,这样一转手,获利竟高达 10 余倍!而且这笔购买美金债券的款项也只是在业务局有价证券账记户和贴放科账内各自空转一笔,实际上业务局并未经手此项债款的支付。另外在债券科活期存款账号中还有两笔未说明来源的购债款项,一笔为 1944 年 6 月 3 日的国币 153 013 200 元,另一笔为同年 8 月 9 日的 7 100 000 元。按理说购买债券应由债券科缮具交换收入传票,交出纳科列账转送交换才符合手续,但这几笔账目是由债券科将本票直接解交业务局,另具转账传票,显然是不愿让其他科室发现;而且若债款系代业务局收购,应将所有债券送缴该局清理,但事实上业务局根本不知有此事。仅此三笔,中央银行即有 11 509 920 元美金公债下落不明,因此"质询书"指出,"如果舞弊属实,国库损失之巨与官员之胆大妄为,可云罕见!种种资料业已发见,何忍安于缄默。拟由本会送请政府迅予彻查明确,依法惩处"①。

　　除了上述质询之外,傅斯年等参政员还在大会上提出议案称,因中央银行直隶国府,"历年以来,以主持者特具权势,道路虽啧啧烦言,政府并无人查问",因此"国库局私自朋分成都未售美金公债一案,至今尚未送法院,由此例之,其中层层黑幕,正不知几许";而"中央信托局,亦每以触犯刑章闻"。为了严肃国家之政纪,傅斯年提出两个办法,一是彻查,由政府委派大员,会同专家、监察院委员及国民参政会推选之参政员彻查历年来之账目,若发现犯罪之嫌疑者,即分别轻重,移送司法机关处理;二是改组,将中央银行改隶财政部或行政院,并取消中央信托局,将其业务移交给战时生产局。② 傅斯年的议案虽然没有公开质询案中所披露的具体事实,但亦表达出大后方广大民众对于官商勾结、以权谋私种种腐败行为的极大愤恨。

---

　　① 《陈赓雅、傅斯年等九名参政员质询书》(1945 年 7 月),中国第二历史档案馆藏财政部档案:三(1)/4904。
　　② 傅斯年等提:《彻查中央银行中央信托局历年积弊严加整顿惩罚罪人以重国家之要务而肃官常案》(1945 年 7 月),载孟广涵主编:《国民参政会纪实》(续编),重庆:重庆出版社,1987 年,第 209—210 页。

八 蒋介石陷于矛盾之中

此刻的蒋介石陷于极度矛盾之中。从维护党国利益的角度出发,蒋介石对于贪腐的行径确实极为痛恨,抗战期间也曾严厉地惩处过一些贪污枉法的官吏;然而此案涉及他的至亲,孔祥熙不仅一直对他恭敬有加,特别是多年来在筹措军费上从来都是予取予求。因此如何处理此事,还真是煞费脑筋。

当陈布雷告知蒋介石,有关中央银行美金公债舞弊一案已有人在参政会提出之事时,7月11日,蒋介石亲自召见刚刚回国的孔祥熙,"告以此案调查经过与事实及人证物证,属其好自为之"。然而孔祥熙"总不肯全部承认也,可叹!"①

第二天"(上午)九时,与(陈)布雷、(吴)达铨谈话散步后,审阅中央银行舞弊案全文,为之痛愤不已。研究处置办法,必须将其全数追缴,全归国库,然后再由余负责解决。否则惟有任参政会要求彻查,此固于政府、对国际信誉大损,然为革命与党国计,不能不如此也。"②

同日"下午六时,约庸之来谈,直将其人证物证与各种实据交彼自阅,彼始犹指誓强辩,令人痛心,殊愧为基督徒矣。余再以严正申戒,彼始默认,余仍属其设法自全,乃辞去"。"……见庸之,彼总想口辩掩饰此事,而不知此事之证据与事实俱在,决难逃避其责任也。余以如此精诚待彼,为其负责补救,而彼仍一意狡赖,可耻之至!"③蒋介石虽然经常在日记中责骂属下,但用"可耻之至"这样的言辞辱骂孔祥熙还是第一次,可见他此时的确是对孔痛愤已极。

面对着傅斯年等参政员的步步紧逼,而孔祥熙又是避重就轻,百般狡赖,蒋介石内心可谓百感交集。他在日记中写道:

> 傅斯年等突提中国(央)银行美金公债舞弊案,而庸之又不愿开诚见告,令人忧愤不置。内外人心陷溺,人欲横流,道德沦亡,是非倒

---

① 《蒋介石日记》(1945年7月11日)。
② 《蒋介石日记》(1945年7月12日)。
③ 《蒋介石日记》(1945年7月13日)。

置，一至于此。①

孔祥熙回去后立即吩咐属下分别写了一份报告和节略呈给蒋介石，对中央银行收回的美金公债销售情形予以说明。在这份长达 1 000 余字的呈文中，孔祥熙对于出售给所谓"预定客户"16 601 670 美元债票的情形是这样解释的：

> 查公债为财政部发行，委托国库局出售。自停售，则由业务局承购，缴款国库后，手续即告清讫。买卖有价，证券原为《中央银行法》所规定，惟中央银行为发行银行，发行美债意义在吸收法币，稳定物价，不宜藉增加发行而自行尽量承受，既违原意，亦损国信，且为当时市场利率高涨，行局亦不愿受此损失，故必须向外推销。当时屡经公开劝募，催促销售，自由区及沦陷区均有人民购买，均系款债对支。至各户名均系来人自报，按照售债原则向例，无须详细记载，现时彻查，颇为不易。既有户名留存，俟将来陷区收复，当可查明。

孔祥熙在呈文的结尾并没有忘记为自己评功摆好，他说："祥熙奔走革命，服务党国垂四十年，重承知遇，满拟报称。今为筹划推销，苦心未达，反遭外界猜疑，致劳钧虑，深抱不安。"②仿佛他受了多大的委屈。

7 月 14 日上午，蒋介石再次找孔祥熙谈话，直到这时，孔才"承认余之证据，并愿追缴其所据之美金公债全归国库也"③。

过了两天，蒋介石"接阅中央银行审核报告后，乃召庸之来谈，彼将余所交阅之审查与控案，而反示原审查人，其心诚不可问矣（以下约有 10 余字被涂。——引者注）。"④

数日后蒋介石方看到孔祥熙 7 月 13 日的呈文，阅后极为愤怒，随即亲自拟写了三段长篇批文，对孔的狡辩逐一加以批驳，其一曰：

---

① 《蒋介石日记》（1945 年 7 月 15 日，"上星期反省录"）。
② 《孔祥熙致蒋介石呈文》（1945 年 7 月 13 日），台北"国史馆"藏蒋中正档案：特交档案 2080.109，28/02。
③ 《蒋介石日记》（1945 年 7 月 14 日）。
④ 《蒋介石日记》（1945 年 7 月 16 日）。

七月十三日关于美金公债销售情形之折呈及节略均经阅悉,惟详细研究,所谓人民购买均系款债对交,至各户户名均系来人自报,按照售债向例无须详细记载云云,此在门市现款购买,自可如此办理,但既称为认购户或预售户,而认购户一不缴纳分文定金,二不填具认购单据,中央银行亦不给予准许认购若干之证件,三无确实姓名住址之记录,则停售之后,各认购户究竟凭何证据向中央银行交款取券,行方人员又凭何根据付给其债券,是否仅凭该认购户口头申报,或人面熟习(悉),即行付给债券?此种情形,即一普通商号对私人定购些微货物,亦绝无此理,何况政府机关之国家银行办理巨额外汇债票之收付,乃竟如此草率,何能认为合法有效!且查认购客户取券时期,皆在三十二年十一月廿三日以后至三十三年六月一日以前,距卅二年十月十五日停售之期,少则月余,多则六、七个月。其时美债价格高涨一倍至十余倍之多,而认购各户仍按国币廿元折合美债一元之原价交款取券,以在法理上毫无拘束之认购,此时何得享此意外之特殊利益,而损失国家之宝贵外汇。至谓沦陷区人民认购一节,但兄节略中已说明未销债券陆续到渝,原认购各户来行交款取券,是认购各户实系在渝取券,不能诿为无可查考。凡此各情,倘使外间得知,加以指摘,实难有圆满理由可资答复,不可不深切注意。故此一期间认购各户所领之壹仟陆佰陆拾万余元之美金公债,必须由兄责成经办人员,负责全数缴还中央银行,限期严密办妥。此纯为稍减当前情势之应付困难,决非故意苛求,想兄当能深谅。务盼兄迅速处理,即日具报勿迟为要。

其二曰:

中央信托局所保管各慈善团体预定之美金公债贰佰伍拾万元及该局同人储蓄美债壹佰零壹万零伍佰元暨中央银行国库局代保管之美债柒拾柒万元,统应扫数交还中央银行,归入公账为要。

其三曰:

查美金公债除去门市售出四千三百壹拾壹万余元及国库局拟交业务局伍千四百零壹万余元外,尚短贰百捌拾柒万四千余元。此款着落如何,应即详细查明具报。又,具报三十三年八月十九日国库局曾收进美债三十五万五千元,账上仅列国币柒百壹拾万元,该项债券下落如何,并盼查报。①

蒋介石在批文中虽然对孔祥熙的狡辩之辞一一予以驳斥,但并没有道破孔个人在这桩贪腐案中的直接责任,算是给他留了面子。在人证、物证面前,孔祥熙还想抵赖,但他又不好意思亲自出面,便叫他的长女孔令仪带着他的复信来见蒋。尽管蒋介石对孔大小姐十分宠爱,但是看了来信后还是气愤不已,他在当天的日记中写道:"庸之图赖如前,此人不可理喻也。"②接着他又在"上星期反省录"中记道:"庸之对于一六六〇万美金公债,犹不愿承认也。"

为了孔祥熙贪污腐败的案子蒋介石连觉都睡不好,他在 22 日的日记中写道:"上午以昨夜为庸之事不胜苦痛,忧惶未得安睡,故七时后方起床。……下午,以布雷谈起庸子(之),称恐此美金公债或落于外人手中一语,更觉此人之贪劣不可救药,因之未能午睡,痛愤极矣。"③

孔祥熙见事已至此,只好于 7 月 23 日以身体欠佳的原因呈上正式的辞职信:

呈为呈请俯准辞职事。窃祥熙承命主持中央银行行务十二年来,愧无建树,所幸仰赖钧座德威,指示周详,金融之基础已固,法币之信用树立,外汇之实力增厚,国际合作维系之使命完成,今后循事渐进,可无若何困难。近因体弱多病,德薄能鲜,长此以往,深虞贻误。务恳俯鉴愚忱,即赐准辞,另简贤能接替,实感德便。谨呈
国民政府主席蒋

中央银行总裁　孔祥熙
七月廿三日

---

① 《蒋介石致孔祥熙批》(1945 年 7 月 19 日),台北"国史馆"藏蒋中正档案:特交档案 2080.109,28/02。

② 《蒋介石日记》(1945 年 7 月 21 日)。

③ 《蒋介石日记》(1945 年 7 月 22 日)。

蒋介石即刻在呈文上批："照准。"①

7月24日,蒋介石向孔祥熙下达手令,称"呈报美金公债追缴实情已悉,该行经办人员办事颟顸不实,本应严惩。姑念抗战以来努力金融,苦心维持不无微劳足录,兹既将其经办不合手续之款如数缴足,归还国库,特予从宽议处。惟将该行国库局局长吕咸、业务局局长郭锦坤免职,以示惩戒为要"②。蒋介石还同意孔祥熙辞去中央银行总裁,其遗缺由财政部部长俞鸿钧接任,这也是孔祥熙相继辞去财政部部长和行政院副院长之后所担任的最后一个要职,蒋介石认为这一举措"实为公私兼全与政治经济之成败最大关键也"③。

孔祥熙得知蒋介石不会再对此案予以深究,但又不好意思当面致谢,只能亲笔修书一封,表示谢意:④

> 介兄主席钧鉴:敬肃者。弟宿疴初愈,本未复元,因中行尚有任务,接奉电命,力疾而归。只以时值溽暑,政躬辛劳,数度晤谈,尚未尽倾积愫。顷承准予辞去中央银行之职,俾得安心休养,恢复体力,仰见矜全之意,尤感知遇之深。惟十数年来追随左右,迭膺繁剧,虽内忧外患,饱经艰苦,幸蒙推心置腹,指导维护,所有任内诸事得未铸有大错,为公为私,俱感大德。惟是绵力有限,一切多未能如所预期之完善,实负委托之至意。国难未已,自当仍以在野之身,另为报称之图。天热体惫,又值公忙,未敢趋扰。肃函布悃,敬乞赐原为幸。端此
>
> 　恭颂
> 崇绥
>
> 　　　　　　　　　　　　　　　　弟 孔祥熙手上
> 　　　　　　　　　　　　　　　　　　七、廿六

与此同时,蒋介石也约见新任行政院院长宋子文谈话。因为在此之前蒋

---

① 台北"国史馆"藏蒋中正档案:特交档案 2080.109,15/14。

② 《蒋介石致孔祥熙手令》(1945 年 7 月 24 日),台北"国史馆"藏蒋中正档案:特交档案 2080.109,28/05。

③ 《蒋介石日记》(1945 年 7 月 28 日"上星期反省录")。

④ 《孔祥熙致蒋介石亲笔函》(1945 年 7 月 26 日),台北"国史馆"藏蒋中正档案:特交档案 2080.109,15/14。

他们二人在讨论央行总裁人选时,宋子文曾坚持要委任其亲信贝祖诒出任,宋并扬言如果贝不当总裁,他便不就任行政院院长。面对孔祥熙之贪腐、宋子文之要挟,蒋介石心中十分愤怒,他在日记中曾这样记载:"呜呼,国人心理,媚外自私如此,而以欺制元首,不问政策,一以个人之名位自保,不知国家与政府为何物,气(?)之可痛心疾首者,莫甚于此也。"①蒋介石明确同宋子文讲,中央银行总裁必须绝对服从他的命令,而且必须是为他所信任的人方能担任。蒋介石的理由是,"此二十年来所得之痛苦经验,因此不能展施我建军建政,而且阻碍我外交政策莫大也。去年对美之外交恶化几至陷于绝境者,可说皆由庸之操纵中行,不愿对余实告存数,使余不能不对美国作强制要求也"。因此他总结出的教训是:"庸人不可与之再共国事矣,撤孔之举犹嫌太晚矣。"②

九　美金公债案不了了之

陈赓雅、傅斯年等人在国民参政会上提出质询书之后,虽然未能在报纸上公开披露,但却在政界掀起一阵"倒孔"的高潮,就连最高法院检查长郑烈也都亲笔致函傅斯年,告他"此事以鄙意度之,决可成案,已交本署叶、李检查官侦办,由弟亲自主持"。郑烈还要求傅斯年提供手中掌握的材料,并对他的发言表示由衷的钦佩,他在信中说,以前苦无证据,对于豪门贪腐无可奈何,以致"满腔热血,不知洒向何地";而现今"此事如得公助,巨憝就擒,国法获伸,为公为私,当泥首雷门以谢之"。③

傅斯年收到郑烈的信函后,又亲笔撰写了一份说明书,除了详细介绍他是如何得到这一舞弊案事实的经过外,还附上极为机密的中央银行数页账本作为证据。说明书内称:"吕咸平日在局中,一切用度取给于公,其所行为,俨然孔公馆之缩影,彼更使人随便写不合手续之账。"傅斯年在说明书的最后部分更加强调:"以上各节,经斯年详核,确信其为真,故可在参政会会外,负法律责

---

① 《蒋介石日记》(1945 年 7 月 19 日)。
② 《蒋介石日记》(1945 年 7 月 25 日)。
③ 《郑烈致傅斯年函》(1945 年 8 月 2 日),载王汎森、杜正胜编:《傅斯年文物资料选辑》,第 121 页。

任。似此吕咸、熊国清之辈,如不尽惩治,国法安在?"①

正如前文所述,此案的关键就是美金公债停售前后所出售的所谓"预售客户"1 660多万美元债票的去向,其中疑点是十分明显的。

其一,从出售时间上来看,这些债票系1943年11月23日至1944年6月10日分批出售的,距停售时间短则一个多月,长则七八个月,出售的价格均按官价1∶20的汇率出售,但此时美金公债的实际价格早已升至数倍至十余倍,因此一经转手,即刻就可获得暴利。

其二,从所谓预定户预购的日期上看,时间上非常之巧,均发生在停售日之前的三四天(10月11日至14日),数额也相当大(少则近200万元,多则600多万元)。退一步说,即使这些日期是真实的而非事后倒填,那也同样存在严重的舞弊行为,因为早在10月9日孔祥熙即已秘密通告,决定于10月15日停售所有美金公债。而所有这些预购户购买债票,又都是经中央银行总裁孔祥熙亲自批准的,既已明确规定停售美债,为何还会批准继续以原价出售,而且数额还如此巨大,其中必有弊端。

其三,更重要的是,上述这些预购户什么德生公司、怡兴丝厂、华懋工业厂、仁和铁工厂等数十户其实并不是真正的买家,因为这些买家既没有留下地址,亦没有缴纳定金。按照孔祥熙的解释,这些都是"来人自报,按照售债原则向例,无须详细记载",而且可能还有些买家居住在沦陷区,因此"现时彻查,颇为不易"云云。那么真正的买主是什么人,也就可想而知了。

面对着孔祥熙拙劣的狡辩,就连一直对他庇护有加的蒋介石也都不能忍受了,我们在前文中已经介绍,蒋介石不仅对孔祥熙的说辞逐一加以批驳,还在日记中写下了他愤怒的心情。然而在如何处理孔祥熙的问题上,蒋介石却犹豫再三,始终下不了决心。

陈赓雅、傅斯年等参政员的质询虽然揭开了美金公债舞弊案的盖子,提出了1 100多万美金债券去向不明的问题,但实际上他们并没有掌握到此案的关键证据,即所谓预购客户16 601 670美元债券的真正买主。面对着陈赓雅、傅斯年等人来势汹汹的责难,蒋介石的亲信特别向他提出警告:

此案在数字问题上虽不甚大,但恐参政会因此要求彻查全部美

---

① 见王汎森、杜正胜编:《傅斯年文物资料选辑》,第124—125页。

债账目,或监察院亦闻风,前往该行查阅账册,则认购户之真相完全暴露,势必难于应付,是实该案之严重困难所在(在事实本质上与国家信誉上,均较黄金案严重百倍),殊可考虑。①

这段话切中要害,黄金舞弊案不过是中央银行的一些职员窃取国家重要经济情报的一桩刑事案件,但是美金公债舞弊案却直接牵连到国家最高层的领导。目前参政员并没有掌握核心资料,而且也缺乏必要的证据。但是若要深查,顺藤摸瓜,真相必将大白。而此案一旦曝光,对于国民党的利益和家族的荣誉,绝对是一个致命的打击。因此蒋介石考虑再三,决定将此案迅速了结,不能让它再扩大下去。8月3日,孔令仪再次代其父与姨夫蒋介石谈论美金公债案,蒋介石在日记中对此事曾有记录,但谈话的内容却只字未提。然而三天之后蒋介石即作出决定:"对于中央银行美债券舞弊案,决令国府主计局与该行新总裁负责查收,而不交各院,以该行为国府直辖机关也。"②

8月6日,蒋介石下达手谕,关于陈赓雅等人的质询"派主计长陈其采会同中央银行总裁俞鸿钧切实密查具报"。

陈其采、俞鸿钧接到命令后,即于8月16日派员前往国库局进行调查。俞鸿钧当然十分了解蒋介石的心思,所有的调查方向全部围绕陈赓雅等人所提及的1 100多万美金债票方面:

(1)国库局在奉令各分行将停售美金债券收齐上缴之后,发现实际数额超出原估计数额3 504 260美元债票,其中有2 024 760美元债票由业务局列入保管户内,据称系由预购各户交款领去。

(2)关于国币153 013 200元部分即是业务局划拨国库局偿付该局交到各分行续解债票7 650 660美元之价款,该笔款项已交业务局照拨价款收进债券户内,有关账据相符。

(3)有关各分行续交债票355 000美元部分,则由行中同仁认购,但仍存于国库局。

因此上述三笔款项合计1 150多万美元债票中,有910多万美元债票"由

---

① 《侍从室关于陈、傅参政员等提案之研究》(1945年7月),台北"国史馆"藏蒋中正档案:特交档案2080.109,28/04。
② 《蒋介石日记》(1945年8月6日)。

行自购，列入有价证券账内"，只有第一笔中的 200 多万元债票"售与该行预定户，未按照通常手续办理，究有未合"，以及第三笔中的 35 万多美元债票"由行中同人分购，亦有未妥"。他们的结论是，此案"经办人员经遵奉钧谕，将此二项债票追缴，该行国库局局长吕咸、业务局局长郭锦坤亦已奉钧座谕饬，予以免职惩戒"①云云，因此本案可以就此了结。然而真正涉及本案的关键问题，即预售客户 1 660 多万美元债票的去向，陈、俞二人的调查报告中竟然只字未提！

此时日本刚刚宣布无条件投降，蒋介石决定美金公债案迅速结案，他在 8 月 16 日的日记中写道："晚，检讨中央银行美债案处置全案，仰令速了，以免夜长梦多，授人口实。"但他对孔祥熙的贪赃枉法又极为愤懑，故在日记上又接着写道："惟庸之之不法失德，令人不能像想（想象）也。"②因此在主计局和财政部尚未将此案的调查情形上报之前，蒋介石就已经决定了处置办法。于是，这桩震惊中外的贪腐大案，最终就这样不了了之、仓促结案了。

十　简短的结论

本文在收集了藏于海峡两岸和美国各地涉及本案的原始档案基础之上，认真研判，对于 1942 年美金公债的发行以及舞弊案出现的始末，抽丝剥茧，层层分析，特别是对孔祥熙涉嫌卷入这一舞弊案的证据进行了全面的介绍。在本文结束之际，笔者再从此案的发生、调查乃至于最后的处理经过，提出几点看法，以供学界指正。

首先，尽管中美双方以至于孔祥熙和宋子文之间在对待 5 亿美元借款的用途上存在分歧，但没有证据表明，孔祥熙等人在美金公债发行之初就有意识地企图进行侵吞。然而，随着外汇汇率双轨制差距的扩大，美金黑市市场日益活跃，美金公债的销售便为这些掌握权势的官员大开贪腐的方便之门。当孔祥熙等财政部主要官员决定停售美金公债之时，他们就开始有意识地计划从

---

① 《主计长陈其采、财政部部长俞鸿钧致蒋介石呈稿》(1945 年 8 月 26 日)，中国第二历史档案馆藏财政部档案：三(1)/4904。
② 《蒋介石日记》(1945 年 8 月 16 日)。

中牟取暴利了,孔祥熙本人首当其冲,属下的局长、主任、科长更是上行下效,于是这些官员上下其手,利用职权,疯狂敛财。因此,美金公债舞弊案的发生以及差不多同一时期出现的黄金舞弊案绝不是一个孤立的事件,它说明此刻大后方腐败的蔓延和对权势的侵蚀,已成为国民政府体制内存在的一个普遍现象。

其次,从本文征引的蒋介石与孔祥熙、俞鸿钧等人的来往电文和指令,特别是从蒋介石的日记中来看,应该说蒋介石对于贪腐的案件是十分重视的,对于官吏中的腐败行径也是极为愤恨的。当他从不同渠道得到有关舞弊案的报告后,曾多次下令密查。面对着财政部的敷衍应付,蒋介石不为所动,屡屡下令,坚持彻底调查;而面对着孔祥熙的抵赖和狡辩,他更是不顾情面,对其拙劣的说辞一一予以驳斥,甚至一度还想"任参政会要求彻查"。但是,当他意识到此案若真正公开将会影响到国民党的统治以及家族的声誉之时,蒋介石思虑再三,最后也只能是撤去孔祥熙的职务,追缴其不法所得(至于最终有无全数收回只有天晓得了),却没有依法追究孔祥熙等人贪腐的刑事责任,甚至连舆论也严格加以控制,生怕"夜长梦多,授人口实"。于是,如此重大的一件贪腐案就这样大事化小,小事化了,淹没于抗日战争胜利的鞭炮声中了。

然而此案在强权控制之下虽然一时得以遮掩,国民党与家族的声誉亦暂时得以保全,但这种后果却极大地助长了贪腐行为的扩张。随着抗日战争胜利的到来,接收大员"五子登科",军政官僚贪赃枉法,豪门资本以权谋私,贪污与腐败已逐渐成为体制性的行为,就像恶性癌细胞一样,迅速蔓延到肌体的每一部分,最终导致国民党丧失了中国大陆的政权。这也更加清楚地说明,一个腐败的政权是无法彻底根治腐败的。

原载《历史研究》2009 年第 4 期

蒋介石与孔祥熙的恩恩怨怨

南京国民政府成立后长达 20 年,国家财政金融大权一直由宋子文和孔祥熙二人轮流执掌,他们又都是国家元首蒋介石的至亲,权倾一时,国民党与家族的利益可以说是荣辱与共,息息相关,"公谊"与"私情"之间往往难以区分。以往"四大家族"的称号虽然具有强烈的政治含义,却早已深入人心;近年来随着大批珍贵史料的刊布,重新分析蒋介石与孔祥熙、宋子文之间的关系便成为历史学家深感兴趣的问题。[①] 本文旨在多位学者研究的基础上,以台北"国史馆"珍藏的蒋中正"总统"档案,中国第二历史档案馆典藏的财政部、监察院档案,美国斯坦福大学胡佛研究所存放的蒋介石日记、宋子文档案以及蒋介石身边重要人物的日记和回忆为线索,探究蒋介石与孔祥熙的关系为何如此亲密,特别注意的是分析抗日战争胜利前夕蒋介石对孔祥熙态度的转变及其原因。

一 信任有加,百般维护

孔祥熙早年虽然亦曾赴美留学,但他却恪守中庸之道,不像宋子文那样西化,为人世故圆滑,态度和蔼,驯服听话,人称 Yesman 或哈哈孔(H. H.

[①] 对这个问题研究最有成绩的包括杨天石、吕芳上、吴景平、汪朝光等著名学者,如杨天石曾著有《蒋氏秘档与蒋介石真相》(北京:社会科学文献出版社,2002 年)、《找寻真实的蒋介石:蒋介石日记解读》(香港:三联书店,2008 年),2010 年和 2014 年香港三联书店又相继出版了本书的第二集、第三集。2009 年 8 月,复旦大学历史与斯坦福大学胡佛研究所曾于上海举办"宋子文生平与资料文献"学术讨论会,其中吕芳上的《日记、档案中的蒋介石、宋子文与史迪威,1940—1944》、吴景平的《抗战时期宋子文与孔祥熙关系之述评》和汪朝光的《剪不断,理还乱——抗战中后期的蒋宋孔关系》以及笔者的《从宋子文赴美期间电报看战时重庆官场异动》等论文,均涉及抗战时期蒋、孔、宋之间的关系。上述诸文均已收入吴景平主编:《宋子文生平与资料文献研究》,上海:复旦大学出版社,2010 年。

Kung），特别是在演讲时更是满面笑容。孔祥熙的部属、行政院参事陈克文曾这样形容："其实他的笑痕是时刻挂在嘴上的，加以他丰满光彩的面颊，令人一见便联想到戏台上天官赐福的面具。他真是生成财神的脸孔，他这样的脸孔也是政治活动上一种帮助，可以使人易于亲近。"①

当年他和夫人宋霭龄全力支持蒋介石与宋美龄结婚，而宋庆龄和宋子文则坚决反对，因此孔与蒋的关系早就非同一般。1933年10月，宋子文因政见及理财方针与蒋介石发生争执而辞职，孔祥熙便正式接替了财政部部长一职，同时还身兼行政院副院长及中央银行总裁等要职。在这之后，国内经济不但没有陷入危机，相反经过一系列的改革，财政金融和经济建设出现了一番新气象。更重要的是，孔祥熙与宋子文最大的不同就是，他对蒋介石的命令几乎是言听计从，这就让蒋对孔更加信任和放心。1936年1月国内银行界和政界中有人策划倒孔，特别抨击孔在经营公债中舞弊谋利，但蒋介石却表示"倒卖公债者系宋子文，而孔祥熙夫妇则甚可信"，孔祥熙亦对外声称"有人谋攫财长，彼必奋斗"。② 1937年4月，孔祥熙曾以国民政府特使的身份前往欧洲和美国，寻求和争取西方的援助，取得重大成果；回国后更一度出任行政院院长，并仍兼任财政部部长及中央银行总裁，地位之高可谓一人之下，万人之上，集大权于一身，由此也可看出，此时蒋介石对孔祥熙是非常信任的。

但是孔祥熙却公不忘私，在处理国家事务中不仅丝毫没有放弃个人及家族敛财的活动，反而利用职权，以权谋私，拿回扣，办公司，大发国难财。他曾对蒋介石的文胆陈布雷说："财政经济在书生看来甚为复杂，其实很简单，即是生意而已。"他甚至公开说，他本人因为就是做生意出身，"故能领略此道"。难怪担任蒋介石侍从室少将组长的唐纵听了之后都认为"怪哉此论也"！③

如果孔祥熙真像他说的那样，将其经商的智慧全部用在治理公务上，那倒也是国家之福；但他的确是一个生意人，公不忘私，而且他不仅自己经商，还让其子女参与投机，仅从购买军火中就获得极大利益。在国际军火市场上，中介人收取佣金是通行的潜规则。当时中国购买军火主要是通过中央信托局暗中进行的，孔祥熙是该局理事长，他的儿子孔令侃大学刚毕业即以理事的身份长

① 陈方正编辑校订：《陈克文日记》（1939年3月13日）上册，第384—385页。
② 李学通等整理：《翁文灏日记》，第11页。
③ 《唐纵失落在大陆的日记》，第351页。

驻香港，全权负责购买军火，并从中拿取回扣。孔祥熙刚刚就任行政院院长，院内的参事秘书就有诸多议论，矛头直指他的子女。有人说："孔以一切公文交未满十六岁之女儿处理，言下愤极，谓尚未有开苞资格的臭丫头居然处理国事，我们尚何必再做此官耶？"有人还说："最近孔以向美定购飞机之权授其子令侃，所得均速率最劣之旧机，每小时不过二百八十哩以下，航空界大愤，但终无法补救云云。"陈克文听到这些传言后不禁在日记中记道："孔常于会议中叹云'如此中国安得不亡'，自己所做不满人意之事多矣，不知亦念及此言否？"①广州沦陷后，陈克文的同事李朴生自澳门来信述及广州失陷前后的广东和港澳地区的情况，其中谈到"驻外公务员行为浪漫，生活奢侈，如孔院长公子令侃在港挥霍，冠于一时。此皆抗战期间，足为气短之事也"。他还援引港粤两地流传甚广的一句口头语，叫做"爹爹在朝为宰相，人人称我小霸王"，"盖指孔院长之公子令侃也"。②

孔祥熙父子这种明目张胆的敛财行径曾引起各界人士的极大不满，就连国民党高层亦为之侧目，时任军事委员会参事室主任、后任国民参政会秘书长的王世杰就曾在日记中多次记载他对孔祥熙的观感。1938年2月16日他在日记中写道："近来中外人士对中央信托局（孔为董事长）购买军火指摘殊甚，谓有不少舞弊情事，宋子文似亦有电告知蒋委员长，孔氏在会议中力为辩护。"③王世杰本人也认为孔任院长后内政外交处处被动，毫无成绩可言。④同年10月28日，国民参政会第二次大会在重庆召开，王世杰获悉傅斯年等20余名参政员正准备联名致函蒋介石，反对孔祥熙继续出长行政院。10月30日孔祥熙出席会议并报告财政，受到参政员"严重之询问"；11月6日，参政会闭会，"多数人颇不满于孔院长，孔院长在会场中亦悻悻然"。⑤ 11月9日，孔祥熙出席最高国防会议，亦"以参政会同人颇多表示不满，微露消极之意"⑥。时任铨叙部次长兼中央监察委员会秘书长的王子壮也在日记中写道："孔之用人，据一般人批评确有若干之不当，以其甥及二十之长子，主持关系国家前途重大贸易信托局，少年得志，凌驾一切，外间且攻击其弊窦丛生。"因此他认为：

①　陈方正编辑校订：《陈克文日记》（1938年1月2日）上册，第164页。
②　陈方正编辑校订：《陈克文日记》（1938年11月9日、11月28日）上册，第314、323页。
③　《王世杰日记》，手稿本第1册，第180页。
④　《王世杰日记》，手稿第1册，第392—393页。
⑤　《王世杰日记》，手稿第1册，第413、414、420页。
⑥　《王世杰日记》，手稿第1册，第422页。

"此事涉国家,且为彼之亲属,理宜从严彻查,纠正错误。但蒋先生于到重庆之初,举行纪念周之余,盛称孔之办理财政卓有成绩,至外间有若干之攻击,经调查结果,或无其事,或系低级人员之错误,轻轻一句,顿消前失。"然而实际情形则是"重情节者诿诸小职员,余则悉予以粉饰",那么被处理的人当然会"自怨其非当局之至亲而已"。对此王子壮不禁感叹地说:"处此乱世,信赏必罚,极端重要,蒋先生每屡言之,何行之不笃耶?"①

由于通货膨胀导致财政危机日益加剧,陈诚、白崇禧这些军头"均对孔庸之极表不满,并深感财政前途之危机,将向蒋先生有所陈述"②。他们要表达的内容就是以宋代孔,为此王世杰亦向蒋介石提出重新起用宋子文为财长的建议。蒋虽然也一度同意,但宋却表示就任财长的先决条件是,孔必须辞去中央银行总裁之职,蒋因而拒绝。他甚至一度曾考虑"财政部应否自兼及其利害如何? 其利在集中统一与肃清贪污,整顿财政;其害在业务太多太繁,又恐不能专心整顿,予人口实"③。蒋介石曾对王世杰解释:"你们都不了解孔祥熙,孔祥熙这个人做人很有中国人的风度,他自己不要钱。至于宋子文这个人则是西洋人作风,并不讲道义。"④蒋介石如果说孔祥熙有中国人的风度是说他为人处事圆滑世故,面面俱到,尤其是对蒋几乎是唯命是从,倒是有一些道理;但若说孔"自己不要钱",那可就是说瞎话了,后来的事实也让蒋介石无话可说。

蒋介石对孔一直信任不疑,并屡加保护,对于这一点蒋介石的亲戚和侍从都看得很清楚。戴笠曾向其属下转述蒋孝镇(蒋介石侄孙)说的一句话:"委座之病,唯夫人可医;夫人之病,唯孔可医;孔之病,则无人可医。"⑤唐纵听了,觉得确实是这么回事儿。

然而孔祥熙等豪门的敛财行径终于引起大后方民众的愤怒,1940 年前后,在重庆等地相继爆发了一场声势浩大的倒孔运动,其中倒孔的健将当属马寅初、傅斯年等几位知名学者。这种情形就连蒋介石的亲信都觉得解气,只是认为蒋身为"一国领袖,忧劳国事,不能获得家庭之安慰,不亦大苦乎"⑥? 对其处境深表同情。但是孔祥熙毕竟"为今日之红人,炙手可热,对马自然以去之为

①　《王子壮日记》,手稿本第 5 册,台北:"中央研究院"近代史研究所,2001 年,第 39 页。
②　《王世杰日记》(1939 年 8 月 11 日),手稿第 2 册,第 132 页。
③　《蒋介石日记》(1939 年 11 月 18 日)。
④　《杭立武先生访问纪录》,台北:"中央研究院"近代史研究所,1990 年,第 87 页。
⑤　《唐纵失落在大陆的日记》,第 82 页。
⑥　《唐纵失落在大陆的日记》,第 152 页。

快",站在家族的立场,蒋介石为了维护孔祥熙的名誉和地位,竟"手令卫戍总司令将其押解息峰休养,盖欲以遮阻社会对孔不满之煽动也"。①

1941年3月下旬国民党五届八中全会在重庆召开,会上有部分中央委员建议改组政府,但由于蒋介石的袒护,此次倒孔未能成功,仅仅是郭泰祺接替王宠惠出任外交部部长。所以王世杰在4月3日的日记中写道:"此次全会,外间切望财政部长人选有更动,会毕,竟无更动征象,外间不免失望。"②毫无疑问,这里所说失望的人一定包括宋子文在内。6月23日,远在美国的宋子文致电国民党元老李石曾,称"最近孔在重庆,爪牙密布,几有清一色之势",并说八中全会有人建议改组政府,蒋介石却认为是他要"争夺政权",因而感到十分委屈。宋子文表示"领袖之不谅如此,益增悚愧,但我辈一本赤忱,为民族、为国家,只有不顾一切,努力尽我个人之职责"。③ 宋子文的目的就是希望李石曾便中在蒋介石面前予以解释,以期重新得到蒋的信任。

7月26日,李石曾给宋子文发去一封长电,谈到他与蒋介石见面时,"介公、孔夫人皆避谈兄事",但"对兄态度冷淡无可讳言"。李石曾认为"介公用人行政,自有权衡之见甚深,虽常命兄作事,但绝不愿由兄使其被动"。李还劝宋,称"介公大方针不错,抗战前途颇可乐观,虽对兄不起,然兄为国必可谅而笑置之。弟常请兄作哲学工夫,此其时也。兄赤忱为国,当不计一时艰苦,介公外态且淡,实际倚重性未减,兄只有尽忠,终有良果"。据他观察,"介公领袖自雄,对庸公亦非尽信,且已有小裂痕"。因此"介公对兄虽表面不好,亦或正欲用兄,世事往往不宜皆看正面"云云。④

太平洋战争爆发后,国民党召开五届九中全会,号召全党修明政治,《大公报》为此发表社评《拥护修明政治案》称:"现在九中全会既有修明政治的决议,我们舆论界若沉默不言,那是溺职;新闻管理当局若不准我们发表,更是违悖中央励精图治之旨。"社评披露香港危急时,中国航空公司曾派飞机到港抢救撤退人员,飞回重庆时竟运来箱笼、老妈子和洋狗;同时还揭露某部部长(即外交部部长郭泰祺)以公款65万元购置一公馆之事,因而要求政府"肃官箴,儆

① 《唐纵失落在大陆的日记》,第161页。
② 《王世杰日记》,手稿本第3册,第51页。
③ 美国斯坦福大学胡佛研究所藏宋子文档案,第42箱第7卷。
④ 美国斯坦福大学胡佛研究所藏宋子文档案,第46箱第3卷。

官邪"。① 尽管交通部部长张嘉璈 29 日对"飞机运狗事件"在《大公报》上进行解释,尽管这一消息后来证实确系误传,但大后方民众却都坚信不疑,西南联大、浙江大学等高校学生更是连日发动示威游行,掀起倒孔的高潮。然而其结果是,蒋介石只撤去郭泰祺的职务,改由宋子文接任,孔祥熙的职务则纹丝不动。蒋介石在 1942 年 1 月 9 日的日记中表示:"昆明联大学生游行反对庸之,此事已成为普遍之风气,不能不令辞去,但此时因有人反对而去则甚不宜也。国人与青年皆无辨别之智能,故任人煽惑蒙混,以致是非不彰,黑白颠倒,自古皆然。"他在第二天的日记中接着写道:"政客又想借《大公报·整顿政治》一文,在各处运动风潮推倒庸之,应以淡定处之。"后来他更将其归咎于"政客官僚争夺政权之阴谋,可谓丧心极矣"。② 这就清楚地看出蒋介石的态度了。

对于昆明出现的倒孔风潮,侍从室几位亲信与蒋介石的看法却截然不同,譬如陈布雷就认为孔祥熙"已为劳怨所丛,其原因亦有所自",且孔"年事已高,对缺点已难改正矣"。其后陈布雷还在日记中记下了他对孔的观感:"昆明六日有大队学生游行,到处书写反孔标语,皆受《大公报》论文影响,立言之不易如此。其实孔之误国岂青年所能尽知,不过谓其专诬其贪而已,贪与专实尚非孔之罪也。"③ 若"贪与专"还不是孔最大的罪责,那么孔真正的罪过是什么呢,陈布雷并没有明确指出,留给人们无限的遐想。侍从室秘书陈方则认为"孔之为人莫不痛恨,为孔辩护者,均将遭受责难";唐纵亦在日记中写道:"近来学潮愈闹愈广,委座对此甚为震怒,曾命康泽赴昆明调查,结果与国社党(罗隆基等)关系,委座怒不可遏。但今日报载,孔副院长病愈视事,这无异激励青年学生,增加委座之困难。也许孔故意为此,使委座不得不为之解脱,而彼得以一劳永逸也。然天下人无不叹息委座为之受过也。闻为此事,委座与夫人闹意气者多日。自古姻戚无不影响政治,委座不能例外,难矣哉!"④ 唐纵认为,最有效的办法就是孔祥熙自动辞职。但陈布雷却说,"孔不但不辞职,而且要登报,表示病愈视事",随即陈又发出感叹曰:"孔氏对朋友、对领袖、对亲戚,均不宜

---

① 《大公报》(重庆)社评(1941 年 12 月 22 日),第 2 版。
② 《蒋介石日记》(1942 年 1 月 9 日、10 日、21 日)。
③ 《陈布雷先生从政日记稿样》(三),出版地及时间不详,"国史馆"专藏档案 0160.40/7540.01—03,1941 年 12 月 24 日,第 519 页;1942 年 1 月 6 日,第 524 页,转引自冯启宏:《〈唐纵日记〉中的孔宋》,载胡春惠、陈红民主编:"宋美龄及其时代"国际学术研讨会论文集,香港:香港珠海书院亚洲研究中心,2009 年,第 601 页。
④ 《唐纵失落在大陆的日记》,第 226 页。

有如此忍心害理之举。"①

二　舆论攻击，态度转变

　　尽管蒋介石对孔祥熙处处维护，但对其所作所为并非一无所知，有时甚至还相当不满，譬如抗日战争前夕孔祥熙想插手中德之间的秘密贸易，蒋介石就曾当着翁文灏和叶琢堂的面"痛骂孔不顾国体，辞极严厉"②，这是由于"蒋、孔对德易货意见大相径庭，因孔实反对实行也，如实行则愿从中取利也"③。蒋介石在日记中亦时有记载，如批评孔祥熙只知"有财政而不注重整个政治"（1938年3月19日）；因为贪图私利而导致"舆情太恶"，特别是把持财政之后，竟不让蒋介石插手，"一与商讨财政，彼即愤气，怒色相加，凡重要事机皆秘，而惟恐我知道"，"是全将余助他之好意误会"（1939年7月19日）；甚至有时竟像宋子文那样"违忤不从，至为痛苦，因之心情躁急，时用忿怒也"（1939年7月31日）。为了改变这种状况，同时也为了减轻党内外对孔的攻击，蒋介石决定"接受孔庸之辞职，自兼行政院院长"，孔改任副院长（1939年11月16日）。然而蒋介石尽管有时对孔祥熙产生过不满，却一直采取克制的态度，并在日记中加以检讨，提醒自己"对孔何时现鄙嫌之意与严厉之声，应切戒之"（1939年11月18日）。甚至后来发现孔属下贩卖鸦片谋利之事，蒋介石除了表示"庸之对鸦片运输事不能遵令停止，以人言籍籍，贪小失大"，也只能是"更为忧闷，故终日郁郁不舒，乃修养不足之过也"。（1942年12月9日）

　　然而孔祥熙及其属下自视有保护伞，气焰嚣张，不但不予收敛，反而变本加厉。1942年3月，中央信托局运输处经理林世良串通大成商行的章德武，以中央信托局的名义走私汽车零件，牟取暴利。不料事情败露，林、章等人被捕，引致社会愤慨。因林系孔之心腹，所以孔祥熙竭力为其说情缓颊，军法执行总监部碍于孔之情面，经过多月审判，将林判处无期徒刑。消息传出后，就连蒋介石的随从们都为之不满，欲联合起来向蒋介石陈明实情。唐纵提出应援引

① 《唐纵失落在大陆的日记》，第226—227页。
② 《翁文灏日记》（1936年8月10日），第68页。
③ 《翁文灏日记》（1936年8月11日），第68—69页。

成都市长杨全宇因贪污枪决之案例,陈方则建议以利用职权谋利为由,均主张严判。这些呈辞于 12 月 21 日呈给蒋介石,"旋即奉批林世良应予处死刑,许性初改处徒刑四年以上,不许缓刑。并于当晚电话,限二十二日执行公布"①。

蒋介石对孔的态度一旦发生变化,立即引起宋美龄的不满,甚至长期住在孔公馆不归。据唐纵观察,蒋介石夫妇之间关系不洽,是因为"夫人私阅委座日记,有伤及孔家者。又行政院院长一席,委座欲由宋子文担任,夫人希望由孔担任,而反对宋,此事至今尚未解决"②。见到蒋介石困扰于党国与家族之间的处境,唐纵亦不由得从内心发出感叹:"委座尝于私人室内做疲劳的吁叹,其生活亦苦矣!"③

1943 年 11 月 1 日是孔祥熙出任财政部部长十周年的纪念日,财政部在广播大厦举行庆祝会。对此局面蒋介石实在是伤脑筋,如果出席,很可能会招致民众不满;但若不去,又恐伤害了亲戚之间的关系。最后蒋介石决定"不赴广播大厦,而赴财政部。不值而别",对蒋的所作所为唐纵等人的理解是,"其处境亦良苦矣"!④

面对着国内外舆论的强烈攻击,党内也有不少人怀疑"总裁能将孔罢免以大快人心否"? 唐纵则认为目前时期并不成熟,因为有蒋夫人的关系。⑤ 唐纵的猜测不错,尽管孔祥熙采取以退为进的方法,主动向蒋介石提出辞呈,但蒋立即将辞呈退回,并予以慰留。为此事蒋介石曾与陈布雷有过一段十分有趣的交谈。蒋介石问陈布雷,外间究竟对孔祥熙有什么议论? 陈布雷回答说:"普遍的批评,孔作生意,在北京政府时代买办与官僚结合,南京政府时代买办与官僚结合,尚有平津、京沪之距离;今者官僚、资本家、买办都在重庆,合而为一。党内的批评,孔不了解党的政策,违背政府政策行事。"听了陈布雷的话蒋介石深有感触,但也没说什么,只是表示现在没有适当的人接替。对此陈布雷只能感叹地说:"委座没有彻底改革决心!"⑥

恰好此时要在美国的布里敦森林召开国际货币基金会议,因此孔祥熙就被委以中国政府的全权代表,于 1944 年 6 月 22 日率团启程赴美,行前蒋介石

① 《唐纵失落在大陆的日记》,第 295 页。
② 《唐纵失落在大陆的日记》,第 334—335 页。
③ 《唐纵失落在大陆的日记》,第 345 页。
④ 《唐纵失落在大陆的日记》,第 349 页。
⑤ 《唐纵失落在大陆的日记》,第 386 页。
⑥ 《唐纵失落在大陆的日记》,第 392 页。

还专门致函罗斯福,对孔祥熙盛赞不已,称"孔博士与余始终共事凡十六年于兹,对于中国政治、经济及财政方面之情形,充分明瞭";虽然中国目前非常需要孔祥熙留在国内处理政务,但因此行"对于增强我中美两国以及余与阁下之友谊合作,深信必有重大之成就",因此他才决定委派孔作为"余个人最堪信任之代表",前往美国洽谈云云。①

就在孔祥熙出国前夕,他以中央信托局理事长的名义向蒋介石递交了一份报告,交代了孔令侃多年前在香港购置军火而赚取大笔外汇的经过。这笔账目事隔多年,孔氏父子屡屡拖延不报,为何在孔出国之前提交,这很可能是蒋介石迫于各方压力,向他提出的要求。

按孔祥熙所说,抗日战争全面爆发之初,国家急需向国外购买大量兵工器材,但因缺少外汇,办理进口军火之事极为困难。因此他便奉蒋之命由国库拨出一笔专款,交由常驻香港的中央信托局理事孔令侃负责,令其在"不影响外汇而达到完成兵工储料之目的"。

孔令侃接到命令后即以他的公开身份,并利用中央信托局在香港的机构与人员协助办理。当时香港的外汇市场风潮迭起,孔令侃认为若投放大量国币在香港购买,外汇市场势必更加动荡。因此拟具报告,建议以中央信托局的名义专门收购国际市场急缺的土特产品,并负责向外国销售,用其所得之外汇,再向西方购买中国所急需的各种军需物资。他的这一意见获得批准,国库先后几次拨出购买兵工储料专款法币5 600万元,后因欧战爆发,原有900万元拟向欧洲购买子弹之款项因厂商无法交货退回外,实际国库拨出的款项共计为4 700万元。

孔令侃拿到这笔巨款后即委派其属下,以统制经济的名义在接近沦陷区及大后方各地采购各类出口产品,然后再销售到国外。在孔祥熙眼中,孔令侃年龄虽轻,但却极具生意头脑,称得上是一个生财有道的大炒家。因为他将售货所得之外汇并不立即购买军火,而是"随时视察英、美国际关系变动情形,预测英、美、港汇涨落,先为转换,种种运用,极费苦心",然而经过这一番炒卖,"所得外汇数目,远超过官价外汇之上"。这笔外汇除了一部分用来购买兵工署所指定的军用物资得以完成任务外,其余大部分资金再来炒卖外汇,几经运作,所得利润,实非常人所能想象。

___

① 《蒋介石致罗斯福函》(1944年6月17日),转引自古僧编著:《孔祥熙与中国财政》,第309页。

1939 年,由于孔令侃在香港私设电台被发现,港英当局将其驱逐出境,孔令侃被迫辞去中央信托局的职务,转而去了美国。名义上,他宣称是奉父命到美国哈佛大学"深造",实际上却是将其家族的部分资金、产业加以集中,在纽约设立了一个很大的办事处,雇佣美国律师为他经营投资,开辟孔氏家族在美国的商业战场,这其中想必也有他在香港经营外汇投机所赚取的超额利润。

按理说,孔令侃既然离开香港,也不再从事军火买卖,那自然应将手中的资金及账目全数交出,可是他却借口"其时因尚有一部分物资未能运出,一部分物资运出尚未销售,因此全部账目未能结束"为由,迟迟不予交接。至于前后账目不一,孔祥熙解释,是因"太平洋战事发生,港沪沦陷,仰光失守,账册卷宗亦有未能携出者,虽一、二项目已经先后整理,而全部账目势须战事结束方能再行具报,至款项因或存港沦陷银行,或者在英美售货账下,因此总数未能集中,致先后报告数目不同"。

据孔祥熙报告,这笔炒卖购买军火的款项总共结余的外汇计为 5 114 992. 96 美元,22 671 英镑 8 先令 3 便士。但是孔祥熙认为这笔钱"既系该理事奉钧座命令特办之购储器材事件,因营运得法,获得此款,如何处理殊成问题"。孔祥熙的意见是,这笔外汇既非国库之款,于情于理都不应归还国库;同时它又不是中央信托局投资自营之业务,因而亦不能拨回信托局。孔祥熙说孔令侃曾为此事专呈具报,呈文中先是对蒋吹捧一番,称大革命时期因"国内兵工建设多未完成,难以应付强敌,北伐以还,钧座整军经武,功在国家"。关于这笔款项的处理,孔令侃提议"可否将此款一部分拨充办理重要兵工厂建设,用以纪念钧座之丰功伟绩,而垂永远";一部分则"以为中央信托局发展战后贸易之需",因为中央信托局"既属国有营业机关,而不以营利为目的,其对于国际贸易担负之特殊任务,所需资金自不能再由国库拨给";所余之部分再对"协办得力之人员酌予奖励,以示慰勉"云云。①

此刻距孔令侃经手买卖军火已时隔六年,但他却迟迟不将账目交接;最后虽勉强交出,但具体数额则又前后不一,这本身就存在诸多疑点。尽管孔祥熙为此百般解释,仍然漏洞百出,然而他的建议却得到蒋介石的首肯。蒋介石阅毕报告后即亲自手批:"此款准以百分之十五数目拨补中央信托局,为国际贸

---

① 《中央信托局理事长孔祥熙致蒋介石呈》(1944 年 6 月),台北"国史馆"藏蒋中正档案:特交档案 2020. 8,109,10/12。

易转周（周转）基金之用，其余之数，皆充作为制造飞机厂基金。"①于是，这笔糊涂账就这样不了了之、蒙混过关了。

三 美金公债，暗中调查

国际货币基金会议结束之后，孔祥熙虽然长期逗留在美国，但国内倒孔的风潮却丝毫没有降温。1944 年 9 月 5 日，国民参政会三届三次会议在重庆开幕，第二天财政部次长俞鸿钧代表孔祥熙在会上作财政报告，参政员傅斯年带头开炮，强烈要求"办贪污首先从最大的开刀"，并提出四大问题：（1）孔及其家族经营商业问题；（2）中央银行问题（任用私人，予取予求）；（3）美金储蓄券舞弊问题；（4）黄金买卖问题。② 矛头直指孔祥熙，其中最大的问题就是美金公债舞弊案。

太平洋战争爆发后，美国曾向中国政府提供了一笔为数 5 亿美元的大借款，财政部部长兼中央银行总裁孔祥熙决定在借款总额中拨出 2 亿美元，各发行三十一年同盟胜利公债美金及美金节约建国储蓄券 1 亿元。虽然美金公债发行之初成效不彰，发行额还不到总额的一半，但不久情况却发生了变化，因为外汇官价与黑市价格之间的差距日益扩大，美金公债的价格也急速上涨，1943 年 10 月 9 日，孔祥熙向蒋介石秘密呈文，要求结束销售美金公债。③ 10 月 15 日，中央银行业务局局长郭锦坤在大后方的各大报章上宣称，年前发行的 1 亿元美金公债业已全数售完；然而实际的情形却是，还有接近一半的债券根本就没有出售。按规定这部分美金公债应由国库局收回全数交还给业务局，再归之于国库。然而这些从各地行局收回的美金债券并未全数上缴国库，其中有相当部分被掌管国家财金大权的那些人物，以"调剂同人战时生活"为幌子，私下里朋比瓜分了。这就是当时震惊大后方的社会和舆论，甚至引起美国朝野愤懑的美金公债舞弊案，矛头直指孔祥熙。

---

① 《蒋介石手批》（1944 年 6 月 18 日），台北"国史馆"藏蒋中正档案：特交档案 2020.8,109,10/12。
② 台北"中央研究院"历史语言研究所藏傅斯年档案：1—647；王世杰也在日记中写道："参政员傅斯年等责问孔部长极厉，并涉及许多私人问题（私人营商，以及滥用公款等等）。"《王世杰日记》（1944 年 9 月 6 日），手稿第 4 册，第 394—395 页。
③ 《孔祥熙致蒋介石呈文》（1945 年 10 月 9 日），台北"国史馆"藏蒋中正档案：特交档案 2080.109,02/02。

面对着国内日益高涨的倒孔浪潮,蒋介石也不得不开始考虑撤换的决定。11 月 18 日,蒋介石致电孔祥熙,一方面对于他在美国处境艰难表示慰问,同时提出"最好兄能屈就驻美大使,以加重对美合作之表示"①,这就意味着蒋介石已经决定撤换孔祥熙的职务了。

1944 年 11 月 20 日国民政府公布内阁更换的决定,孔祥熙被免去财政部部长一职,由原政务次长俞鸿钧继任,此时孔行政院副院长的职务尚未撤换,但蒋介石已暗示他,希望他主动辞去行政院首脑的职务。同时提出在其未回国之前,由宋子文代理行政院院长一职。② 此时蒋介石如此急切要求孔辞职,很可能是因为他已发觉孔祥熙涉嫌美金公债的舞弊案了。

此刻蒋介石表面上对孔祥熙还是尽量予以保护,但在暗中却下令进行秘密调查。这一段时间蒋介石的日记中经常留下彻查美金舞弊案的记载③,同时他还多次下令,命新任财政部部长俞鸿钧彻查此案④。

俞鸿钧长期是孔的部属,对于美金公债舞弊案原来只打算敷衍应付,并不想认真调查,但见蒋介石如此认真,他也不敢再马虎了。经过仔细核查,美金公债舞弊案的内幕终于浮出水面。

据财政部调查,1943 年 10 月 15 日美金公债奉命停售时,各省市售出数为 43 113 440 美元,预售户售出数为 54 012 330 美元。关于预售户部分,国库局于停售后陆续拨交业务局债券计有预购债票 42 087 410 美元,以及 1944 年 2 月 15 日和 6 月 1 日两次专案拨交债票共计 11 154 520 美元,合计 53 242 330 美元,均经业务局分别入账。这些债票都是先行列入公记垫款户账,以后再分别调拨,计 1944 年 4 月 4 日及 12 月 14 日分两次拨交中央银行有价证券户

---

① 《蒋介石致孔祥熙电》(1944 年 11 月 18 日),台北"国史馆"藏蒋中正档案:筹笔 2010.3,34/8。

② 《蒋介石致孔祥熙电》(1944 年 12 月 5 日),台北"国史馆"藏蒋中正档案:革命文献 2020.3,29/55。

③ 譬如蒋介石在预定近期工作计划时曾于日记中写道:"中央银行业务局之查察"(1945 年 1 月 31 日);"密查中央银行美金公债账目"(2 月第一周的预期工作课目);"与俞财政部长聚餐,与谈中央银行美金公债不清之数,责成其彻底追究"(3 月 28 日);"彻查美金公债案"(3 月"本月大事预定表");"督促俞鸿钧查案"(4 月 3 日);"美金公债与黄金舞弊案正在彻查中"(4 月 7 日"上星期反省录");"下午研究美金公债查账之报告书,其中显有弊窦,应彻查"。当天晚上,他还"约布雷等,指示查账手续"(4 月 8 日)。

④ 这一时期蒋介石下达调查美金公债舞弊案的命令,除了前述 1944 年 12 月 8 日的代电外,至少还有以下几份:《军事委员会委员长致财政部代电》(1944 年 12 月 29 日),中国第二历史档案馆藏财政部档案:三(2)/3879;《蒋介石致俞鸿钧代电》(1945 年 2 月 22 日),中国第二历史档案馆藏财政部档案:三(2)/3920;《蒋介石手令》(1945 年 4 月 8 日),台北"国史馆"藏蒋中正档案:筹笔 2010.3,56/38;《蒋介石致俞鸿钧代电》(1945 年 4 月 12 日),中国第二历史档案馆藏财政部档案:三(2)/3920。

29 130 160 美元,1943 年 1 月 12 日及 12 月 31 日共分三次拨交中央信托局预购户 7 510 500 美元,1943 年 11 月 23 日至 1944 年 6 月 10 日陆续拨交客户预购债票 16 601 670 美元。此外还有 770 000 美元系国库局局长吕咸奉中央银行总裁孔祥熙谕,留备转发欧柏林和铭贤等机构文化事业之用,以上这些债券数合计正好与所报预售数相符。

至于上述陆续拨交客户预购债券 16 601 670 美元,经查均系美金公债停售前数日央行业务局奉总裁孔祥熙批准而出售的,计德生公司等 6 户 320 万美元(10 月 11 日)、怡兴丝厂等 12 户 196 万美元(10 月 13 日)、华懋工业厂等 16 户 665 万美元(10 月 13 日)、仁和铁工厂等 17 户 580 万美元(10 月 14 日),总计应为 17 610 000 美元,但因债票不足,实际拨交出去的只有 16 601 670 美元。而问题就出在这 1 660 多万美元身上。据俞鸿钧呈报,"该局陆续拨交上项债券虽经付账,但并未由各预购户出具收到债券之收据,究竟各户是否收到,无凭查核,且预购时亦并无任何凭证或登记手续可查。各预购户虽有户名,但均未留有地址,无从稽考"①。俞鸿钧在这份报告中还同时呈送中央银行国库局局长吕咸的两次呈文与孔祥熙的亲笔批示等 14 份附件,其中中央信托局所认购的 7 510 500 美元债券中,除了 400 万美元债票由该局下属四个单位分别认购保管外,另外 1 010 500 美元债券由"本局同人奉准认购",其余 250 万美元债票则"奉孔理事长谕,准代从前委托定购之客户购买经让购与各慈善团体备充基金之用者,计宋公嘉树教育基金户八十万元,桂贞夫人医务基金户七十万元,真道堂布道基金户四十万元,铭贤学院实科基金户三十万元,贝氏奖学基金户二十万元,慈善堂慈善基金户十万元"。②

这份报告明确地指出美金公债的问题之所在,因此蒋介石阅后即认定"考虑彻查美金公债案已得要领,不难追究也"③。他并立即致电孔祥熙:"据查美金公债剩余部分有壹仟壹佰伍拾万余圆,预定已在停售以后付价给券,不合手续,应即将此等不合手续之债券饬令该行负责全数追缴归还国库,不得贻误,否则即依舞弊论处,并将速缴确数呈报勿误。"④接着,蒋介石具体开列查核要

①《俞鸿钧致蒋介石呈文》(1945 年 4 月 5 日),台北"国史馆"藏蒋中正档案:特交档案 2080.109,28/01。
②《中央信托局认购美金公债明细表》,系《俞鸿钧致蒋介石呈文(1945 年 4 月 5 日)》之附件,台北"国史馆"藏蒋中正档案:特交档案 2080.109,28/01。
③《蒋介石日记》(1945 年 4 月 10 日)。
④《蒋介石致孔祥熙电》(1945 年 4 月 10 日),台北"国史馆"藏蒋中正档案:筹笔 2010.3,56/41。

点,命令俞鸿钧迅速派员,限期进行调查。①

此时蒋介石已察觉到美金公债一案涉及孔祥熙,但如何处理他还没有决定,他在"本星期反省录"中写道:"美金公债舞弊案已有头绪,须待庸之病痊回国也。"②同时他将美金公债舞弊案初步调查结果告知仍在美国的孔祥熙,但孔并不承认。蒋在日记中记道:"接庸之电,令人烦闷,痛苦不知所止。"他再与俞鸿钧商讨进一步调查美金公债的案情,然而此案真的牵涉到孔氏家族,如何处理确实十分棘手,因此他也认为,此事"甚难解决也"。③

四 真相大白,不了了之

5月,国民党召开六全大会,其中最重要的议程就是选举新一届中央委员,党内各派系四出拉票,尽管蒋介石竭力活动,但因孔祥熙等财经官员的贪腐行为引起朝野上下强烈不满,这在选举的得票中可以印证。蒋介石也不得不在日记中承认:"此次大会选举中委,在旧中委当选者以庸之与徐堪为最低,而全会选举常委,且竟落选,其信望坠落至此,犹不知余往日维持之艰难也,可叹!"④

鉴于这种情形,蒋介石决定行政院改组,他与孔双双辞去行政院正、副院长之职,由宋子文和翁文灏继任。蒋介石认为:"余与庸之辞去行政院正副院长,亦为政治上必要之措施,深信此举必于今后政治之效用甚宏也。"⑤因此蒋介石再次曾致电孔祥熙曰:"事已如此,对美财政经济等未了诸事不如交托子文负责办理,请兄从速回国襄助,以免事出两歧也。"⑥蒋又致电正在美国访问的宋子文,一方面通知他已真除行政院院长,但同时又提醒他:"在美时对庸兄应特加礼遇尊重,诸事并须与其切商,以增加我内亲之情感与免除外人之猜

① 《蒋介石致俞鸿钧代电》(1945年4月12日),中国第二历史档案馆藏财政部档案:三(2)/3920。
② 《蒋介石日记》(1945年4月14日)。
③ 《蒋介石日记》(1945年4月30日)。
④ 《蒋介石日记》(1945年5月31日)。
⑤ 《蒋介石日记》(1945年6月,"上月反省录")。
⑥ 《蒋介石致孔祥熙电》(1945年5月30日),台北"国史馆"藏蒋中正档案:筹笔2010.3,56/58。

测,此乃兄之责任所在也。"①说明蒋此时还是有意对孔加以保护,其目的就是要"增加我内亲之情感与免除外人之猜测"。

蒋介石将撤换孔祥熙之举称之为"以公忘私",但他的这种心态其实外人都看得很清楚,王子壮在六全大会结束后的日记中记道:"蒋之政军方面,除军事自理外,财政在前面由宋子文,近六七年则由孔祥熙主其事。以才论,孔不如宋,但为人易与。同时孔则惧内,孔夫人宋霭龄及其子女好货特甚,广事搜刮,丑声四播,社会侧目。参政会中迭次提出质问孔氏,均由蒋保护,多方开脱。人以是短蒋,以其不辨是非、以护近亲也。"②

7月8日,赴美一年有余的孔祥熙终于回到重庆;就在同一天,第四届国民参政会第一次会议也在重庆开幕。蒋介石原想以孔祥熙辞去财政部和行政院的职务来减缓外界的压力,哪知道孔氏豪门贪腐行为实在是引起众怒,朝野上下,群情激愤,特别是代表民意的国民参政员陈赓雅和傅斯年等人又掀起了新一轮倒孔的高潮。

蒋介石此时心情十分矛盾,这在他的日记中可以得到印证:

> 布雷来言,中央银行舞弊案已有人在参政会提出云。余乃召庸之,告以此案调查经过与事实及人证物证,属其好自为之,彼总不肯全部承认也,可叹!(7月11日)
>
> 九时,与布雷、达铨谈话散步后,审阅中央银行舞弊案全文,为之痛愤不已。研究处置办法,必须将其全数追缴,全归国库,然后再由余负责解决。否则惟有任参政会要求彻查,此固于政府、对国际信誉大损,然为革命与党国计,不能不如此也。(7月12日)
>
> 昨下午六时约庸之来谈,直将其人证物证与各种实据交彼自阅,彼始犹指誓强辩,令人痛心,殊愧为基督徒矣。余再以严正申戒,彼始默认,余仍属其设法自全,乃辞去。……见庸之,彼总想口辩掩饰此事,而不知此事之证据与事实俱在,决难逃避其责任也。余以如此精诚待彼,为其负责补救,而彼仍一意狡赖,可耻之至!(7月13日)

---

① 《蒋介石致宋子文电》(1945年5月31日),台北"国史馆"藏蒋中正档案:筹笔 2010.3,56/59。
② 《王子壮日记》(1945年6月),手稿第6册,第236页。

　　蒋介石对于孔祥熙涉嫌美金公债舞弊一案虽然十分愤怒,但当他听说陈赓雅、傅斯年等参政员准备在国民参政会上对此案提出质询时,他又想尽一切办法对孔加以保护。首先是由国民参政会主席团主席、国民党中央宣传部部长王世杰出面,他对陈赓雅说了一堆大道理,"此案提出,恐被人借为口实,攻击政府,影响抗战前途,使仇者快意,亲者痛心",接着又半带威胁地说,提案内容若与事实有出入,恐怕对联署人有所不利,要他将提案自动撤销。陈赓雅则坚持本案证据确凿,个人愿为此负责。其后,陈布雷又以新闻界前辈的身份前来劝说,他一方面肯定陈赓雅等人收集资料用心良苦,他也承认若在大会上提出一定有所价值。但是又有个投鼠忌器的问题,就是这个提案一旦曝光,公诸社会,将会引起美国和英国等友邦人士的反感,因而不再继续支持我国的抗战,导致失道寡助的后果,这肯定也不是诸位发起提案的初衷。因此他建议,不如将提案改为书面检举,直接递交蒋介石,这样既可查明舞弊,又不致影响抗战。① 而当参政会秘书处正准备将这一提议排印分发,侍从室第二处突然将提案原件带回,说是蒋介石要亲自审阅。于是该提案就被取走,一直到大会闭幕时都没有退回,未能在会上进行讨论。会后该提案又立即被销去案号,所以没有在社会上公开。②

　　孔祥熙回去后立即吩咐属下分别写了一份报告和节略呈给蒋介石,对中央银行收回的美金公债销售情形予以说明。在这份长达 1 000 余字的呈文中,孔祥熙对于出售给所谓"预定客户"16 601 670 美元债票的情形百般予以狡辩,并为自己评功摆好,说他为了推销公债,"苦心未达,反遭外界猜疑,致劳钧虑,深抱不安"③,仿佛他受了多大的委屈。

　　7 月 14 日上午,蒋介石再次找孔祥熙谈话,直到这时,孔祥熙才承认蒋所列举之证据,"并愿追缴其所据之美金公债全归国库也"④。面对着傅斯年等参政员的步步紧逼,而孔祥熙又如此避重就轻,百般狡赖,蒋介石内心可谓百感交集。他在日记中写道:"傅斯年等突提中国(央)银行美金公债舞弊案,而庸之又不愿开诚见告,令人忧愤不置。内外人心陷溺,人欲横流,道德沦亡,是非

---

　　① 陈赓雅:《孔祥熙鲸吞美金公债的内幕》,载寿充一编:《孔祥熙其人其事》,第 147—148 页。
　　② 谭光:《我所知道的孔祥熙》,载寿充一编:《孔祥熙其人其事》,第 7 页。
　　③ 《孔祥熙致蒋介石呈文》(1945 年 7 月 13 日),台北"国史馆"藏蒋中正档案:特交档案 2080.109,28/02。
　　④ 《蒋介石日记》(1945 年 7 月 14 日)。

倒置,一至于此。"①

过了两天,蒋介石"接阅中央银行审核报告后,乃召庸之来谈,彼将余所交阅之审查与控案,而反示原审查人,其心诚不可问矣(以下约有 10 余字被涂。——引者注)"②。特别是当蒋介石看到孔祥熙为自己辩解的呈文,更是愤怒之极,他亲自拟写了三段长篇批文,对孔的狡辩逐一加以批驳。蒋在批文中称:"所谓人民购买均系款债对支,至各户户名均系来人自报,按照售债向例无须详细记载云云,此在门市现款购买,自可如此办理,但既称为认购户或预售户,而认购户一不缴纳分文定金,二不填具认购单据,中央银行亦不给予准许认购若干之证件,三无确实姓名住址之记录,则停售之后,各认购户究竟凭何证据向中央银行交款取券,行方人员又凭何根据付给其债券,是否仅凭该认购户口头申报,或人面熟习(悉),即行付给债券? 此种情形,即一普通商号对私人定购些微货物,亦绝无此理,何况政府机关之国家银行办理巨额外汇债票之收付,乃竟如此草率,何能认为合法有效!"更重要的是,这批预售公债"距卅二年十月十五日停售之期,少则月余,多则六、七个月。其时美债价格高涨一倍至十余倍之多,而认购各户仍按国币廿元折合美债一元之原价交款取券,以在法理上毫无拘束之认购,此时何得享此意外之特殊利益,而损失国家之宝贵外汇"。而所谓沦陷区人民认购一节,蒋介石也认为是自相矛盾,"不能诿为无可查考","实难有圆满理由可资答覆"。因此蒋介石下令,这批债券必须"全数缴还中央银行,限期严密办妥"。③

蒋介石在批文中虽然对孔祥熙的狡辩之辞一一予以驳斥,但并没有道破孔个人在这桩贪腐案中的直接责任,算是给他留了面子。在人证、物证面前,孔祥熙还想抵赖,但他又不好意思亲自出面,便叫他的长女孔令仪带着他的复信来见蒋。尽管蒋介石对孔大小姐十分宠爱,但是看了来信后还是气愤不已,他在当天的日记中写道:"庸之图赖如前,此人不可理喻也。"④蒋接着又在"上星期反省录"中记道:"庸之对于一六六〇万美金公债,犹不愿承认也。"

为了孔祥熙贪污腐败的案子蒋介石连觉都睡不好,他在 22 日的日记中写

---

① 《蒋介石日记》(1945 年 7 月 15 日,"上星期反省录")。
② 《蒋介石日记》(1945 年 7 月 16 日)。
③ 《蒋介石致孔祥熙批》(1945 年 7 月 19 日),台北"国史馆"藏蒋中正档案:特交档案 2080.109,28/02。
④ 《蒋介石日记》(1945 年 7 月 21 日)。

道:"上午以昨夜为庸之事不胜苦痛,忧惶未得安睡,故七时后方起床。下午,以布雷谈起庸子(之),称恐此美金公债或落于外人手中一语,更觉此人之贪劣不可救药,因之未能午睡,痛愤极矣。"① 这时的蒋介石对孔祥熙可以说是痛恨异常了,但是如何处理,他还拿不定主意。

7月24日,蒋介石向孔祥熙下达手令,称"呈报美金公债追缴实情已悉,该行经办人员办事颟顸不实,本应严惩。姑念抗战以来努力金融,苦心维持不无微劳足录,兹既将其经办不合手续之款如数缴足,归还国库,特予从宽议处。惟将该行国库局局长吕咸、业务局局长郭锦坤免职,以示惩戒为要"②。蒋介石还决定撤去孔祥熙中央银行总裁职务,其遗缺由财政部部长俞鸿钧接任,7月29日,孔祥熙又辞去四联总处副主席之职,由宋子文继任,这也是孔相继辞去财政部部长和行政院副院长之后所担任的最后两个要职,而蒋介石则认为这一举措"实为公私兼全与政治经济之成败最大关键也"③。与此同时,蒋介石约见新任行政院院长宋子文谈话,因为在此之前宋曾坚持要委任其亲信贝祖诒出任中央银行总裁,否则便不就任行政院院长。对于宋之要挟蒋在日记中曾这样记载:"呜呼,国人心理,媚外自私如此,而以欺制元首,不问政策,一以个人之名位自保,不知国家与政府为何物,对之可痛心疾首者,莫甚于此也。"④ 因此蒋介石明确同宋讲,中央银行总裁必须绝对服从他的命令、而且为他所信任的人方能担任,蒋的原因是,"此二十年来所得之痛苦经验,因此不能展施我建军建政,而且阻碍我外交政策莫大也。去年对美之外交恶化几至陷于绝境者,可说皆由庸之操纵中行,不愿对余实告存数,使余不能不对美国作强制要求也"。因此他总结出的教训是:"庸人不可与之再共国事矣,撤孔之举犹嫌太晚矣。"⑤

蒋介石虽然对孔祥熙恼怒异常,这在以前可是从未发生过的事,然而在如何处理的问题上,他却犹豫再三,始终下不了决心。陈赓雅、傅斯年等参政员的质询虽然揭开了美金公债舞弊案的盖子,但实际上他们并没有掌握到此案的关键证据,即所谓预购客户16 601 670美元债券的真正买主。面对着陈赓雅、傅斯年等人来势汹汹的责难,蒋介石甚至一度想"任参政会要求彻查",但

① 《蒋介石日记》(1945年7月22日)。
② 《蒋介石致孔祥熙手令》(1945年7月24日),台北"国史馆"藏蒋中正档案:特交档案2080.109,28/05。
③ 《蒋介石日记》(1945年7月28日"上星期反省录")。
④ 《蒋介石日记》(1945年7月19日)。
⑤ 《蒋介石日记》(1945年7月25日)。

其亲信立即向他提出警告说,此案虽然数字不算很大,但如果参政会因此要求彻查所有美金公债的账目,或者是监察院闻讯后亦要求到央行查阅账册,"则认购户之真相完全暴露,势必难于应付,是实该案之严重困难所在(在事实本质上与国家信誉上,均较黄金案严重百倍)"①。

这段话切中要害,黄金舞弊案②不过是中央银行的一些职员窃取国家重要经济情报的一桩刑事案件,但是美金公债舞弊案却直接牵连到国家最高层的领导。目前参政员并没有掌握核心资料,而且也缺乏必要的证据。但是若要深查,顺藤摸瓜,真相必将大白。而此案一旦曝光,对于国民党的利益和家族的荣誉,绝对是一个致命的打击。因此蒋介石考虑再三,决定将此案迅速了结,不能让它再扩大下去。8月3日,孔令仪再次代其父与蒋谈论美金公债案,此事在蒋的日记中有记载,虽然彼此谈话的内容日记中只字未提,但蒋介石其实已经作出决定。三天后他在日记中写道:"对于中央银行美债券舞弊案,决令国府主计局与该行新总裁负责查收,而不交各院,以该行为国府直辖机关也。"③同日,蒋介石下达手谕,关于陈赓雅等人的质询"派主计长陈其采会同中央银行总裁俞鸿钧切实密查具报",并免去中央银行国库局局长吕咸的职务。

8月15日,日本刚刚宣布无条件投降,蒋介石决定美金公债案迅速结案,他在8月16日的日记中写道:"晚,检讨中央银行美债案处置全案,仰令速了,以免夜长梦多,授人口实。惟庸之之不法失德,令人不能像想(想象)也。"④但是此时主计处和财政部的调查报告并未完成,事实上俞鸿钧等人也深揣蒋介石的用意,只是针对陈赓雅、傅斯年等人的质询作些说明,对于涉及本案的关键问题,即预售客户1 660多万美元债票的去向,调查报告竟然只字未提!⑤

---

① 《侍从室关于陈、傅参政员等提案之研究》(1945年7月),台北"国史馆"藏蒋中正档案:特交档案2080.109,28/04。

② 1944年9月中央银行举办黄金储蓄存款,企图以此收回发行过量的法币,其间黄金价格曾多次提高。1945年3月28日,中央银行决定将黄金的价格由每两20 000元大幅提高到35 000元的消息外泄,引致重庆等地众多官商抢购黄金以图牟利,此事后被舆论公开,司法部门亦介入调查,成为当时大后方一件重大新闻。

③ 《蒋介石日记》(1945年8月6日)。

④ 《蒋介石日记》(1945年8月16日)。

⑤ 据陈其采、俞鸿钧的报告称,他们于8月6日接奉蒋介石谕令,"派主计长陈其采会同中央银行总裁俞鸿钧切实密查具报",并于16日委派要员进前往国库局进行调查的,但当天蒋介石即在日记中就定下了基调。这也就是说,不论调查的结果如何,对于涉嫌美金公债舞弊案人员的处理早已根据蒋介石的旨意决定了。参见《主计长陈其采、财政部长俞鸿钧呈稿》(1945年8月),中国第二历史档案馆藏财政部档案:三(1)/4904。

因此这桩震惊中外的贪腐大案,最终也就这样不了了之。

五　蒋、孔家族,荣辱与共

　　从蒋介石的日记来看,应该说他对于查处贪腐案件是十分重视的,对于官吏中的腐败行径也是极为愤恨的。当他从不同渠道得到有关舞弊案的报告后,曾多次下令密查。面对着财政部的敷衍应付,蒋介石不为所动,屡屡下令,坚持彻查;而面对着孔祥熙的抵赖和狡辩,他更是不顾情面,对其拙劣的说辞一一予以驳斥,甚至一度还想"任参政会要求彻查"。但是,当他意识到此案若真正公开将会影响到国民党的统治以及蒋、孔家族的声誉之时,蒋介石思虑再三,最后也只能是撤去孔祥熙的职务,追缴其不法所得(至于最终有无全数收回只有天晓得了),却没有依法追究孔祥熙等人贪腐的刑事责任,甚至连舆论也严格加以控制。于是偌大一件贪腐案就这样大事化小,小事化了,淹没于抗日战争胜利的鞭炮声中了。

　　蒋介石对孔祥熙的态度从信任有加到暗中调查,从愤怒至极到不予追究,尽管蒋介石可能一度有大义灭亲的想法,但是一旦国民党政权的利益与家族情谊纠缠在一起,他也完全无能为力了。这种矛盾的心理不仅在蒋介石的日记中处处可见,就连他的侍从对此亦感触极深,唐纵即在日记中多次记录了他所观察到的现象。除此之外,许多事实也可充分说明。

　　1948年初,孔祥熙要求前往美国治病,党内高层意见纷纭,蒋介石虽然几经犹豫,但最终还是同意让孔出国。1948年4月,中国银行召开股东大会,通知正在美国的董事长孔祥熙回国出席,但蒋介石却认为孔"官僚而又不洁",有意撤去孔之职务,在他看来,"亲戚家庭之难为其求,是不得已也"。[①] 因此孔祥熙不得不辞去中国银行董事长的职务,这也是他担任的最后一项公职。[②]

　　1948年9月,蒋经国在上海"打老虎"的行动中查抄了扬子建业公司囤积的大量物资,矛头直指孔令侃。此举得到朝野上下的密切注意,监察院亦委派监察委员熊在渭、金越光前来上海进行调查,孔令侃则立即搬出宋美龄为他说情。10

---

① 《蒋介石日记》(1948年4月17日)。

② 《孔祥熙致宋汉章电》(1948年4月20日),中国第二历史档案馆藏中国银行档案:三九七(2)/795。

月9日,蒋经国从无锡飞往北平,特地向蒋介石报告上海执行经济管制的情形,蒋介石在日记中写道:"经济本为复杂难理之事,而上海之难,更为全国一切万恶鬼诈荟萃之地,其处理不易可想而知。对于孔令侃问题,反动派更借题发挥,强令为难,必欲陷其于罪,否则即谓经之包蔽(庇),尤以宣铁吾机关报攻讦为甚。余严斥其妄,令其自动停刊。"①10月18日刚从沈阳督战回到北平的蒋介石又给上海市长吴国桢发来一电,要他立即制止监察院的行动,电文曰:

> 关于扬子公司事,闻监察委员要将其开办以来业务全部核查,中以为依法令论殊不合理。以该公司为商营,而非政府机关,该院不应对商营事业无理取闹,如果属实,则可属令侃聘律师进行法律解决,先详讨其监察委员此举是否合法,是否有权,一面由律师正式宣告其不法行动,拒绝其检查。并以此意与经国切商,勿使任何商民无辜受屈也。②

两天后吴国桢即发来回电:

> 查此案前系由督导处办事处径饬警局办理,奉钧座电后,经与经国兄洽定三项办法:(一)警局即日通知监察委员,检查该公司业务全部超越警局,只能根据违反取缔日用品囤积居奇条例之职权,警局前派会同查勘人员即日撤回;(二)该公司可以无当地行政人员在场为理由,拒绝查账,不必正面与该委员等发生争执;(三)监察委员熊在渭与天翼先生关系极深,职定访天翼先生,请其转达不作超越法律范围之检查。③

此时东北战场鏖战正急,国共两党正在进行决定中国未来两种命运、两种前途的大决战。蒋介石居然万里戎机,特地从前线发来电报,阻止有关部门对扬子公司的调查,这就说明此刻国民党荣辱与家族利益已经紧密地结合在一

---

① 《蒋介石日记》(1948年10月9日)。
② 《蒋介石致吴国桢电》(1948年10月18日),台北"国史馆"藏蒋中正档案特交档案:002080200334070。
③ 《吴国桢致蒋介石电》(1948年10月20日),台北"国史馆"藏蒋中正档案,特交档案:0020080108002015。

起,也是到了生死存亡的关键时刻了。

　　一个月之后,宋美龄要去美国访问,蒋介石先是不同意,因宋美龄一再坚持,蒋亦无可奈何。但当她启行之前外交部次长叶公超曾向驻美大使顾维钧传达了外长王世杰五点口头指示,而且说明这是经过蒋介石同意的,其中第四点明确指出:"孔家的人,无论长幼,均不得参加她的活动;她的一切活动均须通过驻美大使馆并与之商议安排。"①这说明当时在美国人的眼中孔氏家族就是一个贪腐的典型,就连蒋介石也必须让宋美龄与他划清界限。

　　1949 年前后,孔祥熙、宋子文及其家族都先后离开中国大陆定居美国,但宋子文后来只到过一次台北,时间也很短暂;而孔祥熙则于 1962 年回台北定居,直至 1966 年病重时方返回美国就医,1967 年 8 月 16 日于美国病逝。

　　孔祥熙去世后极尽哀荣,宋美龄亲自飞往美国参加葬礼,蒋介石不仅书赠挽幛"为国尽瘁",还手撰《孔庸之先生事略》以为悼念,这在党国元老中是绝无先例的。蒋介石在文中自称他与孔祥熙"久同患难,共仗安危",赞其"天性笃实,不尚浮华","综理财政,竭虑殚精","临危受命","沉着筹维","屡使革命大业转危为安",历数孔氏改革财政之功绩。在提及孔祥熙于抗日战争胜利前夕涉嫌贪腐而辞去本兼各职之事时,蒋介石则将其全部归咎于中共"千方百计,造谣惑众,动摇中外舆论"所致,他的理由是,当孔祥熙辞职时留在国库的黄金和外汇价值超过 10 亿美元,实为"中国财政有史以来唯一辉煌之政绩",仅凭这一点,"其为贪污乎? 其为清廉乎? 其为无能乎? 其为有能乎?"然而当孔辞职之后,"国家之财政经济与金融事业,竟皆由此江河日下,一落千丈,卒至不可收拾"。② 这分明是指责宋子文战后财政政策的严重失误,导致国民党最终失去中国大陆。蒋介石对孔祥熙和宋子文的爱憎于此可见一斑,然而孔祥熙涉嫌贪腐的真相却在蒋介石的日记和相关文件中清楚地记录下来,成为历史真实的见证。

原载《南京大学学报》2011 年第 5 期

---

① 《顾维钧回忆录》第 6 分册,第 559—560 页。
② 蒋介石撰《孔庸之先生事略》全文收于郭荣生编著:《民国孔庸之先生祥熙年谱》,第 240—245 页。

对"官僚资本"的再认识

在中国,"官僚资本"是个耳熟能详的名词,尤其是从 20 世纪 40 年代起,"官僚资本"便成为革命的对象,"官僚资本主义"更成为压在中国人民头上的三座大山之一(另两座分别是帝国主义和封建主义),长期以来,没有人怀疑(更确切地说应该是没有人敢怀疑)它的正确性。然而进入 80 年代以后,有学者开始对它的内涵和定义提出质疑,并发表了新的见解,曾围绕这一名词展开过激烈的讨论。本文首先回顾一下"官僚资本"这一名词产生的过程及其背景,再简略介绍 80 年代以来有关对"官僚资本"这个概念的争论情况,重点则是谈谈个人近年来在有关中国建设银公司个案研究中的一些体会,并以此为基础,进而对"官僚资本"的定义与概念提出一点粗浅的认识,以就教于诸位学者。

一 "官僚资本"一词的由来

什么是"官僚资本"或"官僚资本主义"?

按照中国大陆史学界的传统解释,官僚资本主义就是依靠帝国主义、勾结封建主义、直接利用国家政权而形成的国家垄断资本主义。它主要表现为与国家政权结合,因而具有买办性、封建性和垄断性等基本特征。依照这样解释,晚清政府、北京政府和南京国民政府时期的所有官办、官商合办、官督商办以及官僚私人投资兴办的企业都属于官僚资本。[①]

[①] 关于官僚资本的传统解释,可参阅黄逸平:《民国经济史研究述评》,载曾景忠编:《中华民国史研究述略》,第 10—11 页。譬如有的学者就认为,官僚资本除包括一部分私营企业外,还包括"官办"、"官督商办"、"国营"、"公营"等形式的企业,官僚资本在军事工业、商业、金融业等部门得到更大的发展,更多地表现商业和金融业资本。见全慰天:《中国四大家族官僚买办资本的形成》,载孙健编:《中国经济史论文集》,北京:中国人民大学出版社,1987 年,第 349 页。

"官僚资本"这一词汇究竟出现于何时？有学者曾对此专门进行过研究，根据他们的考证，这一词汇最早出现于20世纪20年代。1923年瞿秋白（化名屈维它）在《前锋》杂志上发表的《中国之资产阶级的发展》一文中首次使用"官僚资本"这一名词，他将洋务派经办的官办企业称为"官僚资本之第一种"，将官商合办企业称为"官僚资本之第二种"；1929年，李达在《中国产业革命概况》一书中提到清代官僚于举借外债时"从中渔利，自肥私囊，形成官僚资本"；1930年，日本学者橘朴则在《中国社会的发达阶段》一文中将官僚资本分为"梁士诒型"和"张謇型"两种；1936年，吕振羽在《中国政治思想史》一书中将清政府创办的"国营事业的萌芽"统称为官僚资本。① 但上述学者此时所提及的所谓官僚资本主要还是指清政府和北洋军阀政府时期的官办企业。

将国民政府中官僚利用职权、私人参与投资的企业或金融机构称之为官僚资本则是在抗日战争期间所发生的事。

抗日战争中期，随着官僚政治的日益腐化，政府内部分主管财经事务大权的官员亦参与各种投资，他们利用手中所掌握的权力假公济私、化公为私，这种"前方吃紧、后方紧吃"的腐败现象日益严重，终于引起了大后方人民的强烈不满，报刊舆论亦对此大张挞伐，并将他们所经营的企业称之为"官僚资本"。

实际上抗日战争期间最早攻击官僚资本主义的并不是中国共产党，而是国民党本身。

1940年7月6日国民党五届七中全会期间，国民党中央委员王漱芳、曾扩情等21人联名提交《严防官僚资本主义之发展，以免影响民生主义》之提案，该提案严厉抨击那些凭借"政治的地位、政治的权力、政治的运用"的官僚，"因利乘便、巧取豪夺"，其后果乃"直接影响民生，间接危害抗战"。因此他们提议，"严禁官吏经营商业，最低限度亦不许经营与职务有关商业"；"切实实行战时利得税"，所有具独占性质的企业均"由政府经营之"，"明定统制范围及职责，并严防其弊病"；并明确指出必须"严惩官僚资本主义者"。② 在这之后，"官僚资本"这一术语就在大后方广泛流传开来，但应指出的是，此时大后方的舆论和报刊（包括共产党的机关报《新华日报》）所抨击的官僚资本一般还只是泛

---

① 转引自许涤新、吴承明主编：《中国资本主义发展史》第2卷，北京：人民出版社，1990年，第10页。
② 该提案油印件分别藏于台北"国史馆"国民政府档案：266/1231；南京中国第二历史档案馆经济部档案：四/24587。又载《汇编》第五辑第二编《财政经济》（五），第41—43页。

指国民政府中那些主管财政经济的官员利用职权、搜括民财、垄断工商业的行为。1945 年抗日战争胜利前夕,毛泽东在中共七大的政治报告《论联合政府》中也只是说"官僚资本,亦即大地主、大银行家、大买办的资本"①。1946 年 1 月 16 日,参加全国政治协商会议的中共代表团曾提出要"防止官僚资本发展,严禁官吏用其权势地位,从事投机垄断,逃税走私,利用公款与非法使用交通工具的活动"②。上述内容后被列入政协会议通过的《和平建国纲领草案》之中。同年 8 月,国民参政会亦提交建议,指出"官僚资本往往假借发达国家资本、提高民生福利等似是而非之理论为掩护,欺骗社会,社会虽加攻击,彼等似亦有恃无恐。盖官僚与资本家已结成既得利益集团,声势浩大,肆无忌惮也。倘我政府不予彻底清除,恐将成为革命之对象",由是而提出 8 条清除原则。③此时虽然舆论对官僚资本的抨击声势浩大,但所谓"官僚资本"主要还是用来专指官僚的私人资本以及私人经济活动。

将官僚资本泛指为所有国家资本与官僚私人资本的统称是国共两党内战加剧的后果。抗日战争胜利后不久,内战便接踵而来。国共两党除了在战场上兵戎相见外,在政治上、舆论上更是互相攻讦,因而此时所谓"官僚资本"的含义就不再限于官僚私人所拥有的资本,而是将国民党政府控制的交通、工矿及金融机构等所有企业都包括在内了。1947 年陈伯达首先将蒋介石、宋子文、孔祥熙、陈果夫和陈立夫并列为中国的四大家族,进而指出:"近代中国所谓'官僚资本'不是别的,正是代表帝国主义与封建主义的利益而在政治上当权的人物利用政治的强制方法,一方面掠夺农民及其他小生产者,一方面压迫民族自由工业而集中起来的金融资本。"④1947 年 8 月 31 日,西北野战军前委提出"没收战争罪犯、官僚资本、贪官污吏、反动头子、恶霸全部财产"的口号,次日中共中央便复电同意。此时毛泽东也正式将四大家族联同外国帝国主义、本国地主阶级和旧式富农结合在一起的垄断资本称作"买办的封建的国家垄断资本主义",他并进一步强调指出:"这个资本,在中国的通俗名称,叫做官僚资本。"⑤按照这一理论,没收官僚资本归新民主主义国家所有便成为新民主主

① 毛泽东:《论联合政府》,《毛泽东选集》(合订本),北京:人民出版社,1968 年,第 947 页。
② 《新华日报》,1946 年 1 月 17 日。
③ 《财政部奉发国民参政会建议严厉清除官僚资本案的训令》(1946 年 8 月 20 日),载《汇编》第五辑第三编《财政经济》(一),第 37—38 页。
④ 陈伯达:《中国四大家族》,香港:长江出版社,1947 年,第 1—2 页。
⑤ 毛泽东:《目前形势和我们的任务》,《毛泽东选集》(合订本),第 1149 页。

义革命的三大纲领之首。嗣后,"四大家族"这一名词便家喻户晓,深入人心,所有国营企业、官僚私人的资本和四大家族三者之间似乎也画上了等号,而帝国主义、封建主义和官僚资本主义更成为"压在中国人民头上的三座大山",成为新民主主义革命的对象。1949年4月国共两党和平谈判中,中共代表团提出的《国内和平协定(最后修正案)》就明确规定,"凡属南京国民政府统治时期依仗政治特权及豪门势力而获得或侵占的官僚资本企业(包括银行、工厂、矿山、船舶、商店等)及财产,应没收为国家所有","凡官僚资本属于南京国民政府统治时期以前及属于南京国民政府统治时期而为不大的企业且与国计民生无害者,不予没收;但其中若干人物,由于犯罪行为,例如罪大恶极的反动分子而为人民告发并审查属实者,仍应没收其企业及财产"。[①] 中华人民共和国成立前夕,1949年9月召开的第一届中国人民政治协商会议所通过的《共同纲领》也明文规定"没收官僚资本归人民国家所有"。据统计,截至1949年年底,全国被没收接管的"官僚买办资本企业"共计2 858个,其中包括资源委员会和中国纺织建设公司所属企业、国民党兵工部及军事后勤系统所办企业、国民政府交通部、粮食部和其他部门所办企业、宋孔家族和其他官僚的"商办企业"、CC系统的"党营"企业,以及各省地方官僚资本系统的企业。[②]

由此可见,有关"官僚资本"的定义和内涵是随着国内政治斗争的升级而不断变化的,并且它还因应新兴政权政治与经济的现实需要最终从宣传的口号落实到行动上。

二 "官僚资本"抑或"国家资本"?

中华人民共和国成立后,长期以来上述说法一直被奉为神圣不可侵犯的信条,没有人敢怀疑它的理论是否科学,它的含义是否清晰。在当时极左思潮的影响下,这种认识其实也很容易理解:如果没有官僚资本,那我们的革命目标是什么,压在我们头上的三座大山岂不是少了一座?

"文化大革命"结束之后,特别是国家实施改革开放的国策以来,随着经济

---

① 转引自武力:《"官僚资本"概念及没收过程中的界定问题》,《中共党史研究》1991年第2期。
② 转引自涂克明:《国营经济的建立及其在建国初期的巨大作用》,《中共党史研究》1995年第2期。

的持续发展,学术界的思想也得到解放,过去长期不敢触动的学术禁区亦逐渐受到挑战,关于"官僚资本"的争论就是其中一个具代表性的事例。

早在 1982 年上海社会科学院经济研究所就围绕"官僚资本"的概念进行讨论,之后该所杜恂诚即对官僚资本的内涵提出异议,他认为将官僚资本看作是官僚私人的资本不能反映官僚资本的特征,尽管他并不否认官僚资本的存在,但却提出"解放前中国官僚资本的基本特征应是国家资本"[①]这一结论。丁日初等则对"官僚资本"这一概念提出质疑,但开始时他们还不敢涉及国民党统治时期"官僚资本"这个敏感问题,研究对象只限于晚清时期的官办企业和官督商办企业。他们认为,中国早期的资本主义都是民族资本主义,可以根据资本的所有权将其划分为国家资本和私人资本两大类,它们的存在和发展对于当时中国的现代化有着积极的影响,为整个社会资本主义因素的增长奠定了基础。[②] 然而即便如此,他们的这一结论也立即受到同所其他学者的批评,其中一个重要的理据就是"如果洋务企业和北洋企业都不是官僚资本,四大家族官僚资本岂不成了从天上掉下来的无本之木和无源之水了吗"[③]?

1985 年在重庆召开的西南经济讨论会上有学者正式向"官僚资本"这一传统观念提出挑战,他们认为官僚资本是一个政治概念,而不是一个经济概念;使用这种术语去研究中国的政治问题或许有一定道理,但用以研究经济问题则会导致概念上的含混。由此他们得出的结论是:就经济研究而言,还是使用国家资本和私人资本为宜。[④]

在这之后,关于官僚资本的讨论引起了学术界的重视,就连原先提出并坚持这一概念的学者也承认官僚资本是个通俗名称,原意并不明确,[⑤]但是他们还是坚持认为,既然这个名称已为群众所接受,同时又被载入中国共产党的正式文献之中,因此还是"可以用它来概括中国资本主义发展史中一个特定的范畴,即从清政府的官办、官督商办企业到国民党垄断资本这一资本主义体系;

---

① 杜恂诚:《官僚资本与旧中国社会性质》,《社会科学》(上海)1982 年第 11 期。
② 丁日初、沈祖炜:《论晚清的国家资本》,《历史研究》1983 年第 6 期。
③ 姜铎:《旧中国有没有官僚买办资本》,《文汇报》1984 年 10 月 22 日;《略论洋务企业的性质》,《历史研究》1985 年第 6 期。
④ 有关这次讨论会的综述文章载《中国经济史研究》1986 年第 1 期。
⑤ 如许涤新早年就认为官僚的私人资本是"固有意义的官僚资本",而"国家资本在实际上就是四大家族的私人资本",因此也被划入官僚资本的范畴。见许涤新:《官僚资本论》,上海:海燕书店,1951 年,第 51、54 页。

而它的实质,用政治经济学的术语来说,就是在这些不同政权下的国家资本主义"①。然而丁日初等学者却不同意继续使用"官僚资本"这一概念,他们的理由是,虽然这个通俗名称已被群众所接受,并已用于某些政治文献之中,但既然已经发现它所存在的问题,同时也承认它的实质就是不同政权下的国家资本主义呢?至于那些官僚军阀利用枪杆子或政治权势从人民身上搜括来的资本,进而用于投资兴办的企业,则"大部分是民族资本主义的私人资本企业,他们的原始积累的来源并不能决定所办企业就是所谓'官僚资本'"②。杜恂诚也转而支持这一观点,他认为毛泽东所说的"官僚资本",就是特指国民党时期的国家垄断资本主义,但它只是一个通俗名称,而不是政治经济学的科学定义;再加上后来一些学者又把它的内涵不断扩大,把官僚、买办的私人资本也包括进去,并在时间跨度上向上追溯,一直推前到清政府所创办的企业。由于内涵混乱,时限不清,因而它的外延也就变得十分模糊,实际上它的界限已经无法确认了。③

在这之后,丁日初还陆续发表了一些文章,对这个问题深入加以探讨。④近年来中国大陆学术界对这个问题认识的分歧越来越小,除了尚有为数不是太多的学者仍坚持传统观念外⑤,多数学者都不同程度地对上述观点加以修正,其中具代表性的《民国社会经济史》的作者即将过去统称为"官僚资本"的国民党及其政府控制下的企业与机构改称为"国家垄断资本"。他们认为,这种资本一般来说应具备以下三方面条件:其一,这一资本集团是和国家政权结合在一起的,换句话说,它的资本来自政府,并由政府的官员掌管经营大权;

---

① 许涤新、吴承明主编:《中国资本主义发展史》第1卷《中国资本主义的萌芽》"总序",北京:人民出版社,1985年,第18页。
② 丁日初、沈祖炜:《论抗日战争时期的国家资本》,《民国档案》1986年第4期。
③ 杜恂诚:《民族资本主义与旧中国政府(1840—1937)》,上海:上海社会科学院出版社,1991年,第4页。
④ 如《关于"官僚资本"与"官僚资产阶级"》,张宪文、陈兴唐、郑会欣编:《民国档案与民国史学术讨论会论文集》(北京:档案出版社,1988年);《关于近代上海资本家评价的札记》《上海研究论丛》第7辑,上海:上海社会科学院出版社,1991年)等。后来他将这些论文都收入他的文集《近代中国的现代化与资本家阶级》(昆明:云南人民出版社,1994年)。
⑤ 持这种观点的主要代表文章包括黄如桐:《关于官僚资产阶级问题的一些看法》,《近代史研究》1984年第2期;全慰天:《中国四大家族官僚买办资本的形成》,孙健编:《中国经济史论文集》;清庆瑞:《国民党官僚资本的形成对中国经济究竟起了甚么作用》,《教学与研究》1986年第6期和《坚持对国民党官僚资本的科学认识》,《教学与研究》1989年第6期。

其二,这一资本集团对国民经济的某些方面具有垄断性;其三,这一资本集团对广大人民具有压迫性。而他们对"官僚资本"的定义则与传统说法具有明显的不同,这些区别表现为:(1)这一资本集团的资本不是来自政府,而是来自某一个或多个官僚的私人投资;(2)这一资本集团的经营权掌握在某个或某些官僚手中;(3)掌握这一资本集团的官僚们利用手中的权力以权谋私,进行操纵垄断、囤积居奇等损害国家和人民的利益,以饱私囊。①

在这前后,还有不少学者围绕这一问题进行了深入的个案研究。如有学者对北洋政府时期官僚私人的投资及其经营活动进行了深入的考察②,也有学者以周学熙为研究个案,将官僚资本(bureaucratic capital)与官僚的资本(capital of bureaucrats)加以区别,并认为中国早期的现代化过程在很大程度上是"官僚资本"转为"官僚的资本"的过程③。还有学者专门对资源委员会这个民国时期规模最大的重工业机构、也是过去统称为官僚资本的著名代表进行了全面的研究,他们认为,若用"官僚资本"来概括资源委员会的性质是不恰当的,这容易造成人们思想中的混乱。他们的结论是:资源委员会所经营的事业在旧中国国民经济中具有举足轻重的作用,将它说成是一种反动的、落后的事物,既缺乏历史根据,也不符合历史事实,确切的说法应该是"国家资本企业经营管理机构"④。

虽然目前多数学者都不同程度地接受了以"国家资本"来代替以往将国营企业统称为"官僚资本"的概念,因为这一提法内涵比较明确,不会将官僚私人的投资与国家(包括中央和地方)投资的资本混淆在一起,但这种说法却依然存在着一些问题,其中一个重要的原因就是缺乏对军阀官僚(特别是南京国民政府时期)私人投资的企业作细致的分析。丁日初等人也只是笼统地说,他们所创办的企业"大部分是民族资本主义的私人资本企业",那么剩下来的小部分企业的创办人又是什么人呢?按常理来分析,这部分人就应该是指"四大家族"了,他们的投资如果不属于民族资本的范畴又是什么性质呢?带着这些疑问,数年前我开始注意收集海峡两岸的原始档案资料,

① 陆仰渊、方庆秋主编:《民国社会经济史》,第774页。作为该书的作者之一,我自然也是同意这一观点的。
② 魏明:《论北洋军阀官僚的私人资本主义经济活动》,《近代史研究》1985年第2期。
③ 李林:《从周学熙集团看官僚资本的转化》,《二十一世纪》总第3期(香港:中文大学中国文化研究所,1991年2月)。
④ 郑友揆、程麟荪、张传洪:《旧中国的资源委员——史实与评价》,第3页。

并进而以中国建设银公司为研究个案,希望在占有大量第一手原始档案资料的基础上,通过对中国建设银公司这一具有典型意义的个案研究,尝试对上述疑问加以解释。

三 中国建设银公司的个案研究

中国建设银公司是宋子文1934年联合国内最大的十多家银行(包括国家银行和商业银行)于上海成立的一家股份有限公司,按照宋子文的原话说,当时成立这家公司的目的是"为解决上述两项问题(即引进外资和促进国内资本市场发展。——引者注),本人经本党同志及银行界友好之赞助,发起组织中国建设银公司,成为吾国第一家真正投资公司"[1]。正是这个原因,中国建设银公司一直被认定为宋氏家族的官僚资本[2],1949年5月上海刚刚解放,中国建设银公司亦即立刻被军管;1950年1月4日,上海军管会正式宣布,中国建设银公司及其属下的所有企业、公司均以"国民党官僚资本"的名义予以没收,因此选择中国建设银公司作为"官僚资本"的研究个案,从公司创办人的背景、资本来源、股份演变、经营方向及其特点、公司与政府间的关系等层面进行深入的分析,实具有相当意义的代表性。

1. 公司创办人的背景

中国建设银公司的创立得到了国民政府最高当局和国内银行界的支持,公司的25名董事和9名监事不是政府主管财政经营的高官,就是以江浙财阀为代表的金融大亨,其声势之强大、阵容之鼎盛,可谓一时无两,以下仅列举常务董事的名单,从他们当时的身份即可看出公司所具有的特殊背景。

孔祥熙(董事长)　　　　行政院副院长兼财政部部长、中央银行总裁
宋子文(执行董事)　　　国民政府委员、全国经济委员会常委,1935年

---

① 这句话是宋子文1947年9月18日在国民党中常会上报告中国建设银公司成立经过时所说的,全文见《大公报》1947年9月19、20日。
② 譬如陈真主编的《中国近代工业史料》第3辑的副标题就是"清政府、北洋政府和国民党政府官僚资本创办和垄断的工业",其中下卷即将中国建设银公司及其属下的企业列为"宋子文家族官僚资本";黄逸峰、姜铎的《旧中国的买办阶级》第165页图表《四大家族直接控制的金融机构》亦将中国建设银公司列于其中。

	后任中国银行董事长
贝祖诒（执行董事）	中国银行上海分行经理、外汇部主任
宋子良（执行董事、总经理）	中国国货银行董事兼总经理
陈 行（常务董事）	中央银行常务理事兼副总裁
唐寿民（常务董事）	交通银行总经理,中央银行常务理事
胡笔江（常务董事）	中南银行总经理,兼交通银行董事长
周作民（常务董事）	金城银行总经理
徐新六（常务董事）	浙江兴业银行总经理
张嘉璈（常务董事）	中国银行总经理,建设委员会常委
李 铭（常务董事）	浙江实业银行总经理,中国银行董事长
叶琢堂（常务董事）	中央银行常务理事,后任四明银行总经理
李石曾（常务董事）	中央政治会议委员,中国农工银行董事长,建设委员会常委
陈光甫（常务董事）	上海商业储蓄银行总经理,中央银行常务理事
谢 祺（常务董事）	前财政部统税署署长

除此之外,国民党元老、建设委员会委员长张静江为公司监察人,公司董事还包括钱新之(四行储蓄会总经理,后任交通银行董事长)、徐堪(财政部钱币司司长,后任财政部次长)等。而最能说明问题的是,自 1936 年以后的中央银行理事会 8 名常务理事(宋子文、孔祥熙、徐堪、陈行、叶琢堂、张嘉璈、陈光甫、唐寿民)竟一个不差地全都是建设银公司的董事会成员![1] 从中我们可以得出一个结论:中国建设银公司的董事会不仅由政府内主管财经事务的大员主事,其成员包揽了中国最大的十几家国家银行与商业银行的首脑,而且他们与政府间具有十分密切的关系,有些人甚至还担任政府中的重要官职,其中有些人"官"与"商"的身份已很难区分。这些事实都在在说明,中国建设银公司的创办是国民政府成立后官僚与财阀结合的一个重要标志。

2. 公司股份的来源及其演变

中国建设银公司成立时股份为国币 1 000 万元,分为 100 万股,每股 10

---

[1] 参见刘寿林、万仁元等编:《民国职官年表》之《中央银行职官年表》。

元,全部实收。原始股份的占有情形大致可分为国有银行①、商业银行及个人三个部分,包括中国银行(20万股)、中央银行(15万股)、交通银行(15万股)、中国国货银行(8万股),其他商业银行如"北四行"、"南三行"等,则根据其实力与地位,分别拥有股份1万至2.5万股不等,真正属于私人投资的并不多。

然而公司的股份不久就发生变动,其中最明显的变化就是原中央银行的股份一部分改为中央信托局所有,另外一部分(5万股)则以敦厚、悦愉、嘉禾三个堂号为名,转到孔祥熙的名下。1944年1月11日,中国建设银公司副经理潘铭新致信中国银行总管理处,要求中行"援央行之例,将其股票让出一部分给友邦人士及民间,藉收普及之效",其具体让售条件是按原票面价的2.25倍收购。中国银行经研究后认为让售是可以的,但必须按时价(抗日战争全面爆发以来,纸币的发行量和物价指数均大幅膨胀)计算,并应追计1939年以来未付的股息。② 但不到一个月中国银行又突然改变初衷,同意将中行所拥有的20万股(每股10元)按2.25倍出售,得款450万元。③ 其中原因虽然未说,但从银公司后期股东的名单来看就明白了,所谓"让售于民"不过就是将原国家银行名下的股份以极低廉的价格转让给个人所有,当然这些"民"可不是一般的平民百姓,而都是那些政府、银行及公司中有权有势的人物。其后果表现为中国建设银公司原国有银行的股份占有量大幅下跌,由成立时中、中、交三行占公司一半股份减到只占5%多一点;相反公司内个人所拥有的股份却急剧上升,若将那些以某堂、某记名义登记者加上个人所有部分,其比例由公司成立时的10%猛增到70%以上。关于这个问题建设银公司的高级职员后来也承认,"本公司创立之初,其股份大部分属于当地各国家及商业银行,私人股份甚少。其后时日变迁,原有股份渐多转移,私人股份亦渐次增多"④。

3. 公司经营的内容与方向

宋子文创办中国建设银公司与当时国内外整个大局势有着极为密切的关

---

① 中国建设银公司创办时中国银行和交通银行中的官股只有20%,但一年后政府发行金融公债,强行加入官股,其官股比例分别提高到50%和60%,待到国民政府完成金融统制局面后,中、交二行已与国有银行无甚区别了。

② 中国第二历史档案馆藏中国银行档案:三九七(2)/197。

③ 中国第二历史档案馆藏中国银行档案:三九七/2995。

④ 《暂拟中国建设银公司清理计划草案》(1949年6月14日),中国第二历史档案馆藏中国建设银公司档案:二八九(2)/24。

系,简单来说,成立公司的目的主要是为国内企业寻求外资,并积极开辟国内资本市场。公司章程中有关经营内容亦明确宣称"本公司以协助并联同政府机关、中外银行及其他组织,扶持公私各类企业,发展农工商业,办理关于是项事业之投资及管理事务与信托公司之一切事务为业务之范围"①。公司成立后即凭借其具有强大的金融实力,尤其是依仗它与政府之间的特殊关系,几乎包揽了引进外资的所有项目,譬如与英资合作完成沪杭甬铁路以及洽谈修建广梅铁路、浦襄铁路,与法国财团合作兴建成渝铁路以及抗日战争初期修筑南镇铁路与叙昆铁路,与德商合作投资修建浙赣铁路等。同时公司还进军国内资本市场,代政府经办印花税,承募公司债,为地方政府和企业融通资本。抗日战争全面爆发前夕建设银公司的经营方向出现了一个重要转变,那就是以参股为手段,投资经营能源事业(电力、煤矿),进而达到控制企业生产的目的。其中最著名的就是从建设委员会手中接管原首都电厂、戚墅堰电厂而成立扬子电气公司,接管原淮南煤矿和铁路成立淮南矿路公司,采用同一方式参股经营汉口的既济水电公司,以及联合建设委员会、陕西省政府共同创办西京电厂。

抗日战争的突然爆发使得建设银公司的经营方向遭到严重打击,原先投资的企业不是惨遭战火毁坏,就是被日军强行占领。战争期间公司曾联络外资抢修西南铁路,开辟国际通道,同时也在大后方投资兴建煤矿,解决能源问题。然而随着抗日战争后期公司股份的转移,其经营方向也开始发生变化,特别是到了抗日战争胜利之后,公司已成为政府中某些高级官员利用特权或政治影响,为自己牟取私利的机构。他们操纵部分企业的生产,利用特权,套购外汇,进口各类管制物资,从事市场投机,导致政府中贪污腐败的现象日益严重,被朝野上下一致抨击为"官办商行"②,最终走向历史的尽头。

4. 公司与政府间的关系

中国建设银公司的创建是国民政府成立后以私营公司的形式出面介入国

---

① 《中国建设银公司股份有限公司章程》第十一条,中国第二历史档案馆藏中央银行档案:三九六(2)/9。

② 1947年4月2日召开的国民党六届中执委常委会第63次会议上,以黄宇人为首的103名代表联名提案将孚中公司、中国建设银公司、扬子建业公司并列为三大"官办商行",并指责这些公司"皆有利用'特权'、结购外汇、输入大量奢侈品情事,致普通商人难以争衡";而且"此类'官办商行'又大抵为官僚资本之企业机构,其间不乏贪官污吏之财产,尽为搜刮民脂民膏之所得"。提案原件藏(中国)台湾中国国民党党史委员会党史馆国民党中央政治会议档案:6.3/89。

家经济的一个实例,从公司股东与董监事的背景,特别是从公司成立后的经营
活动来分析,更可以看出公司与政府间的特殊关系。譬如公司成立后即秉承
政府旨意,担负起引进外资的重任,几乎包揽了所有铁路外资合作的项目;同
时承销政府印花税和公司债,在证券市场上占有重要地位;在政府的支持下,
以投资参股的方式,用较低的资本,暗中从建设委员会手中接管了经济效益良
好的国有企业经营权;抗日战争期间更无视政府管制外汇的法令,利用职权,
将公司大部分资金兑换成外币并存放于外国银行;抗日战争胜利后,在政府的
大力支持与扶助下,迅速由大后方赶赴华东各地,接收了原被日伪强占的企
业,并优先获得政府的大量贷款,不仅企业很快复业,而且规模还有所扩大;更
加令人不满的是,抗日战争胜利后,中国建设银公司和其他几家"官办商行"利
用战后政府混乱的财经政策,大肆进口奢侈品和管制物资,结购外汇,牟取暴
利,最终成为人们唾弃和攻击的对象。

从中国建设银公司创立及其经营活动的历史中可以看出它是如何由一个
介于政府与财团之间的投资公司演变成国家资本与私人资本相结合的"官办
商行"的发展轨迹,同时它也为我们研究国家资本如何转变为私人资本提供了
一个典型案例。

四 应重视对"官僚资本"的研究

在对中国建设银公司的研究过程中我经常思考一些问题,这就是如何看
待一个具有极为浓厚官方色彩、但却又以私人投资方式出现的公司与整个中
国文化大传统之间的关系,以及如何理解中国现代化过程中官办企业的民营
化以及民营企业官僚化是否具有某些必然的联系,因此对于所谓"官僚资本"
的内涵及其在中国特定的历史环境下所具有的特点实有深入研究的必要。

以中国建设银公司的研究为例,对于所谓"官僚资本"和"国家资本"至少
可以从以下几个方面进一步加以探讨。

首先应该指出的是,本文所说的"官僚资本"是指官僚本人所拥有或投资
的私人资本,而不是传统意义上的官办事业和国家垄断资本。我同意大多数
学者的意见,不能将国家资本、国营企业完全等同于官僚资本,甚至更明确地
划归为四大家族官僚资本。这种传统说法内涵混乱,缺乏科学性,只能将其视

为国共两党内战这一特定历史时期的一种政治宣传口号,因此还是应该按照资本的来源及所有权加以区分。但是应注意的是,在一定的条件下,特别是在中国长期以来官僚政治传统的影响下,官僚可以通过手中所掌握的权力,以各种方式将国家资本转化为官僚私人的资本,而且这种转化往往都是以各种"合法"的途径加以实现的,在中国建设银公司的经营活动中就经常可以发现这方面的事例。譬如1937年初,建设银公司从建设委员会手中接管经营效益卓越的首都电厂、戚墅堰电厂和淮南煤矿与铁路时,该提案就是经由国民党中央政治会议议决批准,并奉国民政府指令遵照暨由行政院通令各关系部会查照执行的;[①]而抗日战争后期建设银公司更可以"让售于民"的名义,以极低廉的价格将原国有银行的股份转移到官僚和财阀个人手中[②],这些都是旧中国国有资产通过合法的途径转为私人所有的典型案例。

除了本人直接从事或投资企业之外,政府官员还采用另一种形式介入国家的商业活动,那就是官员本身不直接出面,而以其家属(配偶、子女、兄弟等)身份投资兴办公司,即所谓"裙带资本(apron-string capital)",这些事例在抗日战争胜利前后表现得格外明显。抗日战争胜利前后,宋子文担任行政院院长,步入其一生中仕途的巅峰,他为了表明官员不参与经商而辞去扬子电气、淮南矿路和既济水电三公司董事长的职务。然而也就是在此同时,一大批政府高级官员亲属创办的公司却纷纷出现,抢滩登陆,其中最著名的也是被朝野上下指责为"官办商行"的三大公司——扬子建业公司、孚中公司和中国建设银公司,总经理就分别是孔祥熙之子孔令侃和宋子文的两个胞弟宋子良、宋子安。这些公司依仗特权,大量进口汽车、电器、药品等管制物资,套购外汇,大发其财。这些情形不仅引起中外商人的不满,就连国民党的机关报《中央日报》也发表《孚中暨扬子等公司破坏进出口条例》的消息,并披露上述公司近年来进口汽车和结购外汇的数字[③],一时间引起舆论大哗,《救国日报》更为此事发表社论,历数豪门资本依仗特权、巧取豪夺的种种事实。[④] 1948年8月19

---

① 有关提案及训令藏于台北"中央研究院"近代史研究所档案馆建设委员会档案:23—04,23—2。

② 类似这样将国有资产转化的事并不是孤立的,就在银公司资本转入私人手中的同时,政府内某些实权人物也企图将原中国通商、四明、中国实业三家官商合办银行(俗称"小三行")中的官股改由私人承受,进而将国有资产化公为私,只不过后来消息外露遭到舆论的强烈抨击才没有实现。详见中国人民银行上海市分行金融研究室编:《中国第一家银行》,第51—52页。

③ 《中央日报》1947年7月29日,第4版。

④ 《救国日报》1947年7月30日社论《请先没收孔宋豪门资本》。

日,国民党为了挽救濒临崩溃的财政经济,匆匆公布《财政经济紧急处分令》,并派遣蒋经国前往上海督导实施。蒋经国到上海后为了显示他惩治腐败的决心,亲自彻查其表弟孔令侃的扬子建业公司囤积物资的案件。然而此事却牵动了政府高层的方方面面,甚至当时正在北平指挥内战的蒋介石也给上海市市长吴国桢发来密电,认为监察院要检查扬子公司的业务"殊不合理,以该公司为商营而非政府机关,该院不应对商营事业无理取闹",并让其转嘱孔令侃"拒绝其检查,并以此意约经国切商,勿使任何商民无辜受屈也"。①轰动一时的"扬子案"最终不了了之,"打虎英雄"蒋经国更是黯然离开上海。多年后吴国桢在回忆这段往事时说,按照政府的有关法令来说,孔令侃的扬子公司所做的一切确实没有问题,一切都合法(法令本身就是他们自己制定的),这是因为"他们有影响力,一切都是在合法的范围内做的",比如,没有人能得到外汇(因申请外汇需要审查),"但他们的人,即孔的人是控制财政部外汇管理委员会的,所以就能得到外汇。每个人都得先申请才能进口必要的货物,但他们却有优先进口权。因此,尽管他们的确从中国人民的血汗中发了大财,但一切仍然是合法行为"。②吴国桢的这番话虽然平实,却道出了事情的本质,令人深思。

其次,若从资本的来源分析,相对于外国资本来说,官僚资本原则上来讲还是应属于中国民族资本的范畴,尽管它的资本在原始积累时可能充满着血腥,但你总不能不将它归之于中国的资本。然而在认同官僚资本与民族资本一致性的同时,更应看到两者之间的差异,特别是在中国传统文化的长期浸淫下,官本位的思想根深蒂固,无处不在。官居于四民之上,商人的地位则向来很低(士、农、工、商,商排在最后),因而必须屈从于朝官的势力。而官却象征着权力,权力则可以衍生为资本,有了权就有了一切,这在官本位盛行的专制社会中似乎永远是颠扑不破的真理。

我们更应该注意到的一个特点,那就是官僚与财阀的联合(通俗的说法是"官商勾结",拗口一点儿叫做"官商一体化")及其这种结合所产生的影响。从历史上来看,官办事业早已存在,例如盐、铁的专卖,武器、火药的生产就一直由官府控制,严禁民间染指,所以鸦片战争后中国在西方的冲击下首先兴办军事工业采用官办形式是很自然的。但官办事业的腐败尽人皆知,在具有革新

① 《蒋介石致吴国桢密电》(1948 年 10 月 18 日),《档案与历史》1989 年第 2 期,第 26 页。
② 《吴国桢口述回忆——从上海市长到"台湾省主席"(1946—1953 年)》,第 69 页。

思想的有识之士多年主张商办企业的呼吁下,直到清季方才有了招商制,即将原由官府经营的事业招商人出资承办,但政府仍能予以严格控制,一时间轮船招商局、矿务招商局、电报招商局便应运而生,而清政府内的一些封疆大吏如李鸿章、张之洞、盛宣怀等人在推行现代化的同时,他们自己也深深地卷入经济投机之中。在这些官督商办、官商合办的企业中,政府的利益和财产已经同官僚私人的利益混为一体、难以区分了。① 民国成立后,由于军阀混战,政局不稳,中央权威日益下降,使得政府干预经济的能力也随之减弱,企业家和商人从而可以摆脱政府的某些控制,得到相对的发展;然而国民政府成立之后,随着中央集权的强化,政府对经济的干预亦日益加强。当新政权成立之初,以江浙财团为代表的中国金融资产阶级在经济上立即给予援助,他们同时也从经营国债中获得优厚的利润,从而将自己与政权紧密地联系在一起,由是权势与财势便有机地加以结合,并对整个国民经济产生极为重要的影响。由于中国近代化的银行几乎是为国家政权提供资金的唯一工具,这就使得银行家比从事其他行业的资本家更具备向官僚化转变的条件。从中国建设银公司的发展历史中我们可以看到,宋子文、孔祥熙这些政府主管财政经济事务、同时又以私人名义从事各种经济活动的亦官亦商的官僚,是如何与张嘉璈、陈光甫、钱新之这些原本是金融大亨、但又与政府具有密切关系甚或担任政府重要职务的亦商亦官的财阀结合在一起的;同时它也说明,只要具备一定条件,这种官商勾结、以权谋私的传统政治行为模式是可以在历史发展的过程中不断再现的。

原载《民国档案》2003 年第 4 期

---

① 有关晚清官僚投资经商的史实,可参见陈锦江著,王笛、张箭译:《清末现代企业与官商关系》,北京:中国社会科学出版社,1997 年。

后　记

　　1978年,经历了十年"文革"的动乱,我有幸考入南京大学历史系,从此便与历史结下不解之缘。我们入学之际,正好是中共十一届三中全会召开之时,这个伟大的历史性转折不单单只是体现在经济政策上的改革开放,人们的思想也开始发生变化,过去被视为禁区的民国时期那段历史,也越来越受到学术界的广泛注意。

　　大学毕业后我被分配到中国第二历史档案馆,这正是保管和典藏民国各个时期中央政府档案的国家档案馆。我从事的工作是整理和编辑民国时期的财政金融档案资料,参与编辑出版中华民国史档案资料汇编,与此同时,我也开始利用馆藏档案进行民国史的研究。根据我的工作特点和兴趣,我将南京国民政府的财经政策与中外经济关系确定为个人的研究方向,并相继发表了一系列学术论文。1988年12月,我离开南京来到香港,先后在香港大学和香港中文大学学习和工作,在这期间不仅继续查阅第二历史档案馆以及上海、天津等地档案馆的资料,还有机会经常前往中国台湾和海外各地收集资料。三十多年来曾多次参加国际学术会议,并先后在两岸三地重要的学术期刊中发表了近百篇学术论文。这些论文有些已汇编成书,如《改革与困扰:三十年代国民政府的尝试》(香港教育图书公司,1998年)收录的论文,主要反映的是南京政府战前十年的财政经济改革与中外经济关系;而《国民政府战时统制经济与贸易研究(1937—1945)》(上海社会科学院出版社,2009年)则重点探讨抗战期间贸易委员会及其属下三大国营贸易公司的活动。

　　研究南京国民政府的政治制度以及财政经济政策,不可避免地会触及民国时期的重要人物,特别是国民党元首蒋介石、长期执掌国家财经大权的孔祥熙和宋子文及孔、宋家族所经营的公司,因此这些年撰写的论文中有不少都涉及这一范畴。前不久,中华书局上海分公司宣告成立,承蒙厚爱,策划编辑阎海文先生向我约稿，为此我选出了近年发表的 20 多篇论文，选编的原则是：其一，这些论文基本上均未收入上述二书；其二，彼此内容大致相关，涉及民国时期的政治、外交和经济，而且多与蒋、孔、宋本人及其家族的活动有关。由于这些论文都是我多年来在查阅各地档案（包括已经整理出版的档案汇编）以及参考最近公布和出版的民国名人日记的基础上而撰写的，因而取名为《读档阅史——民国政事与家族利益》，目的就是希望通过解读这些原始档案，让读者对于民国史中的重大事件和人物有一个深入的了解。

本书收录的论文涵盖的内容较为广泛，我大致根据不同的主题，将其分为四大类，当然分类不一定全面，其中会有交集之处；另外，由于这些论文发表于不同时间、不同刊物，虽然结集时已经作了一些删节和修正，部分标题也作了些许更改，但考虑到上下文的连贯，内中还会出现一些重复，这是必须向读者解释的。

我自 1990 年进入中文大学工作始，就一直担任国学大师饶宗颐教授的学术助手，二十多年来随侍饶公左右，虽生性愚钝，对饶公博大精深的学问知之甚少，但他勤勉的治学精神和精湛的学术思想却永远铭记心中。饶公慨允为拙著题写书名，实是对我的莫大支持。

张宪文教授是当今国内外民国史研究的大家，著作等身，桃李天下。张老师是我大学时的老师，当年正是在校期间选修他开设的"中国现代史"和"中国现代史料学"，从而对民国史的研究发生兴趣，并决定了此后的学术生涯，我的第一篇学术论文就是在他的指导和推荐下才得以发表的。大学毕业后的这么些年，不管我是在二档馆工作，还是移居香港，都时时得到老师的关心和爱护。本书结集之时，我贸然向他索序，老师欣然应允，这更是对我最大的鼓励。今年正值张老师八十大寿，谨以此书作为向老师祝寿的贺礼。

郑会欣

2014 年 6 月写于香港海怡半岛